1998年5月14日至16日，中共中央、国务院在京召开国有企业下岗职工基本生活保障和再就业工作会议。中共中央书记、国家主席江泽民出席开幕式并作重要讲话，号召全党动手，动员全社会的力量，共同做好国有企业下岗职工基本活保障和再就业工作。

图为国有企业下岗职工基本生活保障和再就业工作会议大会场景。中共中央总书记、国家主席江泽民出席会议并作要讲话。中共中央政治局常委、国务院总理朱镕基主持大会开幕式并在大会闭幕时发表讲话。中共中央政治局常委、国副主席胡锦涛主持会议闭幕式。中共中央政治局委员、国务院副总理吴邦国作工作报告。李鹏、尉健行、李岚清、丁关根李长春、吴官正、迟浩田、罗干、贾庆林、钱其琛、黄菊、温家宝、曾庆红、吴仪、司马义·艾买提、王忠禹出席会议

图为5月16日中共中央政治局常委、国务院总理朱镕基在国有企业下岗职工基本生活保障和再就业工作会议闭幕时作重要讲话。

图为 5 月 14 日吴邦国副总理在国有企业下岗职工基本生活保障和再就业工作会议上作工作报告。

1998年3月24日至26日，受江泽民总书记委托，中共中央政治局常委、国务院总理朱镕基在长春主持召开辽、吉、黑、内蒙古党政主要负责人座谈会，听取他们对国有企业下岗职工基本生活保障和实施再就业工程以及深化粮食流通体制改革的意见和建议。上图为3月25日下午，朱镕基总理、吴邦国副总理到长春市再就业服务中心了解下岗职工再就业情况，听取中心负责人的情况介绍。下图为朱镕基总理、吴邦国副总理在长春市再就业服务中心招录下岗职工的柜台前与招聘单位负责人和前来咨询、应聘的下岗职工亲切交谈。

1998年11月26日至27日，国务院在京召开全国城镇职工医疗保险制度改革工作会议。中共中央政治局常委、国务院副总理李岚清作重要讲话，中共中央政治局委员，国务院副总理吴邦国作工作报告。图为大会场景。

图为11月27日，中共中央政治局常委、国务院副总理李岚清在全国城镇职工医疗保险制度改革工作会议上作重要讲话。

图为 11 月 26 日，中共中央政治局委员、国务院副总理吴邦国在全国城镇职工医疗保险制度改革工作会议上作工作报告。

1998年7月24日至25日，国务院批准劳动和社会保障部在北京召开全国养老保险和再就业服务中心建设工作会议。会议研究确保养老金按时足额发放，行业统筹移交地方和下岗职工进入再就业服务中心等问题。吴邦国副总理出席会议并作重要讲话。劳动和社会保障部部长张左己作会议总结。劳动和社会保障部副部长李其炎、国家经贸委副主任陈清泰、财政部部长助理高强分别讲话。

图为7月24日，中共中央政治局委员、国务院副总理吴邦国在全国养老保险和再就业服务中心建设工作会议上作重要讲话。

1998年3月10日，第九届全国人民代表大会第一次会议审议批准国务院机构改革方案，决定在原劳动部的基础上组建劳动和社会保障部，统一管理全国劳动和社会保障工作。上图为1998年4月1日，张左己部长为劳动和社会保障部标牌揭幕。

下图为劳动和社会保障部领导班子成员首次集体亮相，左起：王建伦、刘雅芝、张左己、李其炎、林用三、王东进。

劳动和社会保障部部长张左己

劳动和社会保障部副部长李其炎

劳动和社会保障部副部长刘雅芝

劳动和社会保障部副部长林用三

劳动和社会保障部副部长王建伦

劳动和社会保障部副部长王东进

1998年5月17日，劳动和社会保障部在京召开第一次全国劳动和社会保障厅局长座谈会。会议分析了劳动和社会保障工作面临的形势和任务，提出了今后几年劳动和社会保障工作的主要任务，即三个重点、两个确保、一个统一的“三二一”工作目标。三个重点：一是促进国有企业下岗职工再就业，二是深化养老保险制度改革，三是推动医疗保险制度改革；两个确保：一是确保国有企业下岗职工的基本生活，二是确保企业离退休人员养老金的按时足额发放；一个统一：对社会保险实行统一管理。

上图为全国劳动和社会保障厅局长座谈会会场。
左图为张左己部长在座谈会上发表重要讲话。
下图为李其炎副部长作会议总结。

1998年，各级劳动和社会保障部门大兴调查研究之风。劳动和社会保障部领导同志于7月、9月、11月、12月四次带领部属各单位司局负责同志深入基层调研，督促检查工作落实，有力地推动了劳动和社会保障工作的开展。

1998年10月，劳动和社会保障部部长张左己赴沈阳、大连进行调查研究，图为视察大连市即时服务所时和职业指导师戚秀玉亲切交谈。张左己部长为戚秀玉同志题词“职业介绍当‘大姐’，促进就业立新功”。

图为劳动和社会保障部副部长李其炎在江西省南昌市化工职业介绍中心与下岗职工交谈，听取他们的意见和要求。

图为劳动和社会保障部副部长刘雅芝在宁夏吴忠配件厂检查企业再就业服务中心建设情况。

图为劳动和社会保障部副部长林用三在新疆第二运输公司慰问退休职工，与其亲切交谈。

图为劳动和社会保障部副部长王建伦在黑龙江省哈尔滨市慰问困难职工。

图为劳动和社会保障部副部长王东进与福建省厦门市劳动局的同志座谈两个确保和医疗保险制度改革工作。

1998年12月17日，劳动和社会保障部在京召开表彰会，对评选出的10名"中华技能大奖"获得者和102名"全国技术能手"予以表彰。

1998年"中华技能大奖"获得者（从左至右）：黄永堂、黄金全、诸明强、曹开法、束滨霞、杨烈诚、陶文录、李斌、石丛志、李广兴。

中国劳动和社会保障年鉴

（1999）

中国劳动社会保障出版社

图书在版编目(CIP)数据

中国劳动和社会保障年鉴．1999/劳动和社会保障部编．—北京：中国劳动社会保障出版社，2000．8
ISBN 7-5045-2759-9

Ⅰ．中…
Ⅱ．劳…
Ⅲ．①劳动经济-中国-1999-年鉴　②社会保障-中国-1999-年鉴
Ⅳ．D632．1-54

中国版本图书馆 CIP 数据核字（2000）第 15391 号

中国劳动社会保障出版社出版发行
（北京市惠新东街 1 号　邮政编码：100029）
出 版 人：唐云岐
*
北京印刷集团有限责任公司印刷二厂印刷　新华书店经销
880×1230 毫米　16 开本　37.75 印张　8 彩插页　966 千字
2000 年 8 月第 1 版　　2000 年 8 月第 1 次印刷
印数：3000 册
定价：148.00 元

《中国劳动和社会保障年鉴》
编辑委员会成员

《中国劳动和社会保障年鉴》编辑部成员

编辑说明

一、《中国劳动和社会保障年鉴（1999）》是关于劳动和社会保障工作的专业性史料工具书，是劳动和社会保障部成立后的第一本年鉴。全书通过翔实的资料和系统的阐述，介绍了1998年我国劳动和社会保障事业的发展概况，反映了劳动和社会保障工作改革与发展的成就、经验和今后需要继续研究解决的问题。它是党政机关领导干部、各部门工作人员、劳动和社会保障系统干部、工会工作者、企业领导及劳资干部，以及劳动和社会保障科学理论工作者有价值的参考用书和工具书。

二、本年鉴的内容共分6个部分，即劳动和社会保障工作概览、劳动和社会保障重要文献、全国劳动和社会保障工作情况、地方劳动和社会保障工作、劳动和社会保障大事记、劳动和社会保障统计资料。

三、本年鉴中，全国劳动和社会保障工作情况分为：就业和再就业、职业培训、劳动关系、企业工资收入分配、养老保险、失业保险、医疗保险、工伤保险、生育保险、农村社会保险、社会保险基金管理与监督、法制建设、规划统计与信息系统建设、科学研究、新闻宣传与出版、国际合作与交流。

《中国劳动和社会保障年鉴（1999）》的编辑出版是在全国劳动保障系统的共同努力下完成的，也得到美国信安金融保险集团的大力支持。在此，特向他们表示衷心的感谢。

《中国劳动和社会保障年鉴》编辑部

1999年11月

目 录

劳动和社会保障工作概览

劳动和社会保障重要文献

一、党和国家领导人关于劳动和社会保障工作的重要讲话

全国劳动和社会保障工作情况

地方劳动和社会保障工作

劳动和社会保障大事记

劳动和社会保障统计资料

劳动和社会保障
工作概览

1998年劳动和社会保障工作概览

1998年，是中国劳动和社会保障事业取得重大发展成就的一年。3月，国务院机构改革，成立劳动和社会保障部（简称“劳动保障部”），统一管理全国劳动和社会保障工作；5月，党中央、国务院召开国有企业下岗职工基本生活保障和再就业工作会议，提出确保国有企业下岗职工基本生活、确保企业离退休人员养老金按时足额发放的要求，并明确了相关政策措施；随后，劳动和社会保障部提出了近几年“三个重点、两个确保、一个统一”的“三二一”工作思路，即做好促进下岗职工再就业、深化养老保险制度改革、推动医疗保险制度改革三项重点工作，确保国有企业下岗职工基本生活，确保企业离退休人员养老金按时足额发放，实现社会保险的统一管理；7月，国务院批准召开全国养老保险和再就业服务中心建设工作会议，作出了从7月份起确保养老金按时足额发放、8月份完成行业统筹移交地方管理、9月份下岗职工全部进入再就业服务中心并领到基本生活费的工作部署；12月，国务院召开全国城镇职工医疗保险制度改革工作会议，出台了《城镇职工基本医疗保险制度改革的决定》，基本医疗保险制度改革正式启动。按照中央的要求，各级财政加大对社会保障的投入，中央财政直接用于两个确保的资金近百亿元。经过一年的努力，“三二一”的工作目标得到初步实现，各项劳动和社会保障工作取得了显著成绩。

就业与再就业　1998年国民经济增长速度达到7.9%，为带动就业岗位的增加创造了有利条件。各地抓住经济结构调整的机遇，加强基础产业和基础设施建设，发展劳动密集型产业、中小企业以及个体私营经济，大力发展第三产业特别是社区服务业，努力开拓就业岗位。同时，按照科学化、规范化、现代化的要求，大力加强劳动力市场建设，整顿劳动力市场秩序。按中央要求，不少地方出台了下岗职工从事社区服务业和申请从事个体工商经营税费减免等优惠政策，加强对下岗职工的职业指导和职业培训，有力地促进了就业和再就业工作。1998年底，全国从业人员共69 957万人，比上年底增加357万人。城镇从业人员20 678万人，比上年底增加471万人，在岗职工人数12 336.5万人。在城镇在岗职工中，国有单位为8 809.3万人，比上年减少1 027.3万人；集体单位为1 899.6万人，比上年减少470.4万人；其他单位为1 627.6万人，比上年增加601万人。全年共有609.9万国有企业下岗职工实现再就业，再就业率达到50%。

职业培训　围绕下岗职工再就业这一中心任务，开展了多层次、多形式的职业培训。1998年，全国技工学校为4 362所，在校学生达173万人，高级技工学校发展到45所，就业训练中心2 924所，年组织培训300多万人。1998年底，全国共有各类职业介绍机构35 449家，全年共介绍798.8万人次实现就业，并组织500万人次参加了各类就业培训。从1998年起，在全国范围内开始实施“三年千万”再就业培训计划，到年底，已有26个省、自治区、直辖市和石油、航空、铁道、地质等6个行业出台了再就业培训实施方案，全年培训下岗职工390万人。全国建立职业技能鉴定所（站）4 953个，为319万人提供了职业资格鉴定服务，有286万人获得了相应的职业资格证书。职业培训综合基地和集团化试点工作取得较大进展，试点单位扩大到145个。为缓解城镇就业压力，提高劳动者素质，在城镇未升学的初高中毕业生中开展劳动预备制度试点。1998年底，实施劳动预备制度的试点城市达200个，有10万多人参加了劳动预备制培训。

劳动关系 紧紧围绕国有企业减员增效、下岗分流和下岗职工再就业工作，积极研究制定下岗职工劳动关系方面的政策措施，同时，大力推进劳动合同、集体合同制度，完善劳动争议处理制度。1998年底，全国有15个省出台了下岗职工劳动关系处理方面的政策规定，有19个省颁布了加强劳动合同管理的规定。1998年底，全国城镇国有企业、集体企业和外商投资企业实行劳动合同制度的职工占同口径职工总数的98.1%；乡村集体企业实行劳动合同制度的从业人员达2 306.1万人，城镇私营企业签订劳动合同的从业人员达599.5万人，与个体工商户签订劳动合同的雇工人数达434.7万人，分别比上年底增加361.6万人、132.3万人和111.3万人。全年各地报送劳动保障部门审核通过的集体合同15万份，涉及职工5 000万人。按照加强劳动争议仲裁委员会机构和队伍建设，重点处理下岗职工劳动争议、劳动保障突发事件、拖欠社会保险金及劳动报酬案件、完善劳动争议仲裁和劳动争议调解制度的工作思路，积极开展劳动争议处理工作。1998年，全国各级劳动争议仲裁委员会共受理劳动争议案件9.4万件，涉及劳动者35.9万人，分别比上年增长30.9%和62.1%。其中，集体劳动争议6 767件，涉及劳动者25.1万人，分别增长64.7%和89.4%。1998年，各级仲裁委员会审理结案9.2万件，当年结案率为98.5%，与上年基本持平。

企业工资分配 按照党的十五大对收入分配问题提出的总体要求，在认真做好企业工资管理和对工资内外收入监督检查的基础上，对建立新型企业工资收入宏观调控体系、完善企业工资决定机制和深化企业内部工资分配等问题进行了积极的探索。主要开展了工资指导线、劳动力市场工资指导价位、人工成本预测预警体系、集体协商确定工资的办法、生产要素参与收益分配以及经营者年薪制等试点工作，为下一步的工资收入分配制度改革积累了经验。1998年底，全国有14个省、自治区、直辖市和计划单列市开展了工资指导线试点工作，1 000多户企业开展了工资集体协商试点，30个省、自治区、直辖市和13个部门成立了工资内外收入监督检查机构。1998年城镇在岗职工工资总额为9 296.5亿元，比上年增长0.2%。其中国有单位为6 812.5亿元，下降4.2%；城镇集体单位1 021.6亿元，下降16.9%；其他单位1 462.4亿元，增长56.9%。1998年，全国城镇在岗职工平均工资为7 479元，比上年增长6.6%，扣除价格因素，实际增长7.2%。其中，国有单位在岗职工7 668元，实际增长6.7%；城镇集体单位5 331元，实际增长3.1%，其他单位8 972元，实际下降1.7%。

养老保险 以确保企业离退休人员养老金按时足额发放为工作重点，加快推进省级统筹，基本实现统一城镇职工基本养老保险制度和行业统筹移交地方管理。1998年底，有26个省、区、市初步实现了省级统筹或建立了省级调剂金制度，29个省、区、市按照国发〔1997〕26号文的要求出台了向统一制度并轨的方案，煤炭、铁道、邮电等11个行业的养老保险行业统筹顺利移交地方管理。1998年底，全国有8 475.8万企业职工参加了基本养老保险社会统筹，占企业职工总数的80.5%，比上年减少196万人；2 727.3万企业离退休人员参加了离退休费社会统筹，占企业离退休人数的98%，比上年增加194万人。全年全国基本养老保险基金收入1 459亿元，比上年增长9.1%，支出1 511.6亿元，比上年增长20.8%。全国基本养老保险基金滚存结余611.6亿元，比上年减少10.4%，其中地方累计结余587.4亿元。全国离退休、退职人员3 593.6万人，比上年底增加242.9万人；全国离退休、退职费总额2 073.7亿元，比上年增长15.8%，月人均离退休、退职费498元，比上年增加43元。

失业保险 为提高失业保险基金的支付能力，中央决定，从1998年起，将失业保险基金的缴费比例由企业工资总额的1%提高到3%，由企业单方负担改为由企业和职工个人共同负担，其中个人缴纳1%，企业缴纳2%，提高比例部分主要用于调剂国有企业下岗职工基本生活保障。1998年底，全国参加失业保险的人数为7 927.9万人，比上年减少33万人，全年领取失业保险救济金人数为158.1万人。全年征缴失业保险基金60.2亿元，加上失业保险基金的利息和地方财政补贴，失业保险基金总收入68.4亿元；基金支出51.9亿元，除保障失业人员待遇发放外，向国有企业再就业服务中心调剂资金14.6亿元，为148.6万企业内职工提供一次性救济，月人均失业保险救济金151元，比上年增加10元左右。1998年底，全国城镇尚有登记失业人员571万人，城镇登记失业率为3.1%。

医疗保险 根据国务院的统一部署，在江苏镇江和江西九江试点的基础上，医疗保险制度改革试点扩大到40多个城市。1998年底，全国实行各种形式"统账结合"方案的职工401.7万人，比上年增长36%；离退休人员107.6万人，比上年增长45.7%。全年实行"统账结合"医疗保险基金收入19.5亿元，支出15.6亿元，期末滚存结余9.8亿元。参加职工大病医疗统筹的人数为1 108万人，比上年减少1.2%，基金收入39.2亿元，比上年增长6.3%，支出35.6亿元，比上年增加24%。参加离退休人员医疗费用社会统筹的离退休人员78.8万人，比上年减少20.6%，基金收入1.9亿元，比上年减少9.5%，支出1.7亿元，比上年减少11.3%。"大病统筹"和离退休人员医疗费用社会统筹基金共结余20亿元，比上年增长84.7%。为了适应建立社会主义市场经济的需要，切实保障职工基本医疗需求，1998年12月，国务院颁发了《国务院关于建立城镇职工基本医疗保险制度的决定》（国发〔1998〕44号），要求在全国范围建立城镇职工基本医疗保险制度。

工伤保险 按照《关于发布〈企业职工工伤保险试行办法〉的通知》（劳部发〔1996〕266号）要求，海口、深圳等26个大中城市实行工伤保险。1998年底，全国已有1 713个县（市）的3 781.3万职工参加了工伤保险，分别比上年增长9.7%和7.8%。全年工伤保险基金收入21.2亿元，支出9亿元，期末滚存结余39.8亿元。

生育保险 为完成《中国妇女发展纲要（1995—2000）》提出的本世纪末全国城市基本实现女职工生育费用社会统筹的目标要求。劳动保障部发出了《关于印发中国妇女发展纲要目标职责分解书实施计划的通知》，对2000年前各地生育保险工作进度提出了明确要求，到1998年底，全国有1 412个县（市）实行了企业职工生育保险基金的社会统筹，参保职工2 777万人，分别比上年增长14%和11.7%。全年生育保险基金收入9.8亿元，支出6.9亿元，期末滚存结余10.3亿元。

农村社会保险 国务院机构改革，农村社会养老保险业务划入劳动保障部。在加强基金管理，指导地方继续推行农村保险管理规范化的同时，根据"摸清底数、夯实基础，把握大局、理清思路，统一认识、稳定队伍，加强监督、规范管理"的工作方针，广泛深入地开展了调查研究，参加了国务院保险业整顿小组的调研工作，协助起草国务院有关农村保险工作的整顿方案。1998年底，全国有31个省、自治区、直辖市的2 123个县（市）和65%的乡镇开展了农村社会养老保险工作，参加社会养老保险的农村人口有8 025万人。1998年，农村社会养老保险基金收入31.4亿元，支出5.4亿元，当期结余26亿元。1998年底，农村社会养老保险基金滚存结余166.2亿元。

社会保险基金管理与监督 1998年1月，经国务院批准，财政部、劳动部、中国人民银行、国家税务总局联合下发了《关于印发〈企业职工基本养老保险基金实行收支两条线管理规定〉的通知》，要求将基本养老保险基金纳入单独的社会保障基金财政专户，实行收支两条线，专项管理，专款专用，任何部门、单位或个人不得挤占挪用。劳动保障部成立后，非常重视加强基金管理，明确提出要加强对社会保险基金和财政支持资金的管理，严格执行收支两条线规定，坚决杜绝挤占挪用。至1998年底，各地都将基本养老保险基金纳入了财政专户管理，医疗保险、失业保险、生育保险等社会保险基金也逐步纳入财政专户，实行收支两条线管理。为加强对社会保险基金的监督管理，1998年机构改革时，劳动保障部专门设立了社会保险基金监督司，负责社会保险基金的行政监管工作。为弄清社会保险基金管理方面存在的问题，劳动保障部会同国家审计署、财政部对社会保险基金进行清查，发现1986年至1998年3月期间，共发生挤占挪用和违规动用基本养老保险和失业保险基金173.98亿元。1998年7月，财政部、劳动保障部、审计署等六部委下发了《关于对企业职工养老保险基金失业保险基金管理中有关违纪问题处理意见的通知》，提出了对违纪问题的处理办法和限期收回基金的要求。各地加大了清理回收工作的力度，查处了一批重大违纪案件，到1998年底，已陆续收回和纠正被挤占挪用的两项社会保险基金115.68亿元，尚有58.3亿元未被收回。为进一步加强对社会保险基金的监督，1998年12月，通过新闻媒体公布了监督电话，公开受理社会保险基金举报电话和信函，有效地发挥了群众举报、社会监督的作用。

法制建设 在劳动保障立法工作方面，按照“突出重点、注重实效、急需先立、逐步完善”的工作要求，1998年集中精力重点抓了《社会保险费征缴条例（草案）》和《失业保险条例（草案）》的起草、修改和审核工作，并报送国务院审议。在劳动保障监察执法工作方面，1998年，全国各级劳动保障监察机构依据《劳动法》和有关劳动保障法律法规，组织开展了劳动保障监察执法月活动和各种形式的检查，共主动检查各类用人单位78.1万户，涉及劳动者6 649.2万人；立案查处劳动保障违法案件14.3万件，查处群众举报案件7.3万件，结案率为97.4%；开展劳动保障年检工作，全年共年检用人单位76.3万户，涉及劳动者6 648.4万人；审查用人单位内部劳动规章76.7万件，并对其中存在违反劳动保障法律法规内容的10.2万件规章进行了纠正。责令用人单位为393.9万名民工补办流动就业证卡，为508.2万名劳动者补签劳动合同；责令用人单位向95.5万名劳动者退还非法收取的风险抵押金1.4亿元，向239.6万名劳动者补发工资等待遇6.7亿元；责令用人单位为821.9万职工补缴社会保险费11.2亿元；督促企业为59.5万人补发养老金9.4亿元，为78.6万名国有企业下岗职工发放基本生活费4.2亿元；取缔非法职业中介机构3 325户，纠正违反职业技能开发规定的单位1 699户。到年底，全国共建立劳动保障监察机构3 330个，组建率为98.3%，共配备劳动保障监察员3.4万人。

1998年的劳动保障事业，有以下几个突出特点：

1. 组建劳动和社会保障部，确定“三二一”工作目标。

成立劳动和社会保障部，是社会主义市场经济发展的客观要求，也是劳动和社会保障事业发展的客观需要。长期以来，我国的社会保险事业由几个政府部门分别管理。这种多龙治水、分散决策的格局使社会保险缺乏统一管理和统一组织实施，影响国有企业改革的深化，也影响社会保障事业的发展。1998年3月10日，全国人大九届一次会议通过了《国务院机构改革方案》，决定在原劳动部的基础上成立劳动和社会保障部，赋予综合管理全国劳动和社会保障工作的职能。新部的主要职责任务是，研究制定与组织实施全国劳动和社会保障工作的总体规划、基本方针政策和提出法律法规草案以及改革方案。原由劳动部管理的城镇职工社会保险、人事部管理的机关事业单位社会保险、民政部管理的农村社会保险、各行业部门统筹的社会保险，以及卫生部门管理的医疗保险，统一划归劳动和社会保障部管理。

按照中央关于政府机构改革的统一部署和要求，经过认真准备和精心组织领导，组建工作从3月下旬开始到七月中旬完成。通过改革，233人实现竞争上岗，137人顺利分流，达到了减少机构，理顺职能，精简人员，优化结构的预定目标。组建后的劳动和社会保障部，在职能配置方面，减少了原劳动部承担的安全生产综合管理、职业安全监察、矿山安全监察、职业卫生监察、锅炉压力容器监察等方面的职能，突出和加强了社会保障职能。内设机构包括办公厅、法制司、规划财务司、培训就业司、劳动工资司、养老保险司、失业保险司、医疗保险司、农村社会保险司、社会保险基金监督司、国际合作司、人事教育司等十二个职能司（厅）和机关党委。

新部成立伊始，即面临着世纪之交的“三大挑战”：一是劳动力结构的空前大调整。1998年上半年，我国下岗职工达1 000多万，预计到2000年，每年还要新增下岗职工300～400万人。面对这一挑战，不仅要改革和完善现行失业保险制度，而且整个就业和再就业制度都要进行重大调整。二是日趋严峻的人口老龄化。面对这一冲击，作为发展中国家，我国社会保险特别是养老保险寅吃卯粮，潜伏着严重的支付危机。三是人们日益增长的医疗消费需求和社会实际承受能力之间的矛盾日益突出。近年来，我国医疗费用超过国民收入和财政收入增长速度，企业和财政已不堪重负，经济发展受到影响；与此同时，一些离退休人员和困难群体的基本医疗需求却得不到保障。

党的十五大明确提出，要用三年左右的时间使绝大多数国有大中型亏损企业摆脱困境，使大多数国有大中型骨干企业初步建立现代企业制度。这对加快劳动和社会保障制度改革提出了前所未有的迫切要求。根据本届政府“一个确保、三个到位、五项改革”的总体部署以及对劳动保障工作的要求，劳动和社会保障部党组把近几年的主要工作任务确定为：三个重点、两个确保、一个统一，即“三二一”工作目标。所谓“三个重点”，即促进下岗职工再就业、深化养老保险制度改革、推动医疗保险制度改革；所谓“两个确保”，即确保国有企业下岗职工的基本生活，确保企业离退休人员养老金按时足额发放；所谓“一个统一”，即实现社会保险统一管理。总体目标是用3年左右的时间，初步建立起适应社会主义初级阶段生产力发展水平，符合社会主义市场经济要求的劳动和社会保障制度，使广大城镇劳动者得到比较充分的就业和基本的社会保障。一年来的实践证明，“三二一”目标任务符合党的十五大精神，符合企业改革的形势和劳动保障工作的实际。“三二一”目标任务的提出，在各级劳动和社会保障部门以及社会各界产生了积极的反响，得到了广泛认同，也有力地推动了劳动保障工作的开展。

2. 建立企业再就业服务中心，初步形成有中国特色的三条社会保障线制度。

近几年来，国有企业下岗职工基本生活保障问题日益突出，引起全社会的普遍关注。据统计，到1997年底，我国下岗职工人数达到1 151万。在市场经济条件下，职工失去工作后，基本生活保障应由失业保险来承担。但由于我国失业保险制度建立比较晚，也不健全，资金积累少，还没有能力解决下岗职工基本生活保障问题。确保国有企业下岗职工基本生活关系到广大职工群众的切身利益，关系到国有企业改革的成败，关系到社会的稳定。党中央、国务院对国有企业下岗职工基本生活保障和再就业问题非常重视。1998年5月，党中央、国务院召开国有企业下岗职工基本生活保障和再就业工作会议，江泽民总书记、朱镕基总理出席会议并作了重要讲话。江泽民同志强调指出，实行减员增效、下岗分流，是深化国有企业改革，解决企业富余人员过多的问题，增强国有企业的活力和实力的重要措施。做好国有企业下岗职工基本生活保障和再就业工作，事关职工群众的切身利益，事关坚持党的全心全意依靠工人阶级的方针，事关经济发展、社会稳定和国家长治久安的大局。不仅是重大的经济问题，也是重大的政治问题；不仅是现实的紧迫问题，也是长远的战略问题。各级党委和政府，一定要把它作为一个头等大事抓紧抓好。朱镕基总理明确指出，做好国有企业下岗职工的基本生活保障和再就业工作，具有极大的重要性和紧迫性。“现在国有企业下岗职工很多，其中一些人基本生活没有保障，由此造成的社会问题日益突出。不抓紧解决这个问题，任其发展下去，就会造成人心不稳、社会不稳。没有稳定的社会环境，改革就不能深入进行，我们确定的经济发展目标也无法达到”。会后，下发了《中共中央国务院关于切实做好国有企业下岗职工基本生活保障和再就业工作的通知》（中发〔1998〕10号），提出了明确的目标任务和政策措施。主要是：坚持职工下岗与社会承受能力相适应的原则，加强宏观调控，规范职工下岗程序；凡是有下岗职工的国有企业，都要建立再就业服务中心；下岗职工都要进中心、签订基本生活保障和再就业协议，由再就业服务中心负责保障基本生活、代缴社会保险费和组织再就业培训；下岗职工基本生活保障资金，盈利企业由本企业负担，亏损企业实行“三三制”，即由企业、社会、财政各负担1/3的办法。对企业和社会筹集部分有困难的，由同级财政予以保证；加强劳动力市场建设，强化再就业培训，实行优惠扶持政策，促进下岗职工再就业；下岗职工进中心期限一般为3年，期满未实现再就业的，与企业解除劳动关系，按规定享受不超过2年的失业保险待遇，失业保险期满后仍未就业的，可领取城市居民最低生活保障费。这样由下岗职工基本生活保障、失业保险与城市居民最低生活保障组成的“三条保障线”，成为现阶段具有中国特色的社会保障体系的重要组成部分。

5月会议后，按照中央的部署，各级党委、政府和有关部门坚决贯彻中央决策，把国有企业下岗职工基本生活保障和再就业工作列入重要议事日程，并纳入政绩考核的重要内容，各地普遍形成了“一把手”负总责，一级抓一级，层层抓落实的工作局面。但由于工作基础比较薄弱，资金和思想认识准备不足，工作中的现实困难很大。为确保中央5月会议和10号文件精神的贯彻落实，经国务院批准，1998年7月，劳动和社会保障部召开了全国养老保险和再就业服务中心建设工作会议，吴邦国副总理做了重要讲话，从确保经济增长目标的实现、维护社会稳定、支持国有企业改革的高度，强调了做好社会保障和再就业工作的重要性，要求加快再就业服务中心建设，到9月份要确保下岗职工100%进入再就业服务中心，并领到基本生活费。这次会议对推动再就业服务中心建设起到了重要作用。8月初，劳动和社会保障部、国家经贸委、财政部、教育部、国家统计局、中华全国总工会联合发出《关于加强国有企业下岗职工管理和再就业服务中心建设有关问题的通知》（劳社部发〔1998〕8号），就国有企业职工下岗程序、下岗职工的管理、企业再就业服务中心的建立和运作、再就业服务中心的费用、调整失业保险基金缴费比例等问题，作出了明确规定。

7月会议以后，劳动保障部门围绕建“中心”、进“中心”、签协议、筹资金、保生活等重要环节，进一步推进国有企业下岗职工基本生活保障和再就业工作，经过7、8、9三个月攻坚及四季度的进一步巩固，进展情况一个月比一个月好。1998年全年全国共有国有企业下岗职工1 219万人，全年实现再就业609万人，年底有下岗职工610万人，进入再就业服务中心604万人，占下岗职工总数的99%。全年共筹集下岗职工基本生活保障资金159亿元，其中各地筹集85亿元。在进中心的下岗职工中，已有80.5%的人签订了基本生活保障和再就业协议，有93.2%的人领到了生活费，绝大多数下岗职工基本生活得到保障。

3. 确保养老金按时足额发放，行业统筹移交地方管理。

由于养老保障制度不完善，大多数地区实行养老金差额拨付，由企业发放，以及一部分国有企业效益不好等原因，拖欠企业离退休人员养老金问题比较严重。据不完全统计，截止1998年5月份，企业累计欠缴养老保险费

316亿元，全国共拖欠企业离退休人员养老金110多亿元。1998年6月份，有108万企业离退休人员没有按时足额领取基本养老金。党中央、国务院对企业养老金按时足额发放问题非常重视。在1998年5月中央召开的国有企业下岗职工基本生活保障和再就业工作会议上，朱镕基总理明确提出要尽快按时足额发放离退休人员养老金，不得再发生新的拖欠，同时对过去拖欠的养老金要逐步补发。1998年7月劳动和社会保障部召开的全国养老保险和再就业服务中心建设工作会议明确提出，要从7月份起，确保养老金按时足额发放。为此，各地采取了一系列措施：一是动用积累基金。1998年全国共动用积累基金68.9亿元，用于保证企业离退休人员养老金发放。二是加强基金收缴工作，努力提高收缴率。全年共收缴基本养老保险费1 459亿元，收缴率为90.64%。同时，大力清理追缴企业欠缴的养老保险费，共追缴企业欠费64.3亿元。三是建立和完善省级调剂金制度。全国有26个省、自治区、直辖市（含新疆生产建设兵团）建立了省级统筹或省级调剂金制度，仅四季度就调剂8.89亿元。四是完善收支两条线管理办法，清理回收被挤占挪用的基金。当年共清理回收以前被挤占挪用的养老保险基金14.58亿元，占尚未收回挤占挪用基金的22.96%。经过努力，绝大多数企业离退休人员按时足额领到了养老金。同时，全年还补发历史拖欠的养老金30亿元。

按照国务院的要求，按时完成了全国养老保险行业统筹移交地方管理工作，为实现全国养老保险的统一管理创造了条件。行业统筹问题是在我国特定历史条件下形成的，随着社会主义市场经济的发展和社会保险制度改革的深化，行业统筹日益暴露出其弊端。1998年，以解决离退休人员养老金欠发问题为契机，解决行业统筹与地方统筹分割的矛盾被提上日程。行业统筹移交地方管理，涉及铁路、煤炭、水利、邮电、交通、有色金属、中国建筑工业总公司、中国电力企业、中国石油天然气总公司、银行、中国民航11个重要行业1 400万在职职工和421万离退休人员，而且行业之间、行业与地方之间在养老保险待遇和办法上存在很大差别。移交地方管理，工作量大，时间紧，政策性强。1998年8月，劳动和社会保障部、财政部联合组成移交工作组，各省、自治区、直辖市也相继成立接收工作小组，移交工作本着先移交、后调整的原则，经过数据整理、汇集和测算，于1998年8月下旬，顺利完成了交接工作，一举解决了久拖不决的条块分割矛盾。

4. 国务院出台城镇职工基本医疗保险制度改革的决定，基本医疗保险制度改革正式启动。

在认真总结1994年以来职工基本医疗保险制度改革试点的经验教训和反复调研论证的基础上，1998年11月，国务院在北京召开全国城镇职工医疗保险制度改革工作会议，讨论和通过了《国务院关于建立城镇职工基本医疗保险制度的决定》。《决定》的主要内容是：明确了医疗保险制度的覆盖范围，规定城镇各类企业、机关事业单位、社会团体及其职工都要参加基本医疗保险；基本医疗保险实行属地化管理原则，中央、省属单位按属地管理原则参加所在地的基本医疗保险，原则上以地级以上行政区为统筹单位；基本医疗费由用人单位和职工个人共同缴纳。用人单位缴费比例控制在职工工资总额的6%左右，职工个人一般为本人工资收入的2%；建立基本医疗保险统筹基金和个人账户。个人缴费全部划入个人账户，单位缴费按30%左右划入个人账户，其余部分建立统筹基金。个人账户主要支付门诊或小额医疗费用，统筹基金支付住院或大额费用；加强医疗服务管理和加快医药卫生体制改革等等。《决定》的出台，标志着我国职工医疗保险制度改革进入一个新的历史阶段。

5. 调整财政支出结构，加大财政对社会保障的投入。

1998年以前，财政对社会保障基金基本上没有直接投入，这种情况在1998年发生改变。中发10号文件明确规定，再就业服务中心用于保障下岗职工基本生活和缴纳社会保险费用的资金来源，原则上采取“三三制”的办法解决，即财政预算安排1/3，企业负担1/3，社会筹集（包括从失业保险基金中调剂）1/3，具体比例各地可根据情况确定。财政负担部分，中央企业由中央财政负担，地方企业由地方财政承担，困难较大的地区和老工业基地，中央财政给予一定支持。在按照“三三制”原则落实资金的过程中，1998年中央财政共拨付专项资金74亿元，其中用于对地方补助的有61.59亿元；地方财政共拨付资金44.13亿元。从下岗职工基本生活保障资金的筹集情况看，中央财政安排占47.4%，地方财政安排占24.5%，财政占了大头。同时，中央和地方财政在解决养老金拖欠方面也给予了一定资金支持，其中中央财政支持地方用于确保养老金发放的资金达20亿元。

据统计，1998年财政对低收入人群的社会保障补助支出（包括卫生经费、抚恤和社会福利救济费、行政事业单位离退休费、社会保障补助支出四项）为964.81亿元，占财政总支出的8.94%。其中中央财政社会保障经费支出为210.75亿元，占中央财政支出的3.27%，地方财政的社会保障费支出为754亿元，占地方财政支出的17.33%。在全年全国财政对社会保障补助支出中，对国有企业下岗职工基本生活保障和再就业补助约占81%，对社会保险基金的补贴支出约占15%。

6. 切实转变工作作风，狠抓工作落实。

新部成立之初，劳动和社会保障部就提出要讲团结、讲实干、讲人才、讲奉献和树立大局观念、树立服务意识、树立务实作风、树立协作精神、树立廉洁形象的“四讲五树立”的要求。为贯彻落实朱镕基总理在国务院第一次全体会议上提出的“落实落实再落实”的工作要求，劳动保障部提出，抓落实要有具体目标和实际措施，并进行经常性督促检查，抓落实要把心思和精力集中到抓大事、抓实事、抓难事上来，各级领导要深入基层，调查研究，减少会议、减少文件、减少应酬，认认真真地研究解决带有全局性、方向性的问题。具体体现在以下三个方面：一是机构改革和业务工作两不误。在新部组建和机构改革的同时，面临着筹备召开国有企业下岗职工基本生活保障和再就业工作会议等繁重任务，为此，部党组确定了统筹规划、分工负责、重点推进、全面开展的工作方针，一项一项狠抓落实，较好地完成了各项重点工作任务。二是雷厉风行、全力以赴抓落实。为推动中央会议精神的贯彻落实，针对最初一段时间一些地方工作落实不到位，建中心、进中心进展不快，养老金仍有大量拖欠的问题，经国务院批准，7月份召开了全国养老保险和再就业服务中心建设工作会议，明确提出了从7月份起确保养老金按时足额发放，8月份实现行业统筹移交地方管理，9月份下岗职工全部进入企业再就业服务中心并领到基本生活费，即“7、8、9”的工作要求，将两个确保工作进行量化，层层落实责任制。通过大量艰巨细致的工作，进中心、保生活和养老金发放情况一个月比一个月好，到年底，两个确保的比例都在90%以上。三是加强督促检查，深入基层调查研究。1998年，由部领导带队，分别于7月、9月、11月、12月，深入地方进行集中调研，督促检查两个确保和行业统筹移交地方管理等工作，调研范围覆盖了除西藏以外的全国30个省、自治区、直辖市，对推动工作、发现问题、估价形势、研究制定对策措施起到了很好的作用。在部领导的带动下，各业务司局也结合各自的工作实际，开展了广泛的调查研究，进而促进了全系统深入实际、深入基层、求真务实良好工作作风的形成。

总的看，1998年是劳动和社会保障部开局的一年，也是我国劳动和社会保障工作取得不平凡成就的一年。在这一年，“三二一”工作思路和目标任务顺利实施，“两个确保”工作取得重大阶段性成果，劳动保障制度改革取得实质性突破，多年来影响劳动保障事业发展的一些深层次矛盾和问题开始得到解决，为完善社会保障体系打下了基础，为实现国有企业三年脱困目标、国民经济快速协调健康发展和维护改革发展稳定的大局创造了必要的条件。

劳动和社会保障
重要文献

一、党和国家领导人关于劳动和社会保障工作的重要讲话

全党动手，动员全社会力量，共同做好国有企业下岗职工基本生活保障和再就业工作

——在国有企业下岗职工基本生活保障和再就业工作会议上的讲话摘要

江泽民

（1998 年 5 月 14 日）

这次会议是党中央、国务院召开的一次非常重要的会议。全党动手，动员全社会的力量，共同做好国有企业下岗职工基本生活保障和再就业工作，对贯彻落实党的十五大精神，深化国有企业改革，引导、保护和发挥好职工群众的积极性，促进国民经济持续快速健康发展，巩固和发展安定团结的社会政治局面，全面推进建设有中国特色社会主义事业，具有十分重大的意义。

这次会议，要讨论《中共中央、国务院关于切实做好国有企业下岗职工基本生活保障和再就业工作的通知》。希望大家积极发表意见，集思广益，把这个文件搞好，使之切实可行。

关于这一工作的具体部署，吴邦国同志要作报告。最后，朱镕基同志还要作总结讲话。下面，我讲四个问题。

（一）

我们的国有企业改革已进入了攻坚阶段。中央提出，用三年左右的时间，通过改革、改组、改造和加强管理，使大多数国有大中型亏损企业摆脱困境，力争到本世纪末使大多数国有大中型骨干企业初步建立起现代企业制度。这对国有企业和国家的长远发展，都是一项具有战略意义的重大决策。

要确保国有企业这一改革和发展目标的顺利实现，必须努力解决企业富余人员过多的问题。造成许多国有企业富余人员过多、陷入困境的状况，原因是多方面的。有历史的原因，也有现实的原因；有客观方面的原因，也有主观认识和工作方面的原因。要注意进行全面的、具体的、实事求是的分析。把各方面的原因分析清楚了，才能加强针对性，根据不同企业的不同情况，对症下药。这里我想着重列举几方面的原因。比如，多年来由于搞了许多盲目建设、重复建设，造成不少国有企业招了很多职工，而产品却没有市场，企业经营难以为继，有些甚至建成之日就是亏损之时。又比如，有些国有企业由于用人不当，管理不善，结果把企业搞

垮了，造成停工停产，职工不得不下岗待业。再比如，有些国有企业由于经营机制转变慢，不适应市场经济发展要求，一直处于人浮于事、效率低下的状态。还有，随着国民经济的发展和科学技术的进步，企业的产品、技术和组织结构需要调整，一些职工必然要调整和转移就业岗位，这是经常要发生的情况。还有一个很重要的原因，就是过去相当长的时间里我们在就业制度、就业模式上，对劳动力统统实行由国家主要是国有企业包下来的办法，实践证明这种办法是行不通的。总之，由于种种原因，造成许多国有企业严重超员，包袱沉重，不堪其负，经营越来越困难。所以必须进行改革，必须实行减员增效、下岗分流，使国有企业尽快适应社会主义市场经济的要求，不断提高整体素质，更好地发挥国民经济的支柱作用。

当今世界，科技进步日新月异，高新技术产业迅速发展。提高科学技术含量，调整产业结构和企业内部结构，降低产品成本等等，越来越成为各国普遍采取的措施。如果我们的国有企业，不抓住机遇深化改革，就不可能进入世界科技进步和产业发展的前沿，在国际竞争中处于有利的地位。

为了深化国有企业的改革，增强它们的活力和实力，中央制定了一系列方针政策，采取了许多措施。对企业实行减员增效、下岗分流，就是其中的一项重要措施。各地区、各部门根据中央的决策，结合自己的实际，开动脑筋，积极探索，在解决下岗职工的基本生活保障和再就业方面，已创造了许多好办法、好经验，取得了可喜的成绩。

但是，也要充分看到，搞好国有企业下岗职工的基本生活保障和再就业工程，任务是非常艰巨的。这就要求我们各级党委、政府和社会各个方面必须齐心协力，为之付出极大的努力。这项工作不仅是重大的经济问题，也是重大的政治问题；不仅是现实的紧迫问题，也是长远的战略问题。各级党委和政府，一定要把它作为一个头等大事抓紧抓好。

国有企业的广大职工，几十年来为国家经济建设、改革开放和国有企业的发展壮大，做出了重大的贡献。各级党委和政府要时刻关心他们，切实维护他们的利益。我国是工人阶级领导的以工农联盟为基础的社会主义国家，工人阶级是领导阶级，是我们党的阶级基础。广大工人、农民和知识分子，是改革和建设的主力军，也是改革和建设的最基本的受益者。我们党领导人民无论是搞革命、搞建设还是搞改革，都是为了解放和发展社会生产力，实现人民的富裕、幸福。我们实行一部分人、一部分地区先富起来的政策，也是要通过先富带后富，最终实现共同富裕。这是我们的革命、建设和改革的根本宗旨，因而也是我们进行各项工作的重要指导思想。实行减员增效、下岗分流，减轻国有企业的负担，帮助下岗职工搞好再就业，从根本上说都是为了把经济更快更好地搞上去，为最终实现包括职工群众在内的全体人民的共同富裕创造更有利的条件。这一条要向国有企业职工特别是下岗职工说清楚，使他们认识到个人牺牲一些眼前利益，是为了企业和国家发展的全局，也是为了自己将来的富裕生活。实现共同富裕，是社会主义的最大优越性，这个目标是不会改变的，是一定要实现的。

总之，国有企业下岗职工的基本生活保障和再就业工作，事关职工群众的切身利益，事关坚持党的全心全意依靠工人阶级的方针，事关经济发展、社会稳定和国家长治久安的大局。全党同志和各级干部必须从这样的高度来认识这个问题，增强紧迫感和自觉性，满腔热忱和极端负责地切实做好这项工作。

（二）

搞好国有企业下岗职工的基本生活保障和再就业工程，关键是要坚定信心，组织有力，措施得当。

改革开放以来，我国经济持续增长，经济实力和其他各方面的条件都比过去要好得多、强得多了。经过二十年改革和建设的实践，广大国有企业职工和全国各族人民，不仅得到了很大的实际利益，而且更加看清了国家发展和民族振兴的光明前景，深深懂得了改革是建设有中国特色社会主义的必由之路。这就是说，我们继续深化各项改革，不仅有比较雄厚的物质条件，而且有坚实的群众思想基础。还要看到，我们对国有企业进行减员增效等深化改革的工作，是发展社会主义市场经济的需要。国有企业职工下岗分流问题，是前进中的问题，同西方国家经济危机时期发生的大量失业现象是根本不同的，也不同于我国60年代初经济困难时期出现的就业需求严重不足的情况。在减员增效、下岗分流的过程中尽管会遇到许多困难，但是我们完全有条件、有能力克服这些暂时的困难。因此，各级领导干部不仅自己要坚定信心，克服畏难情绪，而且要通过摆事实讲道理，帮助下岗职工树立信心，克服消极情绪。中央确定今年全国经济增长速度保持在8%，不仅考虑到了国家经济发展全局的需要，也考虑到了社会就业的需求。各地区、各部门要采取有力措施，确保今年经济增长目标的实现。这样，解决下岗职工的再就业问题，就会具有更有利的条件。

加强组织协调，加强统筹兼顾，加强对群众的组织工作，实行群策群力，历来是我们党开展工作、克服困难、取得胜利的重要的基本经验。在进行企业减员增效、搞好下岗职工基本生活保障和再就业的工作中，也要十分注意发挥党的做群众工作的优良传统和政治优势。这里，我想强调三点。

一是对国有企业职工下岗分流和再就业要把握好宏观调控力度。我国的社会保障制度还不完善，劳动力市场发育还不成熟，城镇就业压力大。如果国有企业下岗职工一个时期内过于集中，就会造成严重的社会问题。加强对下岗分流的宏观调控，关键是要从大局出发，突出重点，量力而行。要坚持减员增效同促进再就业相结合、职工下岗分流同社会承受能力相适应的原则，制定切实可行的计划，有步骤地分期分批地加以安排和实施。如果没有统筹规划，不考虑国家财政、企业、职工和社会保障的承受能力，不考虑社会吸纳就业的能力，各做各的，一窝风，就会出乱子。

二是对国有企业职工的下岗分流和再就业要确定一些基本的程序和制度。职工下岗，不是件小事，而且很敏感，必须有领导有秩序地进行。政府有关部门应进行总量控制，企业安排职工下岗，必须同时提出基本生活保障和再就业的意见，不能放任自流。确定减员增效、下岗分流的方案，要由企业领导班子集体讨论，不能个人或少数几个人说了算，还要充分听取职代会的意见。要建立一些保护性措施，充分考虑职工的实际困难，比如避免夫妻双方同时下岗，尽量避免劳动模范、烈军属、残疾人下岗等。

三是要把国有企业的下岗职工组织起来。任何一个企业都不能把下岗职工向政府和社会一推了之，而应对他们负责到底。凡是有下岗职工的国有企业，都要建立再就业服务中心，负责把下岗职工组织起来，保障他们的基本生活，抓紧进行培训，提供就业指导，帮助他们实现再就业。这种服务中心，应该成为保障下岗职工的基本生活和帮助他们再就业的机构。同时，要建立自上而下的再就业服务体系，充分发挥政府、企业、行业、社区的各自作用，动员全社会的力量，为下岗职工再就业服务。

对下岗职工的基本生活费一定要有保证。这方面的资金，政府、企业、社会要共同承担，基本生活费要按时发放到每个下岗职工手里，不能拖延，不能挪用，不能克扣，否则要追究责任。对于国有企业离退休的老职工，也必须切实保障他们的基本生活。这些老职工为国有企业的发展和国家经济建设贡献了一生的力量，是国有企业建设的功臣，也是我们共和国建设的功臣，应该受到全社会的尊敬，一定要使他们老有所养。要进一步研究，采取专门办法，切实保障他们能及时领到离退休金和享受应该享受的各项待遇。如果不能保障他们安享晚年，那就是我们工作中的严重失职。这个问题，从中央各部门到各地方，务必十分注意。

做好国有企业下岗职工的工作，维护他们的切身利益，最重要的是要帮助他们实现再就业。国有企业要积极挖掘内部潜力，发展多种经营，多渠道转岗分流富余人员。对企业职工转岗就业，下岗职工自谋职业或自愿组织起来就业的，国家要在财政、税收、金融、工商管理等方面制定优惠政策，加以支持。要大力发展职业教育和职工培训，同时要引导国有企业下岗职工切实转变择业观念，努力适应社会主义市场经济发展的新形势。鼓励他们自谋职业，从事个体经营活动，鼓励“三资”企业、私营企业和个体经济吸收下岗职工就业。第三产业吸收就业人员多。目前我国第三产业从业人员占全部就业人员的比重只有26%，而发展中国家的平均水平达到40%左右，发达国家高达60%以上。这说明我们第三产业的发展潜力还大得很。发达国家的社区服务从业人员，约占就业总人口的20%～30%，而我国只有3.9%。我们在这方面的发展潜力也大得很。总之，要打开思路，广辟门路，努力建立全方位、多渠道、多领域的再就业体系。

立足当前，考虑长远，还应进一步研究采取一些重大措施，以利不断地扩大生产门路和就业门路。这里，我提出几个方面，请大家考虑。

第一，要进一步研究如何更充分地发挥中小企业在吸纳就业人员方面的重要作用。一般来说，大型企业在技术、产品创新和上缴利税方面具有优势，而为数众多的中小企业在吸纳各类就业人员方面可以作出很重要的贡献。一些发达国家就业人数的60%以上在中小企业。美国1993年以来新增就业的2/3在小企业。我国90%以上的企业职工是在中小企业就业的。所以，大力扶植和支持中小企业的发展，对解决下岗职工再就业、缓解就业压力，具有大企业不可替代的作用。搞活中小企业，要从实际出发，采取多种形式。党的十五大提出了改组、联合、兼并、租赁、承包经营和股份合作制、出售等多种形式，不能简单地一卖了之。必须充分考虑职工的利益，考虑职工的就业，要防止国有资产流失，防止逃、废银行债务。如果不考虑这些，一味竞相拍卖，把大批职工推给政府和社会，算起总账来，是得不偿失的。中小企业，只要能对当地就业发挥重要作用，即使在经济效益方面是微利的，也应加以支持和保护，要研究采取一些优惠政策，帮助它们克服困难，引导它们健康发展。

第二，要进一步研究如何更好地加快农村市场的开发步伐。我们有9亿人口在农村，农村是个非常广阔的市场。大中城市的市场当然也要积极开发，但比起农村市场来，有些产品在城市市场已相对饱和了。开拓农村市场，一要帮助农民群众发展农村经济，增加他们的收入，提高他们的购买力。二要着眼于农民群众的生活需求，着眼于农村生产的基本需要，组织一批国有企业，加紧生产那些农民群众需要而又买得起的适销对路的产品。三要深化农村市场流通体制改革，搞好县、乡流通，形成多种形式的农村销售网络。开拓农村市场不仅是农村经济的重要组成部分，也是企业调整产品结构的重要任务，需要生产、流通领域一起努力。城市下岗职工和暂时停工停产或开工不足的企业，还可以采取灵活多样的形式，到农村搞技术服务、生产服务、销售服务和人员培训服务等等，城乡结合起来，共同促进农村经济的发展，共同开拓农村市场，这样也就可以提供更多的就业需求。

第三，要进一步研究如何加快中西部特别是西部地区的开发步伐。广大西部地区的开发和发展如果不加快步伐，如果那里的经济搞不上去，广大群众的购买力提不高，就会影响我们整个经济的发展，影响我们扩大内需。现在离下个世纪中叶全国基本实现现代化，只有50年了，逐步加快开发西部地区，是时候了。可以利用当前国有企业正在调整和优化结构的有利时机，组织一些暂时停产半停产的企业和一些下岗职工，有领导有组织地投入西部地区的开发，首先可以搞基础设施、基础产业的开发。同时，可以把沿海地区和大中城市的一些企业逐步转移到西部地区去，并努力吸引外资到西部投资开发。

第四，要进一步研究如何加快实施“走出去”的发展战略。非洲、中东、中亚、南美等地区的广大发展中国家，市场很大，资源丰富，我们应该抓紧时机打进去。要组织一批有条件的国有企业出去投资办厂。有些国有企业已经这样做了，并取得了很好的效果。加快实施这个战略，不仅有利于我们的设备、技术、产品的出口，也有利于扩大我们的劳务输出。我国人口占世界人口的22%，但在国际劳务市场上只占0.3%，在这方面应该大有文章可做。要努力通过到国外搞工程承包、资源开发和经济技术合作等方式，带动国内相关企业的发展，缓解就业的压力。当然，进行这方面的工作，不能一哄而起，要加强调查研究，加强市场论证，既积极又稳妥，逐步探索出一条比较符合我国实际的“走出去”发展的路子来。

（三）

为了搞好国有企业下岗职工的基本生活保障和再就业工作，各级党委和政府必须加强领导。这绝非一般的业务工作。它涉及到千家万户，与广大群众有密切的关系，政治性、政策性都很强。

各地区、各部门的党政一把手要亲自抓这项工作。实践证明，实行党政一把手负总责，是完成经济社会发展的重大任务和解决社会突出问题的一个行之有效的方法。党政一把手高度重视，亲自动手，充分调动领导班子全体成员的积极性，团结和依靠广大干部群众，齐心协力，再重的任务也能完成，再大的困难也能克服。中央多次强调，领导干部一定要讲政治。讲政治是具体的，而不是抽象的。衡量一个领导干部是不是讲政治，一个重要标准就是看他是不是时刻把人民群众放在心头，是不是诚心诚意地为人民谋利益。各级领导干部一定要深入国有企业特别是困难企业，深入下岗职工家庭，及时了解他们的生活状况，体察他们的疾苦，努力为下岗职工排忧解难。面对出现的困难和矛盾，不能回避，不能做粉饰文章，不能搞不切实际的花架子，不能采取熟视无睹的官僚主义态度。中央制定的各项政策措施，一定要不折不扣地坚决落实。有关部门要认真检查落实情况，认真总结经验，对落实不力的要督促改正。对于那些面对下岗职工的实际困难，不闻不问，自己却在那里花天酒地，甚至借机从国有企业改革中捞一把、中饱私囊的人，一定要依照党纪国法严肃查处，绝不能姑息养奸。

基层党组织是团结群众、组织群众、带领群众战胜各种困难的战斗堡垒，一定要成为下岗职工的贴心人，把党和政府的关怀切切实实地落实到每一个下岗职工身上。每一个共产党员都要热心帮助身边的下岗职工，帮助他们克服困难。民主党派、工商联和工会、共青团、妇联等，也要积极发挥各自的作用，努力做好自己负责联系的那部分群众的工作。总之，各级党委和政府，要动员和组织社会各方面的力量为帮助下岗职工多做贡献。

要大力加强和切实做好下岗职工的思想政治工作。目前，下岗职工比较多，部分下岗职工没有正常收入，生活困难。各级领导干部要深入了解下岗职工的思想、心理和要求，倾听他们的意见和建议。对他们提出的一些一时不能满足的合理要求，要做耐心细致的说服、解释工作，使下岗职工充分了解和支持党的方针政策，真心诚意地与党和政府一起克服困难。同时要提高警惕，严防敌对势力和坏人利用职工下岗制造事端。要大力宣传下岗职工中涌现出来的自强不息、艰苦创业的先进事迹，激励下岗职工敢于面对挑战，迎接挑战，积极创造新生活。

（四）

就业问题是一个世界性的问题。改革开放以来，党和政府为解决好就业问题制定了一系列方针政策。20年来，我国一共新创非农产业就业岗位2.5亿多个，我国人力资源丰富的优势得到了很好的发挥。这是一个很了不起的成就。总结过去我们发展经济和解决就业问题正反两方面的经验，从中可以得到以下一些重要启示。

在发展社会主义市场经济的条件下，要实现生产要素的优化配置，实现企业的生产经营从粗放型向集约型转变，必须建立与之相适应的劳动力就业机制。一定要改变过去的那种就业模式，逐步建立和完善适应社会主义市场经济发展要求的新的就业机制，建立和完善适应新的就业机制的社会保障制度。

长期以来，一些地方和企业，热衷于盲目铺摊布点，搞重复建设、重复生产，造成产品没有市场，严重积压。这种搞法，不仅把大量的国家财产白白浪费掉了，而且最终也使职工失去了饭碗。这样的教训太深刻了。盲目建设和重复建设再也不能搞了。从上到下必须尽快形成一套防止盲目建设、重复建设的严密控制手段。

企业领导人员的素质高不高，对企业的发展，对职工群众包括就业、工资等等在内的切身利益，关系十分重大。如果企业领导人思想政治和业务素质差，一个好的企业，也会被他搞垮。企业搞垮了，而自己扬长而去，这样的事例还少吗？我们务必从这种现象中吸取教训。至于有些企业领导人肆意侵吞国家资财，腐败堕落，对企业对职工群众更是灾难。在我国国民经济以公有制为主体的条件下，对这种情况必须十分警惕，十分重视。单纯靠思想政治工作是不够的，必须逐步制定必要的法律法规，使这种人得到应有的制约，对情节严重者一定要依法惩处。各级党委和政府在选拔、任用国有企业的领导干部时，一定要慎之又慎，一定要坚持德才兼备的原则，充分听取群众意见，真正把那些群众公认的政治上强、业务上精、善于管理、甘于奉献的同志选出来，输送和充实到国有企业的领导岗位上去。国有企业的领导干部，一定要对国家负责、对企业负责、对职工负责。各级党委和政府既要积极支持企业领导干部的工作，又要对他们加强监督，严格要求。

在激烈的市场竞争中，国有企业要生存要发展，要跟上科学技术飞速发展的步伐，必须加快企业的技术改造和科技进步，努力提高产品的技术含量，加强企业的科学管理。这就对企业职工的科学文化素质提出了新的更高的要求。大力提高职工的科学文化素质，是一项具有战略意义的任务，不仅关系企业的兴衰，也关系到职工群众的就业机会。各级党委、政府和国有企业的领导人，对此要高度重视，并切实抓好。

大量农村富余劳动力盲目转移到城市，加剧了城镇就业的紧张局面，这是许多发展中国家普遍遇到的问题。我国是农业人口比例很大的国家，更要十分注意处理好农村富余劳动力向城市流动的问题。农村富余劳动力的出路，从根本上说是要靠发展农村经济，就地转移。城市需要吸纳农村一部分劳动力，也要有领导、有组织、有秩序地进行。小城镇可以就近吸纳富余的农村劳动力，减缓他们向大中城市流动给城市带来的就业压力。应积极创造条件，加强小城镇的规划和建设。

以上这些问题，都是重大问题。我今天只是出个题目，希望大家进一步加强研究，进一步提出解决的办法和措施。我们要全面推进改革开放和现代化建设的伟大事业，必须不断研究新问题，不断总结新经验，不断深化对事物发展规律的认识，以利于把我们的各项工作搞得更好。

在中共中央举办的社会保障与法制建设讲座上的讲话

江泽民

（1998年12月14日）

社会保障是一个很重要的经济和社会问题。社会保障的主要作用，是帮助人们降低生活和工作中可能遇到的风险。保障社会成员的基本生活，增强他们的生活安全感。社会保障体系是否健全，这方面的法制是否完备，对一个国家的经济发展和社会稳定，会产生直接的影响。

我们党和政府历来重视社会保障工作。新中国成立以来，我们在社会保险、社会救助、社会福利、社会优抚等方面做了大量工作，有力地保障了人民群众的权益，充分体现了社会主义制度的优越性。改革开放以来，党和国家采取了一系列政策措施，大力发展社会保障事业，积极推进社会保障制度的改革、健全和完善工作。党的十五大明确提出，建立社会保障体系，实行社会统筹和个人账户相结合的养老、医疗保险制度，完善失业保险和社会救济制度，提供最基本的社会保障。我国的养老保险、失业保险、医疗保险、国有企业下岗职工基本生活保障和城镇居民最低生活保障等，取得了显著的成绩。各地区各部门在改革社会保障制度、加强社会保障工作中，也积累了新的重要经验。

必须十分重视和不断加强社会保障的法制建设。世界上许多国家的实践表明，基本的社会保险活动，都是以国家制定相关法律、法规和政策为手段来实施的。我们要努力把我们在发展社会保障方面长期积累的成功经验，用法律形式确定下来。同时，要增强社会保障的法制建设的前瞻性和系统性。

我们的社会保障工作，直接关系到坚持党的全心全意为人民服务的宗旨，关系到维护人民群众的切身利益，关系到保证改革开放和经济建设稳定发展的大局。各级党委和政府要从这样的高度，充分认识搞好社会保障的重要意义，加强对这项工作的领导，不断把社会保障事业推向前进。当前，我们的建设任务很繁重，各项改革都在深化，特别是国有企业改革进入攻坚阶段，做好社会保障工作尤为重要。大家一定要把中央对国有企业下岗职工的基本生活保障、城市居民的最低生活保障，以及一部分遇到困难的离退休人员的生活保障的政策和要求，坚决落实好，切不可疏忽大意。

坚持依法治国，建设社会主义法治国家，是建设有中国特色社会主义事业的重要组成部分。我们要按照党的十五大提出的要求，继续抓好各方面的法制建设，为实现我国跨世纪发展的宏伟目标提供更完备的法制保障。

在国有企业下岗职工基本生活保障和再就业工作会议上的讲话（摘要）

朱镕基

（1998年5月16日）

一、关于当前的经济形势（略）

二、关于国有企业下岗职工基本生活保障和再就业工作的几个问题

在《中共中央、国务院关于切实做好国有企业下岗职工基本生活保障和再就业工作的通知》中，已经明确了做好国有企业下岗职工基本生活保障和再就业工作的指导思想、目标任务和政策措施。各地区、各部门要认真贯彻落实。这里，主要强调以下几点：

（一）必须高度重视做好国有企业下岗职工基本生活保障和再就业工作。

现在为什么要强调做好这项工作？因为解决好国有企业下岗职工的问题，具有极大的重要性和紧迫性。这项工作，直接关系到广大职工群众的利益，关系到国有企业改革的成败，关系到改革、发展、稳定的大局。现在国有企业下岗职工很多，其中一些人基本生活没有保障，由此造成的社会问题日益突出。不抓紧解决这个问题，任其发展下去，就会造成人心不稳、社会不稳。没有稳定的社会环境，改革就不能深入进行，已经确定的经济发展目标也无法达到。因此，做好国有企业下岗职工基本生活保障和再就业工作，是当前关系改革、发展、稳定全局的头等大事。

目前国有企业下岗职工增多，不是企业改革本身造成的，也不是什么人“炒”起来的。原因是多方面的，既有历史的因素，也有现实的问题。从根本上说，这是我国经济发展多年积累的深层次矛盾的综合反映，也是改革和发展进程中不能回避的问题。由于盲目投资、重复建设严重，许多产品的生产能力大大超过社会需求，产品卖不出去，企业只能停产半停产，工人被迫下岗。建设规模搞得过大，项目资本金普遍不足，靠银行贷款，债务沉重，许多项目一投产就亏损，必然导致下岗职工增多。我国人口多，就业压力大，长期实行低工资、高就业政策，主要靠国有企业来安置人，造成国有企业人员过多，人浮于事。随着投资体制、金融体制改革的深化，资金供给约束日益强化，加上多种所有制经济迅速发展，对外开放不断扩大，国内外市场竞争越来越激烈。在这种情况下，国有企业用人过多的状况再也维持不下去了。目前亏损多、困难大的，大都是用人多的企业。我国经济成长已经进入新的阶段。随着人民生活由温饱型向小康型过渡，随着卖方市场向买方市场转化，随着粗放型经济向集约型经济转变，必然要加快产业结构的重组和调整，

就业结构也必定要发生变化。现在下岗职工增多的行业，主要是生产能力过剩的传统产业，这些正是结构调整的对象。随着科学技术进步、资本有机构成提高，传统产业用人减少，在一个时期内下岗人员增多，这是一种客观趋势，也是已实现工业化的国家都经历过的。总之，目前国有企业下岗职工增多，是计划经济向社会主义市场经济转变、传统经济向现代经济转变过程中不可避免的，还会延续下去。这个问题是绕不过去的，是前进中的问题、发展中的问题。我们看问题，要从客观实际出发，不能主观臆断；要看清实质，不要只看现象；要全面辩证地看，不能有片面性。

党中央、国务院确定的下岗分流、减员增效和实施再就业工程是一项大政策，无论从缓解当前社会经济生活的突出矛盾，还是从推进改革和发展的长远要求，以及更好地解决我国的劳动就业问题来看，都是一项积极的政策、关系全局的政策。中央决定，用3年左右的时间，通过改革、改组、改造和加强管理，使大多数国有大中型亏损企业摆脱困境，力争到本世纪末使大多数国有大中型骨干企业初步建立起现代企业制度。实现这个目标，除了制止盲目重复建设外，企业富余人员下岗分流、减员增效是个根本途径。只有把富余人员减下来安置好，才能减轻企业负担，加快技术进步，降低生产成本，提高生产效率，增强市场竞争力，从而为扩大就业提供更强大的物质基础。同时，这也有利于增强职工的竞争意识，充分发挥他们的积极性、创造性和聪明才智。我们要搞好整个国有经济，对国有企业实施战略性改组，提高国有经济的整体素质和效益，就必须解决富余人员的分流问题。国有企业职工下岗分流和再就业，也是促进产业结构优化升级的重要举措。目前，我国社会保障体系尚不完善，保障水平很低，劳动力市场发育不充分，解决国有企业人员过多的问题具有特殊的困难和复杂性。我们既不能照搬国外的做法，也不能沿用计划经济的办法，只能根据现阶段的实际情况，制定适合中国国情的政策、措施。我们要从全局的高度、战略的高度，充分认识做好职工下岗分流和再就业工作的重要性和紧迫性，坚定不移地贯彻中央的重要决策。各地区、各部门一定要按照江泽民同志在这次会议上重要讲话的要求，以对党和人民极端负责的精神，高度重视，加强领导，齐心协力，满腔热忱地做好这项工作。

这次会议，主要是研究部署国有企业下岗职工基本生活保障和再就业工作。有些同志提出，现在社会就业压力很大，除了国有企业外，其他企业也有不少下岗职工，还有社会新增劳动力和农村剩余劳动力转移的问题，希望能够统筹考虑。必须明确，解决下岗职工基本生活保障和再就业的问题，现在只能以国有企业为重点。国有企业职工几十年来为经济建设、改革开放和社会发展做出了重大贡献，党和政府理所应当地给予他们更多的关心，应该帮助他们解决下岗后的基本生活和再就业问题。现在国家财力有限，要把所有下岗职工的基本生活和再就业都管起来，是难以做到的。当然，对其他企业下岗职工和全社会的就业问题，党中央、国务院也十分重视。我们要统筹考虑，研究和制定政策，完善社会保障体系，一步一步地来解决。

（二）切实保障国有企业下岗职工的基本生活。

要充分发挥职工下岗分流、减员增效对国民经济发展的积极作用，就必须保障下岗职工的基本生活。在下岗职工没有找到新的工作以前，这是最重要的一个环节。这次会议明确了以下几点：

一是明确了发放基本生活费的范围。根据国家财政和企业承受的可能，发放基本生活费的范围，只能是国有企业中尚未解除劳动关系的正式职工，由于企业生产经营等原因而下岗，还没有在社会上重新就业的人员。今年一定要确保这些下岗职工拿到基本生活费，并为他们缴纳社会保险金。对那些已经找到新的工作的国有企业下岗职工，有了收入来源，就不再发给基本生活费了。

二是规定基本生活费由再就业服务中心发放。目前，建立再就业服务中心，是保障下岗职工基本生活和促进再就业的有效措施。凡是有下岗职工的国有企业，都要建立再就业服务中心或者类似机构，下岗职工不多的企业也可由现有科室代管，对下岗职工负责到底。这个机构的主要任务，就是为本企业下岗职工发放基本生活费，代下岗职工缴纳社会保险费。同时，组织下岗职工参加职业指导和再就业培训，引导和帮助他们实现再就业。

三是明确了基本生活费的标准。原则上略高于当地失业救济金水平，具体数额由各地根据实际情况确定。下岗职工在再就业服务中心的期限一般不超过3年，基本生活费逐年递减；3年期满仍未再就业的，应解除劳动关系，按规定享受失业救济或社会救济。这个规定，既可以保障下岗职工的基本生活，又可以促使他们积极寻找工作，实现再就业。

四是保障下岗职工基本生活的资金来源，采取“三三制”的办法解决。即原则上由财政预算安排1/3，企业负担1/3，社会筹集（包括从失业保险基金中调剂）1/3。各地要根据实际可能确定不同的比例。财政承担的部分，中央企业由中央财政解决，地方企业由地方财政解决。要把这部分资金列入预算，专款专用，加强管理和监督，不得挪用于任何其他方面开支。对于困难较多的中西部地区和老工业基地，中央财政将以专项转移支付的方式给予适当补助。一些地方提出，现在财力紧张，落实资金有困难。必须明确，宁可少上几个项目，砍掉一些楼堂馆所，厉行勤俭节约，反对铺张浪费，过几年紧日子，也一定要把这笔钱挤出来，确保资金落实到位。

（三）坚持用改革的办法促进再就业。

再就业是下岗职工的根本出路。要适应新的形势，坚持用改革的思路、改革的办法、改革的措施来促进再就业。特别要抓好转变就业观念的教育，拓宽就业渠道，逐步建立起适应社会主义市场经济发展的就业机制。

首先，要大力促进就业观念的转变。现在影响再就业的第一位的障碍，还是观念问题。促进再就业，关键要彻底摆脱各种陈腐择业观念的羁绊。要破除只有在国有和集体单位工作才算就业的观念，破除把工作岗位分成高低贵贱的观念，破除靠国家安排就业、端“铁饭碗”的观念。要引导下岗职工自主择业、自强创业、依靠市场找职业。用人单位也要转变选人观念。社会各个方面都要理解、尊重下岗职工，多为他们排忧解难，增强他们走向新岗位的信心，不要对他们歧视和刁难。

其次，要积极拓宽就业渠道。在这个方面，视野要更开阔一些，办法要更多一些，政策要更灵活一些。要在高度重视和大力发展新兴产业和高技术产业的同时，充分考虑我国劳动力资源丰富的国情，因地制宜地发展劳动密集型的产业。第三产业特别是其中的服务业就业领域非常广阔，社区服务、商品配送、家庭服务、环境保护、植树种草以及旅游业、信息业等，都是增加就业的重要渠道。要在抓好国有大型企业和企业集团的同时，重视发展中小企业，大力发展城乡集体经济、个体经济和私营经济。要进一步改革就业制度和就业方式，广泛推行阶段性就业，如临时工、小时工、季节工和弹性工时制等。各级政府和有关部门都要大力促进就业，积极为自谋职业、合伙就业者提供必要的政策支持和良好的社会环境。要有针对性地加强职业培训，广泛利用现有的各种条件，依靠社会各方面的力量，开展多形式、多层次的职业培训，使下岗职工的知识、技能等尽快适应就业市场的需求。教育部门与劳动和社会保障部门要加强对职业培训工作的指导和协调。

第三，积极培育、发展和规范劳动力市场。当前我国劳动力市场很不成熟，加强政府部门对再就业的指导和帮助，是完全必要的。在市场经济条件下，扩大就业的根本出路在市场，必须充分发挥市场在配置劳动力资源方面的积极作用。要用更多的精力，培育、发展和规范劳动力市场。各地要充分运用现代化手段，建立和完善劳动力供求信息网络，及时迅速地把就业岗位提供给下岗职工，把各种劳动力资源提供给用人单位。现在一些地方劳动力市场相当混乱，必须加强管理和监督，坚决取缔非法劳务中介，禁止各种乱收费，保护下岗职工重新就业后的合法权益。

三、关于解决离退休职工养老保险金的问题（略）

四、坚定信心，振奋精神，扎实工作（略）

与国有企业下岗职工再就业先进事迹报告团成员座谈时的讲话

尉健行

（1998 年 6 月 13 日）

在党中央、国务院召开的国有企业下岗职工基本生活保障和再就业工作会议闭幕不久，中宣部、全国总工会就组织国有企业下岗职工再就业先进事迹报告团，在北京和全国部分省市进行巡回报告。报告团所到之处，受到了热烈欢迎。王兆兰、张慧英、董庚臣、蒋莎、王仁忠五位下岗职工的感人事迹，通过报告会、座谈会以及新闻媒介的宣传，在社会上引起了强烈反响，得到了普遍好评。这项工作抓得很好、很及时，对推动各地贯彻落实中央会议精神，进一步做好国有企业下岗职工基本生活保障和再就业工作，起到了积极的作用。

刚才，报告团的五位同志从不同侧面，讲述了自己再就业的经历和体会，天津、上海市委的负责同志介绍了做好再就业工作的有关情况和打算，大家讲得都很好。下面，我讲点意见，供同志们参考。

国有企业是我国国民经济的支柱。深化国有企业改革，是全党重要而艰巨的任务。党的十五大提出，力争到本世纪末使大多数国有大中型企业经营状况明显改善，初步建立现代企业制度。实现这一目标，必须做好国有企业下岗职工基本生活保障和再就业工作。这关系到改革发展稳定的大局，关系到广大群众的切身利益，关系到跨世纪宏伟目标的顺利实现。实施再就业工程，要做的事情很多，必须在认真贯彻落实中央有关政策、帮助下岗职工解决实际问题的同时，充分发挥党的政治优势，大力加强思想教育工作。

榜样的力量是无穷的。近年来，随着国有企业下岗职工再就业工程的逐步推进，涌现出一大批自强自立、艰苦创业的先进人物。这些典型来自于实践，来自于群众，用先进典型的事迹和精神来教育和引导群众，比一般地讲道理更形象生动，更具有说服力和感染力，易为群众所接受。我们就是要运用这些先进典型进行示范引导，使更多的下岗职工走自强自立、艰苦创业之路。

报告团的五位同志具体事迹虽然不同，但大家的经历具有代表性，体现的思想内涵和精神实质是一致的，反映了时代的要求。主要表现在以下五个方面：

一是发扬工人阶级的优良传统，识大体、顾大局。面对下岗分流，保持良好心态，不灰心丧气，不怨天尤人，正确认识实施下岗分流和再就业工程的必要性，正确对待利益关系的调整，把个人前途与国家命运紧紧联系在一起。认真学习党的方针政策，看到党和政府对下岗职工的关心，理解改革、支持改革，自觉地为国家、为社会、为企业分忧。

二是适应市场经济的要求，树立正确的就业、择业观念。面对市场经济条件下就业方式的变化，克服思想障碍，积极主动地寻找就业机会。根据市场需求、社会需要和自身条件，选择适合自己的岗位，发挥自己的才能，实现自己的价值。

三是自强自立，不怕困难，进行新的创业。面对激烈的市场竞争，不等不靠，敢想敢干，知难而进。尤其是在困难的情况下，不怕挫折，不怕失败，勇于开拓，积极进取，在新的岗位上创造新的业绩。

四是刻苦钻研，敬业勤业，提高自身素质。面对新形势对劳动者提出的新要求，努力学习业务知识，不断增强本领。不管干什么工作，都做到干一行、爱一行、钻一行，讲求职业道德，用自己的聪明才智和诚实劳动，去创造美好的生活。

五是发扬为人民服务和集体主义精神，组织起来共渡难关。面对下岗后遇到的各种困难，互帮互助，互惠互利，热心公益，奉献社会，主动帮助老弱病残和特困下岗职工，依靠大家的力量，想方设法开展生产自救，实现再就业。

对职工群众来说，从走下原来工作岗位到再就业，不是一件简单容易的事情，必然会遇到一些意想不到的困难，经历一个思想徘徊、观念转变、实践摸索、艰辛创业的过程。从再就业先进人物的实践经验看，在党和政府的关心，以及社会各方面的帮助和支持下，只要振奋精神、更新观念、自强自立，就能够克服暂时困难，想出有效办法，开辟再就业的新天地。

国有企业下岗职工基本生活保障和再就业工作，是当前关系改革、发展、稳定全局的头等大事。党中央、国务院对此高度重视，专门召开会议进行部署安排，制定了一系列政策措施，我们一定要认真贯彻落实，把再就业工作扎扎实实地推向前进。这里，我想强调几点：第一，加强再就业政策的宣传教育，把政策落到实处。国有企业下岗职工基本生活保障和再就业方面的各项政策，反映了市场经济发展的客观要求，体现了社会主义制度的优越。要把再就业的政策原原本本地告诉干部职工，帮助人们学习和了解具体内容，按照政策要求自主择业，依据政策规定保障职工权益。第二，满腔热情地为下岗职工排忧解难，多办实事。要千方百计帮助下岗职工解决面临的困难，把党和政府的温暖送到他们的心坎上。社会各方面都要理解、关心和帮助下岗职工，为他们献真情、送温暖，形成扶贫济困的良好社会风尚。第三，及时总结推广再就业工作先进经验，大力宣传再就业先进典型。要坚持用先进典型的成功事例引导和教育下岗职工，使他们学有榜样、赶有目标，增强信心，看到再就业的光明前景。第四，各级领导干部一定要牢记全心全意为人民服务的宗旨，发扬党与人民群众同甘苦、共患难、心连心的优良传统，把下岗职工的冷暖挂在心上。要转变工作作风，清正廉洁，勤政为民，深入困难企业，联系困难职工，做好思想工作，为他们出主意、想办法，帮助解决实际问题。

同志们，当前，国有企业下岗职工基本生活保障和再就业工作，正按照中央的部署积极、健康、有序地推进，我们要在以江泽民同志为核心的党中央领导下，高举邓小平理论伟大旗帜，以党的十五大精神为指导，同心同德，扎实工作，努力实现中央工作会议提出的目标，为深化国有企业改革、促进经济发展、维护社会稳定，做出新的贡献。

改革城镇职工医疗保险制度，建立健全社会保障体系

——在全国城镇职工医疗保险制度改革工作会议上的讲话摘要

李岚清

（1998年11月27日）

国务院召开的全国城镇职工医疗保险制度改革工作会议，今天就要结束了。会议期间，与会代表学习和讨论了《国务院关于建立城镇职工基本医疗保险制度的决定（征求意见稿）》，提高了对职工医疗保险制度改革的认识，明确了改革的指导思想、主要任务和政策措施，增强了搞好这项改革的责任感和信心。这次会议必将推动我国城镇职工医疗保险制度改革与医药卫生体制改革的全面展开和健康发展。下面，我讲几点意见。

一、必须高度重视城镇职工医疗保险制度改革工作

建立社会医疗保险制度，保障城镇职工的基本医疗，是发展经济、促进社会进步的必要条件。党中央、国务院十分重视城镇职工医疗保险制度改革，多次召开会议研究这个问题。为了搞好这项改革，采取了先试点，总结经验，然后推开的做法。多年来，有关部门和地区做了大量探索性工作，积累了经验，为全面推进改革提供了基础。在当前各项改革和发展任务非常繁重的情况下，中央之所以要求加快城镇职工医疗保险制度改革，就是因为这项改革是关系全局的一件大事，不抓不行，抓不好也不行。

（一）城镇职工基本医疗保险制度是社会保障体系的重要组成部分，是社会主义市场经济体制的一项基础性建设。社会主义市场经济体制的建立和健康运行，是与建立健全社会保障体系紧密联系在一起的。现在，我国改革正处于攻坚阶段，发展正处于关键时期，许多深层次的矛盾和问题需要解决。国有企业改革、传统产业的调整和改造以及国家其他各项改革，都需要妥善解决部分国有企业职工的转产、下岗分流和再就业问题，这些都对社会保障体系的建设提出了迫切要求。目前，我国社会保障体系建设的重点是健全企业职工基本养老保险、失业保险和城镇职工基本医疗保险制度。应当说，前两项保险制度已基本建立，而城镇职工基本医疗保险制度改革相对滞后。现行公费医疗和劳保医疗制度已很不适应新的形势，暴露出明显弊端，突出表现在：一是缺乏有效的费用控制机制，致使公费医疗和劳保医疗的费用开支均大大超过国内生产总值的增长速度，

无论是财政还是企业均已不堪重负；二是全社会医疗资源配置无序、浪费惊人，医疗服务行为发生扭曲和偏差；三是随着国有企业改革的深入，原来由企业一包到底的劳保医疗制度已发生很大变化，部分职工面临失去医疗保障的问题；四是随着多种经济成分的发展，越来越多的外资企业中方雇员和私营企业从业人员及其他各类非公有经济成分中的劳动者，得不到基本的医疗保障，不利于体现社会公平。因此，现行的公费医疗和劳保医疗制度已到了非改不可的时候了。只有建立新型的城镇职工基本医疗保险制度，使之与企业职工基本养老保险和失业保险制度一起，形成“三足鼎立”的社会保障支持体系，才能使职工的基本生活得到较好的保障，从而保证我国的各项改革继续深入进行。

（二）建立城镇职工基本医疗保险制度关系到改善人民生活、体现社会公平和维护社会稳定，关系到国家的长治久安。党和政府历来十分重视和关心广大职工的键康问题。自新中国成立以来，特别是改革开放以来，我国卫生防疫和医疗保障制度为提高人民群众的健康水平发挥了重要作用。近年来，随着我国城市化、工业化进程加快和人民生活水平不断提高，城镇职工的医疗卫生需求发生了明显的变化，疾病谱也发生了变化，医疗费用呈快速增长趋势。目前，我国还处于社会主义初级阶段，医疗费用完全由国家和企业负担是不可能的，只有由用人单位和个人共同承担，才能保证职工的基本医疗。这次改革实行“低水平、广覆盖”的原则，就是要保障城镇各类所有制单位的广大职工的基本医疗需求。这对于体现社会公平和维护社会稳定，将发挥重要作用。因此，加快城镇职工医疗保险制度改革，不仅是一个经济问题，而且是一个重要的社会问题和政治问题。

（三）建立城镇职工基本医疗保险制度，通过合理配置和充分利用医疗资源，使广大城镇职工能得到有效的医疗服务。医疗制度改革的难点在于它涉及各方面利益的调整。我们既要破除过去那种医疗费用由国家和企业包下来、“吃大锅饭”的观念，也要破除只有国有企业职工才有医疗保险的观念。要建立一种有效的医疗费用控制机制，并由此实现医疗资源的合理配置和充分利用，从根本上杜绝医疗资源的浪费。要建立用人单位和职工个人合理负担医疗费用的机制，建立覆盖各类所有制单位和职工的基本医疗保险制度。

从国际上看，无论是发达国家还是发展中国家，都把医疗保险制度改革作为一件大事，予以高度重视。我国特殊的国情更增加了这项改革的难度，不论是制定具体的实施方案，还是出台各项配套措施，都要因地制宜，做大量周密细致的工作，花大力气把这项改革抓紧抓好。

二、建立职工基本医疗保险制度，必须与医药卫生体制改革配套推进

城镇职工医疗保险制度改革与医药卫生体制的改革是互为条件、相辅相成、相互促进的。只有搞好医药卫生体制的配套改革，才能从根本上控制医疗费用的过快增长，才能为人民群众提供良好的基本医疗服务，从而保证城镇职工基本医疗保险制度顺利建立。否则，即使新制度建立起来了，也无法巩固和顺利实施。所以说，医药卫生体制改革进展如何，关系到城镇职工医疗保险制度改革的成败。因此，我们在积极推进城镇职工医疗保险制度改革的同时，必须加快医药卫生体制改革的步伐。

这些年来，我国医药卫生系统在工作中取得的巨大成绩是有目共睹的，但问题和困难也是显而易见的。比如，一方面，存在着看病难、费用高，患者对医疗服务质量不满意等问题；另一方面，也存在医疗机构缺乏活力的问题，城市大医院人浮于事、中小医院勉强维持，卫生资源配置不合理和利用效率不高。因此，加快医药卫生体制改革，不仅是建立城镇职工基本医疗保险制度的迫切要求和必要条件，也是医疗机构和卫生事业自身健康发展的需要。这次城镇职工医疗保险制度改革，对整个医药卫生体制改革不仅增大了压力，也提供了良好的机

遇。卫生等有关部门及医疗机构要以城镇职工医疗保险制度改革为契机，加大医药卫生体制改革的力度。当前要重点抓好以下几个方面的工作：

第一，实行医、药分开核算和分别管理的制度，打破医药不分的垄断体制，建立药品流通的竞争机制，合理控制医疗费用增长。我国医疗机构长期实行财政补助与服务收费、药品批零差价收入相结合的经济补偿政策。近几年来，药品收入越来越成为医院收入的主要来源，“以药补医”已经暴露出严重的弊端。为了追求经济收益，药品生产企业、流通企业对医疗机构采取“高定价、大回扣”的营销做法，有些医生也愿意多开药、开高价药，于是医疗机构的“大处方”和用昂贵设备做不必要的检查等现象“应运而生”。这直接导致了医疗费用的快速上涨，增加了国家、企业和职工个人的经济负担，也造成了巨大浪费并滋生腐败，败坏了医生的职业道德，败坏了社会风气。解决这个问题，一是医院必须实行医和药分开核算、分别管理的制度，“桥归桥、路归路”，药品收支结余全部上缴卫生行政部门，纳入财政专户管理，合理返还。在医疗机构改革中，应当由政府补助的，各级政府一定要承担；应该提高的医务技术服务费用，也要逐步调整。医药分开核算、分别管理的目的，就是要切断医疗机构与药品营销之间的直接经济利益联系，促使医生因病施治，合理用药，遏制滥开药方造成的浪费。二是药店之间也要有竞争。患者拿一个处方，可以在医院药房购药，也可以到其他符合规定的药店购药。这样做，既有利于保护患者的利益、降低医疗费用负担，又有利于推进药品流通体制改革和建立合理的医疗机构补偿机制。有些医疗机构实行药品向有资格的生产药品企业公开集中招标采购，不但降低了药品成本，而且有效地防止了假药、劣药的流入。

第二，医疗保险主管部门在为患者指定医疗机构时应引进竞争机制，促使医院加强管理，减员增效，降低成本，提高医疗质量和效率。医疗机构改革的总要求是，建立有责任、有激励、有约束、有竞争、有活力的运行机制。医疗保险主管部门在指定定点医院时，决不能只指定一两家，必须有若干家，不仅有西医医院，还应有中医医院，要让患者对医院能有所选择，以促使医院之间展开公平竞争。只有这样，才能增强医院自身改革的动力。医疗机构的各项改革，要紧密围绕“以病人为中心”来开展。一定要重视对医疗服务的管理，制定并严格执行各种医疗服务规范和标准，推进医疗技术管理和质量管理的科学化、规范化和现代化。医院要不断提高医疗技术水平和医疗服务质量，完善便民措施，处处方便患者。

长期以来，医疗机构强调政府投入而缺乏严格的内部经济核算，导致人员过多、人浮于事，造成医疗成本大幅度上涨。医疗机构必须切实加强内部经济核算，树立优质、高效、低耗的管理目标。要加快和深化人事制度改革，精兵简政，能进能出，能上能下。专业技术人员要竞争上岗，要使患者有权选择医生，医生靠高超的医术和良好的医德提供服务。行政后勤科室要压缩，实行后勤社会化。像国有企业改革那样，实行转岗或下岗分流、减员增效，下决心解决人浮于事的问题。要提倡和鼓励医疗机构的专业技术人员到基层去开展社区卫生服务，用自己的专业技术知识去满足广大职工群众的补充医疗服务需求。对于从事医疗后勤工作的非专业技术人员的分流，要通过医疗后勤社会化来解决。

第三，理顺医疗服务价格，体现医务技术劳动价值。医务人员提供的医疗服务，是他们的专业知识、经验积累以及体力劳动的综合成果，应该体现其相应的劳务价值。改革开放以来，我国价格体系和服务收费改革已经有了较大进展，其中也包括医疗服务收费价格方面的改革。但是到目前为止，医疗服务收费价格还没有完全理顺。要在大力降低医疗服务成本和进行医药分开核算、分别管理、降低药费的基础上，适当提高医疗技术服务的诊疗费价格，使医疗机构和医生主要通过医疗技术服务的收入取得相应补偿和报酬，而不是通过多卖药、小病大治、增加检验项目等不正当手段来获得经济收益，更不允许通过收“红包”等手段谋取非法收入。同时也应看到，医疗服务不同于一般商品交换，其价格的调整关系到广大人民群众的切身利益。因此，调整医疗服务价格要从我国国情出发，统筹考虑国家对卫生事业的投入、卫生服务发展的需要和人民群众的经济承受能力。各级政府和有关部门要积极创造条件，努力改善医务人员的工作和生活待遇，使他们能够安心并热爱本职工作，积极投身改革。应当承认，在相当长的时期内，我们还没有条件使医务人员的劳动价值与个人收入完全一致，只能逐步提高收入，而不可能一下子达到很高的水平。但是，即使待遇提高了，若不引进竞争机制，建立优劳优得、多劳多得的激励制度，也不能促进医护人员医术和医德的提高。现在有些医院实行病人有权选择医护人员，并与收入挂钩的办法收到较好效果，可供借鉴。应当相信，我国广大医务人员和知识分子是通情达理的，对改革是支持的。

第四，不断提高医务人员的素质和医疗服务质量。医务人员从事救死扶伤的神圣工作，在社会上倍受尊重，应该具有良好的思想道德和业务素质，树立良好的医德医风。“无德不成医”。我们要在广大医务人员中加强思想政治工作和职业道德教育，大力弘扬救死扶伤、爱岗敬业、乐于奉献、文明行医的行业风尚，抵制不正之风的侵蚀。医务人员业务素质的提高涉及到许多方面。《执业医师法》将于1999年5月1日起实施，卫生行政管理部门及医疗机构要抓紧做好准备工作，通过贯彻实施《执业医师法》等有关法律法规，加强对医务人员的资格管理，保证执业人员的基本业务素质。广大医务人员要努力学习新知识，掌握新技术，坚持合理检查、合理用药，改善服务态度，对病人要有爱心、耐心和责任心，使人民群众能够获得优质、满意的医疗服务。

第五，调整医疗机构布局，优化卫生资源配置，发展社区卫生服务。长期以来，我国公办医疗机构条块分割，重复建设，效益低下。卫生行政部门要带头转变职能，实行政事分开，主要管理卫生事业而不是直接办医疗机构，更不是“总医院”，也不是“医院协会”和“医师协会”。卫生行政部门要以医疗服务需求为导向，做好医疗服务需求的预测，实施区域卫生规划，通过行政法规和经济政策来保证职工群众获得良好的卫生服务。要发挥市场对卫生资源配置的重要作用，促进医疗机构之间的有序竞争，优胜劣汰，逐步解决医疗机构“小而全”、卫生资源分散、效率低下等问题。一些产业部门和企业开办的医院，医疗设备先进，病床多，但利用效率不高，这是很大的浪费。要在政府机构改革和政企分开过程中，抓紧进行调整和改革。可以借鉴高等学校管理体制改革中实行“共建、调整、合作、合并”的做法，提倡医疗机构进行各种形式的联合或合并，共建医疗服务集团。提倡大医院和中小医院的联合，实现优势互补、资源共享，更好地为患者服务。也可以借鉴国有企业改革中的一些成功经验，对于那些不符合社会需要而且技术设备陈旧落后的医疗机构实行关、停、并、转。今后我国医疗服务模式的改革方向是，“大病”进大医院、“小病”在社区医院。也就是说，大医院主要从事急危重症、疑难病症患者的诊疗，社区医院主要从事常见病、多发病和诊断明确的慢性病的治疗和康复。要与城镇职工医疗保险制度改革同步，建立和发展具有我国特色的社区卫生服务体系。各地区、各部门要有计划地将医院的富余人员和设备转移到社区卫生服务机构中去。这样做的好处，一是有利于向职工提供便捷的综合性卫生服务，既可以解决看病难的问题，又适应我国职工疾病结构变化的实际需要，贯彻“预防为主”的方针，更好地保证职工身心健康；二是有利于卫生资源的合理配置和充分利用，解决医疗机构的结构性矛盾和问题，可以为医院富余的医务人员提供施展才干的广阔天地；三是有利于从整体上降低医疗服务成本，控制医疗费用的过快增长，保障城镇职工医疗保险制度改革的成功。

三、精心组织，周密部署，认真贯彻落实国务院关于建立城镇职工基本医疗保险制度决定的精神

城镇职工医疗保险制度改革和医药卫生体制改革政策性强，涉及面广，难度较大。各地区、各部门必须高度重视，切实加强领导，精心组织，周密部署，狠抓落实。

（一）各级领导要高度重视，把城镇职工医疗保险制度改革放到重要议事日程上来。在这次会议上，大家表示一定要按照国务院《决定》的精神统一思想，抓好城镇职工医疗保险制度改革工作。也有的同志反映，现在出台的改革方案多、任务重，担心在这么短时间内完不成城镇职工医疗保险制度改革任务。这种担心是可以理解的，但问题的关键在于，是不是真正重视了这项改革工作。一些试点城市的经验表明，不怕问题多、难度大，只要领导真正重视了，就能拿出解决的办法。办法总比困难多。哪个地方主要领导同志亲自抓，那里的改革进展就比较顺利；反之，进展就比较缓慢，甚至使一些问题久拖不决。因此，各级党委和政府，特别是地（市）一级的党委和政府，是实施这次改革的直接组织者，一定要把思想统一到《决定》的部署和要求上来，把城镇职工医疗保险制度改革提上重要日程，认真研究和解决改革中的各种实际问题。鉴于这项改革涉及方方面面，各级政府主要负责同志要亲自抓，组织好各方面的力量，协调好各方面的关系，拧成一股绳，劲往一处使，使城镇职工医疗保险制度改革和医药卫生体制改革配套实施、同步推进、切实搞好。

（二）精心制定实施方案，做好深入细致的思想工作。国务院的《决定》明确了建立城镇职工基本医疗保险制度的指导原则和有关政策措施。制定这个《决定》很不容易，而要真正贯彻落实，任务更加艰巨。全国各地的情况差别很大，尽管《决定》对一些重要问题作了原则规定，但在实际工作中，各地还要结合当地具体情况，认真搞好具体的实施方案。要组织有关部门共同研究和讨论，从当地实际情况出发，科学地测算并确定具体的筹资标准、“封顶线”金额和“大病”、“小病”的划分，确定城镇职工医疗保险承办机构与医疗机构之间的支付结算方式等等，力求实施方案科学周密、简便易行。城镇职工医疗保险制度改革直接涉及广大职工切身利益，必须广泛听取职工的意见。要加强城镇职工医疗保险制度改革的宣传教育工作，使广大职工提高对改革目的和意义的认识，转变观念，增强对医疗保险制度改革的理解程度和心理承受能力，自觉支持改革，积极参与改革。同时，要提高广大医务人员积极投身改革的责任感和主动性。我国有五百多万医务人员，他们是城镇职工医疗保险制度改革和医药卫生体制改革的主力军。只有紧紧依靠这支队伍，积极引导他们参与和支持这项改革，整个改革才能顺利推进、取得成功。

（三）注意研究解决改革中的重点、难点和热点问题。在城镇职工医疗保险制度改革中，将会遇到许多新矛盾和新问题，各地区、各部门都要及时研究解决办法。例如，医药分开核算，分别管理是医药卫生体制改革中的一个重要问题，非解决不可，但也会带来一些新的矛盾，需要认真解决。此外，还有其他一些难度较大的问题，都应该研究采取相应的对策，以防止社会统筹基金透支和失控。

（四）明确责任，各司其职，相互配合。各级政府和有关部门要认真按照《决定》的要求，积极参与这项改革。劳动和社会保障部门要切实加强对各地城镇职工医疗保险制度改革的指导，尽快组织制定城镇职工基本医疗保险制度的各项配套政策，加强调查研究，及时发现和解决改革过程中的矛盾和问题。财政部门要尽快制定与城镇职工基本医疗保险制度有关的财政和财务政策及管理办法。卫生部门在这项改革中承担着很大的责任，既要积极参与城镇职工医疗保险制度改革，又要加快推进整个医药卫生体制改革，要尽快制定医疗机构改革的配套方案和发展社区卫生服务的有关政策。经贸

部门要配合做好药品流通体制改革。总之，各有关部门和地区要根据《决定》的精神，既有分工，又有合作，多沟通，多协商，相互配合，保证政令畅通和各项政策的一致性。

（五）增强信心，扎实工作，务求成功。我们既要看到进行城镇职工医疗保险制度改革的艰巨性和复杂性，同时也要看到改革的有利条件。近年来，全国一些地方和行业已经进行了城镇职工医疗保险制度改革的试点，积累了一定的经验，社会上对这项改革基本形成了共识，职工群众对改革的承受能力不断增强，特别是国务院的《决定》进一步明确了改革的原则、任务和政策措施，各方面的思想更加统一。这为在全国范围内进一步推进城镇职工医疗保险制度改革创造了有利的环境和条件。只要我们振奋精神，坚定信心，抓住机遇，以积极而稳妥的精神，加大领导力度，加大宣传力度，扎扎实实地工作，就一定能够建立起有中国特色的城镇职工医疗保险制度。

以对党和人民高度负责的精神，切实做好国有企业下岗职工基本生活保障和再就业工作

——在国有企业下岗职工基本生活保障和再就业工作会议上的工作报告摘要

吴邦国

（1998年5月14日）

当前，国有企业改革进入攻坚阶段。中央提出，用3年左右时间，通过改革、改组、改造和加强管理，使大多数国有大中型亏损企业摆脱困境，力争到本世纪末使大多数国有大中型骨干企业初步建立现代企业制度。实现这两个目标，必须做好国有企业下岗职工基本生活保障和再就业工作。这次会议的主要任务，就是按照党的十五大和九届全国人大一次会议精神，讨论、贯彻《中共中央、国务院关于切实做好国有企业下岗职工基本生活保障和再就业工作的通知》，总结、交流做好这项工作的经验，明确今后的目标、方针、政策和措施，进一步动员全党和全社会的力量，切实做好国有企业下岗职工基本生活保障和再就业工作。下面，我讲五个问题。

一、高度重视国有企业下岗职工基本生活保障和再就业工作

做好国有企业下岗职工基本生活保障和再就业工作，事关改革、发展和稳定的大局，是深化国有企业改革的基本前提和重要任务之一。为什么党中央、国务院对这个问题极为重视？我认为可以从以下几个方面来认识。

第一，国有企业下岗职工增多，涉及千家万户，已成为当前一个重大的社会经济问题。今年“两会”期间的一个热点问题，就是国有企业下岗职工增多。妥善解决职工下岗的问题，对于加强党与人民群众的血肉联系，充分调动各个方面的积极性，巩固和发展当前好的政治经济形势，促进经济和社会协调发展，具有极大的现实意义和深远的历史意义。

第二，下岗职工基本生活保障和再就业问题解决得好不好，直接关系到国有企业改革的成败。经过几年的探索，国有企业改革的方向、目标、方针已经明确，各项工作正在积极推进，各地出现了不少有较强实力和活力的企业和企业集团，并在改革实践中积累了很多好的经验。现在一个突出的问题，是企业富余人员过多。人员过多是一些企业生产经营困难、亏损的重要

原因。另一方面，企业实行大锅饭、铁饭碗的劳动工资制度，人员不能流动，严重束缚了职工的积极性，妨碍了技术进步和生产效率的提高。随着社会主义市场经济的推进，产业结构的调整和升级，以及科学技术进步，不解决企业冗员过多的问题，不建立适应市场经济的就业机制，实现减员增效，国有企业改革和发展目标就难以实现。当前，国有企业下岗职工增多，是计划经济条件下长期积累的矛盾在就业问题上的集中反映，也是改革和发展进程中不可逾越的阶段，决不能归咎于改革。对此，我们一定要有清醒的认识。

第三，国有企业下岗职工的问题解决不好，就会影响社会稳定。现在很多的地方，特别是东北、西北、西南的一些老工业基地和纺织、煤炭、军工、森工企业较为集中的地方，下岗职工比较多，部分下岗职工长期没有正常收入，生活困难。下岗职工人多面广，处理不好，会在人民内部引发大量不安定因素，很容易被少数别有用心的人和敌对分子所利用，激化矛盾，影响社会稳定。社会不稳定，经济体制改革无法深入进行，我们已经确定的经济发展目标也难以实现。

近几年，各级党委、政府和有关部门，按照党中央、国务院的要求和部署，积极采取措施，在保障下岗职工基本生活、实施再就业工程方面做了大量工作，取得了一定成效。到去年底，全国已分流职工 640 万人，在余下 643 万下岗职工中，有 324 万人领到基本生活费；在 111 个"优化资本结构"试点城市，共成立再就业服务中心1 777个，初步建立了再就业服务体系。同时，各地从实际出发，创造性地工作，积累了许多好的经验。但是，我们要清醒地看到，当前面临的形势依然十分严峻，任务还相当艰巨。江泽民同志尖锐地指出，谁在解决国有企业下岗职工的问题上敷衍塞责，就是严重失职。我们一定要按照中央要求，心中时时刻刻装着下岗职工，体察他们的疾苦，满腔热忱地为他们排忧解难，以对党和人民高度负责的精神，切实解决好国有企业下岗职工的问题。

二、明确国有企业下岗职工基本生活保障和再就业工作的目标、任务和重点

《中共中央、国务院关于切实做好国有企业下岗职工基本生活保障和再就业工作的通知》，对做好国有企业下岗职工基本生活保障和再就业工作提出了明确的要求，是我们做好这项工作的依据和准则。根据国有企业改革的总体部署并考虑到社会各方面的承受能力，中央要求：当前和今后一个时期，主要解决国有企业下岗职工基本生活保障和再就业问题，把保障他们的基本生活作为首要任务，并力争每年实现再就业的人数大于当年新增下岗职工人数，1998 年使已下岗职工和当年新增下岗职工的 50% 以上实现再就业。争取用 5 年左右的时间，初步建立起适应社会主义市场经济体制要求的社会保障体系和就业机制。这样的目标，是积极稳妥的。当然，不是说 5 年以后就不存在职工下岗问题了，随着企业技术进步和资本有机构成的提高，必然会有部分职工转岗和下岗。市场经济的规律之一是优胜劣汰，职工下岗、再就业，是正常现象。中国有 12 亿多人口，每年净增人口1 000多万，就业问题是我国经济和社会发展中的一个难题。但是，通过深化改革，我国将逐步形成适应社会主义市场经济发展要求的社会保障制度和新的劳动就业机制，问题就不会像现在这样突出了。

解决下岗职工的问题，必须突出重点。重点就是国有亏损企业下岗职工。之所以明确这个重点，是考虑了国有企业改革和脱困的要求。中央一再明确，国有企业改革是整个经济体制改革的中心环节。当前，国有企业改革已进入攻坚阶段。解决国有企业冗员问题，是国有企业改革的一个重要内容。同时，当前国有亏损企业下岗职工的问题也最为突出，全国下岗职工中 70%左右是国有亏损企业职工，这部分职工的问题解决了，其他企业下岗职工的问题也就容易解决了。在社会保障制度还不健全，国家财力不充裕的情况下，只有集中力量，突出

重点，才能更加有效地解决问题。国有企业的职工多年来为经济建设、改革开放和国有企业发展做出了重大贡献，党和国家理所当然地要给予更多的关心，解决他们的生活困难，帮助他们实现再就业。

为了解决好国有企业下岗职工的问题，首先要明确界定下岗职工的范围。这里有两个概念要搞清楚：一是要把下岗和失业区分开。下岗是指下岗职工与企业没有解除劳动关系，仍然是企业的职工；失业则不同，这些人与企业没有劳动关系，滞留在社会上。从1984年开始，我国对新进厂的职工实行劳动合同制。凡是实行劳动合同制的新职工，合同到期解聘后，也就自然与企业解除劳动关系，这部分人就不能作为下岗职工。我们经常看到两组数据，一个是下岗职工数，一个是登记失业数，这二者区别就在于与企业有无劳动关系。二是要把职工下岗和分流区分开。分流是指企业通过自办经济实体、劳务输出、离岗退养等渠道，将富余人员从原岗位上分离出来。较早提出分流概念的是宝钢，他们提出主业辅业分离，精干主体，目的是为了提高主业的竞争能力，从主业分离出的富余人员搞多种经营，自负盈亏，没有推向社会，这实际上是企业内部转岗，不同于职工下岗。所以，下岗职工指的是：一没有与企业解除劳动关系，二在原企业已没有工作岗位，三有就业要求但还没有找到新的工作。

对国有企业职工下岗要把握好宏观调控力度。目前，我国的社会保障制度不完善，劳动力市场发育还不成熟，城镇就业压力比较大，如果一段时间内职工下岗过于集中，就会造成严重的社会问题。这里的核心问题，是要从国家整体利益出发，照顾全局，充分考虑国家财政和社会保障的承受能力，考虑经济发展、结构调整所能提供就业岗位的容量。要坚持减员增效与促进再就业相结合、职工下岗分流与社会承受能力相适应的原则。前些时候，有些地方职工下岗过于集中，在工作指导上又放松了再就业，造成了部分职工心理上的恐慌，出现了一些不安定因素，必须引起我们高度重视。为了加强对职工下岗的宏观调控，这里强调三点：一是职工下岗不能放任自流，要建立职工下岗申报备案制度。目的是要考虑方方面面的承受能力。下岗职工的基本生活费和缴纳的保险费，大头来自财政和失业保险基金，向劳动和社会保障部门申报备案是理所当然的。二是要规范职工下岗程序，增加工作的透明度。谁下岗谁不下岗，不能经理（厂长）一人说了算，要经企业领导班子集体讨论决定，企业减员增效、下岗分流的方案要充分听取职代会的意见。制定职工下岗方案的同时，要提出再就业的意见，做到公平下岗，竞争上岗，使下岗的人服气，在岗的人有压力。三是要充分考虑职工实际困难，制定一些保护措施，避免夫妻双方同时下岗，尽量避免劳模、烈军属、残疾人下岗等。

现在，有些地方和企业对接近国家规定退休年龄的老职工，采取提前退休的办法。对这个问题如果不加控制，养老保险基金承受不了，而且提前退休的职工会挤占新的就业岗位，增加下岗职工再就业的困难。目前，我们只对“优化资本结构”试点城市的破产企业和纺织行业的细纱和织布两个特殊工种开了口子，可以办理提前退休。对这个问题必须严格控制。各地一定要严格按照中央的规定办，不准再擅自办理职工提前退休。

三、建立和完善再就业服务中心，保证下岗职工都能拿到基本生活费

做好国有企业下岗职工基本生活保障和再就业工作，有大量的工作要做，当务之急是尽快建立和完善再就业服务中心，保证每一个下岗职工都能领到基本生活费，让每一个下岗职工都有饭吃。建立和完善再就业服务中心，主要是做好两件事：一是凡是有下岗职工的企业都要建立再就业服务中心或者类似机构，下岗职工不多的企业也可以由现有科室代管，对本企业下岗职工负责到底，作为再就业工作的组织保证。据调查，目前国有企业下岗职工有89%没有进入再就业服务中心，其中有一半以

上没有领到基本生活费。这个问题今年一定要解决。二是要建立自下而上的再就业服务体系，并使其与劳动力市场联系起来，形成企业、行业、社区相互联通的再就业服务网络。

这里，需要特别强调的是，再就业服务中心一定要建在企业。前一段时间，各地做法不同，有的建在企业，有的建在行业，也有的由政府组建。今后，再就业服务中心都要建在企业，每个下岗职工都要进入本企业的再就业中心。企业要对本企业下岗职工负责到底，不能向社会一推了之。下岗职工与企业没有解除劳动关系，企业理所当然地要关心他们，这也是企业经理（厂长）和党、团、工会组织义不容辞的责任。现在下岗职工的顾虑很多，最大的顾虑就是怕下岗后没人管。企业对本企业下岗职工的情况最熟悉，在保障下岗职工基本生活、提供再就业服务等方面，可以做大量工作，下岗职工也比较容易接受。这并不是又回到计划经济用工制度的老路上去。下岗职工进入再就业中心，是在社会保障制度还不健全情况下，向市场经济的就业机制转变的一种过渡办法，不是要求企业将下岗职工背到底，而是在实现再就业之前，在政府和社会的帮助下，保障下岗职工的基本生活，提供再就业服务，承担应有的责任。

再就业服务中心的任务，主要是三条：一是向下岗职工发放基本生活费；二是代下岗职工缴纳养老、失业和医疗保险费用；三是对下岗职工培训、就业提供指导，帮助他们实现再就业。这三条都很重要，但首先要确保下岗职工的基本生活。这要作为一条铁的原则，不折不扣地贯彻执行。下岗职工的基本生活有了保障，就不至于出现大的问题，就有利于保持社会稳定。在这个基础上，职业培训、职业介绍的文章就好做了。下岗职工基本生活费的标准，要根据各地的实际情况确定，既要确保下岗职工的基本生活，又不能标准过高，而且每年按一定比例递减，以利于下岗职工转变择业观念，促进再就业。同一城市中，进入服务中心的下岗职工，基本生活费应实行同一标准。下岗职工在再就业服务中心一般不得超过3年，3年后仍然没有再就业的，按失业或社会救济对象对待。

保障下岗职工基本生活的资金，采取“三三制”的办法，原则上政府、企业和社会各承担1/3。首先，财政要拿钱，中央和地方财政都要拿。中央企业由中央财政解决，地方企业原则上由地方财政解决，对困难较大的地区和老工业基地，中央财政今年将拿出30亿元，通过转移支付，以专项基金的方式帮助解决一部分，减轻这些地区的财政负担。现在，各地财政都很紧张，但必须算大账。作为经济体制转轨的代价和成本，这笔钱省不了。应该说，不论是经济发达的地区，还是欠发达的地区，这个钱还是拿得出来的，关键是要下决心。少盖一幢楼，少买一辆车，少上一个没有效益的项目，钱就出来了。从今年开始，各地财政已经将再就业资金列入预算，问题是可能打得不够，要进行必要的调整。其次，企业拿的资金要落实。现在企业只负担1/3，而且基本生活费加养老、失业和医疗保险金，一般只相当于当地平均工资的一半，负担已经大大减轻了，应该说除个别企业外，大多数企业是可以承受的。当然，少数亏损严重的企业实在拿不出的，财政要兜底。三是从社会筹集的部分也要落实。为了提高失业保险基金的支付能力，中央已决定从今年开始，将失业保险的缴费比例，由企业职工工资总额的1%提高到3%，提高了两个百分点，其中职工个人缴纳1%，企业增缴1%。据估算，一个百分点一年就是50亿元，提高两个百分点，就增加100亿元。增加部分主要用于下岗职工。“三三制”是一个大的原则，各地应从实际出发，保证资金到位。

下岗职工的基本生活费和社会保险费，是下岗职工的“保命钱”，一定要足额用到下岗职工身上。再就业服务中心所需的各项费用，包括工作人员的工资、福利以及管理费、培训费等，都不能从这里出，由政府和企业按原有财务渠道解决。财政负担和社会统筹的资金，由财政部门按专项资金管理。任何部门、任何人都绝对不许用职工的“救命钱”盖房子、买汽车、吃喝送请，这类问题一经发现要从严惩处。

解决下岗职工问题的资金，除上述渠道外，还有其他渠道。对“优化资本结构”试点城市的破产企业，资产变现收入已明确要优先用于职工的安置，一般是当地年平均工资的3倍。对被兼并企业，下岗职工的安置费由兼并方负担。对纺织、煤炭、兵器等困难行业，国家也都有政策。纺织行业每压1万锭，财政拿300万元，中央财政和地方财政各拿一半，这部分钱主要用于压锭职工的安置。对煤炭行业，中央财政每年补贴10亿元，所得税全部返还。对兵器行业，中央财政补贴6.5亿元。只要这些政策真正落到实处，保证下岗职工的基本生活应该是没有问题的。

建立和完善再就业服务中心，实施再就业工程，从一定意义上说，是目前一种具有中国特色的过渡性社会保障制度，是将职工从原岗位上精减下来又不推向社会的一种平稳过渡方式，是将保障下岗职工基本生活与促进再就业相结合的有效组织形式。但是，要解除下岗职工的后顾之忧，还必须解决好下岗职工的养老、失业和医疗等保障问题。据调查，天津已实现再就业的下岗职工共26.5万人，但与原企业解除劳动关系的只有5 000人，不到2%，原因就在于下岗职工担心养老、失业和医疗得不到保障。这些都是很实际的问题，应该予以解决。具体的办法：一是下岗职工在原企业所缴纳的社会保障金，包括下岗期间继续缴纳的养老、失业和医疗保险金，应予承认，今后养老保险待遇要连续计算。二是对已经在社会保险制度暂时还没有覆盖到的私营、“三资”企业就业的下岗职工，社会保险机构要为他们续缴社会保险提供服务。劳动和社会保障部门要力促这些企业尽快建立社会保险制度。三是企业分给下岗职工的住房，政策上与在职职工一视同仁。对这些政策规定，要通过多种形式向下岗职工宣传解释。有的地方提出：“不管你到哪里干，养老保险接着算”；“哪里工作都一样，看病吃药有保障”。这些口号通俗易懂，简单明了，下岗职工很容易理解和接受。

四、千方百计帮助国有企业下岗职工实现再就业

解决下岗职工的问题，最终还是要帮助他们实现再就业。近年来，在党中央、国务院的领导下，各级党委、政府做了大量工作，使国有企业富余的640万名职工实现了分流和再就业，缓解了下岗职工的就业压力。我们要在现有工作的基础上，加大工作力度，千方百计地帮助下岗职工实现再就业。

实现下岗职工再就业，要着眼于发展经济，提供更多的就业岗位。中央提出今年经济增长8%的宏观调控目标，一个很重要的考虑，是为了缓解就业压力。为了实现今年再就业目标，这里强调三个问题：

第一，引导下岗职工切实转变择业观念。当前社会经济生活中一个明显的问题，就是“有活没人干，有人没活干”。这是全国普遍存在的现象。之所以存在这种情况，一条重要的原因，就是下岗职工的择业观念还不适应市场经济发展的需要。在过去几十年中，我国的劳动人事制度实行国家包分配、包就业，传统的就业观念和择业观念还在束缚一些人的头脑。要进一步做好下岗职工再就业工作，必须引导下岗职工适应发展市场经济的新形势，转变择业观念。

当前，我们确实面临下岗职工再就业的巨大压力，但也应该看到，我国城镇就业的潜力大得很。这里有两组数据可以说明问题：一是1991—1997年，第三产业经济增长每增加一个百分点，增加就业99万人，带动就业的效应最大。我国目前第三产业从业人员占全部就业人员的比例只有26%，比发展中国家40%的平均水平低得多。第二组数据是，1991—1996年，我国城镇新增就业人员2 383万人，这期间国有、集体企业净减少32万人，而非公有制经济增加就业人员2 415万人。据有关部门提供的资料，现在平均每天有16 500人进入个体、私营企业就业，其中下岗职工占80%。这两组数据说明，

城镇就业的潜力还大得很。《中共中央、国务院关于转发〈国家计划委员会关于应对东南亚危机,保持国民经济持续快速健康发展的意见〉的通知》明确提出，要加快发展第三产业和私营、个体经济，吸纳更多的劳动力就业。我们要坚持实行在国家政策指导下,劳动者自主择业、市场调节就业和政府促进就业的方针，广开就业门路，在继续发展公有制经济的同时，大力发展个体、私营经济，积极发展第三产业。只要工作做得好，是完全能够解决下岗职工再就业问题的。我们要有这个信心。要切实引导下岗职工转变择业观念。不能认为只有进国有企业才算上岗就业，无休止地挑挑拣拣。观念转变天地宽，只要转变观念，树立自强、自立意识，很多就业岗位就在面前。比如，计时工、商品配送、环保绿化、社区服务、物业管理等都大有就业岗位。哈尔滨市 21 万下岗职工中，有48%的人在第三产业中实现了再就业。天津市仅“早点工程”就吸纳了1 000多名下岗职工。要通过我们的工作，使每一个下岗职工、社会上的每一个人都知道，在市场经济条件下，只要诚实劳动、合法经营,不存在不体面的岗位,不存在低人一等的工作；只要自强不息、奋发向上,在任何岗位上都可以充分施展自己的才干,体现自身的价值。

下岗职工有个转变择业观念的问题，用人单位也有个转变观念的问题。要从企业需要出发，提出合理要求。凡是条件相同的，要优先录用下岗职工，为下岗职工再就业做出自己的贡献。

第二，鼓励下岗职工通过劳动力市场自谋职业。通过劳动力市场实现再就业，是市场经济条件下就业的基本形式。当然，我们目前还难以完全做到这一点，政府还要给予帮助。要鼓励下岗职工自谋职业或自愿组织起来就业。沈阳市去年通过自谋职业或自愿组织起来实现再就业的，占实现再就业人数的 40%，有的地方这个比例还要更高些。更可喜的是，各地都涌现出一批自强自立，不等不靠，通过自身努力实现再就业的典型。有的不仅通过自身努力解决本人的就业问题，还帮助其他下岗职工实现了再就业。要认真总结这方面的经验，鼓励和支持通过劳动力市场自谋职业或自愿组织起来就业。中央已经明确指出，对下岗职工自谋职业或自愿组织起来就业,要在资金、税收、收费及登记注册等方面给予一定的优惠和支持。现在各地为支持下岗职工自谋职业和合伙就业，都制定了一系列优惠政策，取得了良好效果。希望各地认真落实中央精神，结合本地实际，在总结经验的基础上，加大政策扶持的力度。这里要特别强调的是，中央已经明确，银行要为下岗职工自谋职业和自愿组织起来就业提供小额贷款。现在中国人民银行正在研究这个问题，要尽早拿出切实可行的、便于操作的具体方案，以便在资金上支持下岗职工自谋职业。

第三，加快劳动力市场建设。加快劳动力市场建设，完善市场就业机制，为下岗职工提供优良服务和就业指导，是搞好再就业工作的重要环节。各级党委、政府要委派得力人员做再就业工作，满腔热情地为下岗职工服务。现在各地在建设劳动力市场方面都做了大量工作，积累了不少经验。这里再强调两点：一是要建立条块结合、相互联系、灵敏高效的就业信息网络，为下岗职工提供招工信息。要通过报纸、广播、电视、电脑网络等现代化的通信设施，为下岗职工提供必要的信息咨询服务和就业指导。二是切实做好下岗职工职业技术培训工作。职业技术培训是再就业工程的重要内容和基本前提，是促进下岗职工再就业的重要保证。现在有些下岗职工技术单一，不适应新的就业岗位的要求，这是制约下岗职工再就业的重要因素之一。针对目前下岗职工的状况，各级政府和有关部门要制定规划和政策，鼓励和方便下岗职工的职业技术培训。要充分利用现有设施和力量，为下岗职工培训创造良好条件。培训要有针对性，面向市场需求，市场需要什么人才就培训什么内容。下岗职工职业技术培训要作为一种公益性事业来办，不能以营利为目的，提倡义务培训。培训费用不能从下岗职工基金中支出，所需资金要按照有关规定渠道解决。

五、切实加强对国有企业下岗职工基本生活保障和再就业工作的领导

党中央、国务院已经决定，今年要把解决下岗职工基本生活保障和再就业问题作为一项全局性的工作来抓，一定要抓出成效。现在，各方面对再就业工作都很重视，大政方针已经明确，关键是抓落实。这里，我提几点要求：

第一，各级党委和政府要高度重视，认真负责，把国有企业下岗职工基本生活保障和再就业工作摆在更加突出的位置。千方百计做好下岗职工再就业工作，就是讲政治，就是抓大事。在这个关系到千百万家庭生活和国有企业改革及社会稳定的大事上，各级领导万万不可掉以轻心。各地要建立再就业工程一把手负责制，各级党政一把手要亲自抓，负总责，一级抓一级，层层抓落实。要统一部署，制定规划，明确目标，落实责任，把工作任务细化、量化，同时加强检查和监督。现在，有的地方提出实行“一把手工程”，保证“工作”和“资金”两个到位。有的地方逐级建立再就业工作目标责任体系，制定奖惩考核办法，实行再就业工作“一票否决制”。实践证明，只要党政主要领导高度重视，就一定能把这项工作做好。

第二，各部门要密切配合，全社会大力支持，齐心协力做好国有企业下岗职工的工作。中央已经明确，下岗职工基本生活保障和再就业工作，由国务院国有企业改革工作联席会议负责指导和组织协调，具体工作由劳动和社会保障部、国家经贸委组织实施，各地也可以采取相应的组织形式。计划、银行、财政、税务、工商、城建等部门，都要按照各自的职能做好工作，相互支持，密切配合，不得推诿扯皮。

做好国有企业下岗职工的工作，要充分发挥城镇区街的作用。还要进一步发挥各民主党派、工商联以及工会、共青团、妇联等群众组织的作用。要进一步动员社会各方面的力量，形成全社会都来关心支持下岗职工再就业的良好氛围。

第三，加强思想政治工作，关心群众生活。各级领导干部，尤其是从事再就业工作的干部，要与下岗职工心连心，共患难，急其所急，想其所想。市场无情人有情，做到“无情调整，有情操作”。企业领导干部要把抓生产经营与做好保障下岗职工基本生活和再就业工作很好地结合起来，不能把下岗职工当包袱甩，要积极帮助他们再就业。这里要特别指出的是，所有的企业领导干部都要带头过紧日子，以身作则，扎扎实实地做好下岗职工工作。

第四，研究新情况，解决新问题，创造性地开展工作。做好新形势下的下岗职工基本生活保障和再就业工作，还是一个新的课题，有许多新情况需要研究，有许多新问题需要解决。各地要进一步解放思想，大胆探索，勇于实践，力争在解决重点、难点问题上有新突破。

在全国养老保险和再就业服务中心建设工作会议上的讲话

吴邦国

（1998 年 7 月 24 日）

劳动保障部今天召开的全国养老保险和再就业服务中心建设工作会议，是经国务院同意的，朱镕基总理和其他国务院领导同志对开好这次会议作了明确批示。这是一次很重要的会议，主要任务有三项：一是部署 11 个行业所属企业养老保险行业统筹移交地方管理工作；二是加快建立再就业服务中心，确保每一个国有企业下岗职工都能领到基本生活费；三是确保企业离退休人员能够按时足额领到养老金。第一项任务，是 1998 年 5 月党中央、国务院召开的国有企业下岗职工基本生活保障和再就业工作会议（以下简称 5 月份中央会议）上决定的，这次会议作具体部署。第二、三项任务已经作了部署。这次会议进一步抓落实。党中央、国务院对这几方面的工作非常重视，我们要按照江泽民总书记、朱镕基总理的指示精神，扎实工作，按时完成任务，为保持社会稳定，实现改革和经济增长目标，作出新的贡献。

下面，我讲三个问题：

一、从全局的高度认识做好社会保障工作的重要性

中发〔1998〕3 号文件对 1998 年经济工作提出了三条要求：一是确保经济增长 8%；二是进出口总额继续增长；三是人民币汇率基本稳定。国民经济增长 8%是一个很重要的目标，已引起全世界的关注。上半年国民经济增长 7%，没有达到 8%。因此，面对确保 8%的经济增长目标，怎么看当前形势，已成为大家很关心的问题。最近一段时间，国务院多次召开经济形势分析会，中央财经领导小组也听取了国家计委的汇报，中央政治局常委会和中央政治局先后专门开会，分析 1998 年上半年经济形势，部署下半年的工作。如何看待当前的经济形势，我谈三点看法：

（一）对 1998 年上半年的经济工作要给予充分肯定。今年上半年实现经济增长 7%，是在极其复杂的国内外经济环境下取得的，是来之不易的。从 1997 年下半年开始，东南亚一些国家相继发生金融危机，使亚洲国家陷入一场前所未有的金融动荡之中。1998 年 5 月份以后，印尼政局发生变化，日元出现大幅度贬值，使东南亚国家的经济又陷入更深重的危机，亚洲地区以外的许多国家经济也受到冲击，严重影响了亚洲和世界经济。由于我国出口商品的 29%是在东南亚和韩国、日本，外商直接投资的 85%也来自这些国家和地区，亚洲金融危机对我国经济发展的影响相当大。今年上半年我国实现经济增长 7%，就是在这样的环境下取

得的成绩。

从当前世界经济发展来看，我国经济增长7%的速度仍是当今世界经济增长最快的速度之一。现在全世界经济增长都在放慢，1997年全球经济增长3.8%，最近国外一些经济组织预测1998年将放慢到2.5%。上半年亚洲除新加坡、台湾等地区经济增长以外，其他国家和地区的经济都是下降的，就是新加坡、台湾地区6月份的情况也不好。面对极其复杂的国内外经济环境，党中央、国务院冷静分析形势，果断地作出了增加投入、扩大国内需求、开拓国内外市场和保持人民币汇率稳定等重大决策，有力地促进了国民经济稳定增长。上半年我国经济发展的良好态势不仅增强了国内外对我国经济发展前景的信心，而且对稳定香港特区经济和缓解东南亚金融危机都作出了重要贡献，赢得了国际社会的高度评价。事实充分表明，党中央、国务院对形势的判断是完全正确的，所采取的应对措施是富有成效的。

（二）对面临的困难要有充分的估计。我们面临的困难很多，当前主要有两个：一是亚洲金融危机对我国的影响；二是多年来盲目重复建设造成的影响。亚洲金融危机在时间上、深度上对我国经济的影响，我们要充分估计。有的经济专家认为，亚洲金融危机不会很快过去，原来估计2至3年时间可以过去的看法过于乐观，现在看来比原来估计的时间要长，到底需要多长时间，有的说3年，有的说5年，但多数经济专家认为需要5年。主要理由：一是在经济全球化的情况下，东南亚国家经济不完全取决于本国经济状况和经济政策，相当程度上受世界经济尤其是日本经济的影响，而日本经济发展趋势现在还看不清楚。实际情况也是如此，上半年东南亚国家经济危机有缓解趋势，但随着印尼政局变化、日元贬值，又引发了新一轮的金融动荡。二是传统的经济理论解释不了现实经济生活中的一些现象。比如，为什么日本8年走不出泡沫经济的阴影，为什么美国连续7年出现强势的经济增长。亚洲金融危机对我国经济的影响，我们深有体会。今年上半年我国经济增长比去年同期回落2.5个百分点，一个很重要的原因是出口减少。上半年我国工业产品出口比去年同期增长7.1%，增幅不是很低，但比去年同期下降9.8个百分点，仅此一项就影响工业增加值2.1个百分点。不仅工业产品出口受到影响，而且由于韩国、日本的产品大量向我国倾销，还有走私的影响，使我国钢铁、石油、石化等企业的日子很不好过。

这些年来，盲目重复建设对经济的影响，我们也要充分估计。最近，一位老同志考察河南后送给我一份材料，讲到洛阳玻璃厂，从1977年到1996年连续20年盈利，但1997年亏损了5 936万元，1998年1～4月又亏损4 000万元，预计全年亏损要比1997年还多。主要原因就是全国各地大量上浮法玻璃生产线，搞重复建设。6年前全国浮法玻璃生产线仅20条，1997年猛增到60条，生产能力从3 800万重量箱激增到1亿重量箱，加上小平拉生产线等落后工艺仍大量存在，现在全国玻璃产量1.67亿重量箱，而市场需求充其量只有1.3亿重量箱，加之每年还有10多条浮法生产线要投产，明显供大于求。玻璃生产线与其他产品生产线不一样，不能停炉，限产也很难，产品供过于求，企业之间只能削价竞争，以至用“跳楼价”来销售，这怎么能不亏。现在很多产品都是这种情况。据上半年统计，469种主要工业产品，生产下降的占51%，产品出厂价平均下跌5%。上半年国有工业企业盈亏相抵后净亏110亿元，而1997年同期盈利90亿元。这是多年来盲目重复建设造成的恶果。重复建设的影响不会在一二年内消除，将在相当长的时间内影响我国经济。

（三）1998年经济增长8%的目标经过努力是可以实现的。为应对东南亚金融危机带来的挑战，实现1998年经济增长8%的目标，中央发了3号文件，决定扩大内需，增加投入。1998年，公路建设投资规模由原计划的1 200亿元增加到1 600亿元，如果搞得好，资金到位，能够达到1 800亿元；铁路建设投资由原计划的380亿元增加到450亿元；邮电通信建设投资由1 200亿元增加到1 500亿元；还有加大农田水利、城市基础设施和住宅建设的投资，加大技术改造力度等措施，通过扩大内需拉动经济增长。从6月份来看，钢铁、有色、化工、建材产品生产开始上升，价格止跌回升，下半年尤其是第四季度将收到更为明显的效果。最近党中央、国务院开了一系列会议，决定采取更为积极的财政政策，由中央财政向国有商业银行发行1 000亿元长期国债，相应扩大中央财政支出，定向用于基础设施建设，进一步加快建设进度，支持国民经济的发展。根据国家统计局的统计，1 000亿元国债再加上银行相应安排的1 000亿元项目配套资金贷款，如1998年完成一半就可以带动国内生产总值增长1.5个百分点。

为实现经济增长目标，保持国民经济持续快速健康发展，必须有良好的社会环境。劳动保障部门的同志为此作出了积极的贡献。职工不下岗分流，企业就没有效益；保障企业下岗职工的基本生活，是保持社会安定，为经济建设提供良好的社会环境的一件大事。最近，总工会的一份材料，对上半年引发突发事件的原因作了分析，排在第一位的就是由于下岗职工的基本生活没有保障。

整个社会保障工作，包括这次会议提出的三项任务，在5月份中央会议上，江泽民总书记、朱镕基总理的讲话已经讲得很清楚了，从理论和全局的高度作了深入的分析，强调做好国有企业下岗职工基本生活保障和再就业工作以及确保企业离退休人员基本养老金按时足额发放，是当前一件头等重要的大事，是“一把手”工程，关系国有企业改革的成败。现在两个多月过去了，落实的情况怎么样？可以作三点评价：一是取得进展；二是地区、部门之间发展很不平衡；三是整个工作不能令人满意。为什么这么讲呢？第一，到1998年6月底，国有企业下岗职工是710万人，进入再就业中心的只有156万人，占21.9%，也就是说，还有近80%的下岗职工没有进入再就业中心。第二，国有企业下岗职工中有328万人没有领到基本生活费，占46.2%。第三，还有16个省、区、市以及新疆建设兵团和铁路、电力系统的108万企业离退休人员没有按时足额领到基本养老金。以上说明，总的情况不理想，与党中央、国务院的要求还有很大差距，必须引起我们的高度重视。当然，发展不平衡，有些地方还是搞得不错的。比如黑龙江省是老工业基地，又是产粮大省，粮食亏损挂账多，煤炭、森工企业集中，下岗职工多，欠发企业离退休人员基本养老金多，地方财政和企业都比较困难，是“几碰头”的地方，但是，为落实中央的决定，黑龙江省动用了基本养老保险基金结余，并下决心从省、市、县三级政府领导预备费中拿出1/4，筹集了9 000万元资金，使企业离退休人员6月份按时足额领到了基本养老金，还给5万多人补发了以前拖欠的基本养老金6 874万元。河北省、天津市的情况也不错，天津市6月份财政拨出400万元，计划到年底共拨出3 000万元；河北省动用了基本养老保险基金结余4 788万元，而且省领导同志还到欠发基本养老金严重的张家口、邢台、承德三个地区现场办公，解决问题，保证了全省企业离退休人员基本养老金的按时足额发放。国务院为什么同意劳动保障部开这个会，就是希望大家从经济和社会发展全局的高度，从改革、发展、稳定的高度，进一步认识做好这项工作的重要性和紧迫性。这项工作做不好，会影响社会稳定，影响今年改革发展目标的实现，为人民服务的根本宗旨我们就没有做到。所以，我们一定要将思想认识统一到中央的精神上来，以高度负责的态度，增强紧迫感，扎实工作，为改革开放和经济发展作出新贡献。

二、齐心协力，努力完成“三项”任务

（一）按期完成基本养老保险行业统筹移交地方管理的工作。电力、水利、铁道等11个行业实行基本养老保险行业统筹，是在企业养老保险改革初期采取的一项措施，在基本养老保险基金统筹制度建设、基金调剂、保证企业离退休人员基本养老金发放等方面，进行了积极探索，推动了养老保险制度的改革，促进了企

业发展。但是，这只是一种过渡办法。建立统一的企业职工基本养老保险体系，是我们改革的方向。《国务院关于建立统一的企业职工基本养老保险制度的决定》（国发〔1997〕26号）明确提出，参加行业统筹的企业待全国基本实现省级统筹后，参加所在地区的社会统筹。在5月份中央会议上，朱镕基总理提出，要在今年年底前实现省级统筹。加快行业统筹移交地方管理，是实行省级统筹的重要保证。而且，从当前情况看，国务院机构改革之后，原负责行业统筹的政府部门有的已经调整或合并，难以继续承担行业统筹的任务，需要尽快提出解决办法。所以，行业统筹移交地方管理的条件已经成熟。移交工作要在今年8月底以前完成，从9月1日起由地方负责收缴行业统筹企业基本养老保险费和发放企业离退休人员基本养老金。这是一项政策性很强的工作，时间紧，任务重，涉及11个行业的1 400万在职职工和421万离退休人员，而且行业之间、行业与地方之间在政策、办法上存在很大差别，特别是涉及利益关系的调整。因此，无论是行业还是地方，都要从大局出发，以高度负责的精神，密切配合，精心组织，做好这一工作。

第一，1998年8月31日前，实行基本养老保险行业统筹企业的基本养老保险工作，按照先移交后调整的原则，全部移交地方管理。1998年内，企业和职工个人缴纳基本养老保险费的费率保持不变。从1999年1月1日起，调整企业缴纳基本养老保险费的费率，起步时不低于企业工资总额的13%，以后逐步过渡到与地方企业相同的比例。这主要是考虑了企业负担。现在各省企业实际缴费费率全国平均20.39%，而11个行业除煤炭行业外，其余都低于全国平均数，银行系统平均是11.28%，其中交通银行只有0.9%；行业之间的差别也很大，最高的是煤炭行业为33.59%，最低的是民航为7.99%。所以，只能采取平稳过渡的办法。根据行业具体情况，煤炭、银行、民航企业用5年时间完成过渡，其他行业的企业原则上用3年时间完成过渡。个人缴费比例，从1999年起一律按地方规定的比例执行，一次到位。

第二，行业统筹移交地方管理后，原行业统筹企业已经离退休人员的原待遇原则上维持不变。其中，原劳动部、财政部规定列入统筹项目的各项待遇，从统筹基金中支付；未列入统筹项目的，可以采取补贴的办法解决，由企业支付。这项工作涉及421万离退休人员，不能因为体制上的变化影响这部分人的收入，这也是保证移交工作顺利进行的重要条件。

第三，行业统筹移交地方管理以后退休的人员，其基本养老保险待遇按照地方的办法执行。对于按原行业统筹计发办法计算高于按地方计发办法计算的部分，采取加发补贴的办法解决，所需费用从省级统筹的基本养老保险基金中支付。补贴的标准要逐年调整，5年后与地方并轨。行业参加地方统筹有利于实现省级统筹，而且行业的工资普遍高于地方，基金收缴情况普遍较好，离退休人员也相对比地方少，总体上对地方有利。

第四，行业统筹积累的基本养老保险基金全部移交给地方，其中存在地方的，在移交时随同社会保险关系一并移交给地方；存在中央部门的，也移交给地方，但不采用平均分配的办法，而是要考虑到11个行业下放后各省、自治区、直辖市之间的不平衡状况，具体移交办法由劳动保障部、财政部统一研究制定并尽快下发。同时，要对积累基金进行清理，并与地方衔接对账，最后确定分配方案，如果出现问题由国家审计署进行审计。

行业统筹移交地方管理后，企业缴纳基本养老保险费的费率调整和对移交以后退休的人员的补贴标准及并轨方案，由省、自治区、直辖市人民政府提出意见，经劳动保障部商财政部同意后执行。整个移交工作由劳动保障部统一领导。这次会议以后，在行业、地方测算的基础上，8月份由劳动保障部会同财政部召开移交会议，一个省一个省地移交，要按时完成任务。

（二）加快实行省级统筹，确保按时足额发放企业离退休人员基本养老金。在5月份中央会议上，朱镕基总理讲话指出，拖欠企业离退休人员基本养老金是当前许多地方最突出的问题，已引起社会关注，影响社会稳定。因此，他提出6月份要按时足额发放企业离退休人员基本养老金，并提出四点要求：一是实行省级统筹，加大省级调剂的力度；二是11个行业统筹移交地方管理；三是差额缴拨改为全额缴拨；四是扩大社会统筹覆盖范围，提高收缴率。我们反复分析测算，就全国来看，目前基本养老保险基金收支相抵后，还结余700多亿元，只要按照朱镕基总理提出的要求来办，是完全可以做到按时足额发放企业离退休人员基本养老金的。但由于一些同志有顾虑，担心社会统筹覆盖面扩大会影响投资环境和引进外资，担心实行省级统筹会影响有基本养老保险基金结余的城市参加社会统筹的积极性。这些认识问题影响了我们的工作进度。其实，上述的担心和顾虑是完全没有必要的。比如上海市，参加养老保险企业的比例已达98%，外资不但没有少引进，而且成为外国跨国公司投资的热点。外商投资企业参加养老保险社会统筹，是国际惯例。基本养老保险制度是一种强制性的制度，实现社会统筹是方向。相信有基本养老保险基金结余城市的领导同志能从全局、全省考虑。

加快实行省级统筹，是解决企业离退休人员基本养老金按时足额发放的关键。6月份没有按时足额发放基本养老金的16个省、区、市中，有9个没有建立省级统筹，另外7个虽然建立了省级统筹，但调剂力度太小，不能解决问题。这些省不是没钱，而是钱都分散到部分市、县，无法调剂。中央下大决心把11个行业统筹移交地方管理，各省、区、市不能再犹豫了，要下决心加快实行省级统筹，确保7月份按时足额发放企业离退休人员基本养老金。朱镕基总理指示，对不参加省级统筹的地区，有财政补贴的，扣减其财政补贴；没有财政补贴的，扣减其税收返还款。实行省级统筹要分两步走：第一步，先把省级统筹框架建立起来，重点是建立省级调剂机制，调剂金的比例以保证省、区、市范围内企业离退休人员基本养老金按时足额发放为原则；第二步，实现真正意义上的省级统筹，即在省、区、市范围内统一企业缴纳基本养老保险费比例，统一管理和调度使用基本养老保险基金，统一实行对社会保险经办机构的省级垂直管理。对减发、拖欠企业离退休人员的基本养老金，要尽快补发。劳动保障部要抓紧摸清情况，提出方案，对困难较大的地区，1998年中央财政要给以必要支持；被挤占挪用的基本养老保险基金，要从严从快清查收回。

（三）保证所有国有企业下岗职工都能领到基本生活费。国有企业现在还有328万下岗职工没有领到基本生活费，应该讲这是一个不小的数字，同党中央、国务院的要求还有很大差距。保证国有企业每一个下岗职工都领到基本生活费，是铁的原则。现在的主要问题是资金短缺，朱镕基总理到下面调查研究后，也感到了这是个问题。“三三制”中企业负担的1/3和社会筹集的1/3，落实起来比较难，有些地区的财政比较困难，兜不了底，这都是实际问题。为解决国有企业下岗职工的基本生活保障问题，国务院决定，对困难较大的地区，1998年由中央财政帮助解决。中央财政很困难，在这种情况下，还决定由中央财政对困难较大的地区给予支持，说明中央的决心是很大的，所以我们一定要全力以赴地把这项工作做好。

建立再就业服务中心是保证国有企业下岗职工基本生活和促进再就业的有效措施，是具有中国特色的社会保障制度。朱镕基总理多次强调，再就业服务中心一定要建在企业。《中共中央、国务院关于切实做好国有企业下岗职工基本生活保障和再就业工作的通知》（中发〔1998〕10号）明确要求，凡有下岗职工的国有企业都要建立再就业服务中心，包括类似机构或代管科室。企业要对职工负责，不能撒手不管。下岗职工最大的顾虑是怕没人管，怕脱离与原企业的关系，职工不愿进行业的再就业服务中心，希望进企业的再就业服务中心。所以说，行业的再就业服务中心不能取代企业的再就业服务中心，行业的再就业服务中心只能发挥指导作用，责任还是要落实到企业。我们一定要重温5月份中央会议和10号文件精神，真正把思想认识统一到中央的精神上来，保证国有企业每一个下岗职工9月份都能领到基本生活费。

三、振奋精神，努力工作，打一场攻坚战

从7月份起确保企业离退休人员按时足额领到基本养老金，8月份行业统筹移交地方管理，9月份国有企业下岗职工要100%进入再就业服务中心并领到基本生活费。这些都是硬指标，时间紧、任务重、要求高，必须从大局出发，雷厉风行，以高度的责任心和使命感打一场攻坚战。

第一，这次会议结束后，请大家立即将会议的精神向省、区、市主要领导汇报，根据会议要求，提出切实可行的工作计划。要把这几项工作作为大事来抓，“一把手”工程一把手一定要到位。我在天津调查时，市委领导同志提出“到位”有三个方面：一是认识到位；二是资金到位；三是工作到位。没有省、区、市主要领导挂帅，事情是很难办的。讲政治、讲大局，这就是政治，这就是大局。

第二，劳动保障部、财政部、国家经贸委要协同作战。要以高度负责的精神，从全局考虑，各负其责，共同把各项工作做好。

第三，加强监督检查。一是建立通报制度。各省、区、市要将国有企业下岗职工进入再就业服务中心的比例、按时足额领到基本养老金的企业离退休人员人数和比例，以及补发拖欠企业离退休人员基本养老金的人数和金额等情况上报劳动保障部，劳动保障部要一个月通报一次。通过通报，大家可以看看，本地区是走在前面还是落在后面。二是对因为官僚主义造成国有企业下岗职工、离退休人员闹事，造成恶劣影响的，要认真调查，对负有责任的主要领导要进行严肃处理。

做好国有企业下岗职工基本生活保障工作，确保企业离退休人员按时足额领到基本养老金，是改革、发展、稳定的需要，是我国政权性质决定的。希望同志们团结一致，振奋精神，努力工作，把这次会议精神落实好，为保持社会稳定，为实现8%经济增长目标作出应有的贡献。

在全国城镇职工医疗保险制度改革工作会议上的工作报告

吴邦国

（1998年11月26日）

这次会议的主要任务，是以党的十五大和九届全国人大一次会议精神为指导，研究部署全国城镇职工医疗保险制度改革的工作。党中央、国务院对这项工作十分重视。1998年初，江泽民总书记主持中央财经领导小组会议和中央政治局常委会议，听取了有关汇报，确定了城镇职工医疗保险制度改革的指导思想和基本原则。朱镕基总理多次专门听取汇报。国务院组织有关部门进行了大量调查研究，在广泛听取各方面意见的基础上，起草了《国务院关于建立城镇职工基本医疗保险制度的决定》（征求意见稿）。这次会议就是要讨论和学习这个《决定》，进一步提高认识，统一思想，明确城镇职工医疗保险制度改革的主要任务、基本原则和政策措施，积极稳妥地做好这项改革工作。

现在，我受国务院委托，讲几点意见。

一、充分认识搞好城镇职工医疗保险制度改革的重要意义

建立适合我国国情的社会保障体系，是党的十五大和九届全国人大一次会议明确提出的重要任务。医疗保险制度是社会保障体系的重要组成部分。积极推进城镇职工医疗保险制度改革，完善社会保障体系，关系到改革、发展和稳定的大局，关系到我国社会主义现代化建设跨世纪战略目标的实现。

第一，进行职工医疗保险制度改革，是大势所趋，势在必行。我国现行的职工公费和劳保医疗制度，是50年代初期建立起来的，它对于保障职工身体健康、促进经济发展、维护社会稳定，发挥了重要的作用。但是，随着经济发展和改革的深入，这种制度存在的缺陷日益突出。主要表现在：一是国家财政和用人单位包揽过多，职工医疗费用增长过快。据统计，1997年全国职工医疗费用为773.7亿元，比改革初期的1978年增加了28倍，年递增19%；而同期财政收入只增加了6.6倍，年递增11%。医疗费用增长过快，与现行的从门诊到住院、从小病到大病无所不包的职工公费和劳保医疗制度，有着密切关系。这使各级财政难以承受，企事业单位负担沉重。二是对医疗机构和职工个人缺乏有效的制约机制，造成医疗服务成本高、效率低、浪费严重。一些城市的调查表明，医疗问题是当前职工很关心、又很不满意的一个突出问题。许多人抱怨，过去到医院看个小病，少则花几元钱，多则十几元就够了；现在就是看个感冒，也要几十元，甚至几百元。在现行制度下，一些医疗机构为了创收，乱开大处方、人情方，甚至滥检查、乱收

费等做法，屡禁不止；职工一人看病开药而全家用药的现象相当普遍。据有关部门调查，不合理的医疗费用支出约占职工医疗费用的20%～30%。三是现行职工公费和劳保医疗制度覆盖面窄，管理和服务的社会化程度低。在不同地区、不同所有制、不同行业和不同单位之间，职工享受的医疗待遇差异过大，苦乐不均，还有相当一部分职工得不到基本的医疗保障。在一些经济不发达地区和生产经营状况不好的国有企业里，许多职工医疗费一年只有几十元钱，不少单位职工医疗费长期得不到报销，医疗费拖欠现象比较严重。随着我国所有制结构的变化，城镇非公有制单位的从业人员已从1977年改革开放前的15万人，增加到1997年的3 754万人，相当于国有企业职工总数的1/3，而他们得不到基本医疗保障。有关医疗方面的劳动纠纷不断增加。这些年，职工因看不起病，医疗费报销不了等问题，找单位、找政府、上访、告状的事件越来越多。总之，现行职工公费和劳保医疗制度已经到了难以为继、非改不可的时候了。

第二，进行职工医疗保险制度改革，是实现国有企业改革和发展目标的迫切需要。党中央、国务院提出，用三年左右的时间，通过改革、改组、改造和加强管理，使大多数国有大中型亏损企业摆脱困境，力争到本世纪末使大多数国有大中型骨干企业初步建立现代企业制度。实现这一目标的根本性措施，就是鼓励兼并、规范破产、下岗分流、减员增效和实施再就业工程。由于历史上形成的多方面原因，现在国有企业人员过多，下岗分流、减员增效是经济发展的客观要求，也是国有企业改革的重要内容，而要做好下岗分流、减员增效，一个重要的措施就是给下岗分流职工提供包括基本医疗服务在内的基本生活保障。当前，国有企业职工很多人不愿意去非公有制单位就业，除了就业观念陈旧外，社会保障没有覆盖到非公有制单位，职工有后顾之忧，也是一个重要原因。建立覆盖城镇所有单位和职工的医疗保险制度，保障职工的基本医疗服务，有利于转变职工就业观念，拓宽就业渠道，从而有利于加快国有企业改革的进程。

第三，进行职工医疗保险制度改革，是建立社会主义市场经济体制的必然要求。我国经济体制改革的根本目标，是要建立社会主义市场经济体制。市场经济是竞争性的经济，在实行社会主义市场经济的条件下，政府必须在宏观调控基础上提倡和保护竞争，形成充满活力和富有效率的经济运行机制，以利于不断解放生产力，更好地发展经济。与此同时，政府还必须通过建立养老、医疗和失业保险制度，来分散和化解由市场竞争而带来的风险，维护社会公平和稳定。建立具有“安全网”和“稳定器”功能的社会保障制度，保证广大职工老有所养、病有所医、失业有救济，这是政府的基本社会职能，也是我国《宪法》和《劳动法》赋予职工的基本权利。经过多年改革探索，我们在1997年初步建立了全国统一的企业职工基本养老保险制度；国有企业下岗职工基本生活保障和再就业工作正在落实；失业保险制度已初步建立，覆盖范围正从国有企业逐步扩大到非国有企业；城市居民最低生活保障制度也已在全国400多个城市建立。然而，职工医疗保险制度改革相对滞后。只有加快这项改革，建立健全社会保障体系，才能加快建立社会主义市场经济体制的进程。

第四，进行职工医疗保险制度改革，也是提高广大职工健康水平的重要措施。不断改善人民生活，是我国改革开放和发展经济的根本目的。我们必须在经济发展的基础上，使全国人民过上小康生活，并逐步向更高水平迈进。这就不仅要满足人民日益增长的物质文化需求，而且要努力提高医疗保健水平，改善卫生条件。深化职工医疗保险制度改革，发展医疗保险事业，有利于改善城镇各类所有制单位职工的医疗服务条件，保障广大职工都能得到基本的医疗服务，增进职工身体健康。这是人民生活水平提高和社会进步的重要标志。

推进城镇职工医疗保险制度改革，不仅是必要的，而且是可能的。一是经过多年的改革探索，我们已经积累了一定的经验。80年代以来，一些地方和行业进行了医疗保险制度改革的试点，有的将国家和企业统包办法改为职工个人少量负担；有的将医疗费用随工资发给职工个人包干，有的还进行了大病医疗费统筹和离退休职工医疗费统筹。1994年开始，国务院在九江、镇江等40多个城市进行社会统筹与个人账户相结合的医疗保险制度试点。与此同时，海南、深圳、上海、青岛等地按照社会统筹与个人账户相结合的原则，积极探索不同方式的医疗保险办法。这些改革和试点，为我们提供了不少有益的经验。二是党中央、国务院对推进包括医疗保险制度改革在内的社会保障制度改革的决心很大，上上下下对这一改革的必要性基本上形成了共识。三是广大职工对医疗保险制度改革的呼声很高，承受能力也不断增强。所有这些，都是改革现行医疗保险制度，建立新型的城镇职工医疗保险制度的有利条件。我们应当按照党中央、国务院的总体部署，在已有成绩的基础上，积极稳步地推进这项重要改革，促进我国社会保障体系的建设。

二、城镇职工医疗保险制度改革需要把握好的几个重点问题

国务院《决定》中明确指出，我国医疗保险制度改革的主要任务是：建立城镇职工基本医疗保险制度，即适应社会主义市场经济体制，根据财政、企业和个人的承受能力，保障职工基本医疗需求的社会医疗保险制度。围绕实现这一任务，我们必须着眼于职工医疗保险制度创新和机制转换，促进医疗保险服务和管理的社会化、制度化。为此，在改革中需要把握好以下几个重点问题。

第一，坚持“低水平、广覆盖”，保障职工基本医疗需求。这是建立城镇职工基本医疗保险制度必须遵循的一个重要原则。职工基本医疗保险的水平，应取决于经济发展的水平。我国目前处在社会主义初级阶段，社会生产力水平不高，综合经济实力不强，社会财力有限，地区经济发展、居民收入和生活水平也很不平衡。因此，建立城镇职工基本医疗保险制度，只能从我国的国情出发，根据国家、企业和个人的实际承受能力，确定合理的基本医疗保险水平，不能将保险水平定高了。在医疗保险方面，我们不能和欧美等经济发达国家攀比。我国有12亿多人口，医疗需求大，目前实施基本医疗保险制度，不仅只能限于城镇职工，而且只能确定一个低标准的最基本的医疗保险水平。由于我国城镇职工人数多，如果每人提高一元钱，就是一个相当大的数目。如何确定基本医疗保险水平，是城镇职工医疗保险制度改革能否顺利推进的关键。

当前，不少地方的财政、企业很困难，在这种情况下，职工医疗保险也只能从“低水平”起步，只能是雪中送炭。大家知道，医药科技发展迅速，检查设备日新月异，治疗手段层出不穷。现在只要花得起钱，不仅许多疾病可以得到较好的治疗和控制，而且患者在生活上也能得到很好的照料。但是，这超越了我们现阶段经济发展的水平，实在负担不起。因此，我们还不能从需要出发，只能根据实际可能来确定职工基本医疗保险水平，合理确定基本医疗保险的用药目录、诊疗项目、医疗服务和给付标准；而对于换血、换肾和换肝脏等一些非基本医疗服务、则需要患者自付或通过其他方式解决，而不能列入职工基本医疗保险范围。

确定合理的基本医疗保险水平，关键是恰当确定筹资的比例。如果把筹资比例定得过高，用人单位、各级财政和职工个人都承受不了。有些城市的医疗保险制度改革在企业中难以推开，主要原因就是筹资水平定高了。国务院《决定》中，对全国城镇职工基本医疗保险水平提出了一个宏观控制标准，即用人单位缴费率定为职工工资总额的6%左右，职工个人缴费率一般为本人工资收入的2%。这个标准的提出，主要是考虑了目前的实际状况。据1996、1997两年的统计，全国职工医疗费占工资总额的比例近10%；其中，财政和企业实际负担的医疗费约占工资总额的7.8%，如果扣除不在

基本医疗保险范围开支的离休人员医疗费和企业工伤、生育医疗费，约为6%左右。目前各地的情况差别较大，有些企业还不到6%，而有些试点城市的企业已超过6%，甚至高达10%以上。把用人单位缴费率定为职工工资总额的6%左右，是总结了各地的试点经验，也考虑了大多数地方的财政和企业的承受能力。把职工个人缴费率定为本人工资的2%，是充分考虑了目前大多数职工在经济上和心理上的承受能力，是比较合适的，今后可以随着经济发展和工资增加逐步提高。大家对这个宏观控制标准有什么意见，在讨论中还可以提出来。

“广覆盖”，就是要求城镇所有用人单位及其职工，都要参加基本医疗保险。扩大城镇职工基本医疗保险覆盖面是这次改革的一个重要原则。这既是考虑广大职工利益的需要，也是提高基金统筹共济能力的需要。截止1997年底，全国国有企业职工和离退休人员仅有360万人参加了医疗保险制度改革，占全国职工人数的2.5%；加上实行大病医疗费用社会统筹的企业职工和离退休人员，参加医疗保险制度改革的仅覆盖11.3%的城镇职工。现在有些医疗保险制度改革试点城市的参保率很低，只有百分之十几，有些城市的医疗保险制度改革仅在机关事业单位中进行，广大企业和职工基本没有参加，特别是集体、私营和外商投资企业等非国有企业单位和职工参加的更少。应当指出，基本医疗保险是政府从保障企业和职工利益的需要出发，所采取的一种强制性社会保险，任何单位和职工都必须参加，决不能愿意参加就参加、不愿意参加就不参加。国务院《决定》要求，职工基本医疗保险制度要覆盖城镇所有用人单位及其职工，包括国有企业、集体企业、外商投资企业、私营企业和职工，以及机关、事业单位、社会团体、民办非企业单位及其职工；城镇个体经济组织业主及其从业人员也可以参加基本医疗保险。当然，所有参加城镇职工基本医疗保险制度改革的单位都必须有健全的财务制度，要有账可查。这些规定是完全必要的，应当认真执行。要求城镇各类所有制单位和职工都参加基本医疗保险，是所有市场经济国家的通行做法，也是我国城镇职工基本医疗保险制度建设的需要。外商投资企业中方职工参加基本医疗保险制度，不仅不会影响外商投资的积极性，而且会有利于完善投资环境。这些已在上海等地实践中得到证明。如果没有“广覆盖”，社会保险所遵循的大数法则就无从体现，就不能有效地分散风险，均衡负担，也实现不了社会互助共济的作用，新的医疗保险制度就建立不起来。同时，只有使职工基本医疗保险覆盖所有用人单位和职工，才能适应公有制经济为主体、多种所有制经济共同发展条件下广大职工对基本医疗保险的需求，也才能使各用人单位富余人员更新就业观念，轻装上阵，努力适应岗位转变和市场需求，较好地解决我国庞大的劳动力队伍就业问题。因此，在改革中必须坚决实行“低水平、广覆盖”的原则。

第二，实行基本医疗保险费由用人单位和职工个人共同负担，形成新的筹资机制。改变过去由国家财政和企业全部包揽职工医疗保险费的做法，实行基本医疗保险费由用人单位和职工个人双方共同缴纳，是建立新型的城镇职工基本医疗保险制度的重要内容。这样，不仅使得基本医疗保险费用合理负担，资金来源更为稳定，职工医疗更加有保障，而且通过建立用人单位和职工个人共同缴纳基本医疗保险费的机制，可以增强职工的自我保障责任和节约医疗费用意识。社会保险费用实行用人单位和职工个人共同负担，改变福利型的社会保障制度，是当今世界上市场经济国家社会保险制度发展的一个重要趋势。在我国养老、医疗、失业保险等社会保险制度改革中，通过引入个人缴费机制，使人们从依赖国家和单位的“大锅饭”中解脱出来，有利于减轻政府和企业负担，有利于体现效率和公平的原则，有利于改善社会保障资金管理。从职工个人工资中提取2%缴纳基本医疗保险费，这部分钱今后还是用于职工个人，而且作为基金存入银行，有利息收入，对职工个人的好处是很明显的。当然，这涉及到职工个人收入用途的调整，一定要做好深入细致的思想政治工作，使广大职工正确认识这项改革的意义，积极参与改革。

第三，建立社会统筹与个人账户相结合的制度。国务院《决定》要求，基本医疗保险实行社会统筹与个人账户相结合，也就是用人单位和职工个人缴纳的基本医疗保险费要分别建立统筹基金和个人账户。采取这种方式，是总结我国医疗保险制度改革试点的经验，借鉴国外医疗保险制度的成功做法，并结合中国国情提出来的。这是一项重要的制度创新。所谓社会统筹，就是对基本医疗保险基金实行统一筹集、统一管理、统一调剂、统一使用。建立基本医疗保险统筹基金，可以实现医疗保险基金的互助共济、统筹调剂，较好地分散风险、均衡负担，有助于实现社会公平。然而，它只解决了医疗保险基金需要的横向调节问题，不能解决个人自我约束问题。建立基本医疗保险个人账户，就是要建立职工自我约束和储蓄积累机制。个人账户的资金，包括职工本人缴纳的基本医疗保险费，还包括用人单位缴费中30%左右的部分，归职工个人所有。建立职工个人账户，不仅能够促使职工自觉地节约医疗费用，也会促使职工在年轻健康时为年老多病时做必要的积累。社会统筹与个人账户相结合，既可以发挥基本医疗保险统筹基金的互助共济作用，又可以发挥基本医疗保险个人账户的积累作用，增强个人节约医疗费用的意识和自我保障的能力。

明确统筹基金和个人账户各自的支付范围，并要分别核算，不能互相挤占，是把社会统筹与个人账户相结合制度落到实处的关键。个人账户主要支付小额医疗费用或门诊医疗费用，统筹基金主要支付大额医疗费用或住院医疗费用。从一些地方的实践经验看，实行统筹基金与个人账户相结合的基本医疗保险制度，还必须明确统筹基金的起付标准和最高支付限额。起付标准是指按规定可以进入统筹基金支付的“门槛”；最高支付限额就是“封顶”线，超过“封顶”线以上的医疗费用，可以通过商业医疗保险等途径解决。起付标准以上、最高支付限额以下的医疗费用，主要从“统筹基金”支付，个人也要负担一定比例。这样做，才不致于造成统筹基金的超支，才能保持收支平衡。国务院《决定》中提出，统筹基金起付标准原则上控制在当地职工年平均工资的10%左右，最高支付限额原则上控制在当地职工年平均工资的4倍左右。这个控制标准，是根据目前全国职工医疗费用的实际支出测算，综合考虑筹资水平和各方面承受能力，总结近几年部分试点城市的经验提出的。各地方情况不同，统筹基金的起付标准和最高支付限额，由统筹地区根据以收定支、收支平衡的原则自行确定。

目前，各地存在着许多不同的医疗保险管理模式，随着改革的不断深入和发展，都要向社会统筹与个人账户相结合的模式逐步过渡。统筹基金和个人账户如何结合得更好，各地要根据自己的实际情况继续探索，进一步总结经验，逐步完善。

第四，合理确定基本医疗保险统筹范围，加强基金管理。在前几年的改革试点中，有的地方以县（市）为单位搞医疗保险，基金只在县（市）范围内统筹共济。这样的统筹范围，在一些经济发展水平不高的地方，统筹基金捉襟见肘，互济和抵御风险的能力比较弱。考虑到各地经济发展和职工医疗消费水平差异较大，也考虑到基本医疗保险制度刚起步和管理上经验不足等实际情况，国务院《决定》中提出，基本医疗保险基金的统筹范围，原则上以地级以上行政区（包括地、市、州、盟）为统筹单位，也可以县（市）级为统筹单位，北京、天津、上海三个直辖市原则上在全市范围内实行统筹。各地要根据这些原则，全面分析本地区的实际情况，合理确定统筹范围。

城镇职工基本养老保险已经取消行业统筹，实行属地管理。城镇职工基本医疗保险也要实行属地管理，不搞行业统筹。城镇职工基本医疗保险制度实行属地管理，是国务院从进行医疗保险制度改革试点开始时就反复强调的，但在试点中一些地方反映落实的难度较大，主要原因是一些行业和单位效益好，医疗待遇高，若参加所在地的基本医疗保险，不仅要多拿钱，还要降低原来的医疗待遇水平，因此不愿意参加。有些地方的筹资比例偏高、统筹层次较低，确实给少数行业和大企业参加地方改革带来一些实际问题。在国务院的《决定》中，已考虑到这些因素，严格控制了筹资水平，避免过多地增加这些行业和单位的负担；同时明确提出，为了不降低一些行业的企业职工现有较高的医疗消费水平，这些企业在参加基本医疗保险的基础上，作为过渡措施，允许建立企业补充医疗保险。企业补充医疗保险费在工资总额4%以内的部分，从职工福利费中列支，福利费不足列支的部分，经同级财政部门核准后，列入成本。亏损企业不得建立企业补充医疗保险。企业补充医疗保险不参加社会统筹。因此，各行业、各单位都要从大局出发，认真落实属地管理原则，参加当地的基本医疗保险，并执行统一政策和标准。对于铁路、电力、远洋运输等跨地区、生产流动性较大的企业及其职工，可以相对集中的方式，跨行政区异地参加统筹地区的基本医疗保险。

加强医疗保险基金管理，是城镇职工基本医疗保险制度健康运行的必要条件。为此，一是所有医疗保险基金，都要由社会保险经办机构负责筹集、管理和支付，并要建立健全预决算制度、财务会计制度和内部审计制度。二是要加强医疗保险基金支出管理，要严格按照统筹基金和个人账户的支付范围，量入为出，以收定支；坚持做到统筹基金起付标准以下的医疗费用，由个人账户支付或个人自付；统筹基金要做到收支平衡，不要超支。三是基本医疗保险基金要纳入财政专户，实行收支两条线管理，做到专款专用。基本医疗保险基金是职工的“救命钱”，任何单位和个人都不得挤占、挪用。四是要切实加强对基本医疗保险基金支付、使用的审计和监督。五是社会保险经办机构和财政部门要增强服务意识，做到基金及时拨付和结算，提高工作效率。各项开支都要厉行节约，杜绝浪费。

第五，加快医药卫生体制改革，降低医疗成本，提高医疗服务质量和水平。这是城镇职工医疗保险制度改革成功的关键。医疗机构和医疗服务管理是控制职工医疗费用的中心环节。目前，我国城镇职工医疗费用浪费严重和上涨过快，一些改革试点城市的统筹基金大量超支，都与现行医药卫生体制和运行机制有很大关系。在医疗保险制度的改革中，基本医疗保险带给职工的权益将通过医疗服务得以具体实现，而基本医疗保险制度要求医疗机构提供质量好、成本低、方便、规范的服务。因此，医药卫生体制改革必须与城镇职工医疗保险制度改革配套进行。如果医疗机构不改革，不加强医疗服务管理，城镇职工基本医疗保险制度即使建立起来了，也难以正常运转下去。

目前，我国卫生资源配置上存在总量不足与城市卫生资源过剩并存，同时也存在结构不合理的问题。城市大中型综合医疗机构普遍处于供过于求、人浮于事的状态。1997年，全国有67.3%的病床和60.4%的医务人员集中在县级以上大中型医院，而基层医疗机构卫生资源稀少。医疗机构这种布局和结构，使城市卫生资源的使用效率很低。庞大的公办医疗机构和医务人员，要靠财政、企业和职工医疗费用来维持是非常困难的，也是不合理的。应当与建立职工基本医疗保险制度相配合，加快推进医药卫生体制改革的步伐，不断改善医疗服务管理，使职工群众能够以较少的医疗费用得到较好的基本医疗服务。为此，国务院《决定》中提出了一个总的要求和几方面的具体措施。总的要求是，要根据《中共中央、国务院关于卫生改革与发展的决定》作出的部署，调整医疗卫生服务结构，改革医药卫生体制，规范医疗行为，减员增效，提高卫生资源的利用效率和医疗服务水平。具体措施是：第一，确定基本医疗服务的范围和标准。要制定基本医疗保险药品目录、诊疗项目和医疗服务设施标准以及相应的管理办法，使有限的医疗保险基金真正用于职工基本的医疗需求。第二，对提供基本医疗服务的医疗机构和药店实行定点管理，引进竞争机制，职工可以在定点医疗机构就医、购药，也可以在定点药店购药。第三，在对医疗机构进行调整、改革，分流富余人员，并进行经济运行分析和成本核算的基础上，合理提高医疗技术收费价格，体现医术劳务价值。第四，实行医、药分开核算，分别管理。第五，积极发展社区卫生服务，将社区卫生服务中的一些医疗服务项目纳入基本医疗保险范围。社区卫生服务的广泛开展，既可以促进医疗资源的合理配置和有效利用，又可以为职工提供方便、快捷、优质的医疗服务。搞好医药卫生体制改革和医疗服务管理，不仅会有利于城镇职工基本医疗保险制度的顺利建立，而且将有力地推进我国整个医药卫生事业的健康发展。国务院有关部门要抓紧制定具体的实施办法和相关配套措施。

在做好以上重点改革工作的同时，还要注意妥善解决好以下有关人员的医疗待遇问题。

离休人员和老红军不参加医疗保险制度改革，有关的医疗待遇保持不变。目前全国有180多万名离休老同志，健在的老红军为数更少，他们为新中国的成立和社会主义事业作出了重要贡献，是国家的功臣。各地要保证这部分老同志的医疗需要，医疗费用仍然实行实报实销，所需费用按原资金渠道解决。对支付这部分老同志医疗费用确有困难的单位，各级政府要切实帮助解决。

二等乙级以上革命伤残军人的医疗待遇也不变，医疗费用按原资金渠道解决，由社会保险经办机构单独列账管理。医疗费用不足部分，由当地人民政府解决。

退休人员参加基本医疗保险，个人不缴纳基本医疗保险费。退休人员是一个很大的群体，目前全国有近3 000万人、医疗费支出占总支出的比例也较大，约为23%。各地在制定城镇医疗保险制度改革政策时，既要考虑这部分老同志过去没有个人账户积累，现在年老体弱、医疗费支出较多的实际，又要充分考虑基本医疗保险基金的承受能力，对他们的个人账户的计入金额和个人负担医疗费的比例给予适当照顾。

目前，全国国有企业有下岗职工六七百万人，预计今后几年内还会有部分职工下岗。保证下岗职工的基本医疗，是保证国有企业改革顺利进行的重要条件，是当前各级政府面临的一项重要任务。在1998年5月党中央、国务院召开的国有企业下岗职工基本生活保障和再就业工作会议上，江泽民总书记、朱镕基总理都发表了重要讲话，要求各级政府高度重视并切实解决国有企业下岗职工的基本生活和社会保障问题，会议明确了由再就业服务中心为下岗职工缴纳包括医疗保险费在内的社会保险费的有关政策。国务院《决定》中进一步明确，国有企业下岗职工的基本医疗保险费，由再就业服务中心按照当地职工平均工资的60%为基数代职工缴纳，并享受相应的医疗保险待遇。各地要按照中央的要求，务必高度重视，切实解决好国有企业下岗职工的基本医疗保险问题。

关于国家公务员的医疗保险问题，国务院《决定》规定，国家公务员在参加基本医疗保险的基础上，享受医疗补助政策。具体办法另行制定。

医疗保险制度在世界上已经有100多年的发展历史了，多数市场经济国家已建立了社会医疗保险制度。由于社会、政治、经济制度以及历史、文化背景的不同，各国医疗保险制度的模式也不尽相同。迄今为止，还没有哪一个国家的医疗保险制度是完美无缺的，各国都在进行改革和完善。在我们这样一个处于社会主义初级阶段的发展中大国，建立覆盖城镇所有用人单位和职工的基本医疗保险制度，需要研究解决许多矛盾和问题。只要我们认真贯彻执行中央的决策和部署，上下共同努力，有中国特色的城镇职工基本医疗保险制度就一定能够顺利建立起来。

三、切实加强领导，确保城镇职工医疗保险制度改革顺利进行

国务院要求，在全国建立城镇职工基本医疗保险制度的工作从1999年初开始，年底基本完成。城镇职工医疗保险制度改革政策性强，涉

及广大企业和职工的利益，关系到国民经济发展和社会稳定，时间紧，任务重，要求高。要在较短的时间里做好这项工作，各地区和各部门必须切实加强领导，加强思想政治工作。国务院《决定》是指导全国城镇职工医疗保险制度改革工作的重要文件，这次大会后，将根据大家的意见作进一步修改，并尽快下发实施。为了贯彻落实国务院《决定》的精神，搞好建立城镇职工基本医疗保险制度工作，下面提出几点要求。

第一，提高认识，统一思想。建立城镇职工基本医疗保险制度，是我国改革事业中一项很重要的任务，各地区、各部门必须高度重视，务必把这项工作列入重要议事日程，认真负责地做好工作。为此，首先要加强学习，进一步提高认识，坚定搞好城镇职工医疗保险制度改革的信心和决心。要认真学习和深入领会近年来党中央、国务院关于医疗保险制度改革的指示，特别要全面理解和正确把握国务院《决定》的精神，把各方面思想和行动真正统一到中央的精神和部署上来。只有真正把握好城镇职工医疗保险制度改革的主要任务、基本原则、政策措施和工作重点，才能不走弯路，才能真正做好这项工作。这项改革涉及到多方面利益关系的调整，必须加强舆论宣传，深入细致地做好思想政治工作，以取得广大企业和职工群众的理解和支持。一定要把中央的有关政策、措施交待清楚，把道理讲透彻，使城镇所有用人单位和职工都能正确地处理局部利益与整体利益、眼前利益与长远利益的关系，自觉地参与和支持这项改革。

第二，明确任务和政策，因地制宜地组织实施。我国各地经济、社会发展不平衡，各方面情况千差万别。各地政府要根据这次会议精神，从当地实际出发，制定具体的改革方案和办法，认真负责地组织实施，并在改革实践中不断加以完善。当前有不少企业生产经营困难，一时缴纳不起职工医疗保险费，有的地方对这些企业采取了缓缴和分期缴纳的办法，使企业和职工进入基本医疗保险制度运行后再限期补缴。各地都要以积极的态度，采取多种有效措施妥善解决问题。但无论如何，在1999年内，各地都要努力把城镇职工基本医疗保险制度建立起来，有些难度较大的问题以后可以逐步解决。

第三，精心组织和部署，做深入细致的工作。医疗保险制度改革工作涉及面广，比较复杂，必须精心组织和周密部署。各有关方面要组织力量深入调查研究，认真测算，精心设计改革方案，积极组织实施，并要及时研究解决出现的新问题。在改革过程中，各地一定要妥善处理好衔接工作。一是要注意新老制度的衔接，确保新的城镇职工基本医疗保险制度平稳出台，顺利实施。二是要注意搞好医疗保险制度改革试点中已有政策与国务院《决定》精神的衔接。三是不能影响城镇职工正常的就医和应享受的医疗待遇。

第四，加强合作，密切配合。城镇职工医疗保险制度改革涉及到很多部门，单靠哪一个部门都是难以完成的。劳动保障、财政、卫生、药品监督管理、经贸、计划等有关部门要密切配合，齐心协力地把工作做好。国务院已明确，劳动和社会保障部负责全国职工医疗保险制度改革的指导、协调和组织实施工作。各级卫生行政管理部门应把搞好这项改革作为自己的重要责任，抓紧进行医药卫生体制的配套改革。其他各有关部门要按照各自的职能分工，认真负责地工作，齐心协力，密切配合，互相支持，共同做好城镇职工医疗保险制度改革的工作。

同志们，建立城镇职工基本医疗保险制度是一项关系全局的重要任务。当前，我国政治、经济形势都很好，是做好这项改革工作的有利时机。我们一定要在以江泽民同志为核心的党中央领导下，高举邓小平理论伟大旗帜，以高度的历史责任感和使命感，团结一致，振奋精神，扎扎实实地搞好城镇职工医疗保险制度改革工作，为建立健全我国的社会保障体系，把建设有中国特色社会主义事业全面推向21世纪做出积极的贡献。

二、劳动和社会保障部领导重要讲话和重要文章

关于对《中共中央国务院关于切实做好国有企业下岗职工基本生活保障和再就业工作的通知（征求意见稿）》的说明

——在国有企业下岗职工基本生活保障和再就业工作会议预备会上

劳动和社会保障部部长　张左己

（1998年5月13日）

按照会议日程安排，大会将讨论《中共中央、国务院关于切实做好国有企业下岗职工基本生活保障和再就业工作的通知（征求意见稿）》（以下简称《通知》稿）。我受大会领导小组委托，就《通知》稿有关情况作一说明。

一、关于下岗职工的基本情况

为准确掌握下岗职工的基本情况，按照国务院领导同志的要求，今年3月，劳动保障部、国家经贸委会同国家统计局，在对下岗职工作出明确界定的基础上，对国有企业下岗职工情况进行了专项调查统计。这次调查把下岗和分流区别开来。对那些通过企业自办经济实体、劳务输出、离岗退养以及在社会上到其他单位就业、自谋职业或者提前退休的，作为分流人员；对在原企业已无工作岗位，没有解除劳动关系，且未在社会上找到其他职业的人员，作为下岗职工。这样，使我们对基本情况的了解和需要扶持的对象更加清晰。

这次调查显示，1997年，全国国有企业实现分流及下岗职工人数总计1 274万人，占国有企业职工总数的17%。其中，实现分流的人员为640万人，占实现分流和下岗职工总数的50.2%；年末未能实现分流的下岗职工为634万人（年初快报数为787万人），占49.8%，为同期国有企业职工总数的8.9%。其中，中央直属企业下岗职工74万人。

在实现分流的人员中，有411万人（约占分流职工总数的2/3）是由企业内部渠道分流的（包括自办经济实体108万人，占26.4%；劳务输出44万人，占10.7%；离岗退养132.5万人，占32.2%；其他126万人，占30.7%）。还有229万人（约占分流职工总数1/3）是由社会分流的（包括在社会上到其他单位就业37万人，占16.3%；自谋职业118万人，占51.5%；提前退休35万人，占15.3%；其他39万人，占16.9%），这部分人已与企业终止或解除劳动关系。

在仍未实现分流的下岗职工中，已经进入再就业服务中心71.5万人，占11.3%；未进入再就业服务中心562.8万人，占88.7%。未进入再就业服务中心但已领取基本生活费253万人，占45%；未领取基本生活费309万人，占55%。

据对今年第一季度情况的统计分析，国有企业下岗职工数量达到655.7万人，比去年末增加21.7万人。从统计情况看，各地再就业工作的力度继续加大，一季度通过自办经济实体、自谋职业等方式，共分流职工323.4万人。

自去年《国务院关于在若干城市试行国有企业兼并破产和职工再就业有关问题的补充通知》下发以来，下岗职工基本生活保障和再就业工作与国有企业改革结合得更加紧密。各省、自治区、直辖市普遍成立了由党政主要领导挂帅、有关部门参加的再就业工程领导小组，许多地方还实行了目标责任制，把实施再就业工程作为为民办实事的重要举措。原劳动部、国家经贸委、财政部联合下发了《关于在企业优化资本结构试点城市建立再就业服务中心的通知》，111个试点城市组建再就业服务中心工作取得一定进展。各地普遍出台了有关税收、信贷等方面的优惠政策，促进了下岗职工再就业。为增加就业岗位，各地着力开发第三产业中的区街经济和社区服务业，鼓励发展非国有经济和自谋职业，发展小企业，积极探索多形式、多渠道安置下岗职工的新路子。不少地方通过建立再就业基金，拓宽了资金筹措渠道。劳动力市场建设也得到一定进展。各部门和社会各界十分关注和支持再就业工程，如国家工商行政管理局出台了扶持下岗职工从事个体工商经营和开办私营企业的政策性文件；全国总工会、共青团中央、全国妇联分别开展了“送温暖”活动、“下岗青工创业行动”和“巾帼创业行动”；各民主党派、无党派人士和工商联也为下岗职工再就业做了许多有益的工作。

再就业工程取得了一定进展，但许多工作还仅仅是开始，面临的困难和问题也不少：

一是城镇就业工作面临多重压力。每年城镇新增劳动力数量不减，加上失业人员，使年劳动力供给总量达到1 400万人左右。下岗职工再就业比较困难，环境不宽松。

二是资金来源无保障。一些困难地区和企业用于下岗职工基本生活保障和养老、医疗等社会保险的费用，以及促进再就业的费用得不到保证。

三是社会保险覆盖面窄，非国有企业（包括部分集体企业和个体、私营、外商投资企业）的社会保障制度尚待建立和完善，下岗职工跨所有制、跨行业流动和自谋职业存在后顾之忧。

四是相当一部分下岗职工年龄偏大、技能单一，且受传统就业观念的束缚，再就业能力不强。同时，有的企业在招工年龄、性别等方面要求苛刻，不愿意招用下岗职工，有的在待遇上不一视同仁。

五是一些企业安排职工下岗行为不规范。一些经营者不征求工会或职代会的意见，随意安排职工下岗；一些企业强行集资，不集资就下岗；一些企业强行入股，不入股就下岗。

六是一些地方对下岗职工疏于管理，放任自流，加上政策措施跟不上，致使下岗职工的基本生活和再就业没有着落。

职工下岗问题，不仅影响到企业改革，而且直接影响到社会稳定，应引起高度重视，切实加以解决。

二、关于《通知》稿的形成过程

党中央、国务院对下岗职工再就业问题十分重视。江总书记在十五大报告中明确指出，党和政府要积极采取措施，关心和安排好下岗职工的生活，搞好职业培训，拓宽就业门路，推进再就业工程。去年8月24日，镕基同志在一份下岗职工再就业问题的调查报告上批示，“下岗职工再就业是件大事，请有关部门作些调查研究，在适当时间召开一次全国性工作会议”。本次会议的筹备工作自此拉开了帷幕，《通知》稿的起草工作也从此开始。今年2月14日，镕基同志在天津专题考察再就业工作，指出“解决下岗职工的生活和再就业问题，是深化国有企业改革的基础条件。能不能在3年内力争使大多数国有大中型亏损企业实现摆脱困境的目标，关键在于下岗人员能否得到妥善安置，这项工作直接关系到国有企业改革的成败”。2月17日，镕基和邦国同志召集国务院办公厅和有关部委的同志开会，研究会议筹备和文件起草的有关问题，并作了具体指示。3月23日，中央财经领导小组听取了劳动和社会保障部的汇报，原则同意了汇报要点和会议文件的基本内容。3月下旬，朱总理受江总书记委托，在长春主持召开东北三省和内蒙古自治区党政主要负责同志座谈会，听取他们对企业下岗职工基本生活保障和再就业工作的意见和建议，为召开全国会议作进一步准备。4月10日，中共中央政治局常委听取了汇报，会议决定，请国务院根据会议精神对文件进行修改，提请中央政治局会议审议。4月21、22日，朱总理又主持召开座谈会，征求部分在京全国人大常委会委员和全国政协委员对会议文件的修改意见，使之不断充实和完善。4月24日，中央政治局听取了汇报，将会议的指导思想和文件的主要内容确定下来，提交本次大会讨论。

在《通知》稿的起草过程中，国家经济贸易委员会、国家发展计划委员会、财政部、中国人民银行、国家税务总局、国家统计局、国家工商行政管理局、国务院研究室等部门以及全国总工会和劳动保障部共同进行调查研究，做了大量工作，对文件的形成起了很大的作用。

三、关于《通知》稿的主要内容

一是指导思想、工作重点和目标任务。近年来出现的职工下岗现象，原因是复杂的。既有劳动力长期供大于求、传统就业制度的原因，也有盲目投资、重复建设及企业经营机制的原因。要建立社会主义市场经济体制和现代企业制度，进行经济结构、产业结构调整，不可避免地要经历劳动力结构调整这个过程。从长远看，随着市场经济体制的不断完善、技术进步和经济结构调整，劳动力的相应调整与流动也是要经常发生的。党中央、国务院提出的“鼓励兼并、规范破产、下岗分流、减员增效，实施再就业工程”等政策措施，正是在我国社会保障制度尚不健全的情况下，解决这一问题的正确途径。

为了把国有企业下岗职工基本生活保障和再就业工作健康有序地向前推进，经过反复研究和广泛征求意见，在《通知》稿中提出了做好这项工作的指导思想。主要内容可以概括为：做好下岗职工的基本生活保障和再就业工作，必须注意处理好改革、发展和稳定的关系，贯彻认真负责、尽力而为、突出重点、加强调控的原则，坚定不移地实施减员增效，切切实实地保障下岗职工基本生活，千方百计地促进下岗职工再就业。当前和今后一个时期，主要解决国有企业下岗职工的基本生活保障和再就业问题，把保障他们的基本生活作为首要任务，并力争每年实现再就业的人数大于当年新增下岗职工人数，1998年使已下岗的职工和当年新增下岗职工的50%以上实现再就业。争取用5年左右时间，初步建立起适应社会主义市场经济体制要求的社会保障体系和就业机制。

二是关于加强宏观调控。《通知》稿提出了“认真负责、尽力而为”的原则，主要是考虑企业职工下岗要与社会承受能力相适应，防止“一哄而下”，否则，社会承受不了，保障生活的资金也是有限的。因此，应当从总体上把握好力度和节奏。同时，要坚持“突出重点、加强调控”的原则，主要是考虑为配合国有企业三年摆脱困境的目标，以解决国有独资亏损企业下岗职工为重点，企业要充分考虑社会责任，主动为国分忧，妥善安置本企业的下岗分流职工，不能把他们都推向社会；在政策帮助对象上，以在原企业已无工作岗位，没有解除劳动关系，且未在社会上找到其他职业的人员为重点，把有限的资金用在生活和再就业确有困难的人身上。这样考虑，也是不致因为范围过宽或不明确，造成一些企业和在社会上已有工作的人员“找后账”，带来工作被动。对职工下岗不能放任自流，对劳动力市场要加强宏观调控。一是规范职工下岗程序，建立职工下岗申报备案制度。二是制定一些保护性政策，如不要安排夫妻双方同时下岗，全国及省级劳动模范不要安排下岗等。三是普遍实行劳动预备制度，对未能升学的初高中毕业生追加1～3年职业培训，提高素质，延缓其就业时间。四是引导和鼓励农村剩余劳动力就地就近转移，使农民进城务工有序、规范，缓解下岗职工再就业岗位不足的问题。

至于城镇集体企业，《通知》稿已明确由各地根据实际情况研究制定具体办法。

三是关于建立再就业服务中心。建立和完善再就业服务中心，实施再就业工程，是一项具有中国特色的社会保障制度，是将保障下岗职工基本生活与促进再就业相结合的有效组织形式。为此，《通知》稿要求各地要自下而上地建立再就业服务中心组织体系，有下岗职工的企业都要建立再就业服务中心或类似机构，对本企业下岗职工负责。再就业服务中心负责为下岗职工发放基本生活费和缴纳养老、医疗、失业等社会保险费用，组织他们参加职业指导和再就业培训，引导和帮助他们实现再就业。下岗职工进入再就业服务中心一般不超过3年，基本生活费用由各地根据当地工资与生活水平，按略高于失业救济的标准安排，并按适当比例逐年递减，但最低不得低于失业救济水平。对已在社会上找到其他职业的，不再安排进入再就业服务中心，不发放基本生活费。

用于保障下岗职工基本生活和缴纳社会保险费用所需资金，原则上采取“三三制”的办法解决，即企业负责1/3、财政负担1/3、社会筹集（包括从失业保险基金中调剂和社会募捐）1/3，具体比例各地可根据实际情况确定。财政负担部分，中央企业由中央财政解决；地方企业原则上由地方财政解决。考虑到一些地方财政比较困难等因素，中央财政准备拿出一定资金，重点补贴中西部地区和老工业基地。国有独资盈利企业和国有参股、控股企业保障下岗职工基本生活的资金，原则上由企业负担。财政负担和社会筹集的资金，由财政部门按专项资金管理。再就业服务中心工作人员的工资、福利和行政管理以及促进下岗职工再就业经费，分别由企业和政府列支，不得占用安置下岗职工的基本生活费资金，各地可根据需要，积极筹措促进再就业经费。资金的安排，由再就业工作主管部门商财政部门提出意见，财政部门统一拨付。

关于“有下岗职工的企业都要建立再就业服务中心或类似机构，对本企业下岗职工负责”，主要是考虑企业要负责任，要出钱。由企业对自己的下岗职工进行托管，易于被下岗职工接受，也易于对其进行管理，也只有这样，才能对职工下岗的范围、节奏和总量实行调控。关于采取“三三制”的资金筹措办法，主要是考虑这笔资金，企业、财政和社会（主要是失业保险）任何一方面都难以独立承担，因此要实行分担的原则。“三三制”的渠道和比例是个原则，不是绝对的。效益好的企业安置下岗职工要自己拿钱，困难企业实在拿不出钱的，财政要兜底。对基本生活费标准，原考虑搞一个全国统一的绝对数，但由于各地情况差别较大，定死了和绝对化，会造成各地“苦乐不均”和资金不落实。现在的提法是，按略高于失业救济的标准安排。要强调的是，保障下岗职工基本生活的钱一定要到位。

四是关于促进就业的优惠政策。促进下岗职工再就业，最根本的是要开发就业岗位，没有岗位，再就业无从谈起。要不断开拓新的就业领域，把加强基础产业和基础设施建设作为吸纳就业的重要途径，把大力发展第三产业特别是家庭和社区居民服务业，鼓励自谋职业，作为下岗职工再就业的主要方向。《通知》稿提出，对下岗职工从事个体工商经营、社区服务、家庭手工业和组织起来兴办经济实体的，可实行在一定期限内减免所得税、减免行政性收费和给予小额贴息贷款等优惠政策。对企业吸收安置下岗职工，也给予必要的政策鼓励和支持。考虑到各地差别较大，具体政策措施，由地方政府结合本地实际研究制定。

五是关于完善社会保障制度。解除下岗职工后顾之忧，是做好下岗职工基本生活保障和再就业工作的一个非常重要的因素。《通知》稿提出了完善社会保障制度的具体措施，包括扩大社会保险的实施范围，在各类企业普遍实行养老、医疗、失业等社会保险制度；明确下岗职工过去的连续工龄和养老保险缴费年限，与以后的缴费年限合并计算，待达到法定退休年龄时，按规定享受相应的养老保险待遇；下岗职工在原企业的住房，已按房改政策购买的，可根据有关规定明确个人和原企业的产权关系，未购买的，可协议保留，继续租用；对生活特别困难的下岗职工子女就学，减免学杂费；加快建立城市居民最低生活保障制度，同时要把养老、医疗和失业等社会保险制度、下岗职工基本生活保障制度和城市居民最低生活保障制度相互衔接，相互补充，发挥整体综合效应。

为了完善失业保险机制，提高失业保险基金的支付能力，中央已决定，从今年开始，将失业保险基金的缴费比例由企业工资总额的1%提高到3%，由企业单方负担改为企业和职工个人共同负担，其中个人缴纳1%，企业缴纳2%。失业保险基金除用于救济失业人员外，主要用于下岗职工基本生活保障。

个别地方搞“买断工龄”，这种做法是不能赞成的。因为按照现行的法律法规，凡参加养老保险的企业职工，在其退休以后都有权利按规定享受养老保险待遇。在实践中，职工把钱花完了还会来找你，实际上是买不断。

关于“提前退休”，目前只对优化资本结构试点城市的破产企业，以及纺织行业的两个工种开了口子，不能普遍推行。我国的老龄化高峰即将到来，提前退休对养老保险基金冲击太大，难以承受。现在不少地方养老金的发放出现问题，少数地方拖欠养老金情况严重，影响到社会稳定，我们不能为了一时一事，而丢掉了总体考虑。另外，提前退休的职工还具备劳动能力，提前退休后，又会在社会上找职业，从总体上说，提前退休不会腾出就业岗位。

六是关于推进劳动力市场建设，转变就业观念。解决下岗职工再就业问题，要标本兼治，要建立和完善市场就业机制，这是就业制度改革的根本方向。《通知》稿要求，各地特别是各大中城市，要充分利用电视、广播等现代化信息传播手段，提供求职、招聘等方面的信息和咨询服务，按照科学化、规范化的要求，加强劳动力市场建设。动员社会力量，运用现有设施，广泛开展再就业培训，在全国实施“三年千万”再就业培训计划。同时，还要加强思想政治教育，大力宣传党和政府的有关政策，树立和宣扬一大批自强自立、艰苦创业的先进典型，引导下岗职工乃至全社会转变就业观念。

七是关于加强领导。做好下岗职工基本生活保障和再就业工作，各级党政领导的重视是至关重要的。《通知》稿要求，各级党委、政府和有关部门应把企业下岗职工基本生活保障和再就业工作列入重要的议事日程，实行党政“一把手”负责制，并纳入政绩考核的重要内容。国务院由国有企业改革联席会议负责指导和组织协调，具体工作由劳动和社会保障部、国家经贸委负责实施。要动员全社会都来关心、支持下岗职工的生活保障和再就业，充分发挥工会、妇联、共青团等社会团体和民主党派的作用，群策群力，共同做好这项工作。

《通知》稿在这次会议上讨论并修改完善后，报党中央、国务院批准再下发。需要说明的是，中共中央、国务院的《通知》是一个总体性文件，各地情况不同，在贯彻落实工作中，需要结合本地的实际情况拿出具体办法，以使这项工作从上到下落实到位，真正取得实效。国务院有关部门也将按照《通知》涉及的内容，陆续出台具体操作办法，推动工作的开展。

全力以赴，抓好落实，确保中央的部署在今年初见成效

——在国有企业下岗职工基本生活保障和再就业工作会议上的发言

张左己

（1998 年 5 月 15 日）

党中央、国务院召开的这次会议，对切实保障下岗职工的基本生活和深入实施再就业工程进行了全面的部署和安排。江泽民总书记发表了重要讲话，吴邦国副总理作了工作报告，朱镕基总理还将作重要讲话。党中央、国务院领导同志的重要讲话，从改革、发展、稳定的战略高度，从亿万人民群众的切身利益出发，深刻阐明了做好这项工作的重要性和紧迫性，对我们提出了明确的任务、目标和要求。我们坚决拥护，将全力以赴抓好贯彻落实，确保中央的部署在今年初见成效。

下面，我简要汇报劳动和社会保障部的工作安排：

一、抓好会议精神的学习和贯彻，把劳动和社会保障工作的中心放到国有企业下岗职工基本生活保障和再就业上来

大会闭幕后，我们马上召开劳动厅局长会议，请与会的劳动厅局长再留下一天，进一步学习和领会党中央、国务院领导同志的重要讲话和会议精神，对如何抓好贯彻落实作出具体安排。根据本届中央政府对劳动和社会保障工作提出的任务和要求，遵照这次会议的总体部署，我们把劳动和社会保障部的工作任务概括为“三个重点、两个确保、一个统一”。所谓“三个重点”，一是下岗职工再就业工作的组织和落实，二是医疗保险制度改革的启动和试点，三是养老保险制度改革的深化和完善。所谓“两个确保”，一是确保国有企业下岗职工的基本生活，二是确保离退休人员养老金的发放。所谓“一个统一”，就是对社会保险实行统一管理。以上几项工作，每一项都和下岗职工的基本生活保障和再就业工作息息相关。当前，一方面是切实抓好会议精神的传达贯彻，使各级劳动和社会保障部门的同志务必明确，做好下岗职工基本生活保障和再就业工作是党中央、国务院赋予劳动和社会保障部门的首要任务，各级劳动和社会保障部门要增强使命感和责任感，把这项工作作为头等大事，全力以赴，尽职尽责。另一方面是，按照中央确定的指导原则和方针政策，尽快组成专门班子，制定切实可行的工作方案，并层层落实责任制，精心组织实施。

二、重点工作要尽快抓出成效

贯彻落实会议精神，最紧迫的任务是保障国有企业下岗职工的基本生活，最重要的基础工作是抓好企业再就业服务中心的建设，最关键的问题是落实资金。做好这些工作，保证政策落实、机构落实和资金落实，各级劳动和社会保障部门责无旁贷。大会以后，各级劳动和社会保障部门要同经贸、财政等部门紧密配合，马上组织得力人员深入到有下岗职工的企业，共同研究组建和完善再就业服务中心的办法，加强对中心建设和工作的指导，在年底以前实现“自下而上建立再就业服务中心组织体系”的要求，使已下岗的职工都能进入中心；同时，共同研究资金筹集的具体办法，采取一切必要措施，保证所需资金落实到位。工作中，[illegible]要注意抓好再就业服务中心工作人员的培训，推广一些地方和企业的成功做法，使他们较好地掌握具体政策和方法，成为下岗职工的贴心人，为下岗职工服好务。各级劳动和社会保障部门要会同财政部门，管好用好为保障下岗职工基本生活而筹集的资金，绝不允许挪作他用，对违反规定者，一定要作出严肃处理，决不姑息。

三、加强同有关部门的协作和配合

搞好下岗职工基本生活保障和再就业工作是劳动和社会保障部门义不容辞的责任，同时也离不开全社会的帮助和各部门的支持。劳动和社会保障部门要发扬协作精神，主动与有关部门建立协调配合机制。这次会后，我们要根据中央和国务院文件的要求，会同计划、经贸、财政等部门及其他有关部门抓紧制定配套政策文件。同时，指导各地劳动和社会保障部门在当地党委和政府的领导下，结合本地实际，制定贯彻中央文件的具体政策和办法。在建立再就业服务中心、筹集和使用资金、开辟就业门路、搞好再就业培训、转换就业观念等主要工作环节上，都要同有关部门加强协商，密切合作。要加强同工会、共青团、妇联、各民主党派和工商联的联系与合作，充分动员社会各方面力量，共同做好工作。

四、在做好下岗职工基本生活保障和再就业工作的同时，千方百计解决好部分地区和行业欠发离退休职工养老金的问题

离退休职工养老金的发放和下岗职工基本生活保障一样，也是关系社会稳定的大事。我们一定要采取切实有效的措施，在做好下岗职工基本生活保障和再就业工作的同时，千方百计解决好部分地区和行业欠发离退休职工养老金的问题。各级劳动和社会保障部门要切实负起责任，并根据实际情况，采取相应的措施。对于参加养老保险社会统筹的企业，确因企业经营困难无力按时缴纳养老保险费的，不能一缴不上就停止发放养老金。对这类企业可给3～6个月的缓缴期，在缓缴期内要按时足额发放养老金。要加大基金收缴力度，提高基金支付能力，确保养老金的正常发放。有条件的地区，要在更大范围内进行基金调剂。还要注意控制退休费用的过快增长，特别是要严格控制提前退休。要切实加强养老保险基金的管理，尽快实施养老基金的财政专户和收支两条线制度，保证基金的安全和完整。抓紧清缴被挤占挪用的资金，用于养老金的发放。

五、加快建立健全社会保障制度和现代化的就业服务体系，从根本上解决下岗职工的社会保障和市场就业问题

当前对下岗职工采取的保障措施，是在我国劳动力市场不健全、社会保障制度不完善的情况下进行的，而劳动力的分流和调整是市场经济条件下经常发生的。因此，在全力抓好当前再就业工作的同时，要加快健全和完善劳动力市场和社会保障制度的步伐，争取经过3～5年的努力，初步建立起适应社会主义初级阶段生产力发展水平，符合社会主义市场经济要求的劳动制度和社会保障制度，使广大城镇劳动者得到比较充分的就业和基本的社会保障。经

过坚持不懈的努力，真正形成经济运行的“减震器”和社会稳定的“安全网”。为保证国有企业走出困境，建立现代企业制度，为保证国民经济持续、快速、健康发展作出贡献。当前，要抓紧扩大社会保险覆盖面，提高社会保险统筹层次，加强基金征缴和管理。要抓紧研究和解决好现行保障制度的配套问题，搞好下岗职工基本生活保障与失业保险、城市居民最低生活保障制度的衔接，以充分发挥综合功能。同时，要进一步完善就业服务体系，加强劳动力市场规划和建设，并努力使之科学化、现代化，为最终实现市场就业创造条件。

六、加强调查研究，转变工作作风

做好下岗职工基本生活保障和再就业工作，是党和政府赋予我们的光荣任务，是人民群众对我们的信任和重托，我们深感责任重大。各级劳动和社会保障部门一定要牢固树立大局观念、服务意识和求真务实的工作作风，深入企业、街道和职工家庭，及时掌握下岗职工的动态，了解他们的疾苦，帮助他们解决实际困难。要切实加强调查研究，及时总结、交流和推广新鲜经验，对工作中出现的新情况新问题，要认真研究解决，重大问题要及时准确地向党中央和国务院报告。当好党委和政府的参谋助手，将我们的工作扎扎实实地做好，努力实现既定的工作任务和目标。

认清形势，明确任务，满怀信心地做好新时期的劳动和社会保障工作

——在全国劳动和社会保障厅局长座谈会上的讲话

张左己

（1998年5月17日）

刚刚闭幕的国有企业下岗职工基本生活保障和再就业工作会议，是一次十分重要的会议。江泽民总书记、朱镕基总理亲自到会作重要讲话，李鹏、胡锦涛、尉健行、李岚清等中央领导同志出席会议，吴邦国副总理作工作报告，这不仅对做好国有企业下岗职工基本生活保障和再就业工作是一个巨大的推动，而且对做好整个劳动和社会保障工作也具有重要的指导意义。各级劳动和社会保障部门要认真学习、深刻领会这次会议精神，认真抓好落实，并以此为契机，推动劳动和社会保障各项工作的开展。

今天，我们在中央这次会议之后，紧接着召开厅局长座谈会，就是要认真贯彻落实中央这次会议的精神，研究今后一个时期劳动和社会保障工作面临的形势和任务，听取大家对劳动和社会保障工作的意见和建议，部署近期工作。下面，我先讲几点意见，供同志们讨论。

一、形势和任务

劳动和社会保障部是在中央大幅度精简机构的情况下组建的，这充分体现了党中央、国务院对劳动和社会保障工作的重视。中央的这一重大决策，改变了长期以来社会保险多头管理、分散决策和缺乏统一规划、统一组织实施的局面，有利于加快培育和发展劳动力市场，有利于加快建立和完善有中国特色的社会保障体系，进而促进社会主义市场经济体制的建立。因此，不仅具有重要的现实意义，而且具有深远的历史意义。

我们正处在世纪之交的重要历史时期，国有企业改革已进入攻坚阶段。中央提出，用3年左右的时间使大多数国有大中型亏损企业摆脱困境，使大多数国有大中型骨干企业初步建立现代企业制度。这对加快劳动和社会保障制度改革提出了前所未有的迫切要求。我们面临的任务是繁重的，一方面要改革劳动制度，促进竞争就业机制的形成和劳动力市场的完善，把企业从冗员重负中解脱出来；一方面要改革社会保险制度，构造社会稳定的“安全网”和经济运行的“减震器”，使劳动者在退出工作岗位和遇到困难时得到应有的社会保障和救助，解除劳动者的后顾之忧，给职工群众一个“定心丸”。简而言之，一手抓市场，一手抓保障；一手促竞争，一手促公平。从总体上看，我国劳动力供大于求的矛盾将长期存在，企业富余人员向社会的释放才刚刚开始，今后一个时期

会更加突出，失业率将呈上升趋势，就业压力越来越大。但目前劳动力市场的成熟程度还比较低，一些地区的劳动力市场刚刚起步，还难以承担起运用市场机制配置劳动力资源的重任。社会保障制度也很不健全，无论覆盖范围、统筹层次，还是管理水平、社会化程度，都不能适应社会主义市场经济的要求。由此可见，加快建立和完善劳动力市场机制，加快建立有中国特色的社会保障制度，任务十分繁重和艰巨。

必须清醒地看到，伴随着劳动和社会保障机构的统一，我们肩负的责任更重，承受的压力也更大，一系列新的前所未有的复杂问题将接踵而至。劳动和社会保障部成立伊始，即面对着世纪之交的三大挑战：一是劳动力结构的空前大调整。目前下岗职工已达1 000多万，预计到2000年，每年还将新增下岗职工300～400万人。面对这一挑战，不仅要改革和完善现行失业保险制度，而且整个就业和再就业制度都需要进行重大调整。二是日趋严峻的人口老龄化。面对这一过早到来的冲击，作为发展中国家，我们的社会保险特别是养老保险寅吃卯粮，潜伏着严重的支付危机。目前已经有6个省份出现当年收不抵支，很多地区发生了支付困难。三是人们日益增长的医疗消费需求和实际承受能力之间的矛盾日益突出。一方面，医疗费用增长超过国民收入和财政收入增长速度，企业和财政已不堪重负，经济发展受到影响；另一方面，一些离退休人员和困难群体的基本医疗需求得不到保障。

面对如此严峻的形势和繁重的任务，我们既要头脑清醒、正视困难，更要充满信心、有所作为。要遵循江泽民总书记提出的“坚定信心、心中有数、未雨绸缪、沉着应付、埋头苦干、趋利避害”的总方针，以朱镕基总理倡导的那种“一往无前、义无反顾、鞠躬尽瘁、死而后已”的精神，勇敢地迎接挑战。我们的目标是，争取经过3～5年的时间，初步建立起适应社会主义初级阶段生产力发展水平，符合社会主义市场经济要求的劳动制度和社会保障制度，使广大城镇劳动者得到比较充分的就业和基本的社会保障，为保证国有企业三年走出困境并初步建立现代企业制度，为保证国民经济持续、快速、健康发展，为社会的长治久安作出我们的贡献。

党中央、国务院对劳动和社会保障工作十分重视。以江泽民同志为核心的中央领导集体，心系下岗职工，十分关注他们的生活和再就业问题。在九届全国人大闭幕后的短短一个月时间里，江泽民总书记多次主持会议，听取关于下岗职工基本生活保障和再就业问题的汇报，并作出重要指示。3月24日下午，新一届国务院第一次全体会议刚刚结束，朱镕基总理即受江泽民总书记委托，与吴邦国副总理带领国家计委、经贸委、财政部和我们部的主要负责同志赶赴长春，以中共中央、国务院的名义主持召开东北三省和内蒙古自治区党政主要负责同志座谈会，听取地方的意见。4月中旬又先后召开部分全国人大常委和政协委员座谈会，广泛听取意见，进一步明确了思路和政策，对《中共中央、国务院关于切实做好国有企业下岗职工基本生活保障和再就业工作的通知》稿进行了反复修改，为中央这次会议的召开做了充分准备。同时，新一届中央政府还把医疗保险制度改革作为今年要抓好的五项改革之一，摆上了重要日程。去年以来，朱镕基总理多次听取医疗保险制度改革情况的汇报并作出重要指示，明确了医疗保险制度改革的原则、目标和政策。今年初，江泽民总书记先后几次主持会议听取医疗保险制度改革的工作汇报。医疗保险制度改革方案已经中央原则同意，国务院将召开会议，部署这项工作。在中央这次会议上，朱镕基总理对养老保险制度改革又提出了新的更高要求。最近，朱镕基总理说过这样一段意味深长的话：我们是社会主义国家，要为人民谋福利，政府的钱要用到基础设施建设和公共福利、社会保障上来。过去，我们没有把社会保障当做重点问题来抓，现在看这个问题很严重，非抓不行。我们要认真学习中央领导同志对劳动和社会保障工作的重要指示，充分认识组建劳动和社会保障部的意义，充分认识劳动和社会保障工作在改革、发展、稳定大局中的地位和作用，认清形势，明确任务，抓住机遇，迎接挑战，把劳动和社会保障事业推向新的历史发展阶段。

根据本届政府“一个确保、三个到位、五项改革”总体部署以及对劳动和社会保障工作提出的任务和要求，我们认为，可以将今后几年劳动和社会保障的主要工作任务概括为：“三个重点、两个确保、一个统一”。所谓“三个重点”，一是促进国有企业下岗职工再就业，二是深化养老保险制度改革，三是推动医疗保险制度改革；所谓“两个确保”，一是确保国有企业下岗职工的基本生活，二是确保离退休人员养老金的发放；所谓“一个统一”，就是对社会保险实行统一管理。

二、抓住三个重点

（一）全力以赴做好国有企业下岗职工再就业工作

这是中央交给我们的首要任务，是我们的头等大事。其重要性和紧迫性，同志们通过中央这次会议，都有十分深刻的认识和强烈的感受。现在，大政方针已经确定，目标任务已经明确，关键是要抓好落实。要紧急动员劳动和社会保障系统的全体同志，认真学习贯彻会议精神，结合各地实际，立即制定落实的措施和办法，务必在今年底以前取得明显的实际效果。这里，我想再强调一下做好国有企业下岗职工再就业工作必须妥善处理好的几个重要关系。

一是要处理好保障基本生活和再就业的关系。这是治标与治本的关系。面对1 000多万下岗职工和其中300多万人领不到基本生活费的严重局面，第一位的任务当然首先是采取措施，保障下岗职工的基本生活。但是，下岗职工的根本出路还是分流出去，找到新的就业岗位，做到人尽其用、各得其所。因此，必须标本兼治，在保障基本生活的前提下，下大力气抓再就业。关于再就业，中共中央、国务院通知中已经提出了切实措施，要求通过各种渠道开发就业岗位。我看，下岗职工再就业岗位新的增长点，恐怕不在国有企业特别是国有大中型工业企业，而是在基础设施和基础产业，在第三产业特别是服务业，在中小型企业以及非公有制企业，在劳动密集型企业。这是安置下岗职工再就业的主攻方向，各地的扶持和优惠政策也要往这上面下功夫。下岗职工中绝大部分要转到新的职业和岗位，他们迫切需要掌握新的技能，因此，必须加强再就业培训工作。我们应当乘势而上，组织社会各方面的力量，瞄准市场需求，突出再就业培训的实用性、有效性，尽快提高下岗职工的再就业能力。当前一个突出的问题是要强调转变就业观念，克服“等、靠、要”和无所作为的思想，把下岗当成一次再创业的机会。不仅下岗职工的就业观念要转变，就是政府机关、用人单位也都要转变观念，对新形势下的就业问题要有新的认识、新的思路、新的方法。要运用再就业的典型实例，引导和带动更多的下岗职工自强不息、艰苦创业，在全社会形成“观念一变天地宽”的良好氛围。

二是要处理好再就业和就业工作的关系。这可以说是重点和全局的关系。再就业问题事关国有企业改革成败，必须放在首要位置。但是，我们在全力以赴抓好再就业工作的同时，对整个就业工作切不可有丝毫忽略和松懈。既要充分认识再就业工作的重要性、紧迫性，也要看到整个就业形势的严峻性。要时刻想到，我们不仅面临着1 000多万的下岗职工问题，同时还面临着近600万的失业人员和每年800万左右的城镇新增劳动力。正如江泽民总书记所强调的那样，“我国人口多，就业问题是必须长期关注和着力解决好的问题”。应当认识到，再就业是我国一种特定的社会历史现象，再就业工作本来就是就业工作的组成部分，是当前就业矛盾的主要方面，是就业工作的重中之重。也就是说，下岗职工是就业人群中的特殊群体，是需要特别关照的对象，这一问题解决得如何，是衡量当前就业工作好坏的主要标志。因此，必须以解决再就业问题为重点，深刻认识就业工作的长期性、艰巨性，把促进就业摆在战略高度，持之以恒地抓紧抓好。

三是要处理好下岗职工再就业和建立新的就业机制的关系。这可以说是当前与长远的关系。企业减员增效、职工下岗分流和再就业问题的实质，是劳动力资源的重新配置和劳动力结构的重新调整，是国有企业实施战略性改组而带来的必然过程。从长远看，完成这项战略性的任务，必须大力培育和发展劳动力市场，加快建立在国家政策指导下，劳动者自主择业、市场调节就业、政府促进就业的新机制，发挥市场机制在劳动力资源配置中的基础性作用。实施再就业工程，这是在我国社会保障制度不健全、劳动力市场不完善的条件下采取的一种特殊政策，是现阶段一项具有中国特色的社会保障制度。在这一过渡时期，我们为解决下岗职工的再就业问题，采取一些应急性措施，是十分必要的。但一定要明确，解决下岗职工的再就业问题，最终要走向市场，靠市场机制实现再就业。如果三年过去，新的机制还没有形成，方法依旧，政策依旧，还是像现在这样让企业再就业服务中心背着发生活费，那企业是无法轻装走向市场，无法建成现代企业制度的。即使在当前，下岗职工中的大部分人实现再就业，也必须依靠劳动力市场。对劳动力市场的建设，朱镕基总理多次强调信息服务、职业介绍和就业指导要科学化、规范化、现代化。这既是改变目前落后的面对面洽谈方式的现实要求，也是完善市场就业制度的长远之计，我们要抓紧落实。

四是要处理好城镇劳动者就业和农村剩余劳动力向城镇转移的关系。这可以说是城镇与农村就业的关系。伴随着经济社会发展和城市化进程，农村剩余劳动力向非农产业转移和向城镇流动的规模将逐步扩大，1亿多农村剩余劳动力将是我们长期面临的一个巨大的压力。因此，必须统筹考虑城乡就业，把农村剩余劳动力向城镇和非农领域转移纳入整个就业工作的宏观调控之中，在抓好城镇就业工作的同时，抓好农村剩余劳动力开发就业与有序流动工作。后者解决得好，可以减轻城镇就业压力，相对增加下岗职工再就业机会。相反，则会对城镇就业产生巨大的冲击。事实上，过去几年我们治理“民工潮”，引导民工有序流动，已经成为做好城镇就业工作的一项重要内容。因此，必须长期坚持引导农村剩余劳动力就地就近转移为主的方针，通过发展乡镇企业和农业深度开发，吸纳农村剩余劳动力。对农村劳动力向城镇流动的规模，必须进行有效调控，并纳入制度化、规范化的轨道。这在近几年再就业任务十分繁重的情况下，显得尤为重要。

（二）养老保险制度改革要取得新的突破性进展

《国务院关于建立统一的企业职工基本养老保险制度的决定》（国发〔1997〕26号）发布以来，改革的势头很好，进展较快。但仍有几个涉及改革深层次矛盾的重大问题，没有取得突破性进展。主要是省级统筹止步不前，行业和地方统筹仍然处于条块分割的状态，非公有制企业尚未纳入社会保险覆盖范围，大多数地区仍然实行差额缴拨，管理水平和社会化程度低。就是统一制度的并轨工作，目前也只有18个省市出台了方案，远没有达到国务院的要求。为此，我们要按照中央这次会议的要求，以解决欠发养老金问题为契机，以建立养老保险基金调剂机制为突破口，以实现养老保险省级统筹和全面覆盖为主要内容，以建立统一的养老保险制度为目标，进一步加大改革力度，在难点问题上动刀子，力争年内使养老保险制度改革有新的重大突破，到本世纪末，再实现一次大的飞跃。为此，部里决定，拟在7月份召开全国养老保险工作会议，进行全面部署。为做好这次会议的准备工作，有以下几个问题需要大家研究：

一是全面落实国务院26号文件的各项要求，年底前实现企业基本养老保险制度统一并轨。这是大踏步推进养老保险制度深化改革的基础，没有制度统一的条件，其他改革都无从谈起。现在时间只有半年，任务十分紧迫，没有出台统一制度方案的地方都要加快工作进度，在下半年出台方案并组织实施。

二是迅速提高统筹层次，提前实现省级统

筹。原来的进度安排是2000年全部实现省级统筹，而且还留了口子，允许省里授权地市统筹。近几年，这项工作一直处在徘徊状态，1994年就已有13个地区实行了省级统筹，几年过去了，只在去年增加了一个省，再无别的建树。一个时期甚至对省级统筹产生了思想动摇，想从省级统筹往回退。就是14个已经实行省级统筹的地区，有的也是有其名而无其实，不仅费率没有统一，而且有限的调剂金也难以落实，没有真正发挥其应有的调剂功能。国务院之所以要求提前实现省级统筹，目的就在于建立基金调剂机制，增强抵御风险能力，同时也是为将行业统筹纳入地方统筹创造条件。各地对这个问题要统一认识，加快实现和完善省级统筹。已实行省级统筹的地区，要加以规范和完善，确保基金能够按时足额上解和划拨，提高基金调剂能力。尚未实行省级统筹的地区，要积极创造条件，克服困难，年底前全部实行省级统筹。

三是立即着手解决行业统筹问题。铁道、电力、邮电、石油等11个关系国计民生的行业部门自实行行业统筹以来，做了大量工作，为我国养老保险制度的改革和事业的发展，为保持产业工人队伍稳定作出了贡献。随着经济体制改革的不断深入，把行业统筹纳入地方统筹，是各方面多年的要求和愿望，也符合社会保险制度改革的原则和方向。原先设想待全国基本实现省级统筹后再解决这一问题。现在看，这次国务院机构改革为解决这一问题提供了契机，而提前实现省级统筹，又将为解决这一问题创造条件。国务院领导同志已明确指示立即进行这项工作。我们要抓住时机，把这件事情办好。考虑到这项工作涉及各方面利益的调整，难度较大，因此，必须采取积极而又慎重的态度，有组织、有计划、有步骤地进行，使之平稳衔接和过渡。为此，部里和财政部已经商定，准备与各方面协商，提出实施方案，报国务院批准后施行。各地要认真研究行业统筹下放后如何解决费率负担、保障水平、补充保险和管理服务等问题，进行详细的测算，对可能遇到的问题要考虑周全，为工作交接做好前期准备。要根据中央的统一安排，加强领导，精心组织，主动做好交接工作，保持社会和职工队伍的稳定。对地方的要求是，要一视同仁，不能挑肥拣瘦；要顾全大局，不能搞地方保护主义；要搞好衔接，不能出现脱节断档。行业统筹纳入地方统筹后，对各级社会保险机构的管理服务工作提出了新的要求，必须提高管理水平，增强服务意识，把管理服务工作搞得更好，使11个行业的企业和在职职工、离退休人员满意。对行业的要求是，在下放前要坚持做好基金的收缴、发放、管理和监督，防止突击办理提前退休和擅自提高养老待遇、突击花钱，以及不积极收费等问题的发生。同时认真研究建立企业补充养老保险问题，保持职工队伍和离退休人员的稳定。

四是努力扩大覆盖范围，提高基金支付能力。扩大覆盖范围是社会保险性质的内在要求，也是企业改革、所有制结构调整的客观需要。在以公有制为主体、多种所有制经济共同发展的今天，如果我们的社会保险还仅仅限于国有企业，那就是一种狭隘的和脱离实际的制度，也不能真正起到保护劳动者合法权益、维护社会稳定的作用。因此，要加快扩大覆盖范围，重点是外商投资企业、私营企业，以及多种混合所有制企业。这些企业职工队伍比较年轻，所缴纳的养老保险费可以用于统筹调剂，提高支付能力，保证养老金的发放。覆盖范围扩大了，费率就有可能逐步降下来；企业负担就减轻了，收缴率也会提高。为了更好地保证收缴，部里正抓紧起草《社会保险基金征缴条例》，争取年内出台。

五是尽快改差额缴拨为全额缴拨，加速向社会化管理迈进。离退休人员由企业管理，养老金由企业发放，这是企业的一个沉重负担，既不符合建立现代企业制度的要求，也体现不出社会保险的性质和作用；既是一些企业不愿意参加养老保险社会统筹的一个借口，也是造成养老金拖欠的一个重要原因。改革的方向就是离退休人员管理服务完全从企业分离出来，全部实行社会化管理。当然，实现这一目标需要一个过程，但应当朝着这个方向努力。当前，重点是把养老保险费差额缴拨的结算方式改为全额缴拨，实行养老金社会化发放。这有利于确保离退休金的按时足额发放，有利于减轻企业的社会事务负担，也有利于加强对养老保险基金的监管。这种改变，肯定会加大各级社会保险机构的工作量，也存在很多实际困难。但这是企业的普遍要求，是社会保险机构真正为企业和劳动者服务的具体体现，不仅要快办，而且必须办好。

六是加强基金使用管理的监督，确保基金的安全与完整。中央要求，尽快实行“收支两条线”管理办法，基本养老保险基金纳入“财政专户”。这是一项重要的管理措施，必须坚决执行。这里我要申明一点，从本届政府任期开始，要更加严格地执行基金监管规定及各项财会制度，决不允许发生新的挤占挪用。对发生问题的，可以划出两个时限：凡在 1997 年 7 月 30 日国务院领导同志重申纪律后发生的，对有关责任人员要严肃查处，从重处理；凡在新一届政府任期开始之后再发生的，对有关责任人要更加严厉地查办，决不姑息迁就。在机构改革和工作交接过程中，要对所有的社会保险基金进行全面清查，交的部门要交一个明白账，接的部门也要接一个清楚账。

（三）推动医疗保险制度改革全面启动

从某种意义上讲，医疗保险制度改革比之养老保险制度改革难度更大，难就难在医疗费用的支出管理上。这一点可以说是举世皆然，即使许多发达的市场经济国家，也依然存在许多尚未解决的难题。众所周知，我国现行公费、劳保医疗制度弊端丛生，已难以为继。必须加快改革步伐，逐步建立新的医疗保险制度。

去年以来，根据党中央、国务院领导同志关于医疗保险制度改革的指示精神，经过认真调查研究，在总结各地试点和借鉴国外经验教训的基础上，按照低水平、广覆盖、多层次、统账结合的基本思路，研究起草了《国务院关于建立职工基本医疗保险制度的决定》稿。由于各地经济发展和医疗保障水平不同，各地的具体实施方案可以有所不同，但在大的原则和基础制度上必须统一，主要体现在以下五个方面：

一是建立合理的医疗保险费用筹措机制。医疗费用由过去的财政和企业包揽，改为由国家、用人单位、职工三方合理负担，规定所有用人单位和职工个人都要按照当地政府确定的统一缴费比例缴纳基本医疗保险费。

二是实行社会统筹和个人账户相结合的基本医疗保险制度。用人单位和个人缴纳的基本医疗保险费分为两部分，一部分划入职工个人医疗账户，主要用于支付职工个人的小病医疗费用；其余部分建立社会统筹医疗基金，主要用于支付职工大病的医疗费用。

三是要建立对医疗机构、职工个人和社会保险机构，即医、患、保三方的制约和激励机制，加强医疗费用的支出管理。同时根据中央指示精神，对医疗机构的配套改革也相应提出了要求，其目的就在于从根本上提高医疗的服务质量和水平，抑制医疗费用的不合理增长。

四是规定医疗保险制度实行社会化管理。打破公费医疗与劳保医疗之间、不同所有制单位之间、不同职工身份之间的界限，城镇所有用人单位及其职工和个体工商户都应当参加基本医疗保险。按照属地化管理的要求，医疗保险基金原则上以地级市为统筹单位，实行社会化统一管理。

五是逐步建立多层次的医疗保障体系。我国是发展中国家，基本医疗的保障水平，既要考虑已经形成的医疗消费水平，又不能无限度地满足日益增长的医疗消费需求，更不能与发达国家的保障水平攀比，只能根据财政和企业的实际承受能力来确定。基本医疗保险只能保障基本医疗，水平较低，而医疗需求是多层次、多方面的。因此，各地应逐步建立补充医疗保险、医疗救助制度，发展商业医疗保险，逐步形成多层次的医疗保障体系，以满足职工多方面的医疗需求。

这个方案已经中央原则批准，国务院将召开医疗保障制度改革工作会议，进一步征求意见。各地劳动和社会保障部门要高度重视，在当地党委和政府统一领导下，加强同体改、财政、卫生等部门的联系和配合，抓紧进行摸底、测算，把工作做在前面，为贯彻国务院决定做好充分准备。已经进行医改试点的城市和地区，可以继续进行，但要不断总结经验，完善方案。当前，特别要注意采取措施，在合理控制医疗费用支出的同时，确保下岗职工和离退休人员的基本医疗保障不受影响。

三、做到两个确保

（一）确保国有企业下岗职工的基本生活

保障下岗职工的基本生活，是一项关系社会稳定大局的紧迫任务。中央这次会议对保障下岗职工基本生活问题，提出了明确的政策措施，当前最关键的是要做到三个落实。

一是组织落实。保障下岗职工基本生活的一项根本措施，是普遍建立再就业服务中心。按照中央的要求，各地要自下而上地建立再就业服务中心组织体系，有下岗职工的企业都要建立再就业服务中心或其他类似机构，为下岗职工发放基本生活费。最近，我们会同有关部门组成联合调查组，到5个省市就再就业服务中心的有关问题进行了专题调研。从调研的情况看，多数中心有名无实，有牌无人，有的只是为了获取冲销呆坏账的优惠政策，托管计划并没有真正落实。被调查城市的实际托管人数，仅为计划数的19.2%，有的地方仅落实了不到10%。就全国而言，据统计，到1997年末，国有企业下岗职工634.3万人，进入再就业服务中心的71.5万人，仅占11.3%；未进入中心的562.8万人，高达88.7%。各地要高度重视这一问题，采取有效措施，推动再就业服务中心的建立，防止企业将下岗职工推向社会不管。

二是资金落实。中央已经明确，再就业服务中心的资金来源，原则上采取“三三制”的办法解决。各地可根据实际情况确定具体比例，比如盈利企业可以自己多承担一些，亏损企业财政多负担一些。财政负担部分，中央企业由中央财政解决，地方企业原则上由地方财政解决，中央财政给予一定的支持。据调查统计，1997年底国有企业下岗职工中，未领到基本生活费的有309.5万人，占49%。这么多下岗职工的基本生活没有保障，是个大问题。最根本的原因是资金不落实，特别是经济欠发达地区和困难企业筹资部分不到位，破产企业的国有资产难以变现等。劳动和社会保障部门要主动和财政、经贸等部门协调，采取一切有效措施，千方百计保证资金落实，并不折不扣地发到下岗职工手中，力争做到不拖延、不挪用、不出现空档，防止下岗职工生活无着。为保证从失业保险基金中调剂的部分落实到位，各地要抓紧落实中央关于提高失业保险基金收缴比例和个人缴纳失业保险费的要求，增加资金来源。

三是工作落实。再就业服务中心要真正运作起来，对国有企业下岗职工进行托管，不仅是发放基本生活费一项，还包括代缴养老、医疗、失业三项社会保险费，组织转岗培训，促进实现再就业等工作。基本生活费的具体标准由各地根据当地工资和消费水平确定，原则上应当略高于失业救济的标准，但要逐年递减。之所以要求基本生活费不能太高，并且要逐年递减，目的是促使下岗职工积极实现再就业，使再就业服务中心有进有出，出多于进，防止把再就业服务中心变成“死水池”。

经国务院领导同志批准，下岗职工基本生活保障制度要与失业保险制度和城市居民最低生活保障制度相互补充、前后衔接，发挥综合保障功能，形成具有中国特色的社会保障体系。在再就业服务中心托管三年后仍未就业的下岗职工，由失业保险接过来，按规定可以享受不超过两年的失业救济。失业救济期满仍未就业的，由城市居民最低生活保障制度最后兜底，按规定申请领取城市居民最低生活保障金。至于过去两年实行的城镇企业职工解困制度，曾经做了很多工作，也起了很好的作用，在新形势下各地可根据实际情况，将其基本功能和保障对象分解到社会保险、基本生活保障和社会救济三条保障线中落实。比如，困难企业下岗职工的解困工作可以由下岗职工基本生活保障制度解决，困难企业离退休人员的基本生活保障可以由养老保险制度解决。原先筹集的解困资金不能流失，要用于下岗职工基本生活保障。困难企业在职职工的工资保障问题，完全是企业经营问题，必须由企业自己解决，不能靠在政府身上，不能依赖社会保障。

（二）确保离退休人员养老金的发放

当前，部分地区和行业拖欠离退休人员养老金的问题比较突出。据统计，截至今年一季度末，除北京没有统计外，30个省市和煤炭、有色、铁道、中建4个行业在参加养老保险统筹范围内，欠发283万离退休人员养老金46.8亿元。其中，停发6个月以内的有134万人，金额14.6亿元；停发6个月以上的有71万人，23.9亿元；减发的有78万人，8.3亿元。从地区分布看，黑龙江、吉林、辽宁、四川4省和煤炭行业拖欠比较严重，共拖欠173.03万离退休人员养老金36.73亿元，分别占全国的61.1%和78.5%。这是一个非常严重的不稳定因素。对此，党中央、国务院领导同志十分重视，朱镕基总理、吴邦国副总理在近期连续听取我们的汇报，指示尽快拿出解决的办法。在中央这次会议上，对解决这一问题明确了任务要求和政策措施，我们必须坚决贯彻落实。总的要求是，立即按时足额发放养老金，从下个月开始不得再发生新的拖欠，对以前拖欠的养老金要逐步补发。为此，必须做到：

一要保证离退休人员养老金的按时足额发放。参加养老保险社会统筹的企业，如果因为企业经营困难确实无力按时缴纳养老保险费，社会保险机构不能停发养老金。可以允许这些企业缓缴，在缓缴期以内，社会保险机构应按时足额发放养老金，资金由养老保险基金支付。没有参加统筹的企业，支付离退休人员养老金有困难的，可提请当地政府组织帮助企业采取有效措施解决。

二要加强基金余缺调剂。已经实行省级统筹的省市，在省内调剂余缺，保证发放。未实行省级统筹的地区，先建立省级调剂金，并督促所属地、市、县从大局出发，积极主动地按计划上缴省级调剂金，帮助经济条件差、负担重、基金结余少的地区解决拖欠养老金的问题。在省级调剂金到位之前，也可以采取由省出面组织，欠发严重的地市向结余较多的地区借款的方法，以救燃眉之急。

三要加大基金收缴力度，“三收”补“一欠”。一是提高基金收缴率，特别是1997年收缴率在85%以下的9个省，更要采取切实措施；二是抓紧收回企业拖欠的290亿元养老保险费；三是尽快清理追回被挤占挪用的资金。各级社会保险机构要加大工作力度，加强监管，核准企业职工人数、离退休人数、缴费工资总额，提高养老保险费的收缴率。对有缴费能力而又长期欠缴的企业，要采取有力措施，尽快追缴。在强化基金管理，加强财政、审计监督和社会监督，防止挤占挪用养老保险基金的同时，对已经挤占挪用的要限期清理追回。清理追回的被挤占挪用资金，首先用于补发被拖欠的养老金。

四要严格控制提前退休。各地必须认真执行国家关于企业职工退休的政策规定，严格控制提前退休。除国务院有明文规定外，各地区、各部门不得以任何理由开提前退休的口子。对部门、企业自行办理的提前退休人员，要妥善处理。

四、实行一个统一

对社会保险实行统一管理，建立统一的社会保险制度，这是中央赋予我们的重要职责。

（一）实行统一管理必须建立统一的管理机构

建立统一的社会保障管理机构，是党的十四届三中全会提出的要求。管理机构的统一，是进行统一管理的基础和组织保证。按照政事分开的原则，统一管理机构应该包括：统一建立社会保险行政管理机构、社会保险经办机构和社会保险监督机构，行政管理、业务经办、监督检查三个方面密切配合，相互制约，逐步形成社会保险基金的筹集、运营、给付的良性循环机制，提高社会保险事业的综合管理水平。目前，中央一级的社会保险管理机构已经统一了，这是向着统一管理迈出的关键一步。从方向上看，各级政府对劳动和社会保障业务实行统一管理，也是大势所趋。实现各级政府社会保险管理机构的统一，将加快社会保险制度改革的进程。

对整个社会保险业务的统一管理，简而言之，就是养老、医疗、失业、工伤、生育保险“五保合一”，城镇企业、机关、事业单位和农村社会保险“四位一体”。当前要着眼于社会保险制度改革的整体要求和事业发展的长远需要，着手总结近年来各项社会保险制度改革的经验教训，针对分割管理格局下所存在的矛盾和问题，研究提出切实可行的统一办法。能统一的，如企业与机关事业单位职工的医疗保险制度，要尽快统一；需要经过一定时间再统一的，如企业与机关事业单位职工的基本养老保险制度，应积极创造条件，加快统一步伐；有些目前还不具备条件统一的，如农村养老保险与城镇养老保险，不应强求统一，应当允许差别的存在。

现在我们遇到的一个现实问题是，社会保险管理机构“上合下分”，许多地方社会保险业务还分散在劳动、民政、人事、卫生、体改等部门，管理体制的理顺还有一个过程。各级劳动和社会保障部门，要在当地党委和政府的统一领导下，及时沟通情况，加强工作协调，保证机构改革期间的工作不受影响。

（二）实行统一管理必须进行统筹规划

社会保险工作的统一管理，就是要在统一机构的基础上，统一规划、统一实施和统一制度、统一政策，目标是建立多层次的社会保障体系，提高社会保障事业的管理水平。不能简单地把它理解为将过去分属于劳动部、卫生部、人事部、民政部以及体改委等部门的几项社会保险业务，简单地搬到一起，由一个部门统一管起来。统一不是简单相加，不能把多头管理的老办法和旧机制带入新部，形成一个拼盘。统一管理的意义在于形成新的机制，发挥整体优势，产生综合效应。目前，部里正在研究制定劳动和社会保障事业发展总体规划，在分析和预测的基础上，对今后一个时期劳动和社会保障事业进行统一规划，制定出改革的总体方案和发展计划。这是一项发挥整体优势和综合效应的工作，对推动我们事业的发展将会产生长远的影响。当前，发挥综合效应的一个很重要的方面，就是实行统一征缴的体制，逐步把过重的企业缴费负担降下来。按照五个险种的实际需要，根据国家和地区经济发展水平以及企业和劳动者的承受能力，综合确定社会保险费用的收缴比例，合理确定各个险种的使用比例，统一收缴，分别入账，分别使用，统一管理和监督。这样做，有利于控制费率，加强基金收缴，降低管理成本，减轻企业负担。

（三）实行统一管理必须加快立法步伐

在新的形势下，推动社会保障制度的建立和完善，不能只靠行政手段，必须运用法律手段，依法行政。党的十五大提出到2010年形成有中国特色的社会主义法律体系，这本身就包含了对社会保障立法的要求。从社会保障立法现状与社会主义市场经济发展的需要看，有相当大的差距，许多工作没有法律手段。如果说劳动工作还有《劳动法》这样一部基本法律支撑的话，社会保险立法则近乎空白。过去对社会保险立法并不是不重视，八届全国人大立法规划中，《社会保险法》是列在一类的，计划之所以落空，一个重要原因就是社会保险分割管理，难以进行统一立法。立不了法，新的制度难以确立，基金难以征缴，支付难以保证，管理和监督难以开展。部里对立法工作非常重视，对今后3年立法工作已经作出了具体安排。总的指导思想是，立法决策要与改革决策紧密结合，改革的重点也是立法的重点。安排立项的原则是在统筹规划的前提下，突出重点、注重实效、急需先立、逐步完善。重点是加强社会保险立法，主攻目标是《社会保险法》，今年着手论证，明年完成起草并报国务院，争取能在2000年颁布。当务之急则是制定《社会保险基金征缴条例》，以解决加强征缴工作之急需，并为统一收缴提供法律依据。年内还要争取颁布《失业保险条例》。当然，其他方面的立法也要继续加强，《劳动合同法》要争取在近两年内颁布。各地应高度重视立法工作，积极争取立法机关的支持，加快制定劳动和社会保障地方性法规和政府规章，完善和健全法律手段，加大执法力度，促进劳动和社会保障事业的健康发展。

（四）实行统一管理必须建立高效的信息系统

统计信息是制定劳动和社会保障政策的重要依据,没有统计分析就无法进行科学决策,其重要性不言而喻。大家在实际工作中，对于统计信息工作的薄弱和迟钝,也是深有体会的。要进行统一管理和科学决策，必须建立统一的统计信息系统，这是劳动和社会保障事业发展的必要基础，是决策科学化的技术支撑。在统一管理的格局下，我们不仅有必要，而且也有条件将劳动、社会保险的各项统计信息纳入统一的网络系统，而不再像过去那样各搞一套，没有总体规划。要按照统一的规划来建设，数据资源共享，联网运行。这样既可以降低建设成本，又能够提高运行效率。新部成立了，如果说要搞一个大工程的话，不是盖一个大楼，而是要搞一个统计信息网络系统。花这个钱是值得的，而且越早做，成本越低；越早做，工作越主动。最近，我们已经与财政部进行了初步协商，他们表示支持。大家回去后，要抓紧同财政部门商量，作出预算。部里已责成有关单位抓紧时间邀请专家进行论证，提出方案，尽快实施。

适应新时期任务的要求，统计信息工作必须提高效率，提高质量。首先，要保证统计信息的真实性、可靠性。为此，需要统一信息数据的标准，根据统一管理劳动和社会保障事务的需要，建立起新的统计指标体系。同时，要求各级劳动和社会保障部门如实、准确地填报统计数据。其次，要提高信息采集、传递的速度。各级从事统计信息工作的人员要有强烈的时间观念，把年报、季报、月报和要情专报作为硬任务来完成，按时传输信息。第三，要充分利用信息资源，对已获得的信息进行综合分析、加工利用，作出科学的预测和判断，提出对策建议。现在部里作了一项规定，每季度都要搞一次形势分析，研究重点工作中的突出矛盾和问题，掌握动态，预测发展趋势，及时提出针对性的对策措施。前不久，已经搞过一次，大家都认为效果不错，应该坚持下去。

各地对统计信息工作一定要予以高度重视，从补充人员、解决经费、添置设备等方面，给予大力支持。当前，要特别注意建立健全企业下岗职工基本生活保障和再就业工作的统计制度，确保每季度全面报告一次，重要数据每月报告一次，为做好这项工作提供真实可信的数据。

五、转变思想观念，改进工作作风

劳动和社会保障部门肩负的任务繁重，使命艰巨，完成好党和政府赋予的任务，不辜负人民的重托，必须加强自身建设，树立大局观念、服务意识、务实作风、协作精神和廉洁形象。

一是树立大局观念。必须把劳动和社会保障工作放在改革、发展、稳定的大局中去研究，审时度势，根据大局的需要确定工作重点、制定政策措施、把握工作力度。只有这样，才能站得高、看得远，才能在大局中找准位置、发挥作用，才能得到重视和支持。劳动和社会保障系统的各级领导干部及全体工作人员，都要心系大局，服从大局，服务大局。当前要特别强调的是，劳动和社会保障工作必须紧紧围绕着国有企业改革这个中心环节来展开，为深化国有企业改革服务。可以说，检验今后一个时期劳动和社会保障工作做得好与坏的一个主要标准，就是看我们的工作与国有企业三年脱困目标结合得紧不紧，对实现这一目标所起的作用大不大。

二是树立服务意识。劳动和社会保障工作直接面对广大劳动者和企业，直接关系到他们的切身利益，从一定意义上说，劳动和社会保障部门就是一个服务的部门，如果不能牢固地树立起服务意识，就无法做好新时期的劳动和社会保障工作。面对社会主义市场经济的新形势，我们必须更新观念，更新手段，不能再像计划经济体制下那样，光靠下计划、批指标来推动工作。要努力克服困难、创造条件，扩大服务范围，讲求服务质量，提高办事效率。

三是树立务实作风。有了正确的工作思路，提出了可行的政策措施，不落实，仍然是一纸空文。朱镕基总理在国务院第一次全体会议上讲，制定一个政策，出一个主意还比较简单，关键是落实落实再落实。抓落实要有具体目标和实际措施，并进行经常性的督促检查，不能停留在口头上，写在文件里。今后评价一个地区、一个部门的劳动和社会保障工作，就是要用一些硬碰硬的指标进行量化分析，也就是要看各项工作的落实情况。抓落实要把心思和精力集中到抓大事、抓实事、抓难事上来，减少会议、减少文件、减少应酬，认认真真地研究和解决一些带有全局性、方向性的问题。各级领导干部要深入基层，调查研究，了解下情，创造性地开展工作。发现问题要及时研究解决，重大问题要及时请示报告。对于妨碍社会稳定的一些因素，要时刻予以关注，防患于未然。已经发生的矛盾要及时化解，防止矛盾的激化。

四是树立协作精神。劳动和社会保障工作涉及方方面面，单靠我们一家是做不好的，需要依靠各方面的共同努力。争取各有关部门的支持和配合，不仅在制定政策时需要，在落实政策时更需要。必须发扬协作精神，不能以我为中心，应该从不同的角度观察问题，多从大局考虑问题和处理问题。必须善于理解和妥协，善于支持和帮助，善于协商和合作。妥协并不意味着不坚持原则，协商是为了得到更广泛的支持，更好地开展工作。在当前机构改革期间，搞好协商合作尤其重要。

五是树立廉洁形象。近年来，各级劳动和社会保障部门把反腐败斗争摆在党风廉政建设的突出位置，加大工作力度，取得了不少阶段性的成果，对促进劳动和社会保障事业的发展起到了积极的作用。但是，必须清醒地看到，反腐败斗争面临的形势依然严峻，决不能麻痹松劲。近几年，挤占、挪用、贪污和挥霍浪费社会保险基金的案件时有发生，有的到了触目惊心的地步，不仅败坏了社会保险部门的形象，而且扰乱了金融秩序。这不能不引起我们的深思和警觉。党的十五大把反腐败斗争提高到关系党和国家生死存亡的严重政治斗争的高度，提出了一系列有力措施，我们要不折不扣地贯彻执行，警钟长鸣，作为一项长期的任务坚持不懈地抓下去。要制定完善的规章制度，加强监督，堵塞漏洞，防止发生问题。在当前机构变动期间，尤其要加强对各项社会保险基金的监管，确保基金不出任何问题。

这五个方面的要求应当是整个劳动和社会保障系统的行为准则，部机关要带头贯彻落实，各级领导干部要率先垂范，全体工作人员都要认真遵循。希望各级地方劳动和社会保障部门加强对部机关的监督，上下共同努力，树立起劳动和社会保障部门的新形象。

以上讲的，是我们的主要工作，而不是所有工作，是重点工作，而不是全部工作。我们提出的“三二一”工作目标是个纲，纲举目张。没有讲的还很多，如劳动关系、工资调控、科技教育、国际交流、报刊出版、文秘信访以及工伤和生育保险等，不是不重要，而是我们日常的工作，不必一一点出也要做好。我们要改变一种习惯，似乎只有工作报告上点出的工作才是要做的事情，没有点就不重要甚至可以不做。我们既要善于完成紧急任务、交办事项，处理突发事件，又要善于做好日常工作、基础工作，也就是本职工作，这才是真功夫。不讲不等于不重要，不讲不等于没成绩，关键是转变观念、转变习惯。

同志们，党和人民把艰巨的任务交给了我们，我们应该为此而感到光荣和自豪。当前，我国政通人和，百业俱兴，国力增强，人民生活上了一个新台阶，全国上下正在为落实党的十五大所提出的宏伟目标和九届全国人大一次会议提出的各项任务而努力奋斗。党中央、国务院高度重视、关心劳动和社会保障工作，企业、劳动者和社会各界普遍关注、支持劳动和社会保障工作。历届劳动和社会保障部门的老前辈、老领导和同志们，呕心沥血，励精图治，为我们继续做好工作奠定了很好的基础。这些都为我们做好新时期的劳动和社会保障工作提供了十分有利的环境和条件。有这样好的环境，这样难得的机遇，这样有利的基础，我们应当振奋精神，坚定信心，埋头苦干，有所作为。让我们高举邓小平理论的伟大旗帜，在以江泽民同志为核心的党中央领导下，团结一致，开拓进取，努力开创新时期劳动和社会保障工作的新局面。

在全国养老保险和再就业服务中心建设工作会议上的总结讲话

劳动和社会保障部部长　张左己

（1998年7月25日）

全国养老保险和再就业服务中心建设工作会议，完成了两天的紧张议程，今天就要结束了。这次会议是对今年5月份党中央、国务院召开的国有企业下岗职工基本生活保障和再就业工作会议精神的贯彻落实情况进行督促和检查。这是一次压担子、定进度、抓落实的会议，也是一次转变观念、振奋精神、树立信心的会议，因此是一次非常重要的工作会议。吴邦国副总理亲自到会并发表了重要讲话，从确保8%的经济增长、维护社会稳定、支持国有企业改革的高度，阐明了当前做好社会保障和再就业工作的重要性，对基本养老保险行业统筹移交地方管理问题，实行省级统筹解决养老金拖欠问题，加快再就业服务中心建设确保下岗职工基本生活问题，提出了明确的目标和要求。与会同志认真学习了江泽民总书记、朱镕基总理的重要指示和吴邦国副总理的讲话精神，普遍感到思想认识有了新的提高，进一步明确了中央确定的目标任务、政策措施和进度要求，一致表示要竭尽全力，确保这三项工作任务的完成。大家还对照中央的要求，找到了本地区、本部门工作上的差距，提出了不少解决问题、推进工作的措施和建议。认真贯彻落实这次会议精神，必将进一步增强各地区、各部门抓紧贯彻中央决策的紧迫感，加大工作力度，按时完成5月份中央会议提出的各项任务，使全国的养老保险和再就业服务中心建设的局面产生一个根本性的转变。

下面，我结合大家讨论的情况，就进一步贯彻落实中央领导同志的指示精神，按时完成中央提出的目标任务再讲几点意见：

一、提高认识，转变观念，把思想和行动统一到中央决策上来

做好国有企业下岗职工基本生活保障和再就业工作，解决企业离退休人员养老金发放问题，其紧迫性和重要性，中央领导同志已经讲得十分清楚，非常透彻。江泽民总书记讲，这不仅是个经济问题，而且是个政治问题，是压倒一切的工作；朱镕基总理讲，这是首要任务，是第一位的工作，要实行一把手负责制；李岚清副总理在7月21日中央召开的表彰先进企业电视电话会议上，代表中央又把这项工作列为下半年十项重点工作之一；这次会议上，吴邦国副总理再次强调这是当前的头等大事，是最重要的工作。这些都再清楚不过地表明了党中央、国务院对这项工作的高度重视和解决好这一问题的决心。

两个月来，各地区、各部门在党委、政府

的领导下，学习贯彻中央5月份会议和中央10号文件精神，做了不少工作，取得了初步成效。但是从总体上看，整个工作的进展很不理想，距中央要求差距很大。再就业服务中心建立进度迟缓，还有近一半的下岗职工没有领到基本生活费；6月份仍有一部分地区、部门拖欠离退休人员养老金。这些问题牵动全局，中央关心。出现这种局面，有资金不到位的实际困难，也有思想认识上的主观原因。比如，有的同志认为，中央的要求太高太急，节奏太快，在这么短的时间里完成这么繁重的任务，难以承受；有的同志对中央的政策理解不透彻，甚至有偏差；也有的同志看局部困难多，强调客观原因，思想上犹豫，行动上迟缓。正是针对这种情况，国务院决定在5月份中央会议之后，再开一次养老保险和再就业服务中心建设工作会议，解决两个多月以来贯彻工作中存在的问题，进一步推动工作。事实证明召开这次会议是非常必要、非常及时的，经过两天的讨论，许多同志认识到了思想上的差距，观念发生了很大的转变。关于加快再就业服务中心建设，行业统筹移交地方管理和实行省级统筹，确保按时足额发放养老金，这三项工作，中央已经作了决策，方针政策非常明确，工作进度要求也十分紧迫。三项工作都有硬指标：从7月份起确保养老金按时足额发放，再不能拖欠；8月份行业统筹整体移交地方，更不能拖延；9月份确保下岗职工100%进入再就业服务中心。时间紧，任务重，要求高，容不得按部就班，更不能讨价还价。必须从大局出发，雷厉风行，不折不扣地贯彻中央领导同志指示精神，把思想和行动统一到中央决策上来，以高度的责任心和使命感，下决心在第三季度打一场攻坚战。各地区、各部门要在各级党委、政府的领导下，劳动保障、经贸、财政和各行业主管部门通力协作，深入调查研究，摸清情况，提出对策，狠抓落实，彻底扭转上半年工作的被动局面，确保完成中央交给的这个历史性、全局性的任务。

二、周密部署，精心操作，按期实现行业统筹向地方的顺利移交

11个行业统筹移交地方管理，研究酝酿多年，这是中央深思熟虑作出的重大决策，既是改革养老保险制度的重要步骤，也是保证养老金发放的重要措施。各地区、各有关部门要认真领会和坚决执行中央的部署，保证移交工作快速、平稳、顺利地进行。关于移交工作的几个关键性政策，吴邦国副总理已经讲得非常明确、细致，我从操作实施的角度提几点要求：

第一，坚持先移交后调整的原则，确保8月份整体移交完毕。这次会议结束后，我们要在国务院办公厅的指导下，立即根据大家提出的意见，修改行业统筹移交地方管理和实行省级统筹的文件，尽快报请国务院批准印发。各地区、各部门不要等文件出台，现在就要加紧进行前期准备工作。会后，请各行业成立移交工作组，并建议各行业主管部门召开所属单位会议，贯彻这次会议的精神，做好本系统职工特别是离退休职工的思想工作，稳定职工队伍，为部署移交做好各项准备工作；各省、自治区、直辖市要成立接收工作组，双方同时整理、汇集数据资料，进行周密测算。有关财务状况的数据，以财政部审批的1997年决算为准，这是能否顺利移交的关键，这方面请财政部给予支持。8月上旬，各省接收工作组与行业在省的社会保障机构共同协商移交事宜。8月12日至20日，召开全国移交工作会议，31个省、自治区、直辖市和11个行业在北京逐一移交；8月下旬正式办理社会保险关系转移和基金交接手续。从9月开始，全部养老保险工作由各省、自治区、直辖市管起来，进行养老基金的收缴和发放。有关的政策调整工作，从明年起开始进行。

第二，在移交过程中要做到平稳过渡，保证发放。各地区、各行业应当按照统一的计划，有序地进行移交。遇到具体问题，地方和行业应从大局出发，互谅互让，协商解决；需要统一协调的，由劳动保障部、财政部研究处理；重

大问题请示国务院决定。

整个移交工作是否顺利的关键标志，是9月份能不能向原行业统筹的企业离退休人员按时足额发放养老金，而决定性的因素是资金的准备。为此，一是原实行行业统筹的企业移交地方后，要从9月份起全额缴纳基本养老保险费，不能欠费和拒缴；二是行业统筹的结余基金，在省以下储存的部分，9月份要完整地移交给地方；三是各省也要适当准备一些资金来处理收缴和发放的时间差问题。同时，中央也准备必要的资金，主要是行业统筹结余基金存在中央的部分，来应对可能发生的特殊困难。在保证统筹项目之内的养老金发放的同时，各行业也应当要求所属企业，保证统筹项目之外的待遇支付，以实现已经离退休人员的待遇原则上不降低的要求。

第三，在整个移交过程中，要严格执行几条工作纪律：一是已经明确的政策，不要再讨论了，更不能随意更改，政策上没有明确的具体问题，地区和行业之间要协商处理，不能推诿扯皮，以免拖延进度；二是各地区不能对行业所属企业挑肥拣瘦，更不能把企业拒之社会保险大门之外；三是不准突击办理退休、擅自提高待遇、抽调挪用基金。对违反纪律的单位和个人，要给予严肃处理。

三、加快省级统筹的步伐，加大省级调剂力度，确保按时足额发放养老金

实行省级统筹，始终是养老保险制度改革的重要目标，是我们多年的愿望。加快实行省级统筹，定将大大推动我国社会保险事业发展的进程。这一步我们从1991年起步，已经走了很长时间，这一次中央下决心一定要在今年年底实现从市县统筹到省级统筹，不是单纯的统筹层次的调整，它是养老保险增强保障功能的客观要求，也是当前确保养老金发放的最关键的措施。这一行动中央要求紧，既是压力也是动力，既是挑战也是机遇，我们必须乘势而上，坚决在年底完成。

省级统筹分作两步走。今年后几个月是第一步，算是初级统筹，基本任务是建立省级调剂金，加大养老保险基金在省内的调剂力度。由于各地情况不同，省级调剂金的具体比例目前不作统一要求，由各省自己确定，但原则是明确的，就是要确保本省内不再产生新的养老金拖欠，并且努力创造条件补发过去的拖欠。在这个目标之下，省级调剂金需要筹集多大规模就确定多大比例。加大省级调剂力度，会牵动既定的利益格局，特别是一些积累多的城市要作出贡献。各省以下地市都要按规定上解省级调剂金。对于不上解省级调剂金的，按照中央领导同志的多次指示精神，要扣除财政补贴款或者税收返还款，扣下的钱用于省级调剂。

实行省级统筹、确保养老金发放的另一个重要措施，是把差额缴拨改为全额缴拨。以往几百万人被拖欠养老金，一个重要的原因就是差额缴拨导致企业应当发放的部分支付不到位。这个办法不改变，确保发放的目标永远实现不了。因此，结合加大省级调剂力度，与行业统筹移交地方管理同步运作，从9月份开始，各地都要开始实行全额征收保险费，全额支付养老金，并且在银行等机构的支持配合下实行社会化发放。

省级统筹的第二步目标，是用3年左右时间实现全省的三个统一。一是统一企业缴费比例；二是全省统一管理和调剂使用基金；三是实行统一的社会保险经办机构省内系统管理。系统管理这一条中央10号文件已经明确，具体的实施办法，劳动保障部将会同中编办、财政部等部门制定，也请大家回去后做些研究，向我们提供意见。

在确保养老金发放的同时，要强化养老保险费的征缴。今年上半年，养老保险基金收缴率只有82%，企业累计欠费已达316亿元，长此下去，确保发放就变成了无米之炊。为了扩大覆盖面，提高收缴率，国务院将制定《社会保险基金征缴条例》，并列入了今年的立法计划。我们在国务院法制办的大力支持下，已基本拟定了条例草案，正在征求各方面的意见，争

取尽快报请国务院批准颁布实施。各地区也应该加快地方立法进程，增强基金的征收力度。同时要抓紧回收企业的欠费。

四、全力推进再就业服务中心建设，确保下岗职工基本生活

企业的再就业服务中心是向下岗职工发放基本生活费的工作载体，也是帮助下岗职工实现再就业的重要桥梁。加快再就业服务中心建设是当前保障下岗职工基本生活和促进再就业的关键所在。因此，再就业服务中心的建立情况和下岗职工进入中心的情况是我们检查确保下岗职工基本生活工作成效的最重要的指标。具体的要求是：8月份，凡是有下岗职工的企业都要建立起再就业服务中心；有条件的地区，现有的下岗职工要全部进入再就业服务中心，个别困难较大的地区，至迟不能超过9月份。从第四季度开始，要做到随下岗随进中心。

为了保证在一个多月的短暂时间里实现这一目标，必须重申几点要求：一是再就业服务中心必须建在企业，行使为下岗职工发放基本生活费、代缴社会保险、组织职业培训和开展就业服务等职能，而不能把下岗职工推到行业主管部门或者其他政府机构去搞"托管"。那些下岗职工较少的企业，也可以指定类似机构或者由现有科室，行使再就业服务中心的职能。总之，企业要对职工负责，要有人管下岗职工基本生活保障和再就业这件事。今后，在统计上，下岗职工进中心（或类似机构）与保障基本生活应成为一个概念。二是凡是企业没有建中心，下岗职工没有进中心的，就不给拨钱；凡是企业不建中心的，不能安排职工下岗；凡是下岗职工不进入中心的，不发给下岗职工证明，不能领取基本生活费和享受有关优惠政策。三是要认真研究解决"隐性就业"的劳动关系问题，对于那些已经有了就业岗位和生活收入的人员，就不要再掉回头来进中心了，也不应该再与原企业维持劳动关系。要指导他们与新的单位订立劳动合同，建立社会保障关系，妥善解决同原企业的劳动关系问题。这个问题不解决，不仅会影响现在已进中心的下岗职工，也会影响市场就业机制建立的进程。四是对企业原来拖欠职工的工资、医疗费、集资款等，企业要认账，有钱就还，暂时没钱也要签个协议，不能因职工下岗或劳动关系变更而改变。五是加快社会保险改革，扩大社会保险的覆盖面，使下岗职工无论在哪里实现再就业，社会保险都能接着算。六是要积极开展职业训练、就业服务，帮助下岗职工尽快再就业，完成今年再就业率50%的目标。下岗职工进中心三年期满后没有实现再就业的，通过失业保险和城市居民最低生活保障制度加以保障。

为了指导各地加快企业再就业服务中心的建设，劳动保障部、国家经贸委、财政部等6部委关于再就业服务中心的建设和管理的实施文件将尽快会签下发。各地区、各有关部门不要再等，从现在起就照此贯彻执行。陈清泰同志讲：把工作重点放在企业，把中心建在企业，把政策落实到企业，很恰当。这也应当成为劳动保障部门推动再就业服务中心建设的工作要求。

五、抓紧落实并管好用好资金

完成三项任务，除了提高认识、明确政策之外，还有一个重要因素，就是资金落实。对两个"确保"来说，这更是一个核心问题。保证资金落实，要做好两方面的工作：

一方面，要在监督落实企业的生活保障资金、努力筹集和调剂使用社会保险基金的基础上，用好地方财政、中央财政对下岗职工基本生活费和解决养老金拖欠问题的资金。朱镕基总理、吴邦国副总理都已明确指示，对企业和社会确实难以落实的下岗职工基本生活保障资金，财政部门要"兜底"；对于任务重、困难大的中西部地区和老工业基地，中央财政将安排资金予以补助。这充分体现了中央对两个"确保"的高度重视和对职工群众的巨大关怀。高强同志代表财政部表示，对这笔资金的使用要简化手续、提前预拨、事后结算、加快进度、及

时到位，这反映了财政部门贯彻中央指示的决心和对两个“确保”工作的支持。各地区、各有关部门要认真细致地做好资金筹集和测算工作，争取资金及早到位。同时，要管好用好这笔资金，使中央支持的资金与地方筹集资金配套，充分发挥其推动工作的效用。

另一方面，各地区、各有关部门要加强对社会保险基金和财政支持的专项资金的管理，严格执行收支两条线规定，年底前都应建立财政专户或专账，保证这些资金全部用于下岗职工和离退休人员，坚决杜绝挤占挪用。对过去已被挤占挪用的养老保险、失业保险基金要严格清查，全部追回。

最后，对这次会议的贯彻提三点要求：

第一，请与会同志回去后，把吴邦国副总理的讲话精神和这次会议部署的工作任务及时向党委、政府领导汇报。我们整理了吴邦国副总理讲话摘要，大家可以先带回去。要注意保密，不能印发和公开发表，以正式文件为准。汇报之后，马上行动，结合本地区、本部门的实际，针对存在的问题和工作中的差距，提出具体的贯彻意见和措施，迅速落实。在关键的进度和重要的环节上，要请主要负责同志临阵指挥，增强推动力，努力搞好这个一把手工程。

第二，要加强监督检查。首先要逐级落实养老金发放和再就业服务中心组建情况的月度通报告制度，我们要汇总上报党中央、国务院，并且通报各地。要加强监督的力度，一级抓一级，层层落实。中央督查组已分别到18个省市检查督办两个确保的落实情况。这次会议后，劳动保障部也要由部领导带队，分几个组到其余的十几个省市去检查督促落实。希望各级政府也由主要领导带队，深入基层，督促检查，推动落实。对认识上的问题要教育帮助，对行动迟缓的要进行批评，对官僚主义、敷衍塞责造成工作损失的，要追究领导责任。

同时，要建立举报制度，加强社会监督。设立举报电话、运用劳动监察大队等方法，都被实践证明是行之有效的监督方法，可以推广。

第三，各级劳动保障部门要紧急动员起来，振奋精神，坚定信念，不畏艰难，全力以赴，以对党和人民高度负责的精神，以不达目的誓不罢休的意志，投入到三季度的攻坚战中来。要围绕中心工作，调集精兵强将，组织专门的工作班子，务使责任落实到人，务求取得实效。各级劳动保障部门要与经贸、财政等各部门协调配合，密切合作，在各级党委、政府领导下，圆满完成任务，实现中央提出的目标。

巩固成果，再接再厉，全面实现今年的工作目标

——在全国劳动和社会保障厅局长座谈会上的讲话

张左己

（1998年10月10日）

这是今年以来第三次跟全国劳动保障厅局长们见面了。5月份第一次厅局长座谈会提出了“三二一”工作任务，7月会议部署了7、8、9三个月的工作目标，这次座谈会的主要任务是总结第三季度工作情况，分析当前的形势，部署四季度的工作。下面，我讲三个方面的问题。

一、雷厉风行，埋头苦干，7、8、9三个月工作取得阶段性成果

在过去的三个月中，各级劳动保障部门按照党中央、国务院的统一部署和要求，在各级党委、政府的领导下，紧急动员，埋头苦干，发扬不怕困难、敢于胜利的精神，打了一场三季度攻坚战，较好地完成了7、8、9三个月的各项任务，取得了两个确保的阶段性成果。

——国有企业下岗职工全部进入再就业服务中心的目标基本实现。为落实中央5月会议精神，吴邦国副总理在7月会议上提出了9月份下岗职工全部进入企业再就业服务中心并领到基本生活费的要求。当时的形势是，一季度进中心仅为12.6%，6月底也只有21.9%，基础非常薄弱，要在短短的三个月时间内实现全部进中心，工作量之大不难想象。各级劳动保障部门坚决贯彻国务院要求，克服困难，层层发动，狠抓落实，工作局面很快打开，进展情况一个月比一个月好。据各地统计报告，下岗职工进入再就业服务中心并领到基本生活费的比例不断提高，7月底提高到56.7%，8月底进一步提高到85.2%，9月份，所有有下岗职工的国有企业已全部建立再就业服务中心，下岗职工进中心的比例达到了98.1%，其中，领到生活费的达到91%，基本实现了预定的工作目标。企业再就业服务中心体系的形成，为保障下岗职工基本生活和促进再就业奠定了坚实的组织基础。

——企业离退休人员养老金发放取得了较大进展。中央5月会议以来，各地区、各有关部门认真落实中央会议的要求，多渠道筹措资金，千方百计保发放，养老金发放情况发生了很大的转变。6月份，只有15个省区市和7个行业统筹部门，做到了按时足额发放。7月会议以后，各地进一步加大了工作力度，7、8、9三个月养老金发放比例均达到98%左右，除个别省份和行业外都做到了按时足额发放养老金，没有发生新的拖欠。与此同时，各地还陆续补

发了一部分以前拖欠的养老金。7～9月，全国共补发养老金13亿元。截至9月底，北京、上海、福建3省市和除煤炭、有色、中建之外的所有中央企业已将以前拖欠的养老金全部补清。绝大多数地区和行业按时足额发放养老金，受到了广大离退休人员的普遍拥护，促进了社会安定。同时也为从根本上解决欠发养老金问题提供了经验。

——行业统筹移交地方管理的交接工作如期完成。7月份，中央作出了立即将行业统筹移交地方管理的决定，限期8月底以前完成。在时间紧迫、任务繁重、基础工作又相对薄弱，思想准备也不足的情况下，我们坚决执行中央的决定，按照国务院的统一部署和要求，与财政部门密切配合，经过历时8天夜以继日的移交会议，完成了行业统筹移交地方管理的交接工作。全国行业统筹移交地方管理工作会议后，各地劳动保障部门又做了大量艰苦工作，按时完成了与当地行业统筹企业的交接。这项工作的完成，一举解决了过去长期存在的行业统筹与地方统筹条块分割的矛盾，对健全社会保障体系、加快统一管理具有十分重要的意义。

7、8、9三个月，打的是一场硬仗，任务集中，矛盾突出，进中心、保发放、接行业，无一不是任务重、时间紧、要求高。面对严峻的挑战，劳动保障系统的全体干部上下一心，不畏艰难，以高度的政治责任感和高昂的革命斗志投入工作，经过艰苦努力，较好地完成了中央交给我们的各项任务。可以说，7、8、9三个月，是任劳任怨、艰苦鏖战的三个月，是一举翻身、成绩巨大的三个月，也是我们系统广大干部经受考验和锻炼的三个月。回顾几个月来的工作，成绩得来不易，应当充分肯定，值得认真总结。

首先，“7、8、9”任务的完成，是我们坚定不移、不折不扣地贯彻执行中央决策的结果。今年以来，我国经济发展面临着极其复杂的国内外经济环境，外有亚洲金融危机愈演愈烈，对我国经济发展的影响日趋加大；内有多年来盲目投资重复建设的严重后果充分暴露，给经济发展带来了很大的困难。加之今年又遭受到百年不遇的特大洪灾，造成了极大的损失。在这种形势下，要实现今年经济增长8%的目标，必须有一个稳定的社会环境。这就要求必须做到两个确保。中央从全局出发，及时作出决策，相继召开了几次重要会议，研究部署国有企业下岗职工基本生活保障和再就业、保证企业离退休人员养老金发放、行业统筹移交地方管理等项工作，作出了一系列重大决定和重要指示，连续出台了几个重要文件，明确了工作的目标任务和政策措施。各级党委、政府按照中央会议精神将两个确保作为第一位的工作，作为“一把手”工程来抓，统一领导，精心组织。各级劳动保障部门全力以赴，狠抓落实，各有关部门共同参与，积极配合，从而迅速打开了工作局面，年初面临的欠发养老金、大量下岗职工基本生活得不到保障的局面在短短几个月的时间内得到扭转。形势的发展越来越充分地证明中央的决策十分英明，影响深远。环顾周边国家近几个月来所发生的动荡不定的局势，我们更加深刻地体会到，正是由于中央总揽全局，对两个确保及早作出部署，要求全党作为头等大事来抓，才取得这样大的进展，经济发展才有现在这样一种稳定的社会环境。随着时间的推移，两个确保决策的重大意义会越来越充分地显示出来。

其次，7、8、9三个月目标明确，重点突出，精力集中，这是三季度攻坚战的一个突出特点。按照中央的要求，根据形势发展的实际情况，7月会议对7、8、9三个月进中心、保发放和接行业三项重点工作作出了明确而周密的部署，采用倒计时的方法安排各项工作的进度，有量化指标，有时限要求，有明确政策，有保证措施。这样做有利于集中优势兵力打歼灭战，便于抓好落实和督促检查。“7、8、9”目标尽管要求很高、很急，但是经过一番努力完全可以达到。因此，一经部署，完成“7、8、9”就成为一个响亮的口号，一个动员整个劳动保障系统统一行动的号令，极大地焕发了同志们的工作热情。各地劳动保障部门雷厉风行，干劲十足，形成了一种抓落实、比进度、争先恐后、你追我赶的工作局面，保证了任务的完成。三个月的实践使我们体会到，在总体目标确定后，根据不同阶段的情况，抓住主要矛盾，不失时机地提出阶段性任务，是完成“7、8、9”工作任务的一条重要经验，也是今后推动工作的有效方法，要坚持下去。

第三，“7、8、9”任务的完成再一次证明，劳动保障系统的全体干部是一支素质过硬，有凝聚力、战斗力的队伍。这几个月来，部里几位领导同志分赴20个省区市调研，我先后走过8个省市，耳闻目睹，感到在严峻的考验面前，各地劳动保障部门确实表现出了高度的政治责任感，展现了不畏艰难、埋头苦干、忘我工作的精神风貌。我的突出感受：一是劳动保障部门的大局意识进一步增强了。在完成两个确保过程中，各地劳动保障部门心系改革、发展、稳定的大局，自觉地把劳动保障工作同整个国民经济运行结合起来，主动地服从和服务于大局，以高度的政治责任感和强烈的事业心来落实两个确保的任务。为了保证养老金发放，多数地区都动用积累基金，三个月内各地共调集动用了39亿元基金用以保发放。行业统筹移交地方管理工作中，各地顾全大局，克服困难，包括一些“双负数”、资金缺口较大的省，在压力很大的情况下，都在预定时间内签署了协议，并千方百计筹措调度资金，力保9月份行业统筹企业养老金的发放。二是雷厉风行、狠抓落实的工作作风开始树立起来。在推动进中心、保发放工作中，各地迅速调整实施计划，加强督促检查，与有关部门共同配合，推动了工作的开展。多数地方由厅领导带队，对地市两个确保的情况进行督促检查，并定期予以通报，对困难地区的工作重点跟踪、督促，对个别的问题现场办公，当场解决。好几位厅长对我说，这几个月是食不甘味，寝不安席。全系统的干部几乎都无休息日、节假日的概念，只有“7、8、9”的目标。几位今年新到任的厅长跟我谈起这一段的亲身体会时说，没想到劳动保障工作这么难干，风口浪尖上的事全让我们赶上了。但是，大家都没有任何怨言，衣带渐宽终不悔，靠的是强烈的责任感、使命感，靠的是奉献精神和忘我工作的热情。三是服务意识得到进一步提高。仅以受灾地区为例，在经受百年未遇的特大洪灾的情况下，在投入严峻激烈的抗洪斗争的同时，克服各种困难，一刻也没有放松两个确保工作，有许多感人的事迹。如湖北省公安、监利两个受灾最严重的县，将确保养老金发放与抗洪救灾工作放在同等位置上抓，专门成立了养老金发放小组，划着小船，在大堤上设立临时发放点，为4 500多名离退休人员发放了254万元养老金。黑龙江省佳木斯市还对部分因洪灾搬迁的企业，采取了上门送发的办法。一些离退休人员感慨地说，没想到，这样大的洪灾还能按时足额领到养老金。在这些事迹中，所体现出来的不正是全心全意为人民服务的精神吗？在这里，我代表劳动保障部，向你们并通过你们向劳动保障系统的全体同志，表示衷心的感谢和诚挚的问候！

同志们，面对已经取得的成绩，我们务必要保持清醒的头脑，对面临的形势要作出全面、客观、正确的判断。应当认识到，我们所取得的只是初步的阶段性成果，不可估计过高。进中心、保发放两个98%，本身就有差距，四季度巩固并坚持下去十分艰难，落实“三二一”依然任务而道远。分析几个月来各项工作的进展情况，可以清楚地看到，随着我们的工作和改革的深化，一些深层次的矛盾和问题越来越充分地暴露出来，迫切需要认真研究解决。

在下岗职工基本生活保障和再就业方面：一是中心动作不够规范，突出表现为仍有半数左右进入中心的下岗职工未签订基本生活保障和再就业协议，有些地方下岗职工虽然进了中心，但生活费发放没有得到完全保证。二是下岗职工的劳动关系问题越来越突出。各地反映，“离退休人员怕‘变’，下岗职工怕‘断’”。一些下岗职工不愿与中心签协议，主要原因就是怕断劳动关系，这也是部分下岗职工不愿进中心的一个主要心理障碍，而怕断关系背后是担心社会保险关系接续不上。如何处理下岗职工的劳动关系问题已成为一个突出症结。有的地方甚至出现了政策摇摆，违背中央10号文件精神，采取了诸如协议长期保留劳动关系这样一些不正确的做法，实际上是暂时掩盖了矛盾，而留下一个很大的隐患，给市场就业机制的形成和劳动合同制的实施留下了后遗症。三是基本生活保障的资金还有缺口。亏损企业自筹部分资金难以筹到，失业保险提高比例后的征缴没有到位。今年，中央支持地方的资金，支援中西部和老工业基地已下拨12亿元，中央专项借款已下拨17亿元，中央企业已下拨6亿元，我们还要继续抓紧下拨，各地自筹资金也要抓紧落实。

在确保养老金发放和养老保险制度改革方面：一是基金调剂力度明显不够，主要原因就是省级统筹进展缓慢，就是已经实行省级统筹的省，有的也并没有建立有效的调剂机制，没有达到在全省范围内调剂基金、保证发放的要求，有的甚至在一个地区内都调剂不了。二是养老保险基金支撑能力下降。各地普遍反映，今年以来，企业欠费现象越来越严重，有的地方收缴率低到不可想象的程度。原来基金缺口较大的几个省，今年又遭受了特大洪灾，更增加了保发放的难度。行业统筹移交地方管理后，部分省市的资金缺口扩大，保发放的形势更加严峻。三是年底前要完成的几项改革任务进展不理想，不仅省级统筹进展缓慢，扩大覆盖范围、实行全额缴拨进展也不快，有的省在实行全额发放后又出现重新实行差额拨付的倒退现象，收支两条线没有完全实现，监督机制还没有健全起来。

在行业统筹移交地方管理方面：一些问题逐渐暴露，困难和矛盾比原来预想的要大。一是资金缺口扩大。原来是按1997年底决算数测算的，今年1～8月份发生了很大变化，加上原行业积累基金应当移交地方的没有完全到位，原来为收支负数的省资金缺口加大，就是原来预计受益的一些省区也出现资金缺口，使一些省区产生行业统筹移交地方管理不仅没有受益反而吃亏的感觉。二是由于原来有的行业统筹不规范，加之在移交前，又有少数行业采取了一些提前退休、降低缴费比例、提高退休待遇等违规做法，进一步增加了对后续工作处理和政策调整的难度。在这种情况下，有的地区违背国务院28号文件精神，对行业统筹企业养老金发放采取了“封闭运行”、“自求平衡”的做法，致使6个省出现个别行业统筹企业没有完成9月份按时足额发放养老金的要求。

切实解决好这些问题，已经成为当前巩固两个确保的迫切任务，必须予以高度重视，认真研究解决的途径和措施。

二、再接再厉，连续作战，全力以赴做好第四季度的工作

实现全年的工作目标，关键要看四季度。可以说，四季度要做到在巩固成果的基础上进一步扩大战果，任务之艰巨、形势之严峻、时间之紧迫，比之7、8、9三个月有过之而无不及。因此，我们切不可有松劲、厌战、畏难、悲观的情绪，而要始终保持高昂的斗志和饱满的精神状态，发扬万众一心、众志成城，不怕困难、顽强拼搏，坚韧不拔、敢于胜利的伟大抗洪精神，连续作战，严防死守，决战四季度，巩固两个确保，全面实现今年的工作目标。概括地讲，“发扬抗洪精神，巩固两个确保，决战第四季度，全面实现今年的工作目标”，这就是四季度工作的总要求。具体地讲，要做好以下工作：

（一）巩固两个确保

两个确保仍然是今后三个月压倒一切的任务。两个确保是我们完成“三二一”工作任务中今年的工作重点，二季度是部署和起步，三季度是推进和突破，四季度就是要巩固和坚持。当前，两个确保总的情况是好的，这样的局面来之不易，要严防死守，一丝大意不得，一刻不能松懈。一旦泄劲，前几个月的努力就会前功尽弃，就有可能形成难以收拾的局面。做到两个确保，是全国的统一任务、统一要求，有一个省不保，一个行业不保，全国的目标就会落空。8、9两个月已经出现了局部范围内的反

复，吉林在7月份保了发放后，从8月份开始又发生了新的拖欠；煤炭行业拖欠问题一直没有解决，9月底已累计拖欠13亿元；新疆生产建设兵团7～9月份也有一定数额的拖欠；还有少数地区存在隐患，用抗洪的术语来比喻，这些“管涌”不除，就会发生“溃堤”。下岗职工基本生活保障也存在资金不到位、发放无保证的问题。下岗职工进中心是98%，但领到生活费的只有91%，有9%的下岗职工没有领到生活费。因此，必须进一步加大力度，全力落实两个确保的目标。在下岗职工基本生活保障方面，要尽快实现全部进中心并领到基本生活费的目标，今后要做到随下岗随进中心，进一步落实资金，保证生活费的发放。在保证企业离退休人员养老金发放方面，不仅要做到不发生新的拖欠，还要尽快补发以往的拖欠。各地要制定补欠计划，抓好落实。今年底，江苏、浙江、福建、山东、广东、广西、重庆、海南、宁夏要把地方拖欠的都补发完。同时，我们再做工作，把行业统筹移交地方前拖欠的近13亿核准下拨。对9月份没有给原行业下放的企业发放养老金的地区，要立即拿出解决的办法，10月份不能再发生新的拖欠，不能留死角。为了巩固两个确保，我们将积极与财政部协商，争取中央支持地方的两项补助资金尽快到位。元旦、春节将至，要切实做好“两节”期间的两个确保，保持职工队伍的稳定。下岗职工基本生活保障、失业保险及城市居民最低生活保障制度这三条保障线，是否能够做到保障每一个困难职工的生活，“两节”期间是一个检验。今年这一关闯过去了，基础打好，明年以后的日子就会逐渐好过。各地劳动保障部门要树立守土有责的意识，确保一方平安，让中央放心，人民满意。

（二）努力完成再就业率50%的目标，着手研究解决下岗职工的劳动关系问题

中央10号文件明确提出，1998年使已下岗职工和当年新增下岗职工的50%以上实现再就业。前一阶段，我们忙于建中心、进中心、保生活、保发放，培训和再就业服务工作还没有完全开展起来。截至9月份，全国下岗职工再就业率仅为30%。现在，只剩下两个多月的时间了，完成全年再就业率50%的目标，任务非常艰巨。为此，要重点做好两个方面的工作：一是继续加大贯彻落实中央提出的各项促进再就业政策的力度。要协调有关部门采取一些行之有效的具体措施，使再就业的优惠扶持政策落实到基层，落实到下岗职工，特别是在鼓励下岗职工自谋职业和从事社区服务业上下功夫，见成效。二是把劳动保障部门的就业服务与再就业服务中心的职能结合起来。要加快建设劳动力市场信息网络，广泛收集就业信息，并及时将这些信息送到每个下岗职工面前。要大力开展就业服务，完成三项硬指标，即在年底前对进入再就业服务中心的下岗职工，至少要进行一次职业指导，至少提供三次就业信息，对需培训的提供一次免费培训机会。要让再就业服务中心的功能全部启动，使下岗职工在进入中心后，真正享受到就业服务的实惠，切实得到再就业的帮助。

关于下岗职工的劳动关系问题，要早下决心，立即着手研究妥善方案，择机逐步加以解决。我的看法，下岗职工的劳动关系问题，特别是已经“隐性就业”的“两不找”人员长期保留同原企业劳动关系的问题，非解决不可。不妥善解决这一问题，我们督促企业建立再就业服务中心，推动下岗职工进中心的工作就会失去意义，中央提出的“鼓励兼并、规范破产、下岗分流、减员增效和实施再就业工程”的方针就会大打折扣，就会影响国有企业三年改革和脱困目标的实现。如果不从现在着手研究解决这一问题，回避矛盾，拖延时间，三年之后再来解决，矛盾就会更集中，风险就会更大。但是，这一问题是多年积累形成的，情况非常复杂，解决起来也有一定的难度，一些同志对此心存疑虑是不无道理的。所以，解决这一问题，必须选择好时机，准备好对策，采取积极稳妥的方针，逐步加以解决，不能一蹴而就。可以预见，在解决这一问题的过程中不可避免地会在局部地区产生一些问题，这是正常的。但只要我们方针正确、依法办事、措施得力、步骤稳妥，就可以防止发生大的问题。初步考虑，从全国的范围解决这一问题，可以从明年开始，东南沿海地区和条件、环境比较好的地区可以先行试点，提供经验。在此期间，各级劳动保障部门要抓紧调查研究，结合本地区实际情况拟定方针政策。劳动保障部将在认真总结各地正反两个方面经验的基础上，广泛征求各地意见，拟定出台规范性文件，指导这项工作平稳有序进行。

解决下岗职工劳动关系问题，首先要明确几点基本原则，从大的方面确定这项工作的方向。比如，必须坚持国有企业改革和劳动用工制度改革的方向不后退。要坚持贯彻“鼓励兼并、规范破产、下岗分流、减员增效和实施再就业工程”的方针，坚持“在国家政策指导下，劳动者自主择业、市场调节就业、政府促进就业”的市场就业取向，使下岗职工从国有企业真正分流出来，并逐步走入劳动力市场，实现再就业。比如，坚持贯彻中央10号文件精神不动摇，继续探索建立企业再就业服务中心这个具有中国特色的社会保障制度的路子，实施“下岗职工基本生活保障制度——失业保险制度——城市居民最低生活保障制度”三条线保障办法，保障下岗职工、失业人员和特困职工的基本生活。但是，不能承诺下岗职工永远同企业保留劳动关系。比如，坚持贯彻《劳动法》和劳动合同制有关规定，依法办事。已经实现再就业的下岗职工应与原企业解除劳动关系，同现企业建立新的劳动关系；实行劳动合同制度后参加工作，合同期满应该终止劳动关系的职工应直接进入劳动力市场，按规定领取失业保险金，而没有必要也没有理由，将其作为下岗职工进入再就业服务中心。对于那些长期脱离企业的“两不找”人员，已经有了较稳定的工作和收入，有的收入不菲，甚至成了“大款”；有的自谋职业从事个体经营，已经领了营业执照照章纳税的，不应再视为下岗职工，终止、解除他们的劳动关系没有什么风险，不解除反而会影响下岗职工进入中心。再就业服务中心要解决的是没有基本生活保障的下岗职工问题，不能因为有了这样一种组织，就把本来可以通过其他渠道解决的问题都一古脑地挤到这条道上来。今年上半年享受失业救济的人员112万，不足去年319万的一半。失业人员有所下降的一个重要原因，就是一些地方把可以通过其他途径解决的问题都放到下岗职工这一个筐里。比如，要解决接续社会保险关系问题，解除下岗职工的后顾之忧。各级社会保险机构要认真采取有效措施，为终止或解除劳动关系的下岗职工办理社会保险的接续手续；对下岗职工到私营企业或从事个体经营，要承诺为其参加社会保险提供即时方便的服务，不能让其投保缴费无门。以上这只是一个轮廓性的思路，是否可行，请大家讨论。至于具体政策和实施办法，各地可从实际出发，制定切实可行的方案，先易后难，先中心外的后中心内的，先正式就业的后非正式就业的，有计划有步骤地推进。

（三）全力实现今年养老保险制度改革的目标

实现省级统筹，扩大覆盖范围，实行全额缴拨，建立基金管理监督体系，这些目标都是中央文件有规定，中央领导同志有要求的，第四季度必须完成。

关于省级统筹问题。按照国务院28号文件的要求，今年年底以前初步实行省级统筹，即首先把省级调剂机制建立起来。各地要根据本地实际情况，按照确保养老金发放的原则，确定调剂金比例。从一些地区的经验看，调剂金比例一般确定在工资总额的1%～2%或者当期基金收入额的5%～10%比较适宜。但总的原则是确保全省境内养老金按时足额发放，不能发生新的拖欠。对不上解调剂金的地市，要请省政府采取措施，直至扣减财政补贴或税收返还款。要加强调剂金管理，制定下拨的制度和程序，保证有效运转，迅速拨付到位。部里将在11、12月到各地区就省级调剂金到位及使用情况进行督查。

关于扩大覆盖面问题。养老保险覆盖计划

提出3年多了，大部分地区执行情况不理想。为推动迅速扩大覆盖面，把所有非国有企业特别是“三资”企业、私营企业、个体工商户囊括其中，必须做到政策、进度、管理三落实。一是政策落实。关键是对个体工商户实行“低标准准入”政策，不必强求一律按统一费率参保，可以按个人账户加基础养老金算出来的最低费率参保。二是进度落实。不能把扩大覆盖面停留在一般口号上，满足于发了文件，提了要求，要一个一个城市地订出计划，督促落实到位。三是管理落实。关键是要有专人负责这项工作，相应的管理办法、管理制度要及时跟上。

关于全额缴拨问题。7、8、9三个月各地实际上已经实行了全额发放养老金，不能走回头路。现在一些地区仍然把该直接发的钱拨给企业去支付，这种做法一方面没有减轻企业的负担，另一方面也留下了拨付资金被挪用、离退休人员领不到的隐患，应该尽快纠正。各地区要加快推进全额缴拨和社会化管理的进程，利用银行、邮局等社会服务网络，把养老金直接发到离退休人员手中。这不仅有助于树立起劳动保障部门的服务形象，也有利于吸引更多的企业参加社会保险。

关于建立养老保险基金管理监督体系问题。中央高度重视社会保险基金管理和监督问题，三令五申要保卫基金安全与完整。劳动保障部一成立，就把确保基金安全作为重要的使命。今年6月到8月，部里组织了全国范围的基金清查工作，清查的结果令人震惊。截至今年3月份，全国基本养老保险基金历年累计违纪总额达158.69亿元，只收回和纠正了80.8亿元。这笔资金都是职工的血汗钱，离退休人员的保命钱，决不允许浪费、损失，必须如数收回。今年年底前至少收回30%，明年9月底以前全部收回被挤占挪用的养老、失业保险基金。各地要组成专门的回收基金工作组，逐项制定回收计划，劳动保障部门和社会保险机构自行挤占挪用的，要列为第一批计划首先收回。我们也将会同财政、审计等部门采取积极措施，进行监督检查，对措施不力、进展缓慢的地区要通报批评。对清查中发现的严重问题，要进一步审查，并且下决心惩处一批责任人。我在这里重申，对1997年7月30日镕基同志明令不准动用基金和今年3月新一届中央政府组成之后发生的挤占挪用，更要严加处分，以儆效尤。在清理回收挤占挪用基金的同时，要在建立健全基金管理制度和监督机制上下功夫。一是要落实养老保险基金收支两条线的管理办法，年底之前养老保险基金全部进入财政专户，形成财政、银行、社会保险机构相互监督的机制。二是要健全社保机构内部的监控程序和审计制度，加强自律。另外，从现在起，凡是劳动保障部门和社会保险机构办的企业、公司，一律与社会保险基金脱钩。三是要大力推动社会监督，设立多方组成的基金监督机构。从本届政府开始，不允许任何挤占挪用社会保险基金的行为，发现一个查处一个，决不留情。

与此同时，要做好行业统筹移交地方管理的后续调整工作。一是对于各省实际存在的资金缺口，今年由中央予以弥补。8月份，我们会同财政部按1997年决算数向7个缺口省预拨了一笔应急资金。其余的资金缺口将根据各地的收支情况，核实后再下拨。但各地一定要实行基金调剂，不能中央拨多少就往行业统筹企业拨多少，搞所谓“封闭运行”，这等于退回到“企业保险”。二是对行业的统筹项目、调整机制等政策，我们正在组织清理审核，准备在征求意见后下发。三是明年起对原行业统筹的费率、待遇等政策如何进行调整，各地要抓紧调查研究，按照国务院的规定，年底前提出具体的调整意见，尽快报到部里。

（四）大力加强社会保险基金的征缴工作

各地普遍反映，支付是硬指标，而收缴没跟上，对欠缴的缺乏制约措施，结果导致企业欠费现象严重，收缴率下降。在养老保险基金收缴方面，今年上半年全国的平均收缴率只有82.7%，比去年下降了8个百分点，第三季度仅为77%，其中有17个省区市收小于支，当期收支差额为18.5亿元。上半年企业欠费91亿元，累计欠费高达348亿元，相当于全国3个半月的养老金支付额。收缴率下降和企业大量欠费，扩大了养老保险基金收支缺口，增加了确保按时足额发放养老金的压力。在失业保险基金收缴方面，中央确定的提高两个百分点的措施，落实不理想。从近期看，导致了“三三制”中社会筹集资金部分不到位，从今后发展看，也影响了失业保险的资金支撑能力。在医疗保险方面，从试点情况看，基金收缴难度也很大。面对这些情况，必须在工作中坚持支付和收缴两手抓，两手都要硬。

要加强基金收缴。朱镕基总理指出：现在养老保险的收缴率比较低，一些有困难的企业不缴，一些有钱的企业也不缴，这是不允许的。要尽快立法，严格执法，保证养老保险基金的收缴。上个月，《社会保险费征缴条例》草案已上报国务院，我们正在积极工作，争取尽快颁布。为做到保发放，各地劳动保障部门一定要采取强有力的措施和手段，把收缴率促上去，力争全年的收缴率不低于90%。目前实行税务代征的地区，劳动保障部门也有责任监督征缴工作，对于收缴率过低的，要及时向当地政府反映，尽快采取措施提高收缴率。关于社会保险费征缴体制问题，部里已向国务院作了汇报，各地要按即将发布的《社会保险费征缴条例》的规定执行。

要抓紧清理企业欠费。在欠费企业中，有些确实是无力缴费的，但不少企业是有缴费能力而故意不缴或少缴。最近，在劳动保障部关于企业欠费情况的报告上，朱镕基总理批示：执法要严。吴邦国副总理批示：对欠缴的企业要进行清理，凡有能力缴而不缴的企业要坚决清欠。各地要抓住解决拖欠养老金问题的有利时机，积极争取领导的支持，采取有力措施，制定切实可行的计划。今年年底前至少追回欠费的30%，明年年底以前追回全部欠费。全国匡算，追回30%就能还清以往的拖欠。在加强收缴和清理欠费工作中，要特别注意发挥个人账户督促企业按时足额缴费的机制，对不缴费的企业，个人账户不能记账，欠费的只能少记账。

（五）切实做好灾区农村劳动力就地安置和组织民工有序流动工作

从以往的经验看，大灾后有可能出现灾民的大流动，如不及时采取措施，任其盲目发展，会给城镇就业带来很大冲击。根据这种情况，我们向国务院作了专题报告，朱镕基总理在我部的报告上批示：此项工作亟应重视，早为筹划，关键是要开展以工代赈，修建水利工程和基础设施，就地安置劳动力。吴邦国副总理批示：这项工作要立足于早抓，否则大量灾民盲目流入城市，不仅会引发大量的社会问题，而且影响重建家园和农田水利建设。近几年，我们在引导民工有序流动方面积累了不少经验，关键是劳动力输出省和输入省领导统一认识，通力合作。按照朱镕基总理、吴邦国副总理的指示精神，我们会同国家计委、建设部、水利部、农业部联合提出了《关于做好灾区农村劳动力就地安置和组织民工有序流动工作的意见》，国务院办公厅即将转发这一文件。各地劳动保障部门要与有关方面相互配合，按照文件要求，在思想上高度重视，在工作上尽早部署，在步骤上加强协调，抓紧各项措施的落实。一是要引导灾区农村劳动力立足农村，抓好恢复生产和重建家园。二是加强宏观调控，把灾区民工流动纳入有序化轨道。三是要统筹考虑灾区劳动力就业和下岗职工再就业，在安置灾区劳动力就业的同时，继续做好下岗职工基本生活保障和再就业工作。四是要做好1999年春运组织民工有序流动的准备工作，尽早部署，抓紧安排，把它作为第四季度一项重要工作抓紧抓好。

四季度还有一项重大工作，要切实做好。10月6—7日，中央中央、国务院、中央军委联合召开了军队武警部队政法机关不再从事经商活动工作会议，对认真贯彻中央关于军队、武警部队和政法机关一律不再从事经商活动的决定作出了部署，明确了有关政策和具体实施方案。我们的主要任务是，按照“先交接、后清理、再处理”的原则，把移交、撤销企业的职工和家属接过来。这是一项紧迫而复杂的任务，12月15日前必须完成。希望各地劳动保障部门认真负责，切实把接交工作做好。

三、集思广益，早为谋划，共同着手研究明年的工作思路

明年是建国50周年，是本世纪的最后一年，同时又是实现国有企业改革与脱困目标承前启后的一年，对于我们来讲，也是全面落实“三二一”工作任务的关键一年。因此，做好明年的劳动保障工作至关重要。在5月份厅局长座谈会上，我们提出，今后三至五年劳动保障工作的主要任务就是“三二一”。实践证明，“三二一”是根据劳动保障工作实际情况提出来的，符合改革、发展、稳定大局的需要，符合中央对劳动保障工作的要求，要坚持不动摇，从总体工作思路上不再提新的口号。今年，“三二一”已全面启动，突出抓了两个确保，并取得了重大进展，明年的着力点放在哪里，如何全面、准确地把握明年所面临的形势，并据此研究提出进一步落实“三二一”工作任务的总体思路，明确工作重点和奋斗目标，需要劳动保障系统的同志们献计献策，共同谋划，及早考虑。初步设想，明年要在“三”上下功夫，在“二”上使长劲，在“一”上有突破。

关于三个重点。再就业工作和养老保险制度改革，今年都取得了重大进展，但明年的任务仍然很重，医疗保险制度改革，今年四季度开始部署，落实的任务主要在明年。在再就业工作方面，明年下岗职工的数量是继续有较大幅度的增加，还是会因经济增长拉动有减缓的趋势，尚不得而知，要尽快预测。但明年的就业环境仍然不会宽松，则是可以肯定的。据统计，从去年以来到今年7月份，下岗职工呈直线上升趋势。1997年末为634万，今年一季度末为656万，二季度为710万，7月份攀升至793万；而8月为782万，9月为716万，又略有下降。如何正确判断明年下岗职工趋势，对我们选择工作重点极为重要。今年的重点是建中心、进中心、保生活，也可以说是打基础，明年的工作重点是否应当放在健全制度、规范运作上，在发展完善市场就业机制、促进再就业上下功夫。解决下岗职工的劳动关系问题，如果放在明年，那么最好能在明年上半年基本解决，因为下半年又是50年大庆，又是澳门回归，又是迎接新世纪，稳定是第一位的，矛盾要立足于早解决。在养老保险制度改革方面，今年对几个重大问题都作出了部署，而且是中央直接部署，既定的目标在今年年底也可以达到。但明年调整、完善和加强管理的任务非常艰巨，特别是行业统筹移交地方管理后的政策调整工作，既敏感，又复杂，难度相当大。机关事业单位的养老保险工作，农村的养老保险工作，也要提到议事日程上来，需要根据它们的特点，尽快拿出具体方案。医疗保险制度改革，国务院最近要开会部署，但今年只能先做一些调查、摸底、测算，研究制定方案的工作，全面贯彻国务院会议精神，落实国务院决定，明年的任务十分繁重。

关于两个确保。这是个长期的任务，明年仍然要继续放在重要位置抓紧抓好，正如镕基同志说的，做到了两个确保，就完成了劳动保障工作的99.9%。但如何持续做到两个确保，要研究提出长期的、制度化、规范化的措施。今年，中央为了确保下岗职工基本生活和离退休人员养老金的按时足额发放，给了一些优惠政策，加大了资金投入。明年继续做到两个确保，恐怕就不能仍然靠一些应急措施来解决问题了，要在体制、机制和制度上下功夫，资金来源要打入地方财政预算，有稳定渠道，有制度保证。相应地，在规范再就业服务中心的运作，全面启动再就业服务中心的功能，真正发挥再就业服务中心的作用上要加大工作力度。在解决养老金拖欠问题上，按中央要求，要采取完全彻底的方针，我们拟提出“不能把旧账带入新世纪”，大家赞成不赞成。人是要有一点精神的，作为各级政府的劳动保障部门要有这个决心和魄力，要有这个雄心壮志。为此，明年要在扩大覆盖范围，加强基金征缴，清理企业欠费，追回挤占挪用基金等方面打一场硬仗。

关于实现社会保险统一管理。对社会保险

实行统一管理（包括统一征收和发放），企业、机关、事业、农村“四位一体”，养老、失业、医疗、工伤、生育“五保合一”，这是中央赋予我们的重要职责，也是建立和完善社会保障体系的客观要求。那么，究竟如何实行统一管理，有许多问题需要仔细研究，部里正在抓紧研究制定劳动和社会保障事业的发展总体规划，一个主要目的就是对各项社会保险进行统筹规划，整体推进。统一机构是统一管理的组织保证。这个问题，在目前劳动保障机构上合下分的情况下很难操作到位。最近，考虑到当前劳动保障工作任务繁重，同时也为明年地方机构改革积累经验，经总理办公会议讨论同意，中编办发出了《关于省级政府劳动和社会保障以及药品监督管理工作机构有关问题的通知》，建议省一级政府目前暂确定劳动厅局为统管社会保险行政管理工作的职能部门，将分散在各有关部门的社会保险职能集中起来，实行机关与事业单位的养老、医疗等各种社会保险和农村社会保险的统一管理。这是在整个地方机构不作调整的情况下，为我们解决上合下分问题开了一个口子。各地要抓住这一契机，争取尽快将社会保险工作统一管理起来，以保证政令畅通，完成党中央、国务院交给我们的各项任务。这项工作早解决，早主动，早受益。要认真研究论证好方案，争取尽早批准实施。今年，有的省市在统一劳动保障管理机构方面已经先行一步，上海、天津、湖南、海南、云南等省市已相继建立劳动和社会保障厅局，还有几个省市也在积极准备，已经有了方案。地方劳动和社会保障机构如何设置，由当地政府决定，但有些具体问题需要我们及早考虑。可以预见，地方机构改革后，劳动保障部门的行政机构和人员必然减少，但地方劳动保障部门又承担着大量社会保险和就业服务的具体工作，仅靠机关的同志是根本无法开展的，需要有一支队伍（主要是事业单位）来承担。因此，社会保险经办机构、就业及培训服务机构建设问题，应该得到高度重视。再比如劳动争议仲裁、劳动监察机构问题，这些工作在部里主要是研究制定政策，进行宏观指导，因此没有单独设司。但在地方劳动保障部门，要直接受理劳动争议案件，直接履行对用人单位遵守劳动法律法规的情况进行监督检查的职责，就有必要设置相应机构，配备相应的人员。还有一个十分重要的问题，就是如何实行社会保险经办机构省内垂直管理，垂直管理管什么，怎么管？是下管一级，还是一竿子插到底？地级以下经办机构与当地劳动保障部门的关系如何处理，如何发挥中心城市在社会保险工作中的地位和作用？这些问题需要从实际出发，予以充分考虑，认真研究。

以上这些问题，只是粗略地点出题目，文章要大家来作。下个月，部里要派出几个调研组，由部领导带队到各地在继续检查两个确保工作的同时，专门听取你们的意见和建议，集思广益，研究提出明年的总体工作思路，为明年初召开全国劳动保障工作会议做好准备。

同志们，今年只剩两个多月的时间了，全面实现今年的工作目标，任务非常艰巨。正像同志们亲身感受的那样，这一届劳动保障厅局长肩负重任，继往开来，承担着跨越世纪、构架新的劳动保障制度的历史使命。我们这个群体要从自己做起，开拔坚执锐、披荆斩棘之风，同舟共济，荣辱与共，艰难困苦，玉汝于成。让我们共同努力，按照中央的部署和要求，加大力度，狠抓落实，全面实现今年的各项工作目标，为保持社会稳定，实现经济增长8%的目标作出贡献。

关于《国务院关于建立城镇职工基本医疗保险制度的决定》的说明

——在全国城镇职工医疗保险制度改革工作会议上

劳动和社会保障部部长　张左己

（1998年11月26日）

一、关于《决定》的形成过程

党的十四届三中全会提出，要建立社会统筹和个人账户相结合的社会医疗保险制度。1994年国务院决定在江苏省镇江市、江西省九江市进行医疗保险制度改革试点。1996年试点工作又扩大到40多个城市。与此同时，上海、海南、深圳、烟台等地也从本地实际情况出发，以不同形式进行了医疗保险制度的改革。试点的实践证明，实行社会统筹和个人账户相结合的医疗保险制度，对保障职工基本医疗，抑制医疗费用过快增长，发挥了积极的作用，是符合中国国情的，为在全国范围内建立城镇职工基本医疗保险制度探索了路子，积累了经验。但从总体上看，改革的面还很小，改革的办法还不尽完善，难以适应建立社会主义市场经济体制和当前国有企业改革的要求。因此，需要加快医疗保险制度改革的步伐，研究制定改革的总体方案，在全国范围内建立城镇职工基本医疗保险制度。

党中央、国务院十分重视职工医疗保险制度的改革和《决定》的起草工作。今年3月份以来，江泽民总书记主持中央财经领导小组会议、中央政治局会议和中央政治局常委会议听取了汇报，原则同意了医疗保险制度改革的总体思路，确定了医疗保险制度改革的大政方针。朱镕基总理多次主持会议，研究医疗保险制度改革工作，对几个重大原则问题作出了明确的指示。李岚清副总理专门听取了医改工作汇报，就同步推进医疗保险制度改革和医疗医药体制改革作了重要指示。吴邦国副总理多次听取《决定》修改情况的汇报，并召开座谈会和协调会，进一步明确了医疗保险制度改革的主要任务和各项政策。

《决定》在形成过程中，得到了卫生部、财政部、国务院体改办等部门的大力支持和配合，充分听取了中央和各省市有关部门、企业、医疗机构、职工及各方面专家意见，进行了反复修改。经国务院总理办公会议和中央政治局常委会议通过提交这次会议讨论。

《决定》作为全国城镇职工医疗保险制度改革的指导性文件，本着在大的原则上统一，具体办法体现差别的精神，明确了改革的任务、原则和主要政策，确定了新制度的基本框架，提出了推进这项改革的具体要求。这个文件经过较长时间的酝酿和修改，是改革开放以来各地医疗保险制度改革的经验总结，集中了各方面的建设性意见和建议，比较适合我国的国情。《决定》的形成，体现了党和政府对职工医疗保险问题的高度重视，适应了建立社会主义市场经济体制、实现国有企业改革和发展的目标、提高广大职工健康水平的需要，是党中央、国务院为实现我国跨世纪战略目标所作出的重大决策。

二、关于《决定》的主要政策

（一）关于实施范围

《决定》规定的职工基本医疗保险的覆盖范围，包括了城镇所有的用人单位和职工，是目前我国社会保险制度中覆盖范围最广的一种保险制度。既包括机关事业单位也包括城镇各类企业，既包括国有企业也包括非国有企业，特别是“三资”企业和私营企业，既包括效益好的企业也包括困难企业。考虑到城镇个体劳动者的特殊性，管理难度大，这部分人群是否参加基本医疗保险，由各省、自治区、直辖市人民政府决定。

规定所有用人单位和职工都要参加基本医疗保险，一是体现国家对劳动者基本权益的保障，通过扩大筹资渠道，提高防范风险的能力；二是发挥社会互助共济功能，均衡企业和单位负担，创造公平竞争的社会环境；三是适应建立统一的劳动力市场需要，促进劳动者合理流动，解除职工更换就业岗位的后顾之忧。

（二）关于统筹层次

合理确定基本医疗保险的统筹层次，既要考虑基金的互助共济和抵御风险能力，提高社会管理服务水平，又要考虑地区间经济发展和医疗消费水平的差异。如果医疗保险的统筹层次过低，仅在县（市）以下统筹，保险基金共济能力较弱，难以抵御风险；如果统筹层次过高，直接搞省级统筹，地区间的差异过大，目前的管理水平也难以适应，显然条件不成熟。《决定》确定原则上以地级以上行政区为统筹单位，是比较适应各地实际的。对少数地级行政区内，县（市）经济发展水平和医疗消费水平差异较大，以及管理跨度过大的，也可以实行县（市）级统筹。考虑到在少数直辖市范围内经济发展水平与医疗消费差异较小，《决定》要求京、津、沪三市在全市范围内实行统筹，而重庆市可以从实际出发确定本地的统筹层次。

（三）关于属地管理

基本医疗保险实行属地管理，不搞行业统筹，是这次医疗保险制度改革的一项基本原则。这是吸取养老保险实行行业统筹的教训，中央领导同志再三强调的。如果中央单位、省属单位都不参加地方社会统筹，将会削弱统筹地区医疗保险基金的互济功能。因此，改革一开始就提出明确要求，必须坚持，任何单位都不能例外。

在坚持属地管理原则的前提下，《决定》对铁路、电力、远洋运输等跨地区生产流动性较大的企业及其职工，允许以相对集中的方式异地参加统筹地区的基本医疗保险，主要是考虑这部分企业及其职工分别对应参加各自所在地区的基本医疗保险，过于分散，存在着管理的难度，也不利于有效利用这类行业的医疗卫生资源和方便职工及时就医。至于如何以相对集中方式异地参加统筹地区的基本医疗保险，劳动保障部与有关部门和地区将共同研究具体的办法。

（四）关于缴费比例

医疗保险费由单位和个人共同缴纳，是这次改革的一个重点。这不仅可以扩大医疗保险资金的来源，更重要的是明确了单位和职工的责任，增强个人自我保障意识。这也是国际上社会医疗保险的通行做法。《决定》规定用人单位缴费率控制在职工工资总额的6%左右，职工缴费率一般为本人工资收入的2%，是根据全国财政和企业实际负担医疗费用的水平测算的，也是总结了过去试点的经验教训提出来的。

合理确定用人单位缴费率，是贯彻“低水平、广覆盖”原则的关键。前几年一些试点城市按照实际发生医疗费占工资的比例确定缴费率，用人单位缴费率偏高，困难企业缴不起钱，效益好的企业感到负担过重，不愿意缴，造成基金收缴难，参保率低，达不到广覆盖的要求，影响了新制度的建立。《决定》规定6%左右的缴费水平，充分考虑了财政和企业的实际承受能力。6%左右是一个全国的控制标准，具体到各统筹地区，用人单位缴费率要根据当地财政和企业的实际承受能力合理确定。实际测算在6%以内的，不能攀比，不能提高到6%。确需超过6%的，要从严控制、严格审批。

确定职工缴费为本人工资收入的2%，主要是考虑到我国近几年来各地已经普遍实行了个人承担部分医疗费用的办法，职工自我保障的意识和经济承受能力在逐步增强，个人缴纳本人工资的2%，在心理和经济上都能够承受。

（五）关于统账结合

基本医疗保险实行社会统筹和个人账户相结合，是这次改革所明确的一项原则。《决定》对统筹基金和个人账户的建立与使用作了三方面的规定：

一是规定建立统筹基金和个人账户。《决定》规定个人缴费全部划入个人账户，单位缴费按30%左右划入个人账户，其余部分建立统筹基金。个人账户的本金和利息归个人所有，可以结转使用和继承。

用人单位缴费按30%左右划入个人账户，是总结前几年试点的经验教训，综合考虑筹资水平和各方面负担能力确定的。从试点情况看，规定单位缴费按不低于50%的比例划入个人账户，一些城市不同程度地出现了统筹基金超支。去年以来这些城市将用人单位缴费划入个人账户的比例调整到30%～40%之间，很大程度上缓解了统筹基金超支的问题。如果按单位缴费6%的30%划入个人账户，相当于工资总额的1.8%，加上个人缴费2%，个人账户计入金额将达到工资总额的3.8%，统筹基金将达到4.2%，大体相当于1997年全国公费医疗费用中门诊费用和住院费用的比例，个人账户基本能够承担门诊或小额医疗费用，统筹基金基本能够承担住院或大额医疗费用。具体到每一个地区，各地统筹基金和个人账户的支付范围会有所不同，单位缴费划入个人账户的比例允许有所差别；具体到每一个人，也要考虑职工年龄不同确定不同的计入比例。因此，《决定》规定具体比例由统筹地区根据个人账户的支付范围和职工年龄等因素确定。

二是规定统筹基金和个人账户要明确各自的支付范围，分开管理。目的是明确各自的责任，避免统筹基金透支个人账户，也便于管理。这也是总结吸取过去各地不同“统账结合”方式的经验教训所明确的一项政策。

统筹基金和个人账户如何分开管理和使用，从各地改革的经验看，主要有三种方式：一种方式是按发生医疗费用的数额划分支付范围，个人账户支付小额医疗费用，统筹基金支付大额医疗费用；第二种方式是按门诊和住院划分支付范围，个人账户支付门诊医疗费用，统筹基金支付住院医疗费用，有些城市也将一些在门诊就医、医疗费用较高的慢性病纳入统筹基金支付范围；第三种方式是按病种划分个人账户和统筹基金的支付范围。各地应该按《决定》精神，从实际出发，确定“统账结合”的具体形式；已经实行大病统筹和住院保险的地区，要尽快建立个人账户。已经按照“统账结合”试点的地区，也要进一步完善“统账结合”的办法。

三是制定统筹基金的起付标准和最高支付限额。统筹基金的起付标准是指在统筹基金支付范围内先由个人账户支付或个人自付的医疗费用额度，也就是通常所说的进入统筹基金支付的“门槛”。最高支付限额是指统筹基金所能支付的医疗费用上限，也就是统筹基金支付范围的“封顶线”。

为了使各地在制定起付标准和最高支付限额时有所遵循，根据大额医疗费用发生情况，考虑各地实际和总结各地经验，《决定》提出了分别按当地职工年平均工资的10%左右确定起付标准，按当地职工年平均工资的4倍左右确定最高支付限额的控制额度，具体的起付标准和最高支付限额，由统筹地区根据统筹基金以收定支、收支平衡的原则确定。

从近几年一些地区实行大病医疗费用社会

统筹和住院医疗保险的执行情况看，起付标准大多确定在当地职工年平均工资的5%～15%，起付标准以下的医疗费用个人一般都能承受，社会统筹部分的医疗基金也基本能够保证支付。考虑全国各地经济发展和医疗消费水平差异，《决定》以当地职工年平均工资的10%左右的中等水平，作为全国起付标准的“门槛”，是比较适宜的，也给予了各地一定的调整幅度。以1997年全国职工年平均工资水平计算，10%就是650元，这对大额医疗费用患者来说，个人先负担650元是能够承受的，而对统筹基金来说，如果没有这个“门槛”，或者这个“门槛”定得过低，则会出现试点城市中存在的“门诊挤住院”、“小病大养”等问题。

统筹基金最高支付限额以当地职工年平均工资的4倍左右“封顶”，主要是为了保证统筹基金能够支付绝大多数职工的大额医疗费用，防止统筹基金超额支出。根据全国40多个城市的抽样调查，大部分城市所制定的“封顶线”都在当地职工年平均工资的4倍左右，平均约为3万元，而这些城市绝大多数患病职工年医疗费用都在3万元以内，只有0.39%的患者发生医疗费用超过了3万元。所以，以职工年平均工资的4倍确定统筹基金“封顶线”，可以解决绝大多数职工的大额医疗费用，也可以遏制浪费和超支。

（六）关于基金管理

基金的管理关系到整个基本医疗保险制度的正常运转和职工的切身利益。为了加强基金监管，《决定》从健全制度入手作了五个方面的规定：一是基本医疗保险基金纳入财政专户管理，专款专用，不得挤占挪用；二是统筹基金要以收定支，收支平衡；三是社会保险经办机构的事业经费不能从基金中提取，由各地财政预算解决；四是建立健全社会保险经办机构预决算制度、财务会计制度和审计制度；五是要求统筹地区设立由政府有关部门代表、用人单位代表、医疗机构代表、工会代表和有关专家参加的医疗保险基金监督组织，加强社会监督。

基本医疗保险基金纳入财政专户管理，一是作为政府推行的基本医疗保险，其基金必须有较为完善的国家财政监督和管理；二是基本医疗保险基金纳入财政专户管理，实行“收支两条线”，有利于保证基金安全；三是基本医疗保险基金纳入财政专户管理，也与基本养老保险、失业保险等基金管理的办法一致，有利于各项社会保险基金的统一管理。

规定社会保险经办机构的事业经费不能从基金中提取，目的是为了从制度上保证基金的完整和安全，避免任何单位和个人挤占挪用基金。同时规定社会保险经办机构事业经费由财政预算拨款，也是为了保证社会保险经办机构的正常运转，有利于社会保险事业的发展。

（七）关于医疗医药体制改革

医疗医药体制改革与职工医疗保险制度改革密切相关，关系到医疗保险制度改革的成败。加强医疗服务管理，也是有效控制医疗保险费用支出，遏制浪费的重要环节。围绕医疗保险制度的改革，《决定》对配套推进医疗医药体制改革提出了若干重要措施：

一是要制定基本医疗保险服务范围和标准，包括基本医疗保险药品目录、诊疗项目和医疗服务设施标准。制定这三个基本医疗保险服务范围及相应的支付标准，目的是为了保证基本医疗保险基金的收支平衡，确定基金能够承付的医疗服务范围和标准。这是以前公费医疗管理中一项成功经验，也是国际上社会医疗保险的通常做法。有了这个基本医疗保险服务范围和标准，有利于合理控制医疗费用的支出，有效地保障大多数职工的基本医疗需求。

二是对提供基本医疗保险服务的医疗机构和药店实行定点管理。对医疗机构和药店实行定点管理，有利于促进医疗机构公平竞争，规范医疗行为，降低医疗成本，提高服务质量。

三是要对医疗机构进行经济运行分析和成本核算，实行医药分开核算、分别管理，在此基础上，合理提高医疗技术收费价格。这是医疗医药体制改革的重大措施，国务院将组织有关部门制定具体的改革方案。

四是发展社区卫生服务。发展社区卫生服

务，既可以降低医疗服务成本，方便职工就医，也有利于调整医疗机构结构，完善医疗服务体系，有效利用医疗卫生资源。为鼓励社区卫生服务的发展，形成基本医疗保险服务体系，《决定》规定，社区卫生服务中的基本医疗服务项目可以纳入基本医疗保险范围。

（八）关于老职工和离退休人员的医疗待遇

老职工和离退休人员由于年老体弱，医疗费用负担较高，切实解决他们的医疗费用负担，是这次改革所要解决的一个重点问题。《决定》提出建立社会统筹和个人账户相结合的城镇职工基本医疗保险制度，既可以发挥统筹基金的互助共济功能，解决当前老职工的医疗费用负担问题，又可以发挥个人账户的积累作用，使职工在年轻健康时为将来年老多病时作必要的积累，缓解将来人口老龄化所带来的医疗费用支出压力。同时，考虑到老职工，特别是退休人员过去没有个人账户的积累，《决定》还规定了一些照顾政策：

一是明确规定退休人员不缴纳基本医疗保险费，目的是为了减轻他们的负担。

二是要求各地确定用人单位缴费划入个人账户的比例要考虑年龄因素，年龄越大，单位缴费划分划入个人账户的比例越高，退休人员的个人账户划入比例高于在职职工。

三是各地对退休人员在统筹基金支付时的个人负担医疗费的比例要予以照顾。

考虑到离休人员、老红军为我国革命和社会主义现代化建设作出过特殊的贡献，现在年事已高，党和政府对保障他们的医疗待遇制定了特殊的政策。在这次改革中，《决定》明确规定要继续保持他们原有的医疗待遇不变，对于支付他们的医疗费用确有困难的，政府要帮助解决。

（九）关于企业补充医疗保险和国家公务员医疗补助

由于我国基本医疗保险的水平比较低，为了保持一些效益好、医疗待遇较高的企业及其职工的原有医疗待遇，《决定》提出，作为一种过渡性措施，允许一些特定行业在参加统筹地区的基本医疗保险的基础上，建立企业补充医疗保险。为了规范企业补充医疗保险的做法，《决定》明确了企业缴纳企业补充医疗保险费在工资总额4%以内的部分，从职工福利费中列支，福利费不足的，经财政部门核准后列入成本。

《决定》提出对国家公务员实行医疗补助，主要是考虑到国家机关的特点，国家公务员工资水平不高，保障国家公务员应有的福利待遇也是国外通行的做法。国务院有关部门正在抓紧研究制定具体的办法。初步想法，一是国家公务员参加基本医疗保险制度后，要通过实行医疗补助，基本保持原有的医疗待遇不降低；二是国家公务员医疗补助水平要与国家财政承受能力相适应，补助经费由各级财政预算拨付；三是医疗补助经费不建立基金，一部分按照国家公务员的年龄和职务确定的不同比例，计入基本医疗保险个人账户，一部分用于补助超过统筹基金最高支付限额的医疗费用。

（十）关于改革工作的组织实施

医疗保险制度改革，是一项政策性强，涉及面广，难度极大，又意义深远的大事，关系广大职工的切身利益，关系国民经济发展和社会稳定，必须积极稳妥地进行。

《决定》明确要求建立城镇职工基本医疗保险制度的工作从1999年初启动，年底基本完成，是国务院从当前改革、发展和稳定大局出发所作出的一项重大决定。为了保证改革的顺利进行，《决定》对建立城镇职工基本医疗保险制度的工作提出了四条具体要求：一是要求各级人民政府切实加强领导。各地各级领导干部要认真学习党中央、国务院领导同志的重要指示，把思想认识统一到中央精神上来。同时各地要做好宣传工作和政治思想工作，争取广大职工和各方面的理解和支持。二是要求各省、自治区、直辖市人民政府制定医疗保险制度改革的总体规划，结合本地实际，严格审批统筹地区的基本医疗保险实施方案。三是统筹地区根据规划要求制定基本医疗保险实施方案，报省、自治区、直辖市人民政府审批后执行。制定好基本医疗保险制度的实施方案，是保证这项制度顺利实施的重要的基础性工作。各地从现在起就要做好调查研究工作，科学测算，反复论证，广泛听取各方面的意见，使改革的方案既符合《决定》精神，又切合当地实际，保证新旧制度平稳过渡。四是要求劳动保障部加强对这项工作的指导检查，各级劳动保障部门要及时研究解决工作中出现的问题，并与财政、卫生等部门密切配合，共同努力，确保这项改革的顺利进行。

按照《决定》的要求，劳动保障部还要组织有关部门制定医疗保险改革的一系列配套文件，尽快下发，以便完善这项改革的各项政策和制度。

新时期劳动和社会保障工作的行动指南

——学习江泽民同志关于劳动和社会保障问题的重要论述

张左己

江泽民同志高度重视劳动和社会保障制度改革，就劳动和社会保障的重大理论和实践问题作出过一系列重要论述，创造性地提出了许多科学论断，继承、丰富和发展了邓小平理论，是做好新时期劳动和社会保障工作的行动指南。在实践中我体会到，学习江泽民同志关于劳动和社会保障问题的重要论述，应着力在以下几个方面深入研究和准确把握。

一、关于就业和再就业问题

就业是一个世界性问题，在我国则显得尤为突出。我国劳动力资源占世界总量的1/4以上，且在未来几十年内还会不断增长，劳动力供大于求的矛盾长期存在。江泽民同志对就业问题非常重视，他说："我国是一个人口大国，就业问题是必须长期关注和着力解决好的大问题。"针对国民经济进行战略调整和深化企业改革中出现的新情况、新问题，江泽民同志特别强调做好国有企业下岗职工基本生活保障和再就业工作的极端重要性，指出这项工作"不仅是重大的经济问题，也是重大的政治问题；不仅是现实的紧迫问题，也是长远的战略问题"，要求各级党委和政府一定要把它作为头等大事抓紧抓好。这是江泽民同志从全党全国大局出发，基于对就业问题的长期性、艰巨性及其对改革、发展、稳定大局影响的透彻分析和正确判断而得出的科学结论，是正确确立和制定新时期就业工作指导思想、战略目标和方针政策的基本依据。

（一）发展劳动力市场，逐步建立和完善适应社会主义市场经济要求的就业机制。在过去相当长的一段时期，对劳动力市场问题一直存有很大争议，受传统理论的束缚，长期排斥劳动力市场这一提法，对于现实生活中已经出现的劳动力市场，也只是用了"劳务市场"这样一种模糊概念，严重制约了劳动力资源的优化配置和劳动生产率的提高。在江泽民同志主持制定的《中共中央关于建立社会主义市场经济体制若干问题的决定》中明确提出，"改革劳动制度，逐步形成劳动力市场。"这不仅是理论上的重大突破，而且对改革实践是一个巨大的推动。江泽民同志在党的十五大报告中进一步提出，"继续发展各类市场，着重发展资本、劳动力、技术等生产要素市场，完善生产要素价格形成机制"。在这里，江泽民同志把发展劳动力市场作为生产要素市场的重点之一，从根本上揭示了劳动力市场的本质内涵，有利于充分发挥市场机制在劳动力资源配置中的基础性作用。江泽民同志还指出："过去相当长的时间里我们在就业制度、就业模式上，对劳动力统统实行由国家主要是国有企业包下来的办法，实践证明这种办法是行不通的"，"在发展社会主义市场经济的条件下，要实现生产要素的优化配置，实现企业的生产经营从粗放型向集约型转变，必须建立与之相适应的劳动力就业机制。一定要改变过去那种就业模式，逐步建立和完善适应社会主义市场经济发展要求的新的就业机制，建立和完善适应新的就业机制的社会保障制度。”江泽民同志关于发展劳动力市场和建立市场就业机制问题的论述，是以非凡的理论勇气和政治气魄作出的理论创新，是对社会主义市场经济体制认识的深化，是培育发展包括劳动力市场在内的生产要素市场体系，形成新型的就业机制，开创就业工作新局面的理论基石。

（二）切实做好国有企业下岗职工基本生活保障和再就业工作。人浮于事，效率低下，是长期困扰国有企业改革与发展的一个突出问题。要确保国有企业改革目标的实现，必须努力解决好企业富余人员过多的问题。江泽民同志指出，“国有企业职工下岗分流的问题，是前进中的问题，同西方国家经济危机时期发生的大量失业现象是根本不同的，也不同于我国60年代初经济困难时期出现的就业需求严重不足的情况。”因此，解决下岗职工问题，既不能沿用传统计划经济条件下的做法，也不能照搬市场经济国家的做法，必须探索一条适合中国国情的路子。一是要把握好宏观调控力度，坚持减员增效同促进再就业相结合，职工下岗分流同社会承受能力相适应的原则，反对不切实际的一窝风。二是要确定一些基本的程序和制度，有领导有秩序地进行。三是要把国有企业下岗职工组织起来，“凡是有下岗职工的国有企业，都要建立再就业服务中心，负责把下岗职工组织起来，保障他们的基本生活，抓紧进行培训，提供就业指导，帮助他们实现再就业。”江泽民同志这些重要论述，不仅从辩证唯物主义和历史唯物主义的高度全面客观地分析了出现下岗职工的历史原因，而且确立了国有企业职工下岗分流和实施再就业工程的基本原则和指导方针，为探索一条具有中国特色的社会保障路子指明了方向。

（三）努力建立全方位、多渠道、多领域的再就业体系。江泽民同志不仅深刻阐明了做好国有企业下岗职工工作，维护他们的切身利益的极端重要性，而且还从我国当前国民经济结构调整和生产力布局的实际出发，指明了促进下岗职工再就业的途径，包括保持必要的经济增长速度，培育新的经济增长点，加强基础设施建设，以扩大社会就业需求；挖掘企业内部潜力，多渠道转岗分流富余人员；发展第三产业，鼓励“三资”企业、私营企业和个体经济吸收下岗职工就业；引导下岗职工切实转变择业观念，鼓励下岗职工自谋职业或组织起来就业等。他还提出要立足当前，考虑长远，进一步研究采取一些重大措施，以利不断扩大生产门路和就业门路：一是要进一步研究如何充分地发挥中小企业在吸纳就业方面的重要作用；二是要进一步研究如何更好地加快农村市场的开发步伐；三是要进一步研究如何加强中西部特别是西部地区的开发步伐；四是要进一步研究如何加快实施“走出去”的发展战略。这些重要论述高瞻远瞩，统揽全局，符合实际，切实可行，是我们打开思路，广辟门路，做好再就业工作的指导方针。

（四）解决农村富余劳动力问题的根本出路是发展农村经济，就地转移。农村富余劳动力转移问题，是我国改革开放以来出现的一个突出问题，也是实现现代化过程中的必然现象。这个问题解决得如何，不仅关系到农村改革的进程，而且关系到经济持续发展和社会长治久安的大局。江泽民同志指出，社会主义初级阶段的基本特征之一就是“由农业人口占很大比重、主要依靠手工劳动的农业国，逐步转变为非农业人口占多数、包含现代农业和现代服务业的工业化国家的历史阶段。”“我们不能走发达国家工业化的老路”，解决“农村富余劳动力的出路，从根本上说是要靠发展农村经济，就地转移。城市需要吸纳农村一部分劳动力，也要有领导、有组织、有秩序地进行。”他特别强调发展小城镇和乡镇企业在解决农村富余劳动力向城市流动问题中的作用。小城镇可以就近吸纳富余的农村劳动力，减缓他们向大中城市流动给城市带来的就业压力，应当积极创造条件，加快小城镇的规划和建设。江泽民同志的这些论述，不仅为我们指出了一条深化农村改革，发展农村经济，充分开发利用农村丰富的劳动力资源，带动农民致富奔小康的正确道路，也为我们指出了一条在中国如何实现城市化、工业化、现代化的必由之路。

二、关于社会保障问题

社会保障制度是一个国家的重要的经济社会制度。健全的社会保障体系是社会稳定的“安全网”和经济运行的“减震器”，是社会主义市场经济体制的重要组成部分。江泽民同志在党的十五大报告中提出，“建立社会保障体系,实行社会统筹和个人账户相结合的养老、医疗保险制度,完善失业保险和社会救济制度,提供最基本的社会保障。”这不仅明确了我国社会保障体系的基本原则、战略目标，而且明确了社会保障体系的基本结构和工作重点。我们应从三个层次上去深刻理解和贯彻江泽民同志关于社会保障问题的重要思想：

一是确立了建立健全社会保障体系的基本原则，即从我们现在处于并将长期处于社会主义初级阶段的实际出发，我国的社会保障水平只能是提供最基本的社会保障。作为发展中国家，我国人口多，经济不发达，面临着日趋严重的人口老龄化问题，人们日益增长的医疗消费需求和实际承受能力之间的矛盾也日益突出。这种情况，不允许我们像西方发达国家那样，实行高水平的保险。就是在西方国家，实践也证明“福利国家”的模式越来越难以支撑下去。因此，提供最基本的社会保障，是初级阶段理论在社会保障领域的具体化，是我们推进各项社会保障制度改革必须始终坚持的一条基本原则。

二是确立了社会统筹和个人账户相结合这样一种制度模式。养老、医疗保险实行社会统筹和个人账户相结合，把社会统筹的互济性同个人账户的激励机制有机结合起来，是从中国国情出发，在借鉴吸收其他国家经验基础上确立的一个重要原则，探索出了一条具有中国特色的社会保障制度模式，不仅具有重大的实践意义，也是社会保障理论上的一个重大突破。

三是明确了社会保障体系的战略重点，即以养老、医疗、失业保险为重点的社会保险制度和社会救济制度，由此构成社会保障体系的基本框架。只有抓住了重点，社会保障体系的建设才能做到与改革、发展相适应，与国家和各方面的承受能力相适应，集中财力和物力解决一些最基本最急需的社会问题，取得保障基本需求，稳定社会的最大功效。

三、关于社会收入分配问题

社会收入分配是社会再生产的重要环节，是社会主义市场经济体制的重要组成部分。江泽民同志在党的十四届三中全会上提出:“个人收入分配要坚持以按劳分配为主体、多种分配方式并存的制度。”在党的十五大报告中，江泽民同志根据邓小平理论和我国国情，又从所有制结构和基本经济制度上精辟地论述了实行多种分配方式的必要性。他指出，社会主义初级阶段，坚持公有制和按劳分配是社会主义经济制度的基础。以公有制为主体、多种所有制共同发展的基本经济制度，以及公有制实现形式多样化，决定了分配方式的多样化。技术、资本等生产要素参与分配，是社会主义市场经济发展的必然要求。他强调，把按劳分配和按生产要素分配结合起来，坚持效率优先、兼顾公平，有利于优化资源配置，促进经济发展，保持社会稳定。江泽民同志的这些重要论述，是对传统分配理论的重大突破，是对改革实践的理论深化，是对邓小平理论的重大发展，为我们深化分配体制改革，理顺分配关系指明了方向，为完善分配结构和分配方式，建立适应社会主义市场经济体制要求的分配制度提供了理论基础，因而具有重大的现实意义和深远的历史意义。

江泽民同志在社会收入分配理论上的另一重要贡献，是丰富和发展了邓小平同志关于允许一部分人和一部分地区先富起来，最终实现共同富裕的理论，回答了如何实现共同富裕，防止两极分化的问题。他在十五大报告中从五个方面阐述了如何调节收入分配问题。一是依法保护合法收入，允许和鼓励一部分人通过诚实劳动和合法经营先富起来，允许和鼓励资本、技术等生产要素参与收益分配。二是取缔非法收入，对侵吞公有财产和用偷税逃税、权钱交易等非法手段牟取利益的，坚决依法惩处。三是整顿不合理收入，对凭借行业垄断和某些特殊条件获得个人额外收入的，必须纠正。四是调节过高收入，完善个人所得税，开征遗产税等新税种。五是规范收入分配，使收入差距趋向合理，防止两极分化。江泽民同志的这些重要论述，为解决新形势下分配领域出现的国民收入分配过分向个人倾斜、部分社会成员之间收入差距过大，产生新的分配不公和分配秩序混乱等社会普遍关注的热点问题指明了方向，是我们在整个社会主义初级阶段处理收入分配问题都必须长期遵循的重要原则。

四、关于提高劳动者素质问题

江泽民同志作为党的第三代领导集体的核心，着眼于现代化建设进程的需要和社会主义事业的全局，把科教兴国、提高劳动者素质放在重要的战略位置。在党的十五大报告中指出："培育同现代化要求相适应的数以亿计高素质的劳动者和数以千万计的专门人才，发挥我国巨大人力资源的优势，关系21世纪社会主义事业的全局。""我国现代化建设的进程，在很大程度上取决于国民素质的提高和人才资源的开发。"他十分重视科学技术特别是高新技术的发展对综合国力、社会经济结构和人民生活的巨大作用，强调要把加速科技进步放在经济社会发展的关键地位，"使经济建设真正转到依靠科技进步和提高劳动者素质的轨道上来。"针对当前职工整体素质较低，下岗职工技能单一，再就业能力弱的情况，他特别强调要大力发展职业教育和职工培训，提高职工素质。"在激烈的市场竞争中，国有企业要生存要发展，要跟上科学技术飞速发展的步伐，必须加快企业的技术改造和科技进步，努力提高产品的技术含量，加强企业的科学管理。这就对企业职工的科学文化素质提出了新的更高的要求。大力提高职工的科学文化素质，是一项具有战略意义的任务，不仅关系企业的兴衰，也关系到职工群众的就业机会。各级党委、政府和国有企业的领导人，对此要高度重视，并切实抓好。"江泽民同志的这些论述，发展了邓小平关于科学技术是第一生产力，科技教育优先发展和劳动者只有具备较高的科学文化水平，才能在生产中发挥更大作用的思想，明确了新形势下加快科技进步，加强职工培训，提高劳动者素质的方向和任务，具有重要指导意义。

五、关于切实维护广大职工的合法权益问题

切实维护广大职工的合法权益，是党和政府的一贯主张，是贯彻全心全意依靠工人阶级方针的必然要求，是讲政治的具体体现。江泽民同志在十五大报告中提出"建设有中国特色社会主义全部工作的出发点和落脚点，就是全心全意为人民谋利益。"针对新形势下贯彻落实党的全心全意依靠工人阶级方针，保障广大职工合法权益的新问题，江泽民同志指出，我们所领导的改革和社会主义现代化建设的全部活动与整个过程，都必须全心全意依靠工人阶级，这在任何时候、任何情况下都不能动摇。要认真研究在新的历史条件下坚持这一方针遇到的新情况新问题，有效地保障这一方针的贯彻落实。他强调，广大职工为国家经济建设、改革开放和国有企业发展壮大，作出了重要贡献，各级党委和政府要时刻关心他们，切实维护他们的利益。并把它上升到讲政治的高度，"讲政治是具体的，而不是抽象的。衡量一个领导干部是不是讲政治，一个重要的标准就是看他是不是时刻把人民群众放在心头，是不是诚心诚意为人民谋利益。""面对出现的困难和矛盾，不能回避，不能做粉饰文章，不能搞不切实际的花架子，不能采取熟视无睹的官僚主义态度。"江泽民同志还就如何切实保障职工合法权益的

一些主要方面的问题提出了明确的要求：强调要依据《劳动法》等法律法规，维护职工物质利益、民主权利和政治地位；强调一定要切实保障下岗职工的基本生活，要求任何一个企业都不能把下岗职工向政府和社会一推了之，而应对他们负责到底，各级领导干部一定要深入困难企业和下岗职工家庭，及时了解他们的生活状况，体察他们的疾苦，努力为下岗职工排忧解难；强调必须切实保障企业离退休老职工及时领到离退休金和享受应该享受的各项待遇，“这些老职工为国有企业的发展和国家经济建设贡献了一生的力量，是国有企业建设的功臣，也是我们共和国建设的功臣，应该受到全社会的尊敬，一定要使他们老有所养。”“如果不能保障他们安享晚年，那就是我们工作中的严重失职。这个问题，从中央各部门到各地方，务必十分注意。”江泽民同志的这些重要论述，充分体现了党和政府全心全意为人民服务的宗旨，明确了新时期切实维护职工合法权益的方针和任务，是党和政府开展各项工作都应当遵循的一个重要指导思想，更是劳动和社会保障工作的一个基本出发点和着眼点。

江泽民同志关于劳动和社会保障问题的重要论述，是对邓小平理论的继承、丰富和发展。我体会有这样几个突出特征：一是具有鲜明的时代特征。江泽民同志站在跨世纪的历史高度，高举邓小平理论伟大旗帜，从社会主义初级阶段的实际出发，把握时代的脉搏，以无产阶级政治家的敏锐洞察力和远见卓识，就我国社会主义改革开放和现代化建设进程中劳动和社会保障制度改革的目标、原则、方针等重大问题，进行了系统地分析阐述，具有重大的现实意义和深远的历史意义。二是具有科学的创新精神。江泽民同志善于审时度势，抓住实践中的突出矛盾和问题，以巨大的政治勇气和理论创新精神，回答了新时期实践向我们提出的新问题。无论是就业问题，劳动力市场问题，还是社会保障问题，收入分配问题，都在理论上有重大突破，是对邓小平理论的继承和发展，是对社会主义经济理论的丰富和完善。三是具有深厚的实践基础。江泽民同志关于劳动和社会保障问题的重要论述，充分体现了毛泽东同志一贯倡导的把马列主义基本原理同中国的具体实际相结合，坚持运用理论武器解决实际问题，理论联系实际的学风。他着眼于马克思主义理论的运用，着眼于对实际问题的理论思考，着眼于新的实践和新的发展，科学、全面地总结了改革开放 20 年的实践经验，并概括和升华为理论，将对实践产生巨大的指导和推动作用。

我们正处在世纪之交的重要时期，劳动保障工作既面临着难得的历史发展机遇，也面临着严峻的挑战。建立健全适应社会主义初级阶段基本国情，符合社会主义市场经济要求的劳动和社会保障制度，是摆在我们面前的艰巨任务。只要我们高举邓小平理论伟大旗帜，深入学习江泽民同志的重要论述并认真落实到工作中去，就一定能够做好新时期的劳动和社会保障工作，为实现党的十五大确定的跨世纪战略目标作出新的贡献。

劳动和社会保障制度的历史性跨越

——纪念十一届三中全会二十周年理论研讨会论文

张左己

以党的十一届三中全会为标志，我国进入建设有中国特色社会主义历史新时期，劳动和社会保障工作从此揭开新的篇章。20年来，以邓小平理论为指导，在以江泽民同志为核心的党中央领导下，劳动和社会保障制度实现了从计划经济体制向社会主义市场经济体制的历史性跨越。

一、适应市场经济的劳动和社会保障制度框架基本形成

党的十一届三中全会在决定把工作重点转到经济建设上来的同时就着重指出，为了实现社会主义现代化，必须对经济体制进行改革。劳动和社会保障制度作为整个经济体制的重要组成部分，随着经济体制改革的逐步展开进行了一系列改革，实现了根本性转变。

纵观20年劳动和社会保障制度改革历程，大体可以分为三个阶段。

第一个阶段：1978年底到1984年，是改革试验探索阶段。这一阶段主要是进行扩大企业自主权和推行经济责任制的试点。与此相适应，劳动和社会保障制度也开始了改革试验。

改革劳动用人制度，扩大企业用人自主权。扩大企业经营自主权，首当其冲地涉及到扩大企业用人自主权。1979年，我国扩大国营工业企业经营自主权，依据有关规定，企业可以按照国家劳动计划指标择优录用职工并根据职工表现实行奖惩。随着国营工业企业自主权的不断扩大，企业在招工、录用、奖惩等方面拥有了一定权限。1980年，上海市在部分国营企业的熟练工、普通工中试行劳动合同制。到1982年，全国已在广东、湖北、江苏、安徽、北京、上海等地部分城镇企业的16万职工中试行劳动合同制，使这些企业和职工拥有了双向选择的权利。

工资制度改革主要是通过恢复和完善奖励制度，贯彻按劳分配原则，开始纠正长期存在的平均主义“大锅饭”倾向。1978年在国营企业恢复奖金制度，同时，在一些地区和部门有条件地推行计件工资制，到当年年底，全国约有9 000多个企业进行了试点。简化企业工资标准，试行职务工资和浮动工资等办法，使职工工资收入同企业经营好坏和个人劳动贡献密切联系起来。1982年，建筑行业、煤矿企业分别实行百元产值工资含量包干、吨煤工资含量包干等，在其他一些行业试行符合企业生产特点的工资分配形式，积极探索工资制度改革的方向。

社会保险制度改革开始起步。80年代初，随着退休职工大量增加，退休费用相应增大且由企业直接支付所造成的新老企业之间负担不均的矛盾越来越突出。为解决这一问题，1984年开始在全民所有制单位试行退休费用社会统

筹，并最早在江苏省泰州市，广东省东莞市、江门市等地试点，为改革探索路子。

在进行劳动用人、工资分配和社会保险制度改革的同时，对就业制度进行重大改革。为解决“知青”返城带来的巨大就业压力，1980年党中央召开全国劳动就业会议，提出改革国家统包统配就业的制度，要求结合发展多种经济形式，实行劳动部门介绍就业、自愿组织起来就业和自谋职业的“三结合”就业方针，将过去主要靠全民所有制单位招工的单一渠道就业，转变为全民、集体和个体经济多种渠道就业，人们的就业观念由消极等待国家分配工作，开始转变为积极创造条件就业。

这一阶段，劳动和社会保障制度改革尽管是初步的，带有试验性质，但开始触及到旧制度的弊端，为全面进行劳动和社会保障制度改革积累了初步经验。

第二个阶段：1984年至1992年，是改革全面展开并逐步深化阶段。这一阶段主要标志是十二届三中全会通过《关于经济体制改革的决定》。《决定》明确指出，增强企业活力是整个经济体制改革的中心环节。围绕这一中心环节，劳动和社会保障制度改革全面展开。

从1985年开始，对企业工资制度进行全面改革。主要是实行工资总额同经济效益挂钩的办法，明确国家与企业的分配关系，初步打破企业吃国家“大锅饭”的状况，使工资增长同企业经济效益联系起来。在企业内部实行结构工资、浮动工资和岗位技能工资制等灵活多样的工资分配形式，逐步革除职工吃企业“大锅饭”的平均主义弊端。

在各地试行劳动合同制的基础上，国务院于1986年颁布在国营企业实行劳动合同制等四项暂行规定，要求对新招工人实行劳动合同制。这一制度的正式确立，破除了企业用工的“铁饭碗”制度，使劳动力与生产资料实现最佳结合，调动职工的积极性。与此同时，青岛、株洲、盐城等地采取积极措施全面搞活固定工制度。通过实行优化劳动组合、合同化管理、全员劳动合同制以及进行劳动、工资和社会保险三项制度综合配套改革，打破企业经营管理人员和工人的界限，形成公开竞争、择优上岗的局面，为以后全面推行劳动合同制度打下基础。在实行劳动合同制的过程中，劳动争议案件逐渐增多。国务院于1987年7月对国营企业劳动争议处理作出规定，恢复了劳动争议处理制度，为妥善处理劳动争议提供了法律依据和制度保障。

国家在建立劳动合同制度的同时，开始改革劳动合同制工人养老保险制度，基金由企业和劳动合同制工人共同缴纳；决定建立国营企业职工失业保险制度，并逐渐扩大实施范围。1991年国务院确定逐步建立基本养老保险、企业补充养老保险和个人储蓄性养老保险相结合的多层次的养老保险制度，基本养老保险实行国家、企业、职工三方负担的原则。医疗保险制度从1988年开始在四平、丹东、黄石、株洲、海南、深圳进行大病医疗费用统筹等改革试点。

这一阶段对计划经济体制下形成的劳动和社会保障制度诸多弊端进行了较大触动，劳动和社会保障制度改革目标比较明确，力度比较大，在一些新建立的制度中初步引进市场竞争机制。

第三个阶段：1992年10月以后，是改革重点突破取得实质性进展的阶段。以1992年10月党的十四大为标志，中国的经济体制改革进入建立社会主义市场经济体制的新阶段。党的十四届三中全会通过的建立社会主义市场经济体制的决定，对劳动和社会保障制度改革提出明确要求。这个阶段，劳动和社会保障制度改革在几个主要问题上有重大突破，劳动力市场、社会保障和劳动法制建设体系框架初步形成。

劳动力市场理论和实践取得历史性突破。过去对社会主义是否允许存在劳动力市场问题一直有很大异议。虽然随着改革的进行，劳动力市场在我国一些地区已经出现，但在当时只称为“劳务市场”。十四届三中全会决定明确提出要“改革劳动制度，逐步形成劳动力市场”，确立了劳动力市场在社会主义市场经济中的重要地位。培育和发展劳动力市场，就是要发挥市场机制的基础性作用，对劳动力资源进行合理配置和调节，使企业有真正的用人自主权，劳动者有充分的择业自主权，形成劳动力供求主体。在培育和发展劳动力市场的进程中，通过实行积极的就业政策，拓宽就业渠道，发展就业服务，探索市场经济条件下增加就业岗位的途径，达到促进市场就业的目标。工资分配实行在国家宏观调控下，全面落实企业内部分配自主权，积极探索企业工资分配由市场决定的机制。全面实行劳动合同制度，劳动者与用人单位通过自愿签订劳动合同明确双方的权利和义务，建立协调稳定和谐的劳动关系，开展集体协商签订集体合同工作，劳动争议处理制度逐步完善，使劳动关系的调整走上法制化轨道。积极发展职业技能开发体系，形成全社会的职业技能培训、鉴定网络，全面提高劳动者素质。建立覆盖城镇所有职工、社会化管理程度高、基金统一调剂使用的社会保障体系，促进企业公平竞争和劳动力合理流动。劳动力市场理论的突破，带动了劳动就业、企业用人、工资分配和社会保险等各项制度改革的全面深化。

城镇企业职工养老保险制度实现了根本性变革。党的十四届三中全会决定对养老保险制度改革提出实行社会统筹和个人账户相结合的基本原则。1995 年 3 月，国务院决定城镇职工养老保险制度改革实行社会统筹和个人账户相结合的制度。这标志着城镇职工基本养老保险制度改革进入了一个新阶段。在总结实践经验的基础上，国务院于 1997 年 7 月作出建立统一的企业职工基本养老保险制度的重大决策，这是养老保险制度改革的一个新的里程碑。医疗保险制度在开展大病医疗费用社会统筹的同时，按照社会统筹与个人账户相结合的原则，先在江西九江、江苏镇江进行试点，然后扩大试点范围，为建立城镇职工基本医疗保险制度积累了经验。失业、工伤和生育保险制度实施范围逐步扩大。随着社会保障管理体制的统一，社会保障体系的框架基本形成。

劳动法制建设取得重大突破。过去很长时间内，《劳动法》在我国一直是空白。1978 年邓小平提出制定《劳动法》，从此，《劳动法》的起草工作提上日程。但由于当时我国经济体制改革正处于探索阶段，起草工作曾一度中断。社会主义市场经济体制目标的确立，为《劳动法》出台创造了条件。在社会各方面的呼吁支持下，1994 年全国人大常委会颁布《劳动法》，使劳动和社会保障各项重要改革统一到《劳动法》的规定上来，劳动合同制度、最低工资保障制度、劳动监察制度基本确立，基本劳动标准逐步得到落实，劳动争议处理工作进一步加强，劳动者的合法权益得到有效维护。与《劳动法》实施相配套的《职业教育法》《职工工作时间的规定》《社会力量办学条例》等法律、法规和 60 余项配套规章相继制定并实施，劳动执法监察力度加大，促进了劳动法律法规和各项规章的贯彻实施。地方劳动立法工作也逐步展开。劳动法制的不断完善，为劳动和社会保障制度改革的深化提供了有力的保证。

20 年来，经过一个阶段的改革实践，我国劳动和社会保障制度实现了历史性转变：

用人制度，改变“国家包揽，行政隶属，身份有别，终身固定”的模式，企业自主用人、劳动者自主择业、通过劳动合同确立劳动关系的新型劳动用人制度基本建立。职业培训制度，改变基本局限于企业内部的职工培训和学徒制度，多形式、多层次职业技能开发体系初步形成。社会保险制度，改变企业职工生老病死完全由企业负担的“企业保险”，养老、医疗保险实行国家、企业、个人共同负担，社会统筹与个人账户相结合的制度，统一的社会保障体系正在形成。工资分配制度，取消指令性工资计划和八级工资制，破除平均主义“大锅饭”的弊端，基本实现在国家宏观调控下的企业自主分配，工资水平与经济效益挂钩，工资待遇与劳动贡献紧密结合。就业制度，改变国家统一下达招工计划、统一招收录用的做法，初步形成“国家政策指导下，劳动者自主就业、市场调节就业、政府促进就业”的新格局。劳动法制，改变过去劳动工作无法可依的局面，《劳动法》颁布实施后，建立劳动监察制度，劳动争议处理从主要依靠行政手段转变为依法办事，劳动工作逐步走上法制化轨道。

经过20年的改革实践，适应建立社会主义市场经济体制要求的劳动和社会保障制度框架基本确立，标志着劳动和社会保障制度实现了从计划经济向社会主义市场经济的历史性跨越。

二、解放思想是进行劳动和社会保障制度改革的强大动力

20年来劳动和社会保障制度改革始终以邓小平理论为指导，不断地解放思想，冲破传统观念的束缚，大胆创新，努力实践，促进了国家的改革、发展和稳定。

（一）进行劳动和社会保障制度改革必须解放思想，转变观念。劳动和社会保障制度改革就是要破除计划经济体制下形成的劳动和社会保障制度，建立适应我国生产力发展水平和社会主义市场经济体制的劳动和社会保障制度。过去对劳动工资实行指令性计划管理，计划管理的思想观念在一些人的头脑中根深蒂固，认为这是社会主义制度的本质要求。随着企业改革的不断深入，从扩大企业用人和分配自主权到转换经营机制，劳动工资指令性计划管理越来越不符合企业改革的实际需要。邓小平视察南方讲话，明确了计划与市场的关系和党的十四大提出建立社会主义市场经济体制目标后，思想大大解放，彻底改革指令性的劳动工资计划，实行指导性的劳动工资计划。在实行劳动合同制的过程中，也遇到来自多方面的阻力，一度出现反复，重要原因就是把劳动合同制度等同于资本主义雇佣制度。在认真学习邓小平视察南方讲话后，思想大为开窍，认识到劳动合同制度本身并不具有姓“资”姓“社”的属性，无论是资本主义社会，还是社会主义条件下，都可以实行劳动合同制度，从改革实践来看，实行劳动合同制度，能够以协议形式明确劳动者与用人单位的权利和义务，增强职工风险意识和危机感，有利于调动和保护职工积极性，提高工作效率。正确的认识和坚定的决心使劳动合同制度得以坚持，并扩大到原有固定职工范围。在就业、工资和社会保障等其他各项制度改革过程中，都有各种不同的思想认识，由于始终坚持以邓小平理论为指导，坚持生产力标准，使各项改革不断深化。

（二）不断地回答并解决企业改革提出的问题是劳动和社会保障制度改革的中心任务。劳动和社会保障制度改革是企业改革的必要前提，只有不断地回答并解决企业改革提出的问题，劳动和社会保障制度改革才能取得切实成效。因此，在整个改革过程中，都坚持企业改革进行到哪里，劳动和社会保障制度改革就跟到哪里，积极研究解决企业改革向劳动和社会保障工作提出的各种问题。当企业扩大自主权，迫切要求解决职工吃企业“大锅饭”问题时，不失时机地恢复和完善奖励制度，并在一些行业实行新的工资形式，使按劳分配原则得到较好贯彻。适应企业实行承包经营责任制，逐步进入市场竞争的需要，实行工资总额同经济效益挂钩的办法和灵活多样的工资分配形式；推行以劳动合同制为主要内容的企业用人制度，积极探索搞活固定工制度的有效形式，对新招劳动合同制工人实行养老保险制度。这些改革措施对增强企业活力，促进企业走向市场发挥了积极作用。在当前国有企业深化改革中，下岗职工不断增多，解决下岗职工基本生活保障和再就业问题成为全社会普遍关注的一件头等大事，关系到改革发展稳定的大局。我们按照党中央国务院的要求，积极推动有下岗职工的企业建立再就业服务中心，通过再就业服务中心为下岗职工发放基本生活费和代缴养老、医疗、失业等社会保险费用，开展再就业训练，提供就业咨询和职业指导，既促使下岗职工实现再就业，又促进企业改革不断深化。

（三）调动和保护劳动者的积极性是劳动和社会保障制度改革的根本出发点。改革的根本目的，就是解放生产力，发展生产力。邓小平在视察南方时，把是否有利于发展社会主义社会的生产力作为判断改革和各项工作是非得失

的首要标准。当今社会，科学技术是第一生产力，劳动者是生产力中最活跃、最能动的基本要素。科学技术是由劳动者创造发明的，要把科学技术变为现实的生产力，需要劳动者去掌握和应用。因此，千方百计地调动和保护劳动者的积极性、主动性、创造性，就是发展和解放生产力，是劳动和社会保障制度改革的根本出发点。废除国家统包统配就业制度，实行企业自主用人和劳动者自主择业，取消平均主义“大锅饭”，实行灵活多样的分配形式，建立社会保障制度，解除职工的后顾之忧，完善劳动法制建设，加大执法力度，保障职工的合法权益，这些都是为劳动者创造一个能够充分施展聪明才智的环境和条件，都有利于调动和发挥劳动者的积极性。劳动和社会保障制度的每一项改革，都是从提高劳动者素质，调动和保护劳动者积极性出发的，都是为了更好地促进生产力的解放和发展。

（四）劳动和社会保障制度改革要着眼于制度创新、着力于机制转换。改革就是通过建立新的制度，形成新的机制，从而实现对旧制度、旧机制的扬弃。经过20年的制度创新和机制转换，劳动和社会保障制度已发生实质性变化。在就业和用人制度中形成竞争机制，劳动力成为市场供给主体，在供大于求的劳动力市场上，劳动者通过竞争就业，竞争上岗，初步建立以市场就业为主导方式的就业制度。在工资分配制度中形成激励机制，贯彻多劳多得，少劳少得的按劳分配原则，将劳动报酬与职工的技能高低、贡献大小紧密挂钩，促使劳动者既关心企业的生产经营活动，又重视提高工作的质量和效率。在养老、医疗、失业保险制度中通过实行用人单位和职工个人共同分担社会保险费用，形成稳定的基金筹措机制。基本养老保险确立社会统筹与个人账户相结合的原则，其中个人账户体现与劳动者贡献大小相联系的效率原则，社会统筹贯彻公平原则，把效率原则与公平原则有机地结合起来，形成促使劳动者和用人单位缴费的激励机制。在医疗保险制度改革中，通过建立个人缴费机制和对医、患、保三方制约机制，在切实保障职工基本医疗的前提下，抑制医疗费用的不合理增长。整个劳动和社会保障制度改革都着力于培育新的运行机制，并通过新机制的培育，推动劳动和社会保障事业全面发展。

（五）劳动和社会保障制度改革要特别注意处理好改革、发展、稳定三者的关系。劳动和社会保障制度改革涉及亿万劳动者的切身利益，因此，既要不断地深化改革，又要考虑广大劳动者的承受能力，维护社会稳定。如果改革的力度超出大多数劳动者的承受能力，就会引起社会震动，对改革、发展和社会稳定造成不良影响，整个改革就无法继续进行。改革意味着利益关系的调整，必然触动各个方面的利益，在改革的不同时期，利益调整的大小有所不同。劳动和社会保障制度改革前期，放权让利，广大职工享受到改革带来的各种实惠，因而积极拥护和支持改革。随着企业改革的深化，部分职工下岗，收入减少，加上失业保险能力弱，基本生活受到影响。如果这些问题处理不好，一旦遇到诱因，极易使职工产生不满情绪，影响社会稳定。为此，我们特别注意强调把握好宏观调控力度，坚持减员增效同促进再就业相结合、职工下岗分流同社会承受能力相适应的原则，通过再就业服务中心与下岗职工在协商的基础上，签订基本生活保障和再就业协议，妥善解决下岗职工的基本生活，着重保护下岗职工的切身利益。20年来，劳动和社会保障制度改革力度逐步加大，但没有引起大的震动，重要原因之一，就在于我们注意把改革的力度、发展的速度和社会可以承受的程度统一起来，在稳定中推进改革、发展，在改革、发展中保持稳定，为改革、发展和稳定作出了应有的贡献。

三、抓住机遇继续推进劳动和社会保障制度改革

党的十五大提出从现在起到下世纪的前十年，必须解决好两大课题，一是建立比较完善的社会主义市场经济体制，二是保持国民经济

持续、快速、健康发展，并进一步强调要用三年左右时间，使大多数国有大中型亏损企业摆脱困境，力争到本世纪末使大多数国有大中型骨干企业初步建立起现代企业制度。这是建立社会主义市场经济的最重要的时期，劳动力市场和社会保障体系是市场经济体制不可缺少的重要组成部分。在这个时期，能否建立比较完善的劳动力市场和社会保障体系，直接关系到市场经济体制的完善。因此，劳动和社会保障工作任务十分迫切和艰巨。在世纪之交的重要历史时期，劳动和社会保障制度改革面临着极好的机遇，同时也面临着相当突出的问题和困难。我们要认真总结党的十一届三中全会以来劳动和社会保障制度发展的成功经验，继续全面推进劳动和社会保障制度改革。

根据本届政府的总体部署，新时期劳动和社会保障工作的主要任务是争取用3～5年的时间，初步建立起适应社会主义初级阶段生产力发展水平、符合社会主义市场经济要求的劳动和社会保障制度。具体任务是实现“三二一”目标，即：“三个重点”，一是促进国有企业下岗职工再就业，二是深化养老保险制度改革，三是推动医疗保险制度改革；“两个确保”，一是确保国有企业下岗职工的基本生活，二是确保离退休人员养老金的发放；“一个统一”，对社会保障实行统一管理。抓好“三个重点”，是深化经济体制改革特别是国有企业改革的迫切需要；做到“两个确保”，是保持社会稳定，为我国改革发展创造宽松社会环境的基本要求；实现“一个统一”，是加快各项社会保障制度改革、逐步建立有中国特色社会保障制度的必要前提。在今后工作中，我们要努力完成好“三二一”工作任务，为保证国有企业三年走出困境并建立现代企业制度，为保证国民经济持续、快速、健康发展和社会稳定作出应有的贡献。当前要着重做好以下工作：

1. 确保国有企业下岗职工基本生活，促进下岗职工实现再就业。1998年，在党中央、国务院的关怀和重视下，社会各方面关注的再就业工作成为各级党委和政府的头等大事。目前，再就业服务中心基本实现了组织落实、资金落实和工作落实，国有企业下岗职工基本生活得到保障。但是，随着国有企业改革力度的加大，今后这方面的工作仍很繁重，再就业服务中心也需要进一步巩固和完善。因此，必须继续抓紧做好下岗职工基本生活保障和再就业服务中心的建设。现在的重点问题是引导和帮助下岗职工尽快实现再就业，这也是再就业服务中心的基本职能之一。要加大政策扶持力度，拓宽再就业渠道，为他们实现再就业创造有利条件。在具体工作中，要把保障下岗职工基本生活与建立市场就业机制相结合，创造就业岗位与提高再就业能力相结合，分流安置与调整结构相结合，再就业与发展第三产业、开展社区服务相结合，促进再就业政策与国家宏观调控政策相结合，从而更好地促进下岗职工尽快实现再就业。

江泽民同志指出：“我国人口多，就业问题是必须长期关注和着力解决好的问题。”为此，党中央国务院提出了新的就业方针，即“在国家政策指导下，劳动者自主就业，市场调节就业，政府促进就业。”这个就业方针的核心是市场调节就业，劳动者要树立自主就业意识，强化职业技能训练，增强市场就业能力。目前，下岗职工进入再就业服务中心获得社会保障是一项过渡措施，解决再就业问题最终还是要通过劳动力市场。因此，要大力加强劳动力市场建设，完善市场就业机制，力争每年实现再就业的人数大于当年新增下岗职工人数。

2. 确保离退休人员养老金的发放，加快社会保险制度改革步伐。社会保障制度改革关系到社会主义市场经济体制的建立，必须加快改革步伐，重点是养老、医疗和失业保险制度改革。现在，养老保险制度改革在提高统筹层次、打破地方与行业统筹分割、实行养老金社会化发放等方面已取得突破性进展，通过采取强化社会保险费用征缴、扩大覆盖面等措施，使离退休人员养老金发放问题基本得到解决，但养老保险制度改革仍然存在很多困难和问题。主要是面对日趋严峻的人口老龄化冲击，历史上又没有养老保险基金的预筹积累，一些地方养老保险基金收不抵支，发生支付困难；多数非公有制企业尚未纳入社会保险覆盖范围等。解决养老保险基金缺口，确保离退休人员养老金按时足额发放，当务之急是加强基金余缺调剂，在全国初步实现省级统筹、建立省级调剂金的基础上，进一步在全国范围内实行比较规范的省级统筹，并着手建立中央调剂金，充分发挥基金的统筹调剂功能；进一步扩大养老保险覆盖范围，重点是外商投资企业、私营企业、个体经济组织以及多种混合所有制企业，将基本养老保险的实施范围扩大到城镇所有劳动者；对省以下社会保险经办机构实行垂直领导，强化基金收缴手段，加大基金收缴力度，同时加强对基金使用管理的监督，实行“收支两条线”管理办法，严格执行基金监管规定及各项财会制度，杜绝挤占挪用基金现象的发生，提高基金的支付能力；将基本养老保险差额缴拨改为全额缴拨，并积极创造条件，加快实现企业离退休人员基本养老金的社会化发放，推进社会化管理进程。全面启动医疗保险制度改革，从现在起用3～5年的时间，初步建立适应社会主义市场经济体制的城镇职工基本医疗保险制度。基本医疗保险的水平要与社会主义初级阶段生产力发展水平相适应；基本医疗保险要覆盖城镇所有用人单位及其职工，基本医疗保险费由用人单位和职工双方合理负担；基本医疗保险基金实行社会统筹和个人账户相结合。在建立合理的医疗保险费用筹措机制，改财政和企业包揽为用人单位和职工个人双方合理负担的同时，着重加强和改善医疗费用的支出管理。还要研究建立社会医疗救助制度，以帮助解决因病致贫人群的医疗问题。城镇所有职工都要参加失业保险，失业保险要与再就业紧密结合，增强失业保险的保障功能和促进再就业的积极作用。

3. 理顺工资收入分配关系。工资收入分配问题关系到社会经济发展和劳动者积极性的发挥。计划经济体制下的工资制度已经破除，适应社会主义市场经济要求的工资收入分配制度尚未完全建立。目前分配秩序比较混乱，收入差距过大和平均主义现象仍然存在。党的十五大对工资收入分配明确提出要坚持按劳分配为主体、多种分配方式并存、实行效率优先、兼顾公平以及各种生产要素参与收益分配等重要原则，这是深化工资收入分配制度改革必须遵循的基本依据。坚持按劳分配为主体，劳动者的工资收入主要由劳动的质量和数量确定，多劳多得，具体分配形式由企业自主决定；实行多种分配方式并存，资本、技术等生产要素参与收益分配的份额要合理确定，不能违反按劳分配为主体的基本原则。坚持效率优先、兼顾公平，首先是工资收入的分配取决于效率，效率提高，工资收入相应增长；效率降低，工资收入相应减少。其次，对效率要进行具体分析，有投资方面的效率，也有生产劳动和经营管理方面的效率。国有企业主要是国家投资，由投资因素带来的效率不能完全作为企业和职工的效率，决定工资收入分配的效率主要应该取决于生产劳动和经营管理方面的因素。从整个工资收入分配来看，不论是总体水平，个人收入水平，行业与行业、企业与企业之间的工资收入水平，国家都要进行宏观调控，使整个工资收入的增长不超过国民经济的增长，劳动者的工资收入增长不超过劳动生产率的增长；行业之间、劳动者之间的工资收入悬殊不能过大。为贯彻十五大提出的工资收入分配原则，近年来进行了积极探索，提出并实施建立“市场机制调节、民主协商决定、政府监控指导”的工资分配体制设想。在劳动力市场上基本形成均衡工资率，以此为基础，逐步建立以民主协商方式确定企业工资水平的机制，引导劳动者与用人单位协商确定不同岗位的工资水平，并按劳动力市场价位和经营管理业绩来确定企业经营者的年薪收入，形成激励与约束相结合的经营者收入决定机制。同时，在全国所有地区普遍实行工资指导线制度，提高工资收入分配的透明度，从宏观上调控工资收入增长幅度，完善个人所得税制，调节过高的个人收入。

4. 加强劳动和社会保障法制建设。市场经济是法制经济。作为社会主义市场经济重要组成部分的劳动和社会保障工作，涉及国家与企业、企业与企业、企业与劳动者许多方面的关系，处理好这些复杂关系，必须有法可依，加强法制建设。20年来，劳动和社会保障制度改革取得一系列成果，要巩固和发展这些成果并继续推进改革，必须加快劳动和社会保障法制化进程。这些年来，劳动法制建设成效显著，初步形成以《劳动法》为基本法律的劳动法制体系，但社会保障领域的立法工作比较薄弱，社会保障法制建设与社会主义市场经济发展的需要有相当大的差距，许多工作缺乏法律手段。因此，要把社会保障立法摆在法制建设的优先位置。总的原则是：在统筹规划的前提下，突出重点，注重实效，急需先立，逐步完善。重点加强社会保障立法，主要是《社会保险法》，逐步形成以《社会保险法》为“龙头”，包括社会保险基金征缴和管理，养老、医疗、失业、生育、工伤等法规和规章在内的社会保障法律框架。同时，通过加强监察队伍建设，规范监察行为，加强执法监督，严格依法行政，强化劳动和社会保障执法监察，促进劳动和社会保障事业的健康发展。

新的形势对劳动和社会保障工作提出繁重而艰巨的任务，也为劳动和社会保障工作取得新发展提供了极好机遇。我们要在以江泽民同志为核心的党中央领导下，以邓小平理论为指导，进一步解放思想，抓住机遇，迎接挑战，为完成新时期劳动和社会保障的目标任务作出新的成绩。

（此文为张左己同志参加中共中央纪念十一届三中全会二十周年理论研讨会入选获奖论文，原载1998年12月18日《人民日报》）

全力以赴，狠抓落实，切实做好两个确保和行业统筹移交地方管理工作

——在全国养老保险和再就业服务中心建设工作会议上的讲话

劳动和社会保障部副部长　李其炎

（1998年7月24日）

刚才，吴邦国副总理就做好养老保险行业统筹移交地方管理、确保企业离退休人员养老金发放、推进再就业服务中心建设三个方面的工作，作了非常重要的讲话，从全局的角度和战略的高度，深刻阐明了确保国有企业下岗职工基本生活和离退休人员养老金发放的重要性，以及行业统筹移交地方管理的重要意义，提出了明确的目标任务和进度要求，针对工作中存在的突出问题，进一步明确了有关政策和措施。这充分体现了党中央、国务院对做好这几方面工作的高度重视。按照吴邦国副总理提出的要求，认真贯彻中共中央、国务院召开的国有企业下岗职工基本生活保障和再就业工作会议精神，抓好三项工作任务的落实，是我们劳动和社会保障部门当前的中心工作。任务十分艰巨，时间十分紧迫，我们必须全力以赴，狠抓落实，确保国有企业下岗职工基本生活，确保离退休人员养老金按时足额发放，并按时完成行业统筹移交地方管理的工作。

一、进一步提高认识，增强紧迫感和责任感

各级劳动和社会保障部门要继续深入学习国有企业下岗职工基本生活保障和再就业工作会议精神，深刻领会江泽民总书记、朱镕基总理重要讲话精神，学习吴邦国副总理所作的工作报告和这次会议上的讲话。

一是进一步统一思想，提高认识。要通过学习，使全体同志对做好国有企业下岗职工基本生活保障和再就业工作，对于深化国有企业改革，引导、保护和发挥职工群众的积极性，促进国民经济持续快速健康发展，巩固和发展安定团结的社会政治局面，全面推进建设有中国特色社会主义事业的重大意义的认识，有一个大的提高，实现思想认识上的飞跃。

二是要正视前一阶段工作中的差距和问题，增强紧迫感。中央会议以后，各级劳动和社会保障部门在各级党委、政府的领导下，与经贸、财政等部门共同配合，做了不少工作，有一定的起色，但进展不快，与党中央、国务院

的要求有很大差距。特别是在建立企业再就业服务中心和保证养老金发放这两个关键环节上，没有达到预期的目标和要求，6月底仅有21.9%的下岗职工进了中心，在中央明令要求6月份不得再拖欠养老金的情况下，仍有部分地区和行业继续拖欠了108万离退休人员的3.1亿元养老金。面对这些问题，各级劳动和社会保障部门要多从主观方面找原因，深刻认识自己工作中存在的差距，增强责任感和紧迫感，针对问题提出切实可行的改进措施，并认真落到实处。

三是要高度重视行业统筹移交地方管理工作。这一养老保险管理体制的调整，是完善企业职工养老保险制度的一个重要步骤，不仅有利于改变长期以来养老保险条块分割、待遇标准不统一的局面，有利于实行省级统筹和解决企业离退休人员养老金拖欠问题，而且有利于国有企业改革的深化。各地劳动和社会保障部门一定要按照国务院的统一要求，从大局出发，摒弃地方保护主义和本位主义，与有关部门一起，共同做好这项工作。

四是要正视各种困难，坚定信心。做好这几个方面的工作，确实面临许多困难、矛盾和问题。我们必须勇于迎接挑战，创造性地开展工作，而不能有畏难情绪，更不可知难而退，消极等待。应当坚信，有党中央、国务院领导，以及各级党政领导的高度重视，有各方面的支持和配合，有企业和职工群众的广泛参与，我们一定能克服各种困难。各级劳动和社会保障部门一定要坚定信心，紧急行动起来，全力以赴，落实，落实，再落实，迅速把各项工作推向深入，争取在较短时间内取得突破性进展。

二、明确目标，加快进度，集中力量抓好三季度的工作

做好三个方面的工作，三季度是关键阶段，7、8、9三个月任务最重，全年的工作完成如何，主要取决于这三个月的工作进度。具体目标是：

——从7月份起，养老金决不允许再发生新的拖欠；在有下岗职工的国有企业基本完成组建再就业服务中心工作。

——8月份，国有企业下岗职工进入再就业服务中心的比例要达到100%；完成行业统筹移交地方管理工作；各省养老保险省级调剂金要上解到位。

——9月份，从9月1日起由地方负责11个行业所属企业离退休人员养老金的发放；养老保险基金差额缴拨改为全额缴拨，实行养老金社会化发放。

按照上述阶段性工作目标要求，各级劳动和社会保障部门要按倒计时的办法，制定工作计划，周密安排，精心组织，保证计划落实。在时间紧、任务重、要求高的情况下，我们必须改变工作方法，集中力量，突出重点，抓好两个确保和移交工作。要在当地党委、政府的领导下，会同有关部门，深入企业了解情况、解决问题。劳动和社会保障部门要切实抓好督办和检查，要保证进度，保证质量，打好三季度这场攻坚战。

三、保证资金到位，完善政策措施

第一，千方百计落实资金。各地要把本地区下岗职工基本生活保障资金的落实情况摸清，针对存在的问题，采取有效措施，确保资金到位。要加强养老保险基金和失业保险基金的征缴工作，扩大覆盖面，提高收缴率，加大清理回收企业欠费和挤占挪用资金的力度，增强基金支付能力。

行业统筹移交地方后，行业结余基金原则上都移交给省级地方，但各地也要准备专项资金，用于保证行业所属企业离退休人员养老金的发放。行业统筹积累基金结存在部级经办机构的部分，进入中央财政专户，主要用于解决移交过程中特殊困难问题。

第二，用好中央借贷资金，解决好养老金拖欠和下岗职工基本生活保障问题。为帮助地方解决好国有企业下岗职工的基本生活保障和离退休人员养老金发放问题，中央决定用贷款的方式推动这两项工作，这为完成今年工作目

标任务提供了有力保证。我们要充分发挥中央资金支持的作用,借贷资金要与工作进度挂钩,地方筹集资金要配套。凡要求养老金贷款的省,本省的调剂金必须筹集到位。凡要求下岗职工基本生活保障资金贷款的省，要保证再就业服务中心的组建进度，地方资金也要先到位。这两项借贷资金由各省根据下岗职工基本生活保障资金的平衡情况及拖欠养老金情况，据实提出要求，由劳动和社会保障部提出方案，经财政部核定后拨付。借贷资金分两次下拨，第二次下拨要根据第一次资金下拨后工作完成情况，决定是否继续贷款。

第三，进一步完善有关政策措施。各级劳动和社会保障部门在加快再就业服务中心建设工作上，要把好“三关”：一是把好职工下岗申报关，企业不建中心，不能安排职工下岗；二是把好“下岗职工证明”发放关，下岗职工不进中心不发证明，不能享受有关优惠政策；三是把好资金拨付关，企业不建中心，下岗职工没有进中心，不予拨付资金。在加快再就业服务中心建设的同时，要按照中央10号文件的要求，抓好就业服务、岗位开发、职业培训等环节，加快建立市场就业的机制，积极促进下岗职工再就业，保证今年的再就业率达到50%以上。行业统筹移交地方管理的原则和政策，中央已经明确，各地区和行业要不折不扣地坚决落实到位，在规定时限内完成交接任务。8月中旬，劳动和社会保障部将组织各省和11个行业进行交接工作，逐省逐行业地完成行业统筹移交手续。

四、加强监督检查，促进工作落实

要保证资金的落实、政策的落实和进度目标的落实，必须切实加强组织领导。各级劳动和社会保障部门要实行目标责任制，层层分解，落实到人，并加强督促检查，推动工作落实。

一是要建立督促检查制度。各地劳动和社会保障部门要在当地政府领导下，会同有关部门，切实加强对养老金发放和下岗职工基本生活保障工作的督办、督导，定期不定期地对发放养老金、建立再就业服务中心，以及行业统筹移交地方管理的进度进行督促检查。近日，我部将配合中央督查组到18个省市进行重点督查，会后，几位部领导将带队赴十几个省市，对落实中央会议精神的情况进行调研，今后还将经常性地深入到各地区，与地方劳动和社会保障部门一起进行督促检查。

二是建立举报制度，加强社会监督。为防止虚报瞒报现象，各级劳动和社会保障部门要建立举报电话，并向全社会公布。凡是举报企业离退休人员领不到养老金和下岗职工没有领到基本生活费的，必须予以受理，并认真查实和解决。劳动和社会保障部还准备委托国家统计局城调队进行抽样调查，如哪个地区出现企业离退休人员领不到养老金、下岗职工领不到基本生活费的情况，将追究有关人员的责任。

三是加强统计和信息工作。要认真执行养老金发放情况月报制度，同时，要建立再就业服务中心情况统计月报制度，重点掌握进入再就业服务中心的下岗职工人数、所占比例、资金到位情况、进入中心后实现再就业的情况。为保证中央企业下岗职工基本生活保障资金及时拨付，中央企业要按月将下岗职工情况报地方劳动和社会保障部门，各地劳动和社会保障部门也要主动认真地做好中央企业下岗职工的统计工作。从8月份开始，劳动和社会保障部将按月汇总各地养老金发放和再就业服务中心组建情况，上报党中央、国务院，并进行通报。

我们面临的任务繁重而艰巨。我们既要看到所面临的各种困难和问题，更要看到克服困难的各种有利条件。各级劳动和社会保障部门要振奋精神，坚定信心，埋头苦干，扎实工作，与有关方面一起，协调配合，共同努力，全面完成党中央、国务院交给我们的各项任务，为促进国有企业改革和维护社会稳定作出应有的贡献。

三、重要文件

中共中央国务院关于切实做好国有企业下岗职工基本生活保障和再就业工作的通知

中发〔1998〕10号

各省、自治区、直辖市党委和人民政府，各大军区党委，中央和国家机关各部委，军委各总部、各军兵种党委，各人民团体：

近几年来，国有企业职工下岗问题日益突出，引起全社会的普遍关注。党中央、国务院一直非常重视和关心下岗职工的生活和再就业问题，明确要求各级党委和政府采取积极措施，切实保障下岗职工的基本生活，大力实施再就业工程。通过各级党委、政府和社会各方面的共同努力，下岗职工基本生活保障和再就业工作取得了一定成效。但是，也必须清醒地看到，我们面临的形势依然严峻，做好国有企业下岗职工基本生活保障和再就业工作的任务还十分艰巨。当前和今后一个时期，我们要确保党的十五大提出的国有企业改革目标的实现，完成国有经济布局的战略性调整，必须进一步采取强有力的措施，切实做好国有企业下岗职工基本生活保障和再就业工作。为此，特通知如下：

一、统一思想认识，增强紧迫感和责任感

各级党委和政府要充分认识到，近年来出现职工大量下岗的现象，是计划经济条件下实行的就业体制和就业政策在经济转轨过程中的必然反映，也是长期以来重复建设、盲目建设以及企业经营机制深层次矛盾多年积累的结果。我们要建立起社会主义市场经济体制和现代企业制度，不可避免地要经历这样一个历史过程。从长远看，随着改革深入、科技进步和经济结构的调整，劳动力的相应调整与流动也会经常发生。要用3年左右的时间使大多数国有大中型亏损企业摆脱困境，促进国民经济发展实现良性循环，一个重要条件就是要切实解决企业人员臃肿、人浮于事的问题。虽然这会给一部分职工带来暂时的困难，但从根本上说，有利于经济发展和社会全面进步，符合工人阶级的长远利益。同时，还必须充分认识到，妥善解决国有企业下岗职工基本生活保障和再就业问题，不仅是一个重大的经济问题，也是重大的政治问题；不仅是现实的紧迫问题，也是关系长远的战略问题。做好这项工作，既是社会主义制度的本质要求，也是党和政府应尽的责任。它关系着国有企业改革的成败，关系着社会稳定和社会主义政权的巩固。因此，必须从改革、发展、稳定的全局着眼，增强紧迫感和责任感，采取一切必要的措施，切实把这件事情办好，为实现党的十五大提出的跨世纪宏伟蓝图创造良好的社会环境。

二、明确目标任务，加强宏观调控

根据国有企业改革的总体部署并考虑到社

会各方面的承受能力，中央要求，当前和今后一个时期，主要解决国有企业下岗职工基本生活保障和再就业问题，把保障他们的基本生活作为首要任务，并力争每年实现再就业的人数大于当年新增下岗职工人数，1998年使已下岗职工和当年新增下岗职工的50%以上实现再就业。争取用5年左右的时间，初步建立起适应社会主义市场经济体制要求的社会保障体系和就业机制。

各地区、各有关部门（行业）要坚持认真负责、尽力而为、突出重点、加强调控的指导思想，围绕落实上述目标任务，制定切实可行的工作计划，明确具体目标和要求，使这项工作有组织、有计划地进行。同时，要坚持减员增效与促进再就业相结合、职工下岗与社会承受能力相适应的原则，把握好企业兼并破产、减员增效、下岗分流的节奏，加强宏观调控。要规范职工下岗程序，建立职工下岗申报备案制度。企业要充分考虑国家利益和社会责任，对本企业的职工负责到底。企业拟定职工下岗方案，应同时提出下岗职工基本生活保障和再就业的措施，在充分听取职代会意见后组织实施。为保障职工家庭的基本生活，夫妻在同一企业的，不要安排双方同时下岗；不在同一企业的，如果一方已下岗，另一方所在企业不要安排其下岗。要尽量避免全国及省（部）级劳动模范、烈军属、残疾人下岗。要普遍实行劳动预备制度，对城镇未能继续升学的初、高中毕业生，进行1～3年的职业技术培训。要继续鼓励和引导农村剩余劳动力就地就近转移，合理调控进城务工的规模。

三、普遍建立再就业服务中心，保障国有企业下岗职工基本生活

建立再就业服务中心是保障国有企业下岗职工基本生活和促进再就业的有效措施，是当前一项具有中国特色的社会保障制度。各地要自下而上地建立再就业服务中心组织体系。凡是有下岗职工的国有企业，都要建立再就业服务中心或类似机构，下岗职工不多的企业也可由有关科室代管。再就业服务中心（包括类似机构或代管科室）负责为本企业下岗职工发放基本生活费和代下岗职工缴纳养老、医疗、失业等社会保险费用，组织下岗职工参加职业指导和再就业培训，引导和帮助他们实现再就业。为加强再就业服务中心的组织、管理力量，可从行政机关抽调得力人员到中心工作。

进入再就业服务中心的对象，主要是实行劳动合同制以前参加工作的国有企业的正式职工（不含从农村招收的临时合同工），因企业生产经营等原因而下岗，但尚未与企业解除劳动关系、没有在社会上找到其他工作的人员。对于实行劳动合同制以后参加工作且合同期满的人员，可按照《中华人民共和国劳动法》和国务院有关规定终止劳动关系；合同期未满而下岗的，也要安排进入再就业服务中心。下岗职工在再就业服务中心的期限一般不超过3年；3年期满仍未再就业的，应与企业解除劳动关系，按规定享受失业救济或社会救济。下岗职工在再就业服务中心期间的基本生活费，原则上可按略高于失业救济的标准安排并按适当比例逐年递减，但最低不得低于失业救济水平，具体标准由各地根据实际情况确定。

再就业服务中心用于保障下岗职工基本生活和缴纳社会保险费用的资金来源，原则上采取“三三制”的办法解决，即财政预算安排1/3、企业负担1/3、社会筹集（包括从失业保险基金中调剂）1/3，具体比例各地可根据情况确定。财政承担的部分，中央企业由中央财政解决，地方企业由地方财政解决。对于困难较多的中西部地区和老工业基地，中央财政给予一定的支持。国有独资盈利企业和国有参股、控股企业保障下岗职工基本生活的资金，原则上都由本企业负担。财政承担和社会筹集的资金，由财政部门按专项资金管理。资金的安排，由再就业工作主管部门商财政部门研究提出意见，然后由财政部门统一拨付。保障下岗职工基本生活的资金，一定要加强管理和监督，保证专款专用，不得挪用于其他任何方面开支。再就业

服务中心的管理费用和工作人员的工资、福利等，不得在保障下岗职工基本生活的资金中列支。

国务院确定的111个企业“优化资本结构”试点城市，以及兵器工业总公司、航天工业总公司列入《全国企业兼并破产和职工再就业工作计划》的企业和纺织行业下岗职工分流安置和再就业工作，仍按国务院的有关规定执行。

四、加大政策扶持力度，拓宽分流安置和再就业渠道

我国人口众多，做好就业工作是一项长期任务。解决这一问题的根本途径，是保持国民经济持续快速健康发展，不断开拓新的就业领域。各地区和有关部门要抓住调整和优化经济结构的机遇，积极培育经济增长点，继续加强基础产业和基础设施建设，因地制宜地发展劳动密集型产业，以利于扩大就业。要把发展第三产业，特别是商业、饮食业、旅游业、家庭和社区居民服务业等，作为下岗职工再就业的主要方向。对下岗职工从事社区居民服务业的，要简化工商登记手续，3年内可免征营业税、个人所得税以及行政性收费。要把发展中小型企业、劳动就业服务企业作为促进再就业的重要途径。各国有商业银行应设立小型企业信贷部，为其发展提供必要的贷款支持。要大力发展集体和个体、私营经济，鼓励下岗职工自谋职业或组织起来就业。对下岗职工申请从事个体工商经营、家庭手工业或开办私营企业的，工商、城建等部门要及时办理有关手续，开业一年内减免工商管理等行政性收费；对符合产业政策、产品适销对路的，金融机构应给予贷款。要鼓励企业主动吸收安置下岗职工，对企业利用现有场地、设施和技术发展多种经营，多渠道分流本企业富余人员和安置下岗职工的，要给予必要的政策扶持。具体政策措施，由各省、自治区、直辖市人民政府研究制定。

有条件的地区，还应安排专项资金，组织下岗职工参加市政与道路建设、环境保护、植树种草等公共工程，为下岗职工提供更多的就业机会。一些边远地区和矿区，可采取相应政策，鼓励下岗职工开发荒山、荒地、荒滩，从事农、林、牧、渔业生产。

五、加快社会保障制度改革，完善社会保障体系

要与建立社会主义市场经济体制和现代企业制度的要求相适应，在所有企业（包括个体、私营等非国有企业）以及外商投资企业的中方职工中推行和深化养老、医疗、失业等社会保险制度及住房制度的改革，建立健全社会保障体系，为劳动力资源的合理配置和正常流动创造条件。

对于下岗职工无论以何种方式实现再就业或不再就业，过去的连续工龄和养老保险缴费年限与以后的缴费年限合并计算，达到法定退休年龄时，按规定享受相应的养老保险待遇。下岗职工分流安置和再就业后，在原企业的住房，已按房改政策购买的，应根据有关规定明确个人和原企业的产权关系；未购买的，可以继续租用，租金标准按当地政府规定执行。对生活特别困难的下岗职工子女就学，应减免学杂费。要加快建立城市居民最低生活保障制度，使下岗职工家庭的基本生活得到保证。同时，要使社会保险制度、下岗职工基本生活保障制度和城市居民最低生活保障制度相互衔接、相互补充，不断完善社会保障体系。

为了完善失业保险机制，提高失业保险基金的支付能力，从1998年开始将失业保险基金的缴费比例由企业工资总额的1%提高到3%，由企业单方负担改为企业和职工个人共同负担，其中个人缴纳1%，企业缴纳2%。

在做好国有企业下岗职工基本生活保障工作的同时，要继续深化企业职工养老保险制度改革，加快立法步伐。要确保离退休人员的基本生活，保证按时足额发放养老金，不得发生新的拖欠，对过去拖欠的应逐步予以补发。要

扩大养老保险覆盖面，加强养老保险基金的收缴工作，努力提高收缴率。1998年，要在全国实现基本养老保险省级统筹，建立养老保险基金调剂机制，省、自治区、直辖市社会保险经办机构实行系统管理；中央有关部门（单位）实行养老保险行业统筹的企业改为参加地方统筹，具体实施办法请有关部门抓紧研究制定。要尽快完善养老保险基金收支两条线的管理办法，形成财政、银行、社会保险机构相互监督的机制。要将养老保险基金差额缴拨改为全额缴拨，推进社会化管理进程。要严格控制企业职工提前退休。除国务院规定的111个企业"优化资本结构"试点城市的破产工业企业和3年内有压锭任务的国有纺织企业的细纱和织布工种中符合条件的职工，可提前退休外，各地区、各部门不得自行扩大提前退休的范围。

六、加强劳动力市场建设，强化再就业培训

要建立和完善市场就业机制，实行在国家政策指导下，劳动者自主择业、市场调节就业和政府促进就业的方针。要按照科学化、规范化、现代化的要求，大力加强劳动力市场建设。各地区特别是各大中城市要充分利用电视、广播等现代化信息网络，提供求职、招聘、职业指导等方面的信息和咨询服务。公共职业介绍机构要开设专门服务窗口，加强对下岗职工的职业指导，并实行免费服务。要进一步加强街道就业服务工作，对再就业难度较大的下岗职工要逐一列出名单，由专人负责帮助他们实现再就业。对用人单位要实行空岗报告、招聘广告审查等制度，鼓励用人单位优先招用下岗职工，特别是下岗女工。要认真贯彻执行《中华人民共和国劳动法》及其他有关规定，不得歧视下岗职工，切实保护他们的合法权益。要加强劳动力市场的管理、监督和检查，防止乱收费等不正之风，坚决取缔非法劳务中介，严厉打击欺诈行为，维护劳动力市场秩序。

要动员社会各方面的力量，大力开展再就业培训。实行在政府指导和扶持下，个人自学、企业组织和社会帮助相结合的办法，根据下岗职工特点和社会需要，突出培训的实用性和有效性，提高下岗职工的再就业能力。对为下岗职工提供再就业培训的，可给予一定的补贴。劳动力市场建设和促进再就业的经费，由财政部门核拨。

七、切实加强思想政治工作，搞好宣传教育

要充分发挥我们党的思想政治工作优势，发扬党同人民群众同呼吸、共命运、心连心的优良传统，切实加强下岗职工的思想政治工作。各级领导机关和领导干部要不断改进工作作风和工作方法，坚决制止和克服官僚主义倾向。要深入企业、深入下岗职工家庭，及时了解和掌握下岗职工的生活状况，体察他们的疾苦，听取他们的呼声，主动为他们排忧解难，决不允许采取不闻不问、麻木不仁的态度。企业经营者在抓好企业生产经营、千方百计使企业摆脱困境的同时，要积极组织下岗职工开展生产自救，努力帮助他们解决生活中的困难和问题，做好经常性的思想工作，坚持与职工群众同甘共苦、不搞特殊化。要动员全社会都来关心、支持下岗职工基本生活保障和再就业工作，多为他们办好事、献爱心、送温暖，形成良好的社会氛围。要大力宣传党和政府的有关方针政策，教育下岗职工及广大人民群众理解和体谅国家困难，积极支持企业改革，自觉维护社会稳定。要注重树立并大力宣扬下岗职工自强不息、积极创业的先进典型，引导下岗职工摒弃"等、靠、要"的思想，帮助他们树立正确的择业观，使他们认识到在国家政策、法律允许的范围之内，做任何工作都没有高低贵贱之分，不论从事什么职业都是光荣的，从而去主动适应社会主义市场经济的要求。

八、切实加强领导，确保国有企业下岗职工基本生活保障和再就业工作顺利进行

各级党委、政府和有关部门必须把国有企业下岗职工基本生活保障和再就业工作列入重要议事日程，实行党政“一把手”负责制，并纳入政绩考核的重要内容。要结合本地区、本部门（行业）实际，抓紧研究制定贯彻本通知的具体办法，确保本通知精神落到实处。要充分发挥各民主党派、工商联和工会、共青团、妇联等群众团体的作用，群策群力，共同做好这方面的工作。要认真总结和推广好的经验与做法，及时研究解决工作中遇到的新情况、新问题，不断把这项工作引向深入。为有利于这项工作的开展，中央确定，由国务院国有企业改革工作联席会议负责指导和组织协调，具体工作由劳动和社会保障部、国家经济贸易委员会组织实施。各地区也可采取相应的组织形式，以确保国有企业下岗职工基本生活保障和再就业工作的顺利进行。

城镇集体企业下岗职工基本生活保障和再就业工作，由各省、自治区、直辖市党委和人民政府根据本地区的实际情况研究制定具体办法。

（1998 年 6 月 9 日）

国务院关于实行企业职工基本养老保险省级统筹和行业统筹移交地方管理有关问题的通知

国发〔1998〕28号

各省、自治区、直辖市人民政府，国务院各部委、各直属机构：

为了深化企业职工养老保险制度改革，加强基本养老保险基金管理和调剂力度，确保企业离退休人员基本养老金的按时足额发放，国务院决定，加快实行企业职工基本养老保险省级统筹，并将铁道部、交通部、信息产业部（原邮电部部分）、水利部、民航总局、煤炭局（原煤炭部）、有色金属局（原中国有色金属工业总公司）、国家电力公司（原电力部）、中国石油天然气集团公司和中国石油化工集团公司（原石油天然气总公司部分）、银行系统（工商银行、农业银行、中国银行、建设银行、交通银行、中保集团）、中国建筑工程总公司组织的基本养老保险行业统筹移交地方管理。现就有关问题通知如下：

一、加快实行企业职工基本养老保险省级统筹

（一）1998年底以前，各省、自治区、直辖市（以下简称省、区、市）要实行企业职工基本养老保险省级统筹（以下简称省级统筹），建立基本养老保险基金省级调剂机制，调剂金的比例以保证省、区、市范围内企业离退休人员基本养老金的按时足额发放为原则。到2000年，在省、区、市范围内，要基本实现统一企业缴纳基本养老保险费比例，统一管理和调度使用基本养老保险基金，对社会保险经办机构实行省级垂直管理。

（二）省级统筹的范围包括，省、区、市（含计划单列市、副省级省会城市、经济特区、开发区等）内的国有企业、集体企业、外商投资企业、私营企业等城镇各类企业及其职工。城镇个体经济组织及其从业人员也应参加基本养老保险并纳入省级统筹。

（三）从1998年9月1日起，目前实行基本养老保险基金差额缴拨的地区，要改变基金结算方式，对企业和职工个人全额征收基本养老保险费，对企业离退休人员全额支付基本养老金。各省、区、市要积极创造条件，加快实现企业离退休人员基本养老金的社会化发放，推进社会化管理进程。

二、按期完成基本养老保险行业统筹移交地方管理

（四）在1998年8月31日以前，实行基本养老保险行业统筹（以下简称行业统筹）企业的基本养老保险工作，按照先移交后调整的原则，全部移交省、区、市管理。从1998年9月1日起，由省、区、市社会保险经办机构负责收

缴行业统筹企业基本养老保险费和发放离退休人员基本养老金。跨省、区、市的，按单位或其分支机构的注册登记地进行属地划分，其基本养老保险工作分别移交所在省、区、市社会保险经办机构管理。行业统筹在各省、区、市的省级社会保险经办机构暂予保留，待地方政府机构改革时再统筹研究。

（五）行业统筹移交地方管理后，1998年内，企业和职工个人缴纳基本养老保险费的比例保持不变。从1999年起，调整企业缴纳基本养老保险费的比例，起步时不低于企业工资总额的13%，以后逐步过渡到与地方企业相同的比例。根据行业的具体情况，煤炭、银行、民航企业的过渡期为5年，其他行业企业的过渡期原则上为3年。从1999年1月1日起，职工个人缴纳基本养老保险费的比例按省、区、市确定的统一比例执行，一次到位。

从1998年1月1日起，统一按本人缴费工资11%的数额调整或建立职工基本养老保险个人账户，移交前后的个人账户储存额合并计算。

（六）行业统筹移交地方管理后，原行业统筹企业已离退休人员的基本养老保险原待遇原则上维持不变，其中经原劳动部、财政部批准的统筹项目内的部分由省级统筹的基本养老保险基金支付，未列入统筹项目的部分由企业支付。行业统筹移交地方管理以后退休的人员，基本养老保险待遇按照省、区、市的办法执行，对于按原行业统筹计发办法计算高于按地方计发办法计算的部分，可由各省、区、市采用加发补贴的办法解决，所需费用从省级统筹的基本养老保险基金中支付，补贴的标准逐年调整，5年后执行省、区、市的计发办法。

（七）行业统筹积累的基本养老保险基金，全部移交给省、区、市社会保险经办机构管理，其中存在省、区、市以下社会保险经办机构的，随同行业统筹移交地方管理一并移交给地方；存在中央部门的，主要用于解决移交过程中的地区不平衡问题。具体移交办法由劳动保障部、财政部统一研究制定并尽快下发。

行业统筹企业建立的补充养老保险，要逐步加以规范，由劳动保障部审查同意的机构经办。补充养老保险积累的基金不移交地方。

（八）加快行业统筹移交地方管理，是实行省级统筹的重要保证。行业统筹移交地方管理的工作由劳动保障部会同财政部组织实施。行业统筹移交地方管理后，企业缴纳基本养老保险费的比例调整和对退休人员的补贴办法等，各省、区、市要报劳动保障部，劳动保障部商财政部同意后，由省、区、市人民政府批准实施。

三、加强领导，严肃纪律，确保按时足额发放企业离退休人员基本养老金

（九）各省、区、市人民政府、各有关部门和单位要统一认识，加强领导，积极稳妥地推进省级统筹和行业统筹移交地方管理的工作，要按照本通知规定的程序和进度，抓紧进行，认真落实。要严肃纪律，不能搞提前退休，不得擅自提高待遇，不准借交接之机挪用基本养老保险基金，对被挤占挪用的基本养老保险基金，要从严从快清查收回。各省、区、市人民政府要采取切实有效措施，按期建立省级统筹，保证基本养老保险基金在省、区、市范围内调剂使用，确保按时足额发放企业离退休人员的基本养老金，不得再发生新的拖欠，对以前拖欠的要逐步予以补发。对发放企业离退休人员基本养老金确有困难的地区，1998年中央财政给予适当支持。

（十）实行省级统筹和行业统筹移交地方管理，时间紧、任务重、政策性强，涉及各方面利益的调整和社会的稳定，各省、区、市人民政府、各有关部门和单位要高度重视，精心组织实施。劳动保障部、财政部要加强指导，保证省级统筹和行业统筹移交地方管理工作的顺利完成。

（1998年8月6日）

国务院关于建立城镇职工基本医疗保险制度的决定

国发〔1998〕44号

各省、自治区、直辖市人民政府，国务院各部委、各直属机构：

加快医疗保险制度改革，保障职工基本医疗，是建立社会主义市场经济体制的客观要求和重要保障。在认真总结近年来各地医疗保险制度改革试点经验的基础上，国务院决定，在全国范围内进行城镇职工医疗保险制度改革。

一、改革的任务和原则

医疗保险制度改革的主要任务是建立城镇职工基本医疗保险制度，即适应社会主义市场经济体制，根据财政、企业和个人的承受能力，建立保障职工基本医疗需求的社会医疗保险制度。

建立城镇职工基本医疗保险制度的原则是：基本医疗保险的水平要与社会主义初级阶段生产力发展水平相适应；城镇所有用人单位及其职工都要参加基本医疗保险，实行属地管理；基本医疗保险费由用人单位和职工双方共同负担；基本医疗保险基金实行社会统筹和个人账户相结合。

二、覆盖范围和缴费办法

城镇所有用人单位，包括企业（国有企业、集体企业、外商投资企业、私营企业等）、机关、事业单位、社会团体、民办非企业单位及其职工，都要参加基本医疗保险。乡镇企业及其职工、城镇个体经济组织业主及其从业人员是否参加基本医疗保险，由各省、自治区、直辖市人民政府决定。

基本医疗保险原则上以地级以上行政区（包括地、市、州、盟）为统筹单位，也可以县（市）为统筹单位，北京、天津、上海3个直辖市原则上在全市范围内实行统筹（以下简称统筹地区）。所有用人单位及其职工都要按照属地管理原则参加所在统筹地区的基本医疗保险，执行统一政策，实行基本医疗保险基金的统一筹集、使用和管理。铁路、电力、远洋运输等跨地区、生产流动性较大的企业及其职工，可以相对集中的方式异地参加统筹地区的基本医疗保险。

基本医疗保险费由用人单位和职工共同缴纳。用人单位缴费率应控制在职工工资总额的6%左右，职工缴费率一般为本人工资收入的2%。随着经济发展，用人单位和职工缴费率可作相应调整。

三、建立基本医疗保险统筹基金和个人账户

要建立基本医疗保险统筹基金和个人账户。基本医疗保险基金由统筹基金和个人账户构成。职工个人缴纳的基本医疗保险费，全部计入个人账户。用人单位缴纳的基本医疗保险

费分为两部分，一部分用于建立统筹基金，一部分划入个人账户。划入个人账户的比例一般为用人单位缴费的30%左右，具体比例由统筹地区根据个人账户的支付范围和职工年龄等因素确定。

统筹基金和个人账户要划定各自的支付范围，分别核算，不得互相挤占。要确定统筹基金的起付标准和最高支付限额，起付标准原则上控制在当地职工年平均工资的10%左右，最高支付限额原则上控制在当地职工年平均工资的4倍左右。起付标准以下的医疗费用，从个人账户中支付或由个人自付。起付标准以上、最高支付限额以下的医疗费用，主要从统筹基金中支付，个人也要负担一定比例。超过最高支付限额的医疗费用，可以通过商业医疗保险等途径解决。统筹基金的具体起付标准、最高支付限额以及在起付标准以上和最高支付限额以下医疗费用的个人负担比例，由统筹地区根据以收定支、收支平衡的原则确定。

四、健全基本医疗保险基金的管理和监督机制

基本医疗保险基金纳入财政专户管理、专款专用，不得挤占挪用。

社会保险经办机构负责基本医疗保险基金的筹集、管理和支付，并要建立健全预决算制度、财务会计制度和内部审计制度。社会保险经办机构的事业经费不得从基金中提取，由各级财政预算解决。

基本医疗保险基金的银行计息办法：当年筹集的部分，按活期存款利率计息；上年结转的基金本息，按3个月期整存整取银行存款利率计息；存入社会保障财政专户的沉淀资金，比照3年期零存整取储蓄存款利率计算，并不低于该档次利率水平。个人账户的本金和利息归个人所有，可以结转使用和继承。

各级劳动保障和财政部门，要加强对基本医疗保险基金的监督管理。审计部门要定期对社会保险经办机构的基金收支情况和管理情况进行审计。统筹地区应设立由政府有关部门代表、用人单位代表、医疗机构代表、工会代表和有关专家参加的医疗保险基金监督组织，加强对基本医疗保险基金的社会监督。

五、加强医疗服务管理

要确定基本医疗保险的服务范围和标准。劳动保障部会同卫生部、财政部等有关部门制定基本医疗服务的范围、标准和医药费用结算办法，制定国家基本医疗保险药品目录、诊疗项目、医疗服务设施标准及相应的管理办法。各省、自治区、直辖市劳动保障行政管理部门根据国家规定，会同有关部门制定本地区相应的实施标准和办法。

基本医疗保险实行定点医疗机构（包括中医医院）和定点药店管理。劳动保障部会同卫生部、财政部等有关部门制定定点医疗机构和定点药店的资格审定办法。社会保险经办机构要根据中西医并举，基层、专科和综合医疗机构兼顾，方便职工就医的原则，负责确定定点医疗机构和定点药店，并同定点医疗机构和定点药店签订合同，明确各自的责任、权利和义务。在确定定点医疗机构和定点药店时，要引进竞争机制，职工可选择若干定点医疗机构就医、购药，也可持处方在若干定点药店购药。国家药品监督管理局会同有关部门制定定点药店购药药事事故处理办法。

各地要认真贯彻《中共中央、国务院关于卫生改革与发展的决定》(中发〔1997〕3号)精神，积极推进医药卫生体制改革，以较少的经费投入，使人民群众得到良好的医疗服务，促进医药卫生事业的健康发展。要建立医药分开核算、分别管理的制度，形成医疗服务和药品流通的竞争机制，合理控制医药费用水平；要加强医疗机构和药店的内部管理，规范医药服务行为，减员增效，降低医药成本；要理顺医疗服务价格，在实行医药分开核算、分别管理，降低药品收入占医疗总收入比重的基础上，合理提高医疗技术劳务价格；要加强业务技术培训和职业道德教育，提高医药服务人员的素质

和服务质量；要合理调整医疗机构布局，优化医疗卫生资源配置，积极发展社区卫生服务，将社区卫生服务中的基本医疗服务项目纳入基本医疗保险范围。卫生部会同有关部门制定医疗机构改革方案和发展社区卫生服务的有关政策。国家经贸委等部门要认真配合做好药品流通体制改革工作。

六、妥善解决有关人员的医疗待遇

离休人员、老红军的医疗待遇不变，医疗费用按原资金渠道解决，支付确有困难的，由同级人民政府帮助解决。离休人员、老红军的医疗管理办法由省、自治区、直辖市人民政府制定。

二等乙级以上革命伤残军人的医疗待遇不变，医疗费用按原资金渠道解决，由社会保险经办机构单独列账管理。医疗费支付不足部分，由当地人民政府帮助解决。

退休人员参加基本医疗保险，个人不缴纳基本医疗保险费。对退休人员个人账户的计人金额和个人负担医疗费的比例给予适当照顾。

国家公务员在参加基本医疗保险的基础上，享受医疗补助政策。具体办法另行制定。

为了不降低一些特定行业职工现有的医疗消费水平，在参加基本医疗保险的基础上，作为过渡措施，允许建立企业补充医疗保险。企业补充医疗保险费在工资总额4%以内的部分，从职工福利费中列支，福利费不足列支的部分，经同级财政部门核准后列入成本。

国有企业下岗职工的基本医疗保险费，包括单位缴费和个人缴费，均由再就业服务中心按照当地上年度职工平均工资的60%为基数缴纳。

七、加强组织领导

医疗保险制度改革政策性强，涉及广大职工的切身利益，关系到国民经济发展和社会稳定。各级人民政府要切实加强领导，统一思想，提高认识，做好宣传工作和政治思想工作，使广大职工和社会各方面都积极支持和参与这项改革。各地要按照建立城镇职工基本医疗保险制度的任务、原则和要求，结合本地实际，精心组织实施，保证新旧制度的平稳过渡。

建立城镇职工基本医疗保险制度工作从1999年初开始启动，1999年底基本完成。各省、自治区、直辖市人民政府要按照本决定的要求，制定医疗保险制度改革的总体规划，报劳动保障部备案。统筹地区要根据规划要求，制定基本医疗保险实施方案，报省、自治区、直辖市人民政府审批后执行。

劳动保障部要加强对建立城镇职工基本医疗保险制度工作的指导和检查，及时研究解决工作中出现的问题。财政、卫生、药品监督管理等有关部门要积极参与，密切配合，共同努力，确保城镇职工基本医疗保险制度改革工作的顺利进行。

（1998年12月14日）

国务院办公厅关于印发劳动和社会保障部职能配置内设机构和人员编制规定的通知

国办发〔1998〕50号

各省、自治区、直辖市人民政府，国务院各部委、各直属机构：

《劳动和社会保障部职能配置、内设机构和人员编制规定》经国务院批准，现予印发。

（1998年6月17日）

劳动和社会保障部职能配置、内设机构和人员编制规定

根据第九届全国人民代表大会第一次会议批准的国务院机构改革方案和《国务院关于机构设置的通知》（国发〔1998〕5号），组建劳动和社会保障部。劳动和社会保障部是主管劳动和社会保障行政事务的国务院组成部门。

一、职能调整

（一）划入的职能

人事部承担的机关、事业单位工作人员社会保险和组织工人技术等级考核职能，民政部承担的农村社会保险职能，卫生部承担的公费医疗管理、原国务院医疗保险制度改革领导小组办公室承担的医疗保险制度改革职能，均由劳动和社会保障部承担。

（二）划出的职能

1. 原劳动部承担的安全生产综合管理、职业安全监察、矿山安全监察职能，交由国家经济贸易委员会承担。

2. 原劳动部承担的职业卫生监察（包括矿山卫生监察）职能，交由卫生部承担。

3. 原劳动部承担的锅炉压力容器监察职能，交由国家质量技术监督局承担。

（三）下放的职能

国务院原批准实行养老保险系统统筹的11个部门和单位（铁道、交通、邮电、煤炭、银行、民航、石油、有色金属、水利、建筑工程、电力）对其所属企业的养老保险管理职能，由劳动和社会保障部统一组织交由省、自治区、直

辖市人民政府承担，劳动和社会保障部实行综合规划和指导。

（四）转变的职能

1. 不再对企业招用职工进行审批，改为依照劳动力市场管理法规和劳动合同制度进行管理。

2. 不再审核中央新建国有企业定员标准，改为重点调控这些企业的工资总额及工资水平。

3. 不再制定企业职工奖惩方面的行政规章，改为制定适用于各类企业的惩处职工的基本准则，作为企业制定内部规章制度以及处理劳动关系的依据。

4. 不再承担协调企业、事业单位和国家机关的工资政策的职能。

5. 职业分类、职业技能鉴定、职业技能竞赛的组织实施，职业技能标准的拟定和职业技能培训教材的组织编写工作，交由事业单位或社会中介组织承担。

6. 劳动定员定额标准的拟定工作由社会中介组织承担。

二、主要职责

根据上述职能调整，劳动和社会保障部的主要职责是：

（一）拟定劳动和社会保险工作基本方针、政策及劳动和社会保险制度改革总体方案，编制劳动和社会保险事业发展规划和年度工作计划并组织实施。

（二）起草劳动和社会保险法律法规，制定行政规章和基本标准并组织实施和监督检查；制定劳动和社会保险政策服务咨询机构的管理规则；代表国家行使劳动和社会保险的监督检查职权，制定劳动和社会保险的监督检查规范，监督地方劳动和社会保险监督检查机构的工作。

（三）拟定促进城乡就业的基本政策和措施；规划劳动力市场的发展，组织建立、健全就业服务体系；拟定企业下岗职工的分流安置、基本生活保障和再就业的规划、政策，组织实施再就业工程；制定职业介绍机构的管理规则；制定农村剩余劳动力开发就业、农村劳动力跨地区有序流动的政策和措施并组织实施；按分工制定中国公民出境就业和境外公民入境就业的管理政策；制定有关机构经办向外国企业驻华代表机构选派中方雇员业务的管理办法；制定外国在华机构从事劳动力招聘中介、咨询和培训业务的资格管理办法。

（四）组织拟定职业分类、职业技能国家标准，组织制定和颁布相关的行业标准；建立职业资格证书制度，制定职业技能鉴定政策；在国家教育工作方针、政策的指导下，制定技工学校的发展规划和管理规则；制定企业在职职工技能培训和失业人员、企业下岗职工再就业培训以及就业训练中心、社会力量举办的职业培训机构的规划及政策；制定职业技能人才培养、表彰、奖励和职业技能竞赛的规则、政策和措施；制定劳动预备制度实施办法；指导技工学校和职业培训机构的师资队伍建设，制定技工学校和职业技能培训的教材建设规划和评估认定制度。

（五）制定劳动关系调整的基本规则；制定劳动合同、集体合同制度的实施规范，制定劳动争议处理制度和劳动仲裁的规范、规则；审核并发布企业劳动定员定额标准；拟定企业职工工作时间、休息休假制度和女工、未成年工特殊劳动保护政策；负责政策性安置和调配工作，参与评定国家级企业劳动模范。

（六）拟定企业职工工资的宏观政策和措施；拟定企业工资指导线的有关政策；拟定行业工资收入调节政策和国有企业经营者收入分配政策；审核中央直属企业的工资总额和主要负责人的工资标准。

（七）拟定养老、失业、医疗、工伤、生育社会保险的基本政策和基本标准并组织实施和监督检查。

（八）制定社会保险基金收缴、支付、管理、运营的政策；对社会保险基金预决算提出审核意见；对社会保险基金管理实施行政监督；制定社会保险经办机构的管理规则和基金运营机构的资格认定标准；制定社会保险服务体系建设规划并组织实施。

（九）制定机关、事业、企业单位补充养老保险、补充医疗保险的政策和补充保险承办机构资格认定标准；审查认定有关机构承办补充保险业务的资格。

（十）承担全国劳动和社会保险的统计和信息工作，组织建设全国劳动和社会保险信息网络，定期发布劳动和社会保险事业统计公报、信息资料及发展预测报告。

（十一）组织劳动和社会保险领域的科学技术研究及成果推广应用、产业发展工作；负责劳动和社会保险领域标准化工作。

（十二）负责劳动和社会保险领域的国际交流与合作，代表政府参加国际劳工组织和其他有关国际组织的活动和工作；管理劳动和社会保险领域的政府、民间及国际经援机构的多边、双边国际交流与合作项目；管理劳动和社会保险领域的涉外业务技术合作和人才交流，审查和处理国际劳工公约、建议书。

（十三）承办国务院交办的其他事项。

三、内设机构

根据以上职责，劳动和社会保障部设12个职能司（厅）：

（一）办公厅

承办部领导政务活动事宜；承担综合性政策调研和协调工作；负责部机关的综合协调和政务运转工作，拟定工作制度、工作计划并负责监督检查；负责领导指示和会议决定事项的督办工作；负责会议组织、公文审核、文电处理、机要档案、秘书事务、信访及接待联络工作；负责部新闻宣传和期刊管理工作，汇集和提供劳动和社会保险政务信息；负责部机关的财务、保卫和本部的保密工作。

（二）法制司

拟定劳动和社会保险立法规划，起草、修订、清理劳动和社会保险法律法规草案和行政规章。监督检查劳动和社会保险法律法规的执行情况，依法行使国家劳动监督检查权，制定劳动监督检查工作规范，指导和监督地方劳动和社会保险监督检查机构的工作；承办部机关法律事务，处理劳动和社会保险行政复议和行政诉讼案件；制定劳动和社会保险政策服务咨询机构的管理规则；承办劳动和社会保险涉外法律事务；负责普法工作及劳动和社会保险法律咨询工作。

（三）规划财务司

编制劳动和社会保险事业发展规划；制定信息管理及其网络的规划、规范、标准并组织实施；组织劳动和社会保险领域的科学技术研究及科技成果的推广、应用和产业发展工作；负责劳动和社会保险领域标准化工作；管理中央级劳动和社会保险事业经费和国际援助、贷款项目；承担统计和信息工作，发布统计公报、信息资料及发展预测报告；汇总编制本部管理的各项经费预决算并监督实施；对社会保险基金预决算提出审核意见；管理部属国有资产。

（四）培训就业司

拟定城乡就业和职业技能培训的规划和基本政策，拟定劳动力市场发展规划和管理规则并监督实施；拟定企业下岗职工分流安置、基本生活保障和再就业的规划和政策，组织实施再就业工程；拟定全国就业经费的管理规则和中央级扶持生产资金的使用办法并组织实施；拟定就业服务事业发展规划和促进劳动就业服务企业发展的政策，拟定再就业服务中心和职业介绍机构管理规则并组织实施；拟定全国和区域性劳动力流动、农村剩余劳动力开发就业、农村劳动力跨地区有序流动的政策和措施，拟定农民进城务工的管理政策；按分工拟定境外人员入境就业和中国公民出境就业管理政策；拟定有关机构经办向外国企业驻华代表机构选派中方雇员业务的管理办法和外国在华机构从事劳动力招聘中介、咨询、培训业务的资格管理办法；组织拟定职业分类、职业技能国家标准，组织制定和颁布相关的行业标准；建立职业资格证书制度，拟定职业技能鉴定的政策；拟定劳动预备制度实施办法；拟定职业技能人才培养、表彰、奖励和职业技能竞赛的规则、政策和措施；拟定全国技工学校以及就业训练中心、社会力量举办职业培训机构的发展规划和管理规则；指导技工学校和职业培训机构的师资队伍建设，拟定技工学校和职业技能培训的教材建设规划和评估认定制度；拟定企业在职职工技能培训和失业人员、企业下岗职工再就业培训的规划及政策。

（五）劳动工资司

拟定劳动关系调整的基本规则和劳动合同、集体合同制度的实施规范；建立和完善劳动争议处理制度，拟定劳动仲裁规则；审核并发布企业劳动定员定额标准；负责政策性安置和调配工作，按分工拟定“农转非”政策；参与国家级企业劳动模范的评定工作；拟定企业职工工作时间、休息休假制度和女工、未成年工的特殊劳动保护政策；综合协调外商投资企业的劳动工资政策；拟定企业职工工资的宏观政策、措施，提出调节收入分配的政策建议；拟定企业工资指导线的有关政策；拟定行业工资收入调节政策和国有企业经营者工资收入政策；审核中央直属企业的工资总额和主要负责人的工资标准。

（六）养老保险司

拟定养老保险的基本政策、改革方案和发展规划并组织实施；拟定基本养老保险费率确定办法和基金征缴政策，审核省级基本养老保险费率；拟定基本养老金领取条件和企业职工退休政策；拟定基本养老保险待遇项目和给付标准；拟定基本养老保险费用社会统筹政策、个人账户管理政策并监督实施；拟定基本养老保险基金管理政策、规则；拟定死亡职工遗属待遇和非因工伤残职工待遇政策和给付标准；拟定补充养老保险规则和政策；拟定养老保险社会化管理服务事业发展规划并组织实施。

（七）失业保险司

拟定失业保险基本政策、改革方案和发展规划并组织实施；拟定失业保险费率确定办法、基金征缴政策、待遇项目和给付标准；拟定失业保险金稽核规则并组织实施；拟定失业保险基金管理政策、规则；拟定失业人员疾病、生育、死亡的有关待遇政策；拟定失业保险经办机构建设规划。

（八）医疗保险司

拟定医疗、工伤、生育保险的基本政策、改革方案和发展规划并组织实施；拟定医疗、工伤、生育保险费率确定办法、基金征缴政策、待遇项目和给付标准；拟定医疗、工伤、生育保险费用社会统筹政策、医疗保险个人账户管理政策；拟定工伤保险行业差别费率；拟定医疗、工伤、生育社会保险基金管理政策、规则；组织拟定基本医疗保险、工伤医疗、生育医疗的药品、诊疗和医疗服务设施的范围及支付标准；组织拟定定点医院、药店的管理办法及费用结算办法；组织拟定工伤和职业病伤残等级鉴定标准和劳动能力鉴定办法，拟定劳动鉴定机构管理规则；拟定城镇企业职工疾病、工伤停工治疗和生育期间的待遇政策及标准；拟定补充医疗保险的规则和政策。

（九）农村社会保险司

拟定农村养老保险的基本政策和发展规划并组织实施；拟定农村养老保险费用筹集办法、待遇项目、给付条件和给付标准；拟定农村养老保险基金管理制度和经办机构的管理规则；拟定农村养老保险社会化管理服务的规划和政策并组织实施。

（十）社会保险基金监督司

拟定社会保险经办机构的管理规则；拟定社会保险基金监督制度，建立健全社会保险基金监督网络，组织监督各项社会保险基金的管理情况；拟定社会保险内部审计规则和内部审计人员资格认证制度，颁发社会保险管理系统内部审计检查证；建立并管理社会保险基金监督举报系统，受理投诉举报，查处基金管理的重大违纪案件；制定社会保险基金运营机构的资格标准，认定投资机构运营社会保险基金的资格；拟定补充保险承办机构的资格认定标准，认定有关机构承办补充养老保险、补充医疗保险业务的资格并对其承办的补充保险基金实施监督；负责本部的审计工作。

（十一）国际合作司

负责劳动和社会保险领域的国际交流与合作；组织参加国际劳工组织和其他有关国际组织的活动和工作；管理劳动和社会保险领域政府、民间及国际经援机构的多边、双边国际交流与合作项目以及涉外技术合作和人才交流；负责本部的涉外宣传工作；组织审查和处理国际劳工公约和建议书。

（十二）人事教育司

负责部机关和直属单位的部管干部的考核、任免、调配、奖惩工作；负责部内机构设置、人员编制、劳动工资以及部属单位职称的管理工作；拟定劳动和社会保险系统干部教育的规划、计划并组织实施，负责部机关及直属单位人员的培训工作；负责本部人员出国审查、长期出国培训的管理工作，管理长期出国官员和国际职员；管理挂靠本部的社团组织。

机关党委。负责部机关和在京直属单位的党群工作。

四、人员编制

劳动和社会保障部机关行政编制为245名。其中：部长1名，副部长4名，司局级领导职数38名（含机关党委专职副书记）。

离退休干部工作机构、后勤服务机构及编制，按有关规定另行核定。

国务院办公厅转发劳动保障部等部门关于做好灾区农村劳动力就地安置和组织民工有序流动工作意见的通知

国办发〔1998〕138号

各省、自治区、直辖市人民政府，国务院各部委、各直属机构：

劳动保障部、国家计委、建设部、水利部、农业部《关于做好灾区农村劳动力就地安置和组织民工有序流动工作的意见》已经国务院同意，现转发给你们，请结合本地区、本部门的实际，认真贯彻执行。

党中央、国务院领导全国人民夺取了抗洪斗争的全面胜利。当前和今后一个时期，抗洪救灾工作的重点将转到灾后重建上来。做好灾区农村劳动力就地安置和组织民工有序流动工作，对灾区恢复生产、重建家园具有重要意义。各有关地区和部门特别是灾区各级政府，必须高度重视，统一思想认识，加强组织领导，通力合作，抓好落实，认真做好农村劳动力就地安置工作。同时，要总结近几年工作的经验，做好组织民工有序流动的工作，防止灾区农村劳动力盲目外流，确保社会的稳定和灾后重建工作的顺利进行。

（1998年10月20日）

关于做好灾区农村劳动力就地安置和组织民工有序流动工作的意见

今年我国发生了历史罕见的洪涝灾害，使受灾地区农村经济遭到极大破坏，受灾人口多，灾区农业生产和人民生活面临诸多困难。如果发生受灾群众大规模盲目外流，不仅会影响灾后重建和下岗职工再就业工作，还会给春运带来新的压力。为贯彻落实党中央、国务院对灾区恢复生产、重建家园的部署，确保灾区经济发展和社会稳定，切实做好灾区农村劳动力就地安置和组织民工有序流动工作，现提出以下意见：

一、提高认识，加强领导

做好灾区农村劳动力就地安置和组织民工有序流动工作，对灾区恢复生产、重建家园具有重要意义，事关灾区人民群众的生产和生活。灾区各级政府要把做好这项工作作为一项重要任务，高度重视，列入议事日程，并指定专人负责，层层落实责任制；要牢固树立就地安置为主的指导思想，把农村劳动力的使用和安排列入当地灾后重建和发展经济的总体计划，实行统一规划、统一组织、统一实施，保证灾区生产自救与重建家园、恢复生产工作有计划、有步骤地全面开展。在此前提下，根据城市和经济发达地区的需要，有组织地开展劳务输出，引导灾区农村劳动力有序流动。

二、保障受灾群众基本生活，维护灾区社会稳定

做好灾区农村劳动力就地安置工作，当务之急是切实安排好受灾群众的基本生活，保证受灾群众能够安全过冬，这是防止盲目外流、保障灾后重建的前提。各级政府和有关部门要采取有力措施，保证受灾群众吃穿住医的基本需要。民政部门要把保证受灾群众过冬作为工作重点，做好受灾群众的生活救济工作，落实受灾群众的过冬住房和采暖保障；卫生部门要深入开展卫生防疫工作，帮助受灾群众防病治病，确保大灾之后不出现大疫；公安部门要有重点地做好灾区社会治安工作，严厉打击各类犯罪活动，为灾区群众生产和生活创造良好的社会环境。

三、切实搞好灾区农业生产的恢复工作

灾区各级政府和农业部门应组织农村劳动力尽快抢整水毁农田，抢种补种，恢复种植业、畜牧业和水产业生产，把农业损失减少到最低程度。要组织和鼓励灾区农民搞好秋冬种和冬季农业开发，做好农作物品种布局、耕作制度改革、栽培技术推广等方面的工作。要组织劳动力及时整理土地，抓紧维修受淹农机，并切实帮助灾区农民解决好春播种子、化肥、农药等供应问题，力争全面恢复农业生产。要引导和扶持农村劳动力发展副业生产，利用当地资源，发挥传统生产优势，开展多种经营，广开就业门路，增加经济收入。

四、认真实施受灾地区水利工程建设

灾区各级政府和水利部门应把受灾地区水利工程建设作为灾区农村劳动力就地安置的重要渠道，坚持全面规划、统筹兼顾、标本兼治、综合治理的方针，实行兴利除害结合、开源节流并重、防洪抗旱并举，合理安排劳动力，兴起一个水利建设的高潮。要尽快制定规划，落实项目，加大投入，加快工期，争取在较短的时间内修复水毁设施。灾区水利建设要优先使用灾区农村劳动力，重点安排还林、还湖和还牧地区的农村劳动力。要尽快组织农村劳动力开展疏浚河道、清理河障、加固堤防、封山植树和水土保持等工程项目，并根据工程的要求加强技能培训，保证建设质量。同时，可组织部分劳动力，成立专业性水利建设和维护队伍，承担经常性的水利建设和维护任务。

五、大力推动基础设施建设和发展相关产业

灾区各级政府和建设、铁道、交通、电力、粮食等部门和单位，对灾区需修复和新建的铁路、公路、通信、电力、环保、粮库等基础设施，要早规划、早部署，抓紧项目审批和资金落实，尽快施工，并尽量吸收灾区农村劳动力。灾区周边地区实施的基础设施工程项目，也要尽可能优先安排灾区农村劳动力。劳动保障部门要与建设等部门密切配合，充分发挥灾区已有劳务基地的作用并因地制宜建立新的劳务基地，根据要求开展技能培训。各地也要发展一些与生产自救相关的产业，促进经济发展，扩大就业渠道。

六、做好移民建镇工作，搞好小城镇建设

灾区各级政府要将重建家园与建设小城镇、促进就业紧密结合起来。计划、建设等部门要搞好小城镇规划，优化小城镇经济结构，增

加小城镇就业机会。对受灾地区的群众住房、学校、卫生院以及其他公共设施等，要统筹安排，合理布局，一次规划，分步实施。公安部门要配合移民建镇，制定相应政策，做好移民落户工作。劳动保障部门要结合小城镇的新建和二、三产业的发展，制定与小城镇发展相配套的劳动力资源开发政策，拓宽就业渠道，做好移民就业工作。灾区各级政府和农业部门要结合受灾地区乡镇企业生产的恢复、调整和发展，合理规划乡镇企业的布局，尽可能把受灾地区的乡镇企业集中到小城镇，并制定和实施扶持政策，抓好市场和产品开发，提高企业效益，鼓励企业吸收更多的劳动力。

七、开展有计划、有组织的劳务输出

灾区各级政府和劳动保障部门要在做好就地安置工作的前提下，根据城市和经济发达地区对劳动力的实际需求，制定劳务输出计划，通过建立劳务基地、签订和执行劳务协议、定向输出劳务、相邻省区的周边劳务协作等，有组织地引导农村劳动力有序流动。要充分发挥乡镇劳动服务机构的作用，加强劳务输出的组织管理和服务，并积极做好对盲目外流人员的疏导和劝阻工作。劳动力输入地区要进一步加强对外来劳动力的宏观调控，今年后3个月到明年3月份，用人单位原则上不得再新招收零散的农村劳动力。确实需要招收农村劳动力的，应当经地（市）级以上劳动保障部门批准，通过劳务协作来实现，并优先考虑灾区劳动力。对在城市有工作岗位的灾区民工，要求其返乡探亲后不要携带新的人员外出。对盲目流入城市的人员，要做好劝返工作。要加强劳动力市场管理，严厉查处私招乱雇农村劳动力、侵害劳动者合法权益及其他扰乱劳动力市场的行为。各级劳动保障部门要加强调查研究，及时收集信息，分析和预测灾区劳动力流动情况，做好信息的通报和反馈工作。

八、切实做好春运期间组织民工有序流动工作

为做好春运期间组织民工有序流动工作，劳动力输出和输入地区各级政府要统一认识，通力合作。要运用近几年组织民工有序流动工作积累的经验，继续实施以往春运期间加强组织管理和调控民工流量的有效措施，劳动保障、计划、经贸、公安、民政、铁道、交通、农业等部门要在当地政府的领导下，建立强有力的工作协调机制。公安部门要做好重点地区和路段的安全防范工作，严厉打击车匪路霸，维护社会秩序。铁道和交通部门要加强铁路和交通运输计划管理，搞好运力的组织调度，对劳动力输出和输入的重点地区、客流集中的运输线路，要预留运力，制定多种应急方案；要狠抓各项交通安全措施，严禁扒乘货物列车，确保交通运输工作顺利进行。民政部门要切实做好救灾救济工作和对盲目外出受灾群众的收容遣送工作。各地区、各部门要制定具体工作方案，明确目标和职责，统筹安排，抓好落实，对春运期间劳动力流量大的城市和地区，要实行重点监控，及时采取措施解决出现的问题。

九、抓好以工代赈和相关政策的落实

灾区各级政府要认真落实农业和农村经济政策，促进生产发展，提高农民收入，保障农民合法权益，减轻农民负担。要大力开展以工代赈，把以工代赈同兴修水利、农田整治、交通建设、生态综合治理、草原治理等结合起来，同扩大内需启动农村市场结合起来。计划部门安排以工代赈的资金要重点向灾区倾斜。对超标准使用义务工和积累工，应支付报酬，其水平应不低于当地劳务报酬标准。有关银行和农村信用社，要大力支持灾后农业、养殖业以及乡镇企业恢复和扩大生产，积极发展农村住房信贷，扶持灾民建房。受灾群众的口粮主要通过以工代赈、“借粮还粮”等办法解决。

十、加强宣传教育工作

认真做好宣传教育工作，大力宣传国家关于灾区恢复生产、重建家园和就地安置灾区农村劳动力的政策，使大部分灾区农村劳动力积极投入到灾后重建工作中。要通过加强政策的宣传和教育，使广大灾区农村劳动力不再盲目外流，已盲目外出的人员也能尽早返乡，特别是要激励灾区广大群众，继续发扬抗洪精神，艰苦奋斗、自立更生，全力以赴开展灾后重建工作，争取早日恢复生产，重建家园。

劳动和社会保障部关于做好当前劳动和社会保障工作的通知

劳社部发〔1998〕1号

各省、自治区、直辖市劳动（劳动人事）厅（局），民政、人事、卫生、体改部门社会保障工作机构，上海市、广东省社会保险局，国务院有关部门劳动和社会保障工作机构：

根据九届全国人大一次会议通过的国务院机构改革方案，在原劳动部基础上组建劳动和社会保障部，建立统一的社会保障行政机构，原由劳动部管理的城镇职工社会保险、人事部管理的机关事业单位社会保险、民政部管理的农村社会保险、各行业部门统筹的社会保险，以及卫生部门管理的医疗保险，统一由劳动和社会保障部管理。劳动和社会保障部是国务院综合管理全国劳动和社会保障工作的职能部门，担负着研究制定与组织实施劳动和社会保障工作的总体规划、方针政策和提出法律法规草案以及改革方案的任务。组建劳动和社会保障部，充分体现了党中央、国务院对劳动和社会保障工作的高度重视，符合建立社会主义市场经济体制的要求。劳动和社会保障工作事关改革、发展、稳定的大局，劳动和社会保障工作主管部门任务繁重，责任重大。各级劳动和社会保障工作主管部门要增强使命感、责任感和紧迫感，抓住机遇，开拓进取，争取用3～5年的时间，初步建立起适应社会主义初级阶段生产力发展水平、符合社会主义市场经济体制要求的劳动制度和社会保障制度，使广大城镇劳动者得到比较充分的就业和基本的社会保障，为保证国有企业3年走出困境并初步建立现代企业制度，为促进国民经济持续、快速、健康发展和保持社会的稳定做出贡献。

按照中央的部署，劳动和社会保障部已经开展工作，内设机构的“三定”工作正在抓紧进行。国务院机构改革后，各地也将进行机构改革。为了做好机构改革期间的劳动和社会保障工作，经商民政部、人事部、卫生部和国务院体改办同意，现就有关问题通知如下：

一、确保机构改革期间工作正常运转和联系渠道畅通

各级劳动和社会保障工作主管部门在机构改革期间，要按照现行职责各司其职，恪尽职守，确保队伍不散、秩序不乱、国有资产不流失、工作正常运转。要树立全局观念和协商合作意识，自觉服从和服务于国家经济建设和社会稳定的大局，主动建立良好的协商合作机制。工作中遇到意见不一致的问题时，在与有关部门协商解决或上级协调解决之前，不得自行部署。地方劳动和社会保障工作主管部门对工作中的重大问题，要及时向当地政府请示报告；对带有全局性或普遍性的问题，应及时报告劳动和社会保障部。

二、全力以赴做好下岗职工分流安置和再就业工作

做好下岗职工分流安置和再就业工作，是实现国有企业改革和脱困目标的关键环节，是当前各级党委和政府的一项重要工作，更是劳动和社会保障工作主管部门的头等大事。各级劳动和社会保障工作主管部门要按照党中央、国务院的部署，在当地党委、政府领导下，精心组织，加大力度，切实做好下岗职工分流安置和再就业工作。进一步推动再就业服务中心体系建设，督促资金到位，加强再就业培训，加快推进劳动预备制度。按照党中央、国务院关于应对东南亚金融危机、保持国民经济持续快速健康发展通知的规定，抓紧做好提高失业保险基金收缴比例的工作，增强失业保险基金的支付能力，确保下岗人员的基本生活，确保按时足额缴纳社会保险费用。做好企业职工下岗情况的监测监控和统计分析，同时加大政策和资金扶持力度，促进下岗职工通过多种形式尽快实现再就业。

三、千方百计保证离退休人员的基本生活

目前，部分地区和行业拖欠离退休人员养老金的问题比较突出，党中央、国务院对此十分关注。各级劳动和社会保障工作主管部门要按照《国务院关于建立统一的企业职工基本养老保险制度的决定》(国发〔1997〕26号)的要求，加快制度并轨，积极扩大覆盖面，提高统筹层次。对目前拖欠养老金的问题，有关地区和行业主管部门要根据实际情况，尽快提出切实可行的解决办法，经当地政府或报劳动和社会保障部批准后组织实施，确保离退休人员养老金的及时发放，维护社会稳定。

四、加快推进医疗保险制度改革

国务院即将召开全国职工医疗保险制度改革工作会议，部署医疗保险制度改革工作。各地区在会前主要应抓紧做好调研、测算等基础性工作，为贯彻落实会议精神做好准备。已经开展医疗保险制度改革试点的城市，要注意总结经验，完善办法。各级医疗保险管理机构要主动与有关部门加强联系，相互支持，做好医疗保险的管理和服务工作，切实保证广大职工和离退休人员正常就医。

五、切实加强各项社会保险基金的征缴和监管

进一步加强各项社会保险基金征缴工作，提高收缴率，确保正常发放。完善专户管理制度，加强管理和监督，严肃财经纪律，防止基金流失。要采取有效措施，严防机构改革期间挤占挪用各项社会保险基金等问题的发生，对顶风违纪的，一经查出，要严肃处理。各地区和有关部门对已被挤占挪用的社会保险基金，要抓紧清理，尽快追回。对农村社会养老保险基金，要严格控制调剂金的使用和基金列支，确保基金安全。

六、抓紧做好社会保险统一管理的各项准备工作

各级劳动和社会保障工作主管部门，要按照统一政策、统一管理的要求，加强社会保险统一管理的调研、论证。同时，着手研究劳动和社会保障工作的总体规划和工作计划。5月份，劳动和社会保障部将利用召开全国企业下岗职工分流安置和再就业工作会议的机会，召开全国劳动、社保厅局长座谈会，听取对当前和今后工作的意见和建议，部署年内工作，请提前做好准备。

希望劳动和社会保障系统各级领导干部和全体工作人员，高举邓小平理论伟大旗帜，在

以江泽民同志为核心的党中央领导下，认真贯彻党的十五大精神，按照党中央和国务院的统一部署，努力做好各项工作，为国分忧，为民解难，为开创我国劳动和社会保障工作的新局面而努力奋斗。

（1998 年 4 月 14 日）

劳动和社会保障部、国家经济贸易委员会、财政部、教育部、国家统计局、中华全国总工会关于加强国有企业下岗职工管理和再就业服务中心建设有关问题的通知

劳社部发〔1998〕8号

各省、自治区、直辖市劳动（劳动和社会保障）厅（局）、经贸（计经）委、财政厅（局）、教委、统计局、总工会，国务院有关部门劳动和社会保障工作机构：

为贯彻落实《中共中央国务院关于切实做好国有企业下岗职工基本生活保障和再就业工作的通知》（中发〔1998〕10号，以下简称中央10号文件）精神，加强国有企业下岗职工管理和再就业服务中心（包括类似机构或代管科室，以下简称再就业服务中心）建设，现就有关问题通知如下：

一、关于国有企业职工下岗程序

国有企业下岗职工是指：实行劳动合同制以前参加工作的国有企业的正式职工（不含从农村招收的临时合同工），以及实行劳动合同制以后参加工作且合同期未满的合同制职工中，因企业生产经营等原因而下岗，但尚未与企业解除劳动关系，没有在社会上找到其他工作的人员。

企业安排职工下岗，应坚持公开、公正的原则，要说明原因，讲清政策，作出计划，认真组织。要做好职工群众的思想工作，保证下岗分流工作的顺利进行。有生产任务的企业，一般不安排下列人员下岗：配偶方已经下岗的，离异或丧偶且抚养未成年子女者，省（部）级以上劳动模范，烈士遗属，现役军人配偶，残疾人，省、自治区、直辖市人民政府确定的其他职工。

企业安排职工下岗应按以下程序进行：

（一）在企业领导集体研究的基础上，至少提前15日向工会或者职代会说明企业的生产经营状况以及职工下岗分流的意见；

（二）制定职工下岗及再就业方案，内容主要包括：拟安排下岗的人数、实施步骤、建立再就业服务中心及促进再就业的措施，并征求工会或职代会的意见，做好宣传和准备工作，同时组建再就业服务中心。企业不组建再就业服务中心，不得安排职工下岗；

（三）由企业填报《职工下岗登记表》，内容应包括：职工基本情况、企业工会或职代会意见，报送地方劳动和社会保障部门或其委托的企业主管部门，由其核实、认定并备案。

二、关于下岗职工的管理

对符合条件的下岗职工，由当地劳动和社

会保障部门通过所在企业再就业服务中心发放“下岗职工证明”。下岗职工凭“下岗职工证明”领取基本生活费，享受有关政策规定的服务和待遇。下岗职工都应进入企业再就业服务中心。对无故不进再就业服务中心的，不发给“下岗职工证明”。“下岗职工证明”由省级劳动和社会保障部门制作，免费发放，有效期限最长为3年，并可根据需要实行年度检查。

中央企业下岗职工的认定和“下岗职工证明”发放办法由省级劳动和社会保障部门制定。

企业再就业服务中心应与拟安排下岗的职工签订基本生活保障和再就业协议（以下简称协议），明确双方的责任、权利和义务，并借此变更劳动合同，替代劳动合同中的相关内容。协议期限原则上不超过3年。对与企业存有欠工资、医疗费、集资款等债权债务关系的下岗职工，应在协议中明确，债权债务关系不因职工下岗或劳动关系变更而改变。

企业再就业服务中心应与已离开劳动岗位，但尚未与企业解除劳动关系的人员，协商签订基本生活保障和再就业协议，并借此变更劳动合同，替代劳动合同中的相关内容，进入再就业服务中心。对协商不一致、又不愿进中心的，可依法解除劳动关系。

对进入再就业服务中心的下岗职工，在协议期内被其他用人单位招聘或自谋职业，即解除协议，劳动合同相应解除。招用下岗职工的用人单位应与之签订劳动合同，并按规定缴纳社会保险费用；自谋职业的，可按当地劳动和社会保障部门的规定，续缴社会保险费。各级劳动和社会保障部门要加强对招用下岗职工用人单位的监察，保障下岗职工再就业的合法权益。

企业再就业服务中心和下岗职工所在街道基层组织要相互配合，及时了解掌握和相互通报下岗职工的有关情况，切实做好下岗职工的思想工作，努力帮助下岗职工解决生活中的实际困难和问题。对再就业难度较大且生活困难的下岗职工，要列出名单，重点帮助。

对生活特别困难的下岗职工子女就学，经企业、街道出具证明，学校应酌情减免学杂费，具体减免幅度由各地根据实际情况确定。

三、关于企业再就业服务中心的建立和运作

再就业服务中心必须建在企业。各地劳动和社会保障部门、经贸委和企业的主管部门应根据中央10号文件规定，制订再就业服务中心组建计划，负责督促和指导有下岗职工的企业建立再就业服务中心，确保所有国有企业下岗职工都进入再就业服务中心，领到基本生活费。

再就业服务中心应配备相应的工作人员，制定规章制度，拟订培训与再就业计划，并与社会公共就业服务机构建立联系。企业要切实加强再就业服务中心的建设，充分发挥再就业服务中心的各项职能。

企业主管部门（企业集团）可根据需要建立再就业服务指导机构，负责指导本系统企业再就业服务中心的工作。

再就业服务中心要按照中央10号文件的要求，认真履行为下岗职工发放基本生活费，缴纳养老、医疗（或按规定报销医疗费用）、失业等社会保险费，组织下岗职工进行职业培训，为下岗职工提供就业指导等项职能。

下岗职工的基本生活费标准，应按略高于当地失业救济的标准确定，并按适当比例逐年递减，具体递减比例由各地根据实际情况确定，但最低不得低于失业救济标准。养老、医疗、失业保险费用（包括个人缴费部分），以当地上年度职工平均工资的60%为缴费基数，按规定的缴费比例，由再就业服务中心为进入中心的下岗职工缴纳，其中养老、医疗保险费按规定记入个人账户。

再就业服务中心应对下岗职工建档建卡，并将下岗职工变动情况按月报告当地劳动和社会保障部门。县级及县级以上劳动和社会保障部门应建立健全下岗职工基本生活保障和再就业情况统计制度，并认真组织实施，准确及时

填报，逐级上报汇总。

再就业服务中心在做好下岗职工基本生活保障工作的同时，要积极促进下岗职工再就业。要为下岗职工提供岗位需求信息，组织劳务输出，开展职业指导和再就业培训。再就业服务中心要主动接受劳动和社会保障部门的工作指导。公共职业介绍机构要积极为再就业服务中心提供岗位需求信息等服务，职业培训机构要主动上门，针对市场需要和下岗职工特点，做好再就业培训工作。各级劳动和社会保障部门要会同有关部门，深入基层，了解下岗职工的困难和问题，切实将促进下岗职工再就业的政策落实到位。

四、关于再就业服务中心的费用

再就业服务中心基本生活保障和再就业费用的管理和使用，按照财政部与劳动和社会保障部的有关规定执行。

中央财政承担的资金划拨给中央企业再就业服务中心的程序，按《关于印发〈中央企业下岗职工中央财政补助资金使用管理办法〉的通知》(财工字〔1998〕329号）执行。社会筹集的资金，由中央企业向受理其失业保险统筹的劳动和社会保障部门提出用款申请，经劳动和社会保障部门核实后向企业再就业服务中心拨付。

地方财政承担部分和社会筹集部分资金向地方企业再就业服务中心拨付的程序为：由企业再就业服务中心按月提出申请报告，并附企业自筹资金到位证明，报当地劳动和社会保障部门商同级财政部门研究提出意见，然后由财政部门统一拨付。从申请报告上报之日起10日内，财政承担和社会筹集的资金，应拨付到再就业服务中心。

企业承担资金确有困难的，经企业主管部门核实，向同级财政部门提出申请，由财政部门审核，给以补助。

对企业没有建立再就业服务中心，或没有组织下岗职工进入再就业服务中心的，财政部门一律不予拨付经费。

要切实加强对下岗职工基本生活保障费用的管理。企业再就业服务中心应设立下岗职工基本生活保障和再就业资金的单独账户，严格执行收支两条线规定，保证专款专用，严禁挤占挪用。下岗职工基本生活费必须及时足额发放，社会保险费用必须按规定缴纳。

再就业服务中心的办公经费和工作人员经费，根据人员的隶属关系分别按原列支渠道解决，不得在下岗职工基本生活保障费用和再就业资金中列支。

各级劳动和社会保障、财政部门要加强对下岗职工基本生活保障费用收支情况的监督检查，对挪用下岗职工基本生活保障费用、冒领财政拨付和社会筹集资金的行为，一经查实，要追究有关人员的责任，并从严处理。

劳动力市场建设和促进再就业的经费，由劳动和社会保障部门根据需要提出用款计划，报同级人民政府批准，财政部门核拨。

五、关于调整失业保险基金缴费比例

按照中央10号文件要求，各地应从1998年起，将缴纳失业保险费的比例调整为职工工资总额的3%，由企业和职工共同负担，其中个人缴纳1%，企业缴纳2%，具体调整日期由各省、自治区、直辖市人民政府确定。调整失业保险基金征缴比例、实行企业和职工共同负担制度的范围，为各地现行覆盖范围。

要加强对提高失业保险缴费比例和实行个人缴费重要意义的宣传。各级劳动和社会保障部门要采取切实有效的措施，加大征缴力度，确保失业保险费按时足额征缴。

企业与职工缴纳的失业保险费统筹使用。失业保险基金在保证失业人员所需费用的前提下，新增部分主要用于国有企业下岗职工基本生活保障和为其缴纳社会保险费用。不得从新增收缴部分中提取管理费和促进再就业费。

国务院确定的111个企业“优化资本结构”试点城市，以及兵器工业总公司、航天工业总公司列入《全国企业兼并破产和职工再就业工作计划》的企业和纺织行业下岗职工的分

流安置和再就业工作，仍按国务院的有关规定执行。

地方劳动保障、经贸、财政、教育、统计部门和总工会，要在当地党委、政府的领导下，切实按照本《通知》的要求，做好落实工作。执行中出现的问题，应及时向主管部门报告。

（1998 年 8 月 3 日）

劳动和社会保障部办公厅关于印发劳动和社会保障部厅司职能配置、内设机构和人员编制规定的通知

劳社厅发〔1998〕5号

部属各单位：

《劳动和社会保障部厅司职能配置、内设机构和人员编制规定》经部党组第十三次会议通过，现印发给你们，请遵照执行。

劳动和社会保障部办公厅

1998年7月9日

劳动和社会保障部厅司职能配置、内设机构和人员编制规定

根据《劳动和社会保障部职能配置、内设机构和人员编制规定》（国办发〔1998〕50号），现对部机关厅司职能配置、内设机构和人员编制规定如下：

办　公　厅

办公厅是劳动和社会保障部组织协调和综合处理部政务、行政管理工作的职能部门。

一、主要职责

（一）承办部党组和部领导同志政务活动事宜。

（二）承担综合性政策调研和协调工作。

（三）负责部机关的综合协调和政务运转工作，拟定部机关工作制度、工作计划并负责监督检查。

（四）负责领导同志指示和会议决定事项的督办工作。

（五）负责会议组织、公文审核、文电处理、机要档案、秘书事务、信访及接待联络工作。

（六）负责部新闻宣传和期刊管理工作，汇集和提供劳动和社会保险政务信息。

（七）负责部机关的财务、保卫和本部的保密工作。

二、内设机构

根据上述职责，办公厅设九个处室：

（一）部长办公室

协助办理部领导同志政务活动；负责部会议组织；承担部领导同志秘书工作；负责会议决定事项和领导同志交办事项的督办工作；组织拟定部工作制度和工作计划并负责监督检查；负责值班和接待联络工作。

（二）秘书处

负责公文运转、核稿；拟定部公文管理办法并负责监督检查；管理机要文电和部、厅印鉴；组织办理全国人大代表建议和全国政协委员提案；负责文书档案工作；承办厅内有关行政事务。

（三）调研处

承担综合性政策调研工作；组织部重要文稿的起草；负责部全国性重要会议文件的组织协调工作。

（四）综合一处

负责部劳动政策等方面的综合协调；分工联系部属有关单位的业务工作；负责有关公文的审核、呈批、注办事项；组织或参与有关重要文稿的起草工作；组织部扶贫工作。

（五）综合二处

负责部社会保险政策等方面的综合协调；分工联系部属有关单位的业务工作；负责有关公文的审核、呈批、注办事项；组织或参与有关重要文稿的起草工作。

（六）新闻处（挂“信息处”牌子）

综合管理部新闻宣传工作；管理和编辑政务信息；负责部内期刊管理。

（七）信访处

接待群众来访，处理群众来信；协调部内信访工作；向地方劳动和社会保障部门交办信访案件；参与疑难信访案件的调查研究和处理工作。

（八）财务处

编制部机关行政经费预决算；管理部机关行政经费以及外事经费的日常核算工作；负责部机关工资基金管理和个人所得税扣缴；管理委托代管的专项经费。

（九）保卫处（挂“部保密办公室”牌子）

负责部机关保卫工作；承担部社会治安综合治理办公室的日常工作；负责部机关及直属单位的保密工作；承办厅内党务、人事工作。

三、人员编制和领导职数

办公厅行政编制43名。其中：主任1名，副主任3名，处级领导职数18名。

法　制　司

法制司是劳动和社会保障部综合管理劳动和社会保险法制工作的职能部门。

一、主要职责

(一)拟定劳动和社会保险立法规划和年度立法计划，并组织实施。

(二）组织起草、修订、审核劳动和社会保险法律法规草案和行政规章，组织清理法规工作。

(三)监督检查劳动和社会保险法律法规的执行情况，依法行使国家监督检查权。

(四)拟定劳动和社会保险监督检查工作规范，指导和监督地方劳动和社会保险监督检查机构的工作。

(五)拟定劳动和社会保险行政执法监督制度，并组织实施。

(六)处理劳动和社会保险行政复议和行政诉讼案件，承办部机关法律事务，承办劳动和社会保险涉外法律事务。

(七)拟定劳动和社会保险法规政策服务咨询机构的管理规则。

(八)负责本部普法工作及劳动和社会保险法律咨询工作。

二、内设机构

根据上述职责，法制司设四个处：

(一)综合处(挂“部普法办公室”牌子)

负责劳动和社会保险法制工作的综合协调;制定部法制工作规划和工作制度,并组织实施;组织清理劳动和社会保险法规;负责地方劳动和社会保险法规及政府行政规章的备案工作;拟定和完善劳动和社会保险法规政策服务咨询机构的管理规则及资格认证制度;负责法律知识及劳动和社会保险法规宣传普及工作,负责劳动和社会保险法律法规和行政规章的编辑和审核工作;负责司内文秘、人事、外事和行政管理工作。

(二)法规处

拟定劳动和社会保险立法规划及年度立法计划,并组织实施;组织起草、修订、审核劳动和社会保险法律法规草案;组织起草、修订、审核部行政规章草案;负责与国务院和全国人大立法机关有关部门的联系工作。

(三)劳动监察处

拟定劳动和社会保险监督检查工作规范并组织实施;依法行使国家劳动和社会保险监督检查权;拟定劳动和社会保险行政执法人员的资格认证制度和行政执法证件管理制度;指导和监督地方劳动和社会保险监督检查机构的工作;指导地方劳动和社会保障部门中具有行政处罚权的事业组织开展行政执法工作;组织查处或参与查处重大劳动违法案件。

(四)执法监督处(挂“部行政复议办公室”牌子)

组织实施行政法律法规,制定行政执法监督规范;指导和监督地方劳动和社会保障部门行政执法监督工作;负责劳动和社会保险立法解释工作;处理劳动和社会保险行政复议案件,承担行政应诉工作;负责有关劳动和社会保险法律法规及行政规章实施中的行政解释和立法解释工作;组织办理部外有关单位法律法规草案的征求意见或会签工作;承办部机关法律事务;审核我国拟批准的国际劳工公约,审核我国拟缔结或加入劳动和社会保险方面的国际条约和双边协议;承办劳动和社会保险涉外法律事务,负责法律咨询工作。

三、人员编制和领导职数

法制司行政编制19名。其中:司长1名,副司长2名,处级领导职数8名。

规划财务司

(挂“部科学技术办公室”牌子)

规划财务司是劳动和社会保障部负责劳动和社会保险事业发展规划,综合管理统计、科技、经费、国有资产和世界银行援款、贷款项目的职能部门。

一、主要职责

(一)负责全国劳动和社会保险事业发展趋势的预测工作;组织编制劳动和社会保险事业发展中长期规划和年度发展计划,并组织实施。

(二)负责劳动和社会保险统计工作;指导各地区的统计工作;综合管理部内各类统计调查;定期发布劳动和社会保险事业统计公报、统计信息资料。

(三)组织劳动和社会保险领域的科学技术研究及科技成果的推广、应用和产业发展工作;负责组织协调劳动和社会保险信息系统网络建设工作;负责劳动和社会保险领域的标准化工作。

(四)制定经费管理的规章制度;管理中央级劳动和社会保险各项事业经费、专项拨款、预算外资金、外汇收支、国际援款、贷款和部内利用外资的各项经费;汇总编制各类经费预决算并监督实施;对社会保险基金预决算提出审核意见;负责部属企业事业单位经营承包工作。

(五)管理部属国有资产,制定国有资产管理的规章制度并监督实施;组织实施对部机关和部属企业事业单位重大采购、拍卖、出租等活动的管理监督工作;统一规划、管理部机关和企业事业单位的房地产和基建工作。

(六)负责承办劳动和社会保险领域世界银行援款、贷款项目,负责承办申请立项、组织实施、监督执行和评估总结工作。

二、内设机构

根据上述职责，规划财务司设六个处：

（一）综合规划处

组织开展对劳动和社会保险事业发展趋势和主要指标的预测，定期发布发展预测报告；组织编制劳动和社会保险事业中长期发展规划和年度发展计划，并组织实施；起草司的年度工作计划、总结和综合性文稿；负责司内文秘、人事、外事和行政管理工作。

（二）统计处

制定劳动和社会保险统计工作的规章制度并组织实施和监督检查；指导各地区统计工作；审核部内各项专业统计工作制度、报表制度、调查方案；负责劳动和社会保险综合性统计，组织开展专项调查和统计分析；定期发布劳动和社会保险事业统计公报、统计信息资料。

（三）科技处

承担部科学技术办公室的办事机构职能；制定科技管理的规章制度并监督检查；制定年度科学研究、标准制定修订计划，负责国家重点科研项目的申报、立项、组织实施和监督检查；负责劳动和社会保险科技成果的登记评审、验收鉴定、奖励、推广应用和产业发展工作；负责劳动和社会保险领域的标准化工作；负责组织协调劳动和社会保险信息系统网络建设工作。

（四）经费处

负责制定经费管理规章制度，管理中央级劳动和社会保险各项事业经费、专项拨款、外汇收支、国际援款、贷款和部内利用外资的经费；编制专项拨款的分配计划并监督实施；汇总、编制、审核、申报本部管理的各项经费、预算外资金和专项拨款的预决算并监督实施；组织参与拟定社会保险财务会计制度，与财政部协调有关劳动和社会保险政府预算收支科目的设置；对社会保险基金预、决算提出审核意见；负责部属企业事业单位经营承包和中央级周转资金的统借统还工作；审定行政事业性收费、罚没收入管理制度。

（五）国有资产处（挂“房管基建处”牌子）

管理部机关和部属企业事业单位的国有资产及基本建设工作，制定管理制度并组织实施；负责汇总、编制、审核、申报基建、修缮、大宗资产购置和报废及投资计划；组织实施对部机关企业事业单位重大采购、拍卖、出租等活动的管理监督工作；负责管理部房地产和部在京基建工程的规划、招投标、施工监理工作。

（六）世界银行办公室

负责承办劳动和社会保险领域世界银行援款、贷款项目的立项、实施、监督和评估工作；承担与世界银行援款、贷款项目谈判与协调工作；制定向地方项目单位转贷计划和统筹还贷计划；综合协调各项目单位的项目管理并提供政策指导，组织项目单位的项目实施活动；负责项目设备的采购招标管理；负责世界银行援款、贷款项目的财务管理工作。

三、人员编制和领导职数

规划财务司行政编制 24 名。其中：司长 1 名，副司长 2 名，处级领导职数 12 名。

培训就业司

培训就业司是劳动和社会保障部主管城乡就业与职业培训工作的职能部门。

一、主要职责

（一）拟定城乡就业与职业培训的规划和基本政策，拟定劳动力市场发展规划和管理规则并监督实施；参与拟定全国就业经费的管理规则和中央级扶持生产资金的使用办法并组织实施。

（二）拟定国有企业下岗职工分流安置、基本生活保障和再就业的规划和政策，组织实施再就业工程；拟定再就业服务中心管理规则并组织实施。

（三）拟定就业服务事业发展规划和促进劳动就业服务企业发展的政策；拟定职业介绍机

构管理规则并组织实施。

（四）拟定全国和区域性劳动力流动、农村剩余劳动力开发就业、农村劳动力跨地区有序流动的政策和措施；拟定农民进城务工的管理政策。

（五）按分工拟定境外人员入境就业的管理政策；拟定有关机构经办向外国企业和社会团体驻华代表机构或办事机构选派中方雇员业务的管理办法和外国在华机构从事劳动力招聘中介、咨询、培训业务的资格管理办法。

（六）组织拟定职业分类、职业技能国家标准；组织制定和颁布相关的行业标准。

（七）建立职业资格证书制度，拟定职业技能鉴定的政策；拟定机关、事业单位和工资待遇相结合的工人技术等级考核；拟定技师、高级技师评聘的政策；拟定职业技能人才培养、表彰、奖励和职业技能竞赛的规划、政策和措施。

（八）拟定全国技工学校及就业训练中心、社会力量举办职业培训机构的发展规划和管理规则；指导技工学校和职业培训机构的师资队伍建设，拟定技工学校和职业培训的教材建设规划和评估认定制度；拟定劳动预备制度实施办法；拟定企业在职职工技能培训和失业人员、国有企业下岗职工再就业培训的规划和政策。

二、内设机构

根据上述职责，培训就业司设六个处：

（一）综合处

综合拟定城乡就业与职业培训的规划、年度计划和基本政策；参与拟定全国就业、培训和劳动力市场建设经费的管理规则和指导性使用办法；参与拟定中央级扶持生产资金的使用办法并组织实施；组织起草综合性文稿；负责司内业务协调和文秘、人事、外事和行政管理工作。

（二）再就业工作处

拟定国有企业下岗职工分流安置、基本生活保障和再就业工作的规划和政策，组织实施再就业工程；拟定建立国有企业下岗职工申报制度和下岗职工管理、登记的政策措施；拟定再就业服务中心的管理规则并组织实施；拟定下岗职工基本生活保障和再就业资金的使用制度并监督实施；拟定促进劳动就业服务企业和生产自救实体发展的政策；拟定鼓励小企业、社区服务业安置就业的政策措施。

（三）劳动力市场处

拟定城镇就业的基本政策；拟定劳动力市场发展建设规划、政策、管理规则并监督实施；拟定就业服务事业和就业服务体系发展规划和政策措施；拟定全国和区域性劳动力流动政策；拟定职业介绍机构管理规则并组织实施；负责就业信息管理工作；拟定防止就业歧视、促进妇女就业、促进残疾人等特殊群体就业的政策；承担国务院妇女儿童工作委员会办公室分工由我部负责的有关工作的协调；拟定境外人员入境就业的管理政策；拟定有关机构经办向外国企业和社会团体驻华代表机构或办事机构选派中方雇员业务的管理办法和外国在华机构从事劳动力招聘中介、咨询业务的资格管理办法。

（四）职业培训处（挂“部社会培训机构管理办公室”牌子）

拟定技工学校、就业训练中心、社会力量举办的职业培训机构的规划、政策和管理规则；拟定企业职工技能培训和失业人员、下岗职工再就业培训的规划及政策；拟定劳动预备制度实施办法；拟定技工学校年度指导性招生计划，协调技工学校招生政策；审定并颁布技工学校、就业训练中心等职业培训机构办学标准和教学改革方案；指导技工学校和职业培训机构的师资队伍建设；联系天津职业技术师范学院。

（五）职业资格处

组织拟定职业分类、职业技能国家标准；组织制定相关的行业标准；建立职业资格证书制度，拟定职业技能鉴定和考核的政策；拟定机关、事业单位与工资待遇相结合的工人技术等级考核政策；拟定技师、高级技师评聘的政策；拟定职业技能人才的表彰、奖励和职业技能竞赛的政策和措施；拟定高级技能人才合理使用的政策措施；组织拟定技工学校和职业培训的教材建设规划和评估认定制度；拟定外国在华机构从事劳动力培训业务的资格管理办法。

（六）农村培训就业处

拟定开发利用农村劳动力资源、引导农村剩余劳动力就地就近转移和就业的政策；拟定农村劳动力跨地区有序流动的政策措施，组织实施农村劳动力跨地区流动有序化工程；拟定农民进城务工的调控政策和管理办法；拟定农村劳动力职业技能培训的规划和政策；指导乡镇劳动服务机构发展。

三、人员编制和领导职数

培训就业司行政编制27名。其中：司长1名，副司长3名，处级领导职数12名。

劳动工资司

劳动工资司是劳动和社会保障部主管劳动关系调整和企业工资分配宏观调控的职能部门。

一、主要职责

（一）拟定劳动关系调整的基本规则和劳动合同、集体合同制度的实施规范。

（二）建立和完善劳动争议处理制度，拟定劳动仲裁规则。

（三）拟定企业职工工作时间、休息休假制度、探亲假制度、职工福利制度和女工、未成年工的特殊劳动保护政策。

（四）审核并发布企业劳动定员定额标准。

（五）拟定企业惩处职工的基本准则；参与国家级企业劳动模范的评定工作。

（六）负责政策性安置和调配工作，按分工拟定“农转非”政策。

（七）拟定企业职工工资的宏观政策、措施，拟定企业工资指导线和行业工资收入调节政策，提出调节收入分配的政策建设。

（八）拟定国有企业经营者工资收入政策，审核中央直属企业的工资总额和主要负责人的工资。

（九）综合协调外商投资企业的劳动工资政策。

二、内设机构

根据上述职责，劳动工资司设四个处：

（一）综合处（挂“劳动标准处”牌子）

综合规划并组织实施劳动关系调整体系和工资宏观调控体系建设；综合协调外商投资企业的劳动工资政策；拟定企业职工工作时间、休息休假制度、探亲假制度和职工福利制度，制定、修订工时、休息、休假标准；拟定女工、未成年工特殊劳动保护政策；指导社会中介组织制定国家、行业劳动定员定额标准，并审核发布；拟定企业惩处职工的基本准则，参与评定、表彰国家级企业劳动模范；组织起草有关综合性文稿，负责司内文秘、人事、外事和行政管理工作。

（二）劳动关系协调处

拟定劳动关系调整的基本规则、政策并组织实施；拟定劳动合同订立、变更、终止、解除及其管理的实施规范；拟定国有企业下岗职工劳动关系处理的政策；拟定企业经济性裁员的规则；拟定集体协商规则，建立集体合同登记制度，办理全国性企业和中央直属企业集体合同的审核备案工作；拟定建立劳动关系三方机制的基本政策、改革方案和发展规划并组织实施；根据分工拟定“农转非”政策和军转干部、随军干部家属及企业职工、国家机关、事业单位工人等政策性调配人员的安置政策并组织实施；拟定企业职工档案管理规则。

（三）劳动争议处理处

拟定劳动争议处理体制改革方案和发展规划；拟定完善劳动争议处理制度的政策以及劳动争议处理规则并组织实施；指导劳动仲裁员队伍建设，拟定劳动争议仲裁机构的管理规则，建立劳动仲裁员资格认证制度，审批省级劳动仲裁员并实行监管；会同有关部门协调企业劳动争议调解委员会、劳动争议仲裁委员会与人民法院之间的关系；拟定集体上访和罢工的处理政策和措施；组织处理劳动关系方面有重大影响的群体性突发事件。

（四）工资处

拟定企业职工工资及其他劳动报酬的宏观调控政策、措施并组织实施；拟定企业工资指导线的政策并组织实施；拟定行业工资收入调节政策，组织协调行业间的工资分配关系；规划、指导建立劳动力市场价格宏观监测体系；对社会收入分配调节政策提出建议；拟定完善最低工资保障制度的政策，负责对省、自治区、直辖市制定最低工资标准的审核备案工作；拟定企业工资支付规范和欠薪保障制度；拟定企业工资分类管理政策和企业工资决定机制改革方案，审核中央直属企业的工资总额（包括有关部委直属企业工资总额）；拟定企业工资总额使用的管理政策；研究调整企业职工收入构成和分配方式的政策意见；拟定国有企业经营者工资收入政策，审核中央直属企业主要负责人的工资；拟定进入企业的政策性安置人员初期工资待遇的有关政策；拟定国有企业工资内外收入监督检查制度及其实施办法，负责对中央直属企业进行监督检查。

三、人员编制和领导职数

劳动工资司行政编制20名。其中：司长1名，副司长2名，处级领导职数9名。

养老保险司

养老保险司是劳动和社会保障部主管城镇企业职工和机关、事业单位人员养老保险工作的职能部门。

一、主要职责

（一）拟定基本养老保险改革方案和发展规划。

（二）拟定养老保险覆盖范围、费用社会统筹和个人账户管理政策。

（三）拟定基本养老保险费率确定办法和基金征缴、管理政策，审核省级基本养老保险费率。

（四）拟定养老保险待遇项目、享受条件、给付标准和城镇企业职工退休政策及工龄、缴费年限计算政策。

（五）拟定城镇死亡职工遗属待遇和非因工伤残职工待遇政策和给付标准。

（六）拟定补充养老保险的规则和基本政策。

（七）拟定退休人员社会化管理服务事业的发展规划。

（八）拟定企业职工和机关、事业单位人员基本养老保险统一管理的规划和政策。

二、内设机构

根据上述职责，养老保险司设三个处：

（一）综合处

拟定基本养老保险改革方案和发展规划；综合城镇职工各项养老保险政策；拟定补充养老保险的规则和基本政策；拟定城镇死亡职工遗属待遇和非因工伤残职工待遇政策和给付标准；拟定基本养老保险社会化管理服务事业的发展规划并组织实施；拟定中央国家机关及其在京事业单位养老保险的具体实施办法；组织起草综合性文稿，负责司内文秘、人事、外事和行政管理工作。

（二）待遇处

拟定基本养老保险的覆盖范围和组织管理的政策并组织实施；拟定城镇企业职工退休政策和工龄、缴费年限计算的政策；拟定基本养老保险待遇的领取条件、待遇项目和给付标准；拟定机关、事业单位人员基本养老保险同企业职工统一的政策、方案并组织实施。

（三）统筹处

拟定基本养老保险费用社会统筹政策、费率确定办法和基金征缴政策；审核省级基本养老保险费用统筹费率；组织推动基本养老保险省级统筹工作；拟定个人账户管理政策并监督实施；拟定养老保险基金转移政策并监督实施。

三、人员编制和领导职数

养老保险司行政编制16名。其中：司长1名，副司长2名，处级领导职数7名。

失业保险司

失业保险司是劳动和社会保障部主管失业保险工作的职能部门。

一、主要职责

（一）拟定失业保险改革方案和发展规划，并组织实施。

（二）拟定失业保险费率确定办法、基金征缴政策、待遇项目和给付标准。

（三）拟定失业保险基金管理政策。

（四）拟定失业人员登记和管理制度及失业保险金稽核规则。

（五）拟定失业人员疾病、生育、死亡的有关待遇政策。

（六）拟定失业保险经办机构建设规划，组织指导失业保险经办机构工作。

二、内设机构

根据上述职责，失业保险司设二个处：

（一）一处

拟定失业保险基本政策、改革方案和事业发展规划，并组织实施；制定失业人员登记和管理制度，并组织实施；制定失业保险享受条件、待遇项目和给付标准；制定失业人员疾病、生育、死亡的有关待遇政策；组织起草综合性文稿，负责司内文秘、外事工作。

（二）二处

拟定失业保险经办机构建设规划和工作规范，并组织实施；制定失业保险基金统筹政策与调剂制度；拟定失业保险费率确定办法和基金征缴政策；拟定失业保险基金管理政策；制定失业保险金稽核规则，并组织实施；组织失业保险经办机构的基金自查工作；负责失业保险统计和基金预决算工作；负责司内人事和行政管理工作。

三、人员编制和领导职数

失业保险司行政编制10名。其中：司长1名，副司长1名，处级领导职数4名。

医疗保险司

医疗保险司是劳动和社会保障部综合管理城镇企业职工和机关事业单位人员医疗保险、工伤保险和生育保险工作的职能部门。

一、主要职责

（一）拟定医疗、工伤、生育保险的基本政策、改革方案和发展规划，并组织实施。

（二）拟定医疗、工伤、生育保险费率确定办法、基金征缴政策、待遇项目和给付标准。

（三）拟定医疗、工伤、生育保险费用社会统筹政策和医疗保险个人账户管理政策。

（四）拟定工伤保险行业差别费率政策。

（五）拟定医疗、工伤、生育社会保险基金管理政策和规则。

（六）组织拟定基本医疗保险、工伤医疗、生育医疗的药品、诊疗和医疗服务设施的范围及给付标准。

（七）组织拟定定点医院、药店的管理办法及费用结算办法。

（八）组织拟定工伤和职业病伤残等级鉴定标准和劳动能力鉴定办法，拟定劳动鉴定机构管理规则。

（九）拟定城镇企业职工疾病、工伤停工治疗和生育期间的待遇政策及标准。

（十）拟定补充医疗保险的规则和政策。

二、内设机构

根据上述职责，医疗保险司设四个处：

（一）综合处

综合拟定医疗保险、工伤保险、生育保险的发展规划；协调医疗保险与工伤保险、生育保险的政策；拟定补充医疗保险和国家公务员医疗费用补贴政策；起草有关综合性文稿，负责司内文秘、人事、外事和行政管理工作。

（二）医疗保险处

拟定基本医疗保险的政策、改革方案并组

织实施；拟定基本医疗保险的实施范围、筹资政策、费率确定和调整办法；拟定个人医疗账户和社会统筹医疗基金的管理办法，拟定社会统筹医疗基金起付标准和最高支付限额的政策和管理办法；拟定基本医疗的费用结算办法；组织拟定定点医疗机构和定点药店资格的审定标准、审定办法和监督管理办法；拟定基本医疗保险、工伤保险和生育保险的用药、诊疗和医疗服务设施的范围和给付标准；拟定城镇企业职工因病休假期间的待遇政策及标准；拟定特殊人群的医疗保障政策和管理办法。

（三）工伤保险处

拟定工伤保险的政策、改革方案并组织实施；拟定工伤保险实施范围；拟定工伤保险行业差别费率和企业浮动费率政策；拟定工伤保险的基金征缴、管理政策；组织拟定工伤与职业病的诊断标准、伤残鉴定标准、职业康复和劳动能力鉴定标准和办法，拟定劳动能力鉴定机构管理规则；组织拟定工伤鉴定的标准、程序和管理办法；拟定城镇企业职工工伤停工期间的待遇标准和补助办法；拟定因工伤残的待遇标准、工伤死亡的抚恤标准和管理办法。

（四）生育保险处

拟定生育保险的政策、改革方案并组织实施；拟定生育保险实施范围、筹资政策、费率确定和调整办法；拟定生育保险基金征缴、管理政策；拟定生育保险待遇项目、给付条件和给付标准。

三、人员编制和领导职数

医疗保险司行政编制19名。其中：司长1名，副司长2名，处级领导职数9名。

农村社会保险司

农村社会保险司是劳动和社会保障部主管农村养老保险工作的职能部门。

一、主要职责

(一)拟定农村养老保险的政策方案、发展规划，并组织实施。

（二）拟定农村养老保险基金筹集政策。

（三）拟定农村养老保险的给付条件、给付办法和给付标准。

（四）拟定农村养老保险基金管理制度。

（五）拟定农村养老保险经办机构的管理规则。

二、内设机构

根据上述职责，农村社会保险司设二个处：

（一）一处

拟定农村养老保险发展规划；拟定农村养老保险基金管理办法；拟定农村养老保险经办机构管理规则并组织实施；负责农村养老保险统计工作；组织起草综合性文稿，负责司内文秘、人事、外事和行政管理工作。

（二）二处

拟定农村养老保险基金筹集政策；制定养老金给付条件和计发办法；拟定乡镇企业职工及农村有固定收入人员养老保险实施办法，并组织实施；拟定乡镇企业职工养老保险关系转移办法。

三、人员编制和领导职数

农村社会保险司行政编制10名。其中：司长1名，副司长1名，处级领导职数4名。

社会保险基金监督司

社会保险基金监督司是劳动和社会保障部综合管理各项社会保险基金监督工作的职能部门。

一、主要职责

(一)拟定社会保险经办机构的管理规则。

(二)综合协调各项社会保险基金管理政策。

(三)拟定社会保险基金监督制度，建立健全社会保险基金监督网络，组织监督各项社会保险基金的管理情况。

（四）拟定社会保险内部审计规则和内部审计人员资格认证制度，颁发社会保险管理系统内部审计检查证。

（五）建立并管理社会保险基金监督举报系统，受理投诉举报，查处基金管理的重大违纪案件。

（六）制定社会保险基金运营机构的资格标准，认定投资机构运营社会保险基金的资格，并对其运营社会保险基金情况实施监督。

（七）拟定补充保险承办机构的资格认定标准，认定有关机构承办补充养老保险、补充医疗保险业务的资格并对其承办的补充保险基金实施监督。

（八）负责本部的审计工作。

二、内设机构

根据上述职责，社会保险基金监督司设三个处：

（一）综合处（挂“部审计办公室”牌子）

负责本部财务监督工作，组织对部机关及所属企业事业单位、法人社会团体财务管理的审计；管理全国社会保险基金监督举报系统；综合协调各项社会保险基金管理制度和政策；组织起草综合性文稿，负责司内文秘、人事、外事和行政管理工作。

（二）监督一处

对各项社会保险基金实施监督；拟定社会保险基金监督制度、社会保险审计制度和审计规则、社会保险审计人员资格认证制度；组织监督有关地区社会保险基金的管理情况，组织查处基金管理的重大违纪案件；颁发社会保险审计检查证；管理社会保险基金监督网络，管理社会保险审计人员人才库。

（三）监督二处

对各项社会保险基金实施监督；组织监督有关地区社会保险基金的管理情况，组织查处基金管理的重大违纪案件；制定社会保险经办机构的管理规则，并对执行情况实施监督；制定社会保险基金运营机构的资格标准，认定投资机构运营社会保险基金的资格，并对其运营社会保险基金的情况实施监督；制定补充保险承办机构的资格认定标准，认定有关机构承办补充养老保险、补充医疗保险业务的资格，并对其承办的补充保险基金实施监督。

三、人员编制和领导职数

社会保险基金监督司行政编制10名。其中：司长1名，副司长1名，处级领导职数6名。

国际合作司

国际合作司是劳动和社会保障部综合管理国际交流与合作工作的职能部门。

一、主要职责

（一）拟定劳动和社会保险领域国际交流与合作的规划和年度工作计划，并组织实施。

（二）拟定对国际劳工组织及其他相关国际组织的方针政策，管理和组织参加国际劳工组织和其他有关国际组织的活动和工作。

（三）综合管理劳动和社会保险领域政府、民间及国际经援机构的双边、多边国际交流与合作项目。

（四）综合管理劳动和社会保险领域的涉外业务技术合作及人才交流。

（五）综合管理对港、澳、台地区的交流与合作工作。

（六）按分工管理中国公民出境就业工作及本部的智力引进、出国（境）培训工作。

（七）综合管理部机关和部属企业事业单位的外事工作。

（八）负责本部的涉外宣传工作。

二、内设机构

根据上述职责，国际合作司设四个处：

（一）综合处（挂“部出境就业办公室”牌子）

拟定劳动和社会保险领域国际交流与合作的规划和年度工作计划；审批外事经费使用及年度外事工作计划执行情况；负责对港、澳、台地区的交流与合作；按分工管理中国公民出境就业及劳动和社会保险领域的涉外技术合作和人才交流工作；负责涉外宣传工作的联络协调和涉外礼宾工作；负责办理出国（境）人员任务批件和护照、签证等手续；负责司内文秘、人事、外事和行政管理工作。

（二）国际组织处

拟定对国际劳工组织及其他相关国际组织的方针政策；组织参加上述组织的会议和活动；负责与全总、企协、有关部委以及我驻日内瓦代表团的联络与协调；处理国际劳工公约和建议书有关事宜；承办国际劳工组织在华临时聘用中文同传人员工作；负责向上述国际组织提供有关报告资料；承办中国同国际劳工组织在出版、翻译、宣传方面的合作事宜。

（三）双边合作处

规划和开发劳动和社会保险领域政府及民间的双边交流与合作项目；综合管理并组织实施双边交流与合作项目；综合管理本部的智力引进及出国（境）培训工作；负责双边代表团的出访和接待工作；组织双边交流与合作的基础调研工作。

（四）多边合作处

规划和开发劳动和社会保障部与国际组织及国际经援机构的多边技术合作项目；综合管理并组织实施与上述组织间的技术合作项目；负责对有关国际组织及国际经援机构的技术交流和基础调研工作。

三、人员编制和领导职数

国际合作司行政编制 18 名。其中：司长 1 名，副司长 2 名，处级领导职数 8 名。

人事教育司

人事教育司是劳动和社会保障部综合管理部机关、直属企业事业单位人事教育及地方劳动和社会保障系统干部教育培训工作的职能部门。

一、主要职责

（一）拟定部有关人事教育工作规划、规定、制度并组织实施和监督检查。

（二）负责部机关公务员和直属企业事业单位司局级领导干部的考核、任免、调配、奖惩及档案管理工作。

（三）拟定劳动和社会保障系统干部教育培训规划、计划并组织实施，综合管理部机关及直属企业事业单位人员的教育培训工作。

（四）负责部机关和直属企业事业单位的机构设置、人员编制和劳动工资的管理工作。

（五）管理直属企业事业单位人员的专业技术职务评聘工作。

（六）负责本部人员出国审查、长期出国培训的管理工作，管理长期出国官员和国际职员。

（七）管理挂靠本部的社团组织。

二、内设机构

根据上述职责，人事教育司设三个处：

（一）考核任免处

拟定部有关人事工作规划、规定、制度和改革方案；负责部机关公务员和企业事业单位司局级领导干部的考核、任免、奖惩工作；负责部机关、直属企业事业单位的机构设置和人员编制工作；负责机构编制年报。

（二）教育培训处

拟定劳动和社会保障系统干部教育培训规划、计划并组织实施；负责部机关及直属企业事业单位人员的教育培训工作，组织编写有关教育培训的教材；负责与有关大专院校的业务联系，协调指导劳动和社会保险领域各学科专业设置工作；负责部内出国人员的审查、驻外机构人员的管理工作；负责部属企业事业单位人员的专业技术职务评聘工作；负责组织推荐专业技术人员享受政府津贴的有关工作。

（三）调配劳资处

负责部机关公务员录用、调配、工资工作；负责办理部机关公务员及企业事业单位司局级领导干部离退休；负责军队转业干部和应届高校毕业生的接收安置工作；负责本部人员劳动工资统计工作；负责挂靠本部的社团组织的申报、登记工作；负责直属企业事业单位工资总额的审核工作；管理部机关公务员和直属企业事业单位司局级领导干部人事档案；负责司内文秘、人事、外事、行政管理和督办工作。

三、人员编制和领导职数

人事教育司行政编制 11 名。其中：司长 1 名，副司长 1 名；处级领导职数 6 名。

全国劳动和社会保障工作情况

就业和再就业

1998年，我国的就业工作面临着严峻的形势。由于党中央、国务院高度重视，及时采取了一系列重大措施，经过各地、各部门和社会各方面的共同努力，就业工作取得了显著成就。主要表现为：就业规模继续扩大，就业局势基本稳定，城镇登记失业人员总数为571万人，登记失业率3.1%；就业结构调整在改革中进一步加快；国有企业下岗职工基本生活保障和再就业工作取得初步成果。

一、就业规模不断扩大，就业结构有所调整

1998年末，全国劳动力资源总数85 684万人，同比增加1 114万人，比上年少增16万人；劳动参与率为83.3%，与上年相比下降0.2个百分点。全国从业人员69 957万人，比上年增加357万人。其中城镇人员20 678万人，比上年增加471万人。全国国有单位从业人员9 058万人，比上年减少1 057万人；城镇集体单位从业人员1 963万人，比上年减少473万人。非国有经济单位从业人员迅速增加，城镇私营个体从业人员为3 232万人，比上年增加563万人。联营、合营、股份制等混合经济从业人员已达1 675万人，按可比口径计算，比上年增加624万人，增幅达59%。非国有经济的发展已经成为吸纳就业的主渠道。从事第一产业的人员比重为49.8%，第二产业为23.5%，第三产业达26.7%。

统计数字显示，我国的就业总量继续增加，但与往年相比已有所放慢。这一方面是由于市场化就业体制对劳动力素质提出了更高要求，加上实施劳动预备制度等措施，推迟了年轻人进入劳动力市场的时间，受其影响，新增劳动力的供给趋于减少。另一方面，对于我国的国有企业尤其是传统产业来说，冗员过多成为影响其市场竞争力的重要因素。因此，“减员增效”就成为众多国有企业和集体企业的必然选择，致使原来吸纳城镇就业的主渠道不仅不再吸纳劳动力，相反还要向外释放大量的富余人员。与此同时，乡镇企业从业人员也明显减少。

二、国有企业下岗职工基本生活保障和再就业工作取得了阶段性成果

1998年5月14～16日，中共中央、国务院召开了国有企业下岗职工基本生活保障和再就业工作会议。会议提出，要全党动手，动员全社会的力量，共同做好国有企业下岗职工基本生活保障和再就业工作。各级党委和政府一定要把它作为一个头等大事抓紧抓好。随后，中共中央、国务院下发了《关于切实做好国有企业下岗职工基本生活保障和再就业工作的通知》(中发〔1998〕10号文件)，明确了凡是有下岗职工的国有企业，都要建立再就业服务中心或类似机构。再就业服务中心负责为本企业下岗职工发放基本生活费，代缴养老、医疗、失业等社会保险费用，组织下岗职工参加职业指导和再就业培训，引导和帮助他们实现再就业。下岗职工基本生活保障和缴纳社会保险费用的资金，原则上采取“三三制”的办法解决，即财政预算安排1/3、企业负担1/3、社会筹集

(包括从失业保险基金中调剂) 1/3。下岗职工在再就业服务中心期满仍未实现再就业的，可以享受失业保险待遇。享受失业保险待遇期满仍未实现再就业，且家庭平均收入低于当地城市居民最低生活保障标准的，可以享受城市居民最低生活保障待遇。下岗职工基本生活保障、失业保险、城市居民最低生活保障制度构成当前具有中国特色的社会保障制度的主要政策措施。1998 年 7 月，为加快国有企业下岗职工基本生活保障工作的进度，经国务院批准，劳动和社会保障部召开了全国养老保险和再就业服务中心建设工作会议。在这次会议上，明确提出要在 9 月末使全部国有企业下岗职工都进入再就业服务中心和保障其基本生活的工作目标。随后，劳动和社会保障部、国家经贸委、财政部、教育部、国家统计局、中华全国总工会为贯彻中央 10 号文件，联合下发了《关于加强国有企业下岗职工管理和再就业服务中心建设有关问题的通知》(劳社部发〔1998〕8 号)，对下岗程序、下岗职工管理、再就业服务中心建设和运作、基本生活保障资金的使用和管理规定了具体操作办法，比如规定了企业再就业服务中心应与拟安排下岗的职工签订基本生活保障和再就业协议，明确双方的责任、权利和义务，并借此变更劳动合同，替代劳动合同中的相关内容等。

按照党中央、国务院的统一部署，经过各级党委、政府和各有关部门的共同努力，国有企业下岗职工基本生活保障和再就业工作进展情况一个月比一个月好，第三季度取得了明显进展，第四季度又得到了进一步巩固。

(一) 再就业服务中心普遍建立。1998 年，所有有下岗职工的国有企业都建立了再就业服务中心或类似的管理机构，全国总计共有 12.4 万个。许多再就业服务中心建立了规章制度，配备了得力人员，在为下岗职工发放基本生活费和代缴社会保险费的同时，还主动开展了职业指导和职业培训，帮助下岗职工实现再就业。

(二)基本完成下岗职工基本生活保障和再就业目标。随着下岗职工进入再就业服务中心比例的提高，下岗职工基本生活得到保障的比例也逐月提高。从统计数据看，1998 年 2 季度末国有企业下岗职工进中心的比例为 21.9%，三季度末上升到 98.1%，并在以后得到巩固，到 1998 年底，全国共有国有企业下岗职工 610 万人，其中 604 万进入了再就业服务中心。各地和中央共筹集下拨基本生活保障资金 159.4 亿元(其中各地筹集 85.2 亿元，中央下拨 74.2 亿元)，在进“中心”的下岗职工中，有 93.2% 领到了基本生活费。对比上半年大多数国有企业下岗职工基本生活没有着落的状况，可以说是发生了根本性变化。同时，1998 年，全国共有 609.2 万国有企业下岗职工实现了再就业，再就业的比例为 50%，实现了中央 10 号文件提出的再就业工作目标。

三、劳动力市场建设得到加强

1998 年，围绕下岗职工基本生活保障和再就业工作，各地加强劳动力市场建设，积极主动地开展就业服务工作。截至 1998 年底，全国共有各类职业介绍机构35 449所，比上年增长 3.4%。其中，各级劳动保障部门办的有28 717所，增长了 1%；非劳动保障部门办的为6 732所，比上年增长 14.8%。职业介绍工作人员88 944人，比上年增长 3.8%，其中，劳动保障部门的有59 203人，比上年减少 3%；非劳动保障部门的有29 741人，比上年增长 20.6%。

全年全国求职登记人数为1 184万人次，加上上年末结转数，求职登记总数为1 863.4万人次。全年全国用人登记数为 934.2 万人次。加上上年末结转数，用人登记总数为1 170万人次。

全年全国介绍职业成功 798.8 万人次，比上年减少了 8.6%。其中失业人员 262.1 万人次，比上年减少 4.7%；城镇在业人员 81.7 万人次，比上年增长 27.9%，农村劳动力 393.3 万，比上年减少 17.1%。介绍成功率为 42.9%。

(一) 围绕中心任务，狠抓就业服务，完善服务体系。一是完善服务手段，扩展服务范围。1998 年初，原劳动部颁布了《关于印发〈职业介绍服务规程（试行）〉的通知》（劳部发〔1998〕1号），提出了职业介绍服务的标准，包括文明服务、公平服务、优先服务、高效服务、灵活服务、公开服务；职业介绍服务范围，包括信息服务、咨询服务、指导服务、介绍服务、委托服务、管理服务，并对职业介绍服务的程序进行了具体规定，为职业介绍服务的规范发展提出了具体要求。二是突出重点，抓好对下岗职工的服务。为了做好对下岗职工的就业服务，劳动和社会保障部发出了《关于进一步加强就业服务，大力促进下岗职工再就业的通知》（劳社部发〔1998〕13号），提出把促进下岗职工再就业作为当前就业服务机构的重要任务，积极主动地开展工作，并提出了“一三一”的要求，即在下岗职工进入企业再就业服务中心的半年内，为他们至少提供一次职业指导，提供三次就业信息或职业介绍，提供一次免费的培训机会。针对下岗职工的特点，各地开展了有特色的就业服务。如设立专门窗口，配备专门人员，免费为下岗职工提供职业介绍和职业指导；根据下岗职工的特点，重点开展转变就业观念、掌握求职技巧等方面的指导；为下岗职工召开专场招聘洽谈会、开发专门培训项目；对有特殊困难的下岗职工，进行重点服务，确定专人联系，制定促进就业的具体方案，帮助尽快实现再就业；加强与社区组织联系，通过建立公益性劳动组织等形式，着力开发社区居民服务业的就业岗位，帮助下岗职工组织起来或以自谋职业形式在社区实现再就业；对自谋职业的下岗职工开展创业指导；积极开展为自谋职业的下岗职工提供保存档案、代收代缴社会保险费等多项服务；根据本地实际情况，对下岗职工实行“即时服务”、“上门服务”等公开服务承诺；一些地方实施了把再就业服务中心与社会培训机构“结对子”的伙伴培训计划，都取得了较好的效果，也树立了劳动保障部门的良好形象。

与此同时，职业指导作为就业服务的一种新形式得到了进一步加强，明确了职业指导在当前及今后一个时期，重点是要对进入企业再就业服务中心的下岗职工开展工作，保证在年底前，对进入再就业服务中心的下岗职工全部进行一次（或更多次）群体职业指导服务；对特殊困难人员进行一次（或更多次）面对面指导；对长期就业困难人员进行跟踪指导。把企业再就业服务中心作为就业服务工作的重要依托，发挥街道基层组织的作用，共同做好对下岗职工的调查摸底工作，掌握下岗职工的基本情况和就业需求状况；帮助中心制定组织职业指导、职业介绍和培训工作的计划，并指导其做好实施工作；组织中心工作人员的业务培训，帮助其了解和熟悉再就业政策，掌握职业指导、职业介绍等方法，提高业务素质和服务水平。

（二）加强劳动力市场信息网络建设，把就业信息及时送到下岗职工面前。据对近200个地级以上城市的调查，前台服务开始使用计算机的约占70%；中心职业介绍所建立了局域网的约占40%，其中，市区内初步实现联网的约占15%。但总体上讲还处于初创阶段，存在的主要问题是：缺乏长远整体规划，低水平重复建设，基础工作薄弱，人员素质偏低等。针对这些问题，劳动保障部制定并发布了《劳动力市场信息网建设实施纲要》（1998—2000年），提出劳动力市场信息网是用于劳动力市场管理和服务的大型、分布式全国计算机信息系统；是劳动和社会保险管理信息系统的重要组成部分，信息网涵盖职业介绍、失业保险、城镇和农村劳动力管理、职业培训等业务领域；服务对象包括劳动者、用人单位、学校和培训机构等，同时为各级政府机构决策提供服务，信息网由国家、省、市三级组成。并提出现阶段应以城市为中心，坚持统一规划、统一标准、网络互联、资源共享、分级使用、分步实施，加快信息网的建设。主要步骤是自上而下统一规划，自下而上分步建设。同时提出网络建设的总体目标，城市网以劳动力供求信息为中心，实现失业保险和职业培训等其他功能，到2000年底，要在全国大中城市实行就业服务和失业保险信息的计算机管理和市内联网，在全国统一标准和初步建成城市网基础上，初步建立劳动力市场信息发布系统和宏观决策支持系统，形成全国劳动力市场信息网框架。《实施纲要》还就信息网的功能、技术实施、保障措施及重点任务和进度安排等方面进行了具体部署和安排，还提出了一些参考性的技术方案。《实施纲要》是建立规范、有效、统一的劳动力市场信息网络的总体规划和实施指导。在抓好网络建设的同时，各地还在网络的开发应用上下功夫，抓好信息的收集和发布，使网络发挥好作用，真正活起来、用起来；把收集岗位空缺信息作为就业服务重要的基础工作，投入力量切实抓好；建立和完善用人单位空岗申报及用工登记制度，加强信息员队伍建设，与用人单位、社区居民组织建立密切的联系，广泛收集空岗信息；建立劳动力市场信息发布制度，利用多种形式，向社会公开发布劳动力供求信息，通过电视、广播、报纸和互联网络等多种途径和方式，及时将各种职业需求信息送到每一位下岗职工面前，供其选择利用。

四、灾区农村劳动力就地安置工作取得一定成效

1998年我国遭受了历史上罕见的特大洪涝灾害，持续时间长，受灾地区广，涉及人口和劳动力数量多。湖北、江西、湖南、安徽等8个重灾区受灾人口达1.6亿，受灾劳动力约7 300万人。大部分受灾地区是劳动力主要输出地，灾后不久即有大量灾民盲目外出，对灾区恢复生产和重建家园的各项活动乃至城镇的再就业工作均带来新的压力。

劳动保障部在调查分析灾后民工外出的形势、原因和趋势的基础上，于1998年9月提出了立足农村，搞好灾后重建和向农业深度、广度开发，确保恢复生产和重建家园，引导农村劳动力有序流动，减少以至杜绝灾区民工盲目流动的工作思路。同时在恢复生产和重建家园、移民建镇等工作中，提出了组织农村劳动力就地安置的各项政策措施。

国务院领导同志对灾区农村劳动力就地安置和组织民工有序流动工作十分重视，并提出了明确的要求。认为此项工作亟应重视，早为筹划。关键是要开展以工代赈，修建水利工程和基础设施，就地安置劳动力。国务院办公厅1998年10月20日转发了劳动保障部、国家计委、建设部、水利部、农业部《关于做好灾区农村劳动力就地安置和组织民工有序流动工作的意见》(国办发〔1998〕138号)，明确了以就地安置为主，同时根据城市和经济发达地区的需要，有组织地开展劳务输出，引导灾区劳动力有序流动的指导思想。提出了保障灾区群众基本生活，维护灾区社会稳定；切实搞好灾区农业生产的恢复工作；认真实施受灾地区水利工程建设，把受灾地区水利工程建设作为灾区劳动力就地安置的重要渠道；做好移民建镇工作，搞好小城镇建设，增加小城镇就业机会；制定配套的劳动力资源开发政策，拓宽就业渠道，做好移民就业工作；有组织地引导农村劳动力有序流动；抓好以工代赈和相关政策的落实等10条具体政策。各地按照文件要求迅速行动起来，加强了组织领导，开展形势和政策宣传，及时收集分析信息、处理问题，各主要农村劳动力输出、输入地加强了协作，灾区农村劳动力大规模盲目外出的势头得到了有效控制，维护了社会稳定。

职 业 培 训

1998年，我国职业培训工作围绕国有企业下岗职工基本生活保障和再就业这一中心任务，突出重点，主动配合，取得了一定进展。全年培训下岗职工390万人；在鞍山、襄樊等试点地区组织了10多万青年劳动者参加劳动预备制培训；全国技工学校有4 362所，共有在校生173万人，高级技工学校发展到45所，就业训练中心2 924所，年组织培训300多万人；全国已建立职业技能鉴定所（站）4 953个，为319万人提供了职业资格鉴定服务，有286万人获得了相应的职业资格证书。与此同时，职业培训覆盖面得到扩大，服务功能不断增强，培训质量进一步提高。职业培训事业的发展，对就业和再就业发挥了促进作用。

一、下岗职工再就业培训普遍开展

配合国有企业下岗职工基本生活保障和再就业工作，为帮助下岗职工转变就业观念，提高职业技能，尽快实现再就业，从1998年起，在全国范围内开始实施“三年千万”再就业培训计划。各地区、各部门根据统一安排，结合实际，落实计划，组织培训。有的城市建立了定期发布职业需求信息制度和下岗职工培训需求登记制度，促使培训工作适应市场需要，为下岗职工再就业服务；有的城市针对在全社会培训机构中，选择专业设置合理、培训质量高的培训学校，认定为再就业培训定点校，引导下岗职工参加转岗转业培训，为实现再就业准备条件；有的地区在充分发动社会各界包括工、青、妇等社会团体和各民主党派的力量投入再就业培训方面，做了许多工作，形成了全社会积极参加培训的局面。特别是上海市建立“政府购买培训成果”机制，通过引入培训项目的招投标机制，优化培训资源，提高了培训质量和效益，探索了职业培训社会化、市场化的工作路子；北京市实施“再就业培训伙伴计划”，在企业再就业服务中心和培训机构间建立了有效联系，为下岗职工参加培训提供了便利，有力地推动了再就业培训工作的开展。到1998年底，全国已有26个省、自治区、直辖市和石油、航空、铁道、地质等6个行业出台了再就业培训实施方案，为下岗职工再就业起到了积极的促进作用。

二、劳动预备制度试点取得成效

劳动预备制度得到了党中央、国务院的高度重视。《中共中央国务院关于切实做好国有企业下岗职工基本生活保障和再就业工作的通知》（中发〔1998〕10号）明确提出，“要普遍实行劳动预备制度，对城镇未能继续升学的初、高中毕业生，进行1～3年的职业技术培训”。为贯彻这一规定，在总结试点经验的基础上，1998年劳动保障部下发了《关于进一步做好劳动预备制度试点工作的通知》（劳社厅发〔1998〕7号），进一步扩大了试点范围，使实施劳动预备制度的试点城市达到200个。各地普遍加强了对劳动预备制度工作的领导。襄樊等城市建立了市、区、乡镇、企业多级组织体系，在摸清全市劳动力状况和用工状况的基础上，把适合参加这一制度的城乡青年都组织起来进行培训。多数城市以就业准入政策作为实施劳动预备制度的保证，创造先培训后就业、先培训后上岗的环境，引导青年进入劳动预备制度的培训轨道。鞍山等城市抓住普通中学、培训单位与用人单位三个关键环节，通过建立资源体系、培训体系和就业体系，使之成为劳动预备制度的实施载体。佛山、湘潭等城市还把实施劳动预备制度与技校、高等院校招生结合起来，提高培训的吸引力。试点地区共组织了10多万人进入定点培训单位参加培训，在提高广大青年劳动者的职业素质，减缓就业压力，推动再就业工程的顺利实施方面开始显现作用，也为今后在全国普遍实施劳动预备制度积累了经验。

三、创业培训和远程培训开始起步

创业培训是职业培训的一种新形式。在我国经济结构调整和国有企业改革过程中，就业的主阵地由第二产业向第三产业转移，由国有大中型企业向中小企业转移。党的十五大提出，要积极鼓励发展个体、私营等非公有制经济。开展创业培训，培养创业意识，提高创业能力，是贯彻落实十五大精神，促进培训与就业紧密结合的一项重要工作。1998年劳动保障部在借鉴法国等发达市场经济国家企业创办者培训经验的基础上，着手进行创业培训试点工作。北京、上海、苏州率先启动了试点工作，经过探索和实践，取得了较好的效果。通过参加创业培训，转变了一部分下岗职工和失业人员的就业观念，帮助他们树立了创业意识和竞争意识，掌握了创业必备的基础知识，提高了创业能力，通过政策扶持、协调服务，为培训学员成功创业提供了较好的环境。三个城市实现创业人员都占参加培训人员总数的一半以上，有的达到80%。通过创业培训，造就了一批中小企业带头人，吸纳了更多下岗职工和失业人员再就业，对扩大就业和促进个体、私营经济的发展起到了积极作用。

远程职业培训具有不受场地、时间限制，信息传播手段先进的优势，可以有效地扩大培训的规模效益，使培训延伸到社会和家庭，同时有利于通过统一标准、教材，聘用高水平的教师进行教学，规范培训行为，提高培训质量，较充分地满足培训就业工作的实际需要。经过多方面的共同努力，劳动保障部培训就业司、中国就业培训技术指导中心与中央电视台和中国教育电视台等单位联合开设了远程再就业培训系列讲座，并推出了一批再就业培训音像教材，在美容美发、推销、秘书等职业领域开发远程培训项目。各地认真贯彻《通知》精神，结合实际，制定本地开展远程培训的办法、方案，组织开展远程培训工作。北京、上海、大连等地劳动部门与电视台、电视大学等单位合作开展远程职业指导和再就业培训，取得了一定的成效。

四、职业培训综合性基地和集团试点范围进一步扩大

为进一步深化职业培训机构改革，建立灵活的办学机制，增强服务就业的能力，1998年，劳动保障部再次确定了太原市技工学校等70个单位列入综合性职业培训基地和集团试点范围，将职业培训综合基地和集团化试点单位扩大到145个。

试点的培训机构通过深化办学体制改革，扩大培训规模等措施，逐步形成兼有职业需求调查、职业培训、职业技能鉴定、职业指导并与职业介绍紧密联系的多功能的综合基地。以建设综合基地和集团为契机，技工学校、就业训练中心结合劳动力市场需求，积极进行改革和调整，涌现出一批机制灵活，质量较高，受到用人单位和社会欢迎的职业培训综合基地和集团，在当地发挥了示范和辐射作用。实践证明，建设职业培训综合基地和集团是职业培训机构深化改革，建立适应市场经济体制需要与就业紧密结合的新型办学机制的有效模式。

与此同时，职业培训教材建设等基础工作不断加强。职业培训教材建设是开展培训和鉴定的重要基础工作。有关行业主管部门和地方劳动部门以及有关教学教研、出版发行机构，在教材建设方面做了大量工作，许多技工学校和培训机构结合教学改革的实际需要，编写教学辅助资料，较好地配合了职业培训工作。据不

完全统计，截至1998年底，全国编写出版各类职业培训教材近6 000种，其中技工学校教材2 000余种，其他各类职业技能培训教材4 000多种，教材建设的这些进展，在推动职业培训工作的开展上起到了积极作用。11月，劳动保障部在北京召开了各省市和有关行业部门参加的教材建设工作座谈会，对今后一个时期的教材建设工作进行了专题研究和部署。教材建设将在统筹规划、提高质量的基础上得到更快的发展。

五、职业技能鉴定和职业资格证书制度进一步发展

配合职业培训工作，职业技能鉴定事业得到进一步发展，规模和质量进一步扩大和提高。各地为推进职业资格证书制度，落实就业准入的要求，采取了许多措施。北京市通过人大立法，制定了对68个技术工种实行持职业资格证书上岗的法规，有力地推动了职业资格证书制度的落实。全市涉及68个技术工种从业人员持证率平均达到70%。苏州市积极扩大职业技能鉴定规模，在中等职业学校全面推行“双证书”，基本做到了城镇新生劳动力持证上岗。湖北襄樊市把实行就业准入作为实施劳动预备制度的关键环节来抓，成立了由培训、鉴定、职业介绍、劳动监察和工商部门组成的工作领导小组，在技能鉴定、求职登记、进行工商注册和开展用工监察等环节上共同把关。通过这些措施，提高了鉴定质量，扩展了鉴定覆盖范围，推进了职业资格证书制度。

劳动关系

1998年，劳动关系调整工作紧紧围绕国有企业改革大局和我部中心任务，深入调查研究，开拓工作思路，积极研究制定解决下岗职工劳动关系问题的有关政策措施，同时在推动劳动合同、集体合同制度建设和完善劳动争议处理制度方面开展了大量工作，取得了重要进展。

一、积极稳妥地开展下岗职工劳动关系处理工作

为深化国有企业改革，实行“减员增效、下岗分流、实施再就业工程”的方针，1998年6月9日，中共中央、国务院发布了《关于切实做好国有企业下岗职工基本生活保障和再就业工作的通知》（中发〔1998〕10号文件），要求各地要建立再就业服务中心，劳动合同制度以前参加工作的国有企业正式工，以及劳动合同尚未期满的合同制职工，因企业生产经营等原因而下岗，尚未与企业解除劳动关系、没有在社会上找到工作的人员都要进再就业服务中心，在中心的期限一般不超过3年，3年期满仍未实现再就业的，应与企业解除劳动关系。随后，劳动保障部、经贸委、财政部、教育部、统计局、全总等六部委为了贯彻中发10号文件精神，在《关于加强国有企业下岗职工管理和再就业服务中心建设有关问题的通知》（劳社部发〔1998〕8号文件）中对国有企业下岗职工的劳动管理问题作了进一步的规定，要求企业再就业服务中心要与进中心的下岗职工签订基本生活和再就业协议，并借此变更劳动合同，替代劳动合同的相关内容。按照党中央、国务院的总体部署以及6部委文件的要求，各级劳动保障部门将国有企业下岗职工劳动关系处理问题作为一项重要工作来抓，深入企业开展调研，加紧研究制定切合本地实际的国有企业下岗职工劳动关系处理的有关政策。黑龙江、上海、河北、山西等15个省（市）结合当地的实际情况，分别以省（市）委、政府名义出台了下岗职工劳动关系处理的政策规定，要求处理好下岗职工的劳动关系，依法变更、解除、终止劳动合同，切实加强劳动合同管理；陕西等六个省市以劳动保障厅（局）名义下发了文件。上海、黑龙江、江苏、大连成立了有关工作领导小组，制定了具体实施方案，启动了下岗职工劳动关系处理工作。

二、劳动合同管理工作进一步加强

1998年，各地继续积极开展指导、推动企业加强劳动合同管理的工作。全国已有2/3的地区出台了劳动合同管理的法规、规定和政策。其中，北京、天津、河北、山西等19个省、市、自治区分别以省人大、省政府或劳动保障部门的名义颁布了有关劳动合同管理的规定。天津、山西、宁夏还制定了劳动合同签订、变更、终止、解除等环节的统一文本提供企业使用。天津建立了“两账一卡”制度，规定企业要建立劳动合同、医疗管理台账和职工劳动合同管理卡，对劳动合同情况实行动态管理。北京市为提高劳动合同管理水平，推出了劳动合同管理软件，这些都为规范、完善劳动合同管理工作打下了较好基础。截止年底，全国城镇国有企业、集体企业和外商投资企业实行劳动合同制

度的职工达10 300万人，占同口径职工总数的98%。同时，继续督促、指导各地扩大实行劳动合同制度的实施范围，加强了对城镇私营企业和有雇工的个体工商户签订劳动合同工作的指导和推动力度。到年底，全国城镇私营企业签订劳动合同的从业人员为599.5万人，个体工商户签订劳动合同的从业人员为434.7万人，分别比1997年增长132.3万人和111.3万人。乡村集体企业实行劳动合同制度的从业人员为2 306.1万人，比1997年增加了361.6万人，实现了达到80%的目标。

三、集体协商签订劳动合同工作取得了新的进展

到年底，全国报送劳动部门审核备案的集体合同达15万份，涉及职工5 500万人，比1997年增加了3万份，涉及职工人数增加了700万人。一些省市还把企业签订集体合同工作与加强劳动合同管理结合起来，要求企业在集体合同有关条款中明确劳动合同制度的建立、劳动合同履行等方面内容，对加强企业内部管理起到了规范作用。

部分地区对建立三方性的劳动关系协调机制进行积极探索。辽宁、江苏、山西、陕西、海南、大连等六省市劳动保障部门与工会组织和企业家协会建立了省市级三方性的劳动关系协调制度，成立了有关组织机构。

四、劳动争议处理工作继续得到加强

在调查研究和总结经验的基础上，进一步明确了劳动争议处理工作“一个加强、三个重点、两个完善”的总体思路，即加强劳动争议仲裁委员会机构和仲裁员队伍建设；以处理国有企业下岗职工劳动争议、因劳动保障纠纷引发的突发事件以及部分非国有企业拖欠社会保险金或企业拖欠劳动报酬等严重侵害劳动者合法权益的劳动争议案件为重点；进一步完善劳动争议仲裁和劳动争议调解两项制度。

按照这一工作思路，各级劳动争议仲裁委员会积极开展了劳动争议处理工作，在案件持续上升的形势下，仍保持了较高的结案率。据统计，1998年全国各级劳动争议仲裁委员会共立案受理劳动争议案件93 649件，涉及劳动者358 531人，已审理结案92 288件，当年结案率为98.5%。除上述立案受理的劳动争议外，还以其他方式调解争议46 838件，两者相加，各级劳动争议仲裁委员会共受理劳动争议案件140 487件。1998年劳动争议案件呈现以下新的特点：一是国有企业劳动争议案件所占比例比1997年下降了2.2个百分点，而机关事业单位争议案件所占比例增长了近1倍；二是28%的集体劳动争议主要集中在外商及台港澳投资企业；三是广东、江苏、重庆、山东、上海、福建、浙江、北京等经济发达的8省市劳动争议占案件总数的71.7%，与西藏、海南、青海、宁夏等经济欠发达地区案件的差距悬殊；四是因劳动报酬、保险福利及劳动合同管理方面问题引起的劳动争议占案件总数的69.1%；五是仲裁裁决的劳动争议案件比重增加，比上年上升了6.2个百分点。

各级劳动争议仲裁委员会在坚持“多立案、快办案、办好案”的同时，积极推进劳动争议处理体制改革，对完善劳动争议处理机制进行积极的探索，取得了较大进展。一是坚持三方原则，注意充分发挥工会、综合经济管理部门兼职仲裁员的作用，调动其参加案件审理的积极性，1998年，全国专兼职仲裁员比例为1：2.7，有的地区兼职仲裁员参与办案率达到20%以上。二是一些地区积极探索在乡镇建立劳动争议处理机构，推动劳动争议处理工作向乡镇延伸，为就地解决大量争议案件创造了条件。三是部分地区探索建立了劳动法律咨询服务机构，将咨询工作与办案工作紧密结合起来，发挥了提前预防、及时化解劳动争议的作用。四是进一步建立健全不同类型及不同层次的劳动争议调解制度，既减轻了仲裁委员会的压力，又使大量争议解决在基层。五是简化、完善仲裁审理程序，改进了举证方式，充分利用自由裁量权等，对提高办案效率发挥了重要作用。

1998年的劳动关系调整工作取得了重要进展，但也存在一些不容忽视的问题，主要是劳动合同制度不健全、管理不规范，致使劳动合同制度的优越性还没从根本上发挥出来；劳动关系比较紊乱，特别是国有企业下岗职工劳动关系问题突出，由此引发的劳动争议逐渐增多等，对这些问题，必须通过进一步加强调查研究，制定切实有效的措施予以解决。

企业工资收入分配

1998年，企业工资工作紧紧围绕国有企业改革和劳动保障工作的中心任务，按照党的十五大对收入分配问题提出的总体要求，继续推进企业工资制度改革。在对企业工资分配状况和制度改革进行了深入调研的基础上，总结了改革开放以来特别是党的十四大以来企业工资制度改革的经验，分析了企业工资分配中存在的主要问题，积极探索了企业工资分配宏观调控的新路子，认真做好企业工资管理的各项基础工作，锐意进取，大胆实践，取得了积极成效。1998年，全部职工年平均工资为6 664元，其中企业职工6 344元，分别比上年增长3%和0.3%；扣除物价因素，实际工资分别增长3.6%和0.9%；全部在岗职工年平均工资为7 479元，其中企业在岗职工年平均工资为7 405元。

一、积极探索建立新型企业工资收入宏观调控体系

按照企业工资工作必须服从和服务于企业改革大局的要求，及时指导各级工资管理部门，转变政府职能，调整工作思路，从宏观调控逐步转向宏观指导，逐步将行政手段转向经济手段、法律手段。坚持改革的市场取向，重点推进企业工资指导线制度改革，有计划分步骤地开展劳动力市场工资指导价位制度和人工成本预测预警制度试点工作，逐步建立符合社会主义市场经济体制要求的工资宏观调控体系。

一是继续推进工资指导线制度试点工作，在认真总结前几年工资指导线试点经验的基础上，将试点范围从1997年的9个地区扩大到14个，新增加上海、云南、陕西、福建、河北等5个地区。北京、上海、江苏、湖南、深圳等地区结合当地实际，将工资指导线和其他调控手段相结合，有效地发挥了指导线对企业工资分配的引导作用。

二是探索建立劳动力市场工资指导价位制度，在上海、北京、江苏、山西等地区进行了试点，根据企业工资制度改革和劳动力市场建设的需要，及时拓展视野，转变职能，积极探索建立劳动力市场工资指导价位制度，为建立和完善政府对企业工资分配、劳动就业宏观指导服务体系迈出了可喜的一步。

三是进行人工成本预测预警体系建设。北京等地区经过几年的努力，摸索出了一套企业人工成本信息发布及预警、预报的办法，初步建立了人工成本预测预警体系，有力地促进了企业加强人工成本管理，合理进行工资分配。

二、稳步推进企业工资决定机制创新

根据企业改革进程及参与市场竞争的程度，引入市场决定机制，逐步实现在国家宏观监控指导下，由企业根据社会平均工资和本企业经济效益自主决定职工工资水平。基本思路是，对股票上市公司实行自主决定工资的办法；对未完成公司制改造的竞争性企业，继续实行并逐步完善工效挂钩办法；对垄断性企业，继续由国家进行直接调控。

各地在改进完善企业工效挂钩办法的同时，在探索建立新的国有企业工资决定机制方面做了大量的工作。一是探索企业在政策指导

下，由企业行政同工会进行集体协商确定工资的办法。据不完全统计，全国有十几个省市的1 700户左右的企业进行了集体协商确定工资的试点。有的地区还制定下发了工资集体协商试行办法，进一步规范了协商的准则、程序，把集体协商与工资指导线紧密结合，推动试点工作的开展。二是积极探索政府对国有企业工资总额管理方式的改革办法。上海市在完善工效挂钩办法方面做了有益的探索和尝试，改总量挂钩为水平挂钩办法（即人均工资水平与人均效益挂钩），为实现工资总量调控向工资水平调控转变探索了有益的经验。三是对实行公司制改造，内部法人治理结构完善的企业，尤其是上市公司逐步放开工资总量行政管理，由企业根据劳动力市场价位和经济效益自主确定工资水平。

三、深化企业内部工资分配制度改革，探索按劳分配和按生产要素分配相结合的实现方式

在企业内部分配方面，部分企业探索建立了岗位工资制，企业根据自身特点设计具体形式，突出岗位要素的作用，把各类津贴补贴纳入工资，规范工资支付渠道，提高工资收入分配的透明度。这是继岗位技能工资制以来，企业基本工资制度改革的又一个新突破。

同时，在探索按劳分配与按生产要素分配相结合的有效途径方面取得了积极成效，职工参与收益分配的范围逐步扩大，许多改制的国有、集体企业都试行了职工投资入股、技术入股、劳动分红等新的收益分配制度，把职工利益与企业发展紧紧捆在一起，调动了职工的积极性。

四、积极探索建立经营者收入分配激励与约束机制

根据国有企业改革的要求，探索建立符合社会主义市场经济要求的企业经营者收入分配机制，开展了企业经营者收入分配调研工作，指导各地区进行企业经营者年薪制试点，促使年薪制试点工作稳步推进。到年底，全国有湖北、吉林等27个地区开展了试点工作，试点范围扩大到6 700户企业。不少地区在总结经验的基础上，制定或完善了年薪制试点方案，把工作的着力点放在建立符合市场经济要求的工资分配激励与约束机制上，将年薪制与经营者的选拔任用、业绩考核等结合起来，同时，结合企业改革和改制，探索管理要素参与收益分配的有效途径。在上海、湖北、浙江等地区开始探索将年薪制与期（股）权办法相结合，使经营者利益与企业利益紧紧捆在一起，在一定程度上克服了短期经营行为，增强了激励与约束作用。

五、进一步加大企业工资内外收入监督检查力度

根据工作需要及机构改革情况，及时将劳动部、财政部、审计署企业工资内外收入监督检查领导小组更名为劳动和社会保障部、财政部、审计署企业工资内外收入监督检查领导小组。同时，调整了领导小组成员：组长由张左己同志（劳动保障部部长）担任，副组长由楼继伟同志（财政部副部长）、刘鹤章同志（审计署副审计长）、刘雅芝同志（劳动保障部副部长）担任。

继续加强企业工资内外收入监督检查，纠正和查处企业工资分配中的违法违规行为，制定颁发了《1998年企业工资内外收入监督检查工作安排意见》，提出了监督检查工作的指导思想，确定了检查重点，采取行政抽查、企业自查和社会中介机构专业审查相结合的方式，对部分企业进行了重点检查，对违规违纪企业进行了严肃查处。同时指导地方开展了卓有成效的监督检查工作。地方监督检查机构按照年度工作部署，结合《工资总额使用手册》使用情况，积极开展监督检查活动，有的地区非常重视，开展了全面普查，收到了较好成效。

六、工资分配的基础管理工作初步得到加强

各级工资管理部门开始重视工资分配的基础管理环节。

一是自下而上，初步建立了拖欠工资的信息反馈制度。指导各地区及时掌握了解拖欠工资的新动向，采取缓解拖欠的办法措施。地方劳动保障部门针对拖欠问题也开展了一些工作，如大连颁布了清理拖欠工资的具体办法；深圳建立欠薪保障制度，配合劳动执法监察大队，严厉查处无故拖欠行为，为广大打工者挽回损失数千万元；北京清理拖欠工资力度大，效果好。二是重视研究企业工资支付的规范化问题，进一步完善最低工资保障制度，采取相应措施，切实保护广大职工的合法报酬权益。指导部分省、自治区、直辖市调整最低工资标准，保护了职工最低报酬权益。三是重视基础管理制度建设。地方劳动保障部门放眼实际，从基础着手，在指导企业建立健全内部劳动评价制度、定员定额制度、考试考核制度、厂务公开制度等方面做了大量工作。

养老保险

1998年，养老保险制度改革取得一系列重大突破，具有中国特色的企业职工基本养老保险制度初步建立。按照《国务院关于建立统一的企业职工基本养老保险制度的决定》（国发〔1997〕26号）的要求，已有29个省、自治区、直辖市出台了向统一制度并轨的方案，统一全国企业职工基本养老保险制度的目标基本实现。截至1998年底，全国参加基本养老保险的在职职工8 475.8万人，离退休人员2 727.3万人；其中6 188万人已建立了养老保险个人账户；养老保险基金当年收入1 459亿元，支出1 512亿元，历年累计结余612亿元。

一、企业离退休人员基本养老金基本做到按时足额发放

按时足额发放企业离退休人员的基本养老金，保障他们的基本生活，是我国社会主义制度的根本要求，也是社会保障制度改革的重要内容。但是，由于一些国有企业出现经济困难，拖欠应缴纳的养老保险费，削弱了养老保险基金的支付能力，再加上我国养老保险制度本身尚处于改革完善之中，致使一部分企业离退休人员的养老金没有能够做到按时足额发放。党中央、国务院对这项工作十分重视。江泽民同志在1998年5月召开的国有企业下岗职工基本生活保障和再就业工作会议上指出：对于国有企业离退休的老职工，也必须保障他们的基本生活。这些老职工为国有企业的发展和国家经济建设贡献了一生的力量，是国有企业建设的功臣，也是我们共和国建设的功臣，应该受到全社会的尊敬，一定要使他们老有所养。朱镕基同志强调，一定要按时足额发放企业离退休人员基本养老金，不得再发生新的拖欠；对过去拖欠的养老金要逐步补发。

按照中央领导同志指示精神和国务院的要求，为确保企业离退休人员基本养老金的发放，各地区、各部门采取了一系列紧急措施：(1)动用历年基金积累，保证发放需要；(2)加大征缴力度，收回被挤占挪用的基金，追缴企业欠费；(3)社会保险机构管理费用由财政核拨，不再从基金中提取管理费；(4)提高统筹层次，有26个省、自治区、直辖市实行了省级统筹，或建立省级调剂金，进一步加大了基金调剂力度；(5)地方财政提供支持，有的地方还动用了省长预备金，千方百计保证发放；(6)中央财政支持，对养老保险基金特别困难的地区，中央政府决定用转移支付的方式予以补贴；(7)严格控制提前退休和待遇水平的不合理增长。

这些措施的实行，收到了明显的成效。拖欠养老金的势头得到遏制，按时足额发放比例逐月上升，9月份以后基本做到按时足额发放。全年共补发历年拖欠的养老金30亿元。确保企业离退休人员基本养老金按时足额发放的目标基本达到，较好地保障了企业离退休人员的基本生活。

二、基本养老保险实行省级统筹有新的进展

我国的基本养老保险费用社会统筹是80年代初先在一些市、县开始试点的。虽然解决

了部分企业之间养老金负担畸轻畸重的矛盾，但因为统筹层次比较低，无法实现跨市县调剂。提高社会统筹的层次，扩大调剂的范围，是深化养老保险制度改革的重要内容。

1991年《国务院关于企业职工养老保险制度改革的决定》(国发〔1991〕33号)中规定：尚未实行基本养老保险省级统筹的地区，要积极创造条件，由目前的市、县统筹逐步过渡到省级统筹。按照这一规定精神，各地加快了省级统筹的进程。到1994年底，全国已有13个省、自治区、直辖市实现了省级统筹。

1998年6月，《中共中央国务院关于切实做好国有企业下岗职工基本生活保障和再就业工作的通知》(中发〔1998〕10号)规定：1998年，要在全国实现基本养老保险省级统筹，建立养老保险基金调剂机制。8月，《国务院关于实行企业职工基本养老保险省级统筹和行业统筹移交地方管理有关问题的通知》(国发〔1998〕28号)中，对于省级统筹又提出了明确要求：1998年底以前，各省、自治区、直辖市要实行企业职工基本养老保险省级统筹，建立基本养老保险基金省级调剂机制，调剂金的比例以保证省、区、市范围内企业离退休人员基本养老金的按时足额发放为原则。《通知》规定，省级统筹的范围包括省、区、市内的国有企业、集体企业、外商投资企业、私营企业等城镇各类企业及其职工。在省、区、市的范围内，要基本实现统一企业缴纳基本养老保险费比例、统一管理和调剂使用基本养老保险基金，对社会保险经办机构实行省级垂直领导。从1998年9月1日起，目前实行基本养老保险基金差额缴拨的地区，要改变基金结算方式，对企业和职工个人全额征收基本养老保险费，对企业离退休人员全额支付基本养老金。各省、区、市要积极创造条件，加快实现企业离退休人员基本养老金的社会化发放，推进社会化管理进程。

按照国发〔1998〕28号文件的要求，各地政府和劳动保障部门做了大量工作，在原来13个省、区、市实现省级统筹的基础上，到1998年底，已有26个省、区、市初步实现了省级统筹或建立了省级调剂金制度。1998年，实现省级统筹或建立省级调剂金制度的地区，共调剂基金9.2亿元，为确保困难地区企业离退休人员基本养老金的发放，发挥了重要作用。

三、行业统筹移交地方管理

行业统筹是我国企业养老保险改革初期采取的一项过渡措施。自1986年起，铁道、电力、邮电、水利、中建总公司5个行业和单位先后开始实行养老保险行业统筹。1993年，交通、煤炭、中国人民银行(含工商银行、农业银行、中国银行、建设银行、交通银行、中国人民保险公司)、民航、石油、有色六个行业也开始实行行业统筹。截至1997年底，参加11个行业养老保险统筹的在职职工有1 393万人，离退休人员有421.6万人。1997年基本养老保险基金收入356.4亿元，支出306.4亿元，年人均养老金为7 436元，账面滚存结余148.2亿元。

随着我国养老保险制度改革的深化，行业统筹纳入地方管理是大势所趋。1998年8月6日，国务院下发了《关于实行企业职工基本养老保险省级统筹和行业统筹移交地方管理有关问题的通知》(国发〔1998〕28号)，决定在1998年8月31日之前，将基本养老保险行业统筹移交地方管理，从9月1日起，由地方负责收缴养老保险费和发放养老保险金。劳动保障部会同财政部，按照国务院的部署，克服时间紧、任务重的困难，根据“先移交后调整”的原则，按期组织完成了移交工作。一是指导行业完成属地划分。不跨省、区、市的，直接移交所在的省、区、市；跨省、区、市的，按单位或其分支机构的注册登记地进行属地划分，分别移交所在省、区、市。行业统筹企业移交后直接实行省级管理，不再移交地市县。二是在属地划分的基础上，编制出移交到各省、区、市的行业1997年养老保险决算数据表。三是召开移交工作大会，签署移交协议。8月13日至21日，劳动保障部会同财政部专门召开了全国基本养老保险行业统筹移交地方管理工作会议，组织31个省、市、区和10个行业、15个单位进行了交接，签署了394份交接协议书。此前，煤炭行业养老保险统筹已随国有重点煤炭企业下放一并移交地方管理。四是向缺口地区拨款，用于解决移交前煤炭等行业历史拖欠养老金和移交后部分行业基金缺口。五是核定原行业统筹项目。12月29日，劳动保障部、财政部下发了《关于核定原行业统筹项目的通知》（劳社部发〔1998〕22号），规定经劳动保障部、财政部审核认定的统筹项目，所需费用从省级统筹基金中支付，对未被确认的行业统筹项目，所需费用在企业成本中列支，保持已经离退休人员的养老保险待遇基本不变。

失业保险

建立和完善下岗职工基本生活保障制度、失业人员失业保险制度和城市居民最低生活保障制度，是我国社会保障体系建设的重要任务。1998年，在各级党委和政府的领导下，劳动保障部门和其他有关部门积极探索，努力工作，进一步发挥三条保障线的作用，为稳定社会，促进改革作出了重要贡献。

一、建立和完善三条保障线，推进社会保障体系建设

《中共中央国务院关于切实做好国有企业下岗职工基本生活保障和再就业工作的通知》(中发〔1998〕10号)，要求国有企业建立再就业服务中心，为下岗职工发放基本生活费，并代缴社会保险费。所需资金按照企业负担1/3、财政负担1/3、社会筹集(主要从失业保险基金调剂)1/3的原则解决。

与此相适应，根据1997年9月国务院下发的《关于在全国建立城市居民最低生活保障制度的通知》(国发〔1997〕29号)的精神，1998年，各级党委和政府加强了对城市居民最低生活保障制度建设工作的领导，采取切实措施，促进了这项制度的建立和发展。截止1998年底，全国共有668座城市中的584座城市、1 693个县中的1 035个县政府所在镇建立了城市居民最低生活保障制度，覆盖面分别为87.4%和61%。全国所有地级以上城市都建立了这一制度，北京、天津、上海、河北等16个省(自治区、直辖市)已经普及了这项制度。

失业保险既是社会保障体系的重要组成部分，又是形成市场就业机制的必要条件。为充分发挥失业保险的作用，进一步改革和完善失业保险制度，劳动和社会保障部成立后，在原有工作的基础上，与有关部门密切配合，加快了制定新的失业保险行政法规节奏，经过广泛征求意见、反复研究论证，向国务院上报了《失业保险条例》(草案)。1998年12月16日，国务院常务会议原则通过，并于次年1月22日，发布了国务院第258号令，颁布了《失业保险条例》。

《条例》吸取了我国失业保险制度建立和发展的实践经验，借鉴了国外有益做法，在许多方面做了重大调整，体现了社会主义市场经济对失业保险制度的要求，体现了失业保险制度服务改革和稳定大局的精神，为形成具有中国特色的基本完善的失业保险制度打下了坚实基础。

二、保障生活促进就业，失业保险制度发挥积极作用

1998年，劳动保障部门立足于改革和稳定大局，配合国有企业改革，开展了多方面的工作，促进了失业保险制度作用的进一步发挥。

确保失业人员基本生活，促进再就业。1998年，劳动保障部门在保障失业人员基本生活、促进其再就业方面做了大量工作，取得了明显成效。由于1998年在岗职工人数比1997年有所减少等原因，1998年底全国参加失业保险人数为7 927.9万人，比上年(7 961万人)略有减少。1998年末，全国城镇登记失业人员571万人，城镇登记失业率3.1%。由于建立了国有企业

下岗职工基本生活保障制度，就业转失业人员没有增加，全年领取失业救济金人数为158.1万人。在劳动保障部门的引导和扶持下，当年再就业人数为63.3万人，再就业率为40%。

向国有企业再就业服务中心调剂资金，支持两个“确保”工作。根据《中共中央国务院关于切实做好国有企业下岗职工基本生活保障和再就业工作的通知》（中发〔1998〕10号）的要求，从1998年下半年开始，各地劳动保障部门按照当地政府的统一安排，在保证失业人员资金需求的前提下，将失业保险基金调剂部分资金用于保障国有企业下岗职工基本生活作为一项重要任务，高度重视，加大力度。全年共拨付资金14.6亿元，占当年失业保险基金支出总额51.9亿元的28%，为确保国有企业下岗职工基本生活提供了资金支持。

加强基金收缴，增强基金支撑能力。1998年，在宏观经济环境不太宽松，部分国有企业尚未根本脱困的形势下，失业保险费征缴困难，但支付需求增大。根据中发〔1998〕10号文件的规定，从1998年下半年开始，各地陆续将失业保险费率由企业工资总额的1%提高到3%，由企业单方负担改为企业和职工个人共同负担，其中个人缴纳1%，企业缴纳2%。各地失业保险经办机构加大工作力度，一手抓失业保险费征缴，一手抓失业保险待遇发放和向国有企业再就业服务中心调剂资金，基金收入增长显著。全年失业保险基金收入为68.4亿元，在上年收入46.9亿元的基础上增加21.5亿元，增幅达46%。

三、加强基础工作，提高基金管理水平

1998年，各级劳动保障部门按照中央关于建立完善的社会保障体系和市场就业机制的精神，加强了对失业保险工作的领导，推动了失业保险工作机构建设和基金管理工作。

加强失业保险工作队伍建设。1998年，根据国务院机构改革方案，成立了劳动和社会保障部。在职能上，将原由人事部负责的机关事业单位失业保险工作统一合并到劳动保障部。在机构上，为加强对全国失业保险工作的指导，在劳动保障部内设立了失业保险司。一些地方劳动保障部门根据需要，对失业保险工作机构进行了调整，充实了力量。1998年底，失业保险经办机构专职管理人员26 919人。

做好新旧制度衔接工作。《失业保险条例》经国务院常务会议原则通过后，1998年12月，劳动保障部、财政部和人事部联合下发文件，明确要求要按照国家有关规定认真做好失业人员的失业保险金和相关补助金的发放工作，继续用好转业训练费等就业服务费用，转业训练费不得用于购建固定资产，也不得用于其他与转业训练无关的开支，并做好资产清理的准备工作，不得再从基金中提取生产自救费，已经提取的暂时冻结。已经开展事业单位失业保险工作的地区要管好用好基金和相关经费，严防基金流失。

开展失业保险基金清查，纠正违纪违规资金。为保证社会保险基金的安全与完整，尽快清理挤占挪用和其他违纪违规动用的资金，1998年6月，劳动保障部与审计署下发了《关于对社会保险基金进行全面清查的通知》（劳社部发〔1998〕5号），要求对1996年国家审计机关查出的被挤占挪用和其他违规使用的养老保险基金和失业保险基金、“两金审计”时未查出的及“两金审计”后发生的违纪违规问题进行清查。1998年7月，财政部、劳动保障部等六部委下发了《关于对企业职工养老保险基金失业保险基金管理中有关违纪问题处理意见的通知》（财社字〔1998〕52号），对挤占、挪用两项基金的处理提出了具体意见。为组织好失业保险基金清查工作，8月中旬，劳动保障部失业保险司召开了失业保险基金清查汇总座谈会，对清查工作进行了具体部署。截止1998年底，实际回收纠正了70.3%被挤占挪用和其他违纪违规动用的失业保险基金，至年末，尚未回收纠正的基金还有4.69亿元。按照要求，这项工作将于1999年底全部完成。

医疗保险

1998年全国城镇职工医疗保险制度改革取得重大进展。其标志，一是国务院召开了全国城镇职工医疗保险制度改革工作会议；二是出台了《国务院关于建立城镇职工基本医疗保险制度的决定》；三是劳动和社会保障部的成立，统一了包括医疗保险管理体制在内的社会保障管理体制，成立了医疗保险司。

一、医疗保险改革试点为推进全国医疗保险制度改革探索了路子

根据国务院的统一部署，在“两江”试点的基础上，医疗保险制度改革试点城市扩大到40多个。截止1998底，全国实行各种形式的“统账结合”方案的共约509.4万人，社会统筹基金收入共19.48亿元，支出15.57亿元，期末滚存结余9.81亿元；其中个人账户收入共7.25亿元，支出5.19亿元，期末滚存结余5.22亿元。全国实行各种形式的大病（住院、大额医疗费用、离退休人员医疗费用）统筹的共约1 369.3万人，1～12月份基金收入60.59亿元，基金支出53.30亿元，累计结余20亿元。各试点城市边实践、边总结，根据试点中的新情况、新问题，及时修改完善试点方案，调整有关政策，使试点工作不断深化。从总体上说，医疗保险制度改革试点城市在保证职工基本医疗、减轻财政和企业负担、遏制医疗费浪费和促进医疗卫生事业健康发展等方面，都取得了可喜的成绩。通过扩大试点，证明建立社会统筹和个人账户相结合的职工基本医疗保险制度是符合中国国情的，对保障职工基本医疗，抑制医疗费用过快增长，发挥了积极的作用。同时，改革试点的探索，也为全国范围内建立城镇职工基本医疗保险制度探索了路子，积累了经验。但由于试点的面还很小，改革的办法还不尽完善，通过试点也暴露出了一些深层次的矛盾和问题，必须通过加快改革步伐，适应国有企业改革和社会主义市场经济体制建设的需要，通过实现制度创新和机制转换，切实保障职工基本医疗需求。

二、总结试点经验，制定全国医疗保险制度改革方案

针对改革试点中探索的经验和总结改革试点的经验教训和暴露出的问题，在认真总结试点经验教训的基础上，根据国务院部署，劳动保障部成立伊始就把医疗保险制度改革列入了“三二一”的工作任务中，作为三个重点工作之一列入了部党组的重要议事日程，并组织力量，先后到各地调研，通过各种形式多次征求国务院有关部门的意见和进行政策协调，多次召开有企业、医疗机构、职工及专家参加的各类座谈会，研究有关政策问题，反复听取各方面意见。在此基础上，会同有关部委，研究提出了《国务院关于建立城镇职工基本医疗保险制度的决定（征求意见稿）》（以下简称《决定（稿）》）。在《决定（稿）》的修改过程中，江总书记、朱总理等多次听取医疗保险制度改革工作汇报，肯定了医疗保险制度改革的基本思路和原则，明确了医疗保险制度改革的大政方针，对重大问题和主要政策作出重要指示，李岚清、

吴邦国副总理多次具体指示，协调有关政策。10月27日，国务院总理办公会议原则通过《决定（稿）》，11月5日，中常委会议通过《决定（稿）》。

1998年11月26～27日，国务院在北京召开全国城镇职工医疗保险制度改革工作会议，讨论和研究了《决定（稿）》及有关政策措施；部署了全国城镇职工医疗保险制度改革工作。中共中央政治局常委、国务院副总理李岚清出席了会议并作重要讲话。中共中央政治局委员、国务院副总理吴邦国出席会议并作工作报告，劳动和社会保障部张左己部长向大会作了《关于〈国务院关于建立城镇职工基本医疗保险制度的决定（征求意见稿）〉的说明》的报告，财政部高强副部长、卫生部王陇德副部长分别在大会上发言。在这次会议上，各地代表认真学习了李岚清和吴邦国副总理的讲话，并对《决定（稿）》进行了讨论。与会代表一致认为，《决定（稿）》是一个比较成熟的文件：一是政策定位比较准，切合我国实际；二是谋划周密，新旧制度衔接好；三是大的政策方面体现全国统一，具体政策给地方留有足够余地，具有很强的指导性和可操作性。

1998年12月14日国务院正式发布了《国务院关于建立城镇职工基本医疗保险制度的决定》（国发〔1998〕44号，以下简称《决定》）。《决定》是党中央、国务院作出的重大决策，是医疗保险制度改革的基本依据和行动指南。《决定》的出台，标志着我国职工医疗保险制度改革进入一个新的历史阶段。

三、全国医疗保险制度改革的目标原则和主要政策

（一）医疗保险制度改革的目标和原则

这次改革的任务就是在全国范围内建立城镇职工基本医疗保险制度。也就是建立适应社会主义市场经济体制要求，充分考虑财政、企业和个人承受能力，切实保障职工基本医疗需求的基本医疗保险制度。

改革的基本思路是，“基本保障、广泛覆盖、双方负担、统账结合”。“基本保障”是指基本医疗保险的水平要和我国社会主义初级阶段的生产力发展水平相适应，相应的筹资水平要根据目前我国财政和企业的承受能力确定，只能保障职工的基本医疗需求；“广泛覆盖”是指基本医疗保险要覆盖城镇所有用人单位和职工；“双方负担”是实行基本医疗保险费用由单位和个人共同合理负担；“统账结合”是指基本医疗保险实行社会统筹和个人账户相结合，建立医疗保险统筹基金和个人账户，并明确各自的支付范围，统筹基金主要支付大额医疗费用，个人账户主要支付小额医疗费用。

（二）基本医疗保险制度的基本框架和主要政策

1. 建立合理负担的共同缴费机制。基本医疗保险费由用人单位和个人共同缴纳。用人单位缴费率控制在职工工资总额的6%左右，职工缴费率一般为本人工资收入的2%。

2. 建立统筹基金和个人账户制度。基本医疗保险基金由社会统筹使用的统筹基金和个人专项使用的个人账户基金组成。个人缴费全部划入个人账户，单位缴费按30%左右划入个人账户，其余部分建立统筹基金。个人账户专项用于本人医疗费用支出，可以结转使用和继承，本金和利息归个人所有。具体到每一个地区，各地统筹基金和个人账户的支付范围会有所不同，单位缴费划入个人账户的比例允许有所差别；具体到每一个人，也要考虑职工年龄不同确定不同的计入比例。

3. 建立统账分开、范围明确的支付机制。统筹基金和个人账户确定各自的支付范围，统筹基金主要支付住院（大额）医疗费用，个人账户主要支付门诊（小额）医疗费用。统筹基金要有严格的起付标准和最高支付限额。考虑各地实际和总结各地经验，规定分别按当地职工年平均工资的10%左右确定起付标准，按当地职工年平均工资的4倍左右确定最高支付限额的控制额度，具体的起付标准和最高支付限额，由统筹地区根据统筹基金以收定支、收支

平衡的原则确定。

4. 建立有效制约的医疗服务管理机制。基本医疗保险支付范围仅限于规定的基本医疗保险药品目录、诊疗项目和医疗服务设施标准内的医疗费用；对提供基本医疗保险服务的医疗机构和药店实行定点管理；社会保险经办机构与基本医疗保险服务机构（定点医疗机构和定点药店）要按协议规定的结算办法进行费用结算。

5. 建立统一的社会化管理服务体制。基本医疗保险实行一定统筹层次的社会经办，原则上以地级市为统筹层次，由统筹地区的社会保险经办机构负责基金的统一征缴、使用和管理，保证基金的足额征缴、合理使用和及时支付。

6. 建立完善有效的监管机制。基本医疗保险基金实行财政专户管理；社会保险经办机构要建立健全规章制度；统筹地区要设立基本医疗保险社会监督组织，加强社会监督。

7. 妥善解决有关人员的医疗待遇。离休人员、老红军、二等乙级以上革命伤残军人保留原有的医疗待遇，对支付他们的医疗费用确有困难的，由政府帮助解决。退休人员个人不缴纳医疗保险费，在个人账户计入金额和医疗费用个人负担比例上给予适当照顾。对公务员给予基本医疗保险待遇之上的医疗补助。鼓励企业发展补充医疗保险，企业缴纳的补充医疗保险费在工资总额4%以内部分，从职工福利费中列支，职工福利费不够列支的部分，经同级财政部门核准后列入成本。

工伤保险

1998年，全国职工工伤保险制度改革，伴随着我国经济体制改革的逐步深入，社会主义市场经济体制的逐步建立，积极稳步推进。截至1998年底，全国实行工伤保险费用社会统筹的县市1 713个，占全国县市数的79%，比1997年增加了22%。参加工伤保险的职工3 781万多人，比1997年增加了7.2%。收缴工伤保险基金21.15亿元，收缴率达83.19%，支付工伤保险费9.04亿元，支付率占42.71%。平均费率0.77%，滚存结余39.84亿元。

1998年参加统筹的因工伤残人数为15.34万人，一至四级4万多人，五至六级2.82万人，七至十级8.51万人，因工死亡4 183人。从工伤保险基金中支付死亡抚恤金10 783.4万元，支付伤残抚恤金19 739.6万元。

从工伤保险开展的情况来看，1998年，基金收缴率83.19%，比1997年上升了1.19个百分点，平均费率0.77%，比1997年的0.90%下降了0.13个百分点。

上述情况反映了以下几个特点：

(1)实行工伤保险统筹的县市数增长较快；

(2) 参保人数继续增长，但职工覆盖面不高，参保职工人数增长速度缓慢；

(3) 工伤保险费率比上一年有所下降。

按照党的十四届三中全会《关于建立社会主义市场经济体制若干问题的决定》提出“普遍建立企业工伤保险制度”的要求，工伤保险制度改革，在全国大部分地区开展起来。有海口、深圳、广州、南宁、福州、厦门、南昌、成都、南京、青岛、合肥、西宁、银川、沈阳、大连、长春、郑州、太原、哈尔滨、昆明、杭州、宁波等大中城市实行工伤保险统筹。工伤保险对于保障职工合法权益、促进安全生产、促进企业改革和维护社会稳定有着重要的意义和深远影响。

为了进一步完善工伤保险制度改革，适应社会主义市场经济的发展，劳动保障部医疗保险司已着手制定与实体规则相配套的程序规则——“处理工伤保险事务程序规则”，研究制定“工伤保险差别费率指导方案”。同时，为了进一步完善工伤保险政策，解决在执行《企业职工工伤保险试行办法》中出现的问题，劳动保障部开展了对各地工伤保险工作的调查。通过调查分析和总结经验，为工伤保险立法做准备。

生育保险

1998年，全国职工生育保险制度改革继续稳步推进。截至1998年底，全国实行生育费用社会统筹的县（市）1 412个，比上年增长13.9%，参保职工2 776.7万人，比上年增长11.7%。全国平均费率水平为0.8%，基金征缴率为82.6%，本期征收生育保险费88 434万元，支付生育保险金65 850.6万元，基金结余率为25.5%。共有429 743人享受了生育保险待遇，占参保职工总数的1.6%，人均待遇1 532元。

为了完成《中国妇女发展纲要1995—2000》提出的本世纪末，全国城市基本实现女职工生育费用社会统筹的目标要求，劳动保障部于1998年10月27日发出了《关于印发中国妇女发展纲要目标职责分解书实施计划的通知》（劳社厅发〔1998〕16号），对2000年底前各地生育保险工作进度提出了明确要求。截至1998年底，生育保险覆盖面达到80%以上的省、自治区有山西、福建、江西、江苏、河北、浙江、山东、湖北、新疆生产建设兵团等，覆盖面在60%～80%的有辽宁、吉林、河南、广东、广西、四川、云南等。

为了全面了解各地生育保险改革情况，推进生育保险改革的深入开展，1998年下半年，劳动保障部对山西、陕西、河北、四川、青海、吉林、广西、重庆等地145个市县生育保险情况进行了调查分析。在调查范围内，企业总数为42 472个，参保企业33 020个，企业参保率为77.8%。职工总数为474.7万人，参保职工351.4万人，职工参保率为74%。大部分地区以市县级统筹为主，少数地方实行了地级统筹。用人单位缴费有两种方式：一是按职工工资总额的一定比例缴纳，占调查市县总数的92%，缴费率最高1.5%，最低0.3%，其中，大部分在0.5%～1%之间，占调查市县总数的96%。二是按绝对额缴费，占调查市县总数的8%，一般按每月人均1～3元标准缴纳。生育保险待遇包括生育津贴和生育医疗费。生育津贴一般按企业上年度职工月平均工资或本人基本养老保险缴费工资等标准计发，期限最短为90天。生育医疗费支付主要有两种方式：一是实报实销，占调查总数的19%。二是定额支付，占调查总数的81%。

农村社会保险

一、农村社会养老保险发展概况

农村社会养老保险是根据国家发展规划和国务院有关规定开展起来的。根据国家“七五”计划关于“抓紧研究建立农村社会保险制度”的要求，1986年民政部对建立农村社会养老保险制度进行了积极的探索。1991年根据国务院《关于企业职工养老保险制度改革的决定》(国发〔1991〕33号)关于“农村（含乡镇企业）的养老保险制度改革由民政部负责”的规定，进行了农村社会养老保险试点，并在试点的基础上逐步推开。为推进农村社会养老保险事业的发展，全国相继有28个省（区、市）颁发了地方性法规和文件，其中7个省（区、市）颁发了政府令，将这项工作提上日程，摆上位置。农村基层干部对农村社会养老保险的重要性、紧迫性有了一定的认识，广大农民普遍增强了养老保险意识；在实践中建立了个人缴费为主、集体补助为辅、国家政策扶持的责任机制和个人账户基金积累的筹资模式，探索了一条具有中国特色的农村社会养老保险的新路子；确定了政府组织引导和农民自愿相结合、规范管理、稳步发展的工作方针。1998年7月，根据国务院机构改革方案，农村社会养老保险业务划到了劳动保障部；同时，原民政部农村社会保险司和农村社会养老保险管理服务中心也整建制划入劳动保障部。到1998年底，全国已有31个省、直辖市、自治区的284个地区（市、州、盟），2 100多个县（市、区、旗）开展农村社会养老保险工作，8 000万农村人口参加养老保险，积累保险基金166亿元，有59.8万农民领取了养老金；建立了部、省、地、县、乡、村六级工作网络，形成了一支4万多人的专（兼）职队伍。

二、1998年的农村养老保险工作

1998年是农村社会养老保险事业发展不寻常的一年。十五届三中全会关于农业和农村工作若干重大问题的决定，为农村社会养老保险的建立和发展创造了有利条件；国务院机构改革，农村社会养老保险业务划入劳动保障部，加强了对这项工作的领导。同时，农保工作也面临一些困难：各级机构改革逐步推进，中央与地方机构上下不对口，工作指导关系不顺；银行存款利率连续下调，农保基金面临增值压力。在这种情况下，农保战线全体同志在各级政府的正确领导下，服从大局，坚定信心，克服困难，努力工作，取得了一定成绩。

(一)广泛深入地开展调查研究。劳动和社会保障部成立后，为明确农保工作的基本思路，广泛深入地开展调查研究。从8月到12月，劳动保障部先后到山东、福建、陕西、贵州等省调研，分片召开了有29个省（自治区、直辖市）和部分市、县农保负责人参加的座谈会，广泛了解情况，共同探讨有关问题；在山东、福建还召开了部分省、市、县党政领导和民政、劳动、体改、财政、银行等有关部门负责同志参加的座谈会，听取各方面的意见；走访了一些乡村、企业和农户，了解乡情民意，听取各种反映。同时劳动保障部还分成8个联合调研小组，走访了国家统计局、国家计生委、农业部、教育部等部门，分赴江苏、浙江、辽宁、内蒙、湖北、河南、上海、四川、甘肃、青海等地调研，重点调查了乡镇企业、富裕地区的养老保险工作和下一步地方机构改革时县乡机构如何建设等问题。通过调研，初步摸清了工作底数、掌握了大量的第一手材料，研究了农保面临的问题和解决办法，加强了劳动保障部门与民政部门、基层干部和农民的联系，对稳定农保队伍、促进业务发展、确保基金安全，发挥了重要作用。在此基础上，起草了《关于农村社会养老保险情况的综合调研报告》和《关于积极稳妥地推进农村社会养老保险工作的若干指导意见》。根据各地经济发展水平、工作基础，特别是机构改革的新形势，确定农村社会养老保险要坚持农村社会养老保险的基本原则，即：保障水平要与农村生产力发展和各方面承受能力相适应；保障方式要与家庭赡养、土地保障以及社会救助等形式相结合；权利与义务相对等；自我保障为主，集体（含乡镇企业、事业单位）补助为辅，国家给予政策扶持；政府组织与农民自愿相结合。今后一个时期的工作方针是：摸清底数，夯实基础，理清思路，稳定队伍，强化监督，规范管理，积极稳妥地将业已开展的农村社会养老保险工作推向前进。在工作布局和推进方式上，采取因地制宜，分类指导，突出重点，稳步推进。

（二）采取有力措施，加强基金监管。根据部党组的决定，劳动保障部与民政部联合下发了《关于机构改革期间切实做好农村社会养老保险工作的紧急通知》，要求各地在机构改革期间加强对农保工作的领导，从大局出发，确保基金的安全、人员机构的稳定。《通知》下发后，各地结合本地实际情况，及时转发了这一通知，并提出了具体贯彻落实措施。浙江、江西、湖北、山西还召开了工作会议，部署贯彻落实。从了解的情况看，各地基本上做到了机构改革期间工作不断、思想不乱、队伍不散、档案不丢、基金和国有资产不流失，总的情况是比较好的。上半年，银行两次调低存款利率，劳动保障部对此作出积极反映，分析了基金增值出现的困难，在认真研究和广泛征求意见的基础上，下发了《关于调整农村养老保险个人账户计息标准的通知》，调整了农保个人账户计息标准，从政策上保证了农保基金在国家规定的范围内运营，降低了风险。

（三）推进业务规范化管理。为了做好管理工作，根据民政部制定的《县级农村社会养老保险管理工作规程》，指导地方继续推行农保工作管理规范化。各省区市根据部里要求，结合本地实际，加强了对规范化示范县市的工作指导力度。山东、江苏、上海、江西、湖北等省市的一些县市农保业务档案通过国家二级标准鉴定，并召开了管理工作现场经验交流会，发挥了良好的示范作用。反复测试，逐步完善了《农村社会养老保险计算机个人账户管理系统》，农村社会保险司先后在山东、湖北、河南、江苏等省举办计算机应用培训班，目前全国已有近300个县市及部分乡镇开始实行计算机管理，提高了管理水平和工作效率。

与此同时，还参加了国务院保险业整顿小组的调研工作，向整顿办公室提供了有关情况和统计资料，协助起草了国务院有关农保工作的整顿方案。九届人大一次会议宣布国务院机构改革方案后，为了防止基金流失，确保基金安全，及时下发了《关于加强农村社会养老保险基金监管的通知》，要求各地严肃财经纪律，规范操作行为，做好基金清算。同时在成都、石家庄、杭州召开了三个片会，通报了情况，督促各地在机构改革期间确保农保工作的顺利进行。

社会保险基金管理与监督

一、收支两条线管理

社会保险基金的收支两条线，是国家为了加强对社会保险基金的管理和监督，确保基金的安全、完整，将社会保险基金纳入财政部门在国有商业银行开设的社会保障基金财政专户，由财政部门进行监督的一项政策规定。

(一)社会保险基金收支两条线管理的起源

1984年，部分地区开始试行企业离退休费用社会统筹，拉开了我国社会保险改革的序幕。自此，在各级党委、政府的领导和支持下，社会保险改革取得了很大进展。截止1998年底，全国统一了企业职工基本养老保险制度，部分省、自治区、直辖市实现了基本养老保险基金省级统筹；普遍建立了失业保险制度；部分地区还开展了大病医疗费用社会统筹和工伤费用、生育费用社会统筹，社会保险体系初步建立。

随着改革的不断深入，社会保险基金的收支结余规模也不断增大。仅基本养老保险基金一项，1997年收入1 300多亿元，支出1 200多亿元，截至1997年底，基金累计结余达600多亿元。

由于各项社会保险统筹层次较低，社会保险基金基本上处于分散管理状态，加之监督机制不健全，一些地方出现了挤占挪用社会保险基金现象，并且造成了一定损失，严重影响了社会保险制度改革的顺利进行。

1996年，审计署根据国务院领导指示，对1995年度企业职工养老保险基金和失业保险基金的财务收支及管理情况进行了审计。此次审计共查出历年来累计挤占挪用和违纪违规金额92.2亿元。国务院领导同志对此问题高度重视，指示财政、劳动等有关部门加强监督，专户管理，把风险降到最低限度，并对挤占挪用“两项基金”造成严重后果的要追究责任，确保“两项基金”合理使用和安全、完整。1997年7月，在国务院召开的全国统一企业职工基本养老保险制度工作会议上，时任国务院副总理的朱镕基同志又对社会保险基金实行收支两条线管理作出了明确的指示。随后，《国务院关于统一全国企业职工基本养老保险制度的决定》(国发〔1997〕26号）进一步明确提出：“基本养老保险基金实行收支两条线管理，要保证专款专用，全部用于职工养老保险，严禁挤占挪用和挥霍浪费。”1998年1月经国务院同意，由财政部、劳动部、中国人民银行、国家税务总局联合下发了《关于印发〈企业职工基本养老保险基金实行收支两条线管理暂行规定〉的通知》，要求将基本养老保险基金纳入单独的社会保障基金财政专户，实行收支两条线，专项管理，专款专用，标志着社会保险基金收支两条线管理的正式实行。

(二)社会保险基金收支两条线管理的内容

社会保险基金收支两条线的内容是：社会保险基金纳入社会保障基金财政专户，实行收支两条线管理，专款专用，任何地区、部门、单位和个人均不得挤占、挪用，也不得用于平衡财政预算。基金根据国家要求实行统一管理，按险种分别建账，分账核算，专款专用，自求平衡，不得相互挤占和调剂。

1. 社会保险基金收支账户和财政专户

社会保险基金存入同级财政和劳动保障部门共同认可的国有商业银行。社会保险经办机构和财政部门应在经协商确定的银行开设三个专用账户：社会保险经办机构开设“社会保险基金收入户”、财政部门开设“社会保障基金财政专户”和社会保险经办机构开设“社会保险基金支出户”。

“社会保险基金收入户”的主要用途是：

暂存由经办机构征收的社会保险费收入；

暂存下级社会保险经办机构上解或上级经办机构下拨的基金收入；

暂存该账户及支出的利息收入以及其他收入等。

收入户除向财政专户划转基金外，不得发生其他支付业务。

“社会保障基金财政专户”是财政部门按照国务院有关规定设立的社会保险基金专用计息账户，在同级财政和劳动保险部门共同认定的国有商业银行开设，主要用途是：

接收税务机关或经办机构转入的社会保险费收入；

接收税务机关或收入户暂存的利息收入及其他收入；

接收基金购买国家债券兑付的本息收入、该账户资金形成的利息收入以及支出户转入的利息收入等；

接受财政补贴收入；

接收上级财政专户划拨或下级财政专户上解的基金；

根据经办机构的用款计划，向支出户拨付基金；

购买国家债券；

向上级或下级财政专户划拨基金。

“社会保险基金支出户”是经办机构在同级财政和劳动保障部门共同认定的国有商业银行设立的专用账户，主要用途是：

接收财政专户拨入的基金；

暂存社会保险支付费用及该账户的利息收入；

支付基金支出款项；

划拨该账户资金利息收入到财政专户；

上解上级经办机构基金或下拨下级经办机构基金。

支出户除接收财政专户拨付的基金及该账户的利息收入外，不得发生其他收入业务。

2. 社会保险基金收支两条线的程序

社会保险基金由企业和职工个人按照规定的缴费比例分别缴纳。基本养老保险基金可以由社会保险经办机构征收，也可以由税务部门代征。

在社会保险经办机构负责征收时，程序如下：

银行根据社会保险经办机构开出的托收凭证将企业和职工个人缴纳的基本养老保险费从企业基本账户划入基本养老保险基金收入户；

社会保险经办机构按月将基本养老保险基金收入户资金全部划入社会保障基金财政专户。

在由税务部门代征时，程序如下：

社会保险经办机构向税务部门提供有关企业和职工个人缴费的基本数据；

税务部门根据社会保险经办机构提供的数据，向企业开出基本养老保险费征收凭证；

银行根据税务部门开出的凭证将企业和职工个人缴纳的基本养老保险费从企业基本账户划入基本养老保险基金收入户；

社会保险经办机构按月将基本养老保险基金收入户资金全部划入社会保障基金财政专户。

基本养老保险基金按照国家规定全部用于职工基本养老保险。社会保险经办机构按月向同级财政部门提出用款计划，经财政部门审核后，及时将基金从社会保障基金财政专户拨到社会保险经办机构的支出账户。财政部门除根据社会保险经办机构的用款计划核拨基金外，不得自行安排和使用基本养老保险基金。社会保险经办机构收到财政部门拨款后按照规定的用途使用。条件具备的地区，可以实行社会化发放养老金的办法。

存入社会保险经办机构收入户、支出户及

社会保障基金财政专户的基本养老保险基金，按照同期居民银行存款利率计息。

3.实行社会保险基金收支两条线管理后有关部门的职责

社会保险基金实行收支两条线管理后，社会保险主管部门、社会保险经办机构和财政部门等有关部门按照各自的职责分工，加强对社会保险基金的管理和监督。

社会保险经办机构负责编制社会保险基金收支计划、预决算方案和年度财务报告；负责社会保险基金筹集和发放工作；负责社会保险基金收支会计核算工作；负责社会保险基金结余额存期和购买国债的安排；负责个人账户记录、管理等。

社会保险主管部门负责审核社会保险经办机构编报的社会保险基金收支计划和预决算方案，加强对社会保险基金管理情况的监督检查。

财政部门负责有关财务会计制度的制定、贯彻落实及监督检查；负责社会保障基金财政专户核算工作；负责审核、汇总社会保险经办机构编制的社会保险基金收支计划和预决算；负责拨付社会保险经办机构经费。

审计部门依法对社会保险基金收入户、支出户和社会保障基金财政专户收支结余情况进行审计，行使审计监督的职责。

社会保险基金实行收支两条线管理后，各级社会保险经办机构不得再从基金中提取管理费，所需费用由财政拨付。

劳动和社会保障部成立后，非常重视加强基金管理。张左己部长在全国养老保险和再就业服务中心建设工作会议上的总结讲话中明确要求："各地区、各有关部门要加强对社会保险基金和财政支持的专项资金的管理，严格执行收支两条线规定，年底前都应建立财政专户或专账，保证这些资金全部用于下岗职工和离退休人员，坚决杜绝挤占挪用。对过去已被挤占挪用的养老保险、失业保险基金要严格清查，全部追回。"至1998年年底，各地已将基本养老保险基金纳入财政专户，实行收支两条线管理。随着医疗保险、失业保险、生育保险等社会保险的普遍开展，各项社会保险基金也逐步纳入财政专户，实行收支两条线管理。

二、社会保险基金监督

我国社会保险制度，经过十几年的改革、发展，取得了显著进展，保障功能逐步加强。随着社会保险制度改革的不断深化，社会保险法律法规的完善，筹资和运行机制的调整，社会保险经办机构管理社会保险基金的金额越来越多。社会保险基金管理中存在的问题以及由此可能引起的后果，越来越为人们所关注和重视。

一个时期以来，一些地区和部门违反国家政策规定，挤占挪用社会保险基金，违规动用基金进行直接或间接投资，甚至基金纳入财政专户后，也被挤占、挪用，产生恶劣影响，扰乱了社会保险基金的正常运转，侵害了职工和离退休人员的切身利益。

党中央、国务院对加强社会保险基金监督管理工作极为重视。国务院在有关文件中多次强调社会保险基金必须专项管理、专户存储、专款专用，任何部门、单位或个人不得挤占挪用。

为加强社会保险基金监督管理，1998年国务院机构改革时，劳动和社会保障部设立了社会保险基金监督司，专门负责社会保险基金的行政监管工作。社会保险基金监督机构的建立，为开展社会保险基金监督工作，建立社会保险监督体系，从组织上打下了基础。

1998年劳动保障部主要采取了几个方面的措施，加强基金监管：

(一)对社会保险基金进行清查。为全面了解社会保险基金状况和存在的问题，劳动和社会保障部会同国家审计署、财政部对全国企业职工养老保险基金和失业保险基金进行全面清查。

清查涉及3 000多个养老保险机构，2 000多个失业保险机构，覆盖1986年至1998年12年的情况。清查发现，从1986年到1998年3月底，全国共发生基本养老保险基金和失业保险基金被挤占挪用和其他违纪24 724笔，总金额173.98亿元。至1998年底，共计收回和纠正被挤占挪用两金115.68亿元，尚未收回和纠正58.3亿元。

发生挤占挪用和违纪动用“两金”问题的主要原因，一是认识错误。1992年、1993年，一些人受当时股票热、房地产热的影响，大量动用“两金”投资，用于兴办经济实体、参与房地产开发、委托发放贷款或提供经济担保，幻想用社会保险基金赚大钱。1994年以后，虽然国务院及有关部门明令禁止，但仍有无视基金安全，盲目投资的问题。二是由于长期以来，我国社会保险政出多门，社会保险基金的监督管理工作相对薄弱，统筹层次低，基金管理分散，绝大多数基金分散在全国2 000多个市县，缺乏有效的监督机制，一些地方片面考虑自身利益，发生随意动用基金的问题。三是规章制度不健全或有章不循。目前我国金融法规不尽健全，运作不够规范，形成威胁基金安全的隐患。因此，加强社会保险基金监督管理，确保基金的安全和完整，已经成为我们面临的一项十分紧迫的任务。

为了纠正、处理两项基金管理中违纪违规问题，1998年7月财政部、劳动保障部、审计署等六部委下发了《关于对企业职工养老保险基金失业保险基金管理中有关违纪问题处理意见的通知》，对各类违纪问题提出了具体处理办法。同时对各地提出了限期回收的要求。各级劳动保障部门研究制定了具体措施和回收工作计划，层层分解落实到人，逐项清理，以挽回社会保险基金的损失。

（二）查处重大违纪案件。1998年，劳动保障部会同财政部组织查处了四川省社保局、辽宁省鞍山市社会保险总公司挪用养老保险基金盖大楼的案件，根据国务院领导批示，对直接责任人进行了处理，责令责任单位限期收回被挤占挪用的基金；查处铁道部铁十四局提前退休问题，并协助河南省对郑州市养老保险基金假债券事件进行查处，对查处的问题予以通报和公开曝光，起到以典型案件警示全系统、全社会的作用。

（三）开设社会保险基金监督电话。自1998年12月17日通过新闻媒体公布监督电话，至年底，共受理群众举报电话、信件和传真539件，其中：反映挤占挪用社会保险基金问题的有12件，已经全部办理，经核查，绝大部分举报情况属实。其余举报涉及到基金收缴、发放、管理等多方面问题，也分别转有关部门处理。社会保险基金监督电话的公布，为群众举报开辟了一条重要渠道，有效地发挥了群众举报、社会监督的作用。

（四）开展补充养老保险整顿规范准备工作。为加强对补充保险的监督，整顿金融秩序，防范和化解金融风险，落实中发〔1997〕19号文件精神，劳动保障部积极参与国务院整顿保险业工作小组，拟定《保险业整顿与改革方案》等工作，并研究有关企业补充养老保险的问题，为整顿规范企业补充养老保险作准备。

法制建设

1998年，各级劳动保障部门围绕中央提出的“两个确保”目标和积极推进养老、失业、医疗保险制度改革，大力加强劳动保障法制建设，在劳动保障立法、监察执法、执法监督及普法教育等方面开展了大量的工作，取得了一定的成效。

一是劳动保障立法工作取得阶段性进展。1998年4月24日，劳动和社会保障部召开第一次部长办公会，会议对劳动保障立法工作进行了部署，提出了突出重点、注重实效、急需先立、逐步完善的工作要求。1998年的立法工作将社会保险立法摆到了突出位置，集中精力重点抓了《社会保险费征缴暂行条例》和《失业保险条例》的起草工作。经过各级劳动保障部门和有关方面的共同努力，于1998年9月10日将《社会保险费征缴暂行条例（送审稿）》和《失业保险条例（送审稿）》报送国务院。经国务院分别于1998年12月16日和1999年1月14日审议通过，两个条例于1999年1月22日正式颁布。这标志着社会保险立法工作取得了阶段性进展。

与此同时，各地劳动保障立法工作也取得了很大的进展。如上海、天津、福建、北京、广东、海南等20多个省、自治区、直辖市先后出台了《养老保险条例》《失业保险条例》等地方性法规、规章，还有许多省、自治区、直辖市在规范下岗职工劳动关系、劳动力市场管理、劳动保障监察等方面也发布了一些地方性法规或政府规章。这些成果的取得，不仅对推动本地各项劳动保障工作起到了积极的作用，同时也为国家立法积累了可贵的经验。

二是劳动保障监察发挥重要作用。各地劳动保障监察机构紧紧围绕劳动保障工作中心任务，坚持有法必依，执法必严，违法必究，重点在扩大社会保险覆盖面，提高社会保险费征缴率、保障下岗职工基本生活、规范劳动力市场秩序、维护职工权益等方面，加大了监察执法力度。

1998年，全国各级劳动保障监察机构主动检查用人单位74.9万户，涉及劳动者6 274.2万人，查处劳动和社会保险违法案件16.1万件，对其中2.1万件实施了行政处罚，依法纠正了用人单位的违法行为；全年查处群众举报案件6.9万件，结案率为96.9%；各级劳动保障监察机关还对76.3万户用人单位（涉及劳动者6 648.4万人）进行了劳动保障年检，年检合格率为84.6%。通过监察执法活动，各级劳动保障监察机构责令用人单位补签劳动合同436.9万人，补办流动就业证卡336.9万人，为劳动者追发工资等待遇3.9亿元，责令用人单位补缴社会保险费11.2亿元，责令用人单位退还非法收取劳动者的风险抵押金1.3亿元，取缔非法职业中介机构3 333户。这些监察执法活动的开展，对落实两个确保目标，督促企业补缴养老、失业保险费，补发养老金，发放下岗职工基本生活费，以及规范劳动力市场秩序，理顺下岗职工劳动关系，维护广大劳动者合法权益发挥了积极的作用。

各地劳动保障部门在积极开展监察执法的同时加强了监察机构的设立和监察队伍建设。到1998年底，全国共有劳动保障监察机构3 156个，占应建机构数的98%。各级劳动保障监察机构共配备劳动保障监察员3.4万人，其中专职监察员1.3万人，兼职监察员2.1万人。

三是劳动保障行政执法监督得到加强。1998年，各级劳动保障部门在执法监督工作中，以实施依法治国方略，促进依法行政为目标，以《国家赔偿法》《行政处罚法》《行政诉讼法》《行政复议条例》等法律法规为依据，通过规范处罚主体和处罚程序，清理具体行政行为，建立和完善行政执法监督制度，促进了依法行政工作的开展。

各级劳动保障部门根据《行政复议条例》的规定，普遍建立了行政复议制度，按照规定受理对劳动保障行政部门具体行政行为不服的行政复议申请，依法进行审查并作出复议决定。据统计，省、自治区、直辖市劳动保障部门直接受理的行政复议案件150多件。在推进依法行政过程中，各地劳动保障部门把试行执法责任制作为依法行政的重要措施。北京、上海、天津、陕西、湖南、湖北、广西、新疆、河南、福建等地的劳动保障部门在如何发挥法制机构的作用，建立行政执法目标责任制，探索有效的行政执法监督手段等方面，进行了积极的研究和实践。同时，还开展了对行政执法行为的评比检查活动。北京等地劳动保障部门运用评比检查这一形式，对全市劳动保障行政部门实施行政处罚的行为进行监督，及时发现和纠正执法的偏差，维护了当事人的权益。各地在实施重大行政处罚时，通过实行听证制度和对重大行政处罚行为的法律审核，保障行政处罚决定的合法有效；通过开展行政复议、错案追究等监督，纠正了一些违法或不当的具体行政行为。通过加强行政执法监督和行政复议工作，使劳动保障部门的依法行政意识普遍增强，促进了行政执法水平的提高。

四是劳动保障普法教育进一步深化。1998年，劳动保障部参与了为中共中央筹备的社会保障法制讲座。讲座取得圆满成功，得到了中央领导同志的肯定。江泽民总书记在讲座后发表了重要讲话。这对于劳动保障系统的广大干部努力学习社会保障法律知识，切实提高依法管理社会保障事业的能力和水平，起到了很好的示范作用，也对各地开展社会保障普法教育起到了很大的推动作用。北京、上海、天津、山东、新疆、广西等地在积极开展普法工作中，通过采取制定普法计划、实行普法工作目标责任制、及时编印宣传材料、举办法制讲座培训班、组织法律法规知识竞赛、开展普法宣传月或宣传周活动等措施，强化了劳动保障系统中广大干部的法制观念。

按照“三五”普法规划的要求，结合部里的中心工作，各级劳动保障部门组织了广大干部和企业劳资管理人员重点学习了社会保险方面的法律法规知识。通过开展普法教育培训，有22.4万人参加了1998年度的普法考核，合格率达99.9%。同时，各级劳动保障部门广大干部还通过走向社会、走上街头、深入企业、深入基层，面向广大职工群众，广泛开展大规模的普法宣传和各种形式的法律咨询服务活动，在社会上产生了积极的影响，进一步增强了广大劳动者的劳动保障法律意识。

规划统计与信息系统建设

一、规划发展工作

1998年，劳动和社会保障事业规划发展方面的工作主要是，研究起草《劳动和社会保障事业发展总体规划（1998—2002年）》（以下简称《总体规划》）和编制下达1998年劳动保障事业年度发展计划；劳动保障统计工作紧紧围绕部里的中心工作，以报表制度和抽样调查为重点，加大统计制度方法的改革力度，在综合管理、报表制度、统计调查方法、统计分析等方面取得一定成绩。

（一）研究拟定劳动保障事业发展总体规划，明确今后5年的工作目标和方向

劳动和社会保障部组建以后，结束了社会保险工作由多个部门分散管理的局面。机构统一后，如何有计划、分步骤地安排好劳动和社会保障事业各项工作，明确当前和今后几年劳动和社会保障事业发展的目标和方向，成为摆在新部面前的一个十分重要和紧迫的任务。劳动保障部对此高度重视，成立了劳动和社会保障事业总体规划起草工作领导小组，负责对当前和今后5年劳动和社会保障工作的目标任务进行总体规划和统一部署。在广泛调研和充分论证的基础上，提出了《劳动和社会保障事业发展总体规划》草案。

（二）编制下达1998年劳动保障事业发展计划，明确当前发展计划和目标任务

根据国务院及国家计委对1998年国民经济和社会发展计划的总体安排和要求，结合机构改革以后新部工作的实际情况，劳动和社会保障部编制并下达了《1998年劳动和社会保障事业发展计划》。

1998年劳动保障事业年度发展计划与往年相比，主要特点是，根据机构改革后职能调整和转换的需要，并适应劳动保障机构实行统一管理的要求，在年度计划指标的设定方面，作了适当的改革和调整，即去掉或减少了职能划出或已经过时的指标，新增了部分社会保险类或与当前劳动保障工作密切相关的指标。如社会保险方面，除原有指标外，新增了医疗保险等有关指标，使反映各项社会保险事业发展的指标趋于完整。在培训就业和劳动工资方面，则对原有各项指标进行了调整和规范，使之更适宜机构改革后劳动保障事业发展的需要。

（三）统计综合管理进一步规范化、制度化

根据《统计法》的基本要求和统计的职能划分，劳动和社会保障部制定并发布了《劳动和社会保障部统计工作管理办法》，标志着统计工作进一步走向规范化和制度化。部内各司（局）已基本实现了定期交换统计资料，统一对外发布统计信息，劳动保障统计综合管理工作初见成效。“统一管理，分工负责，归口对外”的管理制度已在全国大多数地区劳动保障统计工作中得到落实。

（四）建立统计指标体系，完善统计报表制度

1．研究建立劳动和社会保障统计指标体系。统计指标体系是开展统计工作的基础，统计指标体系改革是统计方法制度改革的基础。经过近几年的改革，劳动保障指标体系发生了较大变化。但随着社会经济形势的不断发展，劳动保障统计指标体系仍需进一步加以完善：一是统计指标体系中结构性矛盾比较突出，反映两个根本性转变过程的指标很不健全，与统一管理劳动保障工作相配套的指标存在着较大缺口；二是过分依赖全面统计报表的情况没有根本改变，难以及时反映改革和发展中出现的新情况、新问题；三是统计标准体系较陈旧，不便同国际标准接轨，也不适应提高对外开放水平的需要。建立一个既能准确、及时反映市场经济发展，又能满足统一管理劳动保障工作需要的统计指标体系已成为紧迫的任务。劳动和社会保障部成立后，即着手开展劳动和社会保险统计指标体系的研究，对劳动保障指标体系进行修改和补充完善，已取得初步进展。

2. 改进和完善统计报表制度。根据统一管理劳动保障工作的需要，劳动和社会保障部对原有的统计报表制度进行了全面的清理，精减了不适应市场经济要求以及计划经济时期为直接管理企业服务的统计指标和报表，相应增加了为市场经济条件下劳动保障宏观管理服务的相关统计指标和报表，根据职能划分重新调整了各司局的报表，基本规范了统计报表的内容，统一编制了《劳动和社会保障统计报表制度》。

（五）积极推进统计调查方法改革

1. 开展抽样调查，改革统计调查方法。1998年，开展了企业人工成本抽样调查和在14个大中城市开展劳动力市场工资价位抽样调查。为今后大力推行抽样调查和数据的超级汇总积累了丰富的经验。与此同时，各地劳动保障部门也都紧紧围绕劳动保障工作中的重点、热点、难点问题进行了形式多样的统计调查（如拖欠工资调查、岗位空缺调查等），及时掌握劳动保障领域出现的新情况、新问题，为各级领导全面掌握情况和科学决策提供了重要依据。

2. 改革统计汇总方式。为了适应国务院领导和部领导对统计数据“快、精、准”的要求，进一步提高统计数据的准确性、及时性和有效性，增强统计数据的信息、咨询和监督功能，对抽样调查数据实行了超级汇总，在统计汇总方式改革方面进行了有益的尝试，取得了比较好的调查效果。

（六）统计分析水平逐步提高

1. 重视统计分析工作，充分开发利用现有资料。各地针对劳动保障工作中的热点、难点问题，开展了较深入的调查和研究，写出了一大批质量较高统计分析报告，在决策中发挥了重要的作用。同时，各地劳动保障部门进一步加强了对统计信息的研究开发，除编印地方劳动统计年鉴、统计资料，发布劳动保障事业年度统计公报外，有半数地区编印了统计信息刊物，一些地区还建立了定期向社会发布统计信息的制度，全面宣传劳动保障制度改革及其成果，在社会上反映较好。

2. 统计预测工作进一步加强。1998年底，部里组织北京、辽宁、吉林、黑龙江、河南、陕西、贵州、安徽、甘肃、宁夏、海南等十几个省市劳动保障部门，就劳动保障工作中有关重点问题进行了统计调查和预测分析，对影响劳动保障工作的有关问题进行了深入的研究，提交了《1998—1999年劳动保障形势分析与预测报告》，受到了各位部领导的高度重视。

（七）围绕“两个确保”，全面提高统计服务质量

为适应两个确保工作的要求，对原有的统计报表、指标定义和上报时间进行了必要的调整，各级统计人员在时间紧、任务重、要求高的情况下，做了大量艰苦细致的工作，保证了有关统计数据的及时上报，为各级领导决策提供了依据。如：1998年下半年以来，在汇总整理的基础上，每月都向国务院报送“两个确保”情况的统计快报，三次以劳动保障部的名义向国务院报送下岗职工统计报告，不定期地编印《劳动和社会保障统计专报》。各地区也都以不同形式及时向地方党委、政府作出情况反映或统计专报。这些“两个确保”的统计资料为各级领导进行科学决策，提供了有力的数据支持。

劳动保障统计制度改革虽然取得了一些成绩，但统计工作还不适应劳动保障事业快速发展的需要。主要表现在：一是劳动保障统计工作抵御干扰的能力还较差，虚报、瞒报的现象还时有发生，个别的地区统计数据还存在一定的“水分”，直接影响到统计数据的质量；二是统计制度方法改革滞后，统计中仍然过分依赖全面统计报表，沿用层层汇总的方法，不仅时效性差，满足不了领导决策的需要，而且易受干扰，影响统计数据质量；三是统计信息自动化技术水平不高，建库联网及远程数据传输的组织工作不能满足现代统计业务工作的需要，影响了统计工作的效率。今后，要认真研究对策，全面深化统计制度改革，使劳动保障统计工作再上新台阶。

二、信息系统建设

劳动保障信息系统建设主要是指劳动和社会保险管理信息系统的规划、设计、实施等建设工作。

劳动保障部十分重视信息系统的建设。新部组建后成立了信息化工作领导小组，张左己部长亲任组长，李其炎副部长任副组长，部属各业务单位负责人为成员，领导小组办公室设在信息中心。

1998 年开展的主要工作有：

（一）规划制定

根据劳动保障部的工作职能，在总结系统建设经验教训的基础上，结合信息技术发展状况，对信息系统的建设进行了再规划。制定了《劳动和社会保险管理信息系统建设规划要点》，并作为指导信息系统建设的纲领性文件下发各地。在规划中明确了系统的四种信息采集方式，提出网络“扫描”方式作为信息采集的发展方向；提出发展资源数据库及其三种建设模式；坚持了宏观系统一个网络的原则；同时提出通过两个切入点（资源数据库和IC卡）来带动中间（业务管理系统），逐步推进“一体化”的战略。

制定了《劳动力市场信息网建设实施纲要（1998—2000 年）》，在纲要中明确了：以城市为重点的建设方针；职业介绍与失业保险一体化设计实施；对信息发布提出明确要求；提出职业介绍基本数据项和常用信息分类标准和可参考的网络技术方案。

按照国家金卡办的要求，根据劳动保障系统应用IC卡的现状，制定了《IC卡在劳动和社会保障领域应用规划》，确定了“一体化，只发一卡；高起点，一步到位；低门槛，滚动发展”的稳妥有序发展IC卡的基本方针。

（二）网络建设

按照《规划要点》，结合网络技术的发展趋势，制定了省—部联网“点对网、网对网、互联网”三种形式的网络升级方案，并确定了“完善劳动保障部办公网、建设劳动保障系统内部网、参加中央部委内部网、发展服务社会公众网”的四层次网络规划。完成了“劳动保障系统部省级计算机信息联网技术方案”的设计。利用互联网技术，初步完成了部中心网站的建立工作，实行 24 小时开机。部内约 200 台上网微机可实现信息浏览，内部信息发布。同时实现了部、省级使用互联网技术的电子邮件通讯、信息浏览等功能。各省区市级劳动保障部门已完成了长途拨号点对网的升级，其中，40%实现了当地拨号点对网，30%已经建立或正在建立局域网。

（三）软件开发与推广

1.《劳动力市场信息系统》(LMIS)是面向劳动力市场业务的管理信息系统，主要包括就业服务、失业保险和统计分析三个部分。该系统适用于局域网或广域网环境，在“就业服务”中提供的主要功能有职业介绍、用人单位管理、城镇劳动力管理、农村流动劳动力管理和系统维护五个部分。该部分现已开发完毕，进入推广阶段。失业保险、统计分析部分正在进行开发。

2.《劳动和社会保险统计管理信息系统》(SMIS4)软件在全国劳动和社会保障系统以及部分企业和企业主管单位推广。

SMIS4 软件将常规统计综合表本位的“逐级汇总”方式和以基层表直报为依托的“超级汇总”方式有机地结合在一起；具备抽样调查数据处理的能力；多期数据管理和分析功能的加强，可将任意年度、任意报表、任意期别、任意报表位置的数据组织成一张分析表。可以说，只要采集到了计算机中并且具有可比性的任何数据，都能用SMIS4进行分析。因此，SMIS4不仅承担数据采集任务，还承担了“数据仓库”的功能。

SMIS4对指标定义了采集级别，各级用户可以扩充自己的采集内容，既保证了数据采集的一致性，又兼顾了各级劳动和社会保障部门的特殊性，从而使SMIS4的应用范围更广，采集内容更全面。

SMIS4是一个通用的统计平台，可完成多种类型的社会、经济、科技统计报表的采集、汇总和分析任务，为我国广大统计工作者提供了一个非常有效的工具。

（四）信息服务

建立了中国劳动保障信息网主页，开设了统计信息、最新新闻、信息与分析和劳动力市场等一级栏目和每日导读、宏观经济、信息产业等二级栏目。为部内上网用户提供了包括各类信息在内的网络文摘，及网上相关站点链接、搜索引擎工具等其他内容的信息服务。

组织进行了城镇劳动力就业状况专题调查，重点是了解下岗职工的再就业和生活状况。调查在四个城市进行，涉及调查4 000余人。调查结果引起了广泛关注，其中的部分政策建议已被有关部门采纳。

科学研究

一、科学研究围绕中心工作获得新进展

1998年国务院机构进行了重大改革，新组建的劳动和社会保障部管理职责与原劳动部相比发生了很大转变，相应的科技管理工作重点也产生了变化。从研究经费的来源和投向看，原劳动部的科学技术研究重点是劳动安全技术领域，随着劳动安全监察职能的划转，需要转变观念，及时调整工作方向，积极研究新形势下的科技管理模式，将“科学技术是第一生产力”落实到科技管理工作的各个环节。为了推动劳动和社会保障领域的科学技术研究工作的蓬勃发展，为部的中心工作服务，科学技术办公室作为部的科技管理综合部门，制定了工作目标：围绕部的中心工作，积极研究确定科学技术研究工作的重点领域和方向，努力开拓资金渠道，通过加大资金投入力度和提高项目管理水平，争取多出成果、快出成果，为各项改革政策的出台，提供理论基础和技术方法。

（一）初步完善了科技管理的规章制度

为了使科技管理工作更加科学化、规范化，分别起草了《劳动和社会保障部科技项目管理办法》《劳动和社会保障部科学技术进步奖励办法》和《劳动和社会保障部标准化工作管理办法》，在广泛征求有关业务司局、事业单位意见的基础上，进一步进行了修改完善，这些办法的颁布实施将使科技管理工作做到有章可循。

（二）初步建立了科技管理体制

经过充分研究，起草了《劳动和社会保障部科学技术委员会章程》，成立了劳动和社会保障部科学技术委员会，并为进一步成立专家咨询组做准备，初步形成了专家咨询、行政决策的科技管理机制。

（三）确定重点研究领域，积极开拓经费渠道

先后组织召开了多次部内外专家研讨会，对劳动和社会保障科学技术研究发展方向和重点领域进行认真研讨，进一步理清了科技管理工作的思路。同时积极与科技部、财政部、国家计委有关司局联系，加强沟通，争取科技经费支持，全年共获得科技经费420万元，其中，女工保护技术措施项目经费200万元，主要用于支持地方开展女工保护技术改造工作；部门科技进步重点项目经费200万元，用于“我国职工基本医疗保险管理信息网络系统的研究”等18个项目的研究；科学事业费政策性调节费20万元。

（四）围绕中心工作开展课题研究

劳动科学研究院根据部领导提出的“把握大局、服务中心、突出重点、形成合力”的指导思想，紧紧围绕部“三二一”工作目标，积极组织开展科研课题的研究，全年完成了国家级课题1项、部级课题9项、院级课题11项。课题研究更加突出了为部中心工作服务、为部领导提供决策参考的要求。

1. 在就业与再就业研究方面，通过部级课题《就业与培训相结合试点评价研究》《增加就业岗位研究》《经济增长与就业研究》《关于培训与再就业关系研究》，院级课题《结构调整与再就业问题研究》《近期我国城镇失业保

障体系的风险承受能力研究》《市场经济国家就业方式多样化研究》《法国就业政策和就业服务体系研究》等研究，对我国培训与就业结合的必要性、调整经济结构与促进就业的关系、失业保障体系的风险承受能力及国外就业比较研究等提出了政策建议。

2. 在工资分配研究方面，通过对部级课题《关于规范工资收入分配秩序问题研究》《企业经营者年薪制问题研究》《全面推行指导线可行性研究》《小企业改制与工资收入分配问题研究》，院级课题《企业解困基金的筹集和使用》《现代企业制度工资分配研究》《优化企业工资收入结构与管理对策研究》《按劳分配与按生产要素分配相结合的一种有效形式——职工集体持股制度研究》《小企业工资分配研究》《行业工资管理体制研究》等研究，对当前工资分配问题，从理论与实践的结合上进行了积极探索和研究，提出了相应的对策及建议。

3. 在社会保险研究方面，通过对部级课题《国外企业补充养老保险制度研究》《基本医疗问题研究》，院级课题《医疗保险良性运行机制研究》《养老保险基金缺口研究》《关于加强保险业宏观控制》等研究，对社会保险制度改革方面的主要问题，重点是养老、医疗等在改革过程中的问题提出了对策建议。

4. 在劳动法制建设研究方面，通过对院级课题《企业内部劳动规则问题研究》《劳动标准问题研究》等研究，对有关问题提出了建议。

这些科研成果对科学决策，对指导实际工作，对解决重点难点问题，对研究有关政策措施等都起到了一定的参考、借鉴作用。

二、劳动学会学术活动进一步加强

1998 年，中国劳动学会顺利完成了预定的工作计划，同时在加强基础建设和推广科研成果等方面做了一些尝试，收到一定效果。

（一）加强和改善学会工作

1998 年 2 月，先后在北京和杭州两地分别召开了部门和地方劳动学会秘书长工作会议。会议期间，介绍了各自开展工作的经验，并对如何进一步做好学会工作，充分发挥学会在劳动制度改革中的作用，以及如何增强学会的活力等问题进行了热烈讨论，提出了很多好的意见和建议。并提出要按照“解放思想，实事求是”的方针指导我们的各项工作，结合劳动工作的热点、难点问题开展研究并提出建设性意见；要加快信息交流与共享，充分运用劳动网的条件，实现劳动学会系统资源共享，以改进技术手段，提高工作水平。

（二）积极开展学术活动

1. 3 月初，在京召开“邓小平理论与劳动工作”座谈会。会议主要就改革开放以来，在邓小平理论的指导下，劳动工作发生的深刻变化以及未来发展趋势等问题进行了探讨和交流。

2. 5 月 9 日～11 日，在重庆市召开了“所有制结构调整与劳动问题”理论研讨会。会议主要就所有制结构调整中的劳动理论、劳动管理、就业政策、收入分配和社会保障及劳动关系问题进行了深入研讨。

3. 10 月 21 日～23 日，在东风汽车集团公司召开了“中国劳动学会企业工作委员会年会暨信息交流会”。会议的主题是“国有企业减员增效和加强科学管理”。代表们就进一步做好减员增效、实施再就业工程面临的问题进行了讨论，并对政府部门制定的有关政策提出了意见和建议。

4. 12 月 9 日～11 日，与珠海市劳动学会联合举办了“中国城市劳动和社会保障制度改革”研讨会。会议就如何发挥中心城市在劳动和社会保障制度改革中的作用进行了探讨。

5. 12 月 22 日，与《中国劳动保障报》《中国劳动》杂志社联合召开了“纪念改革开放二十年”座谈会。专家们一致认为，改革开放二十年来，思想解放带来了劳动和社会保障理论的突破性发展，为改革的逐步深化，提供了理论依据。但是，劳动和社会保障理论研究滞后于改革实践的状况仍然存在，劳动和社会保障科学研究的进一步发展和新的突破，有赖于进一步解放思想，实事求是。同时，应加大对科研的投入，推动科研课题进一步深化，科研范围进一步拓展，理论与实践更紧密结合，鼓励多出成果，多出人才。

（三）加强基础建设，推广劳动科研成果

为了树立学会的整体形象，请广告公司为中国劳动学会设计了会徽。同时报国家工商局登记、备案。

由于政府机构的精简、调整，使相当多的部门劳动学会的工作受到很大影响，开展工作十分困难。地方劳动学会的发展也不平衡。新形势下如何做好学会工作是我们一直在探索的问题。改革开放、转变政府职能、企业经营机制转变为社会团体的发展提供了机遇。从上海、广州、云南等学会的经验中，我们可以看出，做好这项工作，第一，要有一支熟悉劳动工作、经验丰富、工作能力强、勇于开拓的工作班子；第二，坚持“主业”大方向不动摇，围绕劳动领域的热点、难点问题开展研究；第三，树立“服务意识”，为政府主管部门决策提供理论支持、为企业会员提供信息和政策咨询，发挥桥梁作用；第四，充分调动理论工作者和企业会员的积极性，为劳动体制改革和企业提高科学管理水平献计献策。学会工作者要从大局出发，充分发挥主观能动性，克服困难，积极进取，为劳动和社会保障事业作出自己的贡献。

新闻宣传与出版

一、新闻宣传工作

1998年劳动保障新闻宣传工作以党的十五大和中央经济工作会议精神为指针，按照国有企业下岗职工基本生活保障和再就业工作会议的部署，紧紧围绕改革、发展、稳定的大局，集中主要力量，充分利用中央各大新闻媒体突出宣传报道重要工作。

5月中旬，党中央国务院在北京召开国有企业下岗职工基本生活保障和再就业工作会议，中央各新闻媒体相继摘要编发了江泽民总书记和朱镕基总理在会议上的重要讲话，人民日报发表了社论《全局的大事，重要的任务》和5篇评论员文章。各地主要报刊都纷纷连续转载人民日报的社论及评论员文章。通过宣传，引起全社会对切实保障下岗职工基本生活的普遍关注，同时也充分体现了我们的党和政府对下岗职工无微不至的关怀。

7月中旬，在召开全国养老保险和再就业服务中心建设工作会议期间，中央级各新闻媒体对会议进行了宣传报道。尤其在人民日报、新华社、中央人民广播电台、中央电视台的密切配合下，使这次会议的中心议题得到了广泛的宣传，对进一步督导“加快实行省级统筹，确保养老金按时足额发放；行业统筹移交地方管理;保证每个下岗职工都能领到基本生活费”三项工作任务的完成起到了非常重要的作用。

10月上旬，劳动和社会保障部总结7、8、9三个月的工作，部署第四季度的任务。就此，人民日报专门开设专栏，发表《再接再厉，巩固“两个确保”》的评论员文章，并对“两个确保”进行了系列报道，引导各地在年度后三个月内把“两个确保”作为重要工作任务抓好落实。

11月下旬，国务院在北京召开全国城镇职工医疗保险制度改革工作会议，此间中央各地新闻媒体均对会议进行了广泛的宣传报道，使老百姓能够真正认识到搞好城镇职工医疗保险制度改革的重要意义。

同时，劳动保障系统的报刊在宣传劳动和社会保障工作上，也发挥了非常重要的作用。特别是中国劳动保障报，围绕劳动和社会保障中心工作，全年集中主要力量和主要版面突出进行宣传报道，共发表社论和评论员文章56篇，同时对社会保障问题专题报道达74篇，对全国各地在劳动保障工作中涌现出来的先进人物和典型经验进行了深入报道，并对违反劳动保障政策法规、侵犯劳动者合法权利的不良现象给予曝光，在社会上引起了强烈反响。劳动和社会保障部部属各类期刊和各地报刊，也采取了丰富多彩、形式多样的宣传报道，有力地推进了劳动和社会保障工作的开展。

二、出版工作

1998年，中国劳动社会保障出版社紧紧围绕劳动和社会保障工作大局，大力抓好出版工作。全年出版图书及音像制品700余种，比1997年增加12%，图书总册数1 200余万册，一大批重要和急需的教材、图书适时推出，满足了职业培训与劳动和社会保障业务工作的需要。

（一）制定《1998—2000年发展规划》。提出规划期内在保证质量的前提下，出版物的发行品种要达到2 000种以上，总品种增加到3 200种。社会效益和经济实力争取再上一个台阶。为了落实规划，及时掌握职业培训、劳动和社会保障工作出现的新情况，10月份，出版社派出10个调研组、40余人分赴全国各地进行深入调查，并在此基础上，制定了《1999—2001年选题规划》。

（二）服务于劳动和社会保障部中心工作，重点抓好再就业出版物的出版。出版社组织骨干力量，投入大量资金，及时地推出了《国有企业下岗职工基本生活保障和再就业工作会议文件汇编》《路在脚下——再就业指导》（录像片）、《国有企业下岗职工基本生活保障和再就业工作宣传画》等，并在较短的时间内出版了《职业指导》《职业道德和经济法律知识》《推销员》等30种适合下岗职工使用的再就业培训教材。

（三）继续抓好技工学校教材和职业技能鉴定教材的出版工作。1998年，推出了汽车修理与驾驶专业、汽车电气设备维修专业、计算机与办公自动化专业等技工学校教材40余种。

职业技能鉴定教材是近几年发展较快的一类教材，自1994年开始编写至1998年底，出版品种已达82种，累计发行总量百万余册，涉及机械、电子、服务等45个工种，国家颁布《规范》的57个工种，80%已配备了教材，基本满足了我国职业技能鉴定工作的需要。

（四）推动劳动和社会保障类图书的出版，自觉地为劳动和社会保障领域的深化改革、业务工作、科学研究服务。1998年，出版社推出了《中国劳动科学研究报告集（1994—1996年度）》《中国工业科技发展战略研究》《安全科学概论》等学术水平较高的著作。出版了一批以总结改革经验为主要内容的业务指导用书，如《海南特区劳动人事制度改革》《人工成本与邯钢经验》《中国农村劳动力开发就业启示录》等。历时四年，根据理论与实践的发展而不断完善的《劳动法学》《劳动经济学》《社会保障学》等23种劳动经济管理专业高等教育教材全部出齐。同时，出版社与主管部门合作，策划了10余种劳动和社会保障系统干部培训教材，以满足系统干部培训的需要。1998年，出版社还推出了一系列大型工具性及法规类图书，如《劳动政策法规汇编》《中国劳动年鉴》《劳动争议处理手册》等。

国际合作与交流

1998年，劳动和社会保障领域的国际交流与合作紧密围绕新成立的劳动和社会保障部的中心工作，在开拓高层交往渠道、争取多双边技术合作项目、开展国际劳工组织调研等方面取得了较大成果，并在境外就业方面展开调研和规范管理工作，逐步实现向劳动保障涉外合作和管理的职能转变。

一、国际交流

1998年，劳动保障部先后接待了德国、荷兰、泰国、加拿大、越南等5个国家的部级代表团和180个规模不等的团组来访，共计600多人次，承办派出团组近90个，共计300人，进一步巩固了与有关国家在劳动领域的交流与合作。

二、双边合作

1998年是双边技术合作项目大发展的一年，其中开发和执行的主要项目有：(1)由德国政府援助300万马克的中德劳动立法二期合作项目（1996年10月—1999年12月）顺利进行，98年度合作重点为劳动关系和养老保险立法。(2)由韩国政府提供1 000万美元无偿援助的“中国就业培训技术指导中心项目”进展顺利，基建工程1998年10月正式开工。(3)由德国政府提供700万马克的中德职业技能鉴定项目于1998年8月换文，将于1999年初正式启动。项目将协助我部开发和试行统一的、符合市场需求的职业技能鉴定和证书体系，并建立信息网络系统。(4)与德国签署了妇女再就业方面的合作协议，计划在南京和本溪就妇女再就业试点进行合作。(5)与荷兰签署了养老保险项目合作协议，提出了在重庆进行试点合作的建议。(6)把我部列入“中澳能力建设项目”(项目总金额1 000万澳元)的社会保障部分受援单位，启动部分项目合作活动。(7)就中央国有企业改革和英国援助中国国有企业社会保障制度项目，以及中德“非国有企业经济合作”无偿项目进行了磋商。

三、多边合作

1998年，劳动保障多边交流与合作取得了重要进展，开展的主要活动有：(1)应外交部要求，承担了亚太经合组织妇女问题协调工作。1998年10月，刘雅芝副部长率团出席了APEC妇女问题部长级会议。(2)我部与联合国开发署合作实施的“城市促进就业项目”、与国际劳工组织亚太分局及日本政府合作实施的“中国农村就业促进试点项目”以及瑞典政府资助的“中国积极的劳动力市场项目”均进入项目中期阶段，取得了积极的成果。(3)与中国企业家协会、全国总工会和全国妇联合作，圆满地完成了国际劳工组织跨区域项目“女职工权益保护培训与信息传播”末期评估；1998年2月，成功地召开了项目评估会暨促进就业机会均等和待遇平等研讨会。(4)经过艰苦细致的谈判，美国安永公司等多家赞助商资助的养老保险项目于1998年12月召开项目启动会，项目资金总额为240万美元。(5)1998年9月，与亚洲开发银行签署了养老保险改革技术援助项目协议，技术援助金额为180万美元。(6)继续争取和利用国际劳工组织北京局正常预算开展技术合作，就国有企业改革对劳动领域的影响、劳动预备制、劳动监察、职业指导等问题开展了调研、研讨及培训活动，其中调研比重有所增加。(7) 与联合国开发计划署、世界银行、世界卫生组织联合召开了医疗保险国际研讨会，为争取医疗保险技术合作项目奠定了基础。(8) 积极争取世界银行无偿援助，在养老保险和医疗保险方面初步达成合作意向。(9)与欧盟就社会保险基金监督合作事宜进行了接触。(10) 作为后续项目，争取瑞士援助的产业关系项目，经与国际劳工组织反复协商，已经形成了项目框架文件，为争取资金打下了基础。

四、参加国际组织活动

1998 年，我国积极参与了国际劳工组织各项活动，进一步加强了与国际劳工组织的合作关系。(1) 国际劳工局局长汉森应邀率团访问了中国，吴邦国副总理会见了汉森一行，劳动保障部张左己部长和李其炎副部长与其进行了工作会谈。(2) 李其炎副部长参加了第 86 届国际劳工大会、不结盟和其他发展中国家会议、国际劳工局第 272 次理事会等。在这一系列的会议上，利用各种机会阐述了中国对许多重大国际劳工问题的观点和建议，对扩大我国在国际劳工组织中的影响起到了积极作用。(3) 1998 年，劳动和社会保障部副部长王建伦率团参加了国际社会保障协会第 26 届大会。会上，中国代表当选为国际社会保障协会执行局委员。(4) 我国批准了国际劳工组织第 138 号《准予就业最低年龄》公约。(5) 为配合外交工作，李其炎副部长会见了来访的联合国人权问题高级专家罗宾逊夫人，双方就劳工基本人权等问题交换了意见。(6) 利用国际劳工组织北京局 1998 年技术合作项目经费，召开了社会保险、就业培训、产业关系和劳动安全卫生等 8 个研讨会。

五、境外就业

1998 年，根据新成立的劳动和社会保障部“三定方案”的职能分工，在国际合作司综合处设部出境就业办公室，综合管理全国的境外就业工作。包括制定相关政策法规和管理办法，协调有关部门之间的关系，指导境外就业人员参加技能培训以及合同鉴证等工作。1998 年下半年，向已被批准从事境外就业业务的服务机构发出调查表，进行摸底调查，并对浙江、上海等地的境外就业工作进行了实地调研，在此基础上进行了审核登记换证工作。截止到 1998 年年底，共批准境外就业服务机构 44 家，分布在全国 25 个省、市、自治区。1998 年，全国共办理公民个人出境就业达 3 万多人。接收我国公民就业的国家和地区主要有：新加坡、日本、韩国、印尼、香港、柬埔寨、越南、斯里兰卡、沙特阿拉伯、阿联酋、阿曼、南非、美国（塞班）、以色列、俄罗斯、罗马尼亚等；出境就业人员主要从事的工种有：农业工人、制衣工、建筑工、家政服务人员、厨师等。

地方劳动和社会保障工作

企业420家，安置各类人员再就业2.86万人。截至年底，全市共有劳服企业5 350家，从业人员17.1万人。劳服企业改制步伐加快。年内，全市有526家劳服企业重组转制。至年底已有152家企业完成股份合作制改制工作。生产自救基地建设加强，先后在9个行业和3个区县建立生产自救基地13个，为再就业困难人员提供1 150个就业岗位。与工商部门配合，在集贸市场开辟摊位2 600余个，解决了部分下岗、失业人员的就业和生活问题。培训职工力度加大。全年全市劳服系统培训职工达19 750人次，比上年增长29.7%。同时，首次举办劳服系统职工技能竞赛活动，近百名职工参加决赛。全年新建社会化服务实体28家，分流安置各类人员1 370人，发放优惠卡2.9万张。共组织本系统退休职工疗养3万人次，全市有12.6万人次参加了退休职工的各类有益活动。

国有企业下岗职工基本生活保障和再就业工作是1998年北京市劳动保障工作的重点。1998年5月，北京市在全国率先以市委、市政府的名义召开全市大会，就贯彻落实中央“国有企业下岗职工基本生活保障和再就业工作会议”精神进行了部署。会后，市、区县政府，各委、办、局总公司相继成立了由主要领导负责的再就业工程领导小组，各企业成立了再就业服务中心及相应机构。市政府根据7月份国务院召开“全国养老保险和再就业服务中心建设工作会议”精神，于8月初召开全市电话电视会议，要求全力完成中央提出的“两个确保”任务。8月底，全市国有、集体企业共建立再就业服务中心732个，5.6万名下岗职工全部进入再就业服务中心，按时完成了有下岗职工的企业建立再就业服务中心、现有下岗职工全部进中心的任务。从9月份起，做到了随时下岗，随时进中心，确保下岗职工的基本生活。截至年底，全市国有、集体企业中有24.89万名职工脱离主业，其中，分流富余人员7.93万人，在16.96万名下岗职工中，有10.21万名实现了再就业，下岗职工再就业率达到60.2%。未实现再就业的6.75万名下岗职工进入企业建立的938个再就业服务中心，基本生活得到了保障。截至年底，全市用于再就业服务中心的经费1.47亿元。由企业自己负担下岗职工基本生活费的283户企业的资金也已落实。

【外来劳动力管理】 根据北京市劳动就业形势特别是促进下岗职工再就业的需要，1998年，北京市劳动局调整了全市允许和限制使用外地来京务工人员的行业、工程范围，比1997年增加了一个限制使用的行业及两个工种。属于限制使用外地务工人员的行业、工种，用人单位必须改用本市人员。凡本市商业、服务业、旅游业和住宅小区物业管理等第三产业及各类企业新增岗位招用外地务工人员的，招用本市失业人员和下岗职工的比例不得少于50%。制定了《北京市外埠劳务基地评估考核办法》，对232个劳务基地进行了评估考核。全年劳动行政部门审批外地务工人员74万人，办理《外来人员就业证》71万个，比1997年少办证21万个。

社会保险

【养老保险】 1998年4月6日，北京市发布了《劳动者养老保险规定》(市政府2号令)。市劳动局同时出台了与之相配套的《关于贯彻实施〈北京市企业城镇劳动者养老保险规定〉有关问题的办法》。规定1998年7月1日以前参加工作的，其基本养老金由基础养老金、个人账户养老金、过渡性养老金、综合性补贴组成；1998年7月1日以后参加工作的，其基本养老金由基础养老金和个人账户养老金组成；7月1日，北京市劳动局下发了关于《北京市城镇企业离退休人员1998年调整养老金的通知》；7月底，由市劳动局、有关业务部门为成员组成了接收中央11个行业、15个系统养老统筹属地管理工作组。自9月开始，由地方负责收缴上述行业、系统养老保险费和发放离退休人员基本养老金；7月1日，市劳动局转发了劳动和社会保障部关于《不得违反国家规定办理企业职工提前退休的紧急通知》。从7月1日起停止办理职工病退和特殊工种提前退休的工作。

【医疗保险】 1998年7月，北京市劳动局对大型医药设备报销范围进行界定。指定了一些设备可列入大病医疗保险和劳保医疗大型医用设备报销范围，同时还指定了不应列入的设备名称。

【职工工伤认证工作】 为做好工伤保险社会统筹的基础工作，根据原劳动部颁发的《企业职工工伤保险试行办法》，市劳动局下发了《北京市企业职工工伤范围和保险待遇暂行办法》和《北京市企业劳动者工伤认定办法》(试行)，并自3月1日起，对1949年以来企业工伤人员实行了工伤认证制度。截至年底，市劳动局共对全市6 533名因工伤亡人员的《企业职工工伤认定申请表》进行了审批，核发《工伤证》6 533个。

【失业保险】 1998年北京市共有18 871户企业，222.9万名职工参加失业保险社会统筹，全年共收缴失业保险费31 056万元。适时调整了失业救济金发放标准和其他待遇标准。全年共接收就业转业人员3.54万人，为符合领取失业救济金的2.4万人发放失业救济金、医疗补助费等4 848万元。为218户次困难企业中的3.8万名职工借支生活费1 450万元。为16.69万名进入再就业服务中心的下岗职工发放生活保障金10 943万元。元旦、春节为4 239户享受城市居民最低生活保障的特困职工、35 438户下岗职工和2 367户失业人员送去一次性困难补助金1 333.9万元。

【社会保险基金管理】 1998年，北京市基本养老保险基金纳入财政专户。市劳动局首次与市财政局联合，对全市社会保险基金进行检查，收回欠缴和滞纳金1.04亿元。养老、失业、大病三项保险参统人数分别为359.2万人、222.5万人和220.5万人，比1997年分别增长12.6(扣除行业统筹因素)、9.7和12.2个百分点。覆盖率分别达到95%、94%、85.2%。基金收缴率分别达到95.7%、95.6%、95.53%。全年为107.3万名企业离退休人员发放基本养老金，为23 875名失业人员支付失业救济金，为12.1万人次患大病人员报销大病医疗费。为10个区县、14个局（总公司）217户困难企业的4.07万人次困难职工和破产企业职工借支基本生活费1 290.8万元，对差额缴拨养老金形成的自筹退休费有困难的近338户次企业12.8万人次离退休人员借支离退休金4 371万元，确保了全市107.3万名离退休人员养老金的发放。

工资分配

【工资管理】 1998年北京市劳动局自7月1日起，将本市最低工资标准调整为每小时不低于1.8元人民币、每月不低于310元人民币。国有、集体企业职工下岗待工期间的基本生活费标准调整为每人每月210元。市属国有企业开立工资预留户标准账由每人每月的325元调整为345元。有选择性的对部分行业、企业、工种进行了工种（岗位）职工1997年工资水平调查工作，发布了20个重点行业工种（岗位）职工平均工资；下达《关于发布北京市1998年企业工资指导线有关问题的通知》。企业工资增长基准线为企业职工平均工资增长幅度的10%；预警线（上限）为企业职工平均工资增长幅度的15%；下限为企业职工平均工资零增长或负增长，但企业支付给职工的工资不得低于北京市规定的最低工资标准；年内，市劳动局、市地税局、中国工商银行北京分行联合下发了《关于试行企业职工收入纳入银行个人账户制度有关问题的通知》，并选择了125户企业参加试点。

劳动关系调整

【劳动关系协调】 1998年北京市有24万名职工劳动合同期限届满，其中城镇职工19万人，城镇职工劳动合同续订率为66.8%。全市劳动合同终止、解除、续订工作顺利完成；1998年劳动行政部门共审批包括中央在京企业在内的集体合同共900户，涉及职工38万人；7家外商投资企业和1家私营企业进行了集体协商决定工资水平的试点工作。

【劳动争议处理】 1998年北京市共受理劳动争议案件3 450起，比1997年净增797起，增长30.04%；涉及职工6 811人，较1997年增长6.26%，其中集体争议107起。截止到12月底，北京市共处理结案3 446起，结案率为99.88%，超额完成市政府下达的全年结案率95%的目标要求。市劳动争议仲裁委员会重新修订了《兼职仲裁员管理办法》，全年共有220名兼职仲裁员参与办案815起，参与办案率为23.6%。审裁制度改革继续推进。1998年市劳动争议仲裁委员会出台了《北京市劳动争议仲裁委员会办案规范》，并于7月9日在北京市及各区县劳动争议仲裁委员会试行。

【劳动监察】 1998年北京市各级劳动监察机构共对29 275个用人单位进行了劳动年检，年检合格率达88.97%。共检查用人单位30 544个，查处用人单位违法案件13 633件。其中：受理群众举报案件3 826件，立案查处2 747件，结案2 706件，结案率98.5%；对3 820个用人单位进行了参加社会保险的专项监察；对2 781个用人单位进行了使用外地务工人员的专项监察；进行了清理、取缔非法职业介绍活动的专项监察，取缔了226家非法职业介绍机构；对5 756个用人单位进行了落实“职业援助”计划的监察。

劳动安全卫生

【职业安全卫生监察】 1998年，北京市职业安全工作认真贯彻“安全第一、预防为主”的方针，一是对新建改建扩建项目加强了“三同时”审查工作，共审查“三同时”建设项目219个，验收112个。二是组织安全检查8 401次，查出各类事故隐患9 953项，并对问题严重的现场下达了限期整改通知。三是严重查处事故，吸取事故教训，对典型事故及时组织召开了事故现场会，对单位领导和负责人进行安全教育。四是通过电台、电视台及报刊广泛开展了劳动保护方面的宣传教育工作，同时对特殊作业人员加强培训教育，提高其安全操作技能。1998年安全生产形势基本处于平稳状态，全市共发生因工死亡事故197起，其中重大死亡事故6起；因工死亡221人，与去年同期相比事故数减少3起，死亡人数减少13人，分别下降了1.5%、5.6%，万人死亡率为0.44，未超过市政府下达的年度0.72的控制目标。

【特种设备管理】 1998年，北京市未发生锅炉、压力容器、气瓶爆炸事故。1.1月15日，北京市锅炉压力容器无损检测人员资格考核委员会通过原劳动部的审查验收。2.配合天然气进京重点工程，市劳动局对热力公司左家庄等煤改气试点工程加强监督和技术指导，使锅炉改造符合安全技术要求。3.1998年，北京市劳动局和区县劳动局，对远郊区县新建的18个液化石油气灌装站和居民小区集中供气站工程的设计、安装监检、工程验收等环节严格把关，使工程安装质量、安全性等方面符合国家有关技术规范。

劳动保障法制建设

【劳动立法】 1998年，北京市颁布了一项地方性法规和两项市政府规章。地方性法规《北京市劳动力市场管理条例》于7月31日市第十一届人民代表大会常委会第四次会议通过，《条例》主要规范了劳动力市场中的“劳动者”、“用人单位”和“职业介绍机构”各主体在劳动力市场中的“择业求职”、“招聘用人”、“职业介绍”等行为，确立了“调控市场与促进就业”的行政管理原则。市政府规章《北京市城镇企业职工养老保险规定》于4月6日以市政府第2号令颁布，该规定主要对“基本养老保险金的缴纳”、“基本养老保险个人账户的建立”和“基本养老保险待遇”等做出规范。另一项市政府规章《北京市单位违法使用童工罚款标准》，明确了对单位违法使用童工的罚款标准。

【执法监督】 1998年北京市劳动局完成

了《北京市劳动局劳动行政执法责任制》的建立，各区县劳动局也建立、健全、完善了劳动行政执法责任制。市劳动局对18个区、县劳动局的劳动行政处罚案卷进行了两次评查，共评查案卷176卷。1998年北京市共发生劳动行政复议案件5起，结案5起。复议决定均维持原具体行政行为。另发生劳动行政诉讼案件3宗，协调解决被取消的劳动行政系统收费项目共13项。组织了全市劳动行政机关和有关单位行政事业性收费情况自查和检查。

（北京市劳动局）

天 津 市

【概况】 1998年，天津市紧紧围绕建立社会主义市场经济体制的要求，以实施“三二一工程”为中心任务，结合社会保障制度改革和机构改革，加快社会保障体系建设步伐，取得显著成效。(1)1998年5月20日组建天津市劳动和社会保障局。天津市劳动和社会保障局的主要职责是负责天津市劳动和社会保障工作的总体规划，拟定有关政策和改革方案并组织实施，以尽快建立起适合本市生产力发展水平、适应社会主义市场经济要求的劳动制度和社会保障制度。该局的建立改变了长期以来社会保险多头管理、分散决策、缺乏统一规划和统一组织实施的局面，为社会保险实行统一管理提供了组织保证。(2)年初，市政府把做好国有企业下岗职工再就业和确保基本生活工作列入为城乡人民办20件实事的第一位，实行目标管理责任制的“一把手工程”。要求各级党政主要负责同志亲自抓，层层落实。加大政策扶持力度，相继出台了10个方面25条与再就业有关的政策，在许多方面有了突破；提出了安置下岗职工再就业的10条渠道，有力地促进了下岗职工再就业，使全市当年生产性原因下岗职工的再就业率达到81.8%。(3)以养老、失业保险制度改革为重点，积极推进养老、失业、医疗、工伤和生育保险等各项社会保险制度的改革。完成了职工基本养老保险制度与全国统一的制度并轨和11个行业驻津企业基本养老保险移交地方工作；进一步扩大养老保险覆盖面，提高基金统筹层次；加强基金征缴、追缴历年欠缴和基金管理工作。失业保险覆盖范围不断扩大；提高了失业保险基金缴费比例，并实行个人缴费制度。进行了全市医疗保险和生育保险制度改革的调研工作。调整了工伤范围和保险待遇标准。上述工作，为建立统一的社会保障体系奠定了良好基础。(4)运用专项劳动监察手段并在社会保险基金的支持下，狠抓了确保国有企业下岗职工基本生活保障和离退休人员养老金按时足额发放“两个确保”的落实，按照“三家抬”原则，为困难企业进入再就业中心的下岗职工发放了基本生活费，对统筹项目内养老金自筹确有困难的企业实施借款救助办法，有效地保证了离退休人员的基本生活。

回顾天津市1998年的劳动和社会保障工作，还存在一些亟待解决的问题。主要有：(1)“两个确保”资金筹集困难。有的企业自筹资金不能到位，部分下岗职工的基本生活还有困难。(2)对社会保险的认识亟待提高。一些企业领导对社会保险的强制性认识不足，缺乏全局观念，给基金的征缴、清欠工作造成困难。(3)下岗职工再就业后劳动关系还没有理顺，影响了再就业工作的开展。

培训就业

【城镇就业】 1998年，天津市认真贯彻“在国家政策指导下，劳动者自主择业、市场调节就业和政府促进就业”的就业方针，紧紧围绕经济体制改革和企业改革，加大就业制度改革力度，实行积极的就业政策，开拓就业渠道，强化就业服务体系建设。特别是着力抓好国有企业下岗职工再就业和基本生活保障工作，使劳动就业工作取得显著成绩，保持了全市就业局势的基本稳定。年末，全市城镇登记失业率控制在3%以内。

【国有企业下岗职工基本生活保障和再就业】 天津市把做好国有企业下岗职工基本生活保障和再就业工作作为事关改革和稳定的头等大事。1998年6月，市委、市政府颁发了《关于切实做好国有企业下岗职工基本生活保障和再就业工作的通知》。7月21日市政府颁发了《批转市计委等八部门关于进一步促进国有企业下岗职工再就业若干政策的通知》，明确了10个方面的就业渠道和25条政策措施。市劳动和社会保障局及有关部门也制定了与之相配套的规范性文件，有力地推动了再就业工作的发展，正确处理保障基本生活和再就业的关系。为保障下岗职工基本生活，按照“三家抬”原则筹集资金5 387万元，为进入再就业服务中心的3.83万名下岗职工，按规定标准发放了基本生活费，保持了社会稳定。通过政策扶持，开辟了10条再就业渠道。截至年末，全市企业生产经营性下岗职工累计38.91万人，已实现再就业31.85万，尚未安置的7.06万人，再就业率为81.8%。

【劳动力市场建设】 为进一步加强劳动力市场建设，扩大劳动力市场规模，合理布局，配合实施再就业工程，天津市劳动和社会保障局筹措资金新建成天津市职业介绍河北服务中心，并于12月15日开业。中心面积2 600余平方米，拥有人才交流厅、就业信息城和人才园等。其就业信息城与全市200余家职业介绍机构、全国10多个省市实现了微机联网，并与中国国际人才开发中心对接。与此同时，市职业介绍中心也完成了与全市30个主要行业、21个区县、133条街道的微机联网。从而增强了劳动力供需信息的传递和交流功能，初步形成了为用人单位和劳动者提供求职信息、用人信息的服务网络。

【职业介绍】 天津市职业介绍机构发展迅速，功能日趋完善，市场交流规模不断扩大。市职业介绍服务中心实现了计算机网络化信息管理，广泛收集空岗信息，开展职业指导工作，提高了职业介绍服务水平，为促进就业和再就业发挥了重要作用。截至年末，职业介绍机构已发展到203家，进场求职人员达247.2万人次，达成意向49.7万人次，洽谈成功率20.1%。

【外来劳动力管理】 为加强外来劳动力管理和引导农村剩余劳动力有序化转移，1998年2月6日，天津市政府颁布了《天津市流动人口就业管理暂行规定》，规定：市劳动行政部门是流动人口就业的主管部门，对流动人口就业严格实行凭证管理。外省劳动力流入本市就业和本市劳动力流往外省就业，实行《天津市外来人员就业证》（简称《就业证》）和《天津市外出人员就业登记卡》（简称《登记卡》）证卡合一的管理制度。本市农村劳动力流入本市城镇就业，实行《天津市农村劳动力进城务工就业证》的管理制度。没有领取《就业证》《登记卡》的流入劳动力，不得在本市就业，任何单位和个人不得招用。从而，规范了外来劳动力管理，促进了城乡劳动力的有序化流动。

【劳动预备制】 天津市加大劳动预备制度对提高劳动者素质做好再就业工作重要意义的宣传力度；通过落实相关配套政策，实行就业准入制度，使推行劳动预备制度工作取得新进展。截至年末，全市有6个培训单位的7个专业招收劳动预备制学员772人，劳动预备制学员结业563人，有136人进入就业岗位，得到了社会的好评。

【就业训练】 天津市继续发展健全就业服务体系，加强就业训练和转业训练工作，新建再就业训练基地10所，截止至1998年末，全市就业训练中心已达21所。通过开展各种形式培训，全年培训下岗职工10万余人次。特别是市劳动和社会保障局与市教委、教育局、总工会、今晚报社联合组织200家单位，开展的就业义务培训活动，效果良好，共培训7 000人次。

【在职培训】 天津市建立健全职工培训、考核制度，开展多种形式的培训，加快了技能人才培训步伐。通过大力开展技能、岗位、特种工和各种短期适应性职业培训，全市共有70多万职工参加了职业培训，其中岗位培训27万人，短期适应性培训43万人。与此同时，在乡镇企业开始实施“技能工程”，大力开展技能、岗位、特种工和各种短期适应性培训，全年培训人数达10万人。从而使职工队伍整体素质得到提高。

【技工学校】 天津市技工学校改革稳步推进，布局调整和优化工作取得初步成效。适应产业结构调整需要，加大第三产业和高新技术专业的培养力度，将其招生人数的比例，由1997年的50%提高到65%。在确保教育资源不流失的前提下，撤、并9所学校，提高了教学质量和办学规模效益。初步构建起技工学校教育教学质量保障体系，制定了教育教学督导评估规范和标准，对6所学校进行督导评估试点，促进了办学质量的提高。加强素质教育，培养一专多能复合型人才，提高了技工学校毕业生的整体素质。1998年全市技工学校共录取新生19 860多人，比1997年提高9.5%。

【职业技能鉴定】 天津市的职业技能鉴定社会化管理体系日趋完善，职业资格证书制度在更大范围内推行。天津市制定了推行职业资格证书制度、完善职业技能鉴定社会化管理体系实施方案及相关政策，拟定了“考评员聘任制办法”、“鉴定所（站）运行管理办法”等，为全市职业技能鉴定工作依法行政提供了政策保障。在餐饮服务、燃气、供水、眼镜、纺织纤维检验等行业（工种）推行职业资格证书制度，涉外旅游宾馆中1万多名从事餐饮服务的人员持证上岗，燃气、供水行业4 000多名从业人员取得了职业资格证书。继续加强职业技能鉴定所（站）建设，扩大全市统一定期、定点鉴定工种范围，社会各类人员参加鉴定人数逐次上升。截止到年末，全市职业技能鉴定所（站）已达72个，考评员1 102人，涉及142个工种，全年实施职业技能鉴定6万人。国家题库天津分库筹建工作已基本完成。

【职业技能竞赛】 1998年，天津市开展评选“百名技术能手”和“十项技能大奖”活动；举办了汽车驾驶、轮胎成型等工种的技能竞赛；在百万职工中开展了“学、创、争”活动，激发了广大职工学习技术业务的积极性。

社会保险

【养老保险】 继续深化职工养老保险制度改革。（1）1998年1月1日，天津市城镇企业职工基本养老保险基金开始实行收支两条线管理办法。办法规定：基本养老保险基金必须存入国有商业银行，市社会保险基金经办机构和市财政部门在同一银行开设三个账户，即：市社会保险基金经办机构开设的“基本养老保险基金收入账户”、“基本养老保险基金支出账户”和市财政部门开设的“社会保障基金财政专户”。各部门按照各自的职责分工负责，以确保基金的安全与完整。（2）完成了职工基本养老保险制度与全国统一制度并轨和11个行业驻津企业基本养老保险移交地方工作，接收驻津企业74户，职工24.4万人，离退休人员6.26万人。（3）提高统筹层次，将开发区、保税区和新技术产业园区养老保险纳入全市统筹。三区共纳入全市统筹企业1 632户，职工9.1万人，离退休人员252人。（4）扩大养老保险覆盖面，强化了养老保险基金征缴。全年实现扩面10.07万人，扩面基金收入1.16亿元。截止到年末，全市养老保险覆盖职工190万人，离退休人员74.6万人。当年基金征缴率达到96%，追缴历年欠缴额6 500万元。（5）采取有力措施，对统筹项目内养老金自筹确有困难的企业实施借款救助办法，为400多户企业，11.99万名离退休人员借款6 946万元，基本实现了企业离退休人员统筹项目内养老金按时足额发放。（6）在有条件的企业实行了养老保险全额缴拨和社会化发放办法，实行该办法的企业1 031户，涉及在职职工18.75万人，离退休人员5.13万人。

【失业保险】 失业保险制度改革继续深化。天津市自1998年下半年开始，提高失业保险基金缴费比例，并实行个人缴费制度。将失业保险基金的缴费比例由企业工资总额的1%调整为3%，由企业单方负担改为企业和职工个人共同负担，其中企业缴费比例由1%调整为2%，职工个人缴费比例为1%(自10月1日起执行)。继续扩大失业保险覆盖范围，提高失业保险基金的保障能力，从而强化了三条保障线的保障功能。1998年，天津市下岗职工基本生活保障金为339.4元；失业保险金为232元；城市居民最低生活保障金为185元。截止到年末全市失业保险覆盖单位6 684个，职工186万人；全年累计为6.36万名失业人员提供了失业救济金9 188.79万元，为企业下岗职工提供基本生活保障资金5 299万元。

【医疗保险】 医疗保险制度改革工作取得进展。1998年11月，天津市政府决定成立天津市城镇职工基本医疗保险制度实施工作小组，其办公室设在劳动和社会保障局，并抽调有关部门人员继续开展医疗保险制度改革试点和调研工作。继续推进塘沽区医疗保险制度改革试点工作，截止到年末，参保单位413户，占应参保单位总数的77%；参保职工14.8万人，占应参保职工总数的62%；基金征缴额达4 100万元，征缴率达92%，基本做到了收支平衡。

【工伤保险】 1998年，天津市继续进行工伤保险制度改革，适时调整了工伤范围和保险待遇标准，并在调查、测算的基础上，提出行业差别费率和企业浮动费率，拟定了《天津市职工工伤保险规定》，为全市实行工伤保险基金社会统筹奠定了基础。劳动能力鉴定工作进一步加强，制定并组织实施了职业病依赖护理标准，适时调整了职业病鉴定标准。

【生育保险】 天津市生育保险制度改革工作开始起步，完成了对企业和部分医院生育医疗费用的调查，在50万人人口统计调查基础上对企业女职工年龄、婚姻和生育状况等情况进行样本放大，拟定了《天津市企业女职工生育保险社会统筹暂行规定》初稿。

【农村社会保险】 天津市农村社会养老保险试点工作取得进展，全市共有9个区县，90个乡镇开展了农村社会养老保险试点工作。全年共有10 800人参加农村社会养老保险，收取保费109.36万元，累计滚存农村社会养老保险基金2 906万元。全年共有1 700个农民领取了养老金，计25.42万元，其中平均月领取养老金30余元，最高月领取养老金200余元。本年度加强了农村社会养老保险基金的保值增值工作，在试点区县开展业务评比活动，促进了农村社会养老保险业务规范化管理。

【社会保险基金管理】 天津市按照加强社会保险基金管理，提高基金使用效益，维护基金安全和完整的原则，依法管理社会保险基金。建立稽查审计、保值增值制度，完善了社会保险基金监督体系。加大依法征缴力度，规范支出行为，维护职工和离退休人员的合法权益，为保持社会稳定发挥了作用，全年养老保险基金征缴率达到96%。

工资分配

【工资管理】 1998年，天津市继续深化企业工资制度改革，探索建立企业工资分配宏观调控机制。(1)改进和完善了对企业工资总量宏观调控的“两低于”办法，把下岗职工再就业率作为考核指标，对未完成考核指标的单位扣减一定比例新增工资；把国有资产保值增值由考核指标改为否定指标，未完成指标的单位不得提取新增效益工资。(2)加强对最低工资保障制度执行情况的检查，通过检查督促，使全市226户企业，1.4万名在岗职工得不到最低工资问题全部得到解决，保证了在岗职工的工资收入不低于290元最低工资标准。(3)积极探索劳动力价格机制的形成模式，促进劳动力市场均衡工资率的形成，制定并公布了天津市30个工种（岗位）的劳动力市场指导价位，初步尝试工资分配对劳动力合理配置的杠杆作用，为企业合理确定人工成本及规范用人单位和劳动者双方的工资分配行为创造了有利条件。1998年，职工工资在发展生产、提高效益的前提下保持了适当的增长速度，全市工资总额2 256 102.2万元，比上年增长1.1%；人均货币工资9 079元，比上年增长10.2%。

劳动关系调整

【劳动关系协调】 为规范企业用工和职工下岗行为，1998 年 10 月天津市政府颁布了《天津市企业招用职工安排职工下岗暂行规定》，明确了企业招用职工和安排职工下岗的程序、范围，为理顺劳动关系，保护劳动者合法权益奠定了基础。继续扩大劳动合同制度覆盖范围，金融系统、乡镇企业劳动合同建制工作取得新进展。针对劳动合同制度运行中出现的新问题，制定和完善了劳动合同管理的指导性意见和办法，并加强了劳动合同鉴证工作。截止到 1998 年末，全市签订劳动合同的职工 217 万人；经劳动行政部门审核的集体合同达2 582个，适用企业4 804户，涉及职工 119.8 万人。

【劳动争议处理】 天津市劳动争议处理制度进一步完善。加强劳动争议处理机构建设，扩大充实了仲裁委员会、调解委员会。全市已建立 22 个劳动争议仲裁委员会，配备专、兼职仲裁员 240 多人，形成了市和区县两级仲裁网络。有5 010个企业建立了劳动争议调解委员会，劳动争议调解员11 600人。强化制度建设，规范办案行为，办案质量明确提高。全年共受理劳动争议案件5 874起，比上年增长 16.5%，涉及职工8 456人。其中集体争议案件 62 件，涉及职工2 644人。在结案方式上，调解结案的5 068件，仲裁结案的 239 件，当事人撤诉的 339 件，处理结案5 676起，涉及职工7 862人，结案率达 96.6%。

【劳动监察】 天津市加大劳动监察工作力度，健全工作制度，规范了执法行为。开展了用人单位劳动年检工作，全年参检单位 1.1 万户，涉及职工 190 万人。通过检查，督促用人单位为 8.6 万人补签了劳动合同，补发拖欠工资、养老金 154 万元，补缴养老、失业保险费3 323万元，对存在严重问题的单位下达“整改通知书”1 330份，纠正违法行为2 525件，实施经济处罚 11 户。与此同时，进行了落实“两个确保”、养老保险扩面、清欠缴费和外来劳动力的专项监察，取得显著成效。加强常规巡视监察和举报专查工作，全市各级劳动监察机构共受理举报投诉案件1 442件，结案率达 98%。

劳动安全卫生

【职业安全卫生监察】 天津市进一步加强职业安全卫生监察，稳定全市安全生产形势。强化了各级安委会机构和职能，形成市、区县和集团总公司及企业三级安委会网络。加大安全检查工作力度，1998 年内，市安委会共组织元旦、春节、暑期、安全月和冬季 5 次全市性安全大检查。据不完全统计，各区县、各集团总公司组织的安全大检查达 200 余批次，涉及企业4 000多家，整治重大隐患和解决突出问题 500 多件。全年发生死亡事故 86 起，死亡98 人。

【锅炉压力容器安全监察】 天津市以使用环节为重点，全面加强了锅炉压力容器安全管理与现场监察。全年检查锅炉房2 000座，锅炉3 500余台，压力容器4 500余台，消除了一批事故隐患。加强培训考核工作，全年共培训司炉工、焊工等近5 000人，对保证锅炉压力容器的安全运行起到了重要作用。1998 年锅炉爆炸事故率为万分之零点七，气瓶爆炸事故率为百万分之零点九。均低于国家控制指标。

劳动保障法制建设

【劳动立法】 天津市加快劳动法制化建设步伐，市委、市政府颁布了《关于切实做好国有企业下岗职工基本生活保障和再就业工作的通知》、市政府颁布了《天津市流动人口就业管理暂行规定》《批转市计委第八部门〈关于进一步促进国有企业下岗职工再就业若干政策〉的通知》《批转市劳动和社会保障局拟定的〈天津市企业招用职工安排职工下岗暂行规定〉的通知》和《关于调整失业保险基金缴费比例的通知》等五项行政规章；市劳动和社会保障局制定了 48 件涉及就业、保险、职业培训和行政执法等方面的规范性文件。

【执法监督】 天津市进一步完善行政执法责任制，制定了《天津市劳动和社会保障部门行政执法责任制规定》，明确了各业务处室的执法范围、执法依据、执法责任，确立了执法主体，划清了执法界限，规范了执法程序。建立起区、县法制员队伍，并定期进行培训。加强了行政复议工作，全年共受理审结行政复议案件11起。

劳动保障信息建设

【信息建设】 天津市信息港工程1997年开始启动，1998年完成了总体规划，建立了天津市劳动和社会保障局劳动管理信息系统。改进和完善了企业下岗职工及再就业情况统计指标体系和查询系统；完成了对2 500个重大危险源的数据采集和汇总分析普查工作；进行了养老保险制度改革测算工作，对开发区、保税区、新技术产业园区和全市的2010年到达退休年龄的职工进行了测算，提出35套改革方案，为“三区”养老保险政策与全市统一、提高养老基金统筹层次、完成职工基本养老保险制度与全国统一制度的并轨，提供了科学依据。1998年完成了劳动法规库建设，该库包括：1949年至1995年国家有关劳动就业、保险福利、工资分配等方面的法律、法规、规范性文件1 971件，约500万字；1990年至1997年天津市有关劳动就业、保险福利、工资分配等方面的法律、法规、规范性文件543件，约400万字。

（天津市劳动和社会保障局）

河北省

【概况】 1998年,河北省劳动保障工作经历了极其不平凡的一年。特别是党中央、国务院于5月份召开全国国有企业下岗职工基本生活保障和再就业工作会议后，全省劳动保障系统按照建立社会主义市场经济体制的要求，紧紧围绕改革、发展和稳定大局，以确保国有企业下岗职工基本生活、确保企业离退休人员养老金按时足额发放（简称“两个确保”）和再就业工作为重点，全面推进劳动和社会保障制度各项改革，并实现了重点突破，全面发展。概括起来，有以下特点：一是省委、省政府对劳动保障工作更加重视，把“两个确保”和再就业放在突出位置，定为“一把手”工程。先后召开了3次高规格、大规模的“两个确保”和再就业专门会议，对做好全省工作进行了全面部署。省领导还就此问题经常进行调查，分析形势，研究对策。二是全省各级劳动保障部门顽强攻坚，狠抓落实。“两个确保”和再就业工作都是在问题突出、困难较大、资金缺乏的情况下起步的，在任务集中、时间紧迫、不断调整进度的情况下进行的。全省劳动保障系统坚定不移地贯彻执行党和政府的战略部署，雷厉风行，埋头苦干，表现出了很高的责任心、事业心和忘我精神。三是政策保证体系与目标责任制体系进一步完善。1998年是全省“两个确保”和再就业出台政策最多、力度最大、突破性最强的一年，省委、省政府先后出台了十几个规范性文件，省劳动保障部门也相应制定了20多个配套文件，各地结合实际，研究制定了一系列实施措施。这些文件，进一步完善了宏观调控、资金筹措、基本生活保障、税收减免、再就业鼓励等方面的政策，形成了全省上下配套的政策保证体系。同时，各级各部门把“两个确保”和再就业的各项任务层层分解，实行分级负责、分级管理、分级实施，并将控制下岗率、实现再就业率、养老保险基金收缴率、社会保险覆盖率等列入考核目标，实行严格的考核，形成了一把手亲自抓，一级抓一级，各级目标明确、责任清楚的目标责任制体系。四是有关部门密切配合，相互支持。财政部门加大资金筹措力度，千方百计为“两个确保”做后盾。经贸、计划部门积极制定有关配套措施，在宏观调控、企业和行业分流安排方面做了大量工作。工商、税务部门研究制定了优惠政策，鼓励下岗职工到非公有经济单位就业，帮助他们经营自救。各级工会、妇联、共青团都根据职能特点积极为下岗职工服务。宣传部门开辟专栏和专题节目，加大宣传力度，起到了有力的推动作用。五是各级劳动保障部门在抓好“两个确保”和再就业重点工作的同时，积极推进各项劳动保障工作健康运行。总之，1998年是劳动保障部门投入力量最大、取得成绩最为显著的一年，通过一年的努力，为构建全省新型的劳动和社会保障体系打下了良好的基础。

经河北省委、省政府综合考评，省劳动和社会保障厅被考核为1998年度实绩突出单位。

培训就业

【劳动就业】 河北省积极推进城镇劳动就业工作，制定了城镇就业工作调研纲要，印发了城镇劳动力资源配置情况表，全年全省城镇登记失业人员22.59万人，尚有失业人员15.86万人，城镇登记失业率为2.34%。农村劳动力就业工作有重点地开展，下力抓好国际劳工组织在行唐县的农村劳动力就业开发试点工作，国际劳工组织、部劳动科学研究所及有关部门在行唐县召开了项目经验交流会，对国外农村劳动力小额贷款促进项目进行了考察学习，全年完成农村劳动力转移120万人。针对特殊群体就业存在的问题，下大力抓好特殊群体就业政策体系建设，提出了《河北省劳动厅关于贯彻落实全国安置帮教工作会议精神的几点意见》，参与制定了《河北省妇女发展纲要目标职责分解书》，配合省残联开展了全国助残日活动，就特殊群体的劳动就业问题提出了一系列政策保证措施，促进了社会的稳定。

【国有企业下岗职工基本生活保障和再就业】 1998年，河北省把确保国有企业下岗职工基本生活和再就业工作当做一把手工程和压倒一切的头等大事，采取有效措施，狠抓落实。一是突出抓好企业再就业服务中心建设。按照全国、全省关于建立再就业服务中心的要求，全省劳动和社会保障系统埋头苦干，强力推进，全省有下岗职工的2 699个国有企业全部建立了再就业服务中心，所有下岗职工全部进入再就业服务中心，达到了两个100%。二是再就业资金筹措力度明显加大，按照“三三制”的原则确定了15条再就业资金筹集渠道，通过各级财政、社会和企业的共同努力，筹集再就业资金，保证了国有企业下岗职工的基本生活。三是圆满完成了省政府提出的各项再就业目标。全年全省国有企业累计下岗职工29.7万人，下岗率为8.6%，低于省政府确定的9%下岗率目标；全年实现再就业17.67万人，再就业率为59%，超过省政府确定目标4个百分点，全省11个设区市全部超额完成全年再就业任务。四是全省各级劳动保障部门围绕再就业工作，积极开展职业介绍、就业训练和劳服企业建设。全省通过职业介绍机构实现再就业人数为4.3万人，通过开展转业转岗培训，使全省21万失业和下岗职工接受了各种技能和职业培训，提高了他们的再就业能力，通过发展劳服企业和生产自救基地，为1.2万名下岗职工提供了再就业岗位。

【职业指导和职业介绍】 1998年，河北省认真组织了职业指导员的培训工作，共培训职业指导员1 200多名，为开展职业指导工作打下了良好的基础。积极开展了对下岗、失业职工的职业指导跟踪服务。各职介机构在交流大厅内开设了职业指导窗口，配备了专职职业指导员，对就业困难、求职迫切的下岗、失业职工开展一对一指导，帮助其转变观念、分析就业形势，进行素质测评，提供用工信息，确定求职方向，针对性地指导其参加职业培训和择业，并对其进行为期3个月的跟踪指导服务。坚持开展文明服务。实行挂牌服务，将文明服务公约、工作人员守则和职业介绍文明用语、职业介绍忌语以及“五请”的内容张贴上墙、摆放桌面，自觉接受用工单位和求职人员的监督。开展“一条龙”综合服务。各职介机构继续将劳动事务纳入市场，提高了工作效率，方便了求职者和用工单位。适时举办下岗、失业职工再就业洽谈会，为下岗、失业职工创造了更多的就业机构。

【职业技能开发】 1998年河北省技校改革进一步深化，与市场经济需要的技校发展新机制初步形成。全省技校规模效益进一步提高，校均规模已由年初的360人提高到400人。全省有6所省级重点技校跨入国家级重点技校行列。地方技校已全部进入市场，结束了劳动部门包分配的历史，中央部属技校已和地方经济接轨。接收的14所中央部属下放技校转轨较快运行良好。河北省多层次办学、综合培训，培养复合型人才的格局正在形成。全省有5所高级技校的申办工作已通过省级论证，8个技工班试验结果良好。全省已开办的和中专沟通的双学历班投入运行，和高技沟通的大专班正在联系运作之中。部属、省属技校已将招生培训延伸到复退军人、在职下岗职工等各类人员，各类短班、函授、夜校等培训形式陆续开办。1998年是河北省抓教学质量管理力度较大的一年。

年初组织了教学质量的复评，撤消了一批不合格技校，同时，还成功地举办了全省第四届技校生运动会，社会各界和技校师生反映良好。劳动预备制度进入运行阶段。通过开展劳动预备制度培训，促进了培训就业的紧密结合，国家级试点城市增至5个，并向全省逐步推开。全年各类培训实体列入劳动预备培训的近万人。1998年河北省职业技能鉴定工作进一步规范化和社会化。工作的重点是通过建立行业性集团化鉴定所和县级综合性鉴定所，向鉴定工作的广度和深度延伸。通过考察，审批了47个鉴定所，使全省鉴定所数达到212个。在搞好技校毕业生鉴定的同时，已向大中专院校延伸，社会化程度正在逐年提高。企业职工培训、技能竞赛和技师评聘工作迈出新步伐。1998年企业职工培训仍是在效益好的企业扩大试点。上半年全部结束省直企业的培训考核后，下半年重点抓了技师评聘制度的改革，全年共评审技师1 500名，评审高级技师76名。省劳动保障部门还和省总工会、省贸易厅等部门联合启动了河北中烹技能大师的评审工作，技能竞赛除和部分行业联合开展技能比赛外，重点和省教委联合进行了学生和教师的计算机等5项技能的竞赛。有233名同志通过竞赛获得高级工证书。全省推荐的技术工人有2名获全国技术能手称号，受到劳动保障部的表彰。社会力量办学管理逐步规范。举办了4期社会力量办学校长培训班，有400多名校长取得资格证书，通过检查评估，为合格的500多所学校换发了办学许可证，并规范了社会力量办学的审批、检查和广告审批制度。审批并扶持的省少管所技能学校，办学成绩突出，司法部召开现场会进行表彰。

社会保险

【养老保险制度改革】 河北省养老保险制度改革围绕为离退休人员按时足额发放养老金这个中心，不断加大工作力度，从6月份后，全省共发放养老金29.9亿元，其中动用积累和调剂基金4.95亿元，包括省下拨调剂金7 500万元，各市动用积累及调剂金4.2亿元，基本实现了按时足额发放；养老保险的覆盖面不断扩大，全省城镇企业参加养老保险的职工达423.5万人，离退休人员111.3万人，综合覆盖面为92.8%；基金收缴率继续提高，收缴率为90.3%，还清欠2.3亿元；顺利完成了行业统筹移交地方管理交接工作，原行业统筹移交给河北省职工73.2万人，离退休人员25.8万人，并很快进入正常运营管理，除煤炭行业外，基本保障了这些行业离退休人员养老金的按时足额发放。养老保险基金全额缴拨、社会化发放以及建立统一的企业职工基本养老保险制度和社会保险基金管理等项工作都迈出了新的步伐。

【医疗、失业、工伤和生育保险制度改革】

河北省在医疗保险制度改革方面，配合有关部门继续抓了石家庄市社会统筹与个人账户相结合的医疗改革试点，同时，抓了企业职工大病医疗费社会统筹试点。全省实行医疗费社会统筹的县（市）已达67个，占县（市）总数的48.6%。失业保险制度改革，充分发挥失业救济和促进再就业的双重功能，1998年用于再就业和失业救济的资金达1.93亿元。全省参加失业保险的公有企业职工为454.9万人，基本实现全覆盖，非公有企业职工已纳入18.84万人，覆盖率为38.7%，全省共收缴失业保险基金2.97亿元，收缴率为92%，超额完成省政府确定的征集目标。工伤保险制度改革，积极探索了工伤保险与安全生产相结合的途径，工伤保险制度改革试点县（市）已达112个，占县（市）总数的81.2%。生育保险制度改革，试点县（市）已达118个，占县（市）总数的85.5%。

工资分配

【工资管理】 1998年，河北省在工资分配上，一是全面建立了企业工资指导线制度，在调查研究的基础上，制定了《河北省企业工资指导线实施办法》，并取得了财政部门的支持，成为全国第二家较好地解决了现行工资政策和增加工资支付来源衔接的省份。根据全省经济发展速度和物价上涨因素，测算制定发布了全省1998年度工资指导线，为建立适应社会主义市场经济体制要求的工资宏观调控框架奠定了基础。二是在坚持工效挂钩和工资包干的基础上，在部分非国有企业和改制企业中，进行了工资集体协商谈判试点。对工效挂钩企业注重了国有资产保值增值和新增工资清算的考核，对工资包干时间较长的企业，实行了按照新增利润一定比例提取新增工资的办法，较好地解决了工资包干企业工资水平长期不能增长的问题。在非国有企业和现代企业制度试点企业中，有目的地引导企业按照工资指导线和劳动力市场价格以及经济效益完成情况，通过劳资双方协商谈判的办法集体确定，使企业工资的激励机制和自我约束机制得到加强。三是认真开展了工资内外收入监督工作。围绕保障在岗职工最低工资和下岗职工基本生活费发放以及养老保险基金上缴基数等内容，全省各级劳动部门在财政、审计部门的配合下，建立健全了监督检查制定，完善了检查和中介机构组织，对金融、证券等行业和工资水平过高的企业进行了重点检查，对违纪违章企业和责任人进行了行政处罚。四是调整提高了企业职工最低工资标准。继续加强了企业经营者收入审批工作，经营者年薪制试点工作有了新进展。

劳动关系调整

【劳动关系协调】 河北省加强工作督导，使各类用人单位全部实行了劳动合同制度，全年全省实行劳动合同制度的职工达832万人，占应实行劳动合同制度职工的100%，在全国第一家率先全面实行了劳动合同制。实施集体合同制度进展较快，经审核通过的集体合同2.1万户，涉及职工490万人，审核通过率100%。积极引导非公有制企业劳动关系双方保持劳动关系的和谐稳定，并在非公有制企业建立工会组织的基础上，加快推行集体合同制度，全年签订集体合同2 723户，涉及职工21.4万人。

【劳动争议处理】 河北省劳动争议处理工作紧紧围绕改革、发展和稳定大局，完善“三方”机制，强化队伍建设，努力探索和建立与社会主义市场经济相适应的处理体制。1998年内，受理和处理了大量的劳动争议案件，依法维护了劳动关系双方的合法权益。全省共立案处理各类劳动争议案件2 092件，处理结案2 083件，结案率达到98.5%。遵循“重在源头、重在基层、重在调解、重在执行”的方针，积极开展了劳动争议预防工作，全省共鉴证劳动合同121 170份，纠正违法无效劳动合同9 145份，督促补签劳动合同2 626份，制止招用童工110名，帮助企业修改完善厂规厂纪5 600份，通过仲裁信访、法律咨询服务中心等，为企业和职工提供咨询服务。积极做好信访工作。全年共接待群众来访33 659次，处理来信2 500件，处理集体上访等突发事件249件，缓解了各类矛盾，为社会稳定作出了贡献。

【劳动监察】 河北省1998年主动对3.08万户用人单位开展了劳动监察，涉及职工226.8万人，立案5 812件，结案率达95.1%。通过开展专项劳动监察活动，着力解决了非公有制企业劳动关系中存在的突出问题。特别是从1998年8月15日至11月15日，配合“两个确保”和再就业工作，在全省开展了下岗职工基本生活保障和收缴养老、失业保险费专项检查活动，共检查企业10 445户，涉及职工202万人，通过检查有695户有支付能力的企业给下岗职工补发了基本生活费，给离退休人员补发了养老金，占应补发企业的95%；有2 406户企业补缴了养老保险费，补缴金额7 221.6万元；有2 164户企业补缴了失业保险金，补交金额1 503万元。

劳动安全卫生

【劳动安全卫生】 1998年河北省各级劳动部门，狠抓安全生产的综合治理和《河北省劳动安全卫生条例》的落实，积极开展了第八个安全生产周活动，使上半年安全生产形势明显好转。非矿山企业共发生伤亡事故61起，死亡96人，重伤20人，分别比上年同期下降29%、1.6%、48%；全省矿山企业共发生事故43起，死亡82人，分别比上年同期下降51.1%、41%；狠抓锅炉压力容器设备管理，上半年共发生事故4起，与上年同期相比，事故总起数下降69.2%。

劳动保障法制建设

【劳动保障立法】 根据劳动和社会保障事业不断改革和发展的实际，按照河北省人大和省法制局立法规划的部署，经过深入调查研究，编制了《河北省劳动厅1998—2002年五年立法计划》，重点体现了加快社会保障制度的立法思想。省人大已将《河北省劳动力市场管理条例》《河北省劳动就业条例》《河北省企业职工养老保险条例》《河北省医疗保险条例》4件立法项目列入河北省1998—2002年立法规划；《河北省企业职工工伤保险条例》《河北省企业职工生育保险条例》被列入调研项目。1998年初，省政府批准废止了4件劳动规章，修订了3件劳动规章。

【行政执法和执法监督】 一是按照省政府的部署，认真开展文明执法活动，省政府经综合评比，授予省劳动厅“河北省行政执法文明单位”荣誉称号。二是根据省人大文件规定，制定了《河北省劳动部门错案和执法过错责任追究暂行办法》，明确规定了8种行政执法过错责任追究制度，完善了执法人员的约束机制，省人大将此办法作为典型列入汇编，发放全省。三是对各市行政执法人员年检工作进行指导，并对厅内103名行政执法人员进行了年检认证。

（河北省劳动厅）

山 西 省

【概况】 1998年，山西省紧紧围绕劳动保障部提出的“三二一”工作目标，奋力实施再就业、社会保险和劳动保障行政执法三项重大突破，基本实现了确保国有企业下岗职工基本生活，确保离退休人员养老金按时足额发放（即“两个确保”）和再就业工作目标，圆满完成了年初预定的各项任务。

山西省“两个确保”和再就业工作有以下几个特点：

（一）领导高度重视。从各级党委、人大、政府到各有关部门都把“两个确保”作为“一把手”工程，认识统一，狠抓落实。省委、省政府成立了再就业工作领导小组，各地（市）、县也都相应成立了由党政主要领导负责的组织机构，全省形成了省长—市长（专员）—县长“三长”负责制和以省长—企业主管厅局长—开户银行行长—企业厂长“四长攻坚”为主要内容的责任链。省政府“一把手”与各地市专员市长签订了目标责任书，把下岗职工基本生活保障率、再就业率、离退休人员养老金发放率、养老保险覆盖率、基金征缴率、清欠率、社会化发放率等7项指标作为考核地市政府工作的重要内容。省委、省政府先后3次组织督察组，对各地市建立再就业服务中心，落实“两个确保”的情况进行督察。建立了工作进度通报制度，对各地市完成情况逐月统计汇总，分项排队，按月通报。差的批评，好的鼓励，发现问题纠正和处理。

（二）总体目标明确。在减员增效、下岗分流上确立了“531”目标，要用5年左右的时间初步建立起适应社会主义市场体制要求的社会保障体系和就业机制，国有企业职工由1997年的200万人减少到150万人左右；其中，前3年重点解决地方国有大中型工业企业，特别是81户亏损企业下岗职工的基本生活保障和再就业问题，到2000年再就业率达到70%；1998年要在保障25万名下岗职工基本生活的同时，使13万名下岗职工实现再就业，再就业率达到50%以上。在确保离退休人员基本养老金按时足额发放上，决定动用历年积累基金，“开仓放粮”，从1998年6月份起按时足额发放离退休人员养老金。对过去欠发离休人员、退休人员的养老金分别在1999年6月31日和2000年12月31日前全部补发。

（三）政策指导及时。5月15日中央会议之后，山西省于当月29日召开了全省会议；6月29日出台了《实施意见》。在此前后，针对鼓励下岗职工到非国有企业就业和自谋职业、统一企业职工基本养老保险制度、妥善处理好下岗职工的劳动关系、做好“两节”期间“两个确保”工作，省委、省政府制定下发了《关于鼓励下岗职工到非国有企业就业和自谋职业的意见》《关于做好国有困难企业困难职工和离退休人员基本生活保障工作的通知》《关于贯彻〈国务院关于建立统一的企业职工基本养老保险制度的决定〉的实施意见》《关于进一步做好国有企业下岗职工基本生活保障和企业离退休人员基本养老金按时足额发放工作的通知》《关于国有企业下岗职工基本生活保障和再就业工作若干政策指导意见》等6个指导性文件。文件概括有以下几个方面的内容：一是坚持分类分流。二是规范劳动关系。三是实行“三个一”管理

(即:一个下岗待工证,一本下岗职工登记台账,政府管一张企业再服务中心情况统计表)。四是鼓励到非国有企业就业和自谋职业。五是强化再就业培训。

(四)突破重点难点。山西省以纺织行业为突破口,实施“大调整、大整顿、大精简”,把“两个确保”和再就业工作的重点放在“四市五行”,即太原、大同、阳泉、长治四个优化资本结构试点城市和煤炭、粮食、纺织、机电、医药五个行业。截止到1998年年底,四城市有下岗职工20.7万人,实现再就业的人数分别为7.0万人、1.1万人、1.5万人、1.7万人,占全省再就业总人数的48%。五个行业有下岗职工8.8万人,实现再就业的人数分别为3.3万人、0.6万人、2.1万人、3.7万人、0.9万人,占全省再就业总人数的40%。

(五)社会合力支持。全省党政职能部门和社会方方面面发挥各自优势、密切合作,全力以赴投入这项工作。经贸部门积极组织实施兼并破产、减员增效计划;财政部门多方筹集资金,千方百计为“两个确保”做后盾;教育部门出台了对特困职工子女上学资助的办法;工会开展“送温暖”活动;共青团开展“下岗青工创业工程”;妇联开展“巾帼助困行动”;工商联开展“光彩事业”活动;山西电视台组织开展了“国有企业下岗职工再就业山西记者行”活动。各新闻单位免费发布下岗职工招聘信息,大力宣传再就业工作的先进典型,形成了全社会共同关心、支持国有企业下岗职工基本生活保障和再就业工作的良好社会氛围。

(六)广辟就业渠道。在总结近几年工作经验的基础上,山西省采取了建好一个“蓄水池”,疏通八条“分流渠”的再就业措施。一个“蓄水池”,就是重点抓好企业再就业服务中心的建设及三项职能的发挥;八条“分流渠”是,激活闲置资产扩大就业、企业挖潜分流、非公有制经济就业、劳服企业就业、劳务输出、自谋职业、非正规就业和开发“四荒”。这些分流渠道集中体现在四个领域:一是大中城市结合城市生活发展变化的特点,大力开展便民利民的新兴社区服务业,促进下岗职工向第三产业转移。二是一些大型企业和中小城镇发挥优势,因地制宜,大力开展农业综合开发和多种经营,组织下岗职工向第一产业转移。三是减员数量较多的行业、企业,抓住国家加大基础设施投入拉动经济增长的有利时机,成建制地组织下岗职工参加交通、水利、环保等重点工程建设。四是鼓励下岗职工到非国有企业就业和自谋职业。1998年全省实现再就业的23.4万人中,到非国有企业就业的16.8万人,占72%。市场就业成为下岗职工再就业的主渠道。

(七)树立先进典型。在全省开展百名“再就业功臣”和百名“再就业明星”评选活动,大张旗鼓地宣传表彰对安置下岗职工成绩突出的单位和个人,以及自强、自立、自救,勇于创业的再就业先进典型,在全社会营造下岗职工再就业的良好氛围。

培训就业

【国有企业下岗职工基本生活保障和再就业】 截止到1998年底,山西省共有7 738户国有企业展开了下岗分流、减员增效工作,并全部建立再就业服务中心或类似机构。当年减员下岗22.9万人,加上上年结转的19.5万人,全年累计下岗人数42.4万人。其中,23.4万人实现了再就业,再就业率为55.3%。到年末,下岗未就业的17.96万人(其中女职工7.5万人,占总数的41.7%),在中心的人数为17.69万人,进中心率为98.5%。进中心人员已全部签订了协议,领到基本生活费,代缴了养老、失业、医疗3项保险费用。

山西省地方国有企业共筹集下岗职工基本生活保障和再就业资金37 329万元。其中,企业自筹2 781万元,占7.5%;社会筹集3 748万元(失业保险基金调剂3 607万元),占10%;财政安排30 800万元(含中央财政补助9 150万元),占82.5%。全年共发放34 225万元,其中,1~7月份按解困标准执行,标准为家庭人均月生活费不达80元的全部补足,共为38.1

万人次发放8 614万元;8～12月份按基本生活保障标准执行,5个月共为18.3万人次下岗职工发放2.56亿元。

【劳动力市场】 山西省的劳动力市场初具规模。以省劳动力中心市场和太原、大同、阳泉、长治四市的市场为先导,各地积极加快信息网络建设的步伐。先后在北京、天津、上海、广州、深圳、河北等地设立了6个劳务管理服务机构,为向省外输出农村劳动力及下岗职工提供服务。省政府已决定投资500万元,解决省级劳动力市场与省内、省外市场的信息联网。太原市已投资1 900万元,建成华北地区一流的劳动力市场。全省力争在2000年形成覆盖全省、联接沿海地区和邻省主要城市,并向国外延伸的功能完善、服务健全、设施先进、信息灵敏、吞吐量大、有规模效益的劳动力市场。

【职业技能开发】 山西省的技工学校适应市场能力不断增加。全省技工学校(含技工部)发展到133所,在校生达到5.4万人,办学规模进一步扩大。1998年,面对下岗职工增多,就业压力增大以及各类职业学校竞争生源加剧等造成生源紧缺诸多问题,克服困难,较好完成了招生任务,录取新生15 241名。在多层次、多形式开展职业培训方面有了新的突破,根据新形势的要求,全省技工学校培训复转军人、在职职工达到2.8万人;技工学校的办学活力进一步增强,60%以上企业办技工学校实行跨地区、跨企业招生;专业设置覆盖面越来越广,40%以上的学校打破原来固守的以二产为主的专业设置,适应市场需求设置了专业;技工学校毕业生就业分配制度与劳动力市场逐步衔接并轨,大多数技工学校定期对劳动力市场信息进行分析和研究,积极拓宽毕业生就业领域,到非国有企业就业人数呈现逐步上升趋势,毕业生就业率继续保持在90%以上。技工学校的办学水平进一步提高,1998年有7所技工学校经评估达到合格技校标准,全省合格技工学校达到93所。办学4年以上省部级、国家级重点技工学校进行了复评。经国家评估组验收,省交通技工学校、忻州铁路运输技工学校、山西电子技工学校被评为国家级重点技工学校,全省国家级重点技工学校达到9所,省(部)级重点技工学校达到13所,骨干示范学校建设步伐明显加快。

围绕“两个确保”和再就业,在深入调查研究的基础上,出台了《山西省国有企业下岗职工再就业培训工作实施意见》,提出了“三年四十万”再就业培训计划,明确了相关政策措施。为交流经验,全面推开这项工作,在长治市召开了全省再就业培训工作现场会,推广了长治市“千人调查,万人培训”经验。与此同时,进一步完善和落实了下岗职工定点培训、培训费用适当减免、政府给予一定补助的优惠政策。在社会各方面的共同努力下,下岗职工再就业培训面达70%的目标。劳动保障部对山西省加强下岗职工再就业培训的措施和做法,给予了通报表扬。

社会力量办学管理逐步规范。针对社会举办的各类培训机构复杂混乱的实际情况,山西省各级劳动部门紧紧围绕贯彻国务院《社会力量办学条例》开展了一系列工作。省劳动厅制定并印发了《山西省社会培训机构评估标准》,开展了登记、评估、核发证书等工作。全省参加登记的社会培训机构365所,认定的有295所,核发《许可证》的有230所,撤销的有70所,社会力量办学管理工作初步走上了规范化管理轨道。

职业技能鉴定取得了明显成效。山西省的职业技能鉴定从规范管理入手,抓重点行业、重点工种的职业技能鉴定。按照“统筹规划,合理布局,严格标准”的原则,新成立鉴定所21个,使全省鉴定所发展到108个。按照“质量第一,社会效益第一”的原则,制定了《山西省职业技能鉴定所评估标准》,并对4所鉴定所进行了初评。顺利完成了国家下达的家用电子维修工、商品营业员两个工种题库建设,并受到劳动和社会保障部的通报表彰。积极开展了对全省职业学校和重点行业及重点工种的技能鉴定工作,鉴定覆盖面向大中专延伸,有14所中专、2所大专院校的毕业生参加职业技能鉴定。对汽车驾驶员、汽车维修工、保管员、供销保管员等工种，广泛推行职业资格证书，取得了明显成效。1998 年全省取得职业资格证书的有 41 746 人，比 1997 年增长了 31.5%，其中取得高级工技术等级证书的有 5 467 人，考核合格持证人数为历史最高数量。

技能竞赛活动逐步走向制度化。山西省制定了“三晋技能大奖”和“三晋技术能手”评选表彰办法，省劳动厅、团省委、省工会、省贸易厅开展了“山西省第五届青工大赛”、“山西省十大能工巧匠表彰活动”、“山西省第三届烹饪大赛”。在全省继续开展了“中华技能大奖”和“全国技术能手”评选活动，山西省推荐的水泥分析工杜先德、中式烹调师刘建军，被国家评为“全国技术能手”，山西省劳动竞赛委员会还分别为他们荣记特等功一次。技能竞赛活动进一步激发了广大职工钻研技术、岗位成才的积极性，营造了尊重技能人才的良好社会氛围。

【农村劳动力转移】 山西省通过政策引导并充分发挥各级各类职业中介机构、驻外劳务管理机构、乡镇（街道）劳动服务站及用人单位的管理和服务功能，进一步提高农村劳动力流动就业的组织化、有序化程度。全年共转移消化农村剩余劳动力 38.48 万人，其中，向省外输出 7.61 万人，有力地支持了农村扶贫攻坚工作。

社会保险

【养老保险】 1998 年山西省以确保企业离退休人员养老金按时足额发放为中心任务，养老保险工作在五个方面有大的突破：一是扩大基本养老保险覆盖面。从 7 月 1 日起，将城镇集体企业、外商投资企业、私营企业等各类企业及职工纳入省级统筹范围，省级统筹覆盖了所有的参统人员。非国有经济和个体劳动者参统 42 万人，占 22%，比上年增加 19 个百分点。二是加快统一比例步伐。全省 11 个地、市已全部统一了缴费基数、缴费比例、个人账户规模和养老金计发办法。缴费比例最高的 25%，最低的 20%，全省平均费率为 23.2%。个人缴费比例为 5%。三是提高管理层次。地、市对县开始实行基金统收统支，社会保险经办机构对企业实行全额征缴、全额拨付。四是加大基金调剂力度。下半年，省对地市调剂幅度由原来的 40%增加到 60%。地市上缴省的积累金由原来的 0.5%降低到 0.25%。五是顺利完成了行业统筹移交地方管理工作。

山西省参加地方基本养老保险统筹的职工 193.4 万人，离退休人员 46 万人，从 6 月份起养老金实现了按时足额发放。同时，补发 5 月底以前拖欠的养老金 5 461 万元。行业统筹的中央 8 个行业、34 个单位、75.8 万名职工、19.8 万名离退休人员的养老保险，转到山西省后，也从 9 月 1 日起按时足额发放了养老金。

山西省全年基本养老保险基金应征缴 18.1 亿元，实收 15.1 亿元，收缴率为 83.5%。清欠 1.1 亿元。历年挪用的 3 431 万元基金全部追缴入库。各级政府注人 5 812 万元。全省当年支付养老金 17.8 亿元（其中动用积累基金 2.7 亿元）。

【失业保险】 为了解决好国有企业下岗职工基本生活保障和再就业，按照国家和省的规定，为提高基金的支付能力，从 1998 年 7 月 1 日起，将失业保险基金的缴纳比例由企业工资总额的 1.5%提高到 3%，其中企业缴纳 2%，职工个人缴纳 1%。到年底，全省失业保险参保单位达9 004个，职工 142.6 万人，其中国有企业6 088个，职工 128.8 万人，非国有企业2 916 个，职工 13.8 万人，征缴失业保险费10 449.3 万元，征缴率达 91.3%，超额完成年初制定的征缴率达 90%的预定目标。全省共支出失业保险费 9 444.6 万元，其中，为再就业中心划转 3 607 万元。

【医疗、工伤、生育保险】 截至 1998 年底，山西省参加大病医疗保险费社会统筹的职工达到 72 万人，占应参加数的 47.7%，共收缴基金 1 370 元，支付 1 400 万元。全省参加工伤保险的人数达到 86 万人，收缴工伤保险基金

800万元，支付480万元。参加生育保险统筹人数116万人，共收缴基金1 458万元，支付911万元。

工资分配

【工资管理】 山西省积极探索建立以按劳分配为主体，多种分配方式并存、市场机构决定，企业自主分配、政府监督调控的新型工资分配制度，努力提高城乡人民群众生活水平。1998年全省职工平均工资为5 426元，比去年增长2%；国有单位职工平均工资为5 964元，比去年增长3%。在国有独资企业、国家控股的股份制企业普遍推行经营者年薪制，印发了《对山西省国有企业经营者年薪制试行办法有关问题的补充意见》，在一些计算办法和倍数问题上重新做了调整，具体算法更加明确，全省共对50户国有企业试行了经营者年薪制。

为促进企业工资分配制度顺利向市场经济过渡，保障非国有企业及其职工合法工资分配收益权，制定了《山西省非国有企业工资集体协商试行办法》。在全省6个省辖中心城市部分行业的19个通用工种（岗位），以月人均全部工资收入向社会发布了劳动力价格信号，推进了企业工资分配的规范化、显性化和货币化。为逐步引导市场机制在工资决定中发挥基础性作用，构筑以中心城市为主的劳动力市场价格指导体系，促进市场均衡工资率的形成起到了积极的作用。

劳动关系调整

【劳动合同管理】 1998年，山西省重点抓了非国有企业实行劳动合同制度工作。截止到1998年年底，乡村集体企业实行劳动合同制度职工为165.8万人，占职工总数的91.2%；私营企业2.4万人，占88.8%；个体工商户37.5万人，占80.3%。

积极推行集体合同制度。充分发挥劳动关系三方协调机制的作用，省劳动、省工会、省经贸委密切合作，起草并经省人大通过了《山西省企业集体合同条例》，从1999年1月1日起开始实施。《条例》明显的特点是对建立劳动关系三方协商机制作出了明确规定，并明确了法律责任。全省经劳动部门审核实行集体合同的509户，涉及职工450 308人，全省8个地市及所属的10个县（区）已建立了劳动关系三方协商委员会，其他地（市）和县（区），正在积极筹建。

【下岗职工劳动关系处理】 山西省注重理顺下岗职工“进中心，在中心，出中心”三个环节的劳动关系。职工下岗要进入再就业服务中心，必须是实行劳动合同制以前参加工作的国有企业正式职工，以及因企业生产经营等原因而下岗，尚未与企业解除劳动关系，没有在社会上找到其他工作的人员。山西省规定7种人员不能进入中心。即，实行劳动合同制以后参加工作、劳动合同期满的；取得营业执照从事个体经营、开办私营企业或合伙企业半年以上的；因本人原因离开企业一年以上的；病休、工伤医疗期未满的；企业内部提前退养的；协议保留劳动关系期限未满的；不愿进再就业服务中心的。下岗职工进再就业服务中心，必须与中心签订《基本生活保障和再就业协议》。协议中要明确双方的责任、权利和义务，对劳动合同期限超过3年的，协议期限最长为3年；不足3年的，协议期限要与合同期限相一致。同时规定，下岗职工参加中心组织的临时性劳务活动，企业应按国家规定发放劳动防护用品，有关费用从劳务收入中列支。取得劳动报酬的，可相应减发或停发其基本生活费，社会保险费仍由中心代缴；患病或非因工负伤所需医疗费，参加医疗保险社会统筹的，由社会保险机构按规定支付，与在职职工享受同等的医疗待遇；冬季取暖补贴、独生子女补贴，以及女职工孕期、产期、哺乳期的特殊劳动保护，按国家标准执行，所需费用由原企业负担等。对协议内下岗职工要求与企业解除劳动合同的，企业可以与其解除；距法定退休年龄不足5年的，可在原企业“内部退养”，达到退休条件后，再办理退休手续；对无正当理由两次拒绝中心提供就业岗位或拒绝参加再就业培训的，可与其终止协议，原企业同时与其解除劳动关系。其次，解决“隐性就业”、“停薪留职”、“离岗挂编”三个难点。对隐性就业问题，山西省规定，本单位组织分流到其他用人单位的，应按国家规定解除劳动合同，原企业不支付经济补偿金和生活补助费，由新的用人单位与其重新签订劳动合同。被其他用人单位招聘并签订了劳动合同或形成事实劳动关系，以及领取营业执照从事个体经营或开办私营企业的，原企业应与其解除劳动合同。对停薪留职问题，山西省规定，今后不再办理停薪留职手续。过去已办手续的，在停薪留职期间，原企业与其协商后可以解除劳动合同，停薪留职期满企业不能安排上岗的，应当进中心。本人不愿回企业或不愿进中心的，企业应与其解除劳动关系。对放长假和长期挂名问题，山西省规定，已经实现再就业的，企业应与其解除劳动合同；没有实现再就业的，可以进中心。对挂名不上班的职工，企业有岗位的，可采取登报等方式限期招回安置，未按规定时限返回或不按要求上岗的，可依法解除劳动关系；企业无岗位的，可进入再就业服务中心，不愿进中心的，依法解除劳动关系。

【劳动行政执法】 1998 年，山西省劳动部门以推行执法责任制为突破口，修订下发了《山西省劳动厅行政执法责任制》(试行)，把法律、法规赋予劳动行政部门的职能，分解、落实到每个处（室）和岗位，明确了执法主体，执法范围、执法标准，并在年底召开的全省推行执法责任制工作经验交流会上作为典型经验加以推广。

强化劳动监察，维护劳动者的合法权益。山西省各级劳动行政监察机构围绕劳动工作的中心，开展了用人单位工资支付、民工有序流动和社会保险费征缴等几次规模较大的劳动执法专项大检查。全省共主动监察用人单位 14 673 户，涉及职工 73.31 万人；责令 1 822 户企业进行整改，对 298 户严重违反劳动法律、法规的单位处以罚款。通过劳动监察，全省共追缴社会保险费 533.02 万元。

完善三方机制，妥善处理劳动争议。山西省为了妥善处理劳动争议，依照有关法律、法规以及省的实施办法，进一步完善了劳动、企业主管部门、工会三方联合办案机制，依法实行仲裁员、仲裁庭办案制度。1998 年，全省共受理劳动争议案件 919 件，结案 887 件，结案率达到 96.5%，较好地维护了企业和劳动者的合法权益。

（山西省劳动厅）

内蒙古自治区

【概况】 1998年，内蒙古自治区劳动和社会保障工作在劳动保障部和内蒙古自治区党委、政府的正确领导下，认真贯彻党的十五大和再就业工作会议精神，全面实施“三二一”工作任务，在时间紧、任务重、困难大、资金和工作准备不足的情况下，采取了切实有效的措施，比较圆满地完成了全年各项任务。全区劳动和社会保障制度改革取得了阶段性成果，特别是两个确保和再就业工作有了突破性进展。

培训就业

【下岗职工基本生活保障和再就业】 1998年全区国有企业下岗职工累计41.54万人，其中1997年结转17.84万人，1998年新增23.71万人。1998年年末实有下岗职工14.89万人，已全部进入中心，其中，有10.45万人签订了基本生活保障和再就业协议，占进中心人数的70%；为13.77万国有企业下岗职工发放了基本生活费，占进中心人数的92.5%。为了确保下岗职工基本生活、促进再就业，突出抓了四个重要环节：开展了卓有成效的宣传活动，千方百计筹集保障资金，积极拓宽再就业渠道，研究处理下岗职工劳动关系问题。在实施再就业过程中，始终注重培育“劳动者自主择业、市场调节就业、政府促进就业”的市场就业机制，下岗职工根据市场需求和政策扶持，通过自身努力，自主择业已成为再就业主流。全年分流安置国有企业下岗职工25.99万人，再就业率为62.6%。全年培训下岗职工10.19万人，培训失业人员9.84万人；安置城镇失业人员11.52万人。

社会保险

【养老保险】 养老保险行业统筹移交地方管理实现了平稳过渡。1998年8月，按照中央要求，如期完成了行业统筹移交地方管理工作，共接收11个行业的职工30.4万人，离退休人员11.4万人。9～12月份，自治区政府明确了“以行业主管部门和单位解决为主，地方调剂补充为辅，尽力确保”的原则，经过双方共同努力，除煤炭行业外，其他行业离退休人员养老金均做到按时足额发放。

自6月份以来，全区统筹企业离退休人员养老金实现按时足额发放，并补发了5月份以前拖欠的养老金6 841万元。通过努力，拖欠养老金的势头得到遏止。进一步加大清理企业欠费、回收挤占挪用工作力度。为确保发放，全区共动用积累金11 102万元，各级财政补贴589.5万元，清理回收挤占挪用基金808.9万元，清理企业欠费13 069万元。

1998年，全区有170.62万企业职工参加了基本养老保险社会统筹，覆盖率达78.7%，全年收缴基本养老保险基金20.4亿元，收缴率达到87.8%。

【失业保险】 1998年全区参加失业保险的人数为137万人，失业保险基金当年收入7 100万元，其中向国有企业再就业服务中心调剂资金5 000万元。失业保险机构为失业人员、困难职工提供了一次性救济。

【医疗保险】 1998年，医疗保险制度改革取得新的突破。根据国务院《关于建立城镇职工基本医疗保险制度的决定》,进行了新制度改革的各项准备工作，截至年底参加城镇医疗保险人数增加到 10.7 万人，当年收缴基金4 200万元。工伤保险改革出台了一系列配套措施,组织医疗专家开展了劳动能力鉴定工作。生育保险在重点指导各盟市开展生育保险社会统筹的同时，积极调查女职工生育所需费用，为下一步修改生育保险条例做好准备。

工资分配

【企业工资管理】 根据劳动部《试点地区工资指导线制度试行办法》的精神，结合自治区实际情况，制定了《内蒙古自治区企业工资指导线试行办法》,在听取各有关部门的意见和建议后，又做了修改和完善，在劳动和社会保险部指导下，经自治区人民政府同意，在呼市、包头、乌海、赤峰四市进行试点。同时，在各地和自治区有关直属企业进行模拟运行和周密测算的基础上，制定《内蒙古自治区国有企业经营者年薪制试行办法》，于 5 月以劳动厅、经贸委的名义联合报请自治区人民政府批准印发各地执行。

劳动关系调整

【劳动合同】 全区推行劳动合同制度工作取得新的进展。到 1998 年底，全区国有、集体企业实行劳动合同制度的职工 231.5 万人，占同口径职工总数的 94.3%，乡镇企业实行劳动合同制度的从业人员 61 万人,私营企业实行劳动合同制度的从业人员 5.95 万人，占 73.7%。签订劳动合同的个体工商户雇工人数 13.2 万人，占 62.8%。

【劳动争议处理】 1998 年,全区各级劳动争议仲裁委员会当年审理案件结案率为 97.8%。全区共受理并立案的群众举报案件 261 件,已查处结案 252 件,除去应结转下期查处的 3 件，结案率为 96.5%。

【劳动保障监察】 依据《中华人民共和国劳动法》和有关法律法规，加强了执法监察和执法监督，组织开展了劳动保障执法月活动和其他方式的监察，全年共检查各类用人单位 13 291户；对12 520户用人单位进行了年检；受理并立案的群众举报劳动违法案件 180 件，查处结案 172 件。在纠正违法行为方面：清退童工 34 人，清退擅自招用外来工 0.23 万人，补签劳动合同 9.04 万人，清退风险抵押金 33.13 万元，追发劳动者工资3 285.39万元，追缴养老、失业保险费 242 万元，取缔非法职介机构 55 户。

劳动保障法制建设

【劳动保障立法】 1998 年自治区劳动厅会同法制局，完成了《内蒙古自治区劳动争议处理办法》《内蒙古自治区职工工伤事故报告和处理规定》，以自治区人民政府令发布。修改上报了《内蒙古自治区劳动合同规定》和《内蒙古自治区劳动监察条例》《内蒙古自治区养老保险条例》。

信息建设

【劳动保障信息系统建设】 全区劳动保障系统充分认识到信息建设对做好工作的重要性,自觉加快了劳动保障信息系统建设步伐。年初提出了抓紧创建全区劳动保障系统管理信息网络系统，实现全区劳动系统及网络的综合管理。10 月份与区内 8 个盟市开通了计算机广域网，厅内计算机局域网进入调试阶段。两个网络的建成，标志着自治区计算机网络建设零的突破，为全区劳动保障工作的信息及时、准确传递提供了物质条件。

（内蒙古自治区劳动厅）

辽 宁 省

【概况】 1998年辽宁省劳动保障工作，围绕和服务于改革、发展、稳定大局，加大工作力度，加快工作步伐，拓宽工作渠道，出色完成了两个确保和其他各项工作任务，实现了年初确定的工作目标，为实现国家和辽宁经济发展战略发挥了重要作用。

培训就业

【再就业工程】 1998年年末，辽宁省有失业人员40万人，年末登记失业率为3.4%。到年末建立再就业服务中心5 908个，进中心的下岗职工达52.7万人，占下岗职工总数的97.4%；有45.5万人领到了基本生活费，占进中心下岗职工的86.3%。筹集下岗职工基本生活保障和再就业资金17.3亿元，为45.5万名下岗职工发放了基本生活费。全年国有企业下岗职工再就业人数达到48.1万人，其中有4.2万名下岗职工到第一产业实现了再就业，有14.4万名下岗职工到第三产业从事社区家政服务，同时向省外、境外输出劳动力26万人。年末有国有企业下岗未就业职工54.1万人。

1998年，辽宁省把农村劳动力的管理工作作为实施再就业工程的一项重要配套措施，给予了高度重视。利用法律、行政和经济等手段加强了宏观调控力度，为实施再就业工程创造了良好环境。各地区根据实际，制定了允许和限制使用农村和外来劳动力的岗位工种目录，采取企业申报、劳动部门审批的办法，促进了外来劳动力的适量、合理流动，保证了适合下岗职工、失业人员就业的岗位不被外来劳动力挤占。其次，根据《辽宁省流动人口管理条例》和《辽宁省劳动力市场管理条例》的有关规定，加大了劳动监察工作的力度，对违法、违规雇佣外来劳动力的单位依法进行了查处，保证了劳动力市场的正常秩序。第三，全面落实了流动就业凭证管理制度，加强了流动就业证卡的管理。第四，调整了外来劳动力的收费政策，利用经济手段引导用人单位和外来劳动力在劳动力市场中的用人和求职取向。

【农村劳动力转移】 1998年，辽宁省农村劳动力外出就业的数量为65万人，其中在省内城镇就业的47万人，到外省就业的约为18万人。为促进农村劳动力有序转移，主要采取了以下措施：一是加强了农村就业服务工作，将“外出人员就业登记卡”的发放工作放到乡镇服务站办理，并开展了农村劳动力的职业技能培训工作；二是在北京、深圳、广州等地建立了辽宁省劳务管理处，广泛收集用工信息，利用信息引导农村劳动力有组织地转移；三是在省内部分输出和输入地区建立起定向劳务协作关系，把农村劳动力的盲目流动变为有目的、有组织的行为；四是开展了有序流动的宣传工作，通过多种形式向农村劳动力宣传盲目流动的危害性。

【职业介绍】 1998年，全省共有职业介绍机构1 489所，其中市以上劳动部门办118所，街道乡镇办1 051所，其他单位和个人办297所。全省职业介绍机构共接待求职登记人员102万人次，介绍成效40万人次；接待单位用工登记52万人。市场信息系统更趋现代化，已有60%的市和30%的县区实现了信息微机管理。各职业介绍机构聘用的专兼职信息员队伍已发展到9 000多人。一所可供求职人员自行查询信息、电脑自动中介匹配的职业介绍机构在大连市投入运行。

【职业培训】 1998年辽宁省有技工学校315所，其中高级技工学校5所，招生学校208所，共招生22 198人。在校生70 202人，毕业生36 695人，培训其他各类人员118 278人。适应产业结构调整和培训需求的变化，本着不断优化结构、提高办学规模、质量和效益的原则，对全省技工学校进行了初步调整，合并了7所技工学校，撤消了46所技工学校。进一步推动技工学校改革和发展，在全省全面推行劳动预备制度，指导各市综合性基地建设工作，发挥技工学校场地、设施、教师等方面的优势，开展转业转岗和下岗职工的再就业培训工作。

职业技能鉴定工作进一步完善。全省有职业技能鉴定所161个。组建了拥有30个工种的辽宁省职业技能鉴定题库，同时完成国家题库辽宁分库的开发工作，并且实现了计算机操作的“无纸化”考试。制定了辽宁省职业技能鉴定考务管理工作规程，完善了职业技能鉴定信息网络体系、统考体系、试卷传输体系、技师及高级技师考证体系。组建了辽宁省职业技能鉴定委员会，下设8个工种专业委员会。按照国家鉴定所标准条件在全省开展了鉴定所评估工作。组织全省职业技术学校毕、结业生6个工种统一鉴定和6个工种的社会统一鉴定。全省有11.8万人参加职业技能鉴定，其中10.5万人取得了职业资格证书。

1998年，全省2个市1个行业开展了职业技能竞赛活动和技能人才表彰活动，有5人荣获全国技术能手称号。辽宁省劳动厅、工商行政管理局、辽宁省个体劳动者协会、辽宁省私营企业协会和辽宁省消费者协会联合开展了“东泽杯”全省首届地方风味食品技能大赛暨精品展活动，有近70人获各等级的技术等级证书。此次活动促进了个体劳动者、私营企业从业人员职业技能水平的提高，为广开就业门路，拓展就业市场，促进第三产业的发展起到了积极的作用。

社会保险

【养老保险】 为贯彻落实国务院《关于建立统一的企业职工基本养老保险制度的决定》，省政府印发了《辽宁省统一企业职工基本养老保险制度实施办法》。在落实养老保险统一制度工作中，主要抓了制定统一制度的具体操作实施办法、开展业务培训和宣传工作、对各市工作进行跟踪指导、保证个人账户正常记人、公布个人账户保值率等项工作。同时，加快了养老保险立法步伐。《辽宁省企业职工养老保险条例》、《辽宁省个体工商业从业人员养老保险实施办法》已由省政府报省人大常委会审议。从1998年下半年起，基本保证了离退休人员养老金的按时足额发放。

辽宁省农村养老保险事业发展较快。1998年底，全省参保农民达271万人，占全省农业人口总数的12.5%，现有2.216万人领取了养老保险金。1998年，辽宁省农村养老保险工作已划归劳动部门统一管理。

【失业保险】 1998年，辽宁省共收缴失业保险基金3.25亿元，共支出失业保险基金4.19亿元。其中用于失业职工救济金等费用1.8亿元，用于国有企业下岗职工基本生活保障资金支出为1.8亿元。全年共接收失业职工73 620人，失业职工再就业32 332人。

【工伤、生育保险】 到1998年底，参加工伤保险的企业有28 944户，职工383.5万人，比上年增加17.2万人，增长4.7%，占参加养老保险职工总数的69.1%。生育保险发展迅速，到1998年底，全省已有11个市开展了职工生育保险，参加生育保险的在职职工202.8万人，比上年增长53.1%，保证了18 985名生育女职工的基本生活。

【社会保险基金管理】 1998年，辽宁省共收缴各种社会保险基金88.6亿元，支付96.1亿元。其中基本养老保险基金收缴80.7亿元，支付88.7亿元。一年来各级社保机构围绕确保养老金按时足额发放，通过强化基金收缴、加大调剂力度、多渠道筹措资金、堵塞资金缺口，保证了 197.7 万名离退休人员的生活。按“收支两条线”原则，进一步完善了社会保险基金管理制度。建立健全了财务规章制度，开展了会计基础规范考核达标工作，加强了基础管理工作。通过制定审计稽查办法，加强内部审计稽查工作，组织各市开展自查、互查和专查，有效地防止了新的挤占挪用现象的发生，确保了各项社会保险基金安全合理使用，并清理回收已被挤占挪用的养老保险基金 2.4 亿元。

工资分配

【职工工资】 1998 年，辽宁省职工工资总额为 515.3 亿元，比上年下降 29.2 亿元，下降了 5.4%，是多年以来工资总额第一次下降。在全部职工工资总额中：国有单位 386 亿元，比上年下降 22.1 亿元，下降幅度为 5.4%；集体单位 73.2 亿元，比上年下降 19.1 亿元，下降幅度为 20.1%；其他单位 56.1 亿元，比上年增加 12.2 亿元，增长幅度为 27.8%。1998 年全省职工平均工资为 5 635 元，比上年增长 0.8%，扣除价格因素，实际增长 1%。

【最低工资标准】 1998 年辽宁省及各市都制定或调整了企业最低工资标准，且执行情况较好。全省企业的最低工资标准为三类：第一类为 240 元/月，第二类为 210 元/月，第三类为 180 元/月。各市在不超过省确定的标准 20%的幅度内拟定本地区的最低工资标准，并报省人民政府批准后公布实施。

劳动关系调整

【劳动合同】 1998 年辽宁省劳动合同制工作在上年迅速推进的基础上，实现了两个转移：一是由速度推进向对合同的强化管理转移；二是在速度推进上，由城镇国有企业转移到非国有企业。截止 1998 年底，全省城镇企业实行劳动合同制度的职工人数已达 780 万人，占企业职工总数的 98.5%；乡、镇企业实行劳动合同制度的职工已达 146.6 万人，占从业人员的 88%；私营企业实行劳动合同制度的职工达 38.8 万人，占职工总数的 88%。个体工商户实行劳动合同制度的从业人员 77 万人，占其从业人员的 71%。下发了《关于当前劳动关系调整若干问题的实施意见》，促进了劳动合同制度的顺利实施。在劳动合同制度建设方面，主要开展了以下几方面的工作：重新修改了《辽宁省劳动合同管理规定》，省劳动保障部门会同省总工会、企业家协会研究、协商建立三方协调机制，下发了《关于建立劳动关系三方协调机制的通知》。到 1998 年底，实行集体合同的企业有3 626户，涉及职工301.9万人。劳动保障部门深入 34 个行业、约 180 家企业，帮助进行劳动合同制度方案制定，提供劳动合同监证服务 15 000份。

（辽宁省劳动厅）

大 连 市

【概况】 1998年,大连市劳动和社会保障工作,围绕国企改革和经济结构调整这一中心,按照市场经济要求积极推进劳动制度改革,经受住严峻考验并取得重大成绩。7、8、9三个月,打攻坚战,圆满完成了党中央、国务院提出的"两个确保"的工作任务;探索建立市场经济条件下,新型劳动管理体制,初见成效;再就业、养老保险在极端困难情况下,取得新突破。

培训就业

【国有企业下岗职工基本生活保障和再就业】 大连市1998年积极贯彻落实中共中央、国务院切实做好国有企业下岗职工基本生活保障和再就业工作会议精神,从7月份起,全市有下岗职工的国有企业全部建立了再就业服务中心,下岗职工全部进入了中心,他们的基本生活通过各种形式得到了保障,实现了中央提出的"建中心、进中心、保生活"的目标。全年共有7.8万名下岗职工实现了再就业。大连市保障下岗职工基本生活的做法是:(1)实行"即时服务"。1月,市劳动部门公开向社会承诺:市内有就业愿望的下岗职工,只要不挑不拣,保证其在48小时内实现再就业。全年4 402名不挑不拣岗位的下岗职工在限时内实现了再就业,100%兑现了承诺。此项举措受到国务院领导的肯定,作为典型经验,在1998年全国国有企业下岗职工基本生活保障和再就业工作大会上交流。(2)实行"即时就业"。在按"三三制"筹集资金困难的企业和地区,采用"先给岗位后给钱,不要岗位不给钱"的办法,保障下岗职工的基本生活,1.2万名国企下岗职工通过这种办法得到了生活保障。(3)抓重点。集中力量做好本市九大减人增效企业的下岗职工基本生活保障和再就业工作,在进中心的2.34万名下岗职工中,有1.96万人实现了再就业;完成了大连市最大的破产企业——大连冶金机械厂3 711名职工的分流安置工作。(4)落实政策,强化引导,积极推动下岗职工自谋职业和"城下乡"。实现自谋职业的下岗职工2.7万人,"城下乡"的下岗职工近万人。(5)建立下岗职工自谋职业人员服务所,实行劳动代理。为2.9万名职工提供了档案管理、代缴保险等各种服务,解除了自谋职业下岗职工的后顾之忧。

【劳动力市场建设】 1998年,大连市从以下方面加强劳动力市场建设:(1)劳动力市场实行专业化布局,在全市新建劳动力交流市场、失业职工再就业市场、社区家政服务市场等8个专业市场,新建了8个即时服务所,进一步健全了劳动力市场网络。(2)按照科学化、规范化、现代化要求,配置30台多媒体触摸电脑,开设劳动力超级市场,通过多媒体技术和电脑网络,实现人机对话,强化市场功能;各即时服务所与中心市场实现微机联网,资源共享,在信息的收集、整理、传递和反馈上实现微机化管理,并通过大型电子屏幕、热线电话和各种新闻媒体向社会及时发布信息。(3)实行空岗申报和空岗预测预报制度,组建信息大队,强化空岗信息的收集力度。"即时服务"空位信息每天保证在100个以上,劳动力市场空位信息保证在3 000个以上。(4)制定了下岗职工再就业工资指导线,明确工资信号,对市场条件下的劳动力价格进行宏观指导。(5)全面开展职业指导工作，职业指导资格、职称评定工作走向规范化，推动了职业介绍工作的开展，被誉为“戚大姐”的职业指导师戚秀玉，1998年就帮助4 300余名下岗职工实现再就业，其职业介绍方法和经验在全国推广。

【就业训练】 大连市坚持培训为就业服务的指导思想，充分发挥培训在促进就业、再就业中的作用。(1)加强再就业培训场所建设，会同辽宁师范大学、大连广播电视大学新组建了两所再就业培训院校——大连再就业培训学院和远程再就业广播电视学校。(2)启动再就业培训市场，形成了由164个培训单位组成的就业和再就业培训网络，一次培训能力达3万人。培训实行招标，各培训机构公平竞争。(3)落实优惠政策，免费为下岗、失业职工提供培训。根据市场需要，面向下岗、失业职工设置17个专业，免费培训下岗、失业职工2 055人。(4)培训与就业相结合，提高培训就业率。通过上述做法1998年，全市下岗、失业职工参加再就业培训53 950人，再就业培训率为83%，其中，进中心下岗职工培训率为100%；流动就业人员培训39 591人。

【职业技能鉴定】 大连市1998年对100余个工种，27 014人进行了职业技能鉴定，核发技术等级证书28 876人，技师合格证书416人，在参加职业技能鉴定的人员中，企业职工和社会人员占19 659人，职业学校学生7 355人。大连市突出职业技能鉴定管理，加强了对鉴定所和考评员的管理和考核，对条件差、管理水平低的4个鉴定所，停止鉴定工作，审核新建了6所职业技能鉴定所，并在各区(市)成立了汽车驾驶鉴定分析所；举办3期培训班，对310名考评员进行了业务培训。

【技工学校】 大连市积极推进技校改革，全年招生4 686人，其中，市内生1 793人，比去年增加5%；促进技工教育与就业相结合，建立技校学生就业服务体系，直接帮助200余名技校毕业生就业；为促进下岗职工再就业作准备，32个技校，45个工种参与培训。

【劳动预备制度】 大连市全面推进实施劳动预备制度，制定并以市政府名义下发了《大连市劳动预备制实施办法》，对适合参加劳动预备制人员进行了调查摸底，根据劳动力需求预测，设置了培训专业和机构，全年参加劳动预备制人员200余人。

社会保险

【养老保险】 截至1998年底，大连市有11 371户企业，89万名在职职工，32.3万名离退休人员参加了基本养老保险，全年收缴养老保险费15.69亿元，达到历史最高水平。

进一步完善养老保险制度，确保养老金按时足额发放。(1)进一步调整完善了市级统筹模式，确保基金安全运行。从1998年起，大连市在养老保险工作责任制上实行两级政府负责制，在调剂金拨付方式上实行总量控制，定额调剂，自求平衡，极大地调动了县(市)区政府抓养老保险的积极性，1998年在县(市)区正常调剂金没有增加的情况下，绝大多数县(市)区都做到了养老基金当月收支平衡；(2)在极其困难的情况下，圆满完成基金收缴任务，实现了“两个确保”。一是狠抓扩大覆盖工作，在私营企业、个体劳动者及外来劳务工参保上取得突破性进展，全年新增参保人数65 788人，增收基金264.5万元，私营、个体从业人员增加了23 098人，减少企业下岗职工分流自谋职业后养老保险流失12 000人，从7月份起，遏制了近3年来参保人数持续下滑的势头，参保和实际缴费人数逐月上升；二是落实基金收缴目标责任状，除长海县外，其余县市区养老基金实现当月收支平衡；三是充分运用现有政策规定，加大清欠力度，对27个欠费单位执行最低工资标准，对25个单位不发限期缴费通知书，并坚持滞纳金制度，对4个长期欠费且无力缴费企业，申请法院强制执行，收回资产150万元，全年收回历年欠缴额4 500万元；四是从7月份起，市内四区养老基金缴拨方式全部由差额缴拨改为全额缴拨，到年底，除长海县外，其他县市区都实行了全额缴拨，通过银行代发和社保机构监督企业代发等形式，全市社会化发放人数已达28万，社会化发放率达87%，新建开发区退管中心，将2 600名退休人员纳入社区管理；五是做好6月份以前拖欠养老金的补发工作，对全市91户拖欠养老金企业，逐一落实了补发期限和资金筹集渠道，到年底，全市补发养老金3 745万元。

【医疗保险】 截至1998年底，大连市有809户企业，139 160名在职职工，79 140名离退休人员参加了医疗保险。实现医疗保险政策模式的重大转变，推进了医疗保险改革的健康发展：建立了统账分开的医改新模式，控制医疗费增长，减少了基金赤字，与上年同期相比，人均门诊医疗费用下降35%，人均住院医疗费用下降18%；加强医疗管理和费用结算，完善了内部规章制度和工作流程，全年核减不合理费用111.6万元，拒付定点医院超结算指标1 195.7万元，保证了基金的合理使用。

【失业保险】 截至1998年底，全市有9 834户企业，998 443名职工参加了失业保险。强化失业保险基金收缴，失业保障功能增强。提高失业保险基金收缴比例（企业缴纳标准由工资总额的1%调整为2%，个人缴费由每人每月1元调整为工资总额为1%），全年收缴失业保险基金1.45亿元，收缴额占全省一半以上。全年共为35 302名失业职工发放失业救济金4 677.2万元，保障了他们的基本生活；为进入再就业服务中心，按“三三制”筹集资金的下岗职工，拨付生活费9 804.2万元，促进了再就业顺利进行。

工资分配

【工资管理】 1998年，大连市职工工资总额98.3亿元，比上年增加2.4亿元，其中，企业工资总额78.5亿元，比上年增加0.6亿元，国有企业工资总额43亿元，比上年减少1亿元。最低工资标准250元。

1998年，全市社会平均工资比上年增加370元，增长4.7%，增幅比上年下降3.4个百分点，扣除物价因素影响，人均实际工资增长4.4%。全年企业单位人均工资8 142元，国有企业人均工资8 498元。

加强了工资的宏观调控，进一步强化工资手册管理，严格工资手册审核，全年为1.2万户企业核发了工资手册；规范企业工资支付行为，围绕企业最低工资标准、企业工资构成、下岗职工生活费发放、企业拖欠职工工资情况开展专项调查，摸清了工资方面的底数。制定下发了《关于严格控制亏损企业工资发放的通知》，严格控制亏损企业工资发放，改控制奖金发放为控制水平发放，市属85户亏损企业工资水平居高不下的局面面得到控制；提出了解决企业拖欠工资问题的措施办法，保障了职工合法权益和最低工资标准的实施；严格控制拖欠养老保险费和离退休人员养老金的企业工资发放，实行逐月审核制度，对拖欠企业，人均工资水平一律执行市政府规定的最低工资标准，其经营者，不审批其年薪收入，促进了养老保险费的收缴和养老金的发放。

劳动关系调整

【劳动关系调整】 大连市适应产权制度改革和市场经济发展的需要，积极探索建立和完善适应市场经济的新型劳动管理体制，促进劳动关系和谐稳定。(1)在全市企业全面签订劳动合同的基础上，提高合同管理质量。强化劳动合同管理，规范劳动合同文本，严把合同鉴证关，全年办理合同鉴证25万人次；签订集体合同企业已达128户，14万人。(2)与劳动合同管理工作配套联动，加强企业劳动管理的各项基础工作，制定下发了《关于实行企业劳动管理规章制度审查备案制度有关问题的通知》，对企业制定和完善劳动合同管理规定、企业职工奖惩办法、考勤制度等劳动管理规章制度实行审查备案，并制定了奖惩制度、考勤制度参考意见，供企业参考，指导和规范企业建立劳动规章制度。(3)针对多年来企业劳动关系形态较为复杂的问题，在全面调查的基础上，制定下发了《试点企业理顺劳动关系的有关政策规定》，在全市24户企业，22 462名职工中开展了理顺劳动关系，建立新型劳动管理体制的试点工作，按照劳动合同规范、劳动规章健全、劳动管理科学的原则，对12种离岗人员劳动关系状况作了清理，取消停薪留职、挂名、“两不找”、长期外借、长期放假、因私出国等6种状况，对其余6种状况进行了规范。经过清理，有2 544名职工与企业终止或解除了劳动关系，企业劳动关系已经清楚，促进了隐性就业显性化，促进了职工转变就业观念，增强市场就业自觉性。

【劳动争议处理】 1998年，大连市劳动争议处理工作取得新进展。全年共受理劳动争议55件，结案46件，处理1997年结转的案件20件，受理率和按期结案率均达到100%；处理结案复议争议案4件，接待来访3 320人次，处理来信213件，热线电话1 935次。进一步完善了当事人选择仲裁员办法，加强对仲裁员的管理和业务培训，聘任兼职仲裁员22人。广泛开展了调研活动，对劳动争议处理工作中的突出问题进行了探讨，提出相应对策，进一步规范了争议处理工作。探索新的争议仲裁机制，建立了第一个劳动仲裁乡镇派出机构试点单位——金州区劳动争议委员会登沙河派出庭，建立了劳动保障事务咨询中心，进一步拓宽了劳动争议处理和服务渠道。

劳动安全卫生

【职业安全卫生监察】 大连市坚持“安全第一，预防为主”的方针，加强宏观调控，强化安全监察，严肃事故处理，全市安全生产态势平稳。1998年，全市非矿山企业发生死亡事故68起，死亡73人，千人死亡率为0.044，比省下达指标低12%，与去年同期相比，死亡事故起数和死亡人数分别下降了1.5%和7.6%；发生重伤事故121起，重伤134人，千人重伤率为0.081，比省下达指标低35.2%；矿山企业发生死亡事故6起，死亡6人，重伤事故3起，重伤6人，死亡人数控制在省下达的0.043‰的指标之内，锅炉压力容器连续20年无事故。

取得上述成绩，一是狠抓重大事故隐患的监控治理工作。在全市开展大规模的查找事故隐患活动，对立项的97项（矿山42项）组织专家进行评审，经专家评审确定的9项重大事故隐患（矿山3项），已治理完3项，其余正在治理当中。二是改进了安全生产目标管理工作。根据安全生产重点工作的调整，调整了考核指标，突出了对重大事故隐患的治理与监控及私营企业、个体经济的安全管理。三是狠抓安全生产责任制的落实。开展了对企业集团、股份制企业和私营企业安全生产管理状况的调研，进一步完善了安全生产责任制。四是加大安全监察工作力度。先后对全市166户企事业单位的891台电梯，85家建筑企业，10个船舶修造企业，8户外资企业，12户烟花爆竹企业进行了专项安全监察，下达限期整改指令书221份，罚款90.1万元；对全市71个生产、销售防护用品单位，53个起重、电梯的制造、维修、安装单位，27个劳务公司和286个建筑施工企业进行了年审和安全资格审查；对53个“三同时”项目进行了审查、验收；对市内四区近300家浴池锅炉，全市71家乙炔气经营单位，10家液化气充装站和压力管道安装重点单位进行了监察，查封了4个液化气站；对全市40家锅炉经销单位快开门式压力容器和医用氧舱进行了治理整顿，完成对4家常压锅炉厂、4家锅炉安装单位、11户压力容器设计、制造厂的取换证件。五是加强安全生产的宣传教育和培训工作。在全市开展了第八次“安全生产宣传周”活动，举办培训班，对安全管理干部和特种作业人员进行了安全管理和安全技术培训。

劳动保障法制建设

【劳动立法】 大连市围绕为“确保国有企业下岗职工基本生活保障和再就业，确保企业离退休人员养老金按时足额发放”服务，以再就业、社会保险法规建设为重点，继续加强劳动和社会保障法制建设。制定出台了《关于建立再就业工作责任制的通知》《大连市市属国有企业委托管理办法》《大连市促进下岗和失业职工再就业有关政策规定》《大连市对国有企业下岗职工实行申报登记制度的规定》《大连市实行企业空岗报告制度的规定》《大连市统一企业职工基本养老保险制度实施办法》《关于加强企业职工养老保险费收缴和养老金支付工作的通知》《大连市城镇个体劳动者基本养老保险暂行办法》等政府规章13部，从加强下岗职工管理、规范用工行为、拓宽就业渠道、落实优惠政策、强化保险基金收缴、扩大统筹覆盖面等方面进一步健全再就业和社会保险法规体系，特别在鼓励下岗职工自谋职业、鼓励非公有制企业招用下岗职工和个体工商户私营企业参保方面有新突破。为“两个确保”任务顺利完成提供了政策保证。

【劳动监察】 大连市紧紧围绕劳动和社会保障的中心工作，在坚持日常巡视监察、群众举报专查、专项检查和劳动年检中，突出再就业和社会保险两个重点，综合运用法律、经济、行政手段，加大监察力度，扩大监察范围，维护了劳动者合法权益，促进劳动关系和谐稳定。1998年，全市共检查用人单位32 269户。其中，常规巡视监察9 925户；受理群众投诉举报立案858件，结案857件，结案率为99%；劳动年检用人单位21 486户，查处用人单位非法招用外来劳务工30 471人，责令补办用工手续，责令用人单位同53 425名劳动者补签了劳动合同，为33 713名劳动者追发被克扣、拖欠的工资4 472.5万元，为911人清退被非法收取的风险抵押金65.74万元，为66 854名劳动者追缴社会保险费3 971万元。市劳动监察大队通过监察，追缴社会保险费2 342.6万元，增收用工管理费241.95万元，收缴再就业基金40.1万元；平息突发事件9起，对598户存在严重违反劳动法律法规的用人单位给予行政处罚，为下岗职工再就业提供有效岗位7 256个，其中，为地处北三市下岗职工“异地上岗”提供岗位4 315个。

【执法监督】 1998年，大连市行政监督工作取得历史性突破。按照现行机构、职能设置，依据国家法律、法规和规章规定，建立了《大连市劳动局执法责任制》，对全局执法部门、单位的执法资格，执法内容，执法性质和类别，执法权限和负有的责任，执法范围，执法程序，执法依据进行了全面清理和界定。为保证执法责任制全面落实，又先后制定了《大连市劳动局行政执法培训暂行办法》《关于实行执法公示制的有关规定》《大连市劳动局行政执法监督暂行规定》《大连市劳动局行政执法过错追究试行办法》《大连市劳动局执法评议考核办法》等5项保障制度，规范了执法行为，提高了执法水平，确保了劳动政策法律法规的正确实施，预防和减少违法或不正当执法行为的发生。

行政复议工作依法开展。1998年1月6日，受案办结了行政复议工作开展以来的第一起行政复议案——日本独资企业大连好瓦德服装有限公司提请的对普兰店市劳动局的行政复议。至1998年底，共受理行政复议案4起，全部办结，按期结案率100%。其中，撤销1起，维持3起。

接受司法监督，全年办理行政诉讼应诉案件5起。其中，胜诉3起，原告撤诉1起，改变原行政行为1起。

（大连市劳动局办公室　黄为民）

吉林省

【概况】 1998年，吉林省紧紧围绕改革、发展和稳定的大局，突出确保国有企业下岗职工基本生活和企业离退休人员养老金足额发放这一重点，加大力度，攻坚克难，打开了劳动和社会保障工作的新局面，再就业工作和社会保险制度改革取得了重大进展。培育和发展劳动力市场,配合建立现代企业制度和企业改革，加强国有企业下岗职工基本生活保障和再就业工作,深入研究和贯彻落实再就业的政策措施，加强再就业服务中心建设，全面搞好职业技能培训，努力拓宽就业渠道。积极筹集再就业资金，为进入再就业服务中心的下岗职工发放基本生活费和定额医疗费，代缴养老、失业保险费。深化养老保险制度改革，从统一企业职工基本养老保险制度人手，突出加强基金收缴这一重点，全力以赴确保企业离退休人员养老金按时足额发放。按照国家的统一部署，认真做好行业统筹移交地方的接收工作，保持了原行业统筹企业养老保险工作的平稳运行。积极推行工资指导线办法,扩大经营者年薪制试点,加强工资内外收入监督检查，积极探索市场经济条件下做好工资工作的新路子。积极推进劳动预备制度试点和下岗职工转业、转岗培训工作。加大劳动监察工作力度，在全省范围内集中组织了对职业中介机构的清理整顿和以解决企业欠缴养老保险费、欠发养老金问题为主要内容的劳动执法专项大检查,妥善处理劳动争议,化解矛盾，劳动关系保持了和谐稳定。安全生产管理与监察职能得到强化。进一步落实各级政府、主管部门和企业安全生产责任制，督促治理事故隐患，严肃查处重大事故责任者，有效遏制了重特大事故的发生。劳动法制建设取得新进展，提高了劳动工作依法行政水平。

培训就业

【国有企业下岗职工基本生活保障和再就业】 吉林省坚持“党委政府牵头，部门组织协调，企业各负其责，职工自强自立，社会广泛参与”的工作方针，深入研究和贯彻落实推进再就业的政策措施，不断加大再就业工作力度。为落实中央确定的1998年9月底前下岗职工全部进入再就业服务中心并领到基本生活费的工作目标，全省各级劳动部门集中精力在7、8、9三个月打了一场建中心、进中心的攻坚战。8月份，全省有下岗职工的5 286户国有企业100%建立了再就业服务中心；9月份，全省国有企业41.59万名下岗职工100%进入再就业服务中心；到年底，进入再就业服务中心的下岗职工还有34.04万人，其中签订基本生活保障和再就业协议并领取基本生活费的32.07万人，占进中心人数的94.2%。积极筹集再就业资金，全省共筹资4.9亿元。大力加强再就业服务工作，培育和发展劳动力市场，全年通过劳动力市场使近10万名下岗职工实现了再就业。加大下岗职工培训工作力度。1998年下岗职工培训工作,本着“突出重点,突破难点,精心组织，合力攻坚”的工作思路，依据国家“三年千万”规划，制定了1998年至2000年的培训计划，根据劳动力市场需求和全省下岗职工就业任务，动员社会各方面的力量建立再就业培训基地，先后选择150所大中专院校，150

所技工学校和就业训练中心，321个企业和社会力量办学机构，建立了621个能覆盖120个工种（专业），年培训能力12万人以上的再就业培训基地。采取政策扶持，行政指导，规范管理等措施，组织开展多层次、多形式的创业能力和职业技能培训。全省共培训123 894人，培训后就业79 184人，培训后就业率达到63.92%，为下岗职工出中心、再就业创造了条件。积极拓宽就业门路，促进下岗职工多渠道分流安置。全省共有36.34万名国有企业下岗职工实现了再就业，再就业率达到51.63%。到年底，下岗未就业职工人数为34.04万人，比1997年底减少12.56万人。

【劳动力市场】 1998年，吉林省大力加强就业服务工作，发展劳动力市场，劳动部门开办的职业介绍机构普遍为下岗职工专门设立服务窗口，免费提供职业指导和职业介绍等服务。1998年全省共有各类职业介绍机构1 010个。其中：劳动部门938个，非劳动部门72个。劳动部门职业介绍机构共接待用工单位1.29万个次，接待求职者42.2万人次，介绍成功28.7万人，全年共发放外出人员就业登记卡2.76万张，发放外来人员就业证3.55万个。通过劳动力市场使10万名下岗职工实现了再就业。

【劳动就业】 1998年，吉林省城镇失业人员总数为29.17万人，新增失业人员20.33万人，全省城镇新就业人数为10.58万人，比去年下降5.37%。女性失业人员占失业人数的53.3%；女性就业人员为11.5万人。农村劳动力总数为993.9万人，在本地乡镇企业就业人数为213.87万人，占农村劳动力总数的21.5%。1998年有劳动能力的残疾人16.57万人，已就业11.11万人，占总数的67%，年末尚有失业残疾人5.46万，占总数的33%。

【技工教育】 1998年，吉林省技工学校共160所。其中部属技工学校30所，在校生10 358人，教职工人数2 600人；省市劳动部门办校20所，在校学生5 825人，教职工人数953人；主管局（公司）办校75所，在校学生22 617人，教职工人数5 249人；企业办校32所，在校学生5 318人，教职工人数1 144人；地方城镇集体经济单位办校1所，社会力量办学2所，在校学生132人，教职工人数12人。

1998年，全省技工学校共录取新生9 114人，完成国家计划15 000人的61%。按照培训合同和用人单位的需求，1998年全省技工学校又有26 102名学生毕业后走上新的生产岗位。

1998年，吉林省技工学校文化技术理论教师4 464人，高级讲师496人，讲师1 934人，助理讲师1 324人，教员355人。生产实习指导教师920人，高级实习指导教师33人，一级实习指导教师230人，二级实习指导教师287人，三级实习指导教师106人，技师40人，未评职称的224人。各技工学校积极开展教学教研活动，评出优秀班主任36名，评出一体化省级教学能手1名，评出优秀论文一等14篇，二等50篇，三等48篇，优秀教案一等13篇，二等33篇，三等31篇。

【职业技能鉴定】 1998年，吉林省职业技能鉴定工作迈出了新的步伐。下发了《关于对部分技术工种实行就业准入控制的通知》，要求在吉林省境内的企事业单位、私营经济组织和个体劳动者，凡从事国家和省规定的73个实行就业准入控制的工种，劳动者上岗前必须经过一定时间的职业技能培训，经职业技能鉴定机构鉴定，取得职业资格证书方能就业上岗。适应实际需要，新建了一批职业技能鉴定所（站），选择22个技术复杂，通用性强，涉及国家财产、人民生命安全及消费者利益的工种完成了题库建设，改变了吉林省职业技能鉴定没有题库的状况。省劳动部门与省工商管理局、省交通厅、省贸易厅紧密配合，首次对汽车驾驶员、商品营销员和美容师、美发师4个工种实行全省统一鉴定。对推销员、秘书、计算机高新技术等新兴工种，组织参加了全国的统一鉴定。全省共鉴定161 722人，发证14 394人，其中，初级59 500人、中级55 014、高级29 463人。

社会保险

【养老保险】 1998年，吉林省在参加养老保险省级统筹的企业和职工中实行了缴费基数、缴费比例和个人账户规模、记账比例的“四统一”。突出加强基金收缴这一重点，改变养老保险基金的缴拨办法，由差额缴拨改为全额缴拨。按照省政府的决定，从7月份起，采取超常规措施，集中调度使用资金，动用历年积累近2亿元，基本保证了离退休人员养老金的按时足额发放。认真做好行业统筹移交地方的接收工作。按照国务院的统一部署，于7、8月间先后接收了原实行行业统筹的7个行业38个养老保险核算单位的养老保险工作，并基本保持了平稳运行。

【医疗保险】 吉林省公费医疗制度改革工作，认真贯彻“因病施治、合理用药、合理检查、减少浪费”的原则，在学习借鉴集安市医改做法的基础上，各地区结合本地实际，加大改革力度，到8月份，已有通化、吉林、长春等市和省级直属单位进行了公费医疗制度改革。实施以来，运行平稳，职工的基本医疗得到保障，医疗费用得到不同程度的控制，公费医疗制度改革取得了可喜进展。

【失业保险】 1998年，吉林省共有失业职工31 287人，其中18 821人实现再就业，占失业职工总数的60%。全省共有17 379户企业，238.12万人参加失业保险，其中，国有企业11 866户，参保职工195.18万人；集体企业4 137户，参保职工34.65万人；其他经济类型企业1 366户，参保职工8.14万人；私营企业10户，参保职工0.15万人。1998年，全省共筹集失业保险基金8 739.5万元，共支出失业保险基金9 951.6万元，失业保险基金年终滚存结余额为26 788万元。

【工伤、生育保险】 吉林省的工伤、生育保险实行了财务结算制度，在强化基础管理的前提下稳步发展。44个县市开展了工伤保险，覆盖7 750户企业，职工75.6万人，收缴工伤保险基金1 800万元，支付920万元；有36个市县开展了生育保险，覆盖6 668户企业，职工59.5万人，收缴生育保险基金1 200万元，支付生育保险费用56.8万元。

【农村养老保险】 截止到1998年底，吉林省共有9个地区、41个县（市）先后开展了农村社会养老保险业务，市、县覆盖面已达100%，共有730个乡镇，3 344个村，开展此项业务，分别占乡、村总数的78.5%和33%。全省累计参保人数19.1万人，养老保险基金滚存结余7 329万元。全省已有286人领取养老金，年支付养老金74.4万元。

全省从事农村养老保险业务的人员275人，其中，专职干部155人，兼职代办员120人。

【社会保险基金管理】 1998年，吉林省全面落实国家关于基本养老保险基金实行收支两条线管理办法，50个市县已全部实行财政专户管理。同时，细化基金收缴指标，落实人头，实行收缴与个人工资挂钩；开展了企业缴费稽核工作，对已参保企业，进行逐户核查工资总额，堵塞基金管理中的漏洞，防止基金流失，为确保养老金按时发放，奠定了坚实的基础。1998年，全省基本养老保险基金收缴409 896万元（含行业），医疗保险基金收缴5 483万元，生育保险基金收缴1 209万元，工伤保险基金收缴1 809万元；基本养老保险基金支出465 294万元（含行业），医疗基金支出4 283万元，生育保险基金支出570万元，工伤保险基金支出888万元；基本养老保险基金结余40 061万元，医疗保险基金结余2 627万元，生育保险基金结余300万元，工伤保险基金结余4 944万元。失业保险基金收入8 859万元，失业救济金支出4 183万元，用于再就业服务中心资金支出4 199万元，失业保险基金结余30 053万元。

工资分配

【工资分配】 1998年，吉林省的职工工资分配继续坚持效益优先的原则，充分发挥工资指导线的调控和导向作用，引导企业根据经济效益合理确定职工工资水平，同时对工资水平过高的行业、企业严格实行工资控制线，促进了全省扭亏增盈攻坚目标的实现。在国有企业中积极推行经营者年薪制，出台了新的办法，加大了年薪激励作用，企业经营者年薪收入最高达到14.69万元，最低只有4 778元，年薪制工作已步入正规化轨道。积极开展集体协商确定工资的试点，探索建立有利于发挥市场机制作用的工资决定机制，试点范围扩大到外商投资企业、股份制企业、联营企业和私营企业。严格《工资总额使用手册》管理制度，强化职工工资收入综合治理，探索工资内外监督检查工作新途径，利用中介机构对企业工资内外收入实施检查取得新突破，效果明显。

劳动关系调整

【劳动合同制度】 1998年，吉林省劳动合同制度实施范围进一步扩大。截止到1998年底，全省城镇企业已全面实行了劳动合同制度，签订劳动合同的职工人数占城镇职工总数的99%。全省金融系统签订劳动合同人数为4.5万人，占从业人员总数的49.8%；乡村集体企业实行劳动合同制度的从业人员达35.2万人，占常年性生产的乡村集体企业从业人员的92.1%；城镇私营企业和个体工商户签订劳动合同27.9万人，比1997年增加6.2万人。集体合同制度稳步推进，实施范围迅速扩大，到1998年底，全省报送劳动行政部门审核登记的集体合同共有3 196份，比1997年增加1 857份，涉及职工90.12万人，集体合同报送率为85%，比上年同期提高37个百分点。集体协商和集体合同制度在维护职工合法权益方面发挥了重要作用。

【劳动争议处理】 1998年，吉林省劳动争议处理工作突出抓了基础建设。下发了《关于加快建设规范化劳动争议仲裁庭的意见》和《关于进一步做好建设规范化劳动争议仲裁庭有关问题的通知》两个文件，对建设规范化劳动争议仲裁庭的标准等方面的问题提出了明确要求。各地按省劳动厅提出的三年完成全省规范化劳动争议仲裁庭建设的要求，制定了三年规划和年度工作计划。1998年，全省有24个劳动争议仲裁庭基本达到了规范化程度。制定了《劳动争议和劳动信访情况统计报表制度》，对统计分析和信息反馈、重大案件专项报告等做了明确规定。针对全省劳动仲裁员调整较大，劳动信访统计工作薄弱等问题，举办了全省劳动仲裁员、统计员培训班，共培训120人。1998年全省共受理劳动争议案件776件，比上年上升40%，结案740件，结案率达95%以上，裁决金额高达3 233万元，有力地维护了企业和劳动者的合法权益。

【劳动保障监察】 1998年吉林省劳动保障监察工作以推行劳动年检制度为切入点，以严格落实目标管理责任制为动力，加大力度，先后制定并下发了《1998年劳动监察目标管理责任制实施办法》和《1998年劳动监察工作考核指标评分规则》。在全省各类用人单位中全面实行劳动年检制度，共有21 860户参加年检，覆盖面达到用人单位总户数的85.4%。同时，积极开展劳动行政执法检查工作，及时纠正用人单位违反劳动法律、法规的行为，加大劳动监察力度。全省共检查用人单位22 746户，超额完成部里下达给吉林省全年20 000户的计划指标。人均检查用人单位78.8户，超出年计划人均60户的31%。全年接收群众举报591件，立案446件，结案445件，结案率99.8%。围绕中心工作，集中开展了对用人单位“两费”征缴和发放情况的专项执法检查，直接催缴入库“两费”金额达4 328万元。此外，在全省范围内组织开展整顿职业介绍机构，坚决打击各类非法职业中介行为的专项执法大检查，共检查各类职介机构584户，取缔非法职介机构183户。

劳动安全卫生

【安全生产检查】 1998年，吉林省认真落实江泽民总书记1997年关于安全生产工作的重要指示和1998年关于预防火灾事故的重要指示，加大安全生产检查力度，在全省范围内开展了以查隐患、保安全为目的的特、重大事故隐患的调查工作，全省共查出25项重大事故隐患和7项特大事故隐患。按照谁主管谁负责的原则，对事故隐患进行了综合治理，逐级落实隐患整改责任制，明确了隐患的评估、报告、管理、监控、整改等方面的责任和措施，整改率达95%以上。通过加强安全生产管理，治理事故隐患，全省安全生产形势比较稳定。1998年全省共发生生产责任事故403起，比1997年下降20.51%；死亡368人，比上年下降21.7%；重伤177人，比上年下降7.32%；直接经济损失1 183.23万元，比上年下降40.8%。

【矿山安全卫生监察】 1998年，吉林省对矿山企业监督检查5 257矿次，较上年增加了40.3%。在检查中坚持对企业检查和对基层劳动部门考核相结合；软件硬件一起查；严格监督与热情服务相结合。进行了小煤矿整顿工作。在整顿中，坚持把贯彻《矿山安全法》作为整顿的重要内容。经过整顿，全省取缔小煤矿982个，对不完全具备安全生产条件的矿井予以停产整顿，敦促其投入资金改善生产条件。全年矿山企业共发生死亡事故198起，死亡268人，是近10年来第二次回落到300人以下的最好年份。

【锅炉监察】 1998年，吉林省应检锅炉21 037台，实际检验20 392台，为总数的95.9%；全年生产锅炉2 298台，驻厂监检2 241台，为总数的97.5%。对12户锅炉制造单位和2户安装单位进行了取证及换证审查。全年共完成锅炉图样审批387套（台）。举办一期锅炉制造安装单位质检员学习班，共培训150人，合格率100%。制定了《工业锅炉报废标准》《小型燃油燃气锅炉组装单位条件》，劳动安全部门与省电力局联合签发了《吉林省地方和企业自备电厂锅炉压力容器安全监察管理规定》等地方性规定。进一步促进了锅炉安全监察工作的标准化和规范化。

（吉林省劳动厅）

黑龙江省

培训就业

【国有企业下岗职工基本生活保障和再就业】 1998年，由于加强了宏观调控和促进再就业工作，黑龙江省下岗人数逐步减少并趋于稳定，到年底，全省实有国有企业下岗职工52.8万人，占全省国有企业职工总数的11.5%，比1997年高峰时减少10.6万人。按照国务院提出的“确保下岗职工基本生活和离退休人员养老金足额发放”要求，全省集中力量，用7、8、9三个月开展“两个确保”攻坚战，到年底，全省有下岗职工的国有企业100%建立了再就业服务中心或相应机构；下岗职工全部进入了再就业服务中心，90%以上的下岗职工签订了基本生活保障和再就业协议，并得到基本生活保障。在保障基本生活的前提下，各地积极落实省委、省政府促进再就业的优惠政策，发挥再就业服务中心的职能作用，依托经济结构调整和企业转换经营机制，引导、扶持下岗职工多层次、多形式再就业。1998年，全省有65.7万名下岗职工实现了再就业，再就业率为55.3%，超额完成了中央、省委确定的50%、55%的工作目标。具体做法：一是重点完善工作机制。由上至下的组织网络、责任制度基本确定，统计、信息渠道保持畅通，政府部门、群团组织、行业、区街等联合推进措施不断加强。二是狠抓政策措施的落实。在中央10号文件的框架下，形成了以省委、省政府9号文件及8个配套规定为核心，以省劳动厅若干规范性文件为补充的再就业政策体系。各级劳动部门协同其他部门，加大宣传力度，逐个文件、逐条政策落实，确保促进再就业的各项政策落到实处。三是狠抓再就业服务中心建设。采取分类指导的办法，加强宣传教育和行政督促，并先期注入部分资金扶持中心建设，引导企业抓住有利时机实施减员增效；区分不同情况，加大清理劳动关系力度，使下岗职工和隐性就业职工身份日渐明晰，进中心的比例大幅度提高；采取典型示范引导的办法，指导中心健全各项规章制度，实施规范化运作，切实保障下岗职工基本生活。四是千方百计促进下岗职工再就业。大力宣传落实国家和省促进下岗职工再就业的优惠政策。各地因地制宜拓展再就业空间，增加就业岗位。抓住国家和本省大力发展非国有经济和第三产业，加强基础设施建设的有利时机，鼓励下岗职工多层次、多形式再就业，重点鼓励自谋职业。

【劳动力市场建设】 1998年，黑龙江省按照科学化、规范化、现代化的要求，加快劳动力市场体系建设步伐，把工作重点放在了劳动力市场的基础建设方面。主要强化了各级各类职业介绍机构服务功能的完善。做到各项规章制度健全，业务范围明确并张贴上墙；按规定配备专兼职工作人员，并做到持证上岗、挂牌服务；建立求职人员档案，实行求职用工登记制度，推荐就业、委托招聘档案管理制度；定期举办求职招聘见面洽谈会，求职人员、招聘单位、成交情况都有详细记载；实现地方劳动力供求信息微机联网，并准备好与省职业介绍中心微机联网。通过全年的工作，全省基本形成了以省、地（市）、县、乡镇、区街劳动就业服务管理机构为主体，国有企业再就业服务中心、社区再就业服务机构为补充的新型劳动就业服务管理体系。乡镇、区街劳务站建立比例达到80%以上。

在劳动力市场建设中，黑龙江省还加强了对全省职业介绍机构的检查清理工作。按《黑龙江省职业介绍机构管理办法》的规定，在全省各级各类职业介绍机构中，开展了年检评比，采取自查、抽查相结合的办法，按照评比方案确定的条件，全省评出47个优质服务窗口。同时对一些条件不具备、服务质量不高的单位，取消职介资格或限期整改。目前，全省各类职业介绍机构已达1 264所，信息员队伍已发展到近1万人。全省共举办劳务交流大会600多场，为近63万人次下岗职工提供了再就业服务，职业介绍成功率已达50%。

【职业培训】 1998年，黑龙江省继续贯彻落实《职业教育法》和《社会力量办学条例》，配合再就业工程，有针对性地制定政策，规范职业技能培训改革。制定下发了《黑龙江省实施“三年一百三十万”下岗职工再就业培训工作方案》及与之相关的三个配套性文件，为大力推进再就业工程，帮助下岗职工转变择业观念，提高下岗职工的职业技能起到了重要作用。继续积极有效地做好职业技能培训和鉴定工作。为配合实施再就业工程，促进劳动力技能素质和就业能力的提高，不断加强了对企业培训机构、培训经费的管理。全省初步形成了与就业紧密衔接覆盖城乡的多层次职业培训和职业技能鉴定网络，加大了培训工作力度。1998年，全省共培训在职职工22.3万人，核发各类技术等级证书14万个，培训高级工1.6万人，评聘工人技师、高级技师2 000余人，批准建立职业技能鉴定所4个，表彰省级优秀教师、教育工作者67人。不断加强下岗职工再就业培训工作力度。充分利用广播、电视、报纸等宣传媒体，引起全社会对再就业培训的关注。主动邀请记者对全省下岗职工再就业培训工作状况进行深入采访，并在各家电视和报纸上进行专题报道，社会效果很好。各级劳动就业训练机构把工作重点转移到对下岗职工的转业转岗培训上来，不断加强技校和就业训练中心建设，充分发挥示范和带头作用。积极指导帮助妇联、工会等社会团体建立下岗职工转业转岗培训班。1998年，全省社会力量办学单位已发展到804个。直接扶持发展了16所由大专院校、民主党派、群众团体、私营企业举办的职业技术培训机构，培训城镇失业人员和下岗职工3 036人，取得了良好的社会效益和经济效益。1998年，全省共培训城镇失业人员和国有企业下岗职工31.8万人，完成年计划（20万人）的159%，其中国有企业下岗职工16.6万人，占培训总人数的52%，培训合格率达95%，培训就业率达75%以上。开展了评估认定重点就业训练中心的评选优秀教师、教育工作者活动，对于加强就业训练中心建设，调动教职员工积极性，完成全年培训工作目标起到了较大的促进作用。切实采取措施实施就业准入制度，有力地推动了再就业工程的开展。

【农村劳动力有序流动】 1998年，黑龙江省遇到了百年不遇的特大水灾，嫩江、松花江流域农村灾情严重，使劳动力有序流动问题尤为突出。为严格控制受灾地区农村劳动力盲目外流，积极支持农村抗灾自救，重建家园，黑龙江省根据国家有关文件精神，研究制定了本省的具体工作措施并狠抓贯彻落实：

一是认真贯彻国家一系列文件精神，加大对此项工作的宣传力度，明确了工作思路和工作措施，充分发挥各级就业服务机构的作用，对民工有序流动的宏观调控起到了关键性作用。二是严格执行流动就业证卡合一制度。把此项工作作为加强农村劳动力有序流动宏观管理的一个有效手段。根据全省的实际情况，制定了允许招用农村及外埠劳动力的岗位工种目录，规范了招用范围和条件。全省通过发放外出人员就业登记卡，有效控制了民工盲目外流。三是积极扩展就业信息渠道，加强劳务输出工作。共向省外输出领取外出人员就业登记卡的劳动力5万多人，减轻了全省就业压力。一年来，黑龙江省先后同韩国、印尼、新加坡、苏丹等国家和地区建立了劳务合作关系，工作成果正在逐步显现。

社会保险

【养老保险】 1998年，黑龙江省参加养老保险的各类企业职工467万人，占应参加职工的81.4%，其中国有企业职工419万人，占应参加职工的94.5%；共收缴养老保险基金60.5亿元，拨付养老金70.9亿元，收缴率为83.4%，拨付率为98.8%。1998年，通过扩大覆盖范围和提高征缴率、使用历年结余基金和省长、市（县）长预备费，组织市（地）政府之间拆借等办法，保证了养老金按时足额发放。一是实现了向全国统一的养老保险制度并轨工作。省政府制定出台了《黑龙江省建立统一的城镇企业职工基本养老保险制度的决定》，省劳动厅制定了《实施细则》。省政府还颁布了《黑龙江省城镇企业职工基本养老保险规定》和《黑龙江省城镇个体劳动者基本养老保险规定》。这些政策规定的出台和实施，标志着黑龙江省养老保险已完成向统一制度的并轨。二是顺利完成原实行行业统筹的8个行业移交地方管理工作。制定了《黑龙江省养老保险行业统筹移交地方管理工作方案》和“一接收、二确保、三调整、四完善”工作方案，并多次深入到8个行业进行调查研究，与行业主管部门签订了移交协议和基金缴拨协议。行业统筹移交工作在8月底完成，共计有8个行业39个单位纳入省级养老保险社会统筹，并确保了养老金的按时足额发放。三是加快养老保险省级统筹步伐。积极开展省级统筹的准备工作，对各市、地、系统和行业进行了摸底调查，下发了调查测算表，重点对企业职工人数、离退休人数、工资总额、退休费总额、统筹项目、企业缴费比例及收缴、发放等情况进行了调研测算。制定了《黑龙江省城镇企业职工基本养老保险省级统筹实施办法》，拟于1999年初付诸实施。

【工伤、生育、医疗保险制度改革】 黑龙江省工伤保险制度改革以1997年底出台《黑龙江省实施〈企业职工工伤保险试行办法〉细则》为标志，进入了一个由点到面、从探索到规范的改革阶段。各地按照国家和省有关文件精神认真进行测算，制定、规范了工伤保险改革办法。1998年，全省参加工伤保险统筹的市县25个，职工467 541人，收缴工伤保险基金372万元，支付124万元，结余248万元。1998年，全省参加医疗保险职工达15万人、离退休人员5.6万人，实行大病医疗费社会统筹的职工1.5万人。为贯彻《国务院关于建立城镇职工基本医疗保险制度的决定》，经省政府常务会议讨论通过了《黑龙江省城镇企业职工基本医疗保险制度的原则意见》。

【失业保险】 1998年，黑龙江省参加失业保险的国有企业职工354.2万人，集体企业职工57.2万人，占应参加职工的78.3%和38.9%。全年收缴失业保险基金1.4亿元，为下岗职工拨付再就业资金7 380万元，发放失业救济金4 222万元，救济失业职工6.5万人。这方面一是加强基础工作，实行目标管理责任制。按照企业户数、职工人数和工资总额基数，细化工作目标责任制，实行严格的考核评比制度，把目标任务落实到人头，调动了各级失业保险机构的工作积极性。二是完善法规办法，实行规范化管理。根据国家提高失业保险费收缴比例后的新形势，制定下发了《黑龙江省城镇企业职工失业保险规定》以及贯彻意见，对有关失业保险的实施范围、失业保险费计算单位、再就业资金划拨、失业人员职业介绍费的标准和使用、滞纳金的征收、失业人员组织管理等具体问题作了明确规定。完成了《黑龙江省失业保险条例》（草案）的起草工作。三是总结推广典型经验，以点带面。总结推广了齐齐哈尔市、绥化市和阿城市的工作经验，推广了哈尔滨市采取的通存通兑、银行划拨、折票收缴等10种方法，有利地促进了基金收缴工作。

工资分配

【工资分配】 1998年，黑龙江省在岗职工

607.3万人，比1997年增加了543元，平均工资为6 238元，增加9.5%。其中：企业在岗职工平均工资为6 101元，比1997年增长了8.4%；国有企业在岗职工平均工资为6 452元，比1997年增长了6.3%；集体企业在岗职工平均工资为4 058元，比1997年增长了12.5%；其他所有制企业平均工资7 598元，比1997年下降了2.8%。在工资分配上一是工资总额计划管理得到加强，《工资总额使用手册》审签率明显提高。各市、地劳动局和各省直属企业劳动工资主管部门能够严格按照国家和省下达的工资总额计划和所属企业的效益情况下达分解计划，基本杜绝了企业"无计划"或"超计划"现象的发生，把住了工资总额宏观调控的地区关和部门关，从而使工资总额计划管理得到加强，也进一步改善了企业工资管理，使工资改革和企业分配行为更加规范。二是完成了企业工资指导线的测算工作。1998年初，黑龙江省对各市、地劳动局有关的同志进行了培训，按企业工资指导线的测算办法，及时完成了工资指导线的测算工作，全省及各市地的企业工资指导线将于1999年发布试行。三是开展了工资内外收入监督检查工作，促进了工资基金的规范管理。根据国家及省企业工资内外收入监督检查领导小组的整体部署，全省各市、地和一些县的劳动行政部门都对当地企业进行了工资内外收入的监督检查，促进了工资基金的规范化管理，收到了较好的效果。四是大力加强政策、法规建设，加大了企业工资改革力度。出台了《黑龙江省国有企业经营者工资收入管理办法》和《关于按劳分配与按生产要素分配相结合的指导意见》，并做好了出台《黑龙江省企业工资收入管理规定》的立法准备工作。这些法规、政策的出台，加大了黑龙江省企业工资改革的力度，为进一步深化企业工资改革提供了必要的法律保证。五是认真做好工效挂钩和工资总额包干工作。完成了省直部门所属130余户国有"工资和经济效益挂钩"企业经济效益基数和工资基数的核定工作，完成了国有工资总额包干企业的经济指标和工资总额基数的核定工作。同时完成了地方国有企业1999年工资总额计划的编制和下达工作，加强了劳动工资计划工作的宏观调控职能。

劳动关系调整

【劳动合同制度】 1998年，黑龙江省针对全省存在的劳动合同内容不全面、执行不到位及重推进、轻管理的共性问题，把工作重心放在加强管理上，形成了全省统一的劳动合同管理办法。结合本省实际，着手起草了《黑龙江省劳动合同管理规定》。从劳动合同的订立、变更、终止、解除及管辖范围、经济补偿、法律责任等方面作出了明确规定。于4月3日以省政府10号令发布，5月1日起施行。《规定》的发布与实施，改变了无章可循、劳动合同不规范的状况，使劳动合同管理纳入了法制化轨道。各地对加快非国有企业劳动合同制度的建立，都给予了高度重视。从摸清底数、安排计划、按期调度，以及动用劳动监察手段等方面，加大了推进力度。合同签订率达到85%左右。国有企业因实施再就业工程，相当一部分职工通过自谋职业、辞职等形式与企业解除了劳动关系，还有一部分企业改制为非国有，职工总人数有所减少，但签订劳动合同的人数比例基本与上年相近，在95%左右。1998年，黑龙江省推行集体合同制度工作，由在部分非国有企业和建立现代企业制度企业试 行，转入了稳步推进阶段。已订立集体合同的企业达7 600户，实行集体合同制度企业中的国有企业约占80%以上。在稳步推行的同时，黑龙江省还针对一些企业订立集体合同带有随意性，有的合同明显与法律、法规相悖，又不能及时报送劳动部门审核等问题，起草了《黑龙江省集体合同管理规定》，准备以地方规章形式发布实施。

【劳动争议处理】 1998年，黑龙江省各级仲裁机构受理案件1 674件，同比增加33.8%；其中省仲裁办直接受理68件，同比增加90%；还通过案外程序调解了近900多起争议。受理结案率均保持在90%以上。在处理劳动争议中，一是认真接待人民群众来信来访。重点围绕下岗职工和退休人员基本生活保障问题，开设专门窗口，做好政策解释和疏导工作，稳定职工情绪。仅省厅全年直接受理来信来访1 191件，其中集体上访53批次，涉及群众5 368人次。参与省信访办联合办的大案6起，化解了大量矛盾，信访工作连续跨入省直单位先进行列。二是认真做好劳动合同监督审查和鉴证工作。仅省厅直接办理合同鉴证13 282人(份)，切实起到了帮助企业完善合同管理，端正管理行为，促进改革发展的积极作用。三是坚持标准化仲裁庭制度。全省已有近80%的仲裁庭达到标准化。通过积极引导、及时督促，全省各地投资40余万元，其中有一半仲裁庭是当年新建起来的，保证了办案庭审活动的基本需要。四是大力加强仲裁机构和仲裁员的队伍建设。通过在劳动仲裁战线创建"三优"文明窗口活动、树立劳动信访仲裁新形象活动，劳动仲裁战线已有90%左右的单位被当地党委和政府评为先进单位或达标单位，培养出一支爱岗敬业、作风严谨、专业过硬的劳动信访仲裁队伍。

(黑龙江省劳动厅)

上海市

【概况】 1998年，上海市劳动和社会保障部门在“两个确保”任务重、新局组建时间短的情况下，努力在探索就业与保障的最佳结合点上下功夫，通过深化再就业工程，加强社会保障，加快劳动力市场建设和促进劳动力市场机制完善等工作，基本完成了党中央、国务院提出的“两个确保”的任务，各项劳动和社会保障工作取得了阶段性的成果。1998年，全市共建立再就业服务中心308个，累计582 604名下岗人员进入中心，419 678人解除协议出中心，出中心率72%。非正规劳动组织就业蓬勃发展，累计发展非正规劳动组织4 000余家，从业人员超过30 000多人，其中下岗、失业人员占94%。公益性劳动组织日益壮大，至1998年底，全市已建立公益性劳动组织105个，从业人员达10 044人。劳动力市场建设全面推进，职业介绍网络进一步完善，全年通过网络实施再就业培训11.4万人，培训就业率达54.7%。社会保险制度进一步改革，《关于加强城镇职工养老保险费征缴的若干规定》《上海市失业保险办法》相继出台，对55.4万名离退休人员实行了养老金社会化发放，占全市离退休人员总数的26.4%，并从6月份起，全市离退休人员100%实现按时足额发放养老金。劳动合同制度得到进一步规范，截至1998年底，全市国有、集体企业实行劳动合同制度职工人数达352.5万人，占应实行人数的73.3%。劳动监察体制进一步完善，监察力度进一步加大，全年共检查用人单位12 929户，追缴养老保险费937.99万元，补缴外来劳力管理金689.38万元。进一步完善了企业劳动保护基本状况数据库和重大危险源普查登记数据库，建立了63 747家企业劳动保护基本状况数据库和851家企业2 545个危险单元的重大危险源数据库。安全监察工作以强化现场安全监察为重点，遏制了重、特大事故的发生，职工因工死亡人数有较大幅度下降，全年发生职工因工死亡事故257起，死亡273人，比1997年分别下降20.2%和28.9%。

培训就业

【国有企业下岗职工基本生活保障和再就业】 再就业服务中心建设取得新进展。1998年，上海市再就业服务中心试点工作在前两年工作的基础上全面推开。到1998年底，全市共建立中心308个，涉及企业8 046户，累计已有582 604名下岗人员进入中心，有419 678人解除协议出中心，出中心率为72%。年末中心结存下岗职工162 926人。通过全面建立再就业服务中心，使下岗职工100%进入中心；通过企业、财政和社会三方共同出资的方法，使100%的下岗职工基本生活得到了保障。

特困人员重点帮困机制进一步完善，对特困人员帮困工作的力度进一步加大。首先通过排队摸底，把特困人员分成两类：一类是完全丧失劳动能力（含因种种原因导致不能正常工作）、家庭生活特别困难人员，简称丧劳特困人员；另一类是再就业愿望迫切、就业条件差、家庭生活困难人员，简称再就业特困人员。这两类特困人员重点帮困机制在1998年得到进一步完善。

条块结合，由“条”负责缴纳社会保险费，

由“块”负责基本生活和再就业特困人员的重点帮困措施不断健全。1998年，本市基本形成了市、区县、街道三级特困对象就业托底网络，改消极的救济性补助为积极的岗位性补助，特困对象就业托底工作全面展开，已在80%的街道建立了公益性劳动组织，吸纳就业困难对象近1万人。对下岗失业人员中的再就业特困对象已基本上做到了出现一个、认定一个、安排一个、保障一个。

政府补贴、企业承担和社会救助三结合的丧劳特困人员重点保障机制正常运行。失业人员中的丧劳特困人员在失业救济期间，由失业保险给予规定的失业救济待遇，失业救济期满，由失业保险基金为其代缴养老、医疗保险，由失业保险基金和医疗救助专项资金补助其个人承担的医疗费，由地区负责其基本生活；下岗人员中的丧劳特困人员由企业负责其基本生活和社会保险，应由个人承担的医疗费部分由政府在医疗补助专项基金中给予资助。

【劳动力市场建设】 职业介绍网络得到进一步的完善。上海市在各区县职业介绍所实现了统一规范、统一标志，完善和加强了职业介绍网络功能；在全市所有区县开设了专业人员职业介绍所或服务窗口；职业指导工作已形成制度。制定了公益性职业介绍的认定办法和运行规则，开始合理规划公益性职业介绍机构布局，同时，网络的软硬件实现了升级换代。职业介绍网络化程度已达到较为完善的水平，基本满足了向劳动力市场体制全面过渡的要求。

非正规劳动组织就业蓬勃发展。初步形成三级社区就业服务载体工作网络，全市所有区县都建立了区县级社区就业服务载体，市区135个街道镇建立载体132个，占所有街道镇的97%，郊区22个城镇居民集中的镇，也已建立载体20个。载体功能进一步完善。累计发展非正规劳动组织4 000余家，从业人员超过30 000多人，其中下岗职工、失业人员占94%。

公益性劳动组织日益壮大。为就业困难对象提供一个托底帮困基地的公益性劳动组织有了较快的发展。本市从“保安”、“保绿”、“保洁”、“保养”起步，重点吸纳再就业特困人员、长期失业人员和协议保留社会保险关系后再就业发生困难的人员。到1998年底全市已建立公益性劳动组织105个，从业人员达10 044人，其中：从事保洁、保绿、保养的，经劳动部门认定给予岗位补贴的人员达8 199人，占80%。

【劳动预备制】 1998年是上海市全面推行就业预备制度试点工作的第一年。在1997年部分区县试点的基础上，及时出台了《关于本市就业预备制有关政策（试行）》，并抓好培训单位的教学质量，重点抓好培训单位的资格审查，布局调整，规范办学，以及教材建设等工作。同时进一步加大就业预备制的宣传力度，使社会各方面增进了对就业预备制的了解，促进了工作的开展。1998年登记入学的就业预备制学生达到9 000多人，培训单位增至101家，培训项目近40个；上年入学的一年制学生有96%取得“就业预备制培训合格证书”。近70%学生与用工单位达成用工意向。

【就业训练】 大胆探索培训与劳动力市场的需求相结合和培训更有效地促进就业的培训管理新模式、新思路，组建了上海市就业培训网络，与职业介绍相衔接、相融合的“市场主导、政府指导、网络调节、机构合作”四位一体的社会化职业培训运作体系正常运作。至年底，入网单位达304家，其中大专院校47家，中等职业技术学校152家，社会力量办学机构85家，区县培训中心20家，并全部与入网单位签订了协议。开展了多形式、多层次的再就业培训：通过就业培训网络的招投标实施培训，利用远程通讯技术实施“空中再就业培训”，组织开展了再就业预备制培训，开展“企业创办者”培训试点。至年底，全市再就业培训共107 390人，其中下岗人员71 637人，失业人员35 753人；推荐就业58 757人，就业率54.7%。

【职业技能鉴定】 1998年上海市继续搞好职业技能鉴定工作，积极推进职业资格证书制度。重点抓好国家规定持证上岗的51个专业（工种）的职业技能鉴定。配合再就业培训需要，对一批新兴专业（工种）及时开发标准，进行考核发证。先后组织有关专家制订或修订了护工、医勤工、涉外家政、集贸个体经营等工种的培训大纲、考核标准，并及时组织了考核发证工作。首次推出了推销员、秘书职业资格考试。至年底，全市参加各类鉴定人数共计 18.7 万人，合格率达到 95%左右。

【职业技能竞赛】 为了达到通过竞赛带动广大职工钻研业务，学习技能，通过表彰使社会重视技能，尊重技能人才，进而形成培养技能人才的激励机制的目的，1998 年上海市广泛开展“百万职工大练兵”活动，先后组织了“钳工复合车（铣）工技能竞赛”、“市女子焊工技能竞赛”、“中级家庭服务员技能竞赛”、“高级焊工技能竞赛”等多次市场技能竞赛，并对各行业主管局和区、县的技能竞赛予以支持和指导。建立了技能人才表彰制度。经市府批准，正式建立了“上海市技术能手”和“上海市杰出技术能手”评选、表彰制度，评出了有代表性的 10 名杰出技术能手和 100 名技术能手，在社会上引起了积极的反响。

社会保险

【养老保险】 为了确保 100%离退休人员养老金按时足额发放，上海市对全市企业离退休人员养老金发放工作作了全面摸底调查，详细分析了拖欠养老金的原因，针对各种不同情况，提出了关于进一步做好本市离退休人员养老金发放工作的意见。同时，采取了紧急情况快报制度、困难企业经批准允许预支养老金等应急措施。从 6 月份起，全市离退休人员 100%实现按时足额发放养老金，5 月底前欠发的养老金也已在 7 月底前全部清欠补发完毕。加大社会保险基金征缴力度，依据市人大通过的《关于加强本市城镇职工养老保险费征缴的若干规定》，严格规范本市单位及时办理养老保险登记手续，并按时足额缴纳养老保险费。推行离退休人员养老金社会化发放，1998 年全市实行养老金社会化发放的离退休人数达 55.4 万人，占全市离退休人员总数的 26.4%。

根据《国务院关于建立统一的企业职工基本养老保险制度的决定》精神，制定了本市城镇企业 1998 年以后退休人员养老金计发办法和若干问题的处理意见，实现了与全国统一的企业职工养老保险制度并轨。不断完善个体工商户、合作联社、私营企业等养老保险政策，在此基础上统一了除机关事业单位外养老金的计发办法，使本市养老保险体制更趋于规范和统一。实施从事自由职业人员的社会保险办法，会同市有关部门制定了本市从事自由职业人员的养老、医疗保险试行意见。按照“先移交后调整”和本市实施统一养老保险制度的原则，从 1998 年 9 月 1 日起将原实行行业统筹的 9 个行业、14 个部门共 84 个单位、27 万在职人员和 8.3 万离退休人员纳入本市养老保险统筹范围。

【失业保险】 1998 年，上海市根据再就业工程深入开展和适应向劳动力市场体制过渡的要求，结合面临的就业形势，失业保险缺席改革继续深入。提高了失业保险征缴比例，并引进了个人缴费机制。从 1998 年第四季度起，本市失业保险缴费比例由 1%提高到 3%，其中单位缴纳 2%，个人缴纳 1%。截至 1998 年末，全市参加失业保险的单位有 3.1 万余家，纳入保险的职工有 425.3 万人，占全市职工总数的 98.5%，极大地促进了上海市场就业机制的建立和全面向劳动力市场过渡。

【社会保险基金管理】 1998 年，上海市人大审议通过了《关于加强本市城镇职工养老保险费征缴的若干规定》。同时研究制定了《〈关于加强本市城镇职工养老保险费征缴的若干规定〉实施细则》以及《关于对逾期缴纳养老保险费单位征收滞纳金问题的通知》等配套文件，为本市依法开展养老保险费征缴工作作了法规上、政策上的准备。抓好欠缴基金的清欠和困难单位的缓缴工作。全年基金收缴率达到 99%以上。制定《进一步加强本市养老保险基金管理的意见》，加强了养老保险基金的日常监督和管理，严格各项制度、规定和办法。在全市范围内组织开展了对 1997 年度单位缴费工资总额清算查补工作，共查补户数1.5万户，单位查补工资总额12亿元，全市共补收养老保险费3.05亿元。

工资分配

【工资分配】 1998年，上海在工资分配方面积极探索建立适合劳动力市场发展要求的新机制。在对1 264户企业、257个职位、90万职工进行调查的基础上，在全国率先公布了劳动力市场部分职位工资指导价位。进行了企业人工费成本和行业工资投入产出调查，公布了行业人工成本水平构成和部分行业工资指导线，对增强企业投入产出效益意识，促进企业提高市场竞争能力起到了积极的作用。根据经济和社会发展规划，按照效率优先兼顾公平的原则，确定并公布了上海市企业1998年工资增长指导线。在对外商投资企业工资集体协商调查研究的基础上，形成了推进企业工资集体协商的试点意见，以探索市场经济条件下企业内部的工资形成机制。随着企业工资管理体制逐步向适应市场经济体制模式的转变，企业内部工资增长的自我约束机制正在逐步形成。1998年，上海全市职工工资总额510.35亿元，职工平均工资12 059元，企业职工月最低工资325元。

劳动关系调整

【劳动关系协调】 1998年，上海市的劳动合同制度得到进一步规范。针对劳动合同履行中遇到的问题，制定下发了《关于实施〈上海市劳动合同规定〉若干问题的通知》，就劳动合同的期限、经济补偿的计算标准问题、医疗期的延长和计算问题、劳动者提出解除劳动合同如何处理问题，以及保守商业秘密等问题作了具体规定。下发了《关于本市乡镇企业实行劳动合同制度若干问题的通知》，使本市乡镇企业劳动合同制推进工作得到规范、有序地开展。截至1998年底，全市国有、集体企业实行劳动合同制度职工人数达352.5万人，占应实行人数的98%以上；全市乡镇企业实行劳动合同制度职工人数达45.6万人，占应实行人数的73.3%，比上年末增长37个百分点；私营企业实行劳动合同制度职工人数达9.6万人，占应实行人数的63.6%，比上年末增长28个百分点。

【劳动争议处理】 1998年上海市针对劳动争议数量连续几年攀升的趋势，以及就业形式多样化引发的劳动关系复杂化，对劳动争议作了动态跟踪分析，专题研究新问题、新情况，及时提出解决方法。针对企业经营者逃匿发生的劳动争议，采用分段裁决的办法。根据争议数量不断增加的实际情况，对全市仲裁机构的管辖重新予以确定，明确了各仲裁机构的管辖职责，减少了相互推诿的情况发生。建立了外来劳动力纠纷调解机构，配备专人调解劳务纠纷。1998年全市劳动争议仲裁部门受理各类劳动争议5 476件，比上年增加32.2%；加上上年未结案的525件，当年共需处理6 001件，结案5 290件，结案率为88.2%。

【劳动监察】 1998年，为了深化再就业工程，规范劳动力市场秩序，有效实施市人大授权劳动和社会保障行政部门的监察机构负责对养老保险费的征缴实施监察的职责，组建了上海市劳动监察总队，全市20个区县成立了劳动监察大队，在全市16个区县组建社区保安队，初步形成了本市三级劳动监察网络。为加快劳动力市场建设步伐，推进企业改革，规范用工秩序，维护广大劳动者的切实利益，1998年的劳动监察工作在完善体制的同时，进一步加大了劳动监察的力度，将日常性监察和专项性监察相结合，先后开展了以养老保险费征缴、擅自使用和中介外来劳动力、用人单位招退工行为、两类人员基本生活费、离退休人员养老金按时足额发放等内容的专项性监察工作。共检查用人单位12 929户，追缴养老保险费937.99万元，补办《上海市外来人员就业证》《外出人员就业登记卡》25 946张，补缴外来劳力管理金689.38万元、务工管理费394.05万元，34 560人补签劳动合同。

劳动安全卫生

【职业安全卫生监察和重点事故查处】 1998年，上海市的安全监察工作以强化现场安全监察为重点，以狠抓危险危害和安全薄弱环节为突破口，积极采取有效措施，遏制重大、特大事故的发生。尽力减少一般事故和职业危害，取得了一定的成效。1998年在本市地域内共发生职工因工死亡事故257起，死亡273人，比1997年分别下降20.2%和28.9%。

以经常性监察和专项监察为主要手段，强化现场的安全检查力度。根据不同行业、不同季节、形势要求等特点，把经常性监察和专项监察结合起来，不间断地开展各种内容的安全生产检查。同时根据本市事故多发，现场安全管理较差的建筑行业加大现场监察和专项治理，开展对建筑施工企业的专项安全检查，特别对平时缺乏管理，安全状况较差的城郊结合部工地有重点地开展检查，并依靠新闻媒介的支持，对一些安全管理混乱、事故隐患较多的建筑施工企业进行曝光，加强社会舆论的监督，收到较好效果。今年开展安全检查共出动13 346人次，检查了6 356个企业和工地，发出指令书412份，建议书164份。

进一步完善企业劳动保护基本状况数据库和重大危险源普查登记数据库，为强化现场监察打好基础。建立了63 747家企业劳动保护基本状况数据库和851家企业2 545个危险单元的重大危险源数据库。

以重大事故隐患治理和监控为重点，强化现场的安全监察。针对1997—1998年中列出的100项重大隐患治理项目和重点监控项目，有重点地开展监察，深入企业定期检查、督促企业对重大事故隐患进行治理，有计划地加以改造，对重点监控项目采取有针对性的安全防范措施，严格管理。通过督促检查，这100项中，已关闭10家，完成治理18家，完成部分搬迁或正在实施9家，正在筹集资金21家，已有监控措施，实施重点监控管理的42家，一批隐患消除了，一批重点监控项目强化了现场监控管理，确保了在受控的状况下安全有序地运行，未发生特别重大事故。

【锅炉压力容器安全监察】 1998年上海市的锅炉压力容器安全监察工作主要是深入基层，加强监察，确保安全。重点检查在用的特种设备，发现隐患，及时消除，保证各项工作稳定持续发展。全年监察检验单位11家；锅炉使用单位80家；电梯安装、维修单位49家；起重机械安装单位45家；厂内车辆修理单位27家。同时加强培训，举办了压力容器GB—150规程的讲座，对电梯、起重机械、厂内车辆等特种设备的检验检测人员进行了等级应知应会的考试。使特种设备检验检测人员素质有了进一步提高。

劳动法制建设

【劳动法制建设】 1998年，上海市劳动立法工作有序进行。《关于加强城镇职工养老保险费征缴的若干规定》经市人大常委会审议通过并正式实施；组织修改了《上海市失业保险办法》；草拟《市政府关于贯彻〈国务院关于建立统一的企业职工基本养老保险制度的决定〉的通知》并布置实施；着手草拟了《上海市劳动监察规定》。

（上海市劳动和社会保障局）

江 苏 省

【概况】 1998年是江苏省全面贯彻落实党的十五大和全国再就业工作会议精神的一年，是迎接挑战、克服困难、艰苦奋战的一年，也是以确保国有企业下岗职工基本生活和企业离退休人员养老金足额发放（即“两个确保”）为中心，落实“三二一”工作任务取得重大阶段性成果的一年。全省各级劳动和社会保障部门认真落实中央和省的各项要求，在较短的时间内扭转了“两个确保”工作的被动局面，再就业工作和社会保险制度改革取得了重大进展。各项劳动和社会保障制度改革进一步深化，为全省经济发展和社会稳定作出了贡献。

培训就业

【国有企业下岗职工基本生活保障和再就业】 1998年，江苏省紧紧围绕“建中心、进中心、保生活”开展再就业工作。至1998年底，全省有下岗职工的企业全部建立了再就业服务中心或类似机构，41.16万名下岗职工全部进入再就业服务中心。全年共为下岗职工发放基本生活费8.90亿元，代缴各项社会保险费3.40亿元。与此同时，全省加大了再就业工作力度。省委、省政府制定出台了一系列扶持再就业政策，再就业工作不仅在组织体系建设、实行目标责任制和“一把手工程”上做了明确规定，而且在加大再就业投入、扶持促进失业下岗职工再就业、实行减免税费政策方面有了新的突破。全省全年共有51.76万名下岗职工实现再就业，再就业率达55.71%，其中，国有企业下岗职工29.16万人，再就业率达54.32%。

【劳动力市场建设】 江苏省政府继续把“培育发展劳动力市场”列为着重抓好的为民办实事内容之一，并进一步明确要推进全省统一、开放、竞争、有序的劳动力市场建设步伐。对用人单位招用人员、劳动者求职择业及职业介绍服务进行了进一步的规范：一是全面实行了职业介绍许可证制度和工作人员持证上岗制度；二是采取先试点、后推广的办法，促使部分省辖市实现同城区劳动力供需信息联网；三是将职业介绍与就业培训、合同管理、社会保险和岗位开发等工作紧密结合，初步实现了按照市场规律对劳动力资源进行配置和调节的机制转换。

【城镇就业】 自1993年起，江苏省每年都把城镇就业目标的落实作为政府为民办的重要实事之一，列入全省的任务目标。1998年，江苏省各地通过增强企业自我消化能力，发挥第三产业和非公有制经济在吸纳劳动力方面的作用，积极发展多种所有制经济，多形式、多渠道开拓就业新领域，全年共促使21.63万名城镇失业人员实现就业，超额完成年初下达目标的20.1%；城镇失业率2.6%，低于全国平均水平。

【劳动预备制】 江苏省是全国较早起步开展劳动预备制度试点的省份之一。1998年，全省参加劳动预备制度培训的学员达7 500多名，劳动预备制度的试点工作已在全省各地普遍展开，国家和省级劳动预备制度试点城市由1997年的6个扩大到了44个。为推进劳动预备制度的开展，省劳动厅及各试点城市均专门建立领导机构，并得到各级政府的高度重视，试点工作取得了一定的成绩：一是各地均制定了切实可行的工作计划、工作措施，并掌握了全省的生源情况。二是建立完善了师资队伍建设，各地均有一整套科学的培训计划，以确保培训质量。三是完善了制度建设，规范了用工行为，实行了严格的就业准入制度，畅通了培训后的就业渠道。四是广泛宣传发动，良好的舆论氛围使劳动预备制度的实施深入人心，为社会广泛接受。

【在职培训】 1998年，全省共有近80万在职职工参加了各种形式的技能培训，其中：参加技术等级培训的15万人；参加岗位培训的26.6万人；其余均参加了适用性培训。盐城等市在市区全面开展了培训与使用、待遇相结合的工作，极大地调动了职工学技术的积极性。镇江市还将企业职工培训工作纳入了市政府与行业部门负责人的工作目标中，大大促进了企业职工培训工作。全省评审出技师、高级技师1 700多人。

【职业技能竞赛】 江苏省的职业技能竞赛活动继续呈现出良好的发展势头，省市（县）组织的竞赛相互衔接，互为配套，推动了广大职工岗位学技能的积极性。来自各地近293名选手参加了江苏省第三届烹饪技能大赛。有165名同志获得了高级工技术等级证书。13个市组成代表队参加了省建设系统举办的木瓦工、抹灰工技能竞赛，有力地促进了建设系统职工职业技能的提高。首次举办了行业系统中等职业学校烹饪专业应届毕业生操作技能竞赛，把双证考核同技能竞赛有机结合，探索了使用竞赛方法开展职业技能鉴定的新途径。旅游系统名厨名点展示会，把技能竞赛同现场表演相结合，丰富了技能竞赛的内容，增加了观赏性和趣味性。

【师资队伍建设】 1998年，江苏省开展了多种形式的教师培训工作：与南京机专、扬州大专工学院联办了机电复合专业教师专升本函授班；举办了6期生产实习指导教师培训班等。通过培训，逐步提高了全省技工学校教师的素质。到1998年，江苏省技工学校系统共有7 484名教师，其中理论课教师4 954人，实习指导教师2 530人；本科学历者2 060人，大专以上学历者800人。在办好培训工作的同时，搞好天津职业技术师范学院在江苏省的单独招生工作。这些措施有力地促进了技工学校教师队伍的建设。

【职业介绍】 到1998年底，江苏省各级各类职业介绍机构已发展到2 114家，其中劳动部门举办1 966家，场地总面积达2.2万平方米，从事职业介绍工作的人员5 190人。省级省辖市职业介绍中心设施齐全、功能完善。多形式、多层次、覆盖城乡的职业介绍服务网络正逐步形成。1998年全省共为110万名求职者进行了求职登记，为各类用人单位开展用人登记67万人次；介绍成功48.8万人，其中失业、下岗人员近30万人，有力地促进了就业、再就业工作。目前，市与区、县（市）已实现了计算机联网，基本形成了劳动力供需信息资源共享。

【农村劳动力转移】 江苏省现有农村劳动力5 263.38万人，占总人口的74%，人多地少，人均占地仅0.94亩。1993年，国家劳动部、农业部、国务院发展研究中心确定江苏省为全国八个省级农村劳动力开发就业试点省份之一。1998年，江苏省围绕“开发、管理、服务”抓农村劳动力开发就业和有序流动，截止到年底，全省各类乡村办企业达91.4万个，吸纳农村剩余劳动力879.5万人；全省全年为168万名外来劳动力和77万名外出务工人员提供流动就业服务；为9.85万农村劳动力开展就业培训，占培训总人数的13%。

社会保险

【养老保险】 1998年，江苏省基本养老保险制度实现向全国统一制度并轨，全省基本养老保险制度平稳过渡。统一企业缴纳基本养老保险费比例的进程加快，省劳动厅会同财政厅拟定了积极稳妥、逐年分步实现统一企业缴费比例的七条原则和意见，并经省政府常务会议审议通过。全省企业缴费比例平均为19.89%，在原基础上提高了0.15个百分点，有35个市县企业缴费比例达到了全省统一的目标，养老保险制度“四个统一”的阶段目标基本实现。

建立基金调剂制度，省级统筹开始实施。颁发了《江苏省城镇企业职工基本养老保险省级调剂金使用管理暂行办法》。对全省77个市、县1998年基金收支余缺、征缴补缴基金、上解省级调剂金、清理挤占挪用基金等情况进行了考核测算，制定了全省各地省级调剂金下拨计划，并经省政府批准下拨各地，确保企业离退休人员养老金按时足额发放。1998年8月，完成了原实行行业统筹的13个行业、40万职工、8万离退休人员的养老保险属地接收工作。截止到1998年底，全省参加基本养老保险的职工已达614.3万人，为439.5万职工建立了个人账户，补发了历年欠发的25.87万名离退休人员的基本养老金1.61亿元。

【失业保险】 江苏省从1998年1月1日起提高失业保险基金的缴费比例，引进个人缴费机制。进一步扩大失业保险覆盖面，把个体工商户和乡镇企业中城镇户口职工纳入失业保险范围。截止到1998年底，全省参加失业保险的职工达576.8万人，职工参保率达93.7%。基金征缴额达5.28亿元，比1997年增长65.5%。全省共为14.66万名失业职工发放了失业救济金，并从失业保险基金中调剂1.4亿元用于下岗职工基本生活保障。

【医疗保险】 1998年，江苏省的医疗改革试点取得了初步成效。五个试点城市苏州、无锡、南通、盐城、镇江初步建立了医疗保险基金筹措机制和医疗费用制约机制，保障了职工的基本医疗，遏制了医疗费用的过快增长，促进了医疗机构改革。针对医改试点中出现的单位和职工参保率比较低，覆盖面比较小，基金收缴和医疗费用支出控制难度比较大等问题，各地都对原有医改方案进行了修改完善。医改试点地区将调整完善医改方案，与国务院确定的政策规定平稳接轨。到1998年末，江苏省参加医疗保险的单位已达19 007个，参保职工已达160.63万人。

【工伤保险】 江苏省1998年继续推进工伤保险制度改革，努力扩大工伤保险覆盖面，完善各地工伤保险办法。全省已有59个市县实行了工伤社会保险，占全省市县数的77%，参加社会保险的企业数为40 072家，职工数为403.83万人。部分改革地区将工伤保险覆盖面扩大到了国有企业以外的其他经济组织，如苏州、南京、扬州覆盖了个体经济组织，苏州等地覆盖了乡、村办企业。部分实行工伤保险的地区根据工伤保险基金规模相对较小的特点，将企业的工伤保险费与基本养老保险费一并提取，优先划足，并实行全额收缴、全额拨付，工伤待遇直接由社会保险经办机构实行社会化发放。截止到1998年底，全省历年累计征缴工伤保险基金4.06亿元；历年滚存结余工伤保险基金2.94亿元。1998年全省工伤保险基金收入共1.52亿元，较上年同期增加0.327亿元，增幅27.4%，支出0.41亿元，较上年同期增加0.196亿元，增幅91.6%。

【生育保险】 继续推进生育保险制度改革，进一步扩大生育保险覆盖面。截止到1998年底，全省已有70个市县实行了女职工生育社会保险，占全省市县数的91%，参加社会保险的企业数为40 693家，职工数为468.51万人。全省历年累计征缴生育保险基金5.42亿元；历年滚存结余生育保险基金1.85亿元。1998年，全省生育保险基金收入共1.98亿元，较上年同期增加0.545亿元，增幅38%，支出1.56亿元，较上年同期增加0.742亿元，增幅90.7%。

劳动关系调整

【劳动关系协调】 江苏省以推进乡镇企业、私营企业和个体工商户以及金融、保险、烟草等行业实行劳动合同制度为重点，强化劳动合同管理，依法协调劳动关系。全省国有、集体企业劳动合同签订率达到99%。乡镇企业、私营企业和个体工商户签约劳动者分别达到275万、46.9万、14.4万人。通过集体协商，签订集体合同，并经劳动行政部门登记审查的签约单位已达1.1万户，涉及职工450.7万人。针对改制企业和下岗职工劳动关系中的突出问题，开展调查研究，修订劳动合同文本，及时制发《当前劳动关系调整若干问题的处理意见》等一系列规范性文件。建立由省总工会、省计经委、省企业协会等参加的“江苏省劳动关系协调会议制度”，并在全省推广，对促进劳动关系的和谐稳定发挥了积极作用。

【劳动争议处理】 1998年，江苏省加大劳动争议处理工作力度，不断改进办案方式，努力提高办案质量和效率，尤其是紧紧围绕国有企业改革，及时研究新情况，制定新措施，切实做好国有企业下岗职工劳动争议处理工作。坚持重在源头、重在基层、重在调解的方针，积极做好劳动争议预防工作，有效预防和减少了劳动争议的发生。通过开展劳动争议仲裁系统“创三优”活动，加强自身建设，以适应新形势下劳动争议处理工作的要求。加强劳动争议仲裁监督体制建设，依法维护用人单位和劳动者的合法权益，促进劳动关系的和谐稳定。全年共立案受理劳动争议案件8 413件，已处理结案8 268件，结案率为98.3%。鉴证劳动合同901 206份，纠正无效劳动合同23 459份，制止招用童工21人。

工资分配

【工资分配】 江苏省进一步完善工资宏观调控体系，建立和试行劳动力市场价格指导体系，建立和推广企业分配自我约束机制，建立和试行企业工资增长决定机制，建立和加强企业工资分配监督检查机制，以下岗职工基本生活保障和再就业工作为重点，做好有关统计分析工作，认真编报江苏省1999年劳动事业发展计划。1998年，全省全部职工工资总额654.56亿元，职工年平均工资7 516元，比1997年增长5.7个百分点，其中在岗职工的平均工资8 256元。

法制建设

【执法监督】 建立健全机构。省和南京、苏州、无锡、镇江、南通、扬州、徐州等市都设立了专门法制工作机构，其他市、县（市）也都明确了承担法制工作的处（科）室，并明确了相应的执法监督职责。进一步加强有关制度建设。印发了《江苏省劳动行政处罚规定》《江苏省劳动行政处罚听证程序规则》以及配套的法律文书式样，统一规范了全省劳动行政处罚行为。南京、苏州、无锡、镇江、南通、扬州等市，还结合实际，制定了行政执法责任制、行政复议工作规则、重大行政处罚备案审查、错案责任追究等项制度。认真做好行政复议。全年共收到行政复议申请12件，其中经审理不予受理的有2件；经审理决定维持的有9件，变更的1件。

【劳动关系监察】 围绕组织建设，狠抓落实措施，江苏省已有10个省辖市、23个区（县）成立了全额拨款的劳动监察支队、大队，部分县（市）在乡镇劳动所开展了聘任兼职监察员试点工作，550多名专、兼职劳动监察员接受了省劳动厅组织的业务培训和考核。继续推进目标管理责任制，全省共检查用人单位5.4万户，涉及职工607万人，处罚违法单位964户，受理群众举报1.1万件，结案率97.6%。在全面开展劳动用工年检的基础上，围绕“两个确保”、工资支付、民工有序流动就业等，开展多种形式的专项执法活动，及时查处、纠正一批劳动违法案件，较好地维护了用人单位和劳动者的合法权益，为劳动和社会保障法律、法规的实施提供了有力保证。

信息建设

【信息建设】 1998年，江苏省继续加大信息建设工作力度，实现与劳动和社会保障部信息网（molss）的并网。大力推进省市信息网络联接工作，大部分市与省信息网联接完成。准确、及时上报劳动统计信息，被评为1998年度“全国劳动统计先进单位”。充分发挥信息网络功能，积极参与社会发展水平评估工作。

（江苏省劳动厅）

浙　江　省

培训就业

【国有企业下岗职工基本生活保障和再就业】　1998 年 6 月浙江省委省政府召开了全省再就业工作会议，对国有企业下岗职工基本生活保障和再就业工作进行了具体部署。各地加大了工作力度，加快了工作进程，以极大的政治热情和高度负责的精神投入了建中心、进中心、筹资金、保生活、保发放的工作，并取得了重大进展和阶段性的显著成果。截止到年底，全省有下岗职工的国有企业都建立了再就业服务中心（工作站），共计2 192家；按照“三三制”原则，筹集国有企业下岗职工基本生活保障资金 6.3 亿元，使用 5.6 亿元；11.4 万名国有企业下岗职工中，进中心的人数为 11.3 万人，达到了 99%；发放基本生活费的人数为 11.26 万人，也达到了 99%；国有企业下岗职工中有 12 万人实现了再就业，再就业率为 50.6%。

【劳动力市场】　浙江省各级劳动和社会保障部门，重视加快劳动力市场建设步伐，培育和发展劳动力市场机制。全省建有职业介绍机构1 716多家，其中劳动部门办的有 801 家，接受求职和用人登记 115 万人次。在大力促进再就业工作的同时，积极做好城镇就业工作，帮助 12.83 万名城镇失业人员实现就业。年末城镇登记失业人数为 19.96 万人，城镇登记失业率控制在 3.2%以内，城镇就业局势继续保持基本稳定。

【职业培训和职业技能开发】　为提高劳动者参与市场竞争就业的能力，浙江省重视开展了就业培训和职业技能开发工作。认真实施了“3 年 40 万”的再就业培训计划，当年培训下岗、失业职工 15.5 万人，超额完成了培训 14 万人的目标任务。继续加强了对各类职业技能培训的管理、指导、服务与监督检查工作，全省共核准登记的社会培训机构有 365 家。努力推进企业职工的在职培训工作，发挥行业主管部门和企业在开展在职培训方面的积极作用。组织开展了职业技能竞赛和评选表彰活动，引导和激发职工立足本职、钻研技术、岗位成才。强化职业技能鉴定的社会化管理，全省已建立国家职业技能鉴定所（站）177 个，形成了2 100余人的考评员队伍。有 13 万人经考核获得了技术等级证书，新增技师1 101名。技校改革进一步深化，招收新生 2.47 万人，在校生 6.33 万人。劳动预备制度在东阳市试点的基础上扩大到绍兴、衢州、德清、慈溪、余姚等市县。

工资分配

【工资分配】　为促进劳动力市场机制的形成，浙江省探索建立了企业工资指导线制度，《浙江省企业工资指导线试行办法》经省政府同意后下发全省施行。进一步完善了工效挂钩办法，研究制定并实施了企业经营者年薪制试行办法。加强了对企业内部分配的指导，提出了生产要素参与收益分配的政策意见。继续开展了企业工资内外收入的监督检查工作，依法加强对企业工资总量的宏观调控工作。全省全部职工平均工资预计达到9 180元，其中全部企业职工平均工资预计达到8 600元。

社会保险

【养老保险】 1998年，浙江省如期完成了城镇企业职工养老保险制度的统一并轨工作；养老保险扩大覆盖面增加了18万人，超额完成了省政府下达的增加参保人数13.2万人的目标，全省参加养老保险的人数为374万人，其中在职职工277.9万人，离退休人员96.1万人；加强了基金征缴力度，建立了收支两条线管理办法，养老保险基金征缴率达到95%，征缴额为53.7亿元；有50个县市实行了养老保险基金全额缴拨结算，有36个县市开展了养老金社会化发放；原参加养老保险行业统筹的26.5万名职工已按中央要求移交省里管理，实现了平稳交接，保证了原行业统筹企业离退休人员养老金发放；省级调剂金制度开始建立，迈开了省级统筹的实质性步伐；进行了社会保险基金的清查、清理、回收工作，从查出的2.46亿元被挤占挪用基金中回收了0.38亿元。1998年，浙江省企业离退休人员养老金发放工作取得了好成绩。从6月份开始，全省都实现了企业离退休人员养老金的按时足额发放；到年底，历年拖欠的养老金也全部补发到位。

【医疗保险】 全省实行大病统筹的市县由上年的40个增加到49个，增长22.5%，比省政府下达的增长10%的指标高出12.5个百分点；在金华市实行医疗保险制度改革试点的同时，为全面推进全省城镇职工基本医疗保险制度改革进行了积极的准备。

【失业保险】 浙江省从7月1日起将失业保险缴费标准提高到3%，全省收缴总量达4.27亿元，比上年增长1亿多元，收缴率达到95%以上；失业保险基金拨付再就业服务中心经费0.65亿元，支持了全省国有企业下岗职工基本生活保障和再就业工作的开展；失业保险扩面工作也取得了一定成效，新吸纳了4万多名城镇股份制企业、私营企业和个体工商户参加失业保险，全省共有4万多家用人单位、300万职工纳入了失业保险覆盖范围；清查、收回被挤占挪用的失业保险基金1 566万元。

【工伤、生育保险】 浙江省实行工伤保险制度改革的市县，由上年的75个增加到88个，比省政府下达的增加10%的指标还多7.3个百分点，参保职工人数由上年的172.76万人增加到223.89万人。实行生育保险的市县，由上年的66个增加到78个，参保职工人数达到195.67万人；已有14.2万名女职工享受了生育保险待遇。

劳动关系调整

【劳动关系协调】 在积极开展国有企业下岗职工基本生活保障和再就业工作的过程中，鉴于下岗职工进中心签协议的比例偏低和隐性就业和“两不找”等问题的出现，各级劳动和社会保障部门对解决日益凸现的劳动关系问题予以高度重视，在组织力量开展深入调查研究的基础上，积极探索研究解决办法。省劳动厅制定了《关于国有企业下岗分流人员劳动关系处理若干问题的通知》，为指导各地规范职工下岗、进中心、签订协议、保障生活等工作提供了政策依据。一些市县也结合各自的实际，研究制定了这方面的政策措施。

【劳动监察】 浙江省在劳动监察工作上以“两个确保”为重点，加大了监督检查力度。全年各级劳动监察机构检查用人单位2.5万户，受理群众举报信件6 824件，立案5 714件，处理结案5 428件，结案率为95%。对全省3万余家用人单位实施了劳动年检工作，推动了用人单位对劳动法律法规的贯彻落实。

【劳动合同制度】 继续抓好巩固完善劳动合同制度的工作，职工人数200人以上或年产值1 000万元以上的乡镇企业已经基本实行了劳动合同制度，金融系统劳动合同制度全面推开。集体合同审核工作得到了加强，促进了劳动关系双方自我调节机制的建立。

【劳动争议处理】 浙江省依法做好劳动争议处理工作。1998年全省依法受理劳动争议案件3 536起，比上年增加41.7%，结案率达到了94.3%。健全了劳动争议处理网络，“三方”机制向乡镇延伸，共建立乡镇劳动争议处理机构448个，比上年增加74个。新建劳动仲裁标准庭35个，推动了劳动仲裁规范化建设。重视做好劳动争议预防工作，全年共鉴证劳动合同59.3万份，处理来信9 775件，来访50 063人次，其中集体上访934起，涉及13 229人次。

劳动安全卫生

【安全监察】 1998年，浙江省各地强化安全生产目标管理责任制，加强了全省安全生产综合管理和监察工作的力度，使全省安全生产形势继续保持了基本稳定。据不完全统计，1998年全省共发生各类事故44 062起，死亡6 720人，直接经济损失4.6亿元。与上年同期相比，事故起数上升15.6%，死亡人数比上年下降0.64%，经济损失下降11.2%。职业安全卫生监察重点加强了对企业作业环境、安全措施、特种作业人员持证上岗、女职工劳动保护方面的执法检查，检查了10 803家企业，查出事故隐患16 879个，并分别情况发出监察通知书和整改意见书，督促企业落实整改措施。对20 908名特种作业人员开展了特种作业安全培训、考核、发证工作。

【锅炉压力容器安全】 继续开展查处无证伪劣锅炉。同时，强化在用压力容器使用管理和压力管道安装单位资格认可审查。较好地完成了上虞市在用压力容器使用登记、检验发证、清查试点工作，为在全省范围内开展清查工作摸索了经验。开展了全省性锅炉司炉人员安全知识竞赛，提高了在用锅炉安全使用管理的水平。锅炉压力容器爆炸事故、严重损坏事故及伤亡人数分别比上年降低了6.3%、41.3%、31.6%

【矿山安全】 积极进行了《矿山安全法》宣传和执法大检查活动，对全省5 800个乡镇矿山的安全条件依法进行了审查发证，发证率达到76.7%。矿长安全资格培训考核工作继续得到加强，矿长持证上岗率达到95%以上。

（浙江省劳动厅）

宁 波 市

培训就业

【国有企业下岗职工基本生活保障和再就业】 1998 年 5 月党中央、国务院召开了国有企业下岗职工基本生活保障和再就业工作会议后,宁波市各级劳动和社会保障部门统一思想,积极贯彻会议精神,加大工作力度,使下岗职工基本生活保障工作取得了显著成效。首先,各级劳动和社会保障部门突出抓了再就业服务中心的建设工作。至 1998 年底,全市凡有下岗职工的国有企业都建立了再就业服务中心或类似机构,有下岗职工的城镇县以上集体企业建中心或类似机构的比例也达到了 100%。下岗职工 100%进入了再就业服务中心。其次,切实抓好下岗职工基本生活保障资金的筹集工作。全市通过劳动和社会保障部门社会筹集及财政安排共下拨资金4 769.56万元,并对资金的使用作出了规定,有力地保障了下岗职工的基本生活,下岗职工 100%按规定领到了基本生活费。第三,建立了下岗、失业、特困、在职职工的多层次生活保障线。及时将下岗职工的基本生活费发放标准由原来的每月 190 元提高到 220 元,与职工最低工资、失业救济、特困职工工会补助、城镇居民人均最低生活水准共同构成确保人民群众基本生活的多层次保障线。

【再就业工程】 1998 年是宁波市再就业工程取得重大进展的一年。首先是拓宽就业门路,采取发展家政、社区服务,建立再就业基地,扶持个体私营经济,鼓励职工自立就业,适量发展劳动密集型企业等多种渠道,使下岗、失业职工得到了有效的分流安置。其次是在再就业培训上花本钱,采用政府补助培训的办法。1998 年宁波市政府共投入用于补助下岗和失业职工培训的经费达到了 325 万元,并首次以市政府名义用年度目标管理考核的形式,向各地、各部门下达再就业培训任务,及时调整了再就业培训基地的组织形式,把下岗职工的培训任务落实到了各行业再就业服务中心。同时增设了 9 个市级再就业培训基地,培训专业达 50 余个,培训网络覆盖到了全社会。为实现职业技能培训机构的信息共享,编制了职业技术培训信息网络系统,目前已有 38 家社会职业技能培训机构入网。全市共举办各类再就业培训班 518 期次,参训人员 2.6 万名,完成了市培训计划的 130%。第三是继续对特殊就业群体开展了就业服务。在做好“双下岗、双失业职工保证一方就业”工作的同时,推出了“只要不挑不拣,保证让您三天内就业”的服务承诺,帮助有就业困难的下岗和失业职工通过“特殊服务”实现了再就业。第四是进一步完善了再就业工程的配套政策。1998 年以市政府名义出台了 5 个有关再就业工作的文件,市劳动局及各地也制定出台了一批相关的操作性文件。此外,在舆论宣传上,各地利用各种宣传媒体,采取多种形式对再就业政策、工作进展情况、先进典型等进行多层次、全方位的宣传报道,使再就业工作有了一个良好的实施氛围。至 1998 年底,全市共有 6.38 万名下岗职工和 1.83 万名失业职工实现了再就业。

【劳动力市场建设】 1998 年,宁波市加快了劳动力市场建设步伐,市场建设初具规模,市场服务功能进一步加强。全市共有劳动力市场13个，各级各类职业介绍机构142家。各级劳动和社会保障部门还不断增强劳动力市场的服务功能，完成了全市就业系统与各县（市）、区的计算机联网和宁波有线台招（聘）用工信息联网。一些地区在原有服务窗口的基础上，开设了求职指导、集体户口人员的户籍挂靠和失业登记窗，宁波市还试行了劳动人事代理制，形成了城乡劳动力就业登记与职业介绍相配套的一条龙服务体系。1998年全市共举办劳动力交流会156场次，下岗、失业职工专场交流15场次，参加单位4 129家次，提供岗位6.1万岗次，约有19.66万人次求职人员进场交流，有5.36万人被用工单位录用，有效地保障了宁波市就业形势的稳定。1998年全市有2.46万名城镇登记失业人员就业，全市城镇登记失业率为2.89%，低于全省、全国平均水平。

【劳动力市场管理】 1998年，宁波市劳动力宏观调控力度进一步得到加强。一是加强了城镇劳动力管理，对单位实行了用工申报制度。二是加强外来劳动力管理。各地积极开展农村和外来劳动力有序流动工作，宁波市劳动局被评为1998年度浙江省春运安全和民工有序流动工作先进单位。切实贯彻《宁波市农村和外来劳动力使用管理办法》，加大查处力度，合理控制用人单位使用农村和外来劳动力。继续对下属各县（市）、区农村外来劳动力“就业证”进行了年检，证卡合一率达到了88%。

【职业技能开发】 1998年，宁波市职业技能开发工作的重点是积极为促进就业服务，有效地提高了职工技能素质和市场就业能力。社会化职业技能培训鉴定的覆盖面进一步扩大，机构不断完善。全市各类职业技能培训机构达到了94家，新增职业技能鉴定站（所）14个，总数达到了61个。大力推行职业资格证书制度，实行持证上岗的岗位达到了13个，并首次对职校学生进行了实用外语等级鉴定，3 500多名学生获取了《宁波市实用外语等级证书》。技工学校教育改革步伐进一步加快。全市技校共录取新生4 199名，在校生达到9 000余人，为社会培养了一批中等技术人才。全市2 000余名技校毕业生参加省统考，中级工合格率达93.5%，其中53人达到五级工水平。1998年全市初、中、高级工和技师分别达到了5.65万人、6.1万人、2.75万人和1 450人。

社会保险

【养老保险】 1998年，在社会保险制度改革任务相当繁重的情况下，宁波市各级劳动和社会保障部门齐心协力，努力工作，保证了社会保险各项任务的完成。养老保险制度进一步得到完善，完成了本市城镇企业职工基本养老保险制度与浙江省制度的并轨工作，扩大了养老保险的覆盖面。扩面工作的重点是个体私营企业。至1998年底，全市新增参保人员4.48万名，全市参加养老保险的企业达6 230家，在职职工40.64万人，离退休人员13.4万名。积极做好养老保险费征缴工作，特别是实行税务代征后，各地劳动和社会保障部门主动配合税务部门积极开展征缴工作，使全市的收缴率达98%，基金抗风险能力达12个月。进一步加强对社会保险基金的管理与运营。自7月份起实行了养老保险基金收支两条线管理，养老金实行了全额拨付和社会化发放。加快清理企业历年欠缴基金和违规挤占、挪用基金步伐。全市共清理企业历年欠缴基金1 296.37万元，清理违规挤占、挪用基金2 424.66万元。

【失业保险】 宁波市从1998年7月1日起开始提高了失业保险的征缴比例，极大地提高了失业保险基金的抗风险能力，为保证再就业工程资金的及时到位提供了保障。除宁波市象山、慈溪、奉化、宁海等地外，市区及其他各县(市)、区实现了失业救济金的社会化发放，保证了失业职工的基本生活。至年底，全市有4 945家用人单位、43.28万名职工参加了失业保险，共发放救济金4 249万元，医疗补助金153万元。

【工伤、医疗、生育保险】 宁波市的工伤、大病医疗、女职工生育保险制度改革工作取得一定成效。出台了《宁波市企业职工工伤保险暂行办法》，市及各县（市）、区的工伤保险全面实施，全市参保企业达5 315户，在职职工38.86万人，共为436名工伤者支付治疗费127.78万元。大病医疗费用社会统筹工作继续有序开展，运作更加规范，参保的在职职工和离退休人员达21.49万名，有1.09万人享受了医疗保险待遇，医疗费用支出3 880.79万元。女职工生育保险运行正常，全市共有参保企业4 671户，在职职工35.54万名，共为2 644名女职工支付生育保险金465.97万元。同时，宁波市劳动局积极参与了宁波市医疗保险制度改革的调研，对宁波市属企业1995—1997三年的职工医疗费用支出情况进行了抽样调查，为宁波市医改方案的制定提供了依据。

工资分配

【工资分配】 为加快企业工资制度改革，努力促进劳动力市场就业机制的形成，宁波市加强了劳动工资宏观调控，积极指导企业搞好内部分配，完善了工效挂钩、工资总额包干等办法。公布了1998年度企业工资指导线，引导各类企业职工工资适度增长。工资总额使用手册和核定工资相互衔接、相互贯通的工资总量宏观调控体系逐步形成。制定了《关于企业签订集体合同中有关劳动报酬条款的意见》，规范了企业尤其是外商投资、私营企业等非国有企业中职工签订集体合同的内容。加大了工资监督检查力度，对全市197家企业工资内外收入情况进行了监督检查，对其中存在问题的54家企业进行了教育、批评和处罚。

劳动关系调整

【劳动合同管理】 1998年8月，宁波市劳动局制定并下发《〈宁波市劳动合同制度实施办法〉补充意见（四）》，统一和规范了劳动合同的签订、变更、终止、解除和续订的程序。全市金融、保险公司实行全员劳动合同制工作基本完成，市工行、人保市公司职工签约率达100%。乡镇企业实行劳动合同制度范围进一步扩大。集体合同审核工作继续开展。出台了《宁波市非农劳动合同制职工户粮迁入中心城区的暂行规定》，为部分企业中户粮关系与实际工作生活地不相一致的职工解决了实际困难，有力地维护了企业职工队伍的稳定。在浙江省率先以政府名义出台了《宁波市驻军部队随军家属就业安置暂行办法》，积极安置驻军随军家属。1998年，宁波市劳动局被评为宁波市驻军随军家属就业安置工作先进单位。

【劳动仲裁】 宁波市劳动局积极引导各县（市）、区劳动仲裁工作向特色化方向发展，全市127个乡镇已组建乡镇劳动关系协调机构103个，组建率达80%以上。在宁海县开展了仲裁员选择制度的试点工作。劳动争议案件的调解和处理工作进一步加强，1998年全市劳动争议案件总量为1 817件，比1997年同期上升91.9%，其中立案935件，乡镇街道劳动关系协调机构、乡镇劳动仲裁派出庭受理504件，已处理922件，结案率为90.6%。集体劳动争议75件，比1997年同期上升44.2%，涉及人员2 139人，结案率为100%。全市共鉴证劳动合同13.66万份，纠正违法无效劳动合同1.64万份，责令用人单位补签劳动合同2.72万份。宁波市和慈溪、余姚、宁海等地被评为浙江省劳动仲裁工作先进单位。

【劳动监察】 1998年宁波市各地积极开展专项劳动监察，全年共主动监察用人单位4 409户，职工33.14万人，超额完成计划数的9.2%。全年共受理举报案件1 096件，立案处理898件，结案率为98.5%。建立了劳动和社会保障部门"110紧急救助工作网络"，完成了对3 699户用人单位的1997年度劳动用工年检。受理群众来信来访3 107件，结案率为99%；集体上访29批，329人，结案率为100%。宁波市劳动局被宁波市政府评为1998年度信访工作先进单位。

劳动安全卫生

【劳动安全卫生】 1998年宁波市各级劳动和保障部门安全生产管理做到了队伍不散、人心不乱、工作不断。各地认真贯彻落实江泽民总书记对安全生产的重要指示和国务院及省、市对安全生产的一系列部署和要求，强化了安全生产目标管理责任制，积极开展安全生产的宣传和执法活动。加强了安全生产综合管理和监察力度，1998年共组织、参与安全生产大检查9次，检查非矿山企业2 673家，查处事故隐患1 270处，发出监察意见书250份。检查矿山(采石场)1 043次，查出事故隐患1 017个，下达限期整改意见书198份，停产整顿或关闭矿山38家。共对2 130台电梯、435台起重机进行了检测并核发了《准用证》。登记并核发换发厂内驾驶证1 300本。强化锅炉压力容器监察工作。全市共检验在用锅炉1 517台，在用压力容器1 511台，锅炉与压力容器年定检率分别达97%和91%。检验各类气瓶2.14万只，对73家单位的81台无证伪劣锅炉进行了查处。宁波市劳动局被评为浙江省无证伪劣锅炉查禁工作先进单位。宁波市代表队获得了浙江省锅炉司炉工安全技术知识竞赛大锅炉团体总分第一名、小锅炉团体总分第二名的好成绩。通过各方面的共同努力，使全市安全生产形势继续保持了基本稳定。特别是宁波市北仑区强化监察，重视培训，遏制了企业工伤事故的发生。1998年，全市共发生企业职工因工死亡事故69起，死亡75人，与1997年同期持平，死亡事故绝对数未突破省、市下达的考核指标。

法制建设

【法制建设】 宁波市劳动局积极组织研究上报劳动立法，为劳动和社会保障工作的实施提供了强有力的法律依据。1998年以市政府名义出台的有关劳动和社会保障工作的文件共10份，积极参与了7份市政府规范性文件的研定与出台工作，以较高质量、较快速度完成了38件“两会”提案、议案，得到了有关部门的肯定。

（宁波市劳动局）

安徽省

【概况】 1998年，安徽省各级劳动和社会保障部门认真贯彻落实中央再就业工作会议精神，以确保国有企业下岗职工基本生活和确保企业离退休人员养老金足额发放（“两个确保”）和再就业工作为重点，全面推进各项工作，尤其是7、8、9三个月在抗洪抢险的紧要关头，一手抓防汛抗洪，一手抓下岗职工进中心、签协议、保生活、保发放，做了大量艰苦细致的工作，使国有企业下岗职工基本生活保障和再就业工作取得重要成果，并带动其他各项工作取得很好的业绩。

“两个确保”取得重要的成果：国有企业下岗职工基本生活初步得到保障；企业离退休人员养老金基本做到按时足额发放；城市居民最低生活保障制度开始发挥作用；下岗职工半数以上得到分流安置和实现再就业。

社会保险制度改革进一步加快：以确保企业离退休人员养老金按时足额发放为重点，深化养老保险制度改革；以确保下岗职工基本生活保障资金的落实为重点，深化失业保险制度改革；全面推行工伤保险制度改革，继续抓好医疗、生育保险改革试点。

劳动执法监察工作有了新的进展，劳动争议预防处理工作有序推进，流动人员就业初步纳入有序管理。

在安全生产方面，工矿企业安全生产形势稳步好转，各类事故，特别是重、特大事故得到了有效控制。

从总体上看，1998年安徽省劳动和社会保障工作的形势是好的，但在前进中还存在着许多方面的矛盾和问题。一是就业和再就业压力仍然存在。不少地方的就业渠道窄、岗位少，难以满足新生劳动力和下岗职工迫切的就业需求。二是养老金发放资金需求增加与供给相对减少的矛盾突出。特别是企业困难，欠费严重，收缴更困难，使基金的支撑能力下降，保发放的压力更大。三是劳动关系在发展市场经济新形势下趋于复杂。规范和理顺这些关系，政策性强、涉及面广，有较大的难度，对此，既要加大力度推进，又要采取措施稳妥进行。四是部分企业拖欠职工工资的现象仍较严重。

对上述困难和问题，安徽省决心按中央、国务院的统一部署，继续把“两个确保”放在头等重要的位置，全面推进以养老、失业、医疗保险为重点的社会保险制度改革，努力扩大覆盖面，提高征缴率，加强劳动和社会保障监察，积极稳妥地处理好下岗职工的劳动关系，进而推动整个劳动和社会保障事业的发展。

培训就业

【城镇就业】 1998年末，安徽省城镇职工总数为495.33万人，比1997年末减少7.22万人。企业单位职工人数为357.15万人，比1997年末减少10.25万人，其中国有企业职工200.83万人，减少24.17万人；集体企业职工98万人，减少14.63万人；其他所有制企业职工58.32万人，增加28.55万人。1998年安徽省城镇登记失业人员总数为27.56万人（其中本年度新增12.12万人），比1997年减少4.16万人。全年安置城镇失业人员就业11.27万人，比1997年减少3.01万人。就业方向为：国有企业2.76万人，城镇集体企业3.26万人，城镇私营企业1.55万人，外商及港澳台投资企业0.27万人，其他经济类型0.58万人，个体经济组织2.37万人，机关、事业单位0.24万人，其他0.24万人。1998年末尚有失业人员15.34万人，城镇登记失业率为3.21%，比1997年上升0.3个百分点。

【国有企业下岗职工基本生活保障和再就业】 1998年，安徽省认真贯彻中央的部署，全党动员，全民发动，国有企业下岗职工基本生活保障和再就业工作取得了重要的成果。国有企业下岗职工基本生活初步得到保障。到1998年底，共建立企业再就业服务中心4 085个，国企下岗职工全部进入再就业服务中心。通过多种途径筹集基本生活保障资金4.36亿元，使进入中心97%以上的下岗职工领到了基本生活费。大力推进再就业工作。各级政府和有关部门从政策上和具体工作上积极鼓励和帮助下岗职工自主创业，自谋职业，从事第三产业和社区服务，到年底，共分流安置和实现再就业达50.69%。建立了较为完善的组织保证体系，为今后的工作发展奠定了坚实基础。从上到下建立了"一把手"负总责的领导体系和责任目标体系，坚持一级抓一级，层层抓落实，建立了举报、通报和督查制度，既分工负责，又通力合作，形成了良好的工作机制。

【劳动力市场建设】 90年代以来，为适应社会主义市场经济建立和发展的需要，安徽省狠抓劳动力市场建设，出台了《安徽省劳动力市场管理条例》等一批法规和规范性文件，为劳动力市场规范运作提供了政策依据。为促进城镇新成长劳动力就业，帮助下岗职工实现再就业，促进农村剩余劳动力合理有序流动就业，各级劳动和社会保障部门做了大量的工作。初步建立起一个以劳动部门为主体，覆盖全省城乡、连接用人单位和求职者的职业介绍网络。1998年，为提高安徽省劳动力市场科学化、规范化、现代化水平，根据国家的统一布置，结合安徽省实际，省劳动厅提出了用三年左右的时间建立起一个符合市场经济体制要求的"科学化、规范化、现代化"的劳动力市场体系的任务，启动了建设统一的劳动力市场信息网络系统建设工程，成立了"安徽省劳动力市场信息网络建设领导小组及办公室"，具体负责劳动力市场信息网络建设规范、资金筹备、人员培训、试点等工作。

【农村剩余劳动力有序化流动】 1998年，安徽省各级劳动部门在统筹城乡就业政策指导下，继续贯彻实施农村剩余劳动力跨地区有序化流动工程。在源头管理方面，主要抓劳务输出基地的建立和巩固，促进有序流动；在输入地民工管理方面，重点加强对在外劳务输出管理机构的领导，配合输入地劳动部门做好皖籍务工人员管理。由于受到经济大环境和自然灾害影响，安徽省1998年劳务输出工作受到一定影响，全年劳务输出总数为503.82万人，比1997年减少19.54万人。其中跨省流动就业423.69万人，比1997年减少19.98万人。为建立健全乡镇劳动服务管理站，进一步提高乡镇服务站管理人员水平，1998年10月，省劳动厅在六安市举办了首届乡镇劳动工作管理服务站站长培训班。1998年下半年，开展了评选乡镇劳动管理服务先进单位和组织民工有序流动工作先进个人活动。通过评选，省劳动厅授予阜南县苗集镇乡镇服务站等12个单位乡镇劳动管理服务工作先进单位称号，授予方隆乾等22位同志组织民工有序流动工作先进个人称号。1998年春运期间，安徽省劳动部门针对夏季沿江地、市遭受历史罕见的特大洪涝灾害，给灾区劳务输出工作带来的新问题，及早研究部署春运工作，并根据国务院和有关部委的文件精神，把组织民工有序流动和灾区劳动力就地安置结合起来，在省内设立了五个监控点，及时掌握并反映基层民工流动情况，积极协助有关部门做好灾区劳动力就地安置和重建家园工作。由于措施得力，灾区没有出现大量民工盲目外出现象。同时，整个春运期间，又一次实现春运工作的平稳、可控、有序运行。

【劳动就业服务企业】 1998年，安徽省劳动就业服务企业加大了改革力度，重点抓了以下几个方面的工作：一是全面开展清产核资、产权界定工作，明晰了产权关系，维护了劳服企业的合法权益；二是劳服企业改制工作，在试点的基础上全面推开，1 017户劳服企业改制为股份合作制企业；三是加强劳服企业质量管理工作，提高市场竞争能力，有13家企业被劳动和社会保障部评为“优秀质量管理小组”，其中铜陵市桂家湖水泥厂荣获国家级“质量管理小组活动优秀企业”称号，合肥市中兴电源线有限公司获国家级“优秀质量管理小组”称号；四是进一步围绕国有企业改革和经济结构调整，努力开发就业岗位，大力发展以社区服务为重点的第三产业，取得了良好的经济和社会效益。到1998年底，安徽省共有劳服企业5 612户，其中新办188户；从业人员达45.6万人，当年吸纳39 310人就业，其中企业富余人员9 107人，下岗失业职工11 457人；全年生产经营总额88.53亿元，实现利税3.41亿元。

【职业介绍】 从1992年安徽省在黄山召开劳务输出工作会议以来，为配合安排城镇下岗职工和加强农村劳动力向非农劳动力的转变，加快了劳动力市场的建设，到1998年底安徽省已初步形成了覆盖全省城乡的职业介绍服务网络，劳动力市场体系已基本形成。1998年共接受求职登记60万人，用人登记36.05万人，介绍成功28.02万人，并且为下岗职工提供了优惠及免费服务。为进一步健全和规范劳动力市场体系，充分发挥职业介绍机构的作用，1998年8月，安徽省劳动厅在芜湖、蚌埠、六安三地市开展了劳动力市场清理、整顿、试点工作。计划1999年，将继续深入进行各类职业介绍机构的清理、整顿，逐步建立起对各类职业介绍机构的资格审查、持证上岗、报表统计以及投诉举报、监督监察等制度。

【就业训练】 安徽省就业训练工作紧密配合国有企业改革和再就业工作，着重开展下岗、失业职工再就业培训，训练规模不断扩大，培训质量进一步提高。一是加强训练基地建设。到1998年末，安徽省共有培训中心492个，其中劳动部门所属87个。就业培训工作突出技能训练和职业指导，目前已建成微机、钳工、厨师等实习基地72个。二是大力开展再就业培训。认真落实“安徽省三年五十万再就业培训计划”，采取多形式、多渠道、多层次的办学形式，重点培训下岗、失业职工。1998年，安徽省各就业训练中心共培训142 132人，其中下岗职工71 052人，失业人员6 128人。三是努力提高训练实效。积极探索培训与市场、培训与就业的结合。10 938人通过培训获得了各种技术等级证书，其中，8.64万人通过就业训练实现了就业和再就业。

【劳动预备制度】 1998年劳动预备制度试点工作得到安徽省各有关地、市劳动部门的重视。在马鞍山市试点的基础上，扩大到芜湖、铜陵、滁州三个城市试点，铜陵市的试点方案已经市政府批准并开始实施；芜湖市的试点方案已报市政府待批；滁州市的试点方案正在制定过程中。黄山、淮北两市也积极要求参加试点并拿出了初步的实施方案。

【在职培训】 为贯彻落实中共安徽省委1998年3月份在芜湖召开的下岗职工再就业工作座谈会精神，各级劳动部门按照省委的统一部署普遍开展了企业全员培训工作的调研。据对86家大中型企业的情况调查，技术工人中中级工比例为28%，高级工为3.2%，技师为0.2%。为改变技术工人严重不足的状况，省劳动厅在调查研究的基础上，制定下发了《关于加强企业全员培训工作的通知》，促进了企业全员培训工作的开展。

【技工学校】 进一步落实技工学校办学自主权，指导技工学校根据劳动力市场需求确定培训目标，合理调整专业设置，进一步拓宽办学领域。1998年技校在招生中，对考生的报考条件进一步放宽，以适应当前招生困难的形势。在“农转非”招生政策上有了新的突破，争取省计委、公安、粮食部门支持，改学生毕业后转户口为新生入学时办理。考试办法也更加灵活。1998年共招生1.83万人（比上一年减少33%），其中三产类专业占招生总数比例上升到30%；农村招生比例上升到29%。为建立完整的技工教育体系，省劳动厅会同省计委联合下发了《关于高级技工学校有关问题的通知》，当年批准在省商业技工学校等4所技校开设了钳工、数控机床等7个专业高级技工培训班，共招收学员442人。同时，技工学校还积极承担下岗职工再就业等各类职业培训，当年培训3.53万人次。

【师资队伍建设】 1998年，审核认定技工学校及再就业训练中心的教师上岗资格594人。对技校教师任职资格条件进行了修订完善。省劳动厅会同省人事厅下发了《关于技工学校教师高级职务评审有关问题的意见》，完成了101名技校教师高级职务评审。至1998年底，安徽省技工学校及再就业训练中心教师总数达4 928人。

【职业技能鉴定】 职业技能鉴定社会化管理体系基本形成，到1998年底，安徽省已有6个地市成立了职业技能鉴定中心，职业技能鉴定机构达到291个，考评人员1 826人，有65 107人参加了职业技能鉴定，取得职业资格证书54 369人；评审技师246人，高级技师69人。统一组织了钳工、电工、计算机文字录入员、汽车修理、餐厅服务等9个职业（工种）的各类职业学校毕（结）业生的职业技能鉴定，参加鉴定总人数达9 082人。同时，两次组织参加全国推销员统一职业技能鉴定，共鉴定2 095人。承担了客房服务员职业技能鉴定国家题库的开发任务，包括理论和技能三个等级，拥有2 450道试题的题库已建成，并通过劳动和社会保障部职业技能鉴定中心的验收。

【职业技能竞赛】 1998年，省劳动厅会同省机械工业局开展了第四届技工学校学生机械制图竞赛活动，省轻工总会及纺织总会等四个部门也开展了岗位练兵、技术比武等技能竞赛活动。同时，继续开展技术能手评选表彰活动。各地、市，各有关行业厅、局，经过层层选拔，共推荐技术能手候选人60名，经评审，有35名同志获得“安徽省技术能手”荣誉称号，其中2人获全国技术能手称号。“安徽省技术能手”评选表彰活动，自1995年起至1998年已举办了4期，共评出“安徽省技术能手”123名，其中，获“全国技术能手”称号的有8名。

社会保险

【养老保险】 1998年，安徽省养老保险制度改革有了重大突破。《安徽省统一企业职工基本养老保险制度实施方案（试行）》开始实施。省辖17个地市在全面贯彻落实的基础上，按照地、市级统筹的要求，做到了在地市范围内基本养老保险统一缴费费率，统一个人账户规模，统一养老金计发办法，统一调剂使用基金。1998年12月省人民政府发布了《安徽省建立企业职工基本养老保险省级调剂金制度实施方案（试行）》，这是向省级统筹迈开的重要一步。1998年底，安徽省参加基本养老保险统筹的企业达16 651户，在职职工224.41万人，分别占应参加社会统筹企业和在职职工人数的92.4%和94.7%。参加基本养老保险社会统筹的地方企业离退休人员已达58万人，全年共征集基本养老保险基金23.55亿元，支出养老金24.54亿元，年末累计结余养老保险基金12.5亿元。1998年8月，按照国务院的统一部署，原行业统筹企业基本养老保险移交地方管理。安徽省接收的共有10个行业、38个统筹结算单位，在职职工48.32万人，离退休人员19.92万人，当年全部完成接收工作。

【失业保险】 安徽省失业保险工作紧密围绕国有企业改革、下岗职工基本生活保障和再就业工作，采取有力措施，突出重点，深化改革，取得积极进展：一是努力扩大覆盖面，提高征缴率。参加失业保险的职工为240万人，比1997年增加20万人，其中国有企业192万人，集体企业42万人；征集失业保险费1.53亿元，比1997年增加4 200万元，增幅为36%。二是保障失业人员、下岗职工基本生活，大力促进再就业。1998年失业保险基金共支出1.5亿元，其中为55 756名失业人员支付失业救济金6 672万元，用于保障下岗职工基本生活5 767万元，用于支持再就业工作2 264万元。三是

1998年全省各级劳动和社会保障部门对挤占挪用和违纪违规使用失业保险基金情况，进行了全面的清查，回收纠正3 788万元，对余下部分已制定了积极的回收纠正计划，以确保失业保险基金的完整与安全。

【医疗保险】 1998年，安徽省城镇职工基本医疗保险制度改革进入新阶段。国务院《关于建立城镇职工基本医疗保险制度的决定》发布后，12月18日，安徽省人民政府及时成立了省城镇职工基本医疗保险制度改革领导小组，并于12月24日召开了全省医改业务工作会议，全面部署了全省医改调查测算工作。

1998年，铜陵、芜湖、淮北3市医改试点工作继续加强。全年3个市共有33 381人参加医疗保险，实际征收基金1 486.5万元，支出1 594.3万元。

霍山、繁昌等地的大病医疗统筹进一步推进。全年共有9 345人参加大病统筹，实际征收基金58万元，支出44万元。

【农村社会养老保险】 1998年，安徽省农村社会养老保险工作虽然受到高层机构变动、金融政策调整和自然灾害等因素的影响，但由于各级民政部门认真贯彻省政府办公厅《转发国务院办公厅转发民政部关于进一步做好农村社会养老保险工作意见的通知》精神，省民政厅针对新情况及时下发了《关于机构改革期间做好农村社会养老保险工作的通知》等3个规范性文件，坚持了“强化管理、稳步发展”的工作方针，使农村社会养老保险工作继续呈良性发展态势。到年底，有89个农业县（市、区）、1 867个乡镇、19 188个村委会、4 827个乡镇企业组织农民参保，全年新增保农民19.38万人，参保农民累计达319.24万人，参保率为12.9%，比上年增长0.9%，农村社会养老保险基金管理进一步得到加强，确保了基金运行安全增值。全年新增保费4 166.74万元，积累基金49 154.34万元，比上年净增5 546.05万元，增幅为12.7%。基金运营收益2 280.19万元，年收益率为5.23%，与国家规定的基金运营增值标准基本持平。1998年累计有3 000多名农民领取养老金，占参保农民总数的0.01%；当年发放养老金165.5万元，占农村社会养老保险基金积累总额0.03%。省民政厅对农村社会养老保险机构进行了大规模的调查统计工作，统计结果显示：有农村社会养老保险工作机构1 376个，其中：省级2个（行政、事业各一个），市、地级机构13个，县（市、区）级79个，乡（镇）级1 282个。年底有工作人员4 595人，其中：省级11人（行政5人，事业6人），市、地级46人，县（市、区）级388人，乡（镇）级1 943人，村或乡镇企业代办员2 450人。农村社会养老保险规范化管理工作成效显著，各市、地共有23个县级单位被确定为规范化试点单位，省民政厅重点抓了肥西、庐江两县农村社会养老保险规范化试点。试点单位档案、财务、统计、保费收取、养老金发放、办公秩序等工作制度都得到进一步落实。但是，农村社会养老保险也存在一些问题，主要是由于面临政府机构改革，从事农村养老保险工作的人员有等待观望的思想，以致发展速度缓慢，保费增幅比上年下降48%，参保农民增幅比上年下降33%。

【社会保险基金管理】 为加强社会保险基金管理，安徽省财政厅、省劳动厅、中国人民银行安徽省分行、省地税局联合制定了《安徽省企业职工基本养老保险基金实行收支两条线管理实施细则（试行）》印发各地。文件规定了社会保险经办机构、财政部门要在同一商业银行开设“基本养老保险基金收入户”、“社会保障基金财政专户”、“基本养老保险基金支出户”，基本养老保险基金纳入单独的财政专户，实行收支两条线，专项管理、专款专用。

从1998年9月起安徽省基本养老保险基金征收改由地税部门全额征收。

劳动关系调整

【劳动关系协调】 安徽省各级劳动和社会保障部门继续以贯彻《劳动法》为统领，维护用人单位和职工合法权益，为稳定社会起到积极的推动作用。一是充分发挥咨询和信访窗口的作用，积极开展咨询服务和信访接待工作。1998年，各级劳动和社会保障部门共接待咨询和上访22 704人，处理人民来信1 353件，涉及职工5 258人。二是依法进行劳动合同鉴证工作，指导企业和劳动者依法签订劳动合同，保证劳动合同的合法性、有效性和可行性，并通过建立劳动合同台账，加强对劳动关系的建立、变更、解除和终止情况的监测和预警。据统计，1998年共审查鉴证劳动合同268 147份，纠正违法无效劳动合同16 748份，督促补签劳动合同77 421份，纠正使用童工20人。三是规范集体合同审核程序，使审批工作纳入规范化、制度化轨道。1998年共审查集体合同5 949份。

【劳动争议处理】 安徽省各级劳动争议仲裁委员会（以下简称仲裁委）坚持"重在落实、重在基层、重在调解、重在执行"的方针，进一步完善三方办案机制，以改革的精神，以有利于提高办案质量和效率为立足点，简化办案程序，改进办案方式。一是规范申诉、立案和监督程序，杜绝案外处理劳动争议；二是强调当事人举证责任，强化庭审功能，强化仲裁庭对仲裁委负责的意识，实行"一步到庭"工作法；三是对劳动争议案件进行分类处理，对简单案件采取独任审理、集体讨论的方式；四是灵活运用仲裁建议书和充分利用自由裁量权；五是继续推动企业劳动争议调解委员会（以下简称调解委）组建工作，充分发挥其调解作用。据统计，各级仲裁委受理劳动争议案件9 801件，上年结转102件，已审理结案1 001件，结案率为92.5%。1998年受理的案件总数与1997年相比，上升了11.2%。1998年各地企业调解委受理劳动争议案件1 812件，经调解解决的1 625件，调解成功率达89.7%。1998年，在劳动争议处理中不仅涌现出一批办案质量好，结案率高的仲裁机构，而且还涌现出一批优秀仲裁员。为了表彰先进，在1998年开展了优秀仲裁员评比活动，进一步推动了劳动争议处理工作的深入开展。

工资分配

【工资管理】 1998年安徽省各级劳动和社会保障部门对不同类型企业的工资总额实行了不同的调控办法。采取以工效挂钩、工资总额包干浮动为主，工资手册管理为辅的调控模式。有44户国有企业（集团）按省或地市规定，经批准试行经营者年薪制度，在尝试建立经营者的激励和约束机制方面迈出了重要一步。从1998年1月起调整了安徽省企业劳动者最低工资标准，调整后的企业劳动者最低工资标准最高为240元，最低为165元。据对16 258户企业，2 394 431名职工调查统计，执行最低工资标准的企业13 906户，职工2 132 763人，分别占调查企业的85.53%和89.07%；生产经营困难，经批准暂不执行最低工资标准的企业户数394户，职工45 534人，分别占调查企业的2.42%和1.90%；未经批准也未执行最低工资标准的企业1 958户，职工216 126人，分别占调查企业的12.04%和9.03%。

1998年安徽省全部职工工资总额271.26亿元，职工平均工资5 491元，与上年基本持平，扣除物价因素实际负增长0.3%。企业职工平均工资5 019元，其中国有企业5 677元，分别比1997年下降4.69%、4.68%。地方国有企业4 756元，城镇集体企业3 353元，其他企业5 549元，分别比1997年下降6.4%、7.63%、9.61%。

劳动安全卫生

【职业安全卫生】 1998年，安徽省非矿山企业安全生产形势保持稳定，职工伤亡事故全面下降，重特大伤亡事故得到有效遏制。据统计，1998年，非矿山企业共发生因工死亡事故134起，死亡146人，与上年相比，死亡事故起数下降0.74%，死亡人数下降12.57%。其中：发生一次死亡3人以上重大事故1起，死亡5人，与上年相比，事故起数下降80%，死亡人数下降 81.48%。

1998 年，安徽省各级劳动安全部门并未受国家机构改革的影响，继续保持了良好的精神状态和工作秩序，在强化职业安全卫生法律、法规培训教育，开展危险性较大的特种设备的专项安全监察，加强对建筑安装施工单位、防护用品生产企业，新、扩、改建工程项目的预防性执法监察和严格事故查处等方面均取得了显著成效。国有企业厂长（经理）安全管理资格培训考核率达 67.45%，新、改、扩建工程项目“三同时”审查验收率达 81.61%，非矿山企业因工死亡事故批复结案率为 92.98%，完成了省政府“九五”任期目标管理所确定的 1998 年度职业安全卫生考核目标任务。

【锅炉压力容器安全监察】 1998 年底统计，安徽省在用锅炉10 129台，其中有水处理的锅炉7 928台；在用固定式压力容器32 897台，液化气体槽罐车 458 辆；各类气瓶 195 万余只。1998 年检验锅炉5 330台，定检率 80.3%，并对进口的锅炉 8 台、压力容器 180 台进行质量安全性能监督检验。1998 年安徽省共考核换发锅炉压力容器焊工证 453 个，锅炉司炉证2 110个，锅炉水处理人员证 387 个，锅炉房管理人员证 247 个，液化气体槽罐车押运员、准驾员证 80 个，无损检测人员证 66 个。1998 年安徽省锅炉压力容器安全形势继续保持稳定。全年锅炉爆炸事故 2 起，压力容器爆炸事故 2 起，气瓶爆炸事故 1 起，均未造成重大人身伤亡。

【矿山安全卫生监察】 安徽省矿山安全卫生监察工作，以深入贯彻矿山安全法规体系为中心，以控制重、特大事故为重点，继续强化行政执法和现场预防性监督检查，严肃查处矿山伤亡事故，确保了 1998 年安徽省矿山安全生产形势稳定，事故起数和死亡人数稳中有降。1998 年，共发生死亡事故 208 起，死亡 247 人。与 1997 年相比，事故起数下降 9.96%，死亡人数下降 41.88%。主要做法：一是开展煤矿“一通三防”现场监督检查，提高煤矿对瓦斯超限的认识，并采取瓦斯抽放等措施。二是培训考核矿山安全监察人员，使其持证上岗率达 80%。三是审查核发国有矿山矿长安全资格证 456 个，矿长持证率为 81%。四是审查认证资质等级为一级的矿山建设施工单位 16 家，持证率为 75%。五是确保省管矿山建设工程安全卫生设施的设计审查与竣工验收率为 100%。六是严肃查处矿山伤亡事故，赴事故现场率和按国家规定期限批复结案率为 100%。对典型事故、重大死亡事故，派专人多次进行现场督办。

【矿山重大事故查处】 1998 年安徽省矿山发生重大伤亡事故 6 起，死亡 34 人，与 1997 年相比，事故起数下降 60%，死亡人数下降 82.38%，事故结案率 100%。下降的主要原因：一是安徽省矿山安全监察的手段和措施得力，狠抓对重大伤亡事故原因的分析和从严处理责任人员，确保吸取事故教训；对每起重大事故都及时到达事故现场，了解事故情况和指挥抢险救灾工作，并指导事故的调查处理工作，确保每起事故都能按国家规定的程序和期限批复结案；对典型的重大伤亡事故从事故调查、审理，到事故处理批复文件落实，及时和有关部门联系，取得相关部门的支持，并派专人赴现场督办。二是部分矿山企业停产、半停产或开工不足。

法制建设

【劳动立法】 根据 1998 年度安徽省地方劳动立法计划安排，省劳动厅组织起草了《安徽省职业技能鉴定管理办法》。此办法对职业技能鉴定的机构设置、考评人员管理、鉴定实施、资格证书发放等方面作出了明确规定，送审稿已于 1998 年 9 月报送省政府，待省政府常务会议审议通过即可颁布实施。

【执法监督】 1998 年，安徽省劳动和社会保障系统在执法监督方面突出抓了以下工作：一是组织开展对劳动和社会保障行政执法人员资格认证的培训、考试和发证工作。省、地、市劳动和社会保障部门举办培训班 12 期，培训劳动和社会保障行政执法人员1 400余人，参加安徽省统一考试的有1 809人。通过考试，共有

1 798人领到了行政执法资格证书，合格率达99.4%。二是制定了《安徽省劳动厅法规、规章和规范性文件起草程序规定》，明确规定了对有关劳动和社会保障法规、规章草案等规范性文件稿的审检制度和规范性文件备案制度。1998年，省劳动厅审核有关劳动和社会保障的法规、规章草案和规范性文件稿共99件，报送备案的规范性文件共3件。三是认真做好行政复议案件的审理工作。1998年，省劳动厅收到行政复议申请3份，根据《行政复议条例》的有关规定受理2起，另一起因超过法定申请复议的期限，未予受理。经过认真审理，依法撤销两被申请人作出的处理意见。

【劳动和社会保障监察】 1998年安徽省各级劳动和社会保障监察机构，以贯彻《劳动法》为统领，以“两个确保”为重点，以劳动年审为突破口，坚持依法行政，勤政廉洁，圆满地完成了劳动和社会保障监察目标任务，取得较好的成效：一是机构队伍建设有较大进展。17个地市劳动和社会保障行政部门已有16个建立了专门机构，并有9个地市设立了劳动和社会保障监察大队，共配备专兼职劳动和社会保障监察员1 174人。二是初步形成以劳动年审、专项检查为主要方式的劳动和社会保障监察工作机制。1998年在全省范围内开展了首次劳动年审，共年审企业9 488户，限期整改1 679户，处罚292户。通过年审补签、鉴证劳动合同11.89万份，补发拖欠工资283.91万元；追缴养老保险费2 764.83万元；责令企业与社会保险机构签订缴款计划4 753.38万元；责令企业参加社会保险591户。三是围绕促进“两个确保”中心工作，进一步加大了劳动和保障监察力度。主要做法有三：第一，牢固树立服务意识，创新意识，争先意识。第二，突出重点，以专项监察的方式为实现“两个确保”保驾护航。第三，以劳动年审为突破口，贯彻落实各项劳动标准。

（安徽省劳动厅）

福　建　省

培训就业

【国有企业下岗职工基本生活保障和再就业】 1998年，福建省省委、省政府高度重视国有企业下岗职工基本生活保障和再就业工作，把实施再就业工程列为当年为民办实事项目。全年全省国有企业分流和下岗职工人数为18.01万人，组织再就业培训7.67万人，参加职业指导11.35万人，有12.09万人实现了再就业，再就业率为67.12%。至1998年底，全省有下岗职工的国有企业1 446户全部建立了再就业服务中心（以下简称中心），下岗未就业的3.12万名职工全部进中心并得到基本生活保障。并从省情和加快国有企业改革的要求出发，规定下岗职工进中心时间最长不超过两年，并制定了一系列优惠政策鼓励下岗职工通过多种形式自谋职业和到非公有制企业就业。建立了有多渠道来源的再就业基金，全年共筹集资金2.3亿元，其中财政1.7亿元，社会负担部分3 136.72万元，企业2 248.88万元，有力地保障了下岗职工的基本生活，全省职工队伍稳定。

【劳动力市场建设】 1998年，福建省劳动力市场建设紧紧围绕实施再就业工程，继续完善市场就业机制，加快市场建设步伐，为促进下岗职工再就业提供有效服务。首先，加强建章立制，规范劳动力市场管理。根据省人大颁发的《福建省劳动力市场管理条例》，福建省各级劳动部门加大了劳动力市场管理力度，采取定期清理整顿与不定期开展劳动监察相结合的办法，规范企业用工和职业介绍行为，有效地维护了劳动力市场的正常秩序，促进了下岗职工、失业人员再就业。其次，继续加强劳动力市场硬件建设，建立市场信息网络。当年厦门、漳州、石狮、福清等沿海劳动力流动量大的城市相继建成大型劳动力市场，大大改善了这些地区劳动力市场的服务条件。

【职业培训】 1998年，福建省共有技工学校138所，其中劳动部门办校42所，主管厅局（公司）办校40所，工厂（企业性公司）办校35所，地方城镇集体经济单位办校3所，国务院部委办校4所，社会力量办校14所。现有国家级重点技工学校4所（其中2所为高级技工学校），省部级重点技工学校11所。1998年招收新生18 471名，毕业学生15 951名，截止到1998年底，全省有在校生44 876名。目前技工学校的专业以商业餐旅服务、电子仪器仪表、机械加工、电工电气为主。1998年改革了技工学校招生和就业制度，规范了技校专业设置，加强了技校管理和督导评估制度。为加强技校学生的素质教育，1998年还组织了技校98级学生的政治课统考和计算机文字录入处理、钳工两个工种的技能竞赛。

1998年，福建省就业训练工作紧紧围绕促进就业和再就业这一中心任务，认真贯彻落实《劳动法》和《职业教育法》，进一步明确培训为就业服务的指导思想，全年共组织就业训练18.55万人次。制定落实了全省“3年30万”再就业培训计划。各级政府加大培训经费投入，为下岗职工提供免费培训。1998年共组织11.3万下岗、失业人员参加再就业培训，其中接受职业技能培训6.7万人次，多数地市参加再就业培训计划的下岗职工再就业率在60%以上。在就业训练工作中，就业训练中心职业培训综合基地试点工作取得了积极进展。100%的试点单位兼有了综合性的功能，开展了需求预测、职业培训、职业技能鉴定、职业指导、推荐介绍就业等多项服务工作，在用工需求较多的地市或企业还设需求信息点，推荐学员就业，提高了学员的就业率。在全国重点训练中心评估认定工作中，龙岩、三明、建瓯、福州4所就业训练中心通过全国重点中心的复评认定，厦门市就业训练中心申报全国重点中心的认定。

【农村劳动力有序化转移】 1998年，福建省各级劳动部门积极采取近几年来行之有效的各种措施和办法，如动员60%以上民工留在当地过年、老民工不能携带新民工出来、春节后一个月不招收新民工等，认真落实上级提出的各项政策，平稳地渡过春运期间的民工潮。1998年遭受了历史罕见的洪涝灾害后，为防止出现大量灾区劳动力盲目流入城市，福建沿海主要输入地劳动部门高度重视，成立工作机构，开展宣传和重点监控，清理整顿劳动力市场，保证了福建省就业局势和社会的稳定。全年福建省农村劳动力出省和到本省城镇就业51.02万人，与1997年同期相比减少12.27%。本省农村劳动力和外省劳动力在本省城镇企业就业102.20万人，比1997年同期下降11.11%，全年全省劳动部门共组织劳务输出7.75万人。

社会保险

【养老保险】 截止到1998年12月底，福建省参加基本养老保险的单位1.94万个，参保职工153.15万人。1998年福建省基本养老保险基金总收入为260 951万元，总支出为239 176万元，收支结余为21 775万元，滚存结余为123 792万元。

完成国务院和劳动和社会保障部下达的“奋战7、8、9月，实现‘两个确保’的任务，90%的离退休人员实行了养老金的社会化发放，所有离退休人员按时足额领到养老金。

实现行业统筹转地方管理的平稳过渡，共有49个企业的14.83万名离退休人员基本养老保险统筹关系，移交福建省实行地方管理，移交工作顺利完成。

【失业保险】 1998年1月1日起施行的《福建省企业职工失业保险条例》取消了提取失业保险管理费，失业保险经办机构的经费纳入同级财政预算。同时规定失业保险费的缴费比例由1.5%提高到3%，其中企业按其参加失业保险的全体职工月工资总额的2%，职工个人按其月工资的1%缴纳失业保险费。1998年失业保险基金征收超额完成了全年预定的任务，全年共征收失业保险基金1.35亿元，发放失业救济金6 000多万元，用于保障下岗职工基本生活和促进再就业3 136万元，有效地保障了失业职工的基本生活。

【医疗保险】 1998年，按照福建省委、省政府的部署，福州、南平、三明、龙岩、漳州等5市进行了城镇职工医疗保险改革调研测算，形成了初步方案，全省城镇职工医疗改革工作已形成梯次推进的格局。截止到1998年年底，厦门市参加医改试点的职工达25.4万人，覆盖率达66.5%，基金征缴率达97.48%；累计征收医疗保险基金2.6亿元，支出1.83亿元；莆田市已有1 526个单位、10.5万名职工参加了医疗保险试点，参保率分别为90%和75%，累计征收医疗保险基金2 194.7万元，支出1 981.27万元；7县（市）参加医疗试点的企业为395户、职工2.54万人，离退休人员1.27万人，累计征收医疗保险基金3 010万元，支付医疗待遇2 700万元。试点县市都能做到基金收支平衡，略有结余，取得了阶段性成果，并于1998年12月份成立了福建省医疗保险制度改革领导小组。

【工伤保险】 截止到1998年12月底，福建省共有15 939个企业参加工伤保险，参保职工1 260 374人，1998年工伤保险基金征收8 165万元，工伤保险基金总支出为2 875万元，当年收支结余5 290万元，滚存结余为17 663万元。1998年为1 224名伤残人员和366名职业病患者及986名供养亲属提供医疗和生活保障，取得良好的社会效果，深受企业和职工欢迎。

【生育保险】 截止到1998年12月底，全省有12 081个企业、1 006 283名职工参加了生育保险，1998年生育保险基金收入为3 073万元，生育保险基金总支出2 497万元，收支结余576万元，滚存结余2 750万元。均衡了企业负担，维护了女职工生育的合法权益，促进了福建省计划生育国策的落实。

工资分配

【工资分配】 1998年福建省企业工资管理是以市场为取向，以制度创新为重点，以“限高保低”为主要内容展开的。根据十五大精神，对股份合作制企业的收益分配加强了调研和指导;福建省作为全国工资指导线试点省份，颁发了工资指导线的操作办法，制定了1998年全省企业工资增长指导意见，三明、龙岩、泉州等市向社会公布了企业工资增长指导线；开展了主要工种劳动力市场价格的调查；全面实行了“工资总额使用手册”制度。积极探索建立以工资集体协商为重要形式的企业工资决定机制。加强和完善了国有企业工资总量的管理，强化了企业工资总额同经济效益挂钩，对省属外贸企业实行了工资总额同实现利润挂钩的办法；加强对国有企业经营者工资收入水平的调控，经营者年薪制继续健康试行；国有企业工资内外收入监督检查也已初步形成制度。最低工资标准基本得到落实，职工工资收入得到较大幅度增长。1998年全省企业工资总额达到200.34亿元，比上年增长5.81%，社会平均工资达到8 531元，比上年增长8%，企业职工平均工资达到8 555元，比上年增长6.18%。

劳动关系调整

【劳动关系协调】 1998年，福建省劳动关系调整工作在加强劳动合同管理，不断完善劳动合同制度的同时，重点做好规范国有企业职工下岗分流，依法调整下岗职工劳动关系，促进国有企业深化改革，减员增效。全省共出台规范劳动关系调整的政策性文件34件，提出贯彻省人大、原劳动部有关加强劳动合同管理意见和依法处理国有企业下岗职工劳动关系，解决隐性就业等问题的基本原则，从劳动关系法律基础上维护了用人单位与劳动者的权益，保持劳动关系的和谐稳定。同时妥善地做好军队、武警部队、政法机关办企业脱钩后的劳动关系调整工作，促进了党中央、国务院有关政策的全面贯彻、落实。

【劳动合同制度】 1998年，福建省企业已实行劳动合同制的职工有368.6万人，比1997年增加23万人，合同签订率达92.5%。此外，推行集体合同制度的工作也取得较大进展，全省已签订集体合同的企业11 473户，涉及职工133.1万人。

【劳动争议处理】 1998年福建省劳动争议处理工作紧紧围绕“两个确保”任务的落实，推进企业改革，促进下岗职工再就业，公正、合法、及时处理下岗职工等与用人单位发生的劳动争议案件，快速、妥善处理由劳动争议引发的集体上访、罢工等突发性事件，有效地维护了劳动关系的和谐稳定。全年全省劳动仲裁部门共立案受理劳动争议案件4 109件，比1997年增长11.7%，其中集体劳动争议案件229件，涉及职工14 027人，比1997年分别增长88%和83.9%。全省立案受理的案件结案率95.8%，准确率98%。此外还案外调解劳动争议案件4 536件，比1997年增长28.6%。

法制建设

【劳动立法】 1998年，福建省九届人大常委会第三次会议审议通过了《福建省劳动力市场管理条例》，《条例》在许多方面有新的突破，为推进下岗职工再就业和建立劳动力市场机制，加强劳动用工管理，全面推行劳动预备制度提供了强有力的法律保障。

【劳动监察】 1998年福建省劳动监察工作坚持日常巡查，重点开展国有企业下岗职工基本生活保障和社会保险专项监察，参与“110”社会救助联动和创建“三优”文明窗口活动。全年共监察用人单位3.4万户，每个专职劳动监察员年均监察84户；通过劳动监察补签劳动合同67.2万人，对672户违反劳动法律法规的企业依法予以行政处罚；为7.6万名职工追回被克扣、拖欠的工资2 028万元；为2.85万名职工追回风险抵押金174万元；为37.5万名职工追缴社会保险费4 880万元；参加“110”联动后，共接警1 391件，处警1 363件，受到好评。继续深入开展“学厦门劳动监察大队”活动，全省劳动监察机构实现了创建“三优”文明窗口目标要求，省劳动监察总队、漳州市劳动监察大队、莆田县劳动监察中队、古田县劳动监察中队得到省厅表彰。

信息建设

【局域网建设】 建立了省劳动厅局域网。1997—1998年，省劳动厅投入50多万元在新办公大楼实施了150个节点的AT&T结构化综合布线系统工程，通过3COM快速以太网交换机建立了联接全厅15个处室、厅直属单位的计算机局域网系统，中心服务器采用LHE30 5/133，并已建立了文件资料库，现有各类文件300多篇，资料50多篇；已实现了与劳动部的远程联网和电子邮件的收发。

各地、市劳动部门也开展了办公自动化工作，已采用劳动部的SMIS 4统计软件，在综合统计、安全生产、就业、社会保险、失业保险、培训等领域使用，全面提高了工作效率。

【劳动力市场信息网建设】 截止到1998年底，福建省各中心劳动力市场信息网络建设投资已达280多万元，网络建设初具规模；省和福州、厦门、南平、三明、泉州等地市已配备了服务器，组建了计算机局域网；全省20个中心劳动力市场均已配备了486以上型号计算机；福州、厦门、南平、三明等地市采用劳动部《职业介绍管理信息系统》96版软件或自行开发的职业介绍软件实现与所属县（市）区的计算机联网和信息定时传送；省中心上与中国华东劳动力市场信息网上海中心，下与南平、三明等地市实现联网；已有67个市县（区）在职业介绍前台配备了计算机，大部分已用在日常的职介工作中和下岗职工的录入数据库工作；一些城市已配备了电子大屏幕、计算机触摸屏等设备；目前省级网络上已有各类劳动力供求信息7 000多条，下岗职工求职信息3 000多条；在全省各级网络上工作的专业技术人员20多位。初步形成了全省劳动力市场信息网的框架，为实施“再就业工程”和“民工跨地区流动有序化工程”打下了良好的技术基础。

（福建省劳动厅）

厦　门　市

【概况】　1998年厦门市劳动局紧紧围绕确保国有企业下岗职工基本生活、确保企业离退休人员养老金足额发放（“两个确保”）这项中心工作，积极实施再就业工程，加快劳动力市场建设，完善社会保障体系，帮助困难企业困难职工解困，组织职业技能开发，稳定劳动关系，促进安全生产等，各项工作取得了全面进展。

培训就业

【国有企业下岗职工基本生活保障和再就业】　厦门市委、市政府将建设劳动力市场和培训下岗职工列入1998年为民办实事项目，出台了《关于做好国有企业下岗职工基本生活保障和再就业工作的实施意见》等规范性文件；在企业、企业投资主体和市、区劳动部门建立健全三级再就业服务体系，落实了再就业服务中心正常运作所需资金。截止到1998年底，全市国有企业共成立70个再就业服务中心，下岗分流总人数为9 705人，共分流安置了8 133人，期末尚有下岗未就业人员1 572人。进入再就业服务中心的下岗职工在3年期限内第一、二、三年的基本生活费按照当年度最低失业救济金标准的120％、110％、100％发放。全市共为下岗职工发放基本生活保障金（含帮困金）671.5万元，其中再就业服务中心为他们代缴养老保险费130元/人月、失业保险费30元/人月、医疗保险费100元/人月。

厦门市工商、地税、国税、城管等部门纷纷出台优惠政策，支持下岗职工再就业；市劳动局通过举办“下岗职工再就业专场”、与有关部门联系落实空缺岗位、组织下岗职工集体劳务输出等活动，积极促进下岗、失业人员再就业。开办了电工、调酒师、美容师等30多个工种的培训，对参加培训的下岗职工实施免费培训，完成就业培训13 634人次，其中下岗失业职工培训4 426人次。全市共分流安置了8 133人，分流安置率达到83.8％，其中再就业5 452人，再就业率达56.2％；

【劳动力市场建设】　厦门市加快了劳动力市场建设步伐，劳动力市场大厦已经竣工，并将于1999年投入使用。它集转业培训、职业介绍、再就业服务、社会保险、社会化管理以及外来劳动力管理服务等综合功能于一体。1998年末共有城镇登记失业人员8 933人，登记失业率为1.69％。

【就业服务】　厦门市有职业介绍机构30家，全年介绍求职者就业达17.1万人次，办理用人登记8.43万人次，求职成功5.2万人次。全市共有劳动就业服务企业74家，民办集体企业21家，从业人员8 120人，有效地解决了部分下岗职工再就业问题。办理境外人员就业证400多人次，台、港、澳人员就业200多人次。

【外来劳动力管理】　厦门市从1998年开始，对外来劳动力实行就业前培训、凭证就业制度，全市参加就业前培训的外来劳动力8万余人，发放《外来人员就业证》21.7万多本。由市劳动局及各地劳动部门驻厦劳动服务机构组成的“厦门市外来员工管理服务中心”，对外来劳动力进行跟踪服务管理，深入基层，切实为员工排忧解难。

【解困工作】 1998年厦门市财政安排700万元用于帮困，重点对市国有工交企业中处于停产、半停产及连续两年亏损的企业进行帮困，累计对55家企业帮困，困难职工6 018人，发放帮困金429.6万元；在元旦、春节期间共为下岗特困职工发放40万元慰问金，并拨付了36万多元困难职工转岗培训经费用于帮助促进再就业。

【技校建设】 由厦门市技工学校和机械技校合并而成的厦门市高级技工学校，面向全国考核招聘的校长已经到任，学校即将挂牌。全市技校招生1 296人，完成计划的128.6%。

【劳动预备制度】 全市劳动预备制度开始启动，对城镇未能升学或就业的初中毕业生进行1至3年的职业技术教育培训，高中毕业落第生的劳动预备培训工作正在组织进行当中。

【职业技能开发】 正式批办“办学许可证”培训机构27家，已评估而试办学6家，正在申报5家；继续落实《企业职工培训规定》，推动企业依法建立职业培训制度，共有在职职工6 718人参加等级培训；起草了《厦门市实行技师聘任制的实施意见》；形成了多方办学，多形式、多层次的职业技能培训网络，鉴定工种达16个。继续推行技术等级考核和职业资格证书制度，共设立5家职业技能鉴定机构，全年有3 500多人考取了16个工种各级技术等级证书。

社会保险

【养老保险】 1998年，厦门市参保单位增至4 070余家，参保人数达31.6万多人，其中本市户籍职工13万人，外来员工13.5万人，离退休人员5.1万人；1998年社会保险基金收入4.33亿元，支出4.12亿元，略有结余。目前企业缴费比例下降至17%，个人缴费比例上调到5%，职工补充养老保险参保率达到25%。全市社会保险基金积累达4亿多元，可供支付现有离退休人员13个月的养老金，企业离退休人员养老金已达每人每月平均658元。

【失业保险】 职工失业保险费按厦门市政府公布的全市上年度职工平均工资的3%征集，其中用人单位负担2%，职工个人负担1%；失业救济金的发放标准为市政府公布的当年城市居民最低生活保障标准的120%～150%。全市参加失业保险的职工为16.04万人，当年领取失业救济金的人数为4 683人；1998年度失业保险基金收入1 689万元，支出1 277万元，基金积累2 242万元；月人均失业救济金为316元。

【工伤保险】 厦门市1998年按照行业的工作性质、劳动条件和危险程度，由单位按全市上年度职工月平均工资的0.5%～2%为职工按月缴纳工伤保险费。职工发生因工伤残(亡)或患职业病，由社会保险机构支付其医疗费、伤残补偿金和抚恤金等工伤保险待遇。截至1998年底，参加工伤保险的职工人数为26万人，工伤保险基金收入1 826万元，支出283万元。

【社会化管理服务】 厦门市除一个区外全部实行了市级统筹企业离退休人员养老金银行社会化发放，保障了离退休人员按时足额领取养老金。社会保险服务公司接纳停破产企业职工7 127人，为他们提供代理服务；调整企业离退休人员遗属救济金待遇，共发放980多万元，保障了离退休人员遗属基本生活。

【社会保险基金管理】 1998年厦门市劳动局进行了基金大清查，对企业欠费进行详实的统计，通过劳动年检和企业欠费专项清查，共追回企业历年累计欠款1 502万元，还欠缴金额817万元，21家无力还款的企业已按要求提交了缓缴报告和还款计划。

工资分配

【工资分配】 1998年厦门市劳动局根据全市实际情况，经过认真测算，并与统计、城调、工会、企业家协会等有关部门研究，确定1998—1999年度的企业最低工资标准维持上年标准不变，即市区每人每月380元，同安区为290元。积极探索新形势下工资分配的宏观调控措施，模拟测算企业工资指导线；加强与统计部门的联系，做好劳动工资统计工作，配合国有企业深化内部分配制度改革。

劳动关系调整

【劳动合同制度】 厦门市在1998年内紧紧抓住下岗职工签订进入再就业服务中心协议涉及到劳动合同变更等问题，进一步强化和规范企业劳动合同管理。全市各类企业都已实行劳动合同制，签订劳动合同的职工达46万人，占职工总数的98.2%；积极推行平等协商和签订集体合同制度，目前报经审核而签订集体合同的企业有489家，涉及职工10.6万人。

【劳动争议处理】 厦门市围绕再就业工程的实施和“两个确保”工作，积极拓展办案新思路，在市劳动监察大队、总工会设立派出仲裁庭，在同安区12个镇成立调解委员会，将工作向农村延伸。全年共受理、处理劳动争议案件1 669起，涉及职工人数8 907人；处理集体争议133起，涉及职工7 624人，为职工追讨工资报酬等金额400万元，为企业追偿职工违约金、培训费近100万元，仲裁结案率达100%。

劳动安全卫生

【劳动安全监察】 1998年，厦门市继续实施企业安全管理人员资格认证制度，强化特种作业人员资格认证；加大行政执法力度，全市共检查企业82家；提出隐患整改意见418项，工伤事故调查84起，工伤事故确认261起，伤残鉴定425起；建设项目“三同时”设计审查和竣工验收41项；签发锅炉使用许可证40份，监察锅炉使用情况211台次；签发压力容器使用许可证249份，监察使用情况45台；完成电梯、机梯、起重设备、厂内机动车辆检测1 718台次，特种作业人员安全培训4 000人，普及安全教育5 000多人。

【安全生产】 继续实施安全生产目标管理责任制度，配合厦门市春运办、铁路道口办、建委、经发委、交通委、公安交警支队等安全部门开展大检查，帮助协调建立乡村船舶安全管理责任制。全年工伤事故发生84起，死亡26人，重伤58人，分别比去年同期下降6.9%、14.28%、14.71%，千人死亡率稳定在0.1左右，其中工交系统的工伤事故死亡人数下降38.46%，事故重伤人数下降16.67%，矿山死亡事故的人数也比去年同期下降28.57%，安全生产形势稳定。

法制建设

【劳动立法】 厦门市充分利用立法权优势和再就业工程实施的有利时机，将一批有特区特色的，与《劳动法》相配套、有利当前工作开展的地方性法规、规章列入立法范畴，如《厦门市劳动管理规定》《厦门市职工养老保险条例》，并积极筹划《厦门市处理国有企业下岗职工劳动关系办法》《厦门市外来务工人员社会保险暂行规定》《厦门市实行技师评聘制的实施意见》，同时出台了《厦门市劳动力市场管理暂行规定》《厦门市再就业资金使用管理办法》，以及厦门市贯彻《国务院关于建立统一的企业职工基本养老保险制度的决定》的措施等，并印发了数万份劳动法规进行宣传。

【劳动监察】 厦门市劳动监察机构比较健全，全市共有专兼职监察员62人。从1998年6月1日起，劳动监察机构参加全市“110”社会联动，成立组织机构和应急小组，实行24小时值班。通过开展全面检查、重点抽查、举报专查以及劳动用工大检查、劳动监察执法期活动等多种形式的劳动监察，共检查企业4 622家(次)，受理群众投诉举报2 035起，处理招工诈骗案18起，处理突发事件106起，督促企业补交社会保险费1 323万多元，为职工追回被拖欠和克扣的工资948万多元，“110”接警56起，结案率达100%。

其他工作

【劳动宣传】 突出“两个确保”和再就业工作，中央电视台对厦门社会保险社会化发放进行多次宣传；与《特区工人报》联合推出《再就业导刊》，并配合厦门新闻媒介进行宣传。紧紧围绕再就业工程的实施和劳动保障制度改革进行研究，劳动学会组织三次研讨活动。

（厦门市劳动局）

江西省

【概况】 1998年，江西省在实现确保国有企业下岗职工基本生活、确保企业离退休人员养老金按时足额发放（即“两个确保”）和推进劳动和社会保障制度改革等方面取得了明显成效。据统计，截止到1998年底，全省国有企业下岗职工累计63.69万人，占职工总数的31.58%，其中已分流安置39.02万人，再就业率为61.26%；全省参加基本养老保险的职工201.4万人，参加失业保险人数为182万人，基本养老保险基金收缴率为93.7%；全省已有劳动合同制职工357.1万人，占职工总数的86.8%；全年共招收技工学校新生1.6万人，为各行业输送毕业生2.3万多人；全省县以上企业因工死亡人数为194人，其中，矿山企业发生伤亡事故53起，死亡92人，非矿山企业共发生伤亡事故198起，死亡102人；如期完成了行业统筹向地方移交工作，江西省原行业统筹的8个行业、26个单位在1998年8月底前全部纳入了地方管理，并从9月份起按时足额给离退休人员发放养老金。一年来，尽管江西省劳动工作取得了一定成绩，实现了年初的目标任务，但也存在一些问题：一是做好“两个确保”工作办法还不多；二是有关部门的协调工作力度还不够大；三是在工作中抓思想建设与抓业务建设还不够平衡；四是在反腐倡廉、廉洁自律方面任重道远；五是由于忙于处理日常事务，下基层调研时间较少等。

培训就业

【国有企业下岗职工基本生活保障和再就业】 江西省、地（市）、县（区）三级均成立了以政府主要领导任组长，劳动、经贸委、财政等部门参加的国有企业下岗职工基本生活保障和再就业工作领导小组，并结合全省实际，制定下发了《江西省委、省政府关于切实做好国有企业下岗职工基本生活保障和再就业工作的通知》，对保障下岗职工基本生活费的来源和下岗职工实现再就业应享受的优惠政策等方面作了明文规定。各地也相应出台了有关办法与措施，并按照“三三制”的原则，积极采取措施，通过多种渠道筹措资金，以保障国有企业下岗职工基本生活费的发放。在推行再就业工作中，江西省充分发挥政府、企业、社会和劳动者多方面的积极性，综合运用为下岗职工免费进行转岗转业培训等政策扶持和多种就业服务手段，在立足企业自身，利用现有场地、设备开辟新的生产经营门路，促进下岗职工再就业以及鼓励下岗职工从事社区服务、自谋职业的同时，鼓励下岗职工到农村开荒种地发展种、养殖、加工等立体农业，走出一条符合省情的再就业路子。目前，一个“企业为主，个人自主，社会扶持，政策保障”的促进下岗职工再就业工作运行机制正在形成。据统计，1998年江西省国有企业下岗职工总数为43.86万人，共分流安置下岗职工19.19万人，再就业率为43.75%；全省已建立下岗职工再就业服务中心5 258个，占应建立再就业服务中心的96.8%；

年末未实现再就业的下岗职工24.67万人已进入了再就业服务中心，其中领取《下岗证》享受优惠政策的2.27万人，签订保障基本生活和再就业协议并领取了生活费的22.4万人，占未实现再就业的下岗职工总数90.79%。

【城镇就业】 1998年江西省各级劳动部门大力发展和完善劳动力市场，努力拓宽就业渠道，扩大就业门路，全面促进劳动者就业。到1998年底，全省通过各种途径共安置城镇就业16.96万人，完成年计划的121%，年末城镇登记失业率控制在3.5%以内。

【在职培训】 江西省各地坚持培训为就业服务的指导思想，以市场需求为导向，积极开展企业职工培训、转业转岗培训和社会力量办职业培训，推进职业培训市场化进程，全年共培训各类人员50万人次。同时根据《职业教育法》《社会力量办学条例》，进一步加大了社会力量办职业培训的管理力度，开展培训机构的更名、办学许可证的核发和检查评估工作，共撤消不合格培训机构100多家。全省各级劳动行政部门共批准成立425家社会职业培训机构，企事业单位内设培训机构600多家，进行了职业培训机构教师上岗资格认定工作，全年累计核发《教师上岗资格证》1195个。

【农村剩余劳动力转移】 江西省制定了全省劳务输出计划并分解落实到各地，将农村劳动力的流动纳入有序化轨道。进一步加强了省劳动厅驻外劳务管理机构建设，制定年审考核办法，并对驻外机构进行了年审考评；根据灾区的实际情况，积极采取措施，使灾区的劳动力流动就业工作有序进行；认真做好1998年春运期间组织民工有序流动工作，被江西省春运领导小组评为“春运工作先进单位”。到1998年年底，江西省在外务工人员达到278万人，完成年计划的139%，其中劳动部门组织输出24万人，占年计划120%。

【境外人员在赣就业】 严格执行国务院四部委关于《外国人在中国就业管理规定》，全年共办理外国人在赣就业证104个，港、澳、台人员就业证23个，对外籍来华工作人员，严格审查，同时又积极为企业及外籍工作人员提供政策咨询服务，提高办事效率，受到企业及外籍人员的好评。

【职业介绍】 继续贯彻落实《江西省劳动力市场管理条例》，加强了职业介绍机构规范管理和政策指导，组织开展了全省职业介绍机构的清理整顿，查处了一批不规范民办职业介绍所，并责令限期整顿，保持了职业介绍的良好秩序，维护了企业和求职者的合法权益。

【劳动就业服务企业】 江西省围绕再就业工程这一中心任务，不断调整思路，探索市场经济条件下劳服企业管理的新办法，完善服务手段。1998年对全省劳服企业进行了清产核资工作；圆满完成了1997年度全省劳服企业先进集体、先进个人的评比、表彰工作，共评出十佳企业10个，先进集体43个，先进个人66名；进一步加强了劳服企业质量管理，江西省有2个QC小组获得原劳动部一等奖。据统计，1998年全省劳服企业产值达29.33亿元，利税达2.26亿元。

【就业训练】 全省充分发挥各级劳动就业服务机构的就业训练中心的作用，积极开展城镇新成长的劳动力和农村剩余劳动力的职业技能培训，1998年共培训结业15万人。根据劳动和社会保障部“三年千万”计划，制定了“江西省再就业培训计划”，组织了全省的再就业培训工作，1998年共免费培训下岗职工8万人。积极开展了全省就业训练中心教师资格认定工作，通过审批、认定，全省第一批共120余名专职教师获得高、中、初级资格证书。加强了对民办就业训练机构的管理，发布了《对民办就业训练机构实行许可证管理的通知》，撤销了22家原审批的办学单位，重新审批了6家办学单位，并为2 000多毕业学员进行了考核、发证。

【劳动预备制】 江西省继在南昌市和赣州、上饶地区开展劳动预备制度试点之后，1998年又扩大到抚州地区，并组织抚州地区等6所技术学校制定出“综合性职业培训基地实施方案”，并报劳动和社会保障部批准，将这6所技校作为江西省综合性职业培训基地的试点单位。1998年度实施劳动预备制度在校生为1.5万人。

【技工学校】 1998年江西省技校的招生和就业工作，面对企业改革不断深化，下岗人员增多，中专、职高招生进一步放开的严峻形势，采取有力措施，在激烈的市场竞争中实现两个转变。一是由技术理论型向实际操作型转变；二是由省内向省外劳务市场接轨转变。1998年共招收新生1.6万人，为各行业输送毕业生2.3万人。江西省兵器技工学校等6所技校被评为全国重点技工学校。

【师资队伍建设】 进一步加强了技工学校师资队伍的建设，进行了技校教师职称评聘工作，评审通过具备高级职务任职资格的有33人，具备中级职务任职资格的有112人。

【职业技能鉴定】 切实加强了职业技能鉴定的基础性建设，制定出台了职业技能鉴定所（站）、考评员、试题库和质量督导员工作管理办法和实施细则；积极做好职业技能开发教材、题库等基础建设，完成了《现代科学技术基础知识》《职业道德》系列教材和车、钳、电工等13个工种考试指南的编写；承担了8个工种国家题库和服装设计定制工等26个工种的省题库开发；积极开展了全国计算机及信息高新技术培训考试及推销员、秘书等新职业全国统一职业资格鉴定工作。全省有1 025人参加了计算机及信息高新技术考试，4 000多人参加了推销员和秘书资格的全国统考。全省已建立省、地、市职业技能鉴定中心10个，职业技能鉴定所（站）304个，考评员1 803人。引导各地对私营企业、个体工商户从业人员开展职业技能鉴定考核，并将鉴定工作向乡、镇延伸。

【职业技能竞赛】 继续组织开展了全省“双证制”和高级工统考，全省有5.6万名职业学校和大、中专毕业生参加了“双证制”统一职业技能鉴定，参加高级工统考人员8 000多人。全省参加职业技能鉴定的14万人，获得技术等级证书的有10万人，考评技师1 425人，高级技师62人；在电子、医疗、冶金、技术监督、推销等行业开展了技术工种持证上岗工作；认真做好了优秀技工评选、推荐和表彰工作，两人获1998年度“全国技术能手”称号；省劳动厅分别会同共青团江西省委和省总工会开展了全省（杰出）青年岗位能手、优秀师徒及导师带徒评选表彰和“全省十大能工巧匠”评选活动。

社会保险

【养老保险】 江西省区别不同情况、不同类型对下岗职工的养老保险工作进行了规范管理，同时在调查研究的基础上制定了切实可行的办法，出台有关政策，扩大基本养老保险覆盖范围，集中力量狠抓了基本养老保险基金征缴工作。到1998年底，全省有201.4万名城镇从业人员参加了基本养老保险；全省共征缴基本养老保险基金17.46亿元，比1997年增长了10.8%，收缴率为93.7%，扣除补收历年欠缴10 105万元因素，当年收缴率为88.26%，同比增长3.6个百分点；认真做好了江西省城镇企业职工基本养老保险制度向全国统一方案并轨的研制工作；完善退休审批制度，积极查处打击虚报冒领养老金行为；圆满完成了1998年对有压锭任务的纺织企业职工提前退休审批工作。在行业统筹移交地方工作上，省劳动厅与省财政厅联合成立了江西省基本养老保险行业统筹移交地方管理工作接收小组，并抽调有关人员，具体负责行业统筹移交地方管理工作，涉及的8个行业、26个单位在8月底以前全部纳入地方管理，参保的在职职工335 435人。135 247名离退休人员从9月份起，按时足额发放了养老金。

【失业保险】 经江西省人大审议通过了《关于调整失业保险基金缴费比例的通知》，规定从1998年7月份起将失业保险基金缴费比例由职工工资总额的1%提高到3%，其中企业承担2%，职工个人承担1%；进一步扩大了失业保险的覆盖范围，加大失业保险收缴力度，提高收缴率，全省累计参加失业保险的单位19 172个，参保人数182万人，全年收缴失业保险金7 591万元，接纳了失业职工2.89万名，为

2.54万名失业职工发放救济金1 327万元，安置了2.53万名失业职工就业。

【医疗保险】 江西省认真贯彻全国医疗保险制度改革工作会议精神，成立了专门机构，初步制定了工作方案。在继续抓好医疗保险改革试点的同时，积极稳妥地推进大病医疗保险费用社会统筹。到1998年底，全省71个县(市)开展了企业职工医疗保障制度改革和大病医疗费用社会统筹，参保人数58.8万人，收缴医疗保险金7 298.3万元，比1997年增长了48.2%。

【工伤保险】 到1998年底，江西省共有97个县市实行了工伤保险费用统筹，参保职工152万人，收缴工伤保险费4 487万元，比1997年增长了11.2%。全省11个地市中有8个地市实行了工伤保险地市级统筹。同时为配合工伤保险制度改革，进一步充实了劳动鉴定队伍，完善工作程序，推行伤残等级国家标准，做好工伤认定、伤残评定以及待遇支付的争议处理工作。全省共鉴定伤病职工近1 200人。

【生育保险】 江西省有94个县市实行了生育保险费用统筹，参保职工140.1万人，收缴生育保险费3 281.3万元，比1997年增长了17.9%，7个地市实行了地市级统筹。

【社会保险基金管理】 江西省1998年在全省范围内开展了对社会保险基金的全面清查，通过清查掌握了全省“两金”违纪问题的全面情况，并对违纪金额的回收和纠正进行布置；会同财政、银行等部门转发了财政部、原劳动部等四家联合下发的《关于印发企业职工基本养老保险基金实行收支两条线管理暂行规定的通知》，清理并规范了基金存款管理，做好了基本养老保险基金实行收支两条线管理的前期准备工作。

工资分配

【工资分配】 制定并下发了《关于改制企业的工资总额管理的通知》，初步建立了适应市场经济需要的改制企业工资总额调控机制；进一步加大了工资基金管理力度，工资基金管理覆盖面达到60%以上，比1997年同期提高20个百分点，中央、省属企业全部建立了工资基金管理制度；改进和完善了工效挂钩办法，全省实行工效挂钩企业6 905户，职工178.5万人，挂钩职工占职工总数的98.2%。继续开展了劳动和社会保障部在江西省进行的工资指导线试点的准备工作，研究提出了《江西省工资指导线制度试行办法》《江西省1998年企业工资指导线》。加大了对企业工资内外收入监督检查的力度，1998年全省自查企业达90%，主管部门复查企业面为60%，各级监督检查机构对20%的企业进行了重点抽查。继续推行了以岗位技能工资为主要形式的内部分配制度改革，全省实行岗位技能工资制的企业为2 398户，职工101.96万人。继续推进了国有企业经营者年薪制试点工作，研究提出了企业经营者实行年薪制后党委书记待遇的确定办法，较好地解决了党企关系问题。全省试行经营者年薪制的国有企业达120户，其中1998年新增13户。

劳动关系调整

【劳动关系协调】 江西省在城镇企业实行劳动合同制度基本完善的基础上，重点加大了在乡镇、农垦、外资、私营、个体工商户等非国有企业和用人单位实行劳动合同制度的力度，全面推行劳动合同制度工作取得了很大进展。到1998年底，全省已签订劳动合同的职工357.1万人，占全省职工总数的86.8%，其中城镇职工300.2万人，占应签订劳动合同总数的96.2%；非国有经济单位职工56.9万人，占应签订劳动合同职工总数的70%；国有企业职工296.5万人，占应签订劳动合同职工总数的98.1%；全省已签订集体合同的企业数达到了2 203户，比1997年增长了10.6%。

【劳动争议处理】 江西省各级劳动仲裁部门进一步贯彻“重在源头、重在基层、重在调整、重在执行”的方针，健全和完善了“三方机制”，充分发挥工会和经贸委的作用，严格遵守三方原则，定期召开仲裁委员会会议，遇到重大、复杂劳动争议案件，坚持三方办案原则集体会审，保障了案件的准确公正裁决。同时在办案过程中进一步规范了办案制度，完善了仲裁员、仲裁庭制度，推行了当事人举证和仲裁庭协助举证的做法，提高了办案质量和效率，赢得了当事人双方的一致好评。1998 年全省共受理劳动争议案件 744 起，结案 717 起，结案率为 96.37%。

劳动安全卫生

【职业安全监察】 1998 年，江西省在职业安全监察上做了以下工作：(1) 重点强化对建筑、化工、易爆、易燃企业的全面安全监察，使这些行业的伤亡事故得到有效控制。(2)“三同时”监察不断发展。1998 年参与建筑工程项目“三同时”可行性论证 1 项，初步设计审查 5 项，竣工验收 20 项，劳动安全卫生评审 1 项，索道运营安全资格认可预审 1 项。(3) 加强了全省电梯、起重机械制造、安装修理单位的管理工作，对 39 家申请特种设备制造、生产单位安全资格进行了考核换（发）证。继续实施对电梯、起重机械、厂内机动车辆定期检验制度，在用电梯年检率 100%，在用起重机年检率 85%，厂内机动车辆年检率 80%。(4) 加强对各旅游景点客运索道的安全管理，及时派出有关人员，对庐山三叠泉高架电力机车“5·12”事故现场进行检测检验，查找事故原因，提出了处理意见。对省内已投入运行的四条索道进行了复检；及时查找隐患，保证了安全运行。(5) 强化对特种作业人员上岗资格持证情况的检查。全省对特种作业人员上岗培训5 180人，复审换证3 200人，抽查特种作业人员上岗企业数和人数分别完成 10%。(6) 认真做好了女工、未成年工劳动保护监察工作。(7) 制定并颁布实施了《江西省实施注册安全主任制度办法》。

【锅炉压力容器安全监察】 1998 年，江西省制定颁布了《E2 级（含常压）锅炉制造许可证条件》《压力容器、压力管道安装修理单位资格认可与管理暂行办法》;加强了产品安全质量监督检查，促进受检产品质量稳步提高，驻厂监检覆盖率达到 100%；稳步做好在用设备的检验工作，共检验锅炉 3 936 台，定检率 95.86%，压力容器4 335台，定检率 92%；认真做好锅炉压力容器制造、安装单位的资格审查工作，压力容器 BR1 级制造许可证换证 10 家，锅炉安装单位发证 3 家，换证 18 家，新装医用氧舱验收 4 台；开展锅炉压力容器相关人员培训考核发证工作，R2 级压力容器检验员换证 87 人、气瓶检验员换发证 57 人、焊工换发证 407 人、司炉工换发证 919 人、无损检测换发证 289 个。

【矿山安全卫生监察】 1998 年，江西省进一步加强现场预防性监察，全省共对 8 个国有矿山、1 340多个乡镇矿山进行了预防性监察，对重大隐患下达了整改意见通知书，并对事故隐患整改进行了跟踪、督促、落实；认真执行安全卫生设施“三同时”制度，通过了德兴铜矿三期工程验收，开展了 721 矿医用胶布厂初步设计审查，审查考核了1 325个乡镇矿山，符合条件发证的 125 个，提请政府关闭了不具备基本生产条件的乡镇矿山 440 个，正在整改的 760 个；加强矿山施工队伍的安全资格审查，全年共审查本省施工队伍 8 个，考核发证 7 个，审查登记外省来江西省施工队伍 5 支；进一步开展矿山呼吸性粉尘监测和粉尘危害治理工作，督促企业开展粉尘治理，降低粉尘危害。

【重大事故查处】 1998 年，江西省安委会会同有关部门对全省工矿企业发生的一次死亡 10 人以上共 15 起重大事故（含 1998 年以前发生的重大事故）进行了认真查处。截止到 1998 年底，有 3 起重大事故已结案，4 起重大事故完成复核并报省政府待审定结案，其余 8 起重大事故正在抓紧复核中。

法制建设

【劳动立法】 建立了地、市、县（区）劳动法制综合管理队伍，健全了全省劳动行政执法监督工作网络；研究制定了《江西省 1998—2002 年劳动立法规划》，提出了《江西省社会保险基金征缴条例》《江西省职业技能鉴定条例》《江西省劳动合同条例》等立法项目的初步方案；指导各地、各部门组织开展了《劳动法》颁布 4 周年劳动法规宣传周活动；组织开展了“三五”普法知识考核，全省参加全国劳动和社会保障系统“三五”普法劳动专业法知识考试人员达 2.5 万余人。

【劳动监察】 进一步健全了劳动监察机构，全省共有各级劳动监察机构 112 个，组建率 100%，其中专职机构 49 个，专职劳动监察员1 229人，县（市、区）级劳动监察专门机构组建率比 1997 年提高 10%，全省专职劳动监察员人数比 1997 年增长 10%；全省各地认真按照劳动监察“三优”文明窗口的要求，多次公布举报电话，认真对待群众举报，对严重违法的举报案件及时立案，认真查处。全省各级劳动监察机构共接待群众举报案件3 381起，做到了 100%受理，其中立案2 768起，结案2 654起，结案率为 95.88%；全省专职监察员主动监察用人单位1 600家，完成了全年任务的 100%。

【执法监督】 开展了对用人单位工资支付及民工流动就业情况的大检查。全省共检查单位5 003户，涉及民工 27.87 万人，为民工追回拖欠克扣工资 26.3 万元，清退收缴民工风险抵押金 15.7 万元；认真做好了劳动用工年检工作，年检范围从国有企业扩大到《劳动法》规定的所有对象。全省共对8 200家企业进行了用工年检，合格的为7 200家，合格率为 87.8%，对未通过的1 000家下达了限期整改通知书；加强了劳动和社会保障监察工作，全省共抽调3 543人对全省4 180家企业进行了检查，检查企业职工人数 49.16 万人。据统计，这次执法检查新增参保企业 183 家，新增企业缴纳两项基金 436 万元，补缴养老保险基金金额1 797万元，补缴失业保险金额 18.1 万元。

（江西省劳动厅）

山 东 省

【概况】 1998年，山东省各级劳动部门认真贯彻党的十五大和中央再就业会议精神，以确保国有企业下岗职工基本生活、确保企业离退休人员养老金按时足额发放（即“两个确保”），促进下岗职工再就业和社会保险制度改革为重点，积极开展各项劳动工作。“两个确保”基本落实到位，下岗职工再就业率超过全国平均水平10.6个百分点；养老保险行业统筹移交地方管理工作顺利完成，省级统筹也即将实现，各类保险的覆盖面有了不同程度的扩大；劳动法制建设不断完善，劳动监察和劳动争议处理机制正向规范化、制度化迈进；劳动领域宏观调控体系进一步健全，企业职工工资保持适度增长；职业技能开发工作得到加强，技工学校的招生数量在全国居于首位，积极开展技能培训和鉴定考核工作，使大中型企业职工持证上岗率进一步提高；加大劳动安全监察力度，保持了安全生产形势的稳定。

培训就业

【国有企业下岗职工基本生活保障和再就业】 山东省委、省政府把“两个确保”作为“一把手”工程，列入头等大事来抓。采取了有效措施筹集资金，保证发放；拓宽就业门路，使“两个确保”基本得到落实。到1998年底，全省有下岗职工的6 847户企业全部建立了再就业服务中心，下岗职工进入中心的人数为28.3万人，占下岗职工总数的99.3%，到1998年底，共有45.8万名下岗职工实现再就业，再就业率达到60.6%。为确保下岗职工基本生活，按照“三三制”的原则，全年共筹集资金8.2亿元，发放5亿元，其中：省级财政筹集1.5亿元，市县级财政筹集2.29亿元，占46.2%；社会筹集2.67亿元，占32.6%；企业筹集资金1.74亿元，占21.2%。

【就业与再就业】 1998年，山东省通过大力发展非国有经济和第三产业，落实各项优惠政策，加大宣传力度，拓宽了就业和再就业渠道，保持了山东省就业局势的稳定。到1998年底，安置城镇失业人员22万人，城镇登记失业率为3.4%。社区服务业蓬勃兴起，各类社区服务组织已达3.2万个，其中安置下岗职工25.2万人。大力培植骨干劳动就业服务企业，推行改制试点，在企业规模、经济效益的提高和就业岗位的开发上下功夫，使劳服企业有了新的发展。到年底，劳服企业已达7 000多户，从业人员39万人，其中，骨干企业90多户，当年新办企业800多户，安置各类人员6.7万人，实现利税13.1亿元。劳动力市场现代化、规范化建设成效明显，职业介绍的成功率有新的提高，全年有72.11万人通过职业介绍机构进行求职登记，介绍成功57.67万人，成功率为80%。开展职业援助日活动，为下岗职工再就业创造条件，通过这项活动，为2 000多名职工推荐了800多家用人单位。扩大劳动预备制度试点范围，有7个市地被列为国家级劳动预备制度试点城市，其他市地也按照要求积极开展工作，到年底，共有6.8万人参加了劳动预备制度培训。加强对农村劳动力流动的管理，建立城乡劳动服务站1 324个，纳入劳动部门管理的外来劳动力达到32万人，全年共输出劳务65万人，其中劳动部门有组织地输出 32 万人。

【职业培训】 1998 年，山东省改革技工学校招生和毕业生就业制度，拓宽招生和学生就业渠道，1998 年全省技工学校共招生 5.6 万人，在校生 18.7 万人，向社会输送毕业生 5.9 万人；开展重点技工学校评估工作，改善办学条件，提高教学质量，已有省级重点技校 57 所，国家级重点技校 23 所，在全国均居第一位。职业资格证书制度逐步健全，按照合理布局的原则，1998 年新建职业技能鉴定所 50 个，有 17.5 万人参加了鉴定考核，15 万人获得了技术等级证书，评聘技师4 450人，高级技师 524 人；健全职业资格证书管理制度，发证工作全部实行了计算机管理，到 1998 年底，大中型企业职工持证上岗率达到 48%。在广泛开展群众性岗位技术练兵活动的基础上，机械、纺织、医药等行业举办了省级技能竞赛，经评审，评出了 64 名山东省技术能手，在全国技能竞赛中，有 1 人获得“中华技能大奖”，5 人获得“全国技术能手”荣誉称号。

社会保险

【养老保险】 山东省的养老保险行业统筹移交地方管理工作如期完成，养老基金全额缴拨和养老金社会化发放程度不断提高。

按照国家关于行业统筹移交地方管理的部署和要求，对驻鲁的 10 个行业的 40 个统筹单位逐个进行了交接，共接收 94 万名在职职工，31.3 万名离退休人员，移交后，本着“摸清底数，理顺关系，平稳衔接”的指导思想，对新增退休人员进行审查，并建立健全了离退休人员审批制度，离退休人员审批工作逐步走上正轨。统一企业职工基本养老保险制度工作取得较大进展。已有 13 个市地达到了国务院企业缴费比例控制在 20%（含 20%）以下的要求，个人缴费比例全省平均为 4.1%。为了更好地发挥社会保险的基金调剂功能，使养老保险基金能够实现更大范围的余缺调剂，确保养老金的按时足额发放，在经过认真调查测算和反复研究论证后，制定了实施办法，在全省范围内建立基本养老保险省级调剂金制度，使原有的社会养老保险统筹层次得以提高。在养老金发放方面，做到了组织、人员、任务、目标四落实，综合运用行政、经济、法律手段和舆论监督，加大养老保险基金的征缴、清欠工作力度，做到了离退休人员养老金按时足额发放。1998 年共支付离退休人员养老金 62.9 亿元。下半年，全省 17 个市地连续 6 个月做到了养老金按时足额发放，没有出现新的拖欠，累计补发养老金 1.5 亿元，占应补发额的 69%，累计给89 607人补发了养老金，占 6 月底前拖欠人数的 84%，到年底，17 个市地中有 14 个已无任何拖欠。

基金管理基本实现了收支两条线管理，初步形成了劳动和社会保障部门、财政部门和银行相互监督、相互制约的机制。到 1998 年底，基本养老保险基金滚存结余 40.5 亿元，其中：地方结余 39.1 亿元，行业结余 1.4 亿元，除留两个月的支付费用和已认购的国家债券外，已全部存入专户；养老金社会化发放工作进展顺利，有 164 个社会保险经办机构对 81 万离退休人员的养老金实行了社会化发放，养老金社会化发放率已达 77%。为了防止因差额缴拨引起的种种弊端，在差额改全额方面做了大量的工作，到年底，有 145 个社会保险经办机构实行了全额缴拨。

基本养老保险的覆盖面进一步扩大。本着“先纳入，后调整，低标准准入”的原则，扩大养老保险覆盖面。参加养老保险社会统筹的人员有 580 万人，其中个体、私营、外商投资企业职工达 21.6 万人，基本养老保险覆盖面达到 89%，其中，国有和集体企业基本养老保险覆盖面达到 98%，其他所有制形式企业的养老保险覆盖面也有了一定的扩大。

【失业保险】 加快失业保险制度改革，提高了失业保险费的缴纳比例，扩大了失业保险覆盖范围。从 1998 年 7 月 1 日起，山东省失业保险费的缴纳比例由原来按企业职工工资总额 1%提高到 3%。全年收缴失业保险费 4 亿元，比 1997 年增长 15%。调整支出结构，扩大覆盖面，增加了用于失业下岗职工生活保障和再就业的资金，到年底，共支出失业保险基金3.9亿元。

【医疗保险】 山东省的医疗保险制度改革试点工作继续深入，根据国务院、劳动和社会保障部的部署，结合山东省实际情况，实行社会统筹与个人账户相结合的办法，具体运作为“三金”模式，即个人账户金、企业调剂金和社会统筹金。到年底，已在13个市地、55个县（市、区）进行了医改试点，224万名职工参加了这项改革。

【工伤、生育保险】 山东省工伤、生育保险费用社会统筹进展顺利。到1998年底，14个市地的69个县市区实行了工伤保险费用社会统筹，参加统筹的职工人数达227.4万人，社会保险机构支付工伤保险费用2 233万元；13个市地的90个县市区实行了生育保险费用社会统筹，参加统筹的职工人数达241万人，全年享受生育保险待遇的女职工有30 467人。

【农村养老保险】 山东省的农村社会养老保险在规范化管理中稳步发展。1998年集中力量抓好机构队伍建设、基金管理、业务操作等工作，到年底，全省参保农民达到1 340万人，约占适龄参保对象的38%，收取保险费22.62亿元（其中1998年收取2亿多元），保险基金积累总额为29.64亿元，有13.34万人开始领取养老金，累计发放养老金5028.8万元。

工资分配

【工资分配】 在山东省，市场机制对工资分配的调节逐渐增强，职工工资保持适度增长。

对企业继续坚持并不断完善工效挂钩、工资总额包干等总量调控办法，指导企业进一步推行以岗位技能工资制为主要内容的多种分配方式。实行工效挂钩的地方企业达12 885户，职工348.7万人；实行岗位技能工资制的企业达20 404户，职工410万人。修改完善了企业工资指导线和经营者年薪制试点意见，为下一步全面推行奠定了基础，企业最低工资保障制度进一步健全。1998年，山东省城镇职工工资总额（含离岗职工生活费）为590.1亿元，比1997年增加9.7亿元；职工平均工资6 372元（在岗职工6 854元），比1997年增长2.1%，剔除城镇居民消费价格总指数，工资总额和平均工资分别增长2%和2.4%。同期，地方属企业职工平均工资为5 257元，增长3.9%。

劳动关系调整

【劳动合同制度】 1998年，山东省把巩固和完善劳动合同制度作为调整劳动关系的主要内容来抓，通过劳动合同确定劳动关系，明确劳动关系双方的权利和义务，已被绝大多数企业和职工理解和接受。到1998年底，全省国有和县以上集体企业签订劳动合同的职工人数达632.95万人，占该类企业职工总数的99.04%；乡镇、私营企业签订劳动合同的人数分别已达143.76万人和27.73万人，分别占该类企业从业人数的95.1%和91.7%。

【劳动监察】 山东省已建立起了较为健全的劳动监察网络，省、市（地）、县（市、区）都成立了劳动监察机构，共配备劳动监察人员1 309名。一年来，围绕劳动部门中心工作大力开展劳动年检和执法监察。劳动年检范围不断扩大，部分市地还把乡镇、私营、外资企业纳入了年检的范围，一年中共对20 543户企业进行了年检，对年检中发现的一些违法问题及时进行了纠正。通过开展执法检查，督促劳动关系双方补签劳动合同23.7万份，企业补发无故拖欠职工的工资4 212万元，清退集资押金3 008万元，有效地维护了劳动关系双方的合法权益。

【劳动争议处理】 劳动争议处理制度进一步完善。山东省针对劳动争议案件不断上升的新情况，各级仲裁机构在总结办案的基础上，试行简易办案程序，以提高办案质量和效率。1998年，各级仲裁委员会共立案受理劳动争议6 035件，比1997年同期增长39%，其中已审理结案5 716件，结案率为91%。此外，案外调解2 457

件。积极做好集体合同的审查工作，各级仲裁机构在协调工会指导企业通过集体协商签订集体合同的同时，把好集体合同的审查关，对不合规定的及时予以纠正。一年中，共审查集体合同3 100多份，纠正有违法内容的集体合同100 多份。

劳动安全卫生

【劳动安全卫生】 山东省继续贯彻“安全第一、预防为主”的方针，进一步落实了安全生产责任制，安全生产管理制度和操作程序逐步健全。针对不同时期的安全生产特点，开展了春季、夏季、汛期和鞭炮安全生产大检查，发现和清除了大量的事故隐患。职业安全卫生、矿山安全卫生及锅炉压力容器安全监察工作都得到加强。1998 年共发生各类生产事故35 500多起，死亡7 300多人，伤15 000多人。除交通事故上升外，其他生产事故较 1997 年均有明显减少，杜绝了死亡 10 人以上特大事故的发生，企业的安全生产状况有所改善。

法制建设

【法制建设】 1998 年，《山东省劳动力市场管理条例》经山东省九届人大五次会议审议通过。该条例的发布，对规范和发展劳动力市场起到了重要的作用；有立法权的济南、青岛、淄博等市积极争取有关部门的配合和支持，提请市人大出台了地方性法规，无立法权的市地也围绕“两个确保”和社会保险制度改革，出台了一批规范性文件，为加快山东省的劳动制度改革起到了重要作用。行政执法监督工作从无到有，初步打开了工作局面，先后建立了听证制度、劳动行政案件分析统计上报制度等，统一了行政处罚法律文书，完善了劳动行政执法监督程序。继续深入开展普法工作，一年中有5 万多人次先后参加了普法培训和考核。

信息建设

【信息建设】 山东省的信息建设发展迅速。在社会保险信息建设方面，为更好地为在职职工和离退休人员服务，开发了“山东省社会保险管理信息系统”，系统包括三级（即省级、市地级和县区级）应用子系统，三级之间通过广域网连接，与银行、医院、企业通过电话线连接，通过电话语音查询、触摸屏查询、Internet查询为广大职工提供信息服务。该系统获得山东省科技进步二等奖，到年底，已在山东省内推广到 17 个市地、80 多个县区。计算机建设初具规模，计算机设备总投资达到4 000多万元。

（山东省劳动和社会保障厅）

青岛市

【概况】 1998年，青岛市全面落实确保国有企业下岗职工基本生活，确保企业离退休人员养老金按时足额发放（即“两个确保”）精神，大力推进再就业工程，劳动制度改革和各项劳动工作都取得了较好成绩，有力地支持了企业改革，维护了社会稳定。有下岗职工的企业都建立了再就业服务中心，符合条件的下岗职工都进入了中心，并全部得到了基本生活保障。加快了养老金社会化发放工作步伐，到年底全市24.7万企业离退休人员全部实行了养老金社会化发放，按时足额领取了养老金。建立了再就业工作的月调度、月分析、月通报制度，广泛开展了腾岗安置和“岗位、政策送到家”活动，收到了良好的社会效果。1998年全市下岗职工安置再就业4.3万人，再就业率65%，实现了安置人数大于新下岗人数的预定目标。加强了劳动力市场建设，青岛市劳动力市场荣获山东省模范职业介绍中心称号。社会保险制度改革全面推进：统一了企业职工基本养老保险制度，通过调整职工个人账户结构，实施新的养老金计发办法，初步实现了与全国统一制度的并轨；加强了医疗保险的各项基础管理，完善了有关医疗保险政策，保障了职工大病医疗；失业保险提高了缴费比例，引入了个人缴费机制；工伤保险落实了浮动费率政策，促进了企业安全生产；生育保险全面推开“定点医院生育、定额结算”办法。劳动合同管理完善了规章制度和政策规定，推动了劳动合同管理的制度化、规范化建设；劳动争议处理体制进一步完善，通过聘请兼职仲裁员，推行简易办案程序，提高了办案效率；劳动监察围绕热点难点问题，开展了劳动执法年检、劳动用工和“两个确保”大检查及案件专查，共检查各类用人单位1万多户，立案查处群众举报投诉1 800多件。企业工资宏观调控、职业技能开发、安全生产工作均取得新成绩。

1998年，青岛市劳动和社会保障工作主要有三个特点：一是自觉地把劳动工作置入改革、发展、稳定的大局，根据大局需要确定工作重点，把握工作力度。凡是关系全局的问题，凡是企业改革需要劳动和社会保障部门配合的工作，都全力以赴地去完成。二是突出重点，狠抓落实，敢打硬仗。1998年7、8、9三个月，是建中心、进中心的一场攻坚战，各级劳动部门集中时间，集中精力，抓各级再就业服务中心的规范化建设，抓下岗职工进中心工作的规范化操作。在短短几个月的时间内，完成了建中心、进中心、保生活三项任务，为全年的再就业工作奠定了较为坚实的基础。三是牢固树立群众观念，把关系职工群众切身利益的事情做好做细，赢得职工群众的理解和支持。“岗位、政策送到家”活动，是青岛市深化再就业服务的一项重要举措，各级劳动和保障部门多方寻找就业岗位，登门入户，把岗位信息和再就业政策送到下岗职工手中，体现了对下岗职工高度负责的精神和求真务实的工作作风。

培训就业

【劳动就业】 1998年，青岛市共有失业人员64 842人，其中，新增40 091人。就业安置32 770人，在就业安置总量中，国有企业安置

6 950人，占安置总数21%；集体企业安置7 002人，占21.3%；个体、私营经济安置7 831人，占23.8%；自谋职业的失业职工3 265人，占10%；临时性就业安置7 722人，占23.6%。其他原因减少失业人员3 999人，年底实有失业人员28 073人，登记失业率为2.34%。

【劳动力市场】 1998年，青岛市共有职业介绍机构78个，劳动部门职业介绍机构共办理求职登记151 165人（次），用工登记空岗数93 668个，介绍成功64 672人（次）。1998年，青岛市劳动局职业介绍中心荣获了“山东省模范职业介绍中心”称号。1998年，青岛市制定了“1998—2000年青岛市劳动力市场网络建设规划”，对全市劳动力市场建设进行重新定位，加快劳动力市场城市信息网的建设步伐：一是劳动就业信息网络对职业介绍管理软件和劳动力资源管理软件进行重新开发，到1998年底两套管理软件的整体框架设计已基本完成；二是对市劳动力中心市场进行了改造，取消设摊洽谈方式，全部设置计算机网络系统。年底市劳动力中心市场土建工程已基本完成。

【再就业工程】 1998年，青岛市累计下岗职工66 631人（1997年结转42 009人，当年新增24 622人），安置再就业43 282人，再就业率65%。1998年末，青岛市待安置下岗职工23 349人，占全部职工人数的2%。主要工作有以下几方面：（1）抓好再就业服务中心建设。1998年初，青岛市再就业服务中心按照青岛市政府边工作边建设的要求，在不到两个月时间内，完成了中心内部装修、设施配置和再就业信息管理网络开发等工作，并于4月30日正式挂牌运行。1998年6、7两个月重点抓企业、行业再就业服务中心建设，制定了企业再就业服务中心建设的具体标准，要求专职工作人员、专门办公场所、办公设施“三到位”。到1998年7月底前，全市共建立再就业服务中心527个，形成了以市再就业服务中心为核心，纵向与24个行业，12个区、市再就业服务中心，42个街道劳动管理所，横向与各劳动力市场联通的再就业服务网络。（2）加大再就业政策落实力度。1998年，青岛市委、市政府出台了《关于进一步做好下岗职工基本生活保障和再就业工作的通知》，在规范下岗行为、建立再就业服务中心、落实下岗职工基本生活保障、筹集再就业资金、促进下岗职工再就业等方面进一步明确了政策。1998年主要落实了下岗职工自谋职业政策，下岗职工免费培训政策，大龄下岗职工协议安置政策，鼓励下岗职工自办企业、生产自救政策和夫妻双下岗职工安置政策。（3）落实再就业目标责任制，加强对再就业工作的检查考核。1998年4月23日，市长代表市政府与50个单位的主要领导签订了1998年度再就业目标责任书。经年底考核，有49个单位完成了目标。（4）加强下岗职工再就业信息管理。1998年，青岛市劳动局自行研制了“青岛市下岗职工再就业信息管理系统”，实行了计算机管理，并成立了103人的再就业信息队伍。（5）开展了“岗位、政策送到家”活动。1998年，青岛市市内四区共为5 000多名下岗职工送到家就业岗位8 400多个，为1 004名下岗职工提供了1 500多次就业机会，有100多名下岗职工通过“只要不挑剔，10天就上岗”的承诺服务，实现了再就业。

【职业技能开发】 1998年，青岛市职业技能开发工作把培训为就业服务作为重要任务，开展多种形式培训，全面提高劳动者素质。全年共有10万人次参加各类技能培训，15 514人参加统一组织的考核鉴定，10 363人分别取得初、中、高级技术等级证书；326人取得技师、高级技师合格证书；技工学校招生3 635人；派遣技校毕业生3 315人。组织了青岛市第五届工人技能竞赛，设66个竞赛工种，经层层选拔推荐6 081名选手参加全市决赛，260名选手获技师证书，290名选手获得青岛市技术能手称号。

社会保险

【养老保险】 1998年，青岛市参加养老保险的企业6 329户（其中外资企业和农工商企业1 179户），在职职工676 673人，全年收缴养老

次、评选先进锅炉房60个，检查验收新装压力容器498台次、高压氧舱19台次、槽车10台，检验各类气瓶9万余只。

法制建设

【法制建设】 1998年，青岛市人大常委会把《青岛市劳动监察条例》列入立法计划。经青岛市劳动局完成起草、调研和修改工作，青岛市人大常委会讨论通过，并报山东省人大常委会审议。《青岛市劳动监察条例》是青岛市劳动监察的程序法，主要确立了监察的主体、管辖范围、内容和程序，确定了监察机构及其职责，以及用人单位、监察机构的法律责任。

1998年，青岛市劳动监察机构采取劳动年检、专项检查、案件专查等方式，共对10 490户用人单位进行了检查，涉及职工79.27万人，下达《劳动监察限期整改指令书》537份，责令补办劳动用工手续12.6万人，督促用人单位为7.6万人补签了劳动合同；补缴各项社会保险费7 887万元；为劳动者追回劳动报酬1 093万元；取缔非法职业介绍机构86户。全年共受理各类劳动监察投诉举报案件1 883起，对728起进行了立案查处，结案717起，结案率为98.49%。1998年，青岛市共对90户严重违反劳动法律、法规的用人单位进行了行政处罚，罚款金额13.62万元。

（青岛市劳动和社会保障局）

河 南 省

【概况】 1998年，河南省各级劳动部门以确保国有企业下岗职工基本生活，确保企业离退休人员养老金按时足额发放（即“两个确保”）为中心，全面落实“三二一”的工作部署，出色地完成了各项目标任务：“两个确保”取得阶段性成果，如期完成了企业再就业服务中心建设、国有企业下岗职工进中心和下岗职工基本生活费发放的目标。保证了企业离退休人员养老金的及时足额发放，没有发生新的拖欠，并开始对以往欠发逐步补发。社会保险制度改革取得重大突破，养老保险实现了向全国统一制度的过渡并轨，完成了对行业养老保险统筹企业的接管，养老保险覆盖范围进一步扩大到城镇私营企业和个体经济组织；失业保险以贯彻《河南省企业职工失业保险条例》为重点，覆盖面进一步扩大，并逐步走上规范化、法制化轨道；医疗保险在继续抓好试点的同时，按照国务院关于建立城镇职工基本医疗保险制度的决定精神，提出了河南省城镇职工基本医疗保险制度改革实施意见，为全省医疗保险制度改革的全面推开奠定了基础；工伤保险、生育保险的试点在新的一年里也取得了稳步进展。劳动关系调整和劳动争议处理工作取得成效，保证了全省劳动关系的基本和谐和稳定。职业介绍、就业服务进一步强化，全省就业局势基本稳定，登记失业率低于全国平均水平。企业工资分配宏观调控力度加大，分配秩序有所好转。职业技能开发体系进一步完善，职业培训、技能鉴定取得新成绩。安全生产综合管理和安全监察工作得到进一步加强，全省安全生产形势好转，各类伤亡事故较往年有较大幅度下降。劳动法制建设又有新进展，全省各级劳动部门依法行政的意识和水平明显提高。与此同时，全省各级劳动部门按照“内抓管理，外树形象”的总要求，狠抓劳动系统干部培训，积极开展反腐纠风和文明创建活动，自身建设迈上了新台阶。一年来，全省各级党委、政府对劳动和社会保障工作重视程度之高，各级劳动部门在改革、发展、稳定三重压力作用下机制转变之快，劳动和社会保障制度改革力度之大，劳动部门任务之繁重，工作之艰辛，地位和作用之重要，都达到了前所未有的高度。

培训就业

【国有企业下岗职工基本生活保障和再就业】 1998年，河南省国有企业下岗职工基本生活保障任务艰巨。随着调整完善所有制结构和深化国有企业改革力度的加大，下岗职工大量增加，年初国有企业下岗职工就达49.5万人，当年新增下岗职工13.48万人。保障国有企业下岗职工基本生活和再就业，成为事关改革、发展、稳定大局的头等大事。中央要求9月底前国有企业下岗职工全部进入企业再就业服务中心并发放基本生活费。当时河南省有下岗职工的国有企业建中心的不到18%；进中心的下岗职工不足10%。在7、8、9三个月的时间内实现建中心、进中心、发放基本生活费，困难之大，任务之艰巨可想而知。面对严峻的形势，全省各级党委、政府真正把下岗职工基本生活保障和再就业工作作为头等大事来抓。一是建立健全组织机构。从1998年第二季度开始，全省各地都建立了由党、政负责同志挂帅，劳动、经贸、财政、工会等十多个部门参加的联席办公会议制度，负责对这项工作的组织领导；全省各级劳动部门抽调人员成立了下岗职工基本生活保障和再就业办公室，负责对此项工作的具体组织协调和指导监督工作，形成了纵向贯通、横向联动、职责明确的组织网络。省委、省政府于6、7月份连续召开会议，对全省国有企业下岗职工基本生活保障和再就业工作作出全面部署。明确了各级政府和有关部门的责任，建立健全了统计报告、责任追究和举报监督等制度。之后，省政府又召开两次专题电视电话会议，提出阶段性目标任务。并连续多次派出工作组、督导组，分赴各地督促检查工作，研究解决问题，对整体推进此项工作起到了强有力的促进作用。为保证各项目标任务的顺利完成，省委、省政府制定下发了《关于做好国有企业下岗职工基本生活保障和再就业工作的若干意见》，并以省政府办公厅的名义两次下发明传电报，要求切实加强企业再就业服务中心建设及“双节”期间“两个确保”工作，从政策上加大对国有企业下岗职工的宏观调控力度和基本生活保障力度。劳动、经贸、工商、税务等部门也都在各自的职权范围内出台了一系列具体措施，为确保下岗职工基本生活保障和再就业提供了优惠政策和良好条件。在资金筹措上，坚持“三三制”原则，应由财政承担的资金列入预算，社会筹集渠道全部开通，督促企业认真落实自筹资金。在全省推广安阳市根据企业产值、销售、实现利润、实发工资、资产负债五项指标筹集资金的办法，对企业划分几个档次，制定切实的资金承担比例，快捷地落实了资金的经验，收到了较好的效果。1998年全省资金到位5.4亿元，支付3.58亿元，较好地保障了下岗职工基本生活需要。经过7、8、9三个月的攻坚战，到9月底，全省6 193个有下岗职工的国有企业全部建立了再就业服务中心，实现了建中心100%，进中心的人数也达到90%以上。10月底，全省18个市地全部确定了基本生活费发放标准并向社会公布。截止到1998年底，全省实有下岗职工25.5万人，其中24.3万人进入再就业服务中心，占95.1%；22.4万人签订基本生活保障和再就业协议，占92%；23.49万人基本生活得到了保障，占96.7%，有力地促进了全省国有企业改革的顺利进行。

【再就业工程】 1998年，河南省把推进再就业作为下岗职工基本生活保障的根本出路，坚持政府、企业、社团、街道、个人“五管齐下”；活化载体、移植“孟模”、自谋职业、社区服务、转产换业、劳务输出、就业服务、政策调控“八法并举”的办法，强力实现再就业工程。全省各级党委、政府普遍落实了党、政一把手负责制，把再就业目标纳入政绩考核的重要内容，推动了全省再就业工作的顺利开展；广大企业主动担负起分流安置的主要责任，积极探索下岗分流、减人增效的新途径；社会团体积极参与“为政府排忧，为下岗职工解难”活动，采取兴办职工消费合作社，举办培训班和开展就业指导等形式，为下岗职工提供各种服务。社区街道办事处、居委会主动发挥优势，对下岗职工进行再就业指导教育，组织开展生产自救，帮助下岗职工实现就业。在社会大力宣传下，广大职工也开始转变就业观念，由过去的坐等政府安置，逐步向自主择业、竞争就业和自强创业的新观念转变。经过全省上下和有关方面的共同努力，再就业工作取得可喜成绩。1998年，全省国有企业下岗职工中有34.8万人实现再就业，占下岗职工总数的55.3%，再就业率高于全国平均水平5.3个百分点，有力地维护了全省经济的健康发展和社会稳定。

【劳动力市场建设】 河南省劳动力市场得到进一步发展。1998年全省职业介绍机构由1997年的1 729家发展到1 789家，职介机构工作人员由5 198人发展到5 280人。省职业介绍服务中心自筹资金建立了中国劳动力信息网络河南工作站，并为全省18个市地劳动部门的职业介绍机构免费配备了微机，实现了全省劳动力市场信息传递的网络化。省际间的劳务协作得到进一步加强。分别于4月和10月两次在郑州承办华北、华南劳务协作会议，与十多个省市建立了更加紧密的劳务合作关系。为保证全省劳动力市场的健康发展，1998年上半年，河南省统一组织对职业介绍机构进行了认真的清理整顿，严厉查处了一批民办职业介绍机构的违规行为，取缔了一些非法职介机构。同时，省厅制定下发了《关于加强民办职业介绍机构审批和受理的意见》，并统一制作了职业介绍机构工作规范挂板，向社会公布举报电话，规范服务行为，加强社会监督。目前，全省县以上职业介绍机构中70%实现了服务内容、服务程序和收费标准三公开，促进了全省职介机构的规范化建设。1998年全省劳动部门职业介绍机构共受理求职登记99万人次，受理用人单位用人登记68万人次，介绍成功56.6万人。此外，全省劳动部门职业介绍机构还积极开展为下岗职工再就业服务活动，举办下岗职工再就业洽谈会100多次，参加应聘人数近120万人。

【劳动就业服务企业】 1998年，河南省把清产核资和产权界定作为劳服企业管理工作的重点。在调查研究的基础上，提出了劳服企业开展清产核资、产权界定的指导意见，并开展了相应的培训工作。积极推进劳服企业股份制改革，推荐平顶山市电力开发实业总公司等4家劳服企业为国家改制重点单位，并积极协调落实有关优惠政策。认真组织劳服企业参加全国第六届QC小组成果发布会，取得历年来的最好成绩。洛阳一拖东方实业公司、洛阳石化金达公司双双荣获一等奖；另有11个QC小组获三等奖；两位长期从事劳服企业领导和质量管理的同志获“质量管理活动推进者”称号。

【农村劳动力有序化转移】 河南省切实加强民工有序流动管理工作。全省各地分别成立了“春运期间组织民工有序流动工作领导小组”，加强民工流动的疏导、监测工作，并建立了快报制度，保证了民工流动的信息畅通。与此同时，进一步加强了流动就业证卡的发放和管理工作，保证了民工跨地区流动的有序化。1998年全省外来人员持证率达70%，较1997年提高13%；外出人员持卡率达到35%，较1997年提高9%。乡镇劳动就业服务机构建设稳步发展。截至1998年底，全省已建立乡镇劳动就业服务站1 728个，占乡镇总数的88%，大部分乡镇服务站选配了专门人员，安装了电话，工作开展得有声有色。劳务输出稳中有升。1998年全省劳务输出659万人次，其中省外输出455万人，省内输出204万人，本年度新增外出流动就业人数265万人；全省外来劳动力就业人数71万人，本年新增19万人。

【就业训练】 河南省为配合再就业工程的实施，规范再就业培训，制定了《关于进一步加强就业训练中心建设的意见》，研制开发出就业训练中心管理系统软件，并在全省各地推广使用，推动了再就业培训工作的有序开展。认真贯彻落实劳动和社会保障部提出的“三年千万”再就业培训计划，为17个市地免费发放了再就业培训录像教材。1998年，全省共培训各类人员44万人，其中培训新成长的失业青年8.3万人，转业训练16.9万人，在职培训3.4万人，农村劳动力培训11万人，其他3.4万人。同时，对省劳动厅审批的社会力量办学单位进行了全面检查，取消8所不符合条件的办学单位，社会力量办学单位的社会责任感进一步增强。

【劳动预备制度】 1998年，河南省在新乡、开封、南阳、安阳、平顶山等5市进行了劳动预备制度的试点。一是结合技工学校招生制度改革，把在技工学校举办劳动预备制度班作为实行劳动预备制度试点的一种形式，开展了预备制度班的招生。预备班学生在技工学校学习一年后，经考试合格可直接转为技工学校学籍，享受同届技工学校毕业生的有关待遇。二是在调研的基础上，制定下发了指导试点城市开展劳动预备制度的意见。目前，安阳、南阳两市人民政府出台了实施意见，其他城市正在着手制定。

【在职培训】 河南省积极推进培训、考核与使用、待遇相结合制度，充分调动广大职工学技术的积极性。各地按照省劳动厅下发的《关于企业实行技术（等级、职务）培训、考核与使用、待遇相结合的意见》，积极进行试点，指导企业建立健全职工培训制度。平顶山等地还以市政府的名义出台了相关文件，有力地促进了企业开展职业技术培训的主动性和职工学技术的积极性。进一步规范社会力量办学。为认真贯彻《社会力量办学条例》，1998 年全省省、市（地）普遍成立了“社会培训机构管理办公室”，对社会力量办学进行了认真清理整顿，统一换发了《社会力量办学许可证》。在此基础上，对社会力量办学单位的教学、管理、参加鉴定、收费等进行规范。鼓励有条件的社会力量办学单位积极培训下岗、失业人员，提高其就业能力和工作能力，为再就业服务。经过认真清理整顿，促进了社会力量办学的健康发展。经过整顿，1998 年全省共有 942 家社会力量办学单位准许继续办学，年培训人数125 614人，为促进职业培训发挥了积极作用。

【技工学校】 1998 年，河南省对技工学校招生政策进行了调整：一是结合实施劳动预备制度办劳动预备班；二是要求技工学校招收在职职工，进行学制教育；三是要求技工学校积极参与下岗、失业人员转业转岗培训；四是要求技工学校改革内部机构设置，调整专业结构，建立与劳动力市场直接贯通的办学机制。全年全省技工学校共录取新生 2.5 万人，其中在职职工1 181人，完成计划招生数的 70%。此外，还短期培训各类人员 7.31 万人，其中在职职工 5.4 万人，失业职工2 966人，下岗职工4 080人，残疾人员 307 人，军地两用人才1 516人，发挥了应有的作用。同时，狠抓了 1998 年技校毕业生的推荐就业工作：技工学校普遍成立了“推销”毕业生的内设机构，专人负责毕业生的就业指导；省、市、县三级劳动部门也采取组织技校毕业生与用人单位供需见面，实行劳动人事代理制度等多种形式，积极促进毕业生就业。经过共同努力，1998 年全省 3.4 万名技校毕业生基本实现了当年毕业当年就业。认真开展技工学校评估。共评估学校 161 所，确定省（部）级重点技工学校 31 所，全省优级技工学校 58 所，良好技工学校 62 所，合格技工学校 10 所。通过技工学校评估，促进技校改善了办学条件，提高了办学水平。

【职业技能鉴定】 河南省认真执行全国统一证书编码方案，全省 173 家职业技能鉴定所、67 家鉴定站、56 家工人技术考核委员会在省劳动厅注册。职业技能鉴定队伍建设有新的加强，1998 年又有 282 人获得考评员资格证书，109 人获得原劳动部鉴定中心颁发的管理人员合格证书，提高了鉴定人员素质，形成技能鉴定行政管理与技术监督相结合的管理体制。大力开展就业准入控制的技术工种培训与鉴定服务。1998 年，全省有 61 个技术工种实行就业准入控制制度，对美容、美发等 12 个工种就业人员持证就业、持证上岗情况进行了专项监察，全年共检查用人单位16 607户，涉及人员104 908人；组织秘书专业1 203人参加全国统考，729 人获得证书；4 921人参加了推销员的统一考试。此外还对 167 个工种（专业），41 440名各类职业学校毕（结）业生进行了考核鉴定。据统计，1998 年全省参加各类鉴定的人员共计 13.6 万人，其中 12.3 万人获得了相应的技术等级证书。

社会保险

【养老保险】 1998 年上半年，河南省围绕建立统一的企业职工基本养老保险制度进行了紧张的调研测算和反复论证，提出了统一制度实施意见和养老金过渡办法，下发了《河南省人民政府关于印发〈河南省建立统一的企业职工基本养老保险制度的实施意见〉的通知》。从 7 月 1 日起，全省统一按职工缴费工资的 11% 为职工建立基本养老保险个人账户，个人缴费比例统一调整为 4%，并开始按统一的基本养老保险计发办法计发基本养老金。截止到 1998 年底，全省已为 351 万名职工建立了个人账户，建账户率达到 95%，个人账户与职工见面率达到 90%，其中已有 10 个市、地建账户率达到 100%。为保证企业离退休人员养老金按时足额发放，全省各级劳动部门和社会保险机构克服种种困难，采取有力措施，千方百计筹措资金，保证了7、8两个月全省82万企业离退休人员和9月份行业统筹移交地方30万离退休人员后112万企业离退休人员养老金的按时足额发放。全省应发养老金36.9亿元，实发39亿元，按时发放率达到100%，没有发生新的拖欠，补发以往欠发的2.52亿元，有力地维护了全省的社会稳定。为建立适应多种所有制经济发展需要的基本养老保险制度，扩大养老保险覆盖范围，在广泛调查、论证和测算的基础上，于1998年10月下发了《河南省城镇私营企业和个体经济组织从业人员基本养老保险实施意见》，对全省私营企业职工和个体经济组织从业人员参加养老保险起到了推动作用。截止到1998年底，全省参加养老保险统筹的企业26 372户，在职职工460万名，离退休人员112万名，其中，1998年新参加养老保险职工146 857人，离退休人员12 188人，全省城镇各类所有制企业参加基本养老保险覆盖面达到80.4%。

为迅速遏制和扭转养老保险基金征缴下滑局面，确保养老金的按时足额发放，采取了多种措施。一是强化征缴责任。全省各级劳动部门普遍实行了征缴工作责任制，采取分片包干、责任到人，将征缴任务与个人工资、奖金挂钩等办法，自我加压，充分调动了工作人员的积极性，一举扭转了征缴下滑的局面。1998年全省应征养老保险基金40.05亿元，实征34.74亿元，征缴率86.33%；此外，还清理企业欠费2.47亿元，综合征缴率达92.47%，比1997年上升9.35个百分点。二是进一步加大养老保险基金清偿工作力度，从省厅到各市地劳动局都成立了"养老保险基金清偿督查组"，设立了监督举报电话，加大了对县（市）级挤占挪用养老保险基金的清偿力度。截止到1998年底，全省清偿挤占挪用养老保险基金1.45亿元，占被挤占挪用基金总数的57.6%。三是采取过硬措施切实抓好企业欠费清理。截止到1997年底，全省企业累计欠缴养老保险费16.1亿元。通过表扬正面典型，通报批评反面典型等措施，全省共清缴企业欠缴2.47亿元。河南省还于1998年8月底前按时完成了10个行业（除煤炭行业外）、54个单位、60.4万名在职职工、18.9万名离退休人员养老保险统筹的接管工作，并从9月份起纳入省级管理，实现了交接工作的平稳完成。煤炭行业的社会保险工作从7月1日起随煤炭企业一起下放到河南省，并整体纳入河南省级统筹，共17户企业，26万在职职工，11万离退休人员。

河南省于1998年12月正式下发了《河南省城镇企业职工基本养老保险实行省级统筹的实施意见》，定于1999年实施。省级统筹的实行，将进一步增强全省基本养老保险基金的调剂能力。1998年，河南省的养老保险基金管理进一步加强。一是基金管理收支两条线制度基本落实。制定下发了《河南省职工基本养老保险基金实行收支两条线管理暂行规定》，并建立了相应的监督和制约机制，保证基金的安全运行和专款专用。二是社会保险现代化管理水平进一步提高。截止到1998年底，有129个县（市、区）达到"两个一"（即一台486以上微机，一名专业计算机管理人员）的要求，16个市、地直、58个县（市）建立了计算机局域网络。目前全省已有80%的市、地、县开通了基本养老保险个人账户电话查询系统。三是养老保险基金（除行业外）已全部实行全额缴拨和收支两条线的结算办法，降低了按离退休费总额计征的比例。河南省养老金社会化发放程度进一步提高。1998年底，全省各类退管服务组织已发展到3 805个，养老金社会化发放率由上年的38%提高到54%。

【失业保险】 1998年，河南省进一步拓宽了失业保险覆盖面，并强化了基金征缴。除个体经济组织以外的各类企业及所有城镇职工相继纳入了失业保险实施范围。截止到1998年底，全省参加失业保险的企业单位达2.79万户，涉及职工416万人，平均参保率为91.8%。当年全省共完成失业保险基金收缴额2.93亿元，平均收缴率91%，较上年增收8 700万元，平均增幅42%。同时，加大失业保险金清欠力度，对拖欠单位进行清理排队，分类采取不同措施予以清欠回收，到年底，全省已完成清欠金额5 213万元，平均清欠率达35%。1998年下半年通过对1993年至1998年3月份期间的失业保险基金收支情况的全面清查，全省共查出挤占挪用的各种违纪违规资金4 042万元，其中挤占挪用资金2 962万元。查出的违纪资金主要集中在企业借款、自行放贷、担保借款等方面，占违纪总额的70%。同时加大回收纠正力度，截止到1998年底已回收1 292万元，占违纪金额的34%。

1998年全省共为7.56万名失业职工发放失业救济金3 219万元。为15.7万名停产企业困难职工支付生活补助费4 535.33万元，累计为国有企业下岗职工调剂拨付基本生活保障费4 468.3万元。同时积极做好失业保险的登记管理和服务工作，1998年全省共为7.56万名符合规定的失业职工及时办理了接收登记，提供了相关的管理服务。

河南省在1998年内，继续发挥“两个基地”优势，推进“小额借款，促进再就业”工作。截止到1998年底，全省共创办失业职工转业训练和生产自救基地271个，年训练能力达14.8万人次，年最大安置能力5万人，实现利税2 700万元。同期全省共为1.5万困难失业、下岗职工提供“孟模”小额借款3 500万元，平均借款回收率95%，实现了较好的社会效益和经济效益。通过开展生产自救、转岗培训、小额借款等就业服务工作，全年共帮助5.44万名失业职工实现再就业，失业职工再就业率为72%，城镇登记失业率为2.57%。

【医疗保险】 截至1998年底，全省已有6个省辖市、40个县市进行了医疗保险制度改革试点，参加职工和离退休人员36万人。其中，实行统账结合医疗保险制度改革的有3个省辖市，参加职工12万人，征收账户医疗保险费1 872万元，支付1 979万元；开展大病医疗费用社会统筹的有2个省辖市、5个县市，职工18万人，征缴大病统筹基金3 468万元，支付3 198万元；实行离退休人员医疗费统筹的有2个省辖市、24个县市，离退休人员6万人，征缴医疗统筹金2 600万元，支付2 300万元。

全国医改工作会议之后，河南省成立了医疗保险制度改革办公室，在进行认真调研论证的基础上，于1998年底前提出了全省医疗保险制度改革实施意见，已报省政府审批。

【工伤保险】 1998年，河南省的工伤保险制度改革又向前迈出了一大步，南阳、洛阳、濮阳、三门峡、安阳等市地出台了工伤保险办法，统一了工伤保险待遇支付标准，工伤保险基金社会统筹工作有了新的发展。截止到1998年底，全省共有13个市地、58个县市进行了改革试点，参加职工140.6万人，比1997年增加了5.1%，征收工伤保险金28 580万元，支付835.7万元。

【生育保险】 1998年，河南省又有南阳、洛阳、驻马店、濮阳、周口、信阳、商丘、三门峡、焦作八个市地出台了生育保险的文件和办法，89个县市实行生育保险基金社会统筹。截至1998年底，全省共有14个市地、110个县市出台了生育保险办法，生育保险覆盖面达到72%，参加职工154.9万人。1998年征缴生育保险金1 721万元，支付988.8万元。

工资分配

【工资分配】 1998年，河南省经过认真调研测算，制定下发了《关于认真贯彻落实最低工资保障制度的通知》，在1997年调整全省最低工资标准的基础上，统一换算公布了全省日、时最低工资标准。为使更多的用人单位和劳动者了解掌握国家关于最低工资保障的有关规定，利用各种新闻媒体，广泛深入开展宣传活动，还认真开展最低工资制度执行情况的监督检查。检查用人单位7 358户，涉及职工115.7万人。从检查情况看，1998年全省最低工资制度的执行情况总体是好的，企业违背最低工资规定造成劳动者收入低于最低工资标准的只占抽查职工的1.4%，比1997年大大减少。河南省还积极探索符合市场取向的工资分配机制，稳定开展企业工资集体协商谈判工作。截至

1998年底，全省已有10个市地的20户企业进行了集体协商谈判试点，其中已有8户企业经过协商谈判签订了工资增长集体合同，并开始实际运行。加强对企业经营者收入的管理。截至1998年底，全省已有8个市地，在财政、国资等部门的配合下，对141户企业经营者1997年的年薪进行了兑现，兑现年薪水平为16 276元，在基薪的基础上上浮了29.3%；有7个市地对1998年度的103户试点企业经营者的基薪进行了核定，基薪水平为15 724元。指导企业建立健全基本工资制度和工资支付制度，搞好企业内部分配。全省各级劳动部门结合企业实际和经济效益状况，指导企业对基本工资制度进行改进完善，进一步规范了企业工资支付办法，全省国有企业建制面达到80%以上。切实加强企业工资收入宏观调控。一是积极推行工效挂钩办法。提出了全省1998年工效挂钩改进意见，对企业新增效益实行分档计提，对未完成国有资产保值增值考核指标的，不提取新增效益工资。二是坚持《工资总额使用手册》制度，强化企业工资总量发放的管理。三是进一步规范企业工资内外收入监督检查。省、市两级劳动部门全部建立了工资内外收入监督检查组织机构，1998年全省国有企业自查和复查面达到95%以上，有效地保证了工资宏观调控政策的贯彻落实。

1998年，河南省在岗职工工资总额为4 310 088万元，其中，国有单位在岗职工工资总额为2 997 627.4万元；城镇集体单位在岗职工工资总额为633 634.2万元；其他单位在岗职工工资总额为678 826.4万元。全省离开本单位仍保留劳动关系职工的生活费为45 052.6万元；城镇集体单位离开本单位仍保留劳动关系职工的生活费为8 832.8万元；其他单位离开本单位仍保留劳动关系职工的生活费为17 317.6万元。1998年全省在岗职工平均工资为5 781元，其中，国有单位在岗职工平均工资6 204元；城镇集体单位在岗职工平均工资4 258元，其他单位在岗职工平均工资5 976元。

劳动关系调整

【劳动合同制度】 1998年，河南省的劳动合同制度进一步巩固。全省把推进劳动合同制的工作重点转向私营、乡镇企业和个体经济组织，取得很大成效。截至1998年底，全省实行劳动合同制度的职工达710万人，其中国有集体企业职工587.9万人，占其职工总数的99%；私营、乡镇企业和个体经济组织职工122.1万人，占其职工总数的96%。积极推进集体协商工作，建立了集体合同审核备案工作制度。截至1998年底，全省实行集体合同的企业11 719户，涉及职工538万人，其中1998年新签集体合同2 747户，涉及职工148万人，审核备案率达到86.7%。全省劳动合同管理得到进一步加强。通过学习天津等地的经验，进一步规范劳动合同管理，严格履行程序，组织开展了对全省国有企业劳动合同管理情况的全面检查，全年共检查企业11 624户，涉及职工347万人。通过检查，为完善劳动合同制度，规范劳动合同管理提供了决策依据。通过深入调研，提出了规范改制企业劳动关系的政策意见，为国有企业改革的顺利进行创造了条件。

【劳动争议处理】 河南省在1998年里重视劳动争议预防工作。各地通过对企业厂长（经理）和劳资人员进行劳动争议预防知识培训，举办劳动法律、法规知识讲座，上街咨询宣传和在报刊上开辟劳动争议处理知识专栏等多种形式，深入持久地开展劳动法律、法规宣传活动，增强了劳动关系双方依法维护自身权益的意识。积极发挥企业劳动争议调解委员会的作用，1998年，全省共举办企业调解人员业务培训班57期，培训人员5 279人，进一步提高了企业调解组织调处劳动争议的能力。调整充实企业调解组织机构，全省建立企业劳动争议调解委员会10 542个，配备专职工作人员10 056名，配备兼职工作人员25 179名。1998年，全省企业劳动争议调解委员会共受理劳动争议案件5 252件，调解成功4 306件，调解成功率为82%，对稳定企业劳动关系发挥了积极作用。通过帮助企业建章立制，规范用人单位处理职工行为，推行处理职工文书样本，建立企业惩处职工和解除职工劳动关系备案制度，使劳动关系的建立与解除纳入了法制化、规范化轨道，增强了用人单位自主预防劳动争议、依法管理的能力。通过实施年度工作目标考核，建立受案情况通报制度，规范庭审程序等，确保了全省劳动争议有案必受，受后裁决，实现了1998年消灭办案空白县（区）的目标。1998年全省通过多种形式，共处理劳动争议案件10 200件，比上年增长110%，其中，各级劳动争议仲裁委员会立案处理劳动争议2 435件，比上年增长44%；共为当事人挽回经济损失3 607.64万元，其中责令用人单位补发克扣、拖欠职工工资737.5万元，追回职工的风险金、抵押金165.2万元，补缴两金和支付其他福利费用2 119.6万元，为当事人挽回其他经济损失585.4万元，有力地维护了劳动关系双方的合法权益。1998年全省劳动争议案件法定时效结案率达到100%，年末结案率达到94%。双方当事人对仲裁机构处理劳动争议的满意程度明显提高，1998年不服裁决向法院起诉的案件仅203起，占结案总数的8.8%，较往年明显减少。1998年还进一步改进调查方法，强化当事人举证责任，积极推广简易办案形式，积极推动劳动仲裁和行政处理的结合，认真利用自由裁量权，积极推动劳动争议处理机构向乡镇延伸，丰富了劳动仲裁工作内容，促进了全省劳动仲裁工作的健康发展。劳动仲裁组织机构和仲裁队伍保持了相对稳定。截至年底，全省建立劳动争议仲裁委员会组织180个，配备专职仲裁工作人员819人，聘任兼职仲裁员1 288人，形成了省、市（地）、县（区）三级仲裁委员会组织网络，为更好地处理劳动争议奠定了组织基础。仲裁工作规范化、制度化建设也取得新进展。三方办案机制得到进一步加强，三方协作范围进一步拓展，三方办案率保持了较高水平，促进了办案质量和办案效率的提高。

劳动安全卫生

【安全生产综合管理】 1998年，河南省狠抓全省安全生产目标责任制的落实，建立并落实省对市地政府安全生产工作目标的定期考核制度。全年组织3个安全生产检查与考核组，对部分市地安全生产目标完成情况进行抽查，促进了安全生产责任制的落实。采取多种形式，组织开展了第八次“安全生产周”、“中原安全生产巡礼”、安全生产知识电视大赛等活动，使“安全第一，预防为主”的方针更加深入人心。加强对重、特大事故处理的督查。根据省政府领导指示精神，按照省安全生产领导小组的部署，对1997年以来发生的一次死亡3人以上的重、特大事故处理结果的落实情况进行了统计调查，会同公安、监察、经贸等部门，对一次死亡10人以上的特大事故处理结果落实情况逐一进行了直接调查，针对存在的问题，向省政府提出了建设性的整改措施，并按照“三不放过原则”督促有关市地和部门认真落实处理结果，较好地发挥了警示和监督作用。

【职业安全卫生监察】 河南省在1998年内积极开展劳动安全卫生“三同时”监察。严格初步设计审查和竣工验收制度，全年共完成100个项目的初步设计审查和竣工验收，确保新建工程项目不留隐患；对济源市玻璃厂等进行了项目预评价和竣工预验收，巩固了建设项目劳动安全卫生预评价和竣工验收制度。大力开展职业安全卫生专项监察。加强对起重机、电梯等特种设备的监察管理，全年共完成56家起重机、电梯制造、安装、维修单位的安全资格认证和复审换证。强力推进建筑企业安全监察，对96家企业的安全资格进行了评审。进一步规范劳动防护用品的监察管理。完成了119家劳动防护用品生产、经营单位的换发证和7家特种防护用品生产单位的审查任务。继续抓了乡镇企业安全生产综合治理工作。联合有关部门对乡镇企业仓库、车间、宿舍“三合一”情况进行清查整顿，与人事厅、省乡镇企业管理局联合对全省100个综合治理先进集体和210个先进个人进行了表彰。安全生产宣传教育工作不断深入。1998年全省共培训厂长经理119人，培训安全生产管理人员2 627人，培训特种作业人员21 781人，提高了持证上岗率；培训护品经营人员111名，为售前售后服务打下了良好基础。职业安全卫生检测检验工作进一步加强。1998年共完成3 773台起重机的定检和3 478台电梯的年检工作，起重机定检率达86.6%；电梯年检率达98.8%。同时，加强劳动条件分级，为企业保健费的审批提供了科学依据。进一步强化女职工特殊劳动保护监察和新工时执行情况监察。1998年对7 419户企业，484 365名女职工劳动保护情况进行了检查，并对1 316户执行非标准工时的企业进行了审批。工伤认定工作稳步开展。全省共办理工伤认定647人。1998年全省非矿山企业共发生伤亡事故376起，死亡179人，重伤291人，与去年相比，事故起数下降2.5%，死亡人数下降28.4%，重伤人数上升7.7%。其中，一次死亡3人以上重大事故4起，死亡14人，重伤14人，分别比去年下降63.6%、79.4%和82.1%；未发生一次死亡10人以上的特大事故。

【矿山安全监察】 1998年，河南省组织了河南省"矿山安全行"系列新闻采访报道活动，对全省8个重点产煤市的12个重点产煤县（市、区）的40多个乡镇煤矿进行了现场检查及实地采访，《河南日报》等新闻媒体进行了广泛的报道，增强了各级领导依法办矿、依法管矿的意识，推动了全省煤炭生产秩序整顿和安全生产整顿工作。将《矿山安全法》实施5周年和"矿山安全宣传月"活动结合起来，采取多种形式，广泛深入地开展矿山安全法律、法规宣传活动，达到了"落实责任，保障安全"的目的。认真开展矿山特殊工种培训和矿长安全资格审查。1998年，全省共培训考核及复审各类矿山特殊工种作业人员8 794人，持证上岗率为96%，培训考核矿长4 986人，矿长持证任职率达到97%。强化矿山安全现场监察和专项监察。认真排查事故隐患。1998年，全省劳动部门共检查矿山企业4 395个，查出事故隐患39 070条，发出《矿山安全监察意见通知书》1 580份，提请政府停产整顿354次。加强"三同时"专项监察。1998年，全省各级劳动部门共参加矿山竣工验收项目64项，设计审查项目92项，国有矿山企业"三同时"监督达到100%。加大全省煤矿安全生产检查整顿工作力度。从4月份开始对全省各类煤矿进行拉网过筛式的检查整改，共取缔无证矿井1 126家，停产整顿不具备安全生产基本条件矿井2 063家，大大促进了全省矿业秩序及煤矿安全生产形势的好转。矿山事故明显下降。1998年，全省共发生矿山伤亡事故177起，死亡538人，与1997年相比分别下降33.20%和13.92%，其中煤矿死亡491人，与1997年相比下降10.88%。全省共发生一次死亡3人以上重特大事故39起，死亡417人，与1997年相比分别下降20.40%和19.49%，其中，10人以上特大事故12起，死亡302人，事故起数上升3%、死亡人数下降3%。

法制建设

【劳动立法】 1998年河南省劳动立法取得新的进展。先后颁布了《河南省劳动监察规定》《河南省建立统一的企业职工基本养老保险制度的实施意见》和《河南省城镇私营企业和个体经济组织从业人员基本养老保险实施意见》。执法监督得到加强。通过制定《河南省劳动厅行政执法责任制试行办法》，对全厅13个有行政执法权的处、局和18个市、地劳动部门建立了相应的执法责任制，全省各级劳动部门行政执法责任制基本形成。完善了相关行政执法监督制度。制定了《河南省行政处罚听证规划》，印发了全省统一的劳动行政处罚听证文书式样和劳动行政复议文书式样，并建立了政策性文件审核把关及登记备案制度。强化了持证上岗、亮证执法制度，使全省劳动部门依法行政的水平有了较大提高。狠抓了普法教育对象、时间、内容、效果四落实，在抓好对全省劳动系统有关政策宣传的同时，重点抓了对市（地）、县（市）劳动局长的普法教育工作，年内基本完成了对全省市、县劳动局长的轮训。

【劳动监察】 1998年，河南省的劳动监察机构、队伍建设得到新的发展，劳动监察工作取得明显成效。省、市、县三级劳动监察网络基本形成，劳动监察执法队伍进一步扩大。至1998年底，省、市（地）、县（市）三级132个劳动行政部门全部建立了劳动监察机构，其中专门机构121个，占91.7%，合署办公机构11个，占8.3%。此外，郑州等10个市地还建立了劳动监察大队。全省共配备劳动监察员1 221名（不含区级），其中专职人员800名，比上年增加了130人。全省各级劳动监察机构，采取开展专查月活动，开展日常巡视监察，开展劳动用工年检和用人单位用工规章制度备案审查试点等方式，紧紧围绕劳动工作重点，全方位、多形式地开展劳动监察工作，有力地促进了全省的“两个确保”和《劳动法》的贯彻落实。有效地维护了劳动者和用人单位的合法权益，惩处了劳动违法行为。

【劳动信访】 1998年，河南省制定下发了《1998年河南省劳动信访工作考评意见》，进一步落实完善了领导包案、领导接待日、集体上访预报和善后处理汇报以及上访热点定期排查等制度，进一步推动了全省劳动信访工作的开展。1998年全省共接待上访群众82 078人次，处理群众来信2 194件，其中接待群众集体上访109起，涉及群众44 397人，立案处理信访事项674件，结案622件，结案率为92.3%。进一步建立健全了劳动信访信息网络，严格了信访报告制度。在全省建立了劳动信访信息收集、传递工作责任制度，实行了目标考核；在全省推广了新乡市在企业建立劳动信访信息网络和指定信息员制度的经验，加强了与企业主管部门、公安部门、信访部门及工会组织的联系，保证了信访信息的及时传递。1998年各地上报集体上访等群体性事件信息228条，集体越级上访事前报告率达到80%以上，为领导及时了解情况，快速处理群体上访事件提供了依据。

（河南省劳动厅）

湖 北 省

【概况】 1998年对湖北省劳动部门来说，既是任务最重的一年，又是最受重视、地位最突出的一年；既是工作难度最大的一年，又是工作力度最大的一年；既是工作要求最高的一年，又是工作成效最显著的一年。在这一年中，建立再就业服务中心，确保国有企业下岗职工基本生活，确保企业离退休人员养老金按时足额发放（即“一建立两确保”）工作取得很大成绩，在抓好重点工作的同时，劳动法规建设、职业技能开发、劳动力管理、企业工资、劳动争议处理和劳动监察、劳动安全卫生监察和安全生产综合管理，以及城镇企业职工解困、统计信息、劳动宣传等各项工作都取得了新成绩。主要有以下特点：(1)一手抓抗洪抢险保平安，一手抓“一建立两确保”保稳定。全省劳动系统共派出千余人次参加抗洪抢险，仅省劳动厅就由5名厅级干部带队，先后派出五批抢险人员，奔赴长江险段，与当地军民一起严防死守，出色地完成了省委、省政府交给的任务。在此同时，各级劳动部门克服困难，狠抓“一建立两确保”工作，力保社会稳定。全省受灾地区的31.86万名离退休人员7、8、9三个月全部按时足额领到养老金，共计11 607.51万元。(2)狠抓“一把手工程”。“一建立两确保”均列入各级党委政府工作的重要议事日程，省委、省政府将再就业工程列为1998年全省要突出抓好的6件大事之一，先后召开有关“一建立两确保”工作的会议达8次之多。(3)坚持狠抓企业再就业服务中心的建立和规范工作，狠抓基本生活保障资金的落实，狠抓基本生活费发放，狠抓劳动力市场的建设和发展，狠抓再就业渠道的开辟，加大分流安置力度。国有企业下岗职工基本生活保障和再就业工作步入了全新阶段。(4)社会保险工作取得重大进展。在外商投资企业、私营企业和个体工商户养老保险扩大覆盖面、社会保险费收缴、省级统筹、行业统筹移交和深化养老保险制度改革五个方面均取得重大进展。(5)举全力，促联动，形成强大的工作合力。各级经贸部门及时指导督促企业建立再就业服务中心，狠抓了“三三制”中企业负担资金的落实；各级财政部门狠抓了财政预算资金的落实，确保财政负担资金及时到位。(6)全省劳动系统坚持开展文明单位、“三优”文明窗口和文明系统创建活动。

培训就业

【国有企业下岗职工基本生活保障和再就业】 截至1998年底，湖北省共建立再就业服务中心或类似机构7 543个，占应建数的100%；35.07万名国有企业下岗职工全部进入了再就业服务中心，其中32.54万人签订了基本生活保障和再就业协议，占92.79%，高于全国平均水平2.3个百分点；全年共帮助36.85万名国有企业下岗职工实现了再就业，占1997年结转和1998年新增下岗职工的51.05%，高于全国平均水平1.05个百分点。全省共筹集国有企业下岗职工基本生活保障资金6.67亿元，其中企业自筹2.5亿元，社会筹集0.82亿元，财政安排3.35亿元；全年共使用下岗职工基本生活保障资金5.37亿元，其中发放基本生活费3.91亿元，97.3%的下岗职工领到了基本生活费，高于全国平均水平4.06个百分点；代缴养老、医疗、失业保险费1.46亿元。从9月份起，全省进入中心的下岗职工的基本生活费和参加了养老保险的82万名企业离退休人员的养老金基本实现了按时足额发放。

【劳动力市场建设】 为维护劳动力市场秩序，建立新型的劳动用工体制，起草了《湖北省劳动力市场管理条例》，送省政府审核后报省人大审议；加强用人单位市场准入管理，出台了《湖北省用人单位登记办法》，对省境内所有用人单位进行审核登记。截至1998年12月底，全省共完成用人单位登记13 570家，占用人单位总数的34.6%；进一步完善劳动者市场准入管理办法，出台了《湖北省城镇用人单位使用农村及外来劳动力分类管理暂行办法》《湖北省城镇用人单位统计和控制使用农村及外来劳动力行业工种目录》以及《关于对省直属农、林、牧、渔场职工进行登记的通知》《湖北省文艺、体育和特种工艺单位特招未满16周岁未成年人的审批管理办法》。

【职业培训】 1998年，湖北省在职培训工作拓展了新的领域。《湖北省职业培训实施办法》已报省法制办审批。安陆市综合培训试点开始运行，逐步探索企业自己培训和社会化培训结合的新路子。充分发挥技师协会的作用，表彰了百名优秀技师，宣传了东风汽车公司高级技工王涛的先进事迹，在全省产生了较大影响。

【技工学校】 1998年湖北省有技工学校201所，其中国家重点技校24所，省部级重点技校36所，高级技工学校8所。1998年技工学校共招生22 019人，在校生85 615人，输送技校毕业生40 018人，当年就业率达80%以上。技工学校还开办了高级技工班54个，承担职业技术培训59 932人，培训下岗职工17 702人。组织评估省级重点技校9所，一类技校3所，并配合劳动和社会保障部对申报国家级重点技校的6所技校进行了评估。开展了技校教师职务资格评审工作，共评审高级讲师145人，中级17人。1998年受省教委、省人事厅表彰的优秀教师和优秀教育工作者共8人；有2名教师被国家教育部、人事部分别命名为全国模范教师、全国优秀教师。

截止到1998年底，全省技工学校共有教师8 892人。其中，文化及专业理论课教师6 220人，生产实习指导教师2 123人；具有大学本科以上学历的有2 451人，具有大专学历的有4 075人，中专及中专以下学历的有2 366人；取得高级讲师和高级实习指导教师资格的有967人，取得讲师、一级实习指导教师和技师资格的有3 867人，取得助理讲师、二级实习指导教师资格的2 137人。

【职业技能开发】 1998年湖北省开展了全省61个技术工种工人的持证上岗大检查，组织了150多个工种、17 000多人参加的全省统一集中鉴定。组织了计算机高新技术、推销员、文秘等三个新职业的考试鉴定。规范了技校、大中专毕业生鉴定工作，建立了样板职业技能鉴定所（站）86个，对社会力量办学机构学生的鉴定提出了管理意见。技师、高级技师、经营管理人员职业资格考评工作走上了规范化轨道，全省具有技师（经营师）资格的39 473人，比上年增加9 440人；具有高级技师（高级经营师）资格的6 243人，比上年增加4 865人。

【农村劳动力有序流动】 1998年，湖北省组织农村剩余劳动力开发就业96万人，其中组织劳务输出12.73万人。就近就地安置灾区劳动力150万人。外出务工人员持卡率达87%，外来流动就业人员办证率达到90%。新设驻外劳务工作机构3个，全省18个驻外劳务工作机构向省内提供就业岗位34 840个，直接组织劳务输出16 200人，其中下岗职工占25%，农村及灾区劳动力占70%。春运期间共组织民工1 384万人次有序流动。

【外来劳动力管理】 为加强外来劳动力管理，省劳动厅下发了《湖北省城镇用人单位使用农村及外来劳动力分类管理暂行办法》《湖北省城镇用人单位允许和控制使用农村及外来劳动力行业工种目录》，宜昌等地劳动部门也分别下发了使用农村及外来劳动力的管理办法。全省严格执行证、卡合一制度，在全省40.5万外来劳动力中，有36.5万人办理了外来人员务工许可证，办证率达90%。

社会保险

【养老保险】 截至1998年年底，湖北省参加养老保险的在职职工415万人，其中外商投资、私营企业和城镇个体工商户已纳入统筹的达8.76万余人，离退休人员104万人。《湖北省企业职工基本养老保险费用省级统筹方案》已上报政府，即将出台实施。养老保险行业统筹移交工作，按照国家统一部署，于8月中旬顺利办理了交接手续，共接收15个行业134个单位的在职职工59.6万人，离退休人员15.6万人。湖北省的养老保险在全国率先实现了与国家统一方案并轨，运行顺利，特别是武汉市克服困难，也实现了与全省统一方案的并轨。截至1998年底，全省各级社会保险机构累计垫付养老金2亿元，其中垫付行业移交地方企业9至12月份养老金2 000万元，补付1至5月份拖欠的养老金4 070万元。1998年，全省（不含9月1日起移交地方管理的原行业统筹企业）参加基本养老保险的企业职工355.6万人，年度缴费工资总额1 542 450万元，全年养老保险费实际收缴365 675.83万元，收缴率为93%；年初企业累计欠缴养老保险费93 249万元，全年补缴28 257万元，补缴率为30%；期末累计欠收109 855万元。到年末，参加养老保险的离退休人员885 920人，全年实际支付养老金359 352万元，其中，为困难企业垫支养老金10 843.14万元，补付上年欠发养老金8 514万元，基本上确保了全省离退休人员养老金按时足额发放。全年转入养老基金709万元，转出养老金976万元，财政补贴1 841万元，其他收入538万元，年末累计结存养老基金271 337万元。补充养老保险费收入467万元，支出34万元，当年结余433万元。个人储蓄养老保险费收入230万元，支出1万元，当年结余229万元。

【失业保险】 1998年，湖北省失业保险扩大到城镇企事业单位及其职工、党政机关及其非公务员人员、社会团体及其专职人员，缴纳失业保险费标准由工资总额的1%提高到3%，其中用人单位缴纳2%，职工个人缴纳1%，建立了用人单位和职工个人缴纳失业保险费年检制度和失业保险工作通报制度。全年共征集失业保险基金1.75亿元，为5.03万名失业人员发放了失业救济金，其中实现再就业的有1.95万人，向企业再就业服务中心拨付下岗职工基本生活保障经费3 400万元。

【医疗保险】 到1998年底，湖北省有19个县（市）实现了离退休人员医疗费用或在职职工大病医疗社会统筹，参保的在职职工和离退休人员共25万人。医疗保险费收入1 479万元，支出1 353万元，当年结余126万元。按照国务院的统一部署，全省城镇职工医疗保险制度改革的总体规划已上报省政府，确定孝感市为全国医改工作的重点联系城市。

【工伤保险】 截止到1998年底，湖北省已有78个县（市）实行了工伤保险社会统筹，参保职工近200万人，享受因工伤亡待遇的有27 007人。工伤保险费收入3 850万元，支出2 819万元，当年结余1 031万元。

【生育保险】 截止到1998年底，湖北省已有73个县（市、区）实行了生育保险社会统筹，参保职工168.82万人。生育保险费收入3 265万元，支出2 099万元，当年结余1 166万元。

工资分配

【工资分配】 湖北省在1998年内完善以工效挂钩和工资总额包干为主的企业工资总量管理办法，企业工效挂钩和工资总额包干面达95%；制发《企业改制后总量管理若干问题的处理意见》，保持工资总量管理的政策连续性；全省已有2 344户企业进行了年薪制试点，15 000户企业试行企业经营者收入登记制度，全面开展了工资内外收入监督检查，企业自查率达98%，复查率达50%，抽查与专项审计达

30%。在黄石、宜昌、潜江三市试行了工资指导线制度。省劳动厅制发了《湖北省试点企业工资集体协商指导意见》，十堰市率先制定了《十堰市劳动力社会平均指导价格制度》。1998年全省职工平均工资5 590元，与上年相比，货币工资增长3.5%，扣除居民消费价格指数，实际平均工资增长5.94%。

劳动关系调整

【劳动合同制度】 截止到1998年底，湖北省已有541万城镇企业职工签订了劳动合同，占企业职工总数的99.6%；乡镇企业签订合同的职工82万人，覆盖率达77%；私营企业签订合同的从业人员39万人，覆盖率达76%；个体经济组织已有6万职工（雇工）签订了劳动合同。金融系统中，省人寿保险公司、省财产保险公司、省交通银行已在系统内全面实行劳动合同制度。全省劳动部门审核登记的集体合同累计达6 184份，涉及职工230万人。1998年11月5日，省劳动厅印发了《关于加强职工管理若干问题的通知》，建立起了新的职工登记制度。重点调研了国有企业下岗职工劳动关系问题，并按国家要求，妥善地处理好国有企业下岗职工劳动关系，维护了社会稳定。

【劳动争议处理】 截止到1998年底，湖北省已建立各级劳动争议仲裁委员会116个，办事机构130个。各级劳动争议仲裁机构共受理劳动争议案件2 472起，涉及5 708人。其中集体争议153起，涉及3 343人。年内已审理结案2 359起，结案率为95.4%，其中调解处理占34.6%，仲裁裁决处理占42.5%，其他方式处理占22.9%。仲裁处理的结果，用人单位胜诉的占20.1%，职工胜诉的占49.6%，双方部分胜诉的占30.3%。

【劳动监察】 1998年，湖北省共年检各类用人单位42 491户，涉及职工482.31万人，帮助6 800余户用人单位规范了劳动用工行为。先后组织开展了对用人单位工资支付、民工流动就业和对餐饮、娱乐等劳动密集型行业用工情况及对用人单位落实“一建立两确保”情况的专项检查。共催缴社会保险费7 000多万元，为6 000余名离退休人员补发了养老金310万元。全省共接到群众举报劳动违法案件3 710起，其中立案1 612起，结案1 532起。全省专职劳动监察员统一了着装，开展了案例研讨，组织了劳动监察员、协理员培训，进一步改进了劳动监察队伍整体形象，增强了劳动监察的严肃性和震慑力。

劳动安全卫生

【职业安全卫生监察】 1998年，湖北省对3 129名厂长（经理）、安技人员进行了安全培训，培训各类特种作业人员25 356名。共检验起重机4 721台，电梯3 736台，厂内车辆1 966台，并对352个企业、1 745个工种（岗位）进行了劳动条件的分级检测。各级劳动部门对149个新、改、扩建工程项目的劳动安全设施进行了初步设计审查或组织进行了专项验收。1998年湖北省非矿山企业共发生职工因工伤亡事故239起，死亡207人，重伤122人，分别比1997年下降32.48%、25.53%、17.06%，其中，发生一次死亡3人以上的重大事故8起，比1997年上升了26.6%。

【锅炉压力容器安全监察】 1998年湖北省定期检验锅炉5 857台，定检率为96%；定期检验压力容器6 024台，定检率为95%；定期检验气瓶462 763只，定检率为80%。对482台锅炉、5 311台压力容器、187台液化气体汽车罐车、268 972只液化石油气钢瓶进行了产品安全质量监督检验。抽查了省内外18家液化石油气钢瓶制造单位生产的18种品牌的液化石油气钢瓶，整顿了湖北省城乡液化石油气钢瓶市场。参照GB/ISO 9000质量体系标准规范《质量手册》，整顿质量体系，有192份《质量手册》通过评审，168名质量工程师获得注册登记证书。全年发生锅炉压力容器事故8起，死亡7人，重伤11人，事故起数较上年下降27%。

【矿山安全卫生监察】 湖北省的劳动安全

卫生部门在《矿山安全法》实施5周年之际，在国家和省有关刊物上发表纪念文章，印发宣传画、宣传册和培训教材，举办培训班。1998年，省级劳动安全部门组织了4次较大规模的安全检查活动，对国家重点建设项目大峪口矿肥结合工程进行了"三同时"审查，并按规定办理了竣工验收手续；先后参加了5起煤矿瓦斯爆炸、铁矿漏斗垮塌、煤矿透水事故的调查处理工作。1998年全省矿山企业共发生因工伤亡事故185起，死亡262人，重伤33人。事故起数和死亡人数分别比上年下降19.5%和8%。办理重大事故结案16起。

法制建设

【劳动立法】 紧紧围绕中心工作，进一步加快了劳动立法步伐。草拟上报了《湖北省劳动力市场管理条例》《湖北省劳动合同管理规定》等5件地方性法规、规章；根据《中共中央国务院关于切实做好国有企业职工基本生活保障和再就业的通知》要求，拟定出18项立法计划并基本落实到位；全年共出台省级规章、规范性文件80余件，涉及"一建立两确保"工作的规范性文件近60件。

【执法监督】 经过一年的努力，湖北省初步建立重大行政处罚听证制度、重大行政处罚集体讨论决定制度、行政执法案件统计报表制度和规范性文件备案制度，有力促进了依法行政。进行了行政执法证件年审工作，劳动行政执法人员持证、亮证执法自觉性普遍提高。认真开展了劳动部门行政事业性收费清理，取消、降低、合并部分收费项目、标准，减轻了企业负担，规范了劳动部门行政事业性收费行为。

信息系统建设

【劳动力市场信息系统】 湖北省劳动力市场信息系统建设初具规模，求职登记基本实现计算机管理，劳动力供求信息采用电子显示屏发布；省级劳动力市场网络与华东、华南网互联，与部分省市之间开展了信息交流。

【养老保险信息系统】 湖北省养老保险信息系统初步建成，覆盖了全省17个市、州、直管市，养老基金的收缴、拨付以及个人账户实现计算机管理，部分市实现了养老金社会化发放。同时，省与市、州、直管市之间开通了电子邮件系统。

【医疗保险信息系统】 湖北省在医疗保险信息系统建设方面进行了积极探索，孝感、宜昌两市医疗信息网络系统已初步形成。

【劳动和社会保险统计信息系统】 湖北省在全省范围内推广使用统计管理信息系统SMIS4软件，并运用省部间电子邮件系统传递数据、信息，大大提高了统计工作效率。

（湖北省劳动厅）

湖南省

【概况】 1998年，湖南省劳动和社会保障工作面临空前严峻的形势。在党中央、国务院与湖南省委、省政府及劳动和社会保障部的领导下，全省劳动和社会保障工作围绕国有企业改革，以确保国有企业下岗职工基本生活，确保企业离退休人员养老金按时足额发放（即“两个确保”）为重点，加大各项工作力度，实现了预定的目标任务，为全省改革发展、稳定大局作出了重要贡献。

培训就业

【国有企业下岗职工基本生活保障和再就业】 湖南省1998年国有企业下岗职工累计达90.63万人，累计实现再就业的有43.10万人，再就业率为46.57%，年末还有下岗职工47.50万人。组建再就业服务中心9 091个，再就业服务中心组建率和下岗职工进中心的比例都达到100%；进入再就业服务中心并签订基本生活保障和再就业协议的达30.93万人，占进中心人数的65.12%。全省各地因地制宜，采取大力扶持非公有制经济，加快发展中小企业和劳动就业服务企业，“退二进一”向农村要岗位，搞好社区服务，办好再就业市场、再就业基地，加强劳务输出等办法和措施，努力增加再就业岗位，保证了再就业率的稳步提高。当年共筹集国有企业下岗职工基本生活保障费8.06亿元，其中企业自筹1.54亿元，社会筹集1.95亿元，财政安排4.57亿元（含中央拨、借款分配到地市的1亿元）。全年为下岗职工发放基本生活费并代缴养老、失业、医疗等社会保险费1.57亿元，支出医疗保险金0.10亿元、失业保险金0.14亿元。对于进入再就业服务中心并签协议的下岗职工，都按规定发放了基本生活保障费。

【劳动力市场】 1998年，湖南省的省、市、县三级综合劳动力市场功能不断健全，有11个地市级劳动力市场配备了职业介绍软件，有8个与省级联网。全省1 473家各类职业介绍机构累计登记就业岗位58.90万个，求职登记109.91万人次，介绍成功实现就业的达34.63万人次。其中进入省职业介绍中心登记的单位512家，提供就业岗位5 872个，求职登记5 580人次，实现就业2 360人次。

【职业技能开发】 167所技工学校在校学生有5.7万人，当年毕业学生3.16万人，培训其他种类人员5.6万人，还有3个单位进行了建立综合性职业培训基地的试点。共有281家培训实体取得全国统一的“社会力量办学许可证”，共培训2万多人。14个地、州、市全部成立了职业技能鉴定中心，共有职业技能鉴定所（站）218家、考评员2 100多人；有20万人参加职业技能鉴定，其中1.5万人取得技术等级高级证书，15万人取得中级证书；考评技师579人。有8个地市和5个行业开展技能竞赛和技能人才表彰活动，全年计有1.2万人参加各级各类竞赛，评选出10名全省技术能手。

【劳动就业服务】 1998年湖南省城镇新增就业人员33.21万人，其中国有经济单位8.07万人，城镇集体经济单位4.21万人，其他经济类型单位4.46万人，私营和个体劳动者有16.47万人。全年新增失业人员24.73万人，其中就业转失业人员9.50万人。到年底，城镇登记失业人员为 29.77 万人，城镇登记失业率 3.86%。各就业训练基地转业转岗培训 14 万人次，实现就业有 9.60 万人。劳动预备制度试点面扩大，国家试点和省定试点城市各 7 个，组织劳动预备培训 3.80 万人，结业 2 万人，实现就业 1.62 万人。劳动就业服务企业完成生产经营总收入 62.14 亿元，实现利润 1.52 亿元，新吸纳安置失业人员和下岗职工 2.19 万人。

【劳动力流动就业】 湖南省农村劳动力跨省流动就业 63 万人，其中办理就业登记卡 19.05 万人；省内跨县流动就业 19.83 万人，其中办理就业登记卡 5.86 万人。1998 年加大了就地转移农村剩余劳动力工作的力度，引导水灾灾区群众立足本地，参加以工代赈，恢复生产，重建家园活动，并加强有组织的劳务输出，使大灾之年没有发生灾民大规模盲目外流。为做好春运民工有序流动工作，全省设立了 5 个监控点，按标准、按要求、按时完成了民工中转、输出的重点监控，春运期间安全、有序组织运输春节返乡、返岗民工 552 万人。

社会保险

【养老保险】 湖南省 14 个地州市制定发布了统一企业职工基本养老保险制度的实施方案。到 1998 年年底，参加基本养老保险费用社会统筹的企业职工为 310.66 万人（含中央行业驻湘单位）；参加基本养老保险费用社会统筹的企业离退休人员为 101.93 万人，全年企业职工基本养老保险基金收入 36.67 亿元，支出 39.48 亿元，养老保险基金收缴率为 84.25%。为从 7 月份起按时足额发放养老金，劳动和社会保障部门动用历年累计结余基金 2.58 亿元，各级财政提供补贴2 500万元。7～12 月全省发放养老金 17.87 亿元；并对 7 月份之前的拖欠部分逐月予以补发，到 12 月底共计补发 1.07 亿元。8 月底在长沙召开了原行业统筹的行业移交属地管理会议，省劳动和社会保障厅与 13 个行业签定了移交协议。移交的 13 个行业共有驻湘单位 82 个，涉及在职职工418 935人，离退休人员155 922人，从 9 月份起，由省社会保局按时足额发放养老金。

【失业保险】 湖南省参加失业保险的单位有16 083个，在职职工 260 万人，全年收缴失业保险基金19 493万元，比 1997 年增加5 344万元，增长 27%，剔除上半年提高比例无法追缴的因素，收缴率为 68.8%。各级失业保险机构接纳失业职工65 244人，并为他们发放失业救济金6 186万元。为落实保障下岗职工基本生活“三三制”筹资原则，全省共提取失业救济金 2 431万元，用于下岗职工的基本生活保障。

【医疗保险】 按照全国城镇职工基本医疗保险制度改革会议精神，成立了精干的专门班子，拿出了全省医疗保险制度改革的初步方案。至年底，已有 20 个县市 16.2 万名职工和 3.7 万名离退休人员参加了“统账”结合方式的医疗保险制度改革。

工资分配

【工资分配】 湖南省 1998 年城镇职工工资总额为 323.76 亿元，比 1997 年增长 2.81%；城镇职工平均工资5 473元，比 1997 年增长 2.76%，扣除生活费用价格上涨因素后，实际增长 2.25%。经省政府批准，7 月 1 日前颁布了新的最低工资标准：185 元/月、200 元/月、215 元/月、230 元/月，各地市根据当地实际，从中确定本地区最低工资标准。企业工资改革力度加大，工资指导线试点已扩大到全省各地州市。工资内外收入监督检查机构逐步建立，各地、州、市和 30 个部门成立了工资内外收入监督检查机构。

劳动关系调整

【劳动合同管理】 湖南省与用人单位依法签订劳动合同的职工人数为 597.70 万名，其中城镇企业有 463.17 万人，占应签合同人数的 99.8%，乡镇企业 64.67 万人，私营企业 24.93 万人，个体工商户雇工 44.93 万人。劳动和社会保障部门督促用人单位补签劳动合同7 899份，补办劳动合同鉴证手续13 802份；劳动合同鉴证工作逐步规范化、制度化，全年共鉴证劳动合同291 509份，纠正无效劳动合同1万余份。积极推行和指导集体协商，加强集体合同审核，各地报送劳动和社会保障部门的集体合同756份，涉及职工22.02万人，审核通过的集体合同756份（其中国有企业的集体合同432份）。到年底，在劳动和社会保障部门备案的集体合同为9 147份，涉及职工258.58万人。

【劳动监察】 湖南省加强日常巡视监察，认真受理举报投诉，日常监察各类用人单位3.27万户次，涉及劳动者229.43万人；立案查处劳动违法案件7 507件，结案5 400件；查处群众举报案件2 200件，处理结案1 900件。劳动用工年检制度全面建立，共检查用人单位2.62万户，涉及劳动者253.58万人，督促120家用人单位给5 061人补办用工手续，督促131家用人单位补交养老和失业保险基金917万元，清退各种押金、集资款4.01万元。“两个确保”的专项监察取得明显成效，督促1 844家企业为10.28万名离退休人员补发养老金6.8亿元。

【劳动争议处理】 湖南省137个劳动争议仲裁委员会共立案处理劳动争议1 964起，涉及劳动者当事人3 309人，比1997年分别上升40.4%、20%，处理结案率为90.2%。其中立案处理集体劳动争议91起，比1997年上升17%。企业劳动争议调解委员会10 415家，共调解劳动争议15 010件，比1997年上升30%。劳动信访工作任务更加繁重，共处理人民来信32 801件，接待上访群众3.9万人次。省劳动和社会保障厅成立劳动咨询事务所，共提供法律咨询服务4 300多人次，及时有效地化解和处理了一些矛盾和问题。

劳动安全卫生

【安全生产管理】 1998年，湖南省的安全生产形势比1997年有所好转，企业事故发生次数减少，其中锅炉压力容器、矿山事故是近10年来最少的一年。企业职工因工伤亡事故801起，死亡1 013人，重伤299人，比1997年分别下降18.7%、15.4%和16.7%；其中矿山企业发生职工因工伤亡事故453起，非矿山企业发生职工因工伤亡事故348起，比1997年分别下降23.4%、13.6%。全省共发生企业职工重大伤亡事故75起，死亡426人；其中矿山企业发生重大伤亡事故63起，非矿山企业发生重大伤亡事故12起，比1997年分别下降21.3%、上升9.1%。以“安全生产周”活动为契机，在全省范围内广泛开展安全生产宣传活动，提高全民的安全意识。认真开展新改扩工程“三同时”审查、特种设备和劳动防护用品的安全认证工作，全省“三同时”审查96项。

【锅炉压力容器监察】 认真贯彻落实1997年7月制定出台的《湖南省锅炉压力容器安全监察办法》，全面开展对锅炉压力容器及压力管道的现场安全监督和定期检验。共检在用锅炉5 834台、压力容器7 922台、汽车罐车296辆、铁路罐车366辆和各种气瓶24.71万只；取缔土锅炉生产厂25家，查封土锅炉43台，查处无证制造的压力容器33台、违章安装的锅炉23台；发出监察意见通知书865份，防止了120起事故的发生。

【矿山安全卫生监察】 湖南省建立了省、市、县、乡四级矿山安全监察组织体系，加大了现场执法监察力度，全面实施矿山建设工程、矿山生产基本安全条件、建设施工单位安全资格、矿长安全资格和特种作业人员安全资格审查制度。全年审查矿长安全资格8 208人，审查矿山特种作业人员操作资格1.49万人，审查矿山建设工程设计和竣工验收安全设施100多件，审查矿山企业生产安全条件4 074个矿，审查矿山建设单位安全资格14个，发现并监督矿山企业整改较大事故隐患1 904件。实施矿山安全行政处罚452件，因不安全条件难以改变，提请停产整顿和吊证关闭的矿井231个。

法制建设

【法制建设】 湖南省已出台有省政府发布的《湖南省职业技能开发办法》，送审待省政府常务会议审议的有《湖南省工伤保险办法》。

（湖南省劳动和社会保障厅）

广 东 省

【概况】 1998年，广东省国有企业下岗职工基本生活保障和再就业工作受到社会各方的关注。广东省委、省政府召开全省工作会议并下发文件，作出了部署。各级劳动部门按照中央和省的部署，紧紧围绕经济结构调整和企业改革，集中力量做好确保国有企业下岗职工基本生活，确保企业离退休人员养老金按时足额发放（即“两个确保”）工作，积极探索建立再就业新机制，使企业下岗职工基本生活保障和再就业工作取得阶段性成果。同时，职业技能开发、劳动法制建设、劳动关系调整、劳动工资、劳动领域宏观调控、安全生产、统计信息和精神文明建设等项工作都取得了新成绩，有力地推动了全省劳动事业的发展。

培训就业

【国有企业下岗职工基本生活保障】 广东省各级政府和有关部门高度重视下岗职工基本生活保障工作。省政府发出《关于做好优化资本结构试点城市职工再就业的通知》《关于加快放开公有小企业的通知》，省财政厅、劳动厅联合印发了《企业下岗职工基本生活保障资金管理办法》，省社会保险局印发了《失业保险基金用于下岗职工生活保障的划拨办法》等文件，明确按照“谁主管、谁负责”和“三三制”原则，多形式、多渠道筹集下岗职工基本生活保障资金，规定了资金的使用办法和管理程序。全省共筹集资金5.34亿元，发放4.65亿元，其中由省财政拨给省直和困难地区基本生活费9 515万元。下岗职工领取基本生活费和足额领取生活费的比例分别达96.5%和88%。广州、汕头、江门、肇庆、潮州等市还对特困职工实行免费定量供应粮油，减收房租、水电费、子女入学费等优惠，较好地解决了特困职工的生活困难问题。

【城镇就业】 各地劳动部门加强对外省劳动力的管理，完善就业证卡、用工许可证制度，按照规范化、标准化、制度化的要求，加快就业服务体系建设。广州、深圳、珠海等地综合运用职业指导、职业介绍、就业培训、生产自救、失业保险、档案挂靠等服务手段，开展就业“一条龙”服务，促进城镇就业。1998年全省城镇登记失业人数67.95万人，通过市场就业40.3万人，年末城镇登记失业26.2万人，登记失业率为2.3%，低于年初提出的3%的控制目标和全国平均水平。全省城镇从业人员1 127.2万人，比1997年增加7.2万人。其中城镇职工875.7万人，比1997年减2.4%；国有企业职工人数297.00万人，比1997年减少33.4万人。城镇集体企业职工160.29万人，比1997年减少19.3万人；其他类型企业职工262.9万人，比1997年增加近90万人。

【再就业工程】 1998年6月，广东省委、省政府召开了全省国有企业下岗职工基本生活保障和再就业工作会议。会后省委、省政府印发了《关于进一步做好国有企业下岗职工基本生活保障和再就业工作的决定》，各级劳动部门积极贯彻全省会议精神，结合广东实际，集中力量狠抓“两个确保”和再就业工作，形成了“先分流、后下岗，少进中心、快出中心，分类管理指导，确保基本生活”这一具有广东特色的工作思路，使这项工作取得了重大进展：全省企业下岗职工78.9万人，其中国有企业56万人，城镇集体20.3万人，其他经济类型2.6万人。已分流安置40.4万人，年末下岗未就业35.2万人；其中国有企业分流安置33.3万人，再就业率59.5%。凡是有下岗职工的国有企业全部建立了再就业服务中心或类似机构，下岗职工100%进入中心，基本生活得到保障的达96.5%。广东在再就业工作中，注意发挥市场机制作用，促进下岗职工再就业，主要是实行三次分流：第一次分流，是紧密结合企业改革，做好职工分流安置工作。如广州摩托集团兼并其他企业后，在有关部门的指导下，采取“七个一批”的办法，使5 700多名富余职工中的5 100人在下岗前得到了分流安置。1998年全省有17万富余职工在下岗前得到分流安置，使下岗职工数量明显减少。第二次分流，是把好中心“入口关”。省劳动厅发出了《关于加快再就业服务中心建设若干问题的意见》，明确规定以各种形式隐性就业或无就业愿望的6种人不再进入再就业服务中心，从而实现下岗职工进入中心前的第二次分流。据统计，1998年有18.2万下岗职工以这种形式分流。第三次分流，是加强引导和服务，加快分流进入中心的下岗职工。全省各地依据省委《关于进一步做好国有企业下岗职工基本生活保障和再就业工作的决定》，通过制定并落实有关促进下岗职工再就业的具体政策措施，推动下岗职工快出中心。主要是从工商、税收、投资、服务等方面出台一系列政策措施，推动个体、私营经济和第三产业的发展，扩大就业渠道，促进下岗职工到非公有制经济和第三产业就业。据统计，1998年的下岗职工中，超过70%到非公有制单位就业，有65.2%在第三产业实现再就业。1998年全省共有15.1万下岗职工走出了中心。为了帮助下岗、失业职工提高再就业能力，省劳动厅印发了《实施“三年千万”再就业培训计划方案》，提出了三年培训100万下岗职工的目标任务。各地依据培训目标，广泛开展转业转岗培训。全省当年共培训下岗、失业职工24万人，培训后再就业率达72%，有力地促进了下岗职工的再就业。

【创建企业再就业服务中心】 广东省各地劳动部门按照全省再就业工作会议精神，把建立国有企业再就业服务中心作为保障下岗职工基本生活和促进再就业的一项重要工作来抓，确保在9月底前实现中央提出的凡是有下岗职工的企业都要建立再就业服务中心或类似机构，下岗职工要100%进入再就业服务中心的目标。中心的主要任务是向下岗职工发放基本生活费，代缴各项社会保险费，进行就业指导和转业训练等。为完成上述任务，采取了建立通报制度，抓检查督促，严格按中央的规定，并结合广东实际，规范中心的运作等措施。省劳动厅会同省经委等七个部门联合下发了《转发劳动和社会保障部等六部委局关于加强国有企业下岗职工管理和再就业服务中心建设有关问题的通知》，就规范下岗程序、开展下岗职工登记造册、建立下岗职工证制度、落实各项再就业和基本生活保障政策、妥善处理下岗职工劳动关系等方面作了具体规定。经过努力，至1998年底，全省已建立再就业服务中心或类似机构近1.2万个，凡有下岗职工的国有企业全部建立了再就业服务中心或类似机构，100%的下岗未就业人员进入了中心。

【劳动力市场建设】 按照劳动和社会保障部印发的《劳动力市场信息网建设实施纲要》的统一要求，广东各地劳动部门进一步加快劳动力市场建设，加大劳动力市场信息网络建设投入。深圳、珠海等市劳动力市场信息网建设达到现代化水平，由省负责建立的华南劳动力市场信息网与省内12个市县实现了职业介绍信息联网，一些大中城市如广州、佛山等市实现了市区职业中介信息联网，如广州市平均每天上网（劳动力信息网）的劳动力资源信息就达3 200多条，岗位空缺信息2 500多条。各级劳动部门注意从实际出发，强化就业服务，开设下岗职工免费服务窗口，帮助下岗职工尽早再就业。1998年，全省劳动部门加强了职业中介机构的整顿，取缔非法中介机构212家。至年末，

期末收回的数额较大的款项，制定了整改追收措施，限期整改，严肃了基金管理纪律，保证了基金的安全。

【医疗保险制度改革】 医疗保险改革是社会保险改革的重点和难点，广东省政府对此采取了积极、慎重的态度。深圳、珠海、佛山、东莞、顺德、英德、遂溪等7个市县进一步完善了原有的医疗保险改革方案，广州方案经过反复研究、论证，进一步趋于成熟，省社保局及时组织各种研讨会，总结各地医疗保险改革经验教训，草拟了省直医疗保险改革方案，为即将在全省普遍启动的医疗保险改革打下了基础。

【工伤、生育保险】 1998年，广东省的工伤、女职工生育保险得到进一步发展，工伤医疗康复工作日益受到重视，广州、东莞、韶关、肇庆等部分条件成熟的地区积极筹建工伤医疗康复中心，女职工生育保险工作在各级妇联组织的支持与配合下，得到很大发展，全省已有65个市、县、区开展了女职工生育保险试点。

工资分配

【工资分配】 1998年，广东省继续加强对企业工资分配的宏观调控，严格控制高收入行业的工资增长，对工资水平达到当地平均工资3倍以上的企业，不予办理追加工资使用计划；继续做好对企业工资总量增长监测预警和指导工作，制定适度偏紧的工资计划；深圳、佛山、惠州、江门等市颁布了本地区企业工资指导线，引导企业合理增加工资；继续开展企业工资内外收入监督检查，健全检查程序，会同财政、审计等部门，对电力、金融、交通等行业的一些单位和部分市进行了抽查；惠州市对工资内外收入实行了委托审计制度；继续推进经营者年薪制改革试点，进一步探索建立国有企业经营者收入的激励和约束机制，全省共有11个市206户国有企业实行了年薪制。

劳动关系调整

【劳动关系协调】 广东省在巩固公有制企业实行劳动合同制的基础上，重点抓好乡镇企业、私营企业和个体工商户与所聘用的从业人员签订劳动合同，并加强指导，发挥劳动合同在建立和调节劳动关系中的作用。到1998年底，全省国有、集体和外商投资企业有649万职工签订了劳动合同，占三类企业职工总数的98%以上。非公有经济从业人员中有543万人签订了劳动合同，占从业人员总数的61%。其中，乡镇企业376.2万人，占其从业人员的71.0%；私营企业89.6万人，占其从业人员的65.9%；个体工商户76.9万人，占其从业人员总数的38.1%，分别比1997年略有增加。集体协商签订集体合同的工作获得新进展，经劳动部门审核的集体合同有10 184户，比1997年增加2 239户，涉及职工223.1万人。加强劳动合同管理，全省共对560万份签订的劳动合同进行了鉴证，纠正违法合同18万份。与此同时，还按照劳动和社会保障部《关于加强国有企业下岗职工管理和再就业服务中心建设有关问题的通知》，注意探索下岗职工劳动合同管理的办法。对下岗进中心的人员，变更原劳动合同，签订进中心的协议，维护双方合法权益。

【劳动争议处理】 1998年，广东省仲裁委员会及其办公室正式成立，并加强对全省劳动争议仲裁工作的指导。各地重视仲裁员队伍建设，挑选素质较好的人员参加仲裁员队伍，共新增仲裁员320多名。目前全省658名专职仲裁员中，70%以上具有大专以上文化程度。在全省推广了东莞设立乡镇仲裁机构的经验，目前全省共有74个镇成立了仲裁机构。1998年广东省实行仲裁员、仲裁庭办案制度的覆盖面已达90%以上，受理劳动争议案件27 000多宗，结案率达98%。

劳动安全卫生

【安全生产】 广东省各地遵照江总书记等中央领导同志对安全生产的重要指示，全面贯彻国务院办公厅转发原劳动部关于认真落实安全生产责任制意见的通知，抓好安全责任制的落实。省政府针对一些地方发生的重大事故，发出了加强安全生产的紧急通知，召开了紧急电视电话会议，对加强安全生产工作进行了部署，并组织安全生产大检查，共组织检查组700多个，检查企业近万家，发出整改通知书2 300多份，责令300多家企业整顿，及时发现和消除了一批事故隐患。按照《女职工劳动保护规定》在全省开展了女职工劳动保护大检查，促进了女职工劳动保护工作的开展。继续推行注册安全主任制度，经培训有1 202人获资格证书。认真加强“三同时”制度建设，提出了初步设计审查的技术性评价办法，完成了对珠海金沙制药厂等10个生产性项目的劳动安全卫生预评价工作。加强对电梯等特种设备的安全管理和特种作业人员的培训，认真做好劳动防护用品的管理工作。

【矿山安全监察】 矿山安全卫生监察工作有新进展。开展了对惠东县荷寿下井下巷道爆破作业的事故隐患安全评估；对四望嶂矿务局井下生产情况进行了调查，并向省政府提出尽快关闭该矿的专题报告，避免了重大事故的发生。

【锅炉压力容器安全监察】 各地继续完善锅炉压力容器现场安全监察制度，现场监察锅炉房近3 000个次、液化石油站500个次，在用锅炉定检率进一步提高，E2级锅炉制造资格认可、医用氧舱的修理改造工作进展顺利，完成了38家到期锅炉安装单位换证审查。

1998年广东省安全生产形势基本平稳，工矿企业共发生职工伤亡事故1 101宗，死亡794人，与1997年相比，事故宗数上升0.27%，死亡人数下降4.22%。发生一次死亡3人以上的重大事故31宗，死亡144人，比1997年分别下降14.8%和2.1%。

法制建设

【劳动立法与执法】 继续做好地方性劳动法规、规章的研究制定工作，起草并上报了《广东省职业介绍管理条例》《广东省流动人员就业管理条例》《广东省外国企业常驻代表机构聘用中国雇员管理规定》；完成了《广东省促进再就业条例》《广东省企业欠薪保障条例》的起草工作；积极配合广东省人大、省政协开展《劳动法》和《广东省企业职工劳动权益保障规定》的大检查，有力地促进了《劳动法》的贯彻落实。建立健全了各项规章制度，落实执法责任，全面推动了依法行政工作。

【劳动监察】 认真贯彻执行《广东省劳动监察条例》，依法强化劳动监察。各地进一步抓好劳动监察机构和队伍建设，在做好日常巡视监察的基础上，对民工有序流动、《劳动法》执行情况和“两个确保”情况进行了专项监察。各级劳动监察机构接听投诉举报电话19.4万多人次，处理投诉信件13.2万多封，检查用人单位3.5万多家；针对企业拖欠工资问题较突出的情况，加大了处理力度，为30多万工人追回被拖欠的工资4.5亿元，清退风险抵押金968万元。进一步做好劳动年审工作，劳动年审覆盖面达80%以上。制定了《广东省企业劳动规章制度审查备案办法》，加强了对新建企业规章制度的检查，使年审制度走上规范化轨道。

其他工作

【劳动领域宏观调控工作】 广东省根据劳动事业发展中长期规划，提出了指导性的年度计划目标，并加强计划执行情况的监督检查，至1998年末，全省职工人数比1997年减少2.5%，城镇登记失业率2.3%，再就业率达59.5%，计划执行情况比预期好。加强了专项计划的中长期研究，印发了《广东省“九五”至2010年技能人才规划》，确定技能人才开发项目40多项。制定了相关政策，较好地发挥了规划、计划在宏观调控中的指导作用。进一步抓紧落实企业岗位余缺申报制度，深圳、惠州、佛山、江门等11个市开始全面实施，佛山市将企业岗位余缺申报表汇总成册，将有关资料提供给劳动培训中心，使培训中心及时掌握信息，有针对性地开展就业培训，取得了较好效果。研究建立城镇失业监测预警制度，编印了三期《广东劳动力市场宏观监测与分析报告》，综合运用用工许可、劳动力分类管理和民工有序流动管理等手段，加强对用人单位招用工的管理，规范用人行为，督促用人单位清退擅自招用的外来工24万人，补办流动就业证卡23万多件。据统计，纳入各级劳动部门管理的外省劳动力达430万人。加大对职业中介机构的管理，共取缔非法职业中介机构212家。积极做好劳务扶贫工作，落实对口扶贫任务，16个特困县向珠江三角洲地区输出劳动力4万多人，超额完成了任务。

【劳动统计】 加强和改进劳动统计工作。广东省劳动厅印发了《劳动统计工作规范管理办法》，实行“统一管理，分工负责”的管理体制。各地发挥统计的整体功能，围绕再就业这个中心，认真做好各项统计工作。1998年增加了下岗职工统计、国有企业再就业服务中心资金筹集和使用两个报表；要求每月按时上报统计报表并做好统计分析。在广州、深圳两市组织进行了企业工资价位抽样调查分析工作。人工成本抽样调查在广州、深圳的基础上又扩大到汕头、韶关、佛山、湛江等市。开展了统计工作先进单位和优秀统计分析文章的评比工作，撰写了80多篇统计分析文章，及时为领导决策提供了可靠的依据，使广东劳动统计工作连续9年被原劳动部、劳动和社会保障部评为先进。

【劳动科学研究与宣传】 广东省劳动和社会保障部门积极参加省委、省政府组织的增创新优势十大调研活动，参与了人才队伍建设、劳动力市场建设、可持续发展、企业改革等课题的调研，取得了重要成果；与省政府研究中心联合开展了就业与再就业专题调研并向省政府提交了调研报告；针对下岗职工进入再就业服务中心存在的问题，深入调查研究，写出《关于加快再就业服务中心建设和切实保障下岗职工基本生活若干问题的意见》一文，通过制定政策，明确了下岗的程序和管理办法，有力地推动了再就业工作的发展；组织专家学者分析了亚洲金融危机对广东就业形势和劳动工作的影响；在珠海召开了广东省国有企业下岗职工基本生活保障和再就业理论研讨会，探索建立再就业新机制的思路。加大了劳动宣传力度：与省委宣传部联合下发了《关于认真做好1998年再就业新闻宣传工作的通知》，对全省再就业新闻宣传做出了部署；协助广东省电视台、卫视台摄制了《我来自他乡》《技多不压身》两套专题电视片；在新闻媒体上组织刊登了再就业公益广告，开展了再就业征文活动，较好地引导下岗职工转变就业观念；编辑出版了《面向21世纪的广东劳动事业》宣传画册；劳动系统的报刊出版工作也取得了较好的社会和经济效益。

（广东省劳动厅、广东省社会保险管理局）

深圳市

【概况】 1998年，深圳市的劳动工作深入贯彻稳定、改革、发展的方针，坚持以依法行政为主线，继续深化劳动体制改革，构建管理与服务相结合的劳动管理体制。全年劳动工作的核心，是集中精力解决下岗、失业职工基本生活保障和再就业问题。改革的重点是审批制度、业务管理方式、劳动咨询服务方式，进一步简化了办事环节和办事手续，提供“一条龙”式的窗口服务，方便企业和员工办事，强化了服务机制。依法行政强调行政主体和行政行为的法律依据及其合法性，加强了执法与监督力度。管理与服务的有机结合，大大提高了工作效率，排除了东南亚金融风暴和国有企业员工下岗潮的冲击，使深圳劳动工作迈上了一个新台阶。其深远意义在于它成功地探索了市场经济条件下劳动管理的崭新模式，对劳动行政机构的改革作了有益的尝试。

同时，社会保险制度改革也取得显著成就。社会保险覆盖面进一步扩大，参保率和基金收缴率大幅度提高；基本养老保险实现了与国务院统一制度的衔接，基本医疗保险制度进一步完善；社会保险基金实行收支两条线管理，确保了社会保险基金的完整和安全；《深圳市企业员工基本养老保险条例》的颁布，使社会保险法制更加完备，管理更加规范。

培训就业

【国有企业下岗职工基本生活保障和再就业】 1998年，深圳市劳动工作以国有企业下岗员工基本生活保障和再就业工作为重点，深入实施再就业工程，就业工作取得了新的突破。经身份认定后进再就业服务中心的国有企业下岗员工（下称下岗员工）4 074人，下岗员工进中心率100%，有就业愿望的下岗员工再就业指导率100%。在工作中，实现了三个到位：一是机构到位。市委、市政府和各区委、区政府成立了再就业工作领导小组，市、区劳动行政部门和企业共同成立再就业服务机构166家。二是资金到位。全市共筹集再就业专用资金5 900万。三是政策到位。市委、市政府制定并颁发《关于贯彻落实中共中央、国务院会议精神，认真做好我市国有企业下岗员工及失业员工基本生活保障和再就业工作的意见》。根据《意见》精神，市劳动部门协调有关单位，迅速出台了5个实施性文件，使下岗和失业员工基本生活保障和再就业工作有序有效地发展。

为实施再就业工程，深圳市还采取了实施本市居民按比例就业的政策，加强再就业培训，加强下岗员工身份的认定工作，规范失业证管理等多项强化措施，基础管理工作不断完善。

【劳动力市场建设】 1998年，深圳市社会劳动力总量310万人，其中城镇从业人员65万人，农村劳动力14万人，劳务工231万人。全市积极推进7大行业企业实行按比例就业工作，加强劳动就业信息化建设，重点开发职业介绍信息管理系统，采取“市区联网、政策扶持、免费培训、免费中介”的方式。先后举办了两次大型下岗员工就业交流大会，累计进场人数超过2万人，促成3 000多名下岗失业员工与企业达成招用就业意向，有力推动了劳动力市场建设。到1998年末，深圳市城镇登记失业人员16 512人，失业率为2.48%。1998年，深圳市制定并实施了《深圳经济特区职业介绍机构管理办法》，清理整顿职业中介机构。经过整顿，深圳市职介机构从98家减到44家。同时，积极发展劳动力市场，深圳市劳动局与宝安区劳动局还组建了深圳市外来劳动力市场，劳动力市场逐步向多层次、多元化方向发展，全市职业介绍74.23万人，有6.35万人实现就业，成功率为8.55%。

深圳市在总结1997年经验的基础上，进一步完善了招调工调控机制，实行招调工指标与企业资产规模、经济效益、执行劳动政策法规情况挂钩的办法，较好地解决了企业之间指标量不平衡和考核企业指标单一的问题。还组织企业到内地开展中、高级技工交流，帮助企业引进人才。全年从市外招调工7 362人（含子女），其中引进紧缺人才2 434人。

【职业培训】 1998年，深圳市在职业培训中首先加强在岗、下岗、失业员工及新成长劳动力的培训，各类培训项目增达100多种，其中深圳市职业训练中心的培训项目，由1997年的57项增加到90项。1998年深圳市培训总量达9.8万人次，比1997年增加9%，其中技能培训3.3万人，适应性培训6.5万人。其次，加强就业指导，深圳市组织力量编写了《就业指导》一书，对全市5 000名新成长劳动力和下岗、失业员工进行了就业指导。第三，积极拓展军地两用人才的培训，特别是对驻港部队官兵进行技术等级培训，受到驻港部队的高度评价。此外，抓住企业重视自身特有工种培训的特点，积极帮助金威啤酒厂、赛格三星、赛格日立、康佳集团等企业开展专项培训，受到企业的欢迎。

1998年，深圳市有开展高级工培训的办学机构15家，有5家办学机构开展了技师、高级技师的培训。1998年培训量达800多人，实现了高级技师培训考核零的突破，提高了职业技能培训层次。全年共增加职业技能鉴定考核网点3个，职业技能鉴定机构发展到20家，提高了职业技能鉴定层次。进一步规范考核标准，实行计算机工种考核无纸化和判卷自动化，完成300多套底题标准化改造，编制新试卷397套，建立84个工种（专业）试题库，实行计算机自动组卷，体现了客观、公平、公正的原则，提高了质量和效率。加强技能鉴定质量监督管理，对全市技能鉴定所进行年审，实行考评员档案计算机管理，建立考评员持证上岗制度，组建了市职业技能鉴定督考员队伍，逐步健全了监督机制。1998年全市组织职业技能鉴定考核和招调工考试28 124人，获得技术等级证书5 253人。

【农村劳动力有序流动】 1998年2月，深圳市人大常委会通过了《深圳经济特区劳务工条例》，依法完善了劳务工管理办法，使农村劳动力流动继续向着有序化方向发展。表现在：一是劳务用工手续办理情况良好。1998年深圳市劳动部门共办理劳务用工手续231万人，比1997年同期增加10万人，增加4.5%。其中特区内85万人，特区外146万人；省内89万人，省外142万人。二是加强了用人单位用工条件的审核，并对劳务用工50人以上的单位的用工条件进行检查，确保企业依法用工。三是加强服务工作，对招用劳务工200人以上的单位推行办理劳务用工手续上门服务。同时，加强与公安、工商、计划生育、人事、财政以及全市劳动部门的协调，改进了劳务工手续办理方式。此外，加强了劳务扶贫工作，从贵州、粤北16个对口扶贫山区输入劳务工10 600人。

【涉外劳动管理】 1998年，深圳市继续抓好涉外劳动管理工作。全年输出境外劳务170人；纳入管理的境外在深就业人员7 600人，比上年增加6%。1998年，深圳市管理外商驻深办事机构1 900家，招聘中方雇员2 190人。

社会保险

【养老保险】 1998年，深圳市认真贯彻《国务院关于建立统一的企业职工基本养老保险制度的决定》精神，基本养老保险制度顺利实现了与国务院统一制度的接轨。贯彻落实国务院确保国有企业下岗职工基本生活，确保企业离退休人员养老金按时足额发放（即“两个确保”）精神，离退休人员的养老金实现了100%按时、足额发放，100%社会化发放。并在物价负增长的情况下，按照基本养老保险待遇正常调整机制，给离退休人员人均增加了57元养老金。加强了对企业离退休审核工作的管理，没有核准一例职工提前退休。制定了《深圳市个体工商户养老保险实施办法》和《特区内农村城市化后农转非人员养老保险问题的若干规定》，使深圳市基本养老保险覆盖范围在国有、集体、股份制、外商投资和私营企业以及机关事业单位的基础上，扩大到全市个体劳动者和农转非人员，有效解除了下岗失业员工的后顾之忧，促进了国有企业深化改革。当年10月颁布实施了《深圳经济特区企业员工基本养老保险条例》，明确规定本市户籍员工养老保险缴费比例为员工缴费工资的17%，比原规定降低了2个百分点，以减轻企业负担；员工个人账户为缴费工资的11%，比原规定降低了2个百分点，以与全国统一制度接轨。基础性养老金按上年度城镇职工月平均工资的20%计算，比原规定降低了5个百分点，但过渡性养老金有所提高。1996年7月1日以后调入本市的员工，其调入本市以前的连续工龄视为缴费年限，但要补交养老保险费个人账户部分；以工人身份调入且调入时年龄超过35周岁或以干部身份调入且调入时年龄超过45周岁的员工，应补交超龄养老保险费。条例还增加了养老保险监督和法律责任内容。截止到年底，全市基本养老保险参保人数为75万人，本市户籍人口参保人数为57万人，比上年增加了7万人，参保率为92%，比上年提高了12个百分点。全年核准离退休人员2 901人，全市享受基本养老保险待遇的离退休人员累计达23 423人。

【医疗保险】 1998年，深圳市医疗保险制度改革不断深化。制定并执行了新的《深圳市基本医疗保险用药目录》，完善了医疗保险偿付办法，建立了共济基金个人年度消费封顶线，与深圳市卫生局联合制定了《深圳市基本医疗保险七个管理办法》和《深圳市保健对象医疗保险费用管理办法》，加强了对定点医院的监督管理，强化了供方制约机制，规范了医务人员的医疗行为，保障了职工的基本医疗权益。按照国务院《关于城镇职工基本医疗保险制度的决定》精神，提出了加快医疗保险立法、进一步提高参保率、加快建立“大病互助基金”制度、公务员医疗补助制度和企业员工补充医疗保险制度等与国务院医改相衔接的具体措施。截止到年底，全市基本医疗保险参保人数为47万人，比上年增加了9.59万人，本市户籍员工参保率为74%，比上年提高了34个百分点；全年提供医疗保险门诊服务共198.62万人次，比上年增加了40%；提供住院服务16 448人次，比上年增加了33.70%；提供特殊检查治疗服务5 350人次，比上年增加了21.70%；提供市外转诊服务357人次。深圳市的基本医疗保险制度改革，既保障了职工的基本医疗需求，又遏制了卫生资源的浪费，实现了共济基金收支平衡、个人账户有所积累。深圳市医疗保险制度改革得到了国家领导人李岚清、吴邦国等同志的高度评价和充分肯定。

【工伤保险】 1998年，《深圳经济特区工伤保险条例》的修改完善工作基本完成，提出了将工伤保险浮动费率缴费比例从0.8%～2.8%降至0.5%～1.5%的思路，以进一步减轻企业的负担。继续开展“工伤事故处理百例无差错活动”，规范了执法程序，提高了执法水平。截止到年底，全市工伤保险参保人数为194万人，比上年增加14万人，参保率为86%，比上年提高了6个百分点。全年共受理工伤事故17 000宗，补偿工伤事故16 511宗，比上年增长了16.6%；获补偿人数为16 586人，比上年增长了15.6%；按月支付生活费107人，支付一次性生活费167人，支付完全丧失劳动能力生活费17人。

【多层次的社会保险体系】 1998年深圳市加快了建立健全多层次社会保险体系的步伐。年初，对企业补充养老保险试点工作进行了全面总结，进一步扩大了试点范围。9月，成立了补充养老保险基金管理中心，以加强管理。

拟定了《公务员补充养老保险的实施方案》、企业补充医疗保险和机关事业单位补充医疗保险的草案，初步建立起了多层次的社会保险体系的基本框架。截至年底，参加企业员工补充养老保险的企业有100多家，参保员工5 000多名，收缴补充养老保险基金4 000多万元。

【社会保险基金】 截止到1998年年底，深圳市全年征收各项社会保险基金总额为20.3亿元，比上年增加了40%。全年共发放各项养老保险待遇5.68亿元，支付各项医疗保险费用2.01亿元，偿付工伤保险待遇1.12亿元。实现了社会保险共济基金收支平衡、个人账户基金有所积累。追缴历年欠缴社会保险基金0.9亿元，占历年欠缴总额的47%；基金收缴率为95%。进入财政专户基金21亿元，累计购买国债19亿元。

【社会保险基金管理】 1998年，深圳市认真贯彻国务院有关社会保险基金管理的精神，按照市政府常务会议确定的“统一财政专户，明确支出范围，主管部门使用，财政、审计事后监督，政府指定银行协助监督”的原则，加强了社会保险基金的管理和监督，确保基金的安全、完整。在管理上，将市、区、镇社会保险基金统一并账，实行社会保险基金收支两条线管理，不再提取管理费，社会保险机构管理费用由市财政拨款。除预留两个月支付备用金外，其余基金全部存入银行开设的“深圳市社会保险基金专户”，并将以往分散存放的基金逐步清理纳入专户管理。社会保险基金不再投资运营，对以往投资项目全面清理，积极追收欠款，妥善处理遗留问题，并通过法律手段进行追收。在监督上，实行财政、社会保险机构、人民银行、审计共同监督的机制。

工资分配

【工资分配】 1998年，深圳市企业工资调控体系不断完善。(1)加强宏观调控，引导收入分配合理增长。调整公布了1998年最低工资标准，特区内最低工资为430元/月，宝安、龙岗两区为330元/月。调整公布了企业工资指导线，工资增长预警线为17%，基准线为13.5%，下限为工资零增长或负增长，但不能低于当年最低工资标准。按照“两个低于”的原则进行管理，完善《企业工资总额使用手册》的办理程序，全年办理《工资手册》的企业达6 575家。(2)完善国有企业经营者年薪制办法。根据1997年实行年薪制的情况，修改、补充和完善了《深圳市国有企业经营者年薪制暂行规定》，并开始实施，80家市属企业办理了年薪制。(3)做好欠薪受理工作。全年受理欠薪投诉案件73宗，实际垫付24宗，垫付资金达156万元，涉及垫付欠薪人数1 995人，对缓解劳资纠纷，维护社会稳定起到了一定的作用。

劳动关系调整

【劳动合同管理】 1998年，深圳市在劳动关系调整工作中，注重抓好事前管理、事中监察、事后仲裁三个环节，逐步完善劳动关系调整网络。第一，全面总结了多年来全市劳动合同管理工作的经验和教训，制定了《深圳市劳动合同管理办法》，为规范合同管理提供了依据和可操作的办法。第二，搞好劳动合同鉴证和检查，促进企业依法订立和履行劳动合同，全市共鉴证劳动合同247万份。第三，指导企业建立劳动合同内部管理制度，如企业规章制度的审查备案制度、企业劳动合同管理台账制度、企业劳动合同管理人员持证上岗制度，促使企业内部合同管理逐步走上规范化、制度化轨道。第四，加强劳动合同、集体合同业务培训工作，1998年共组织600多家企业近千人参加了培训。第五，联合市总工会积极稳妥推进集体合同制度，目前全市签订集体合同的企业1 510家，涉及员工34.1万人。

【劳动争议处理】 1998年，深圳市推广了华侨城和布吉镇设立仲裁派出庭的经验，在宝安9个镇(街道办事处)全部设立仲裁派出庭，促进就地、就近及时处理劳动争议，充分发挥了劳动关系协调组织作用，形成各部门齐抓共管的局面，使调整劳动关系手段多元化。

同时加强了仲裁力量。1998年深圳市劳动争议仲裁委员会新聘请20多名兼职仲裁员，截至1998年12月31日，深圳市共有40名兼职仲裁员，在一定程序上缓解了仲裁力量不足的问题。1998年深圳市共受理劳动争议案件12 130宗，其中经过仲裁程序立案处理1 180宗，超过前3年的总和，结案1 113宗，结案率为94.3%，依法维护了企业和员工双方合法权益，促进了劳动关系的和谐稳定。

【信访工作】 1998年，深圳市信访工作呈现两个突出特点：一是信访工作量大幅增多，深圳市劳动局全年共受理群众来信来访案件8 817宗，比上年同期增加35%；二是重大劳资纠纷案件急剧增加，其中30人以上重大劳资纠纷达205宗，比上年同期增加67%。为了更好地完成工作任务，深圳市劳动信访工作注重抓好三个方面的工作：一是实行公开办事程序和结果制度，二是实行挂牌服务，三是实行局、处领导轮流接访制度。一年来，深圳市劳动局信访工作完成较好，被评为深圳市信访先进单位。

劳动安全卫生

【安全生产】 1998年，深圳市劳动部门深入贯彻落实《深圳经济特区安全管理条例》，依法加强劳动安全生产综合管理和现场监察，全年实现重大伤亡事故为零。一般职工伤亡事故118宗，死亡89人，重伤44人，与1997年同期相比，分别上升5.36%、9.88%、7.32%。1998年，深圳市培训注册安全主任2 916人，公开考核注册安全主任1 455人，其中有643人取得《注册安全主任资格证书》，到1998年底，深圳市注册安全主任共有9 500多人。通过培训和考试考核，扩大注册安全主任队伍，提高了注册安全主任的素质。

【安全监察】 1998年，深圳市加强职业安全卫生和锅炉压力容器的安全监察工作，着力治理事故隐患。加大执法力度，强化现场监察，开展专项大检查，加大查处力度，重点开展职业安全卫生、特种危险设备和锅炉压力容器专项大检查，综合整治矿山行业，规范开采秩序。同时建立锅炉压力容器事故应急救援体系。当年，全市共检查企业3 782家，检测电梯、起重机5 925台，检验锅炉压力容器3 030台，出具检验、监验报告书3 432份，完成特区内359家企业职业卫生检测分级工作，促进了企业安全生产。

法制建设

【劳动立法】 深圳市劳动立法工作深入开展。1998年2月13日深圳市人大常委第20次会议通过修改《深圳经济特区劳务工条例》，并颁布实施。1998年10月27日深圳市人大常委会第27次会议通过《深圳经济特区企业员工基本养老保险条例》，并颁布实施。

【执法监督】 1998年，深圳市劳动部门积极推行依法行政责任制。规范了执法主体，明确了执法依据；规范了执法程序，提高了执法人员素质；召开了企业对机关提批评意见的"挑刺"座谈会，加强了社会监督。建立和健全了行政过错责任追究、重大行政处罚集体讨论决定、听证、审理与处罚分离、行政复议和行政应诉等制度，为依法行政提供了制度保障。

【劳动监察】 1998年，深圳劳动部门积极落实劳动监察目标管理责任制、劳动年审和劳动监察协理员制度。以劳动年审为龙头，重点监察五类企业，即劳动合同管理存在问题的企业、有户籍员工下岗的国有企业、经常被投诉的企业、办理劳务用工手续不规范的"挂号"企业和未参加劳动年审的企业，先后开展了劳动监察月活动、居民按比例就业大检查、国有企业下岗员工基本生活保障费发放情况大检查以及用人单位欠薪情况大检查。1998年共监察企业22 002家，涉及员工159.4万人，督促企业补办劳务用工手续37.4万人，处理30人以上的重大劳资纠纷421宗，涉及员工4.62万人次，追回欠薪9 801万元。年审企业8 504家，涉及员工33.5万人。

信息建设

【信息系统建设】 1998年，深圳市劳动局新开发和建设了再就业工程（单机版和网络版）、劳动安全生产管理、劳动合同管理（单机版和网络版）、劳动服务企业管理、职业介绍机构管理等系统；升级了劳务工管理、职业介绍、招调工管理、招调工下发盘、工资管理、工资下发盘、职业技能鉴定等系统。截至1998年底，全局90%业务实现了计算机管理。

【互联网网站建设】 1998年，深圳市劳动局开始了互联网的建设工作。目前，深圳市劳动局网站已建成，接入了天威数据网，现已开通互联网用户70多个。市劳动局网站的开通，不仅使企业和劳动者能够及时查询有关劳动管理工作的办公流程和政策法规信息，而且，还对外宣传了特区的劳动工作。

1998年，深圳市进一步加强社会保险电脑信息管理系统建设。主机进一步扩容，开发了与国家基本养老保险统一制度相衔接、与《深圳经济特区企业员工基本养老保险条例》相并轨的个人缴费窗口等新软件，建立了电话语音查询、账户传真查询和因特网查询等公众信息服务系统，进一步规范了社会保险统计报表体系。到1998年底，已经建立了AS/400双主机系统，系统电脑设备总量达750多台，电脑终端450多台，打印机300多台；远程通讯线路115条，其中DDN方式36条，电话拨号方式79条。电脑中心与各处室、各分局、各管理站全面联网，与73家约定医院、130多家企业卫生所和社区健康服务中心全面联网，与“工、农、中、建”四大国有商业银行全面联网。在市、区、镇任何一个社会保险业务网点均可同时办理各项保险业务，在全市任何一家联网的银行均可直接领取养老金，在全市任何一家约定医疗单位均可刷卡就医。实现了参保不受地点限制，基金收支无纸化，领取养老金、看病就医足不出社区，咨询查询足不出户。

（深圳市劳动局、深圳市社会保障局）

广西壮族自治区

【概况】 1998年，广西壮族自治区各级劳动和社会保障部门在自治区党委、政府的领导下，从改革、发展、稳定大局出发，紧紧围绕国有企业改革整顿这个中心，按照劳动和社会保障部提出的“三二一”工作目标任务的要求，狠抓确保国有企业下岗职工基本生活，确保企业离退休人员养老金按时足额发放（“两个确保”）工作，积极推进劳动和社会保障制度改革，取得了明显成效，为促进广西经济发展和维护社会稳定作出了贡献。

培训就业

【国有企业下岗职工基本生活保障和再就业】 1998年，广西壮族自治区各级党委，认真贯彻全国国有企业下岗职工基本生活保障和再就业工作会议及全国养老保险和再就业服务中心建设工作会议精神，把国有企业下岗职工基本生活保障和再就业工作作为头等大事来抓。自治区先后下发《关于切实做好国有企业下岗职工基本生活保障和再就业工作的通知》《关于进一步做好我区国有企业下岗职工基本生活保障和再就业及社会保险工作的紧急通知》，要求自治区各级党委、政府和有关部门及国有企业加强对此项工作的领导，实行党政“一把手”负责制；同时提出此项工作的目标任务，对职工下岗的程序、范围、基本生活保障资金来源和发放标准、再就业的途径等作了明确的规定。各地（市）、县（市）党委、政府（行署）也相应出台有关文件，采取措施层层贯彻落实。各有关部门明确各自的职责，密切配合，出台有关配套政策，狠抓落实。自治区劳动厅提出了“摸清底数、确认到人，落实资金、发放到人，检查督促、不漏一人”的具体工作方针，严格执行有关政策。1998年12月，自治区劳动厅为加快此项工作的进程，在自治区总工会的支持、配合下，抽调40多人组成强有力的工作组，由6位正副厅长带领分赴各地、市，督促、检查、指导工作，苦战一个月，推动了此项工作各项任务的按期完成。至年底，全自治区所有有下岗职工的国有企业100％建立了再就业服务中心；现有7.14万下岗职工100％进入再就业服务中心，83.1％的下岗职工签订了基本生活保障和再就业协议，91.5％的下岗职工领到了基本生活费。上年结转和当年新增的下岗职工共23.87万人，年内实现再就业14.59万人，再就业率为61.1％。

【劳动力市场建设】 1998年，广西壮族自治区进一步加强了劳动力市场建设，拟定了全自治区劳动力市场信息网建设方案，明确南宁、柳州、桂林、梧州4个地级市为广西劳动力市场信息网络建设重点城市。年内，各地、市，特别是上述4个重点城市，抓住机遇，积极争取有关部门的大力支持，增加了对劳动力市场建设的投入。在自治区本级已建立华南劳动力市场信息网成员站（即广西自治区级站）并发挥了应有作用的基础上，已有37％的地级市劳动部门开办的职业介绍机构使用了计算机，实行了职业介绍和管理工作微机化。其中柳州市在市职业介绍服务中心内建立了局域网。为了促进劳动力资源的开发利用和合理配置，维护劳动力市场秩序，加强和规范劳动力市场管理，自治区在抓紧地方劳动立法，争取尽快出台《广西壮族自治区劳动力市场管理条例》的同时，加大了清理整顿力度，打击非法职业介绍机构和非法职业中介行为。

【职业培训】 1998年，经劳动和社会保障部批准，实施劳动预备制度的试点城市扩大到广西壮族自治区的梧州市、柳州市和玉林市。其中第一批全国试点城市梧州市加大了推行劳动预备制度的力度，确定技工学校、就业训练中心、职高等23个培训机构承担劳动预备人员培训任务。其有效做法之一是把劳动预备制培训与技校招生结合起来，市政府发文，明确将技校招生纳入劳动预备制度轨道，率先在自治区内将技校招生与实施劳动预备制度相结合，同时把好就业准入关，保证了劳动预备人员培训的生源。全市共有6 000人参加劳动预备制培训，其中结合技校招生招1 662人，培训结业3 000人，进行职业技能鉴定2 200人，经劳动部门帮助就业2 300人。

为了让职工提高岗位技能水平和掌握多门技能，广西壮族自治区各级劳动行政部门加强对在职培训工作的领导，通过行业组织、发动企业利用技师评聘的时机，开展相应的技术等级培训。同时动员社会培训机构开办服装制作、中式烹调、中式面点、家电维修、制冷设备维修、摩托车修理等工种的培训。1998年内，全自治区参加各个行业各个工种专业培训的有58 058人，其中：初级工31 538人，中级工23 992人，高级工2 528人。

1998年，广西壮族自治区各级各类就业训练机构坚持以促进就业和再就业为宗旨的培训方向，围绕国有企业深化改革和再就业工程的实施，努力克服困难，大力开展就业训练和转业训练工作。全自治区共有就业培训机构542个，比1997年减少66个（经清理整顿后企业承办和社会团体承办的相对减少）；组织就业训练13.6万人，就业训练结业12.52万人，就业训练结业后实现就业和再就业9.92万人，就业率达79%。各级就业训练中心组织开展转业训练，结业2.24万人，比1997年增长3倍多，其中下岗职工1.77万人，比1997年增加了1.7万人。如南宁市职业技术培训中心先后投入资金260多万元，购买了一批教学用具和设备，为下岗职工免费进行转业转岗培训。该中心除自己办好下岗职工转业转岗培训示范班外，还在下岗职工较集中的企业设立了30多个再就业培训点，指导企业开办了电工、焊工、烹调等19个专业，共开办了200多个班次，参加培训人员1.23万人，其中60%的人员培训后实现了再就业。

【农村劳动力有序流动】 1998年，广西壮族自治区各级政府和各有关部门把农村劳动力有序流动工作作为一件大事常抓不懈。自治区劳动厅、公安厅、柳州铁路局等7个厅（局）召开了组织民工有序流动工作电视电话会议，制定了《关于进一步做好我区民工有序流动工作意见》，强调各级政府要加强领导，实行目标责任制，建立健全领导机构和办事机构，建立监督检查和报告制度。自治区春运期间组织民工有序流动工作领导小组下发了《广西1998年春运期间组织民工有序流动工作安排计划》，使全自治区组织民工有序流动工作有章可循。自治区各有关部门据此制定了有效的措施，尤其是自治区财政部门在资金上给予了大力支持。各地、市、县结合本地实际，制定了相应的工作计划和工作制度，有效地推动了组织民工有序流动工作向经常化、制度化发展。春运期间，全自治区共安全运送民工354.5万人，比1997年同期增加27.7万人，圆满地完成了春运期间组织民工有序流动工作任务。1998年，全自治区农村劳动力在外流动就业195.19万人，其中跨省就业161.48万人，自治区内跨县就业33.71万人；新增外出流动就业43.28万人，其中跨省33.57万人，自治区内跨县9.71万人。劳动部门全年组织劳务输出19.05万人，其中向广东组织输出贫困地区劳动力11.2万人。

社会保险

【养老保险】 1998年，广西壮族自治区加快了建立社会保险体系的步伐，养老保险制度改革不断深化，确保了企业离退休人员养老金按时足额发放。全年各类城镇企业职工221.05万人参加养老保险，其中：在职职工174.85万人，离退休人员46.2万人，在职职工和离退休人员的比例为3.79：1。全年基本养老保险基金收入21.69亿元，收缴率为86%，支出26.79亿元，超支5.1亿元。从6月份起，全自治区按照党中央、国务院的要求按时足额发放养老金，没有发生新的拖欠现象。在基金收缴遇到很大困难的情况下，仍执行养老金的调整机制，从7月份起，退休人员养老金每人每月增加5元，退职人员增加4元，并100%补发了过去拖欠的基本养老金。这两项增加基金开支4.7亿元。同时对养老保险基金收不抵支的集体企业调剂养老金5 000万元。8月31日，原实行养老保险行业统筹的企业职工共24.1万人，离退休人员7万人整体移交给自治区社会保险机构管理。从9月1日起，由自治区社会保险机构足额发放养老金。从9月1日起基本养老保险实行自治区级统筹，抓好了建立自治区级调剂金制度和全自治区社会保险机构实行垂直管理两个重点。实行自治区级统筹后，企业缴费比例统一为20%，个人缴费在4.5%的基础上，每年增加0.5%，直至8%止，全自治区按照本人缴费工资的11%建立基本养老保险个人账户，并实行了每年个人账户对账制度。年内，全自治区企业补充养老保险基金收入825万元，滚存结余2 370万元；个人储蓄性养老保险收入66万元，滚存结余228万元。

1998年，广西壮族自治区实行全额缴拨的企业9 658个，离退休人员27.3万人，分别占参保企业和离退休人员总数的78%、60%；养老金社会化发放率为22%，比1997年提高2个百分点。

【失业保险】 1998年，广西壮族自治区进一步加大了职工失业保险工作的力度并调整了有关政策。自治区党委、自治区人民政府根据《中共中央、国务院关于切实做好国有企业下岗职工基本生活保障和再就业工作的通知》精神，结合自治区的实际下发《关于切实做好国有企业下岗职工基本生活保障和再就业工作的通知》，规定：“失业保险基金收缴比例按国家的统一规定，自1998年起，从企业工资总额的1%提高到3%，由企业单方负担改为企业和职工个人共同负担，其中企业缴纳2%，个人缴纳1%”。1998年，全自治区参加失业保险的单位15 354个、职工148万余人，其中国有企业118万人，外商投资企业1.9万人，集体企业13万人，股份制企业4.2万人，机关、事业单位11万人；共收缴失业保险基金11 398万元（含利息1 613万元）；累计有失业职工22 398人（含当年新增的14 093人），其中8 877人实现了再就业，再就业率为40%；调剂用于再就业服务中心的失业保险金为650万元；受益的失业、下岗职工共18.7万人次。

【医疗保险】 1998年，全自治区医疗保险制度改革试点工作，围绕建立社会主义市场经济体制需要和推进国有企业改革的要求进行。改革的目标是逐步建立起适应自治区生产力发展水平，实行社会统筹医疗基金与个人医疗账户相结合的、能保障职工基本医疗要求的社会医疗保险制度。全自治区参加医改试点的职工共7.3万人，其中：在职职工5.8万人，离退休人员1.5万人，全年收缴医疗保险基金2 002万元，支出1 521万元，滚存结余1 272万元。医疗保险改革试点不仅保证了职工的基本医疗需要，同时为全自治区医疗保险制度改革的全面开展提供了借鉴。

【工伤保险】 1998年，广西壮族自治区参加工伤保险的职工有134.54万人，比1997年增加3.1万人。共收缴工伤保险基金4 522万元，支付工伤保险费用1 288万元。全年发生工伤事故1 116起，伤残职工547人，其中：伤残等级为1～4级的人员共110人，享受因工伤残退休待遇；5～6级66人，享受离岗退养待遇；7～10级371人，享受伤残抚恤待遇；因工死亡152人，其供养直系亲属享受定期抚恤金待遇。1998年，工伤保险主要抓好扩大覆盖面，与企业安全生产相结合，实行浮动费率，做好劳动能力鉴定，做好工伤事故认定和工伤待遇发放工作。

【生育保险】 1998年，全自治区参加生育保险的职工共91.5万人，全年共收缴生育保险基金2 750万元，支付生育保险费1 866万元。全年共有8 277名女职工享受生育保险待遇。目前，全自治区生育保险除原桂林地区实行地区级统筹外，其余均为市、县统筹。生育保险费率一般为0.8%，生育保险待遇由地、市、县确定，一般按绝对金额或以工资的一定比例支付生育保险待遇，使女职工在生育期间暂时停止劳动时，得到相应的生活保障，有效地维护了职工的合法权益。

工资分配

【工资分配】 1998年，广西壮族自治区各地加大企业工资改革力度，加强工资分配宏观调控。自治区党委办公厅、自治区人民政府办公厅印发了《国有企业劳动人事分配制度改革实施办法》。强调分配制度改革是三项制度改革的核心，企业要坚持按劳分配为主体与按生产要素分配相结合，坚持效率优先、兼顾公平的分配原则，根据企业特点，可选择灵活多样的内部分配形式，如岗位技能工资、计件工资、结构工资、定额工资等。明确企业职工工资实行上不封顶、下要保底的原则，当企业经济效益低下时，企业要认真贯彻实施最低工资制度，切实保障职工在正常工作时间内提供有效劳动后取得最低工资。过高收入由国家税制调节。提出建立企业劳动分红基金。劳动分红基金的提取可控制在企业年度税后利润的20%以内。基金分配由企业根据职工对企业贡献大小自主进行，并合理拉开分配档次。提取劳动分红基金须经企业领导班子讨论，同时吸收企业工会代表参加。

为建立符合现代企业制度要求的激励机制和适应培育经营者市场的需要，合理确定经营者工资收入水平，充分调动企业经营者的积极性和创造性，提高企业经济效益，实现国有资产增值保值。1998年5月，自治区党委办公厅、自治区人民政府办公厅印发了《国有企业经营者年薪制实行办法（试行）》，规定：经营者年薪由基本年薪和效益年薪构成。经营者年薪超过个人所得税起征点标准部分照章缴纳个人所得税。各级政府、部门对实行年薪制经营者不再实行重奖。

1998年，全自治区职工工资总额193.28亿元，比上年增长4.5%。其中，国有单位153.08亿元，减少1.8%；城镇集体单位16.90亿元，减少8.4%；其他经济类型单位23.30亿元，增长120.9%。全自治区职工平均货币工资5 779元，比上年增长4.3%。其中。国有单位职工5 824元（国有企业在岗职工人均工资6 553元），增长3.0%；城镇集体单位职工4 350元，减少20%；其他经济类型单位职工7 101元，增长9.9%。扣除物价因素后，全自治区职工平均货币工资实际增长7.4%。

1998年，全自治区仍执行自治区人民政府1997年确定的全自治区职工最低工资标准，共分4类地区，最低工资标准分别为210元、200元、180元、160元。

劳动关系调整

【劳动关系协调】 1998年，广西壮族自治区的劳动关系和谐稳定。劳动合同制度进一步规范，各项配套政策逐步完善，全自治区各类企业与职工都用劳动合同确立劳动关系，在强化劳动合同管理，督促指导企业和职工依法签订、变更、续订、终止和解除劳动合同的基础上，妥善处理企业改革特别是国有企业改革中下岗职工的劳动关系。积极稳妥地推进集体合同制度，狠抓集体协商机制的建立和集体合同质量的提高，充分发挥其整体协调和维护功能。到1998年底，全区累计有2 912家企业签订了集体合同，涉及职工87.6万人。

【劳动争议处理】 1998年，全自治区各级劳动争议处理机构加大劳动争议处理力度，严把劳动合同鉴证关。1998年，劳动争议案件继续呈上升趋势，各级劳动争议处理机构共立案496件，比1997年上升了9.5%，其中集体劳动争议上升5.8%，涉及劳动者人数上升60.3%。劳动者胜诉率为56%，用人单位为20%，双方部分胜诉为24%。因追索劳动报酬、保险福利待遇、解除劳动合同等涉及经济利益的劳动争议占受理案件总数的71.1%。鉴证劳动合同188 038份，纠正违法无效劳动合同1 832份，制止招用童工9人，维护了劳动合同的合法性和劳动关系双方的合法权益，对预防劳动争议发生起了积极的作用。

法制建设

【劳动立法】 1998年，广西壮族自治区地方性劳动和社会保障立法工作取得新进展。先后有《劳动力市场管理条例》《养老保险条例》等7个劳动保障立法项目列入了自治区人大常委会1999—2002年立法规划。《广西壮族自治区安全卫生管理条例》完成了报审工作，废止了《广西壮族自治区违反〈中华人民共和国劳动法〉劳动保护规定行政处罚实施细则》。此外，经南宁市人大常委会第二十一次会议通过和自治区第九届人大常务委员会第七次会议批准，《南宁市职工失业保险条例》于1998年12月18日颁布施行。

【劳动执法监督检查】 为提高劳动行政执法水平，保证依法行政，自治区进一步加强了劳动和社会保障行政执法监督检查工作。1998年10月至12月，在全自治区范围内开展了一次劳动和社会保障行政处理案件的评查活动，上级劳动行政部门对下级劳动行政部门当年1月以来执法中实施行政处罚的案件和工伤认定案件，进行调卷书面审查和实地审查。自治区一级共审查32件案件，其中劳动监察处罚案件11件，工伤认定案件21件，有效地纠正了不当执法行为，促进依法行政。开展法律审核，各级劳动行政部门的法制机构对本级的劳动执法公文、规范性文件进行法律审核，自治区劳动厅政策法规处审核了9件。依法、公正处理行政复议案件，自治区劳动厅共处理行政复议案件12起，举行了一次听证会。

【劳动保障监察】 1998年，广西壮族自治区各级劳动监察机构紧紧围绕“两个确保”和再就业这个中心任务开展工作。一是全面推行劳动监察年审制度。通过加强宣传，扩大年审覆盖面，1998年，全自治区共审查用人单位53 082个，规范了用工行为。二是加大劳动监察力度，认真查处违法案件。全自治区全年共受理各类投诉2 435件，立案2 051件，结案1 890件，结案率92.15%。三是开展两次专项执法大检查。1月至2月，各级劳动监察机构与建筑工程管理机构联合对建筑企业拖欠工程款和拖欠职工、民工工资问题进行全面检查，追发拖欠工资额524万元，切实维护了劳动者合法权益。9月至10月，开展社会保险和国有企业下岗职工基本生活保障监察执法检查，共检查企业3 532个，责令整改447个，新增参保企业38个，追缴养老保险费1 486.31万元、失业保险费458.54万元。四是开展从用人单位中聘请劳动监察协查员工作。从5月份起，经过培训和严格考核后聘请劳资人员或工会工作人员作为协查员，对配合劳动监察工作、预防和及时纠正劳动违法行为起了积极作用，效果显著。

信息建设

【信息建设】 1998年，广西壮族自治区贯彻落实全国劳动和社会保障信息系统建设座谈会精神，进一步加快了劳动信息化建设的步伐。自治区劳动厅劳动统计信息机构新配置了传真机、计算机、打印机、调制调解器各1台，更好地实现了与劳动和社会保障部的正常联通；在地市级劳动部门推广使用《劳动社会保险统计信息管理系统》软件，实现劳动统计年报及各种统计数据报表的计算机汇总处理和上报。

1998年，全自治区社会保险计算机通信网络系统建设进一步加强。至1998年底，全自治区各级社会保险机构均配备计算机通信设备，更新通信软件，实现了报表、资料、文件的快速传递；加强系统的安全管理，对重要业务数据进行光盘备份，初步完成计算机2 000年问题的调查工作，防范计算机病毒；修改完善《广西社会保险管理信息系统》，完成了该系统的技术鉴定和项目成果的申报工作。该项目通过自治区科委组织的技术鉴定，获得广西科学院颁发的科技新成果三等奖和自治区人民政府颁发的重大科技成果三等奖。

（广西壮族自治区劳动厅）

海　南　省

培训就业

【国有企业下岗职工基本生活保障和再就业】　1998年，为保障全省国有企业下岗职工的基本生活和再就业，海南省各级党政主要领导亲自抓下岗职工基本生活保障和再就业工作。省委省政府颁布《海南省国有企业下岗职工基本生活保障和再就业工作实施办法》等政策规定，各级党委政府层层落实工作责任制，明确任务，责任到人，限期完成。在企业经济普遍不景气，各级财政十分困难的情况下，全省仍筹措资金8 068万元，为下岗职工发放基本生活费，进行春节、元旦慰问和生活救助，下岗职工基本生活得到了较好保障。至年底，全省已有1 278个国有企业建立再就业中心，占应建数的100%；下岗职工基本上都进入了再就业服务中心或类似机构，总数达7万人。各级人事劳动保障部门还积极通过人才劳动力市场，向下岗职工提供劳动技能培训、职业介绍、劳务输出、人事代理等多方位服务，组织1万多名下岗职工入市竞岗，有8 000多人通过双向选择实现了再就业。年内全省已有7万余名下岗职工实现了分流和再就业，占下岗职工的52%。基本实现了中央提出的三个100%和一个50%的工作目标，切实维护了社会稳定。

【人才劳动力市场】　人才劳动力市场是实现人才资源优化配置的主要渠道。为活跃市场，促进人才资源优化配置，海南省重点抓四个方面：一是加强管理，进一步净化人才流动环境。出台海南省职业介绍规定实施办法。通过对24家（取缔5家非法职介所，责令8家进行整改）职业介绍机构进行清理整顿，严厉打击了非法职介活动，进一步规范了职业介绍行为，切实维护了特区人才市场秩序。二是充分发挥市场作用，促进人才资源优化配置。通过举办人才劳动力交流会、专业技术人员专场招聘会等，为900家用人单位，21.5万人次提供招聘、人才供求、职业介绍、技能培训及人事代理等一系列服务，有3.9万名求职人员在人才劳动力市场通过双向选择实现了就业或再就业，中介成功率为18%。三是加大人才引进工作力度，为经济建设提供人力资源保证。根据海南省经济发展状况、产业结构特点和用人单位对人才的需求情况，先后为东方化肥厂、新大洲摩托车股份公司等大型企业引进各类专业技术人员和管理人员360人。为47 642名求职人员办理《海南经济特区就业证》，其中外省在琼就业人员18 960人。四是认真开展人事代理服务，消除引进人员的后顾之忧。先后为1 860名流动求职人员办理档案托管、261人申报职称评定、56人出国政审、76人户口粮食入户等手续。同时认真兑现引进人才的各项优惠政策和规定，尽可能帮助解决引进人员家属子女就业、读书和住房问题，以消除他们的后顾之忧。

【城镇劳动力供给与配置】　1998年末，海南省城镇劳动力达103.3万人，当年劳动力供给164 997人，其中大中专和技校毕业生15 532人，复员、转业军人3 300人，城镇职业学校毕业生3 200人，初、高中毕业生23 546人，农村招收8 741人，农转非6 523人，就业转失业35 471人，上年末失业55 412人，其他13 254人。

年内安置劳动力107 266人，其中国有单位15 632人，城镇集体单位4 621人，其他单位18 527人，城镇私营企业和个体经济组织吸纳62 132人，外商等其他企业吸纳6 354人。1998年末，全省失业人员6.9万人，失业率为3.3%。

【职业技能培训】 根据海南省"一省两地"的战略要求及经济、产业结构特点，千方百计拓宽职业技能培训渠道，为特区培训一专多能、技术全面的技术工人。一是扩大技工学校办学规模和调整专业结构，全省技工学校总数有14所，招生2 823名。新办三亚技工学校，改变了海南省技工学校集中于北部地区的不合理状况。二是积极鼓励、支持社会办学，多渠道多形式进行技能开发培训。全年审批成立16家社会培训机构和35个培训班，全省各类培训机构举办培训班35期，培训人员13 700多名。为提高技工学校管理水平和培训质量，海南省还开展了全省技工学校首轮评估。省技工学校和海口市技工学校被评为省（部）级重点技工学校，海南钢铁公司技工学校等5所技校被评为合格技工学校，海南制药厂、海军4802技校、海南渔业技校被责成限期整改。

【职业技能鉴定】 海南省在1998年加强了职业技能鉴定网络建设。年内，新建职业技能鉴定所（站）17家，全省职业技能鉴定机构达到30家，涉及农业、交通、医疗、机械等行业。为扩大职业技能鉴定领域和提高鉴定质量，省职业技能鉴定管理部门还制定200多个工种鉴定办法，编写教材45 000册、试卷5 000多套，进一步充实了教材库和题库。对68个工种的11 265名技术工人进行了职业技能鉴定，有78%通过鉴定取得技术等级证书。其中，全省机关事业单位参加考核的工人有8 300名，有80%的人通过考核晋升了技术等级工资；技校学生参加中级技术等级考核的有2 000人，合格率为61%。

【劳动就业服务企业】 1998年海南省有劳服企业68户，从业人数3 682人，与前年比均有下降。劳服企业资产总计29 821万元，营业额17 561万元，利润765万元，上缴税金409万元。

社会保险

【养老保险】 1998年海南省参加养老保险的单位13 266个（包括原行业统筹移交的21个单位），其中国有单位8 862个，城镇集体单位1 281个，其他单位2 638个，个体户485个；参保在职人员80.78万，比上年同期增加6 011人，增长0.7%；参保的离退休人员27.71万人，比上年增加22 591人，增长8.88%，减去行业统筹移交参保人员，实际增加16 902人，增长6.64%；全年实收养老保险费89 115万元，比上年同期增加4 644万元，增长5.5%，减去行业统筹移交的金额，实际增长3.3%；支付养老金94 445万元，比上年同期增加12 853万元，增长了15.8%，扣除行业移交因素与上年同口径比较，实际增长12.7%。当年养老保险基金收支对比赤字3 613万元。养老保险基金收不抵支的主要原因，一是企业效益普遍滑坡，从业人员减员幅度大；二是企业欠费越来越多；三是按统一费率缴纳养老保险费低于按统一计发办法领取养老金的单位越来越多，到1998年底，这类单位有2 276个，占参保单位的17%；在职职工35.78万人，占参保职工的44.3%；离退休人员19.35万人，占参保离退休人员的69.8%；年多支出金额2.71亿元。

【医疗保险】 1998年海南省参加医疗保险的单位2 833个，比上年增加269个；参保人员15.61万，比上年增加8 455人；累计发放医疗IC卡123万张；至年底，已在海口地区范围内审批122家医疗保险定点医院和药店，布设了158台IC卡医疗消费专用终端。目前，海南省医疗保险还仅局限于海口、洋浦等经济发展水平较高的城市和地区，大部分市县还未开展。当年医疗保险费收支出现不平衡，征收医疗保险费1.12亿元，支出1.39亿元，超支2 700万元。收支不平衡的主原因：一是要向银行拨付前两年沉淀在社会保障局账户上的个人账户的医疗费；二是共济账户支付的离休人员医疗费用增长过快。

【工伤保险】 1998年，除农垦系统外海南全省市县已全部实施工伤保险。全省参加工伤保险的单位11 951个，比上年增加了650个；参保人员48.37万人，比上年同期增加4 213人，增长0.9%；全年征收工伤保险费1 660万元，比上年同期增加12万元；支出576万元，比上年同期增加93万元，占实收的34.7%。截止到年底，全省申报工伤事故324起，伤亡人数332人，其中重伤86人，死亡20人，分别比上年同期下降8.5%和9%，当年省社会保障局向省直574个单位拨付安全生产奖励金45.60万元。

【失业保险】 1998年海南省参加失业保险的单位有8 257个，比上年同期增加270个，增长3.38%；参加失业保险的人员有42.50万人，比上年增加了3.13万人，增长7.95%；征缴失业保险费2 363.46万元，比上年同期增加806.44万元；失业保险基金结余627.62万元。失业救济水平从上年的每月340元提高到350元。为提高失业救济水平，当年采取的主要措施：不断加大基金的征缴力度，依法对580家瞒报工资总额和从业人员情况的用人单位进行审计，提高了基金的征缴率；全年从失业保险基金中划拨664.52万元，支付企业下岗职工基本生活保障费。办理登记失业人员3 536人，全省各级失业保险机构在做好失业救济金发放的同时，把培训与再就业结合起来，对办理登记的失业人员分别进行了共70多期的再就业知识培训，并对其中的838人进行职业技能培训，指导帮助1 903人实现了再就业，再就业率达53.82%。

【农村社会保险】 1998年末，海南省农村人口参保人数已达29.4万，缴费金额达11 983.04万元，其中年内缴费811万元，参保人员1.23万。目前，全省已有9 506名农村参保人员领取养老金，总额1 120万元。当年完成农村社会保险任务较好的有三亚市，缴费120万元，海口市161万元，文昌市132万元，临高县61万元，分别占当地全年任务的120%、115%、110%和102%。

【离退休人员生活保障】 1998年末海南省离退休人员有30.06万人，参保离退休人员277 068人。5月31日前，全省拖欠离退休人员养老金高达3 168万元，涉及人员6 939人。为确保离退休人员养老金按时足额发放，一方面，全省各级人事劳动保障部门切实加大基金征缴力度，定任务、定指标，层层落实征缴责任制，狠抓基金入库，不断提高基金积蓄和支付能力；另一方面，实行全省统一调剂使用基金制度，哪里困难帮哪里。省社会保障局全年向市县调剂520万元，及时弥补了部分市县养老保险基金的不足。认真做好养老保险行业统筹移交地方管理的工作。1998年内，11个养老保险行业统筹单位已向省社会保障局移交基金1 994万元，占移交总额4 973万元的36%。采取上述措施后，基本保证了离退休人员养老金按时足额发放，同时补发了3 852名离退休人员的养老金，总额443万元。

【社会保险基金管理】 1998年，海南省继续加大社会保险执法力度，以追缴保险基金为主要内容，定目标、定任务，全面开展追缴清欠执法活动。共稽查用人单位1 363人次，其中新增参保单位27个，新增参保人数553人；受理投诉48宗，年检参保单位662家，共追回企业拖欠保险费2 969万元，其中市县追回拖欠的保险费112万元；全年向法院起诉社会保险案件36宗，申请执行标的总额为2 288.43万元，其中已执行260多万元。

工资分配

【工资制度管理】 海南省加强工资总额调控，促进工资适度增长。根据国务院的有关通知精神，调整省直机关、事业单位21 000名工作人员工资标准，为20 100名工作人员晋升一档职务工资；调整了法院、检察院、纪检、监察办案人员津贴及补贴标准；切实加强了对工资总额的管理，对360个省直机关、事业单位的工资总额进行了重新核定和核发工资使用手册。

积极推进企事业单位分配制度改革，指导督促事业单位建立合理、科学的津贴分配制度。到年底，全省已有140个事业单位制定津贴分配方案。出台企业化管理的事业单位实行企业工资管理办法，进一步明确了工资实施范围、总额确定、计发基数和办法等，使工资分配较充分地体现了按劳分配的原则。1998年内，已有12个企业化管理的省直事业单位实行企业工资制度。积极引导企业建立以限制过高收入，保障最低收入，调控工资适度增长的工资监督调控体系，提出1998年度指导线（即企业工资增长幅度：上限为13%，基本线10%，下限为7%）意见，指导10多家省直企业实行工资指导线制度。

【在职职工工资水平】 1998年，海南省单位从业人员有844 883人，其中国有单位716 467人，占84.80%，城镇集体单位49 739人，占5.89%，其他单位78 677人，占9.31%。年内单位增加从业人员31 721人，其中国有单位22 184人，城镇集体单位1 715人，其他单位7 872人。全年单位从业人员减少67 598人，其中离退休18 731人，终止、解除合同11 233人，开除、除名、辞退16 145人，调出7 827人，离开单位仍保留劳动关系7 166人，其他6 496人。单位从业人员工资总额53.25亿元，比上年减少4.84亿元，减少8.33%。其中国有单位42.57亿元，减少10.37%，城镇集体单位2.49亿元，减少27.19%，其他单位7.51亿元，增长4.12%。全省在职职工年平均工资6 248元，增长10.31%。其中国有单位5 970元，增长9.18%，城镇集体单位5 020元，增长19.29%，其他单位9 750元，增长3.04%。按国民经济行业分，平均工资较高的是综合技术服务业18 319元，有色金属冶炼及压延加工业16 254元，邮电通信业15 033元。最低的是畜牧业、农业、林业，分别为3 178元、3 165元和3 097元。

【在职职工保险福利】 1998年海南省在职职工保险福利费5.56亿元，比上年减少0.21亿元。其中国有单位5.01亿元，减少0.36亿元，城镇集体单位0.12亿元，减少0.1亿元，其他单位0.42亿元，增加0.2亿元。在保险福利费构成中，集体福利设施及集体福利事业补贴1.64亿元，占29.49%，医疗卫生费2.57亿元，占46.22%，文体宣传费0.48亿元，占8.63%，其他0.86亿元，占15.46%。

【离休、退休、退职人员保险福利】 1998年底全省有离退休人员300 605人，比上年增加3.1万人，增长11.92%。其中离休8 919人，占2.96%，退休272 646人，占90.69%，领取定期生活费的退职人员19 040人，占6.33%。按企业性质分，国有单位268 245人，占89.23%，城镇集体单位31 029人，占10.32%，其他单位1 331人，占0.04%。全省离休、退休、退职人员保险福利费12.65亿元，比上年增加1.19亿元，增长10.38%。其中国有单位11.83亿元，增长10.35%，城镇集体单位0.73亿元，增长2.01%，其他单位0.08亿元，增长300%。在福利费构成中，离休金0.98亿元，占7.74%，退休金10.01亿元，占79.13%，退职生活费0.29亿元，占2.29%，医疗费1.07亿元，占8.45%，其他0.32亿元，占2.53%。

劳动关系调整

【劳动合同制】 1998年，海南省重点加强劳动合同管理，依据《劳动法》及有关劳动法规、规章，对15 228份劳动合同进行审查、鉴证，纠正违反劳动法的劳动合同760多份。审查通过集体劳动合同1 007个，涉及职工445 825人。其中国有企业704个，占签订集体合同企业总数的69.9%，职工422 294人，占职工总数的94.7%。年末，全省签订劳动合同的职工人数已达91.2万人，占应签人员的96.3%。累计有1 600多家企业与职工签订了集体合同。乡镇企业、私营企业、个体经济组织与从业人员签订劳动合同工作也有较大发展，年底，全省累计已有4.68万名从业人员与私营企业签订了劳动合同，占从业人员总数的

93.5%。

【劳动争议处理】 1998年内，海南省各级劳动争议仲裁委员会共受理各类劳动争议案件110件，涉及从业人员677人，结案105件，结案率为91.3%。其中集体争议案件18件，涉及571人。由劳动者申诉的案件104件，由用人单位申诉的案件6件。劳动争议的起因主要是用人单位没有依法履行劳动合同、单方解除和终止劳动合同等，其中因执行劳动合同引起争议的有79件，解除劳动合同引起争议的24件，终止劳动合同引起争议的5件，其他原因引起争议的2件。全年因劳资纠纷引发集体上访等突发性事件5起，涉及380多人，由于人事劳动保障部门的及时介入和积极化解矛盾，有效地避免了事态的扩大，切实维护了社会的稳定。

法制建设

【劳动立法】 制定《海南省国有企业下岗职工基本生活保障和再就业工作实施办法》《海南省劳动就业管理规定》《海南省职业介绍实施办法》等法规、规章6件，其中海南省劳动就业管理规定等6件已出台实施；组织修订海南经济特区城镇从业人员养老、医疗、失业保险条例及实施细则，为海南省社会保障制度与全国接轨奠定了基础。

【劳动执法监察】 海南省各级人事劳动监察部门依法对1 278家用人单位进行了劳动年审，实施了劳动监察，涉及466 096人。通过年审和监察，促使986家用人单位为23 948名从业人员补签了劳动合同，343家单位补交社会保险费20.6万元，为1 942名员工追回拖欠的工资237.34万元，退还员工押金54万元，有效证件112个。同时，省劳动监察部门还重点开展专项劳动执法检查活动，组织32个检查组对365家用人单位支付民工工资、下岗职工生活费发放及民工流动就业情况进行专项检查，涉及人员29 200人。通过专项执法检查，责成36家违反劳动法规的用人单位整改。为民工追回拖欠、克扣的工资26.7万元，押金1.2万元。清退民工1 600人。促使100多家国有企业为15 323名职工补交社会保险费和发放基本生活费，切实维护了劳动者和用人单位的合法权益。年内，全省受理举报案件140宗，结案126宗，结案率为90%。

信息宣传

【信息宣传队伍建设】 为进一步加强信息宣传队伍建设，成立了海南省人事劳动保障厅信息宣传工作领导小组，由一名副厅长任组长，办公室主任任副组长，同时配备一名干部专抓信息宣传工作。各市县人事劳动保障部门也相应设立工作机构，配备专抓人员。年末，全省从事人事劳动保障宣传工作的人数已达120人，其中专职信息员70多名，遍布各市县和大型企业，全省基本形成了宣传网络。

【信息宣传情况】 1998年海南省人事劳动保障信息员撰写、上报人事劳动保障信息500多条，被上级和有关部门采用350多条，其中省人事劳动保障厅主编的《人事劳动信息》刊物采用230条，省委、省政府采用30多条。此外，各市县人事劳动保障部门和大中型企业还创办劳动保障刊物18个，编发信息近1 000条，为深化人事劳动保障制度改革、促进企业解困、维护社会稳定作出了积极贡献。

（海南省人事劳动保障厅办公室）

重 庆 市

【概况】 1998年，重庆市劳动和社会保障部门坚决贯彻党中央、国务院的重大决策，按照市委“确保稳定、加快进度、保证质量、注意方法”的工作方针，紧紧围绕确保国有企业下岗职工基本生活、确保企业离退休人员养老金按时足额发放（即“两个确保”）这一中心任务认真部署，精心组织，周密安排，踏实工作。在时间紧、任务重、矛盾多的情况下，全力以赴做好“两个确保”工作。从总体上完成了中央和市委、市政府交给的任务，有力地促进了全市社会稳定和国有企业深化改革，推动了全市劳动和社会保障事业的向前发展。1998年对重庆市来说，是迎接挑战，克服困难，艰苦奋战的一年，同时也是全市劳动和社会保障各项工作成绩突出的一年。

培训就业

【再就业工程】 1998年重庆市城镇失业人员总数为18.55万人。当年城镇失业人员就业总数为7.94万人。其中：国有企业就业人数为0.43万人，城镇集体企业就业人数为1.7万人，城镇私人企业就业人数1.63万人，外商投资企业就业人数0.3万人，港澳台投资企业就业人数0.04万人，其他经济类型企业就业人数为0.65万人，机关团体就业人数为0.05万人，事业单位就业人数为0.46万人。按产业结构划分，第一产业就业人数为0.60万人，第二产业就业人数为3.03万人，第三产业就业人数为4.31万人。

1998年，重庆市城镇登记失业率为3.5%。

在国有企业下岗职工基本生活保障和再就业方面，到1998年9月30日，重庆市国有企业建中心，下岗职工进中心，签订进中心协议，发放基本生活费均达100%。从总体上实现了党中央、国务院关于建立再就业服务中心的工作目标，取得了阶段性成果，维护了社会稳定，为全市经济发展和企业改革创造了条件。

截至1998年12月31日，全市建立国有企业再就业服务中心1 998户，累计有16.4万国有企业下岗职工进入再就业服务中心，其中6.14万人实现再就业（含4.7万人自谋职业，自愿提前与企业解除劳动关系），中心结存下岗职工10.26万人。帮助指导城镇失业人员7.94万人就业，为全年目标任务的106%，累计有国有、集体企业15.81万下岗分流职工实现再就业，完成全年10万人工作目标的158%，其中国有企业下岗分流职工实现再就业12.9万人。累计3.98万下岗分流职工参加再就业培训，为全年3万人工作目标的133%，其中有2.94万人实现了再就业，培训再就业率为71.4%。1998年全市城镇登记失业率为3.47%，低于3.9%的控制目标。开展就业培训6.3万人，为年度目标的101.6%，劳动服务企业吸纳1.72万人就业，其中下岗职工1万人。主要工作：(1) 把再就业工作作为第一位的工作。在实施再就业工程中，重庆市委、市政府高度重视，要求各级党委、政府要作为头等大事来抓，目标任务层层落实，使这项工作成为名副其实的“一把手”工程。(2) 按时完成建中心和进中心的目标任务。为认真贯彻党中央、国务院5月召开的国有企业下岗职工基本生活保障和再就业工作会议精神，针对下岗职工对进中心，特别是3年后与原企业解除劳动关系出中心的思想顾虑，举办了政策培训班，培训了上千名骨干。开通了再就业政策咨询热线电话，在电视台举办“下岗分流话中心”现场直播，耐心细致向下岗职工解释政策，把政策交给群众，促进下岗职工1998年9月底前全部进中心。及时出台再就业方面的配套政策，及时划拨经费保证中心正常运转，保障下岗职工能按时领到基本生活费，缴纳养老、失业保险费，与原企业解除关系的下岗职工能领到奖励费和经济补偿金。(3)积极筹措资金确保下岗职工基本生活费的发放。按照“三三制”原则，进一步落实了由财政和社会筹措再就业基金的来源，在全市企业十分困难的情况下，强化失业保险费的征收，使失业保险费的绝对额比上年同期增长50%，为再就业基金提供了可靠的资金来源。(4)加强再就业培训、帮助下岗职工尽快实现再就业。动员全社会广泛参与再就业培训。(5)认真做好下岗职工的政策宣传和思想工作，保持社会稳定。劳动和社会保障部门与市信访办、企业主管部门一道，及时处理重庆绢纺厂等企业下岗职工进中心的突发性事件，对保持社会稳定，促进再就业工程的顺利开展发挥了重要作用。

【劳动力市场】 配合《重庆市职业介绍管理条例》和《重庆市企业招收职工规定》的贯彻执行，1998年6月29日建成市劳动力中心市场，并与近郊10个区劳动力市场实现了计算机联网，免费为下岗职工提供就业信息。截至1998年12月底，劳动力市场网络输入各类用工登记3.68万人次，求职登记2.5万人次，求职成功率42%。劳动力市场的建成，不仅为求职者和下岗职工提供了快捷可靠的用工信息，同时为形成市场就业新机制奠定了基础。

下岗职工再就业工作的开展，有力地推动着重庆市劳动力市场建设朝着现代化、规模化、科学化的方向发展。力争做到全市用工、求职信息共享。1998年劳动力市场信息网络建设已发展到11个区县网点，联网单位的职业介绍工作已从手工操作中解放出来，实现了计算机管理和操作。

【职业介绍】 重庆市职业介绍机构截至1998年底已发展到274所，其中劳动部门办48所，街道、镇劳动事务所104所，非劳动部门职业介绍机构122所。职业介绍工作已初步形成以劳动部门为主体、非劳动部门职业介绍为补充的格局。1998年全市各类职业介绍机构求职登记25.09万人次，其中劳动部门19.16万人次；用工登记17.49万人次，劳动部门的12.46万人次；介绍成交11.37万人次，劳动部门8.33万人次。介绍成交率45.3%。在介绍成交者中失业职工有9 708人次，下岗职工6 071人次。

【职业培训】 1998年，重庆市培训工作力度显著加大。城乡各类求职人员83 426人中，经过培训后就业的67 548人，培训后就业率为81%。其中，当年开展的下岗职工、失业职工和企业富余分流人员的培训为43 768人，培训后就业34 442人，培训后就业率为78%，顺利完成就业训练及再就业培训工作目标。

【职业技能开发】 重庆市的职业技能开发进一步明确了为再就业服务的指导思想。认真贯彻落实《职教法》和国务院《社会力量办学条例》。首次对社会力量办学机构进行了清理，共清理出103家，经审核对其中70家颁发了《社会力量办学许可证》。加大技校招生和分配走向市场化的力度，并积极开展技工学校的调整，全市现有技校146所，1998年全市招生11 535人。积极开展职业技能培训和技能竞赛活动，首次评选和表彰重庆市岗位技术能手和重庆市青年岗位能手各100名，并从中评选出重庆市十大杰出岗位技术能手和重庆市十大杰出青年岗位能手。此次活动的开展对调动全市职工学技术，提高企业职工素质创造了良好的社会氛围。职业技能鉴定工作有了新的突破，全市有3.2万职工、学生通过职业技能鉴定，获得各类职业资格证书，从而提高了劳动者的从业技能水平。

【劳动预备制度】 重庆市涪陵区为全国劳

动预备制度试点之一。在1998年试点期间，市劳动局认真组织学习原劳动部《关于进行劳动预备制度试点工作的通知》精神，并根据全市实际情况进行了工作部署：(1) 领导重视建立健全组织机构。负责制定试点工作方案，协调制定有关政策，解决试点工作中的重大问题。(2) 加大宣传力度，大造社会舆论。召开各种会议，利用宣传媒体进行广泛的宣传动员，争取社会各界的支持，动员适合劳动预备制度的人员参加职业培训和相关教育。(3) 开展调查研究，摸清基本情况，组织专门人员深入到重点企业和乡镇了解应届初、高中毕业生未升入高一级学校的学生的基本情况，为劳动预备制度的培训打下了基础。(4) 制定配套改革，确保劳动预备制度试点工作的顺利进行。(5) 积极筹集和设立专项经费。涪陵区财政拨出30万元作为试点工作的启动资金，专项用于劳动预备制度试点工作的正常开展。(6) 做好组织实施工作。目前涪陵区已开办3个专业122人的预备班，并积极地总结，推广试点经验。

【劳动就业服务企业】 重庆市的劳动就业服务企业，继续正常运转。1998年，全市共有劳服企业2 101个，拥有固定资产(净值)9.8亿元，流动资产30.1亿元，当年实现社会总产值37.4亿元，实现利税2.7亿元。重庆市劳服企业发扬艰苦奋斗、自力更生精神，通过不断积累，努力扩大企业生产规模，逐步形成了自我发展、自我完善的劳服企业体系。现已有一批年产值上千万元，利税上百万元的大、中型企业，一些企业的产品质量已达到国内先进水平，获得了明显的社会和经济效益。

【农村劳动力转移】 重庆市继续重视做好农村剩余劳动力有序化转移工作。1998年重庆市农业人口近2 445.66万人，农村劳动力总数1 400万人左右，剩余劳动力近800万人。就地转移在本地乡镇就业128.18万人，有序流动就业228.6万人。其中跨省流动就业83.62万人，本市跨县流动就业44.79万人。1998年重庆市外来劳动力就业总数为48.5万人。

社会保险

【养老保险】 1998年，重庆市认真抓好“两个确保”工作。成立了由分管市长任组长，市财政局、市劳动局、市审计局、中国人民银行重庆市分行、市总工会等部门和单位参与的养老金足额发放工作领导小组。多渠道筹集资金，千方百计保证足额发放。至1998年12月底全市参加养老保险统筹的11 667个结算单位(参保人数180.31万人)中，离退休人员66.95万人，全年共计发放207 890万元。主要工作是：(1) 市劳动局和市财政局联合下发了《关于做好企业离退休人员养老金发放工作的紧急通知》；当发现6月份仍有少量“拖欠”现象时，市劳动局又印发了《关于进一步做好参统企业离退休人员基本养老金发放工作的紧急通知》。规定从1998年7月起，各级保险机构必须逐月按计划及时足额将基本养老金拨付到参加统筹的企业，由企业发放给离退休人员。(2) 成立了基本养老金发放工作检查小组，负责检查督促发放工作。各区县(市)劳动社会保障部门主要负责人亲自抓“确保”发放。形成了从市到区县、企业的工作网络，实行目标责任制，层层落实，责任到人。(3) 为贯彻落实《国务院关于建立统一的企业职工基本养老保险制度的决定》，全市从1998年7月1日起，实施新的统一企业职工基本养老保险制度，对基本养老保险基金实行收支两条线管理。改原来的“不缴不拨”为现在的“不缴不记”，促进了用人单位和劳动者按时足额缴纳养老保险费。(4) 顺利完成行业统筹移交地方管理工作。从1998年9月1日起，中央11个行业在渝33户企业在册职工22.12万人，离退休人员9.66万人，参加重庆市统筹统一管理。这些企业每月应收基本养老保险费3 943万元，月应拨基本养老金5 452万元，收支相抵后负1 509万元。为了确保这批企业离退休人员按时足额领取养老金，一方面我们积极向上级有关部门反映在行业移交过程中的问题，另一方面积极采取措施，动用积累基金6 980万元，弥补缺口，确保移交企业离退休人员的养老金按时足额发放，保证了行业统筹属地管理的顺利交接。（5）大力推进养老金社会化发放工作的进程。1998年9月初，召开了全市企业离退休人员管理服务工作会议，进一步推进离退休人员基本养老金社会化发放工作。要求采取委托银行、邮政部门代发和保险机构直发等形式，全市1998年底前社会化发放人数必须达到离退休人员总数的40%，争取达到50%，到1998年12月底，全市已有31.59万名离退休人员（不含行业统筹下放人数）基本养老金实行了社会化发放，占离退休人员总数的56%。从而有力地促进了“确保”，有效地减轻了企业负担，支持了企业制度改革。

【失业保险】 1998年重庆市接收失业职工1.9万名，加上上年结转1.65万名，全年共为3.5万名失业职工发放失业救济金。参加失业保险社会统筹的职工166.7万人，1998年失业保险基金征收总额比1997年净增49.2%；当年做到收支平衡，略有结余。

【工伤保险】 1998年重庆市共有20个区县（市）开展了工伤保险社会统筹工作。重点在于贯彻执行《企业职工工伤保险试行办法》和《职工工伤与职业病致残程度鉴定》。主要工作是：（1）规范工伤事故的申报、认定、鉴定程序，明确企业、职业、劳动行政部门的权利、职责。各级劳动行政部门认真受理工伤申报，积极进行调查，及时准确认定，效果良好。（2）伤残鉴定打破每年集中鉴定一次的做法，伤者医疗期满或伤情处于相对稳定状态即可进行劳动鉴定。（3）进一步加强劳动鉴定工作，推行聘请医生鉴定制度，防止弄虚作假。

【生育保险】 1998年全市共有11个区县（市）开展了生育保险社会统筹。重点在于巩固现有的统筹成果，稳中求进。

（1）扩大生育保险覆盖面，逐步提高待遇水平，增加支付项目；（2）完善生育待遇拨付办法，将企业代发逐步改为社会保险机构直发；（3）坚持定点医院制度，实行动态管理；（4）加强宣传，扩大影响，提高社会各界对生育保险的认识，争取早日实现全市生育保险社会统筹。

【保险基金管理】 社会保险基金管理工作进一步加强。重庆市社会保险局是负责社会保险基金征收、支付、结存及会计核算的经办机构。1998年全市征收养老保险基金240.541万元，支付基本养老金265.160万元，年度基本收支差为－24.619万元（含原行业统筹的11个行业在渝单位年度基金收支差－14.995万元）。为加强社会保险基金管理，1998年6月26日印发了《重庆市企业职工基本养老保险基金实行收支两条线管理暂行实施办法》，于7月1日贯彻执行。同年7月1日企业职工基本养老保险费由地税部门代征，运转正常。为确保养老保险基金安全完整，5至12月开展了被挤占挪用养老保险基金清理和追收工作，截至1998年12月31日止，已追收挤占挪用基金578万元，收到了较好的效果。

工资分配

【工资管理】 随着经济体制改革的不断深化，重庆市企业工资收入分配制度重点围绕国有企业转换经营机制，按照市场化的总体方向，实现了对传统企业工资管理模式的根本性改变，确立了按效益分配原则，形成了工资与经济效益相联系的增长机制。1998年，在全市市属国有、集体企业中有220户企业，31万职工实行了工效挂钩办法，有100户企业实行了工资总量包干等形式的宏观调控办法，并在少数企业进行了自定工资总额的试点。在企业内部分配方面，真正确立了企业自主分配工资的主体地位。

劳动关系调整

【劳动关系协调】 重庆市围绕“两个确保”，积极推动劳动用工制度改革，采取多种形式，认真调查、研究、解决国有企业下岗职工劳动关系问题。进一步建立和完善劳动合同制度，到1998年底，全市劳动合同制职工200.38

万人，劳动合同签订率达94%，其中公有制企业劳动合同签订率97%，非公有制企业劳动合同签订率为65%。继续推行集体协商和集体合同制度，加强外商投资企业劳动管理工作，积极参与市政府组织的重庆市外商投资“一站式”办公，共受理外资企业劳动方面的事项600余件，受到了外商投资企业的欢迎。

【劳动争议处理】 1998年重庆市的劳动争议处理工作把化解劳动争议，促进劳动关系和谐，保持职工队伍稳定，维护社会安定团结放在重要位置，按照“重在源头，重在基层”的原则，指导企业充分发挥劳动争议调解委员会的作用，把劳动争议化解在基层。1998年全市共受理案件7 302件，结案7 223件，结案率为98%，劳动合同鉴证101 913份，纠正违法无效合同18 796份。劳动争议仲裁制度向乡镇延伸工作取得进展。

劳动安全卫生

劳动安全工作紧紧围绕贯彻“安全第一，预防为主”的方针，在劳动安全管理体制调整的过程中，按照“思想不乱，工作不断”的要求，认真履行日常安全生产工作的管理职能。坚持安全生产目标管理，完善安全生产责任制度，以预防重、特大事故为重点，突出抓好安全生产责任制的落实和事故多发行业、企业等薄弱环节，强化安全监察和对事故的处理，严肃查处重特大事故，遏制特大事故发生。积极组织开展全国第八次安全生产周宣传活动，牢固树立“安全无小事，责任重如山”的思想，增强广大干部和群众全民安全文化意识，提高社会整体防灾能力。1998年全市各类事故综合死亡人数都低于市政府下达的控制目标数。全市共检在用锅炉1 639台，在用压力容器3 650台，注销67台不合格锅炉使用证，完成预定目标。

劳动保障法制建设

【劳动立法】 为适应重庆成为直辖市后的劳动和社会保障工作的需要，围绕“两个确保”工作的热点、难点问题，开展法制建设工作。一是加快劳动和社会保障工作地方立法的步伐。《重庆市劳动安全条例》《重庆市职业介绍管理条例》和《重庆市企业招收职工规定》已相继正式出台，并及时制定了这些地方法规、规章的实施意见，对今后开始劳动和社会保障执法工作奠定了基础。二是抓好执法监督，树立劳动社会保障部门良好的执法形象。1998年行政复议案件急剧增加，共收到20件复议申请，加上1997年结转2件，共22件。其中立案审理16件，依法不予受理5件，申请人自动撤销1件。立案审理的16件中，已结案13件。三是开展政策调研，积极做好法律宣传，组织全市劳动和社会保障系统“三五”普法及专业法律学习和考核。

【劳动监察】 1998年重庆市劳动监察工作紧紧围绕国有企业下岗职工基本生活保障和再就业这个中心，加大执法力度，认真开展劳动保障监察执法大检查工作。全市劳动和社会保障部门组织544名执法人员，对3 134个企业和401个职业介绍机构进行了检查。通过检查，全市共督促34户企业补发了拖欠的离退休人员养老金67.76万元，增收社会保险基金1 497.8万元。全市共下达整改指令书722份，督促企业补签劳动合同48 332人，补发拖欠、克扣职工工资698.2万余元。全市共查处非法职介机构117个，查处违规职介机构97个，取缔非法职介机构108个，吊销职介许可证10个。从而维护了劳动者和下岗职工的合法权益。与此同时，全市劳动监察目标管理责任制进一步加强，劳动用工年检工作顺利进行，对403名专、兼职劳动监察员进行了认真的培训和严格的考核，并重新颁发劳动监察证件。

（重庆市劳动局）

四 川 省

【概况】 1998年，四川省的劳动和社会保障工作主要以确保国有企业下岗职工基本生活，确保企业离退休人员养老金按时足额发放（即“两个确保”）和促进国有企业下岗职工再就业为重点，通过贯彻落实中央国有企业下岗职工基本生活保障和再就业工作会议精神，建立健全“两个确保”及再就业工作领导体系和服务体系，狠抓“两个确保”资金的筹集和企业再就业服务中心的建设，强化督促检查等措施，克服困难，埋头苦干，奋勇攻关，在较短的时间内初步扭转了工作的被动局面，国有企业下岗职工再就业和社会保障制度改革取得了阶段性成果。同时，全面加强了劳动法制建设、劳动监察、劳动关系调整、企业工资管理、劳动争议处理、职业技能开发、劳动安全生产、政务信息报送等各项工作，全面完成了目标任务。为深化全省国有企业改革，维护社会稳定和促进经济发展发挥了重要作用，为加快市场就业机制的建立和完善社会保障体系打下了坚实的基础。在省政府系统年度目标管理考评中，四川省劳动厅名列省级机关第一。

培训就业

【国有企业下岗职工基本生活保障和再就业】 1998年，四川省国有企业新增下岗职工29.5万人，加上1997年结转，合计61.8万人。四川省各级政府都建立了解困再就业工作机构并完善了工作制度，制定了一系列保障国有企业下岗职工基本生活和促进再就业的政策措施，加大资金筹集力度和督促检查。全年共筹集下岗职工基本生活保障资金7.4亿元，其中企业自筹3.02亿元，占40.81%，财政安排2.93亿元，占39.59%，社会筹集1.45亿元，占19.59%，为下岗职工发放基本生活费5.75亿元，确保了国有企业下岗职工的基本生活。从1998年9月起，全省凡有下岗职工的国有企业都建立了再就业服务中心或指定了机构履行中心职责，从10月份起，做到了当月下岗当月进中心。截止到年底，全省有下岗职工的国有企业（含国家参股、控股企业）6 923户，有下岗职工28.8万人。全年有32.2万下岗职工通过多种渠道实现了再就业，再就业率为52.1%。

【城镇就业】 1998年，四川省就业形势严峻，就业压力增加。当年城镇新增失业人员22.74万人，加上上年结转，合计49.46万人。全年有17.92万城镇失业人员通过多渠道、多形式实现就业，年末全省尚有城镇登记失业人员30.18万人，城镇登记失业率3.74%，比1997年上升0.33个百分点，创四川省17年来最高。

【劳动力市场建设】 1998年2月，四川省劳动厅印发了《职业介绍机构达标检查评估有关问题的通知》，对规范职业中介行为、提高服务水平和质量提出12条、38项评估认定标准。全省依法加强了对社会职业介绍中介机构的管理，按规定进行了年检，年检率达100%；严肃查处违法行为，全省共查处违法职介机构281个，其中省级取缔非法职介组织16个。全省21个地、市、州一级基本上实现劳动力信息计算机管理，成都市的劳动力市场信息网率先建成并投入使用。1998年，四川省的职业介绍建立了收费许可证制度并公布了监督电话。

【劳动就业服务企业】 1998年年底，四川省共有劳服企业4 585户，从业人员26.18万人，实现产值59.2亿元，实现税利4.2亿元，其产值、税利分别比1997年增长了9.8%和12.2%。1998年全省有29个劳服企业获得国家、劳动和社会保障部、四川省颁布的优秀质量奖，其中国优1个，部优25个，省优3个。

【农村劳动力有序化转移】 1998年，四川省跨省区流动就业的农村劳动力约500万人，占农村劳动力总数的13.1%。当年新外出的有31.8万人，其中全省各级就业服务管理机构直接组织的13.43万人，占新增外出人员的42%；全年新外出人员持卡率87%，比1997年提高2%。全省已建乡镇劳动服务站1 911个。在春运中，全省各级就业服务机构在大的车站、码头设立了169个服务站，有14个市、地，104个县（市、区），908个乡镇劳动服务站为民工开展提前登记、组织购票等工作。圆满完成了1998年春运民工疏导任务。

【职业介绍】 截止到1998年底，四川省共有职介机构1 805个，其中劳动部门开办的1 184个，非劳动部门开办的581个；职介机构工作人员5 314人。各类职介机构办理求职登记40.74万人，用人登记为32.08万人，年介绍成功人数为26.8万人，成功率66%。

【劳动预备制度】 1998年，四川省确定了9个市的14个县（市、区）开展劳动预备制度试点。3月份在简阳召开了劳动预备制度现场工作会，简阳市劳动局介绍了劳动预备制度工作的经验，会议就有关问题进行了研讨，为全面推开劳动预备制度工作奠定了基础。

【就业训练】 1998年，四川省共组织了15.4万名下岗职工、失业人员参加转业转岗培训。全省就业训练中心培训结业6.4万人。为落实全省“五年五十万”再就业培训计划，到年底，全省已建立110所再就业培训基地。就业训练中心建设综合职业培训基地的试点已经扩大到11个市、地、州。对7所就业训练中心进行了全国重点就业训练中心的评估。

【技工学校】 1998年，四川省技校共招收新生30 696人。配合劳动和社会保障部开展了省级重点、国家重点技校评估和复评工作。132厂技校、攀钢技校被劳动和社会保障部批准为国家级重点技校。5月份召开了技校校长工作会，进行了教育思想和技校发展方向的研讨，并对评选产生的39名技校优秀校长进行了表彰。厅职技处与省劳动就业信息中心建立了“四川省劳动力资源供求信息及技校综合管理计算机网络系统”。审批新建技校1所，进行了3所技校更名审批工作。

【师资队伍建设】 1998年四川省劳动厅对就业训练中心和社会培训机构近400名教师核发了教师资格证书。组织开展了全省技校教师高级职务的评审和答辩工作，有43名教师通过了高级职务任职资格。组织评选、推荐了全国优秀教师1名。评选出省优秀教师4名。8月，在新疆组织了技校教师、教育工作者夏令营，全省有80名教职工参加了夏令营活动。

【职业技能鉴定】 1998年，四川省劳动厅转发了劳动部《关于进一步推进职业资格证书有关问题的通知》，对全省就业准入、培训与使用、待遇结合等问题提出了具体实施意见。新审查批准建立职业技能鉴定机构15个，对107个国家职业技能鉴定所进行了年审。

【职业技能竞赛】 1998年，四川省劳动厅、共青团省委联合召开了技术能手、青年岗位能手表彰会，表彰了四川省技术能手42人。组织开展了全国技术能手和中华技能大奖人选的评选推荐工作，有2人被评为全国技术能手。四川省劳动厅配合省总工会开展了全省职工岗位练兵技术比赛示范单位和先进单位的评选、表彰活动，评选产生了示范单位10个，先进单位50个。

社会保险

【养老保险】 1998年，四川省参加养老保险社会统筹的城镇企业（不含国家按行业统筹的企业，下同）2.8万户，参加统筹职工298.7

万人，离退休人员114.2万人。全省地方统筹部分共计支付养老金40.2亿元，支付率99%。从1998年7月起至年底实行养老基金全额缴拨，收支两条线管理。全省社保机构拨付养老金17.2亿元（动用积累3.7亿元），做到了按时足额发放。1998年9月，原参加行业统筹的中央在川10个行业纳入省级统筹，共接收原行业统筹职工58.2万人，离退休人员23.7万人。养老保险费征收率82.27%。1998年，四川省实行养老金社会化发放的市县153个，比1997年增加2个市县，地方统筹部分社会化发放养老金的人数51.8万人，其中社保机构直接发放的20.8万人，社会化发放比例45.4%。

【失业保险】 1998年，四川省参加失业保险的单位有2.6万户，职工390万人，共筹集失业保险基金2.4亿元，基金征缴率80%以上。全年共接收与企业解除劳动关系的失业人员4.9万人，发放失业救济金和补助费5 000余万元；全省在失业保险基金中共划拨国有企业下岗职工基本生活保障费6 500余万元。

【医疗保险】 1998年，四川省有98个县（市）开展大病医疗费用社会统筹，参统企业9 599户，在职职工126.8万人，离退休人员9万人。全年支付大病医疗保险费1.5亿元，比1997年增长7%。到1998年底，全省共有23个市县、2 979户企业的23万职工和6.8万离退休人员实行了医疗保险统账管理办法，统账医疗保险支付医疗费用1亿元。

四川省劳动厅和卫生厅对全省14个市、地、州的基础数据进行了调查摸底，对全省1997年医疗费开支进行了模拟测算，组织有关专家学者开展了《四川省职工医疗保障制度改革》课题研究。

【工伤保险】 1998年，四川省有166个县（市、区）实现了工伤保险费用社会统筹。参加统筹的城镇企业1.8万户，比1997年增加5.9%，参统职工240.7万人，比1997年增加4.3%。支付工伤费用0.5亿元，全年共有3 894名伤残职工和364名因工死亡职工亲属获得伤亡补偿。1998年成立了四川省劳动鉴定委员会并开展工作。

【生育保险】 1998年，四川省生育保险费用社会统筹已在107个县（市、区）展开。全省有194万职工，16 887户企业参加了生育保险社会统筹，全年为20 505名女职工和500名男职工支付生育保险费0.5亿元，比1997年增加0.2亿元。均衡了企业负担，保障了企业女职工生育待遇的全面落实。

【农村社会保险】 1998年，四川省农村建立社会保险网络的乡（镇）1 216个；国有福利单位床位9 048张，收养人数6 620人。

【社会保险基金管理】 1998年，四川省社会保险基金的管理实行了收支两条线和纳入财政专户管理。年初，四川省政府下发了《加强全省企业职工养老保险基金管理有关问题的通知》，4月中旬，省财政厅、劳动厅等部门联合印发了《四川省企业职工基本养老保险基金实行收支两条线管理的实施办法》等通知，各级社保经办机构在彻底全面清理基金的基础上，于9月底将养老保险基金和失业保险基金全部纳入同级财政专户，实行收支两条线管理。1998年，四川省政府将各市、地、州政府和地区行政公署执行养老保险省级统筹基金上解纳入目标管理，省政府目标办、省劳动厅下发了考评办法，年底全省各地完成了当年省级统筹基金上解和历年欠款的清欠上解任务。根据省政府决定，从1998年7月起，全省企业职工基本养老保险费交由税务部门代征，同时实行全额缴拨。对挤占挪用社会保险基金进行了清欠回收，全省共清欠17 532.33万元，占动用总额的51.47%。

工资分配

【工资分配】 1998年，四川省继续实行企业工资总量宏观调控。企业工资指导线试点范围由成都、宜宾、遂宁3市扩大到自贡、乐山、内江、南充和资阳等8市（地）。当年全省职工工资总额392.7亿元，比1997年增长3.2%。全省职工平均工资5 939元，比1997年增加313元，扣除物价因素，实际增长6.0%。1998年，四川省继续执行1997年最低工资标准。

劳动关系调整

【劳动关系协调】 1998年，四川省城镇企业实行劳动合同制职工491.5万人，占城镇企业职工人数的97.5%；非国有企业实行劳动合同制职工235.1万人，劳动合同签订率88.27%。全省实行集体协商和集体合同制度企业7 233户，比1997年末增长了24.2%，集体合同审核率99.8%。

对军队、武警、政法机关不再经商办企业人员进行了认真的核实、清理，确保撤销移交工作在1998年年底顺利完成；对100户大中型国有企业劳动关系现状进行了问卷调查，为解决国有企业下岗职工劳动关系问题奠定了基础。

【劳动争议处理】 1998年，四川省劳动争议仲裁机构共受理劳动争议案件2 814件，其中集体争议案件135件，结案率95%。截止到年底，全省共建立劳动争议仲裁委员会195个，有专兼职仲裁员1 136人。全年鉴证劳动合同269 900份，纠正违法无效合同11 000份，督促补签合同43 226份。选择成都、德阳、南充、遂宁4市开展了乡镇劳动争议调解处理试点，4市80%以上的乡镇建立了劳动争议处理机构，并处理了近300件劳动争议案件。省劳动争议仲裁委员会1998年9月对组成人员作了调整，由四川省劳动厅厅长任主任。

劳动安全卫生

【职业安全卫生监察】 1998年，四川省非矿山企业共发生各类伤亡事故354件，死亡279人，重伤140人，直接经济损失1 231.79万元，与去年同期比较，事故件数下降0.84%，死亡、重伤人数分别下降3.46%和20%，直接经济损失上升13.25%。对2 515户建筑安装企业进行了复审换证；对在用8 268部起重机、4 301部电梯、3 560台冲压设备、736辆厂内运输车、20 218只漏电保安器，进行了专项监察。

【锅炉压力容器安全监察】 四川省1998年共发生锅炉压力容器爆炸事故及重大事故8起，死亡2人，伤23人。其中，压力容器爆炸事故1起，死亡1人，液氯钢瓶和LPG槽车泄漏各1起，伤17人；土锅炉事故2起，死亡1人，伤6人；压力管道爆炸事故2起，死亡1人，伤5人。1998年锅炉总数为12 681台，定检率为95.1%；在用固定式压力容器36 325台，定检率75%。

【矿山安全监察】 1998年，四川省劳动厅任命了66名国家矿山安全监察员，组织了两次全省性矿山安全专项执法监察活动，重点检查了矿山企业建立健全安全生产责任制、煤矿通风瓦斯管理和矿山尾矿库安全状况，会同省经贸委、省财政厅审核下达了1998年地方煤矿安全措施项目54个，项目总投资2 131.85万元，其中省财政补助470万元。

【重大事故查处】 1998年，四川省特大事故的批复工作统一由省安全生产委员会全体成员审议通过后，再由省安办批复。全年审定、批复、办理各类重特大事故20件，结案率100%。按照国家有关规定和重特大事故“三不放过”的原则，依法追究刑事责任29人，行政撤职17人，行政降级3人，行政记大过15人，记过21人，行政警告12人。

法制建设

【劳动立法】 1998年1月4日，四川省人民政府发布《四川省企业职工伤亡事故调查处理办法》；当年相继出台了《企业改制中劳动关系和社会保险等有关问题的意见》《关于国有企业下岗职工基本生活保障有关问题的处理意见》《关于确保国有企业离退休人员养老金按时足额发放的通知》《四川省企业职工基本养老保险费和失业保险费由税务部门代征暂行办法》《四川省矿长安全资格证管理办法》《关于贯彻〈企业职工工伤保险试行办法〉若干问题的处理意见》《关于进一步做好工资性贷款工作的意见》等规范性文件。

【劳动监察】 1998年四川省开展了用人单位工资支付及民工流动就业情况、"两个确保"专项执法检查等劳动保障监察活动，累计出动1 800多名专兼职执法人员，对3.3万户用人单位进行了检查。被检查单位涉及职工303万人。全年查办并结案劳动保障违法案件4 476件，结案率98.2%；督促企业补缴社会保险费2 467万元，补发劳动者工资426万元。全省25 613户用人单位参加了劳动用工年检，占应检单位数的77.4%。

【执法监督】 四川省劳动厅于1998年3月30日印发了《关于开展行政执法监督检查工作的通知》，对全省劳动部门开展行政执法监督工作的方式、内容、要求等作了规定，并要求各地对其下级劳动部门的行政执法、监督工作进行抽查。省劳动厅对6个市（地）和5个县的劳动行政执法情况进行了抽查；组织参加了劳动和社会保障部举行的"三五"普法考核和省政府法制局举行的《四川省行政执法证考核》资格考试。全年共办理行政复议申请6件，无行政应诉案件。

信息系统建设

【信息建设】 1998年，四川省劳动厅建立了全厅局域网。厅局域网采用综合集中布线方式，所有办公室都安置了终端插座，全厅共有80多个站点。设网是采用Internet技术、微软公司的WindowsNT4.0操作系统构造的基于WWW/BROWSE的IntraNet网。

（四川省劳动厅）

贵 州 省

【概况】 1998年，贵州省劳动和社会保障工作重点是围绕确保国有企业下岗职工基本生活，确保企业离退休人员养老金按时足额发放(即“两个确保”)开展工作。在确保国有企业下岗职工基本生活方面，必须做到下岗要进中心，进中心必须签协议，其基本生活都能得到保障。在确保企业离退休人员养老金按时足额发放、不发生新的拖欠的同时，创造条件，按照计划安排，逐步补发以前拖欠的养老金。劳动和社会保障的其他各项工作围绕“两个确保”稳步推进。1998年度，全省劳动力市场建设取得一定进展，省级劳动力中心市场和地市劳动力市场相继挂牌运作，其他地区正在积极筹措资金，争取早日建成有形的劳动力市场。劳动工资的宏观调控进一步加强，在加大对企业工资内外收入监督检查力度的同时，为确保减员增效目标的实现，制定了《关于在国有企业减员增效工作中切实加强工资总额管理的通知》，对有下岗职工的企业实行相应核减工资总额，以降低企业工资成本，确保减员增效目标的实现。职业技能开发工作在顺利完成技工学校招生和毕业生分配工作的同时，大力加强职业技能鉴定工作；劳动预备制度已在全省地、州、市所在城市逐步实施；维护劳动关系和谐稳定的工作继续推进；以贯彻执行《劳动法》特别是落实“两个确保”的情况为重点的劳动监察工作全面开展；进一步加强了劳动争议处理的制度建设，较好地发挥了服务和保障功能。继续加强职业安全卫生、矿山安全卫生和锅炉压力容器的安全监察，督促检查和帮助重点企业和事故高发行业建立健全并落实安全生产责任制和安全生产自我约束机制。总之，各级劳动保障部门在抓好中心工作的同时，各项工作都得到了全面的加强。

1998年，贵州省的劳动和社会保障工作还存在不少的矛盾和问题，如：一些扶持政策、资金、工作没有到位；基本生活保障工作还有“死角”，就业和再就业压力大；养老金发放仍有少量拖欠；行业统筹下划后的一些突出问题需要解决；劳动监察工作亟待加强。在劳动保障系统内部，部分同志对“两个确保”还存在疑虑，见困难多，想办法少，影响了确保的落实到位；管理基础薄弱，统计信息适应不了工作的需要，亟待加强管理、严格制度；全省工作不能保持高度协调，削弱了劳动和社会保障功能的整体发挥等等，有待于在今后的工作中认真对待，努力加以解决。

培训就业

【国有企业下岗职工基本生活保障和再就业】 1998年贵州省共组建国有企业再就业服务中心2 301个，其中省属、中央在省企业672个，地县级企业1 468个，行业再就业服务中心161个，占应建数的100%；全省国有企业分流下岗职工10.61万名，其中99.3%进入再就业服务中心，基本生活得到保障。全省共筹集再就业资金1.96亿元，其中企业自筹5 533.6万元，社会筹集1 284.9万元，财政安排12 750.4万元，各地从实际出发，因地制宜广开就业门路，国有企业下岗职工有6.28万人实现再就业，再就业率达37.18%。

【城镇就业】 1998年贵州省劳动就业以确保国有企业下岗职工基本生活保障和再就业工作为重点，全面有效地开展各项劳动就业服务工作，将城镇登记失业率控制在3.75%以内，全省就业局势基本稳定。全省下岗、失业人员中有9.48万人实现再就业。其中：到国有企业、城镇集体企业就业的占26.39%，到城镇私营企业、外商港澳台投资企业和其他经济类型企业就业的占24.11%，到个体经济组织就业的占40.67%，到机关、事业单位和其他形式就业岗位的占8.83%。

【劳动就业服务企业】 截止到1998年年末，贵州全省共有劳服企业563个，其中股份合作制企业48个，比上年减少29个；从业人员8.94万人，比上年减少0.88万人。工资总额为5 977.8万元，上缴税金1 595.09万元，实现利润898.1万元，年末固定资产净值为28 478.9万元。

【劳动力市场建设】 1998年贵州省加强了劳动力市场建设、管理和培育，发挥了市场机制在促进就业中的作用。在省委、省政府的关心下，省级劳动力中心市场、贵阳市劳动力中心市场、六盘水劳动力市场，以及凯里、都匀劳动力市场分别先后建设成功，并开始运作，1998年劳动力中心市场开展了对下岗职工再就业的免费推荐工作。在加强劳动力市场建设的同时，还对各类职业中介机构开展了清理、整顿和培训工作，进一步规范了这些机构的职业中介行为。

【职业介绍】 到1998年年末，全省共有职业介绍机构1 048个，其中劳动部门批办的有940个，比上年增加192个。在劳动部门职业介绍机构登记求职的有12.65万人，介绍成功为10.92万人，成功率达86.32%。

【就业训练】 1998年全省就业训练总人数10.55万人，其中转业训练921人，结业人数9.24万人，尚在培训人数1.31万人。培训后实现就业7.42万人，培训后就业率达70%。全省就业训练机构456个，其中劳动部门所属就业训练中心77个。

【在职培训】 1998年，贵州省的企业职工培训进一步加强，盘江矿务局、水钢、贵州铝厂、八五厂、车辆厂、黎阳公司等企业都结合推行国家职业资格证书，把培训、考核与使用、待遇结合起来，激发了职工钻研业务的积极性，同时结合企业发展，制定中长期培训规划，使培训工作落到实处。

【技工学校】 1998年，贵州省的职业技能开发工作按照年初拟定的目标取得了新的进展，树立了技工教育必须面向市场、围绕经济建设这个中心的观念。采取灵活的招生办法，实行统一招生和单独招生相结合的办法，全省技校招生报名人数达1.6万人，顺利地通过了全省技工学校的统一招生考试，全年技校招生1.3万人（其中学制生7 246人）。不少学校结合市场、企业对复合型技术人才的需求，在原设置工种基础上，扩大覆盖面，培养复合型人才，深受用人单位好评。针对培训对象的不同需求，一些技校面向企业、农村和劳务输出以及下岗职工开展多层次、多形式的培训，全年共计培训各类人员6 391人。1998年技校毕业生就业计划下达8 416人，就业安置率达95%。

【师资队伍建设】 1998年，开展了全省技工教育先进集体、先进教师、先进教育工作者、三好学生的表彰活动，经上级有关部门评审，技校系统有1名教师获全国优秀教师称号，5人被省教委、人事厅评为贵州省优秀教师和教育工作者，150人受到省劳动厅表彰。在全省技校教师中申报评审为高级职称的有54人。

【劳动预备制度】 1998年制定了《贵州省劳动预备制实施方案（试行）》，在全省地、州、市所在地的市实施，贵阳市已通过市政府颁布实施方案。全省已有数千人参加劳动预备制培训。

【职业技能鉴定】 在进一步推行职业资格证书的同时，实行就业准入制度，把推行持证上岗与使用、待遇相结合，促进了鉴定工作的开展。全年新增鉴定所（站）15个，全省鉴定所（站）总数已达145个。参加鉴定人员达31 419人，比去年同期上升36%。开展了鉴定考评员资格培训，共认证622人。行业站鉴定人数达3 000人，代劳动和社会保障部对林业、农机、农业、邮电、航空等行业建站单位进行审查。全省经劳动和社会保障部批准，新增行业特有工种鉴定站5个。直接组织开展推销员职业资格考试，共组织三次1 700人参加，有790人取得推销员证书。

【农村劳动力有序化转移】 1998年，贵州省农村剩余劳动力有序化转移主要是广泛收集省内外用工信息，坚持信息导向，组织劳务输出。加强有序化流动就业制度管理，切实执行《外出务工登记卡》和《流动就业证》的规定。强化乡镇劳动服务站建设，全省已建立1 404个乡镇劳动服务站。并对工作人员进行培训，为有序化转移提供了组织保证。充分发挥驻外劳务机构的作用，搞好信息收集和跟踪服务工作。全年农村劳动力有28.09万人在外地就业，其中：跨省的为21.44万人，劳动部门有组织输出7.91万人。

社会保险

【养老保险】 1998年，贵州省为强化社会保障功能，建立全省统一的社会保障制度，形成健全完善的社会保障体系，做了以下工作：一是加快了企业职工基本养老保险制度改革的步伐，建立健全了省级调剂金制度，初步实现基本养老保险省级统筹；二是积极推行养老保险基金全额缴拨管理办法，实行基本养老金的社会化发放，全年共为34个县（市）的23 890名离退休人员社会化发放养老金；三是完成311户行业统筹移交地方管理的各项交接工作；四是深入调查研究，开展“两清查”工作，规范企业职工的退休管理；五是对企业挤占挪用基本养老保险基金情况进行了全面清查，收回挤占挪用养老保险基金1 937.09万元；六是严格贯彻落实中央“两个确保”精神，动用积累金4 000多万元用于养老金的按时足额发放，并补发了原拖欠的养老金1 810万元。

1998年全省参加基本养老保险统筹的职工人数达到973 096人（含11个行业统筹的职工人数256 208人）。其中国有企业参加统筹的职工人数达到934 412人；集体企业26 472人，其他企业12 212人。全省各类企业参加养老保险统筹的离退休人员342 259人，职工负担系数上升到0.352。全年共收缴养老保险费138 743.9万元（含11个行业统筹的52 406.8万元）。其中国有企业135 177.9万元，个体企业1 950.2万元，其他企业1 615.8万元。全年养老保险费收缴率上升到94.95%，国有企业收缴率提高到95.25%。1998年共支出离退休退职人员费用172 935.2万元（含行业统筹支付的82 135.5万元）。其中国有企业支出169 989.7万元，集体企业支出1 895.5万元，其他企业支出1 050万元。

【失业保险】 1998年的重点是加强失业保险基金的征缴，根据省政府有关指示，从7月1日起全省失业保险基金收缴比例由过去工资总额的1%提高到3%，分别由企业和职工负担。全省失业保险基金收缴额达4 447万元，收缴率为92%。在用好用活失业保险金，支持解困和再就业方面，全省共使用2 641万元，其中为21 799人提供失业救济金419万元，调剂用于企业再就业服务中心费用564万元。

【医疗保险】贵州省在加快医疗保险制度改革试点的基础上，全面推行建立全省的医疗保险制度的各项基础工作。

【工伤、生育保险】 1998年，贵州省参加工伤保险和生育保险的职工人数为19 272人和11 594人，与上年同比分别减少6 954人和930人。

工资分配

【工资分配】 1998年贵州省劳动工资工作紧紧围绕“两个确保”这个中心展开。继续贯彻落实“限高、调中、保低”的工资管理原则，以加强工资内外收入的监督检查为重点，以夯实统计信息为基础，认真搞好全省工资总额的宏观调控工作。（1）继续执行以弹性工资计划为主，调查研究工资指导线为辅的工资宏观管理办法。健全和完善对9个地、州、市弹性工资计划一年一审核办法，强化对弹性工资计划执行情况的监督检查。(2) 继续改进和完善工效挂钩办法及经营者年收入办法，把国有资产的保值增值作为企业提取效益工资的否定指标，对亏损企业实行减少挂钩，在效益工资升级时充分体现鼓励盈利的原则。(3) 严格执行《工资总额管理手册》的管理规定，规范企业的工资支付行为，对企业工资发放实行按季审核办法，编制印发《贵州省1998年劳动事业发展计划（草案）》。(4) 强化工资内外收入的监督检查工作，对14户企业实行重点检查和对6户企业行政检查，切实规范企业的工资支付行为。(5) 配合协助“两个确保”工作，加强对统计信息工作的基础建设，为领导制定政策和决策提供优质服务，为确保企业离退休人员和下岗职工的基本生活服务。

劳动关系调整

【劳动关系协调】 1998年，贵州省积极贯彻实施《劳动法》，推行劳动合同制度。在国有企业基本建立劳动合同制度的基础上，继续建立劳动合同制度。1998年全省签订劳动合同的职工人数增加了1.5万人，使国有企业签订劳动合同的职工人数达113万人，占国有企业职工总人数的96%。同时，在非国有企业中大力推行劳动合同制度，截止到1998年底，全省已有15.3万非国有企业职工签订了劳动合同。

对深化企业改革中劳动关系出现的新情况、新问题进行调查研究，针对劳动合同的履行情况，制定了《贵州省劳动合同管理暂行办法》。

【劳动争议处理】 1998年，全省劳动争议处理将“两个确保”作为工作中心。在工作中把握大局，认真分析中心任务对劳动争议处理工作的影响和机遇，在整个工作中，牢牢抓住国有企业职工下岗，企业改制过程中发生的劳动争议案件，并及时进行处理，依法维护了企业和职工双方的合法权益。在工作中，坚持“三方原则”，遵循“四重方针”，按照社会主义市场经济发展的要求，着眼于保证劳动和社会保障制度的顺利进行，促进了劳动关系的和谐发展。全省共受理劳动争议案件436件，涉及职工9 676人，其中集体争议案件16件，结案率96%，从而较好地发挥了服务和保障功能。

【劳动监察】 1998年，全省劳动监察受理案件1 738件，结案1 682件，结案率96.8%。1998年围绕“两个确保”开展劳动监察，组织监察小组116个，参加监察人员608人，监察企业805户，涉及职工4.5万人，督促上缴“两金”550.8万元。开展劳动用工年检，共检查企业2 500户。其中：省厅检查省属、中央在省企业625户。

劳动安全卫生

【矿山安全监察】 1998年，贵州省认真检查指导贵阳、六盘水、遵义市开展矿山安全监察执法工作，搞好矿山安全法律、法规宣传贯彻落实，督促抓好乡镇煤矿的“一通三防”工作及瓦斯防治工作。严肃查处重、特大事故，加强并规范事故批复结案工作，提高事故结案率。全年发生特大事故13起，死亡208人，与1997年相比特大事故起数下降38%，死亡人数下降42.28%。13起特大事故结案12起，事故结案率92.3%。

【重大事故查处】 1998年，贵州省因各类事故死亡2 447人，发生一次死亡10人以上或直接经济损失100万元以上事故32起，比上年减少6起，下降15.8%，其中工矿企业职工死亡1 073人，比上年减少140人，下降11.54%，其中矿山死亡875人，比上年下降12.58%，非矿山死亡198人，比上年下降6.6%。但是道路交通和铁路路外事故分别比上年上升14.5%和8.3%。

对1998年发生的32起特大事故，按照省政府领导的指示和要求，及时协助当地政府搞好事故抢救和善后工作，并开展事故调查，参与13起矿山特大事故和3起道路交通特大事故的调查处理。

（贵州省劳动厅）

云南省

【概况】 1998年，云南省劳动和社会保障部门贯彻落实党的十五大和国务院、云南省国有企业下岗职工基本生活保障和再就业工作会议精神，在较短时间内初步扭转了确保国有企业下岗职工基本生活，确保企业离退休人员养老金按时足额发放（“两个确保”）工作的被动局面，再就业和社会保险制度改革取得重大阶段性成果，各项劳动和社会保障工作围绕国有企业改革和经济结构调整的大局，又有了新的进展。全省国有企业下岗职工基本生活保障和再就业工作较好地完成了各项目标任务。社会保障制度改革结束了多年来“事出多门，各自为政”的局面，实现了统一管理。就业工作通过加强劳动力市场建设和规范管理，逐步实现劳动力资源的优化配置和合理开发，保持了全省就业形势的稳定。劳动保障法制建设继续以贯彻《劳动法》为重点，抓好相关配套法规的制定，加大执法监察力度，维护劳动者和企业的合法权益。劳动关系调整工作继续以推进和巩固劳动合同制为重点，加强劳动合同管理，进一步规范用工单位的劳动关系。职业技能开发以提高劳动者素质为核心，面向社会积极开展职业技能培训考核和鉴定工作。工资分配的宏观调控工作从管理国有企业微观分配行为向调控全社会宏观分配转变，认真制定和实施最低工资标准，开展“年薪制”试点。

按照国务院以及省委、省政府对机构改革的要求，云南省劳动厅在省级机关内率先进行机构改革，于1998年11月1日在撤销劳动厅的同时，正式组建了云南省劳动和社会保障厅。原分散在劳动、人事、民政、卫生、体改等部门的社会保障职能全部划入劳动和社会保障厅，结束了多年来社会保障管理体制不顺的局面。原劳动厅职业安全卫生监察、矿山安全卫生监察职能划转省经贸委，锅炉压力容器安全监察职能划转省技术监督局。

回顾1998年的工作，云南省劳动和社会保障战线的同志们经受了严峻的考验和艰苦的锻炼，劳动和社会保障工作取得了阶段性成果。尤其是“两个确保”和“统一养老保险制度”等工作，是在时间紧、任务重、矛盾多、资金欠缺的困难形势下起步并取得突出成绩的。云南省劳动和社会保障工作所取得的成绩，为推进全省国企改革，保持社会、经济稳定和发展作出了重要贡献。

培训就业

【国有企业下岗职工基本生活保障和再就业】 1998年，云南省委、省政府与省劳动和社会保障厅多次召开会议，专题研究部署国有企业下岗职工基本生活保障和再就业工作，作出了一系列重要决定，出台了《中共云南省委、省人民政府关于贯彻〈中共中央、国务院关于切实做好国有企业下岗职工和再就业工作的通知〉的实施意见》等相应政策和操作性文件。到1998年末，共建立再就业服务机构1 809个，其中458个建在各级劳动部门，1 351个建在企业，全省累计分流下岗28.79万人（1998年新增13.39万人），其中妥善分流安置13.52万人，实现再就业9.44万人，分流安置和再就业率达到78.9%。在5.83万尚未实现再就业的下岗职工中，99%已进入企业再就业服务工作站。全省共筹集下岗职工基本生活保障金1.55亿元，共支付下岗职工基本生活保障金1.3亿元。领到《下岗证》并进入再就业中心的下岗职工都得到基本生活保障，全省累计为7.1万名下岗职工发放了基本生活费。1998年云南省共发放下岗职工基本生活费6 523万元，代缴社会保险费2 773万元，发放医疗补助费294万元。省里还为46户停产、半停产企业审批发放了“三家抬”特定贷款1 824.9万元，为4.36万名在岗困难职工解决了基本生活问题。1998年全省国有企业下岗职工基本生活保障和再就业工作主要成果是：一、建立健全各级再就业领导机构和工作机构，落实了“一把手”负责制，全省建立了较为完善的再就业服务机构网络。二、及时出台各项政策措施，初步规范和完善了企业职工分流下岗、下岗职工管理、再就业服务机构建设的工作程序，加大了政府的宏观调控力度。三、促进下岗职工通过再就业，从根本上解决基本生活保障问题。四、通过强化宣传，初步形成了全社会都来关心、支持再就业工程的良好氛围。1998年省劳动和社会保障部门牵头组织了“红河情”支持再就业工程演唱会、再就业明星先进事迹巡回报告会、非公有制经济组织招用下岗职工劳务交流大会等大型活动，为再就业工作起到了较好的舆论导向作用。五、全省涌现了一批再就业工作的先进地区和典型。

【城镇就业与劳动力市场建设】 1998年，云南省制定和出台了《云南省就业条例》《云南省用人单位招用人员规定》等规范性文件，为全省劳动力市场建设朝着健康、成熟、规范的方向发展起到了积极的促进作用。全省劳动和社会保障部门加大了对农村及外来劳动力进入城镇务工的调控力度，要求全省机关事业单位、企业清岗腾位安排下岗职工再就业。1998年全省按政策规定清退6 492人，安排国企下岗职工5 590人。按照国家“科学化、现代化、规范化”的要求，加强了劳动力市场场所建设。截止到1998年底，全省已有11个地州市建立了中心劳动力市场，省级劳动力市场也将于1999年5月竣工并投入使用。截止到1998年底，全省已建立职业介绍机构1 277个，其中劳动部门建立1 151个。全年共办理求职登记39.2万人次，实现就业29.08万人，介绍成功率74.2%。劳动部门开展职业指导15.3万人次。通过加强劳动力市场建设和规范管理，促进了劳动力资源的优化配置和合理开发。1998年云南省城镇职工人数总体减少，到年底全省共有城镇职工295.1万人，比1997年末减少5.9%。其中国有单位职工245.2万人，比上年末减少7.5%；城镇集体单位职工30.5万人，比上年末减少22%；其他各种经济类型单位职工19.4万人，比上年末增加103.9%。到1998年末全省城镇登记失业人员有6.01万人，城镇登记失业率为2.2%，比1997年末减少0.5个百分点，低于年初预定的3.3%的目标。

【劳动就业服务企业】 1998年，云南省组织召开了“全省劳服企业改制研讨会”，对劳服企业改制的成功经验进行了总结和推广。组织评选了6户劳服企业参加劳动部全国劳服企业优秀质量管理小组成果发布会，其中各有两个企业、厂长和质量管理小组获得荣誉称号。

【农村劳动力有序化转移】 1998年云南省各级劳动部门对城镇64.21万（其中在本省流动就业41.4万人，跨省流动22.81万人）流动就业人员进行了登记管理，开展了清岗腾位工作，对农村和外来劳动力进城务工的规模和流向加大了宏观调控力度。充分发挥乡镇劳动管理工作站的作用，引导农村剩余劳动力就地、就近转移。全省1998年流向城镇的农村剩余劳动力比1997年减少了27%，城镇就业压力得到缓解。1998年全省跨省劳务输出8.65万人，其中云南省世行扶贫项目的10个项目县市本年度共组织劳务输出2.16万人，滇沪对口帮扶扶贫项目输出653人，其他地区劳务输出453人，农村剩余劳动力的有序化流动在为输出地创造良好效益的同时，也缓解了城镇就业压力。

【职业介绍】 1998年云南省对省属100余家社会力量办职业介绍机构、就业训练机构进行了整顿和年度检查，开办职业介绍工作人员培训班4期，培训人数117人。截止到1998年末，全省共有职业介绍单位1 277个，其中劳动部门主办的有1 151个，全年共办理求职登记39.2万人，介绍成功29.08万人。全省各级职业介绍机构还为7.13万失业人员提供了就业岗位。

【劳动预备制度】 云南省的劳动预备制度试点工作有了新的进展。1998年省劳动和社会保障厅对昆明、曲靖两市实施劳动预备制工作进展情况进行了调研、指导，对所取得的经验作了推广。1998年全省新增大理、楚雄两州作为劳动预备制试点地区。

【职业技能培训与鉴定】 根据职业技能鉴定工作的需要，云南省1998年审批职业技能鉴定所27个，到1998年9月，全省共有职业技能鉴定所115个，职业技能鉴定考评员3 403人。全年共培训职业技能鉴定管理人员1 168人，评审技师948人，高级技师54人，为6.07万名劳动者颁发了职业资格证书，培训企业职工12.5万人。进一步推进各类职业学校"双证书"毕业制度的实施，全年组织全省各类学校毕业生2.48万人进行职业技能鉴定。开展了在职职工技校学制教育和退伍军人技校学制教育试点工作，得到劳动和社会保障部的充分肯定，并在全国进行了推广。

【技工学校管理】 1998年云南省面对技工学校生源下滑、毕业生分配形势严峻的困难局面，全年共组织4.88万名考生参加全国统一命题的技工学校招生考试，录取新生1.53万人，共为1.75万名技校毕业生办理了毕业证验印手续。根据省委、省政府对技校工作的要求，组织专家评估组对省机械技校等7所技校进行了省级重点技校评估，已上报省政府审批。为促进技校师资队伍建设，全年共审批技校教师高级职称12名。在8所省级以上重点技校开展了教师技术等级证书取证工作，至1998年底已有200名教师取得技术等级证书，核发了1 756名教师的上岗证书。

【职业技能竞赛】 组织云南省技术能手出席了在北京召开的"中华技能大奖、全国技术能手"表彰会；组织评选出省级技术能手7人，从中推荐4人参加全国技术能手的评选。会同团省委组织推荐全省青年职工参加全国青年岗位能手的评选，有3位同志被评选为全国青年岗位能手。

社会保险

【养老保险】 1998年云南省完成了养老保险统一制度的并轨工作，实施了省级统筹和原养老保险行业统筹企业向地方的顺利移交，基金收缴改为税务代征，实行收支两条线管理。1998年全省征收养老保险基金24.15亿元，其中省级统筹启动金1.7亿元，基金收缴率为92.1%，基金总额比1997年增长15%。养老保险统筹覆盖面进一步扩大，社会统筹与个人账户相结合的办法得到完善。全省养老保险总的覆盖面达到80%，其中国有企业达到100%；城镇集体企业有20万人参加社会统筹，比上年增加5万人；外商投资企业参加统筹1.5万人，比去年增加3 000人；私营企业和个体工商户有4.2万人参加养老保险，比去年增加1.2万人。云南省到1998年末参加统筹企业和单位总户数达到14 647户，参统职工149.3万人，比1997年增加25.8万人。全省59.7万名企业离退休人员养老金发放得到了确保，全年支付养老金24.33亿元；养老保险社会化管理服务工作有了新的进展，全省128个县市都实行了养老金的社会化发放，人数为48.4万，直接发放率为81%，全省各地还为企业离退休人员建活动场所1 470个，离退休管理的社会化，切实减轻了企业的负担。在确保参统企业离退休人员养老金按时足额发放的同时，对1998年6月以前历年拖欠的涉及8.95万名离退休人员的基本养老金逐步予以补发，共补发8 546万元。省里拨付的调剂金达11 741万元，清理回收历年被挤占挪用基金334.15万元。机关、事业单位养老保险方案已在1998年内完成调研和具体实施办法的制定，机关、事业单位的养老保险制度改革已在全省逐步推开。

【失业保险】 云南省已从1998年4月1日起正式实施《云南省企业职工失业保险条例》,由县市级统筹向地州级统筹过渡。1998年全省共征收失业保险金1.58亿元,为2.1万名失业职工发放失业救济金,为4.5万名国有企业下岗职工发放了基本生活保障费共计8 400万元。为保证国有企业基本生活费用“三三制”的落实,全省从历年结余的失业保险基金中划拨4 000元,用以确保下岗职工基本生活保障费用中失业保险应承担部分的及时兑现。机关、事业单位的失业保险制度也已逐步推开。

【医疗保险】 1998年,云南省在认真总结近年来曲靖、腾冲等县市试点经验的基础上,针对公费医疗和劳保医疗中浪费严重、费用增长过快、约束不力、管理漏洞大等弊端,结合国务院《关于建立城镇职工基本医疗保险制度的决定》和省有关医疗改革的精神,进行了多种形式的改革和探索,为1999年即将开始的全省医疗保险制度改革奠定了良好的基础。

【工伤、生育保险】 1998年工伤保险在云南省106个县市、20个中央和省属行业全面实施,参加保险人数达到126.1万人,比去年增长57.8%。基金收缴1.05亿元,支出1 533万元。生育保险在90个县市、21个中央直属单位展开,涉及职工89.62万人,比1997年增长3%。基金收缴4 462.7万元,支出3 059.2万元,全省有1.1万名女职工享受了生育保险待遇。

【农村社会保险】 1998年,云南省的农村养老保险工作主要是全面抓好全程规范化管理,完成了县乡建账、建档工作,逐步加大工作发展力度。为进一步更新管理手段,推行个人账户微机管理,1998年在省劳动保障部门的指导下,昆明、玉溪等地州市的大部分县实现了微机管理。尽管1998年全省农村受灾面较大,但全年仍收取养老保险费3 000万元,使农村养老保险基金累积突破了5亿元。1998年全省共发放养老金37.4万元,有3 976人领取了养老金。

工资分配

【工资分配】 随着国有企业改革的不断深入,云南省工资分配的宏观调控工作从以前管理国有企业微观分配行为向调控全社会宏观分配转变,同时进一步严格了省对地州下达的弹性工资计划的执行和检查,合理控制各地工资增长幅度。为保障劳动者合法权益,认真制定、发布和实施最低工资标准,通过“限高”“保低”合理控制收入分配差距。结合国有企业改革,1998年出台了《云南省企业经营者年薪制试行办法》,并在全省142户企业开展试点,占全部地方国有企业户数的2%。企业经营者“年薪制”的实施对搞活国有企业增加了新的激励机制,同时也对国有企业的廉政建设产生了积极作用。1998年全省共对152户企业进行了企业工资内外收入监督检查,委托中介机构对部分金融机构和20户省属企业进行了重点检查。全省月度最低工资标准为一类地区230元,二类地区200元,三类地区170元。1998年全省城镇职工工资总额为226.09亿元,比上年增长3.2%。其中国有经济单位职工工资总额为193.15亿元,增长1.3%;城镇集体单位职工工资总额为18.70亿元,减少11.1%;其他各种经济类型单位职工工资总额为14.24亿元,增长95.5%。1998年云南省城镇职工平均工资为7 667元,比上年增长9%。其中国有单位、城镇集体单位、各种经济类型单位职工平均工资分别为7 882元、6 029元、7 564元,扣除物价因素后分别增减幅度为6.4%、7.6%、-5.9%。

1998年度全省城镇企业职工工资总额为136.65亿元,比上年减少1.7%。其中国有企业职工工资总额为104.19亿元,机关单位职工工资总额为29.45亿元,事业单位职工工资总额为59.50亿元,分别比1997年增长6.3%、15.2%和10.3%。

劳动关系调整

【劳动关系协调】 1998年云南省劳动合同和集体合同管理工作进一步规范化、制度化，基本实现了年初预定的各项工作目标，当年全省签订劳动合同的职工累计达244.2万人，占全省职工总数的99.9%。其中：国有企业职工165.05万人，占同类企业职工总数的99.93%；非国有企业职工74.27万人，比1997年增加7.09万人。1998年全省各类企业报劳动行政部门审核通过的集体合同累计为3 610份，涉及职工95.01万人，分别比去年增加25.0%和49.9%。职工转移备案审查工作制度进一步完善，在有效控制了中心城市人口增长的同时，保证了重点工程和其他用人单位的生产需要。

【劳动监察与执法监督】 1998年云南省加强了劳动监察队伍建设，全省专职监察员实现了统一着装和监察标志，培训专兼职监察员820人。为规范劳动执法、监督行为，省厅制定下发了全面实施依法行政的有关文件，修订了劳动监察法律文书。劳动执法年审覆盖面进一步扩大，全省1998年度共有6.9万户用人单位参加了年审，涉及劳动者224.8万人。劳动执法年审一方面规范了用人单位的用工管理行为，另一方面强化了社会保险费用的征缴。劳动执法监督围绕中心工作展开，1998年在全省开展了“两个确保”的专项检查，进一步督促各地做好“两个确保”工作。针对群众反映强烈的问题，重点开展了对昆明地区职业中介机构的突击检查，有效地打击了违法职业中介活动。劳动监察部门在做好日常巡视检查的同时，还加大了举报专查和重点检查的力度，并及时介入了集体上访、停工等恶性事件的处理，为维护社会稳定发挥了积极作用。

【劳动争议处理】 1998年云南省共处理劳动争议案件1 014件，比上年增加46.3%，结案987件，结案率为97.3%。其中仲裁裁决160件，调解197件。受理集体争议35件，按规定时效结案率达到99.7%，调解率达84.3%。1998年劳动争议案件比1997年上升了49.2%，其中集体争议案件及所涉及职工人数呈大幅上升之势，分别比1997年上升了34.62%和281.04%。针对上述特点，省劳动和社会保障厅加强对地州市劳动争议处理工作的指导，直接协助办理典型案件，加强对企业劳资干部的培训，以求将劳动争议化解在基层。抓紧修改《云南省企业劳动争议处理实施办法》，进一步明确管理职责。1998年全省共接待和处理群众来信来访1.44万人次。其中来信2 979件次，来访1.14万人次，来信来访中立案570件，结案540件。群众集体来信来访44批，共2 317人次。全省还建立健全了劳动行政部门主要领导接待群众来访制度。1998年群众来信来访与1997年同期相比，总体呈下降趋势，但集体上访总数急剧上升。全省各级信访干部及时依法处理群众来信来访，尤其是对涉及社会和经济稳定的集体信访事件，采取了专题办理，解决实际问题等办法妥善处理。

劳动法制建设

【劳动法制建设】 1998年劳动保障法制建设继续以贯彻《劳动法》为重点，抓好相关配套法规的制定。经过省劳动和社会保障厅等有关部门的努力，云南省人大常委会于1998年11月27日颁布实施了《云南省劳动监察条例》《云南省企业职工基本养老保险条例》两项地方性法规。由省政府发布实施了《云南省矿山建设工程安全设施设计审查和竣工验收规定》。劳动保障立法工作的加强，进一步推动了全省劳动和社会保障工作向规范化、法制化方向发展。

国际劳工合作

【国际劳工合作】 云南省属国际劳工组织大湄公河次区域合作项目成员单位，1998年，省劳动和社会保障厅按时完成了大湄公河次区域就业促进与培训项目劳动力市场信息交流任务，安排并陪同柬埔寨官员对省交通技工学校进行了考察，参加了国际劳工组织在泰国曼谷举办的“劳动力市场信息、劳动力市场分析和信息网络培训班”,进一步加强了与大湄公河次区域国家的联系。指导省交通技校积极做好大湄公河次区域优秀培训机构评估认定的准备工作。

（云南省劳动和社会保障厅）

西藏自治区

【概况】 1998年西藏自治区劳动工作是以国有企业下岗职工基本生活保障和再就业工作为重点，正确把握和处理改革、发展和稳定三者关系，从经济和政治战略高度出发，按“三二一”工作目标，认真贯彻各项劳动工作法规，狠抓落实，使全区劳动法制建设、社会保险、劳动工资宏观调控、劳动争议仲裁、职业技能培训和劳动就业服务工作迈出了新的步伐，取得了较好的成绩，为促进西藏的经济发展和局势的稳定作出了积极贡献。

培训就业

【国有企业下岗职工基本生活保障和再就业】 1998年，西藏自治区根据国家国有企业下岗职工基本生活保障和再就业工作会议精神，于8月初召开了自治区国有企业下岗职工基本生活保障和再就业工作会议，安排部署了下岗职工基本生活保障和再就业工作。在自治区党委、政府的高度重视下，成立了“西藏自治区国有企业下岗职工基本生活保障和再就业工作领导小组”，在充分调研的基础上下发了《关于做好国有企业下岗职工基本生活保障和再就业工作的实施意见》，明确了国有企业下岗职工的控制目标，实现再就业比例；确定了拉萨地区国有企业下岗职工基本生活保障费标准为每月250元，其他各地可在此基础上按10%的比例浮动，确定下岗职工基本生活费标准。自治区人民政府下发了《关于转发做好国有企业下岗职工基本生活保障和再就业工作四个配套文件的通知》和《西藏自治区人民政府关于对国有企业下岗职工再就业实行信贷、工商、税收优惠政策的通知》等文件，使全区国有企业下岗职工基本生活保障和再就业目标任务更加明确，组织领导责任进一步落实，职工下岗程序更加规范，政策体系配套健全，对全区工作的顺利开展起到了重要作用，同时加强督促指导落实工作，使下岗职工基本生活保障和再就业工作在各地、市逐步开展起来。根据自治区劳动工作专题会议明确的“8月份必须建再就业服务中心，9月份保证下岗职工进入中心并领到基本生活费”的工作目标，截止到1998年底，全区共成立国有企业下岗职工基本生活保障和再就业工作领导小组56个；建立再就业服务中心90个，其中企业建中心82个。全区国有企业下岗职工共计4 311人，其中进入中心并按时领取到了基本生活费的下岗职工4 225人，占全区下岗职工总数的98%。通过“三三制”原则，积极主动地筹措资金680.2万元，其中：企业筹措134.70万元，自治区和地（市）两级财政安排249.90万元，失业保险基金调剂295.60万元，分别占“三三制”资金总数的19.80%、36.70%、43.50%，确保了下岗职工基本生活费的按时、足额发放。同时，按规定代下岗职工缴失业保险费和养老保险费共计64.97万元。在保障下岗职工基本生活的同时，为下岗职工实现再就业做了大量的工作。一是广开就业门路，积极组织下岗职工实现再就业；二是贯彻落实自治区人民政府有关国有企业下岗职工再就业的信贷、工商、税收优惠政策，鼓励自谋职业和采取多种形式实现再就业；三是加大培训力度，紧紧围绕市场需求，免费为下岗职工进行实用技能培训。1998 年全区共培训下岗职工 436 名，占下岗职工总数的 10.1%。共有1 481名下岗职工实现再就业，占下岗职工总数的 34%，其中，经组织安排实现再就业的1 218人，自谋职业的 263 人。下岗职工中达到退休年龄的 279 人，为他们办理了退休手续，企业内部退养 522 人，现有下岗职工实际人数是2 029人。

【劳动力市场建设】 西藏自治区通过加强劳动力市场建设，强化就业培训，积极适应社会主义市场经济体制要求，按照科学化、规范化、现代化的要求，逐步建立和完善劳动力市场，规范社会劳动力的有序流动，腾出挤占的岗位，安置下岗职工。进一步完善职业介绍中介服务机构，充分发挥其促进劳动力供需衔接的功能，把指导下岗职工再就业作为重中之重的工作来抓。同时，动员社会各方面的力量，大力开展再就业培训工作，实行在政府指导和扶持下，个人自学、企业组织和社会帮助的办法，实现培训实用性和有效性，提高下岗职工的素质，帮助下岗职工进一步实现再就业。

【职业培训】 1998 年，西藏自治区劳动局下发了《关于对社会培训机构进行检查评估的意见》对全区的社会力量办学机构进行了检查评估，为规范社会办学机构促进各方面培训的开展，提高职业培训质量奠定了基础。为加强外来劳动力的管理，起草、上报了《西藏自治区外来劳动力管理暂行办法》。

社会保险

【养老保险】 1998 年，西藏自治区根据《国务院关于建立统一的企业职工基本养老保险制度的决定》，成立了深化养老保险制度改革领导小组，完成起草、测算、送审了《西藏自治区统一基本养老保险制度和养老保险自治区级统筹方案》《西藏自治区统一基本养老保险制度和养老保险自治区级统筹方案实施细则（征求意见稿）》《西藏自治区职工基本养老保险个人账户管理暂行办法（征求意见稿）》。目前正在进行实施前的准备工作。

按照先移交后调整的原则，于当年 9 月前基本完成了对银行、邮电、民航等 6 个行业统筹单位移交地方管理的交接工作。这 6 个行业单位共有在职职工8 506人，离退休职工1 231人，共托收移交结余基金3 361.71万元。自治区针对部分企业效益差，实际发放工资低于档案工资，核定征缴困难等问题，在调研的基础上制发了《关于养老保险统筹基金核定有关问题的通知》，明确了具体的核定、征缴办法，严格实行收支两条线管理。全区截止到 1998 年年底，共有1 196个单位参保，其中，国有企业 503 家，参保职工57 232人，实际收缴养老保险费7 571万元，收缴率为 79%，共支付离退休人员养老金21 355万元。对企业离退休人员养老金按时、足额发放，发放率达到 100%，确保了离退休人员的基本生活。1998 年还调整了企业离退休人员基本养老金，人均月增 108 元，已足额兑现，使全区离退休人员生活水平有了提高。西藏自治区还加强了社会保险基金的财政专户管理。

【失业保险】 1998 年，西藏自治区在失业保险工作上主要抓了提高失业保险缴费率，狠抓失业保险费征缴两项工作。

在失业保险缴费率由 0.8%提高到 3%后，自治区狠抓了保险费核定和征缴工作，努力扩大失业保险费征收面和征收额，截止到年底共征收 109 个单位17 654名职工的失业保险费420.8 万元，单位参保率达 86%。使失业人员和下岗职工的基本生活有了保障，促进了再就业。

【医疗保险】 1998 年，西藏自治区的医疗保险制度改革开始起步。1998 年以前，自治区尚未实行医疗保险制度改革，根据全国城镇职工医疗保险制度工作会议精神，自治区起草、上报了《西藏自治区城镇职工医疗保险制度改革实施方案（讨论稿）》，积极地为全区统一医疗保险制度改革工作创造了条件。

西藏自治区在 1998 年内，还对工伤保险、生育保险和农牧区社会保险制度的改革进行了积极的探索，做了大量的调查研究工作。

工资分配

【工资宏观调控】 1998年，西藏自治区为进一步深化企业工资制度改革，加强工资的宏观管理，在总结自治区企业管理经验并对现行工资管理现状进行调研的基础上，就国有企业工资总额管理的原则、内容、核增（减）工资总额的办法及各类企业实行《工资总额使用手册》等，提出了具体的意见办法，发布了《〈关于加强国有企业工资总额管理的意见〉的通知》。

【企业工资管理】 随着社会主义市场经济体制的逐步建立和企业经营权的进一步落实，自治区企业工资管理的主要任务是落实企业内部自主权，加强工资总量的宏观管理和调控，监督检查企业内部分配行为，同时指导企业搞好内部分配，使工资的激励作用得到有效发挥。在企业工资管理上，着重加强总量的调控和管理，指导企业在核定提取的工资总额范围内实行适合本企业特点的不同形式的内部分配方式，指导和协调企业实行岗位技能工资制、承包工资制、计件工资等多种分配形式，并在具体工作中，采取到现场办公，就地解决问题，使一些长期遗留的问题得到了解决。提高了工作效率，也促进了企业经济效益的提高。1998年底，全区职工工资总额168 322万元，月人均工资905.18元，其中企业工资总额53 983万元，月人均工资842.99元。

劳动关系调整

【劳动合同管理】 为了依法促进劳动关系和谐稳定与协调发展，西藏自治区以继续推行劳动合同制度为重点，加强劳动合同的管理，规范了劳动合同文本，完善了劳动合同的签订、续订、变更程序，召集企业主管部门及企业厂长（经理），就全面实行劳动合同制度，签订劳动合同和集体协商签订集体合同做了大量的动员和宣传教育工作，对企业和劳动者是否认真履行劳动合同进行了督促检查，为企业全面建立劳动合同制度和调节劳动关系起到了一定的作用。截止到1998年12月底，全区实行劳动合同制度的人数已达38 028人，占同口径人数的58.5%，与上年相比增加2.5%。在开展劳动合同签订的同时，会同工会开展了集体合同和集体协商制度，截止到1998年底，已有150家企业签订了集体合同，扩大了集体劳动合同的覆盖面。

【劳动监察、劳动争议处理】 为了进一步贯彻《劳动法》和保证各项劳动法规的顺利实施，维护劳动关系双方的合法权益，西藏自治区积极征求有关部门的意见，对《西藏自治区劳动监察暂行规定》进行了认真的修订，对违反劳动法律、法规的行为进行了纠正，监察措施不到位等也得到了改善，提高了以法监察的法律保障，使自治区的监察工作开展得更深入、广泛。同时完善了劳动争议处理制度，加强了劳动法律、法规的学习宣传。办案中，严格执行《劳动法》及有关政策规定，一方面维护企业对违法职工的正确处理，支持企业依法行使自主权；另一方面制止和纠正企业违反劳动政策法规的用工行为。1998年处理劳动争议案件45起，结案率78%，切实有效地保护了企业和劳动者双方的合法权益，维护了劳动关系的和谐稳定。

工人退休和工人内调

【工人退休和工人内调】 西藏自治区严格按照国家政策规定办理工人退休工作，截止到1998年12月底，共审核31个系统（部门）2 540余人的退休呈报手续，经审核共批准1 603名工人退休，其中企业1 335人，机关、事业单位268人。审核办理职工因工伤残150余人（件）的发证工作。

在中央组织部、国家劳动和社会保障部的亲切关怀和各兄弟省、区、市，组织和劳动部门的大力支持帮助下，经过各级劳动部门的共同努力，西藏自治区的工人内调工作已进入收尾阶段，截止到1998年底，全区已收到内调安置通知的人数为938人，占内调人数的87.4%。为使工人内调工作能够圆满地结束，自治区劳动局积极主动地与有关省、区、市劳动部门联系，确保了内调收尾工作的顺利进行。

信息建设

【信息建设】 西藏自治区把信息工作当成一件大事来抓。1998年，自治区各级劳动和社会保障部门加强了信息的制度化、规范化建设，指定专人负责采编、传递，全年共出信息及简报26期，做到了上情下达，下情上报，取得了一定的实效。劳动统计工作不断加强，统计技术人员的现代化管理程度日益提高，在及时、准确完成劳动工资、劳动争议、职工伤亡事故、社会保险、下岗职工基本生活保障和再就业等专业统计的同时，还完成了上级有关部门制发的各类统计报表的填报工作。自治区的文书、档案工作得到加强。文书档案工作作为全区一项基础性工作，指定了专人负责，及时准确归档立卷，做到了安全保密，提高了利用率。

【来信来访】 西藏自治区劳动和社会保障部门本着为党、为人民高度负责的态度，热情接待来信来访者，解决职工群众的问题，优质服务，基本做到了答复问题准确，解释政策清楚，处理结果满意。1998年，共接待来访职工4 000余人(次)，答复群众来信500余封。对化解各类矛盾，解决疑难问题，稳定职工队伍，保持社会稳定起了积极的作用。

(西藏自治区劳动局)

陕 西 省

【概况】 1998年是陕西省劳动和社会保障事业发展史上极不平凡的一年。全省劳动保障部门的全体职工，在省委、省政府的领导和有关部门的支持配合下，以党的十五大精神为指针，认真贯彻落实中央及省委、省政府国有企业下岗职工基本生活保障和再就业工作会议精神，按照劳动和社会保障部的统一部署和要求，牢牢把握改革、发展、稳定的大局，始终坚持把“两个确保”作为头等大事，集中精力，团结协作，埋头苦干，较好地完成了党中央、国务院和省委、省政府提出的各项工作任务。

培训就业

【国有企业下岗职工基本生活保障和再就业】 国有企业下岗职工基本生活得到保障。全省共有国有企业下岗职工30.6万人，其中经过认定的23.8万名下岗职工已进入再就业服务中心，14.4万人签订了基本生活保障和再就业协议。按照“三三制”的原则，1998年全省共筹集基本生活保障资金3.3亿元，其中财政负担部分2.3亿元，失业保险基金6 000万元，企业部分4 000万元。到1998年底，全省发放基本生活保障资金2.75亿元，进中心签协议的下岗职工全部领到了基本生活费。对于进了中心没有签协议的3.9万名下岗职工，继续通过解困工作渠道发放生活救济金。从总体上看，国有企业下岗职工基本生活得到了切实保障。

1998年，全省共安置国有企业下岗职工15万人，再就业率达到50%，基本实现了目标任务。再就业培训工作进一步加强。制定出台了《陕西省企业职工再就业培训暂行规定》《陕西省“三年四十万”再就业培训计划》，组织发起了“陕西省下岗职工再就业伙伴援助行动”，开展了国有企业下岗职工基本生活保障和再就业工作的专题宣传活动，初步形成了社会各方面、各类教育培训机构，支持和积极参与下岗职工再就业培训的局面。

【城镇就业、劳动力市场建设和职业培训】 1998年，全省共安置城镇失业人员13万多人，登记失业率控制在3.5%之内。以中心城市职业介绍机构为主的劳动力市场建设进一步发展和完善。先后有省厅和铜川、渭南、宝鸡、延安等地市建成了设备先进、功能齐全的职业介绍服务机构。西安市外来劳动力中心市场也于1998年底建成并投入使用。劳动预备制度和综合性培训基地建设试点工作取得新的成效。开门办学、联合办学已成为技工学校的主要办学形式，培训领域和规模进一步扩大。职业技能鉴定工作进一步加强。继续通过实行年检制度，提高了职业技能鉴定社会化管理水平，规范了社会力量办学行为。

社会保险

【养老保险】 1998年，陕西省养老保险制度改革取得突破性进展。上半年省政府下发了《陕西省统一城镇企业职工基本养老保险制度实施办法》，在全省建立统一的企业职工基本养老保险制度；下半年，省人大常委会第四次会议审议通过并正式颁布了《陕西省城镇企业职工基本养老保险条例》，使陕西省养老保险制度改革进入了一个法制化管理的新阶段。按照党中央、国务院的统一部署和要求，如期完成了养老保险行业统筹移交地方管理工作，原14个行业、162户企业的49.5万名在职职工和19.7万名离退休人员，全部纳入省养老保险统筹范围。全年共收缴养老保险基金16.19亿元，收缴率为85.4%；清理回收企业欠费1.5亿元，收回被挤占挪用基金2 557万元。通过千方百计筹措资金，确保了企业离退休人员基本养老金的发放。据统计，1998年全省共发放基本养老金20.25亿元，发放率达到100%。同时，积极采取措施，分步解决以往养老金拖欠问题，共补发基本养老金1.65亿元。养老保险行业统筹移交地方管理后，针对部分企业效益差、离退休人员多、养老金缺口大的情况，积极设法筹措了5 300万元的资金，全部调剂给这些企业，确保了行业统筹企业离退休人员养老金的按时足额发放。

值得注意的是，企业欠缴养老保险费问题比较严重，养老保险基金支持能力下降。

【失业保险】 据不完全统计，1998年陕西省共收缴失业保险基金1.5亿元，超额完成了全年的目标任务。为4.5万名失业人员支付失业救济金6 750万元，为企业再就业服务中心划拨生活保障金1 750万元，为7万持生活困难卡的特困职工发放生活救济金5 600万元。失业保险提高了缴费比例，但征缴没有到位。

【医疗生育工伤保险】 1998年，咸阳、铜川两市和部分县区的医疗保险制度改革试点工作，取得新的成效。女职工生育保险制度改革进一步扩大了试点范围。到1998年底，全省共有8个地市正式出台了工伤保险制度改革方案并启动实施。

工资分配

【企业工资管理】 1998年，在全省开展了企业工资指导线制度试点工作，并与实行弹性工资计划、工效挂钩、工资总额包干等现行工资调控办法有机结合起来，形成了一体化调控体系，取得了较好效果，使全省工资增长与经济增长保持了较为合理的比例关系。工资分配方面一个比较突出的问题，是一些垄断性行业、企业工资水平增长过快，并且缺乏有效的制约手段。

劳动关系调整

【劳动关系调整】 1998年，全省实行劳动合同制、推进集体协商和集体合同制度的工作，取得新的进展。制定了初步理顺下岗职工劳动关系的政策措施。全方位、多层次地开展了劳动监察工作，全面落实劳动监察目标责任制。认真开展了劳动用工年检工作。公正、合法、及时处理了各类劳动争议，时效结案率达93%，切实维护了劳动争议双方的合法权益。

劳动安全卫生

【劳动安全卫生】 1998年，陕西省省委、省政府高度重视并专题研究部署全省的安全生产工作。成立了全省安全生产委员会，切实加强对安全生产工作的领导。各级劳动部门按照省委、省政府的要求，进一步强化了安全生产综合管理和安全监察工作。在全省范围内开展了两次安全生产大检查和“安全生产周”活动，治理整改了一批事故隐患和安全生产中存在的问题，企业和职工群众的安全生产意识不断提高。省政府颁发了《关于强化安全生产责任制实施意见》，进一步加强了各级政府、各部门和企业的安全生产责任制。对1997年以来发生的10起一次死亡10人以上的重、特大事故和3起特大火灾，逐一进行了认真复查，督促解决了久拖不决的问题，追究了有关人员的责任。采取灵活多样的形式，积极主动地开展了安全生产教育、安全资格和安全技术培训工作。不断拓展检验业务范围，提高技术水平和服务质量，加强了锅炉压力容器、起重机械等特种设备和劳动条件的检测检验工作。

劳动保障法制建设

【劳动保障行政执法】 各级劳动保障部门按照依法治省的要求，全面推行了劳动行政执法责任制，依法行政意识大大增强，执法水平不断提高。

（陕西省劳动厅）

甘　肃　省

【概况】　1998年，甘肃省劳动和社会保障工作从改革、发展、稳定的大局出发，全力做好确保国有企业下岗职工基本生活和企业离退休人员养老金发放工作，促进国有企业下岗职工再就业；进一步深化养老、失业、医疗、工伤和女职工生育保险制度改革，社会保险制度改革取得突破性进展；大力培育和发展劳动力市场，推动全省劳动事业的全面发展，为全省改革、发展、稳定作出了应有的贡献。

培训就业

【国有企业下岗职工基本生活保障和再就业】　国有企业下岗职工基本生活保障和再就业是1998年劳动保障工作的中心任务，按照党中央、国务院的要求及劳动和社会保障部的部署，甘肃省进一步加大工作力度，完善各项措施、制度，狠抓各项任务的落实。一是开展了“两节”解困送温暖活动。全省共筹集资金7 146.54万元，扶助困难企业1 889户，困难职工22.3万人，离退休人员3万人。二是制定配套措施，完善工作制度。在调查的基础上，出台了《关于进一步做好国有企业下岗职工基本生活保障和再就业工作的意见》《甘肃省国有企业下岗职工管理和就业服务中心建设暂行办法》等一批配套办法，通过调查测算确定了全省下岗职工基本生活费标准，开通了省地两级再就业咨询电话，完善了下岗职工基本生活保障和再就业情况调查统计报告制度。三是加快企业再就业服务中心建设。全省共建再就业服务中心3 358个，行业主管部门100%成立了再就业服务指导中心。到年底，全省已有13.8万国有企业下岗职工进入了再就业服务中心，其中有96.5%的职工签订了基本生活保障和再就业协议，91.3%的职工足额领到了基本生活费。多渠道、多形式分流安置下岗职工16.4万人，再就业率达到54%。四是加大再就业宣传力度。省劳动厅与省委宣传部联合，从5月1日开始，用3个月的时间在全省范围内集中开展了“贯彻十五大精神，推进再就业工程”的宣传战役活动。据不完全统计，省级各种新闻媒介发表、播出3 000多篇（条）消息、文章和评论；9月底召开了“全省下岗职工再就业表彰暨事迹报告会”，表彰了14位再就业明星。共编印《解困与再就业工作简报》28期，编辑《再就业工作信息》10期，配合《人民日报》、中央电视台、新华社等新闻单位宣传全省再就业工作情况30余次。五是召开会议、建立目标责任制度和监督制度。6月12日至13日，省委、省政府召开全省国有企业下岗职工基本生活保障和再就业工作会议，省政府领导与14个地州市、27个行业、16个企业(企业集团)签订了目标管理责任书，14个地州市和24个行业又分别与各县(市、区)、企业签订了再就业的目标责任书。为了解工作落实情况，先后三次派出督察组，对14个地州市及森工企业下岗职工基本生活保障和再就业工作进行了调研和督查。

【职业技能开发】　甘肃省为提高劳动者的技能水平和就业能力，大力开展再就业培训，全省累计培训8 171人，其中免费培训6 703人。1998年全省技工学校招录新生8 886人，超计划1.9%。开展职业技能鉴定工作：新审批建立国家职业技能鉴定所15所，使全省的鉴定所发展到146所；积极扩大鉴定范围，增加鉴定数，全省共鉴定37 122人，其中24 300人取得职业资格证书。同时在企业内部推行职业资格证书制度和就业准入制度，引导企业逐步建立技术工种持证上岗制度。认真贯彻落实《社会力量办学条例》，狠抓社会培训机构的清理整顿工作，全省共检查评估社会培训机构275家，对不符合办学条件的38家予以取缔，限期整改25家，使甘肃省的社会培训行为更加规范。劳动预备制度试点范围进一步扩大，在兰州、天水两个国家级劳动预备制度试点地区的基础上，又增加金昌市为国家试点地区，同时确定平凉、定西、武威、嘉峪关等市为省级试点地区。

【就业服务】 1998年，甘肃省围绕完善职业介绍和加大职业培训力度，狠抓就业服务体系的建设。截止到年底，全省已建立各类职业介绍机构923个，初步形成了省、地（市、州）、县（区、市）、乡镇（街道）四级职业介绍网络。全年为2.6万名下岗职工提供了就业指导，为7万名下岗职工提供了职业介绍；全年共培训下岗、失业职工9.96万人，其中为3万名下岗职工进行了免费再就业培训。大力实施农村剩余劳动力有序流动工程，全年共输转城乡剩余劳动力210.8万人（次），完成年计划的140%，创劳务收入23.9亿元。其中输出下岗职工和城镇失业人员10.85万名。1998年全省登记失业人员总数18.61万人，共安置9.46万人，年末城乡登记失业率3.32%，实现了年初省政府确定的失业控制率在3.5%以内的目标，保持了全省就业局势的基本稳定。

社会保险

【养老保险】 1998年，甘肃省的养老保险制度改革以统一企业养老保险管理为重点，制定实施《甘肃省统一企业职工基本养老保险制度实施细则（试行）》《甘肃省养老保险省级统筹基金调剂管理暂行办法》《甘肃省企业职工基本养老保险个人账户管理暂行办法》《甘肃省企业离退休人员养老保险社会化管理服务暂行办法》等一系列配套措施，使全省企业职工养老保险向统一制度平稳过渡有了可操作的办法和措施。进一步严格规范了企业离退休（职）制度，审批在甘中央、省属企业3 075人离退休。努力确保离退休人员养老金的发放，1998年“两节”期间落实特困离退休人员慰问经费84万元，预借预拨养老金571万元，保证了“两节”期间离退休人员基本生活。从7月份起，在保证基本不发生新的拖欠的基础上，又督促企业补发了7月份以前拖欠的养老金5 940万元，补发率达到33%，超部里目标3个百分点。继续加强养老保险基金的收缴和管理，截止到年底，全省共收缴养老保险基金115 431万元，完成年预算的86%，支出112 089万元，完成年预算的96%；回收挤占挪用基金5 390万元，纠正违纪违规资金96.3万元，占应清收总额的48%，超部里目标15个百分点。完善、规范了省级统筹工作，省级调剂金到位2 500万元。

【失业保险】 失业保险制度改革方面，甘肃省按照国务院规定，提高了失业保险基金征缴比例，开展了失业保险基金清查工作，扩大了失业保险覆盖面。截止到1998年底，全省参保单位为12 267户，职工128万人，共收缴失业保险基金5 400万元，回收挤占挪用基金3 264.48万元，共向企业再就业服务中心拨付基金1 000万元。

【医疗保险】 1998年，甘肃省在医疗保险制度改革上，认真贯彻全国医改工作会议和国务院《关于建立城镇职工基本医疗保险制度的决定》精神，拟定了全省医疗保险制度改革规划，开展了职工医疗费用情况调查。

【生育、工伤保险】 1998年，甘肃省的女职工生育保险制度改革和工伤保险制度改革的试点工作也在稳步进行。

工资分配

【工资分配】 甘肃省1998年工资分配宏

观调控力度不断加大。进一步完善了工效挂钩办法，把国有资产保值增值作为主要考核指标，进行严格考核，完成了199户省属企业工效挂钩工作；对暂不能实行工效挂钩的企业，实行工资总额包干的办法，完成了205户省属企业的工资包干工作。加强经营者收入管理，审批了金昌化工集团公司试行年薪制的办法，并进行了试点调研。开展了企业工资内外收入的监督检查，下半年对20户省属企业进行了企业工资内外收入大检查，加强了企业工资内外收入的综合治理。努力做好计划工作，结算了14个地州市1997年弹性工资计划，核定了1998年弹性工资计划。完成了1998年城镇企业扶持专项基金分配工作。审核、换发各类企业《工资基金手册》3 800册，有力地加强了对企业工资的宏观调控。1998年全省累计发放职工工资总额155.4亿元，比上年同期增加2.3亿元，增长1.5%；职工年平均工资6 418元，比上年增加236元，增长3.8%。

劳动关系调整

【劳动合同制度】 继续推行劳动合同制度，截止到1998年底，全省实行劳动合同制的人数达179.47万人，占应实行人数的90.8%，其中，全省非国有经济组织实行劳动合同制的人数达35.48万人，占同口径职工总数41.69万人的85.11%，完成了年初确定85%的目标任务；进一步规范了用人单位劳动合同管理，制定下发了供各类用人单位统一使用的《劳动合同工管理台账》《职工劳动合同卡》《劳动合同订立情况一览表》等一系列有关劳动合同订立、变更、解除、终止、续订、鉴证的规范性文书，确保劳动合同制度的正常运行；拟定出台了《甘肃省集体合同审核管理办法》，在有条件的企业中，积极稳妥地推行集体合同制度。

【劳动监察】 结合再就业工程的实施，开展党政机关、事业单位使用农村和外省劳动力等临时用工的清退工作。积极实施劳动监察目标管理制度，超额完成了年初劳动和社会保障部下达的劳动监察8 000户的目标计划任务。到年底，全省各级劳动监察机构共检查用人单位9 753户，涉及劳动者67.35万人。通过检查，共发现违法单位3 748户，处罚违法单位1 159户。认真组织开展了劳动年检工作。据统计，全省参加年检的企业达12 338户，参检率为82%，其中年检合格单位10 748户，年检合格率87%。与此同时，劳动监察机构受理群众举报劳动违法案件工作也取得了突破性进展。

【劳动争议处理】 加强了劳动争议处理工作，截止到1998年底，全省各级劳动争议仲裁委员会共处理劳动争议案件787件，涉及职工2 653人，结案747件，结案率94.92%。其中处理集体劳动争议案件64件，涉及职工1 607人，与上年同期相比，受理案件增加158件，增长25.12%；结案增加158件，增长26.82%，结案率比上年增加1.28个百分点。

劳动安全卫生

【职业安全卫生监察】 甘肃省各地区、各行业及各企业认真贯彻落实江泽民总书记关于安全生产工作的三条重要指示，注重安全生产教育，加强安全生产综合管理，狠抓事故隐患整改，严肃事故调查处理。截止到1998年底，全省共发生各类事故4 653起，死亡1 896人、重伤1 604人，经济损失5 095.75万元。与去年同期相比，事故起数下降0.13%，死亡人数下降0.37%，全省安全生产形势基本稳定。职业安全卫生监察以“落实责任、保障安全”为中心，大力开展了安全生产大检查，认真搞好事故监察，全年共参加事故调查258起，批复结案率为93%，行政处分168人，追究刑事责任8人，事故罚款53.31万元，核发工伤证794人；同时不断加强特种作业人员培训考核、特种设备安全监察、检验和建设工程项目劳动安全卫生“三同时”监察工作，收到了良好效果。

【锅炉压力容器安全监察】 甘肃省的锅炉压力容器安全监察工作，把重点放在使用、管理环节上，继续开展锅炉压力容器设计、制造、安装单位的资格审查和复查换证工作，开展了压力管道安装单位资格审查认证工作，受理申请单位 75 户，已审查 16 户。

【矿山安全监察】 矿山安全监察工作，紧紧围绕《甘肃省实施〈矿山安全法〉办法》的贯彻实施，制定了《甘肃省矿山安全监察执法程序》和《甘肃省违反矿山安全条例、法规实施经济处罚办法》等规范性文件。以特大事故为重点，狠抓了采矿秩序和清理整顿，维护了矿山安全生产的正常秩序。

劳动法制建设

【劳动法制建设】 1998 年，甘肃省劳动厅组织了厅系统行政执法和执法监督人员的培训、考核及发证工作，培训合格率达 100%，所有行政执法和执法监督人员都按时取得证件；编制上报了 1998 年劳动立法计划，向省人大、省政府报审了 3 项法规和规章，按照国务院和省政府的规定，制定了罚缴分离制度；重点抓了《劳动法》执法检查工作，随同省人大《劳动法》执法检查组分赴平凉、白银、兰州 3 地市，就各地贯彻落实《劳动法》特别是实施“两个确保”工作的情况进行了检查。按照省人大的要求和省政府的部署，制定了省劳动厅行政执法责任制实施方案和内部制度，使行政执法责任制按期在劳动厅开始实施。

（甘肃省劳动厅）

青海省

【概况】 青海省1998年的劳动和社会保障工作，以确保国有企业下岗职工基本生活和企业离退休人员养老金按时足额发放为中心，以养老保险制度改革为重点，各项劳动和社会保障事业进一步全面发展。国有企业下岗职工基本生活保障得到落实，下岗职工再就业工作取得突出成绩，企业离退休人员养老金实现了按时足额发放，没有发生新的拖欠。养老保险制度改革取得重大进展，建立了统一的企业职工基本养老保险制度，实行了覆盖全社会非国有经济劳动者的基本养老保险办法。劳动用工管理力度有所加强，职业技能开发工作稳步推进。劳动和社会保障法制建设进一步加强，依法行政，严格执法，促进了各项劳动保障工作逐步走向法制化管理轨道。劳动安全卫生监察和安全生产综合管理工作继续得到重视和加强，全省安全生产形势基本保持稳定。

培训就业

【国有企业下岗职工基本生活保障和再就业】 1998年7月1日，青海省印发了《关于切实做好国有企业下岗职工基本生活保障和再就业工作的通知》，全面部署国有企业下岗职工基本生活保障和再就业工作，明确了目标和任务，并制定了24条实施再就业工程优惠政策措施。各地普遍成立了下岗职工基本生活保障和再就业工作领导机构，建立了分级负责制度。全省870户有下岗职工的国有企业均建立了再就业服务中心，进中心并签订协议的下岗职工都领取了基本生活费。下岗职工基本生活保障所需资金实行财政、社会、企业“三家抬”办法，即财政负担50%、社会筹集25%、企业自筹25%，年内共筹集基本生活保障金1.19亿元，其中财政1.08亿元（含中央财政7 550万元），社会筹集622万元（失业保险基金划入525万元），企业自筹555万元。国有企业下岗职工进入再就业服务中心并享受基本生活保障的有18万人次。为了从根本上解除下岗职工的后顾之忧，促进其早日实现再就业，省政府还确定了“三道保障线”，一是国有企业下岗职工基本生活保障线（每人每月基本生活费150元，代缴养老保险费85元，失业保险费10元，医疗保险费15元）；二是失业职工生活救济保障线（每人每月130元）；三是城镇居民最低生活保障线（每人每月120元）。年内全省共有3.33万名国有企业下岗职工实现了再就业，再就业率47%，基本实现了中央和省委、省政府提出的50%再就业目标。存在的问题是职工下岗继续呈增加趋势，社会就业岗位不足，分流安置任务艰巨；再就业服务中心工作与就业服务体系工作衔接不够紧密；职工下岗管理难度大，劳动关系清理难。

【城镇就业】 1998年，青海省需要安置的城镇失业人员总数3.84万人，比上年下降1.3%，通过各种渠道就业1.95万人，就业人数较上年减少15.2%。年末尚有失业人员1.82万人，比上年上升21.3%，登记失业率2.5%，比上年上升0.4%。其中，全省登记失业职工3 103人，通过各种渠道实现再就业1 693人，再就业率54%。

【劳动力市场建设和职业介绍】 青海省有

职业介绍机构284个，其中：劳动行政部门办的65个，乡镇劳动服务站206个，社会兴办的13个。全年各类职业介绍机构共为16.42万城乡求职者介绍了职业。为配合实施再就业工程，全省各级职业介绍机构将工作重点转移到为下岗职工、失业职工再就业服务上来，通过劳动力交流、"下岗职工集市日"等各种形式，年内共介绍1.04万名下岗职工再就业，较上年增加50%。存在的问题是：劳动力市场发育迟缓，市场运作不规范，管理滞后，市场就业机制尚未形成。

【劳动就业服务企业】 青海省有劳服企业444户，较上年减少111户，生产经营总额10.37亿元，实现净利润684万元，从业人员2.4万人。

【农村劳动力有序化转移】 1998年青海省农村剩余劳动力跨地区流动就业14.03万人，较上年增加3.7%，其中，跨省输出劳务5.87万人，较上年增加95%。

【劳动预备制度】 继1997年确定西宁市为国家级劳动预备制度试点城市之后，又确定海北州、格尔木市为国家级试点地区（城市）。年内开展劳动预备制培训147人。

【就业训练】 为指导就业训练朝着健康方向发展，青海省就业局印发了《关于进一步做好就业训练工作的意见》。全省就业训练机构104个，1998年内训练2.09万人次，训练结业1.76万人次，结业后实现就业1.37万人。

【下岗职工再就业培训】 青海省各地就业机构、企业主管部门和工会、妇联组织以及社会培训机构积极开展下岗职工再就业培训服务，1998年共培训下岗职工1.27万人。

【技工学校】 青海省有技工学校28所，1998年招生1 116人，较上年下降50%；毕业生2 063人；在校学生4 800人，较上年减少26.2%。技工学校首次举办高级技工班，招生46人。1998年有16所技工学校未招生，技校招生处于最困难时期。技工学校在招生困难情况下，通过深化改革图生存求发展，积极开展多种培训，年内开展多种培训，共培训1.29万人，其中下岗职工2 800人。省交通技校、省电力技校在深化教育教学改革方面取得一定成效和经验。省交通技校积极探索技工教育与其他教育相结合的多元化办学路子，充分利用技校教育资源，开展多种形式的联合办学，贯彻产教结合原则，增强技校自我发展能力。省电力技校按照"培养模式多样化、培养目标标准化、教育内容现代化、教学手段多元化、学生管理规范化"的要求，实现了从职前教育向职后教育的转移。

【师资队伍建设】 青海省的技工学校有在职教职工1 483名，其中文化技术理论课和生产实习指导教师844名，中、高级专业技术人员344人。

【职业技能鉴定】 全省有职业技能鉴定站（所）39个。年内职业技能鉴定考核发证3 393人，其中评审工人技师59名，高级工人技师14名，全省历年获取职业技能等级证书人数10.3万人。评选省级和全国技术能手2名。

社会保险

【养老保险】 青海省于1998年11月出台了贯彻国务院关于建立统一的企业职工基本养老保险制度的实施办法和覆盖全社会非国有经济劳动者的基本养老保险办法，进一步规范了省级统筹，标志着在全省范围内将实现统一基本养老保险制度、统一标准、统一管理、统一调剂使用基金的"广覆盖、四统一"目标。在资金运转非常困难的情况下，积极采取措施，从1998年6月开始实现了企业离退休人员养老金的按时足额发放，基本再未发生新的拖欠，对以前拖欠的养老金，也制定了补发计划，年内共补发5月份以前拖欠的养老金2 946万元，占累计拖欠总数的24%（补发拖欠计划为15%）。当年8月，完成了基本养老保险行业统筹移交地方管理的接收工作，共接收铁路、民航等7个行业20个企业的养老保险统筹管理工作，涉及在职职工10万人，离退休人员3.3万人。截止到1998年底，全省参加基本养老保险的企业和单位共3 537个，在职职工34.55万人，离退休人员11.37万人，城镇职工养老保险覆盖面65.5%，其中国有企业覆盖面99%。存在的主要问题是，离退休费用负担过重，地方企业离退休费用占在职职工工资总额的实际比例高达41.6%，实际平均缴费比例为24.5%。企业欠费严重，部分企业无力缴费，收缴率低，截止到1998年底，全省企业累计欠费2.59亿元，养老保险基金收不抵支，基金运转困难。

【失业保险】 截止到1998年底，青海省参加失业保险的单位3 566个，实际参保职工人数32.9万人，累计收缴失业保险金1.03亿元，累计支出2 852万元，滚存结余7 469万元，累计享受失业救济人数8 026人。

【医疗保险】 1998年出台《青海省省级行政事业单位职工医疗保险特殊检查治疗管理办法暂行规定》，制定《青海省职工医疗保险用药报销范围》。企业医疗保险在海东地区和格尔木市等地区试点，参保企业264户，参保职工1.51万人，年内收缴基金285万元，收缴率53%。省级机关事业单位参加统筹280个，人数3.5万人，年内基金收入3 820万元，支出3 125万元。

【工伤保险】 在西宁市部分企业进行试点，参保企业204户，参保职工9.2万人，年内收缴基金207万元，收缴率53.4%。

【生育保险】 参保企业191户，参保职工人数9.06万人。

【养老保险基金管理】 青海省地方企业1998年基金总收入3.8亿元，其中基金征缴收入3.19亿元（含清欠收回历年欠费3 241万元），财政补贴收入4 693万元，其他各项收入1 411万元。基金总支出4.96亿元，其中养老金支出4.6亿元，其他各项支出3 567万元。基金财务总收支相抵赤字1.16亿元，基金征缴支付相抵赤字1.41亿元。1998年年底基金滚存结余7 227万元。9～12月，中央行业企业养老保险基金收入9 307万元，支出1.34亿元，收支相抵赤字4 189万元，扣除中央财政专项补贴2 587万元，赤字1 602万元。年末各行业决算基金滚存结余663万元。1998年决算实际完成省级调剂基金上解5 668万元，从中央财政借款2 500万元，全年下拨调剂基金8 143万元，其中，西宁市6 298万元。

工资分配

【职工工资和工资管理】 1998年末，青海省职工人数61.8万人（国有单位53.53万人），职工工资总额46.7亿元（国有单位40.37亿元），年平均工资7 449元（国有单位7 943元），较上年增长5.05%，扣除物价因素，实际增长4.32%。继续开展企业按“两低于”原则自定工资水平和企业实行经营者年薪制试点工作，全省地方国有企业实行经营者年薪制试点的有4户，有2户企业经营者提取了风险收入。对全省67户地方国有企业国有资产保值增值指标进行考核，有39户企业的经营者兑现了50元～2.9万元的奖励，25户企业的经营者扣减了25元～8 800元的工资。开展了企业工资内外收入监督检查，对全省企业工资分配状况和部分企业人工成本情况进行了调查。

劳动关系调整

【劳动关系协调】 为规范用人单位让职工下岗和裁员行为，维护职工的合法权益，1998年5月，省劳动人事厅、省经贸委、省总工会联合印发了《关于用人单位进行职工下岗的暂行规定》和《关于用人单位经济性裁减人员的暂行规定》。

【劳动争议处理】 1998年内青海省培训专职仲裁员67人。全省共受理劳动争议案件214起，处理结案191件，其中重大疑难劳动争议案件26件。

劳动安全卫生

【矿山和职业安全卫生监察】 1998年4至5月，对省和中央驻青建筑安装企业进行了为期一个月的安全生产大检查，共检查19户企业44个工地，及时消除了一批事故隐患。9月份又开展一次全省建筑安全生产大检查。9月21日，大通县煤矿越界越层开采造成贯通大通矿务局采煤区事故，对安全生产构成极大威胁，省劳动人事厅会同有关部门对此事件进行了认真调查和依法处理。1998年内，全省共检查矿山和非矿山企业劳动条件和安全状况520多次，查出事故隐患240处，查出违反安全法规和标准的行为140余条，下达监察指令书30余份，检查安全技术措施专项费用落实情况60余条。1998年全省工交建企事业单位共发生伤亡事故133起，死亡88人，重伤85人，与1997年相比，伤亡事故起数和死亡人数分别下降7.64%和27.27%。

【锅炉压力容器安全监察】 青海省在用锅炉3 300台，压力容器4 600台，液化气体罐车254辆，各类气瓶38.5万只，医用氧舱18座，压力管道400公里。继续做好安全资格认证工作，依法加大现场监察力度。年内审查批准压力容器设计单位和氢气充装站各一家，液化石油气贮灌站竣工验收5家，对2家锅炉化学清洗单位、1家专业锅炉安装单位和19家工业气瓶充装单位进行了资格复审。认真开展锅炉压力容器定期检验和产品监检工作，年内检验锅炉1 320台，定检率97.9%，压力容器460台，定检率83.2%，检验罐车145辆，检验气瓶11万只，监检锅炉和压力容器产品52台。培训司炉工、锅炉水化验员、气体充检人员等各类人员1 300名。

【重大事故查处】 1998年3月29日，青海省海北州祁连县多隆乡企业煤矿五号复采井发生中毒窒息死亡重大责任事故，死亡4人，直接经济损失15万元。6月15日，都兰县五龙沟岩金堆浸试验有限责任公司发生坍塌致人死亡重大责任事故，死亡3人，重伤2人，直接经济损失11万元。9月19日，青海桥头电厂六期工程3号冷却塔发生倒塌致人死亡重大责任事故，死亡4人，重伤7人，直接经济损失78万元。此3起重大责任事故已作认真调查处理，对直接责任人和有关责任人都按有关规定分别作出相应处理，其中“6·15”重大责任事故于9月22日由省劳动行政部门批复结案。

劳动保障法制建设

【劳动立法】 1998年6月，青海省政府办公厅印发《青海省农村劳动力输出管理暂行办法》。当年7月，省政府印发《关于实施再就业工程若干优惠政策措施的通知》。11月，省政府印发《青海省贯彻国务院关于建立统一的企业职工基本养老保险制度的决定实施办法的通知》和《青海省外商投资企业乡镇企业私营企业个体工商户及其他自由职业者基本养老保险办法(试行)》。省劳动厅起草并向省政府上报了《青海省劳动和社会保障监督检查条例(草案)》。

【劳动和社会保障监察】 1998年6月～8月，青海省对全省各类企业贯彻落实劳动保障法律、法规情况进行了现场监察，共检查企业1 598户，涉及职工7.8万人，对104户企业存在的违法行为进行了查处和纠正。全面开展劳动用工年审工作，对省属各类企业、事业单位和省直机关及社会团体共897个用人单位贯彻执行《劳动法》情况进行了审查，共查处有违法行为的用人单位269家。实行了企业劳动管理规章制度备案制度。为配合完成“两个确保”任务，对部分长期拖欠基本养老保险费和失业保险金的企业进行了重点专项执法检查，收回拖欠养老金、失业保险金676万元。

【执法监督】 1998年为促进依法行政和严格依法办事，制定了《青海省劳动人事厅“九五”时期依法治理规划》，建立健全了行政执法自我监督机制，自觉接受部门外部各方面的监督。劳动和社会保障行政部门实行了行政执法公示和办事公开制度，设置监督举报电话，建立了行政执法责任制和行政执法人员执法违法追究制度及过错赔偿制度。省级劳动和社会保障行政部门国家公务员实行了挂牌上岗，明确了行政执法人员和执法监督人员工作职责，行政执法人员实行持证上岗、亮证执法。

(青海省劳动厅)

宁夏回族自治区

【概况】 1998年，宁夏回族自治区的劳动和社会保障工作按照全区人事劳动工作会议确定的工作目标和任务，妥善处理改革、发展、稳定的关系，各项工作再上新台阶。国有企业下岗职工基本生活保障和再就业工作被列为各级党委、政府“一把手工程”，得到了全社会的关注与支持。经过共同努力，胜利实现了“两个确保”，99%的下岗职工进入了再就业服务中心，再就业率达到52%；劳动法制建设取得了新成果，《宁夏回族自治区劳动监察条例》和《宁夏回族自治区实施〈中华人民共和国矿山安全法〉办法》两部地方性劳动法规顺利颁布实施，“三五”普法工作深入开展，劳动行政执法监督工作有序进行，劳动宣传工作做到了“图、文、声”并茂；企业工资分配工作不断健全与完善，企业经营者年薪制试点逐步展开；全区城乡就业局势基本平稳，城镇登记失业率为4.71%，实现了年初确定的控制在5%以内的目标；职业技能开发以提高劳动者素质为宗旨，各项工作取得了较好成绩，在全国率先制定了《中式烹调师（清真）职业技能鉴定考核方案》；劳动监察和劳动争议处理工作力度不断加大，非公有制企业劳动合同制度的推行取得了新突破；社会保险制度改革步伐加快，养老保险行业统筹移交地方工作顺利完成，实现了与国务院统一基本养老保险制度并轨；迅速调整了失业保险金收缴比例，促进了国有企业下岗职工和再就业工作的开展；工伤、医疗、生育社会保险改革试点稳步推进；认真贯彻“安全第一，预防为主”的方针，职业安全卫生监察、矿山安全卫生监察立法执法工作不断加强；锅炉压力容器安全监察检验以加强使用环节安全检验为重点，不断完善定检率，促进了锅炉压力容器监察事业的发展。此外，劳动统计工作得到进一步规范，劳动管理信息系统建设有了新的进展。

培训就业

【国有企业下岗职工基本生活保障和再就业】 宁夏回族自治区国有企业下岗职工基本生活保障和再就业工作实现了预定的阶段性目标。为加强组织领导，成立了以自治区政府主席为组长的国有企业下岗职工基本生活保障和再就业工作领导小组，召开了全区会议，下发了《自治区党委、人民政府关于切实做好我区国有企业下岗职工基本生活保障和再就业工作的通知》，各级党委、政府将国有企业下岗职工基本生活保障和再就业工作作为“一把手工程”和“民心工程”来抓，使再就业工作措施得力，责任到人。积极筹措资金，保证国有企业困难职工基本生活费发放。1998年在积极争取落实财政救助资金的同时，面向社会自筹解困资金152.85万元，为33户困难企业发放生活救助金1 201万元，救助困难职工47 975人次；为9户困难企业10 132名职工落实工资性贷款545.2万元；在“三三制”机制实行以后，为先行实施规范运行的4户国有困难企业职工发放基本生活费92.44万元。再就业工程平稳实施：截止到1998年末，全自治区有10个行业主管部门建立了再就业指导中心，有下岗职工的481户国有企业已全部建立再就业服务中心，有 33 742 人进入再就业服务中心，进中心的比例达到了 99%以上，领到基本生活费的达到 98.1%；组织下岗职工再就业培训 3.2 万人，其中接受职业技能培训的有 1.26 万人，有 3.7 万国有企业下岗职工实现了再就业，再就业率达到了 52%；全自治区建立各类职工自立市场 16 个，共有 4 500 名下岗职工进入市场，享受优惠政策，实现了再就业。

【城镇就业】 1998 年，宁夏回族自治区共有城镇失业人员 7.6 万人，经努力实现就业的有 3.67 万人，完成了年计划安置人数的 118%。截止到 1998 年末，全区实有城镇失业人员 3.91 万人，城镇登记失业率为 4.71%，比 1997 年末下降 0.08 个百分点，实现了年末城镇登记失业率控制在 5%以内的目标，全区就业局势基本平稳。

【劳动就业服务企业】 1998 年末，全自治区共有劳服企业 437 户，劳服企业在巩固发展的基础上，新吸纳各类失业人员 9 212 人，年末从业人员 4.4 万人，企业生产经营实现年增加值 20 170 万元，上缴税金 5 498.85 万元，创利润 2 584.48 万元，劳服企业吸纳下岗职工的“蓄水池”作用得到进一步发挥。

【农村劳动力有序化转移】 农村劳动力向非农产业转移速度明显加快，劳务输出取得一定成效。截止到 1998 年末，全自治区农村劳动力向非农产业转移 38.96 万人次，其中劳动部门有组织劳务输出 2.1 万人，分别完成全年目标任务的 130%和 105%。

【职业介绍】 1998 年，全自治区共有各类职业介绍机构 210 个，其中：劳动部门开办的 27 个，乡镇劳动服务站 164 个，街道职业介绍所 4 个，民办职业介绍机构 16 个，有专兼职工作人员 467 人。截止到 1998 年末，全自治区职业介绍求职登记 8.09 万人，经介绍为 3.67 万人找到了就业岗位，介绍成功率达 45%。

【劳动预备制度】 宁夏回族自治区的劳动预备制度试点工作范围不断扩大，除将银川、石嘴山、吴忠、青铜峡 4 市列为国家级试点城市外，又将固原地区列为自治区级试点地区。此外，部分城市的试点方案已上报劳动和社会保障部。

【就业训练】 截止到 1998 年底，全自治区各级就业训练中心、企事业单位和社会力量办学机构培训结业各类人员 4.99 万人，培训结业 4.89 万人，完成年目标任务的 148.4%。其中，劳动部门就业训练中心培训 1.57 万人，完成年培训计划的 238%。

【在职培训】 1998 年宁夏回族自治区重点在交通、煤炭、建材、新闻出版、邮电等行业和固原地区、石嘴山市开展了企业职工培训考核工作，共有 333 人取得了技术等级证书。以培养万名岗位技术骨干为目标的宁夏“3331”工程已全面开始实施，绝大部分行业主管部门和地市劳动部门已制定出实施方案。

【技工学校】 宁夏回族自治区认真做好技工学校的招生工作。1998 年共有 14 210 人报考技校，实际录取 5 356 人。继续完善技工学校毕业生的双证考核工作和就业派遣工作，1998 年 4 589 名技校毕业生全部参加了职业技能鉴定和技术等级考核，共派遣毕业生 3 814 人。继续组织实施对技工学校的评估检查，制定下发了《自治区技工学校评估标准》等文件，并对宁夏电力技工学校进行了国家级重点技工学校的评估认定。

【师资队伍建设】 宁夏回族自治区继续做好技工学校、就业训练中心及其他职业培训机构教师上岗资格认定证书的发放管理工作，完成了 1998 年技工学校系列教师专业技术职务的评审工作，共评审出高级专业技术职务 15 人，中级专业技术职务 23 人。

【职业技能鉴定】 对全自治区 10 所技工学校、职业高中（中专）3 217 名毕业生及宁夏军区、武警总队、消防总队 68 名现役军人申请中式烹调师进行了鉴定，首次对自治区邮电行业 353 名特殊工种从业人员进行了鉴定；在全国率先制定了《宁夏中式烹调师（清真）职业技能鉴定考核方案》；举办了职业技能鉴定员培训班；对申请建立国家职业技能鉴定所的 5 个单位进行了评估。截止到 1998 年末，全区共有国家职业技能鉴定所30家，地方职业技能鉴定站8家，共有4 102人参加了24个工种职业技能鉴定，有3 148人获得了技术等级证书。

【职业技能竞赛】 1998年7月，宁夏回族自治区组织了首届“牡丹卡”杯清真烹饪技术竞赛，对获得前三名的选手，授予了“全区技术能手”称号。圆满完成了1998年度“中华技能大奖”和“全国技术能手”候选人的评估推荐工作，两人获得“全国技术能手”称号。

社会保险

【养老保险】 宁夏回族自治区养老保险制度改革取得了新进展。确保了企业离退休人员养老金按时足额发放，并对以前拖欠的1 000多万元养老金全部补发，截止到1998年末，全区除农垦、水利系统外，所有行业、企业都实行了养老保险基金的全额缴拨，20个市县的47 539名企业离退休人员实行了养老金社会化发放，占参统企业离退休人员总数的67.92%；养老保险行业统筹移交地方管理如期完成，8个行业12万多名在职职工和4.4万多名离退休人员直接纳入区级统筹。自治区人民政府印发了《城镇私营企业个体工商户及其从业人员基本养老保险暂行办法》，进一步拓宽养老保险覆盖面，到1998年底，全自治区养老保险覆盖面为86%，其中国有企业参统覆盖率为99.9%，集体企业参统覆盖率为87.7%，1998年共收缴养老保险基金2.9亿元，收缴率为76%，支付率为99%；实施了养老金正常调整，共为67 000名离退休人员增加了养老金。

【失业保险】 宁夏回族自治区自1998年7月1日起，失业保险基金征缴率由1%调整为3%。1998年应收缴失业保险基金2 084万元，其中1%部分应筹集1 106万元，实筹集1 029万元，筹集率为92.9%；新增2%部分，应筹集978万元，实筹集389万元，筹集率为39%；上缴调剂金31万元，上缴调剂金率为14%；发放失业职工救济金6.5万元，为企业困难职工发放救济金300多万元。

【工伤保险】 印发了《关于贯彻劳动部〈企业职工工伤保险试行办法〉补充意见的通知》，规范和统一了全自治区工伤保险的范围、条件、待遇标准及劳动鉴定的工作程序。在巩固和完善银川市、泾源县工伤保险试点工作的基础上，积极扩大覆盖范围，将对永宁、惠农、吴忠、平罗等4县市的工伤保险开展试点。

【生育保险】 生育保险在银川市继续进行试点，并在此基础上将惠农、石嘴山、平罗、陶乐4县市纳入试点范围，到1998年底，惠农县的试点方案已报政府待批。

【社会保险基金管理】 自治区政府办公厅印发了《关于加强社会保险基金工作的通知》，进一步强化了社会保险基金的收缴力度。自治区各级劳动部门会同有关部门，对全区社会保险基金进行了一次全面清查，收回被挤占挪用的社会保险基金380.5万元。社会保险基金收支两条线管理工作进展顺利，社会保险机构内部审计制度不断健全和完善。社会统筹与个人账户相结合的新机制运行平衡，全区各地已为28.2万名在职职工建立了个人账户，其中有20个市县公布了个人账户清单。

工资分配

【工资管理】 宁夏回族自治区继续坚持三条线管理的原则和限高保低的指导思想，不断提高企业工资基金管理水平。加强了对企业内部分配的指导和咨询服务，进一步完善了企业工效挂钩制度。制定了《宁夏回族自治区企业经营者年薪制试点意见》并开始了试点工作。

劳动关系调整

【劳动争议处理】 1998年，宁夏回族自治区劳动争议仲裁部门共受理劳动争议案件191起，处理171起，结案率达90%，较好地避免了集体上访和静坐事件的发生，为维护社会稳定发挥了积极作用。

【劳动合同管理】 劳动合同管理不断加

强，非国有企业推行劳动合同制度力度加大。自治区政府下发了《宁夏回族自治区劳动合同管理规定》，对促进劳动合同制度健康有序进行，保持劳动关系和谐稳定起到了积极作用。到1998年末，全区乡镇企业签订劳动合同1.9万人，占同口径职工总数的50%；私营企业及个体工商户签订劳动合同0.5万人，占同口径职工总数的40%。此外，还完成了对中央驻宁夏企业近4 000份劳动合同的鉴证。

劳动安全卫生

【职业安全卫生监察】 对春节、"两会"以及宁夏回族自治区成立四十周年大庆期间重点地区、行业、企业和重要部位、场所安全生产进行了检查，督导事故隐患整改，确保全区安全生产形势的稳定。举办了全区首期地沟作业人员安全防护培训班和6期安全管理人员培训班，有509人接受了培训。特种作业人员培训、考核、资格认证和管理工作更加规范化、制度化，对6户企业100多个工种（岗位）进行了劳动条件分级测评。完成了5家起重机械制造企业、9家安装维修企业安全认证和19家单位37部新安装电梯安全监控和竣工验收，核发97部电梯准用证，169台起重机安全准用证。1998年，全区共检测检验电梯450部，起重机1 591台次。

【锅炉压力容器安全监察】 制定下发了《宁夏回族自治区〈锅炉水处理管理规则〉实施细则》和《宁夏回族自治区安全阀校验单位资格认可办法》，使安全检验逐步走向制度化、规范化轨道。加强了对在用设备的安全监察和检验。1998年共检验液化石油气钢瓶3.6万只，工业锅炉2 075台，压力容器355台，液化石油气汽车、铁路罐车42辆，安装监检陕宁天然气长输管道293.41公里。加强了对司炉工、水处理工等特种作业人员的培训考核和管理工作，1998年全区各地共培训司炉工510人，水处理工316人，压力容器操作工291人，锅炉压力容器焊工140人，RTII级射线探伤人员65名。

【矿山安全卫生监察】 经过大量的调研、协调和论证，《宁夏回族自治区实施〈中华人民共和国矿山安全法〉办法》于1998年8月6日由宁夏回族自治区八届人大常委会二次会议审议通过，自同年10月1日施行。全区开展了大规模的宣传贯彻这部法规的活动。举办了矿山安全监察员培训班，为113名矿山安全监察员颁发了新的国家矿山安全监察员证书。

【重大事故查处】 1998年5月27日宁夏中卫县常乐镇煤矿7号井发生重大瓦斯爆炸事故，1998年6月11日宁夏中卫县常乐镇水车刘营村联办矿发生重大瓦斯窒息事故，1998年8月8日宁夏平罗县红湾煤矿发生重大瓦斯爆炸事故。3起重大事故发生后，宁夏自治区劳动行政部门做到了及时赶赴事故现场了解情况、指导善后工作，并依照法定程序组织事故调查和处理，上述3起重大事故都已在法定时间内查处并批复结案。

劳动保障法制建设

【劳动立法】 宁夏回族自治区的劳动立法工作取得了新成绩，与《劳动法》相配套的法规、规章及政策性措施基本完善，配合劳动和社会保障制度改革的有关法规、规章和规范性文件陆续颁布施行。1998年经自治区人大颁布的地方性劳动法规2件；经自治区人民政府发布的劳动规章3件，政策性文件3件；厅发劳动规范性文件8件。还对自治区历年出台的28件劳动法规、政府规章作了修改、修订工作。

【劳动监察】 劳动监察立法不断加强。《宁夏回族自治区劳动监察条例》经自治区人大颁布实施，标志着自治区劳动监察工作开始走上了依法行政的轨道。按照1998年全区劳动监察工作目标管理计划及要求，加大了劳动监察执法力度。截止到1998年末，共监察企业3 991户，涉及劳动者21万多人，查出有违法行为的企业543户，处罚170户，补签劳动合同10 644份，清退风险抵押金169万元，追缴社会保险基金221万元。为确保国有企业下岗职工基本生活费和离退休人员养老金按时足额发放，开展了专项监察。还开展了使用民工及民工工资兑现情况大检查和劳动用工年检。1998年自治区劳动行政部门受理群众举报案件38件，涉及职工230人次。

【执法监督】 行政复议等执法监督工作按照职责和任务要求正常开展，对全区劳动行政执法机构、人员、证件情况进行了一次全面调查，摸清了全区行政执法底数。配合银南地区处理了一起行政复议案件。

（宁夏回族自治区人事劳动厅）

新疆维吾尔自治区

【概况】 1998年，新疆维吾尔自治区劳动和社会保障工作，按照党中央、国务院和自治区党委、人民政府的总体部署，狠抓了“三二一”总体目标和7、8、9三个月重点工作任务的落实，推动了劳动和社会保障工作的全面开展，为新疆的社会稳定和经济发展作出了积极贡献。在国有企业下岗职工基本生活保障和再就业工作上：通过加强政策引导，开展再就业培训，多渠道促进下岗职工再就业；采取积极筹集资金，确保下岗职工基本生活费发放等措施，全面完成了“建中心、进中心、保生活”三个100%的目标任务。社会保障制度改革取得突破性进展：养老保险实现了自治区区级统筹；如期完成行业统筹企业移交地方管理的工作；企业离退休人员养老金做到按时足额发放，没有再发生新的拖欠，并对以往的欠款采取多种措施予以补发。失业保险有进一步发展，对社会稳定起到积极作用。医疗、工伤、生育保险试点工作也有进展。在确保完成重点工作的同时其他劳动工作正常开展：就业局势基本稳定；劳动关系基本平稳；企业工资宏观调控得到加强；职业技能开发取得新的进展；劳动安全卫生管理工作全面开展；劳动和社会保障法制建设得以加强。

1998年，新疆维吾尔自治区的劳动和社会保障工作是在问题多、困难大、资金不足的情况下进行的，存在的主要问题是：由于经济相对欠发达，加之就业观念落后，依赖国有企业等、靠思想严重，社会保障也相对滞后，制约了下岗职工的再就业，自治区就业和再就业形势依然严峻；下岗职工基本生活保障方面资金缺口大；养老保险覆盖面进展不理想；养老保险基金征缴困难，收缴率逐年下降。

培训就业

【国有企业下岗职工基本生活保障和再就业】 1998年6月，新疆维吾尔自治区党委、人民政府召开国有企业下岗职工基本生活保障和再就业工作会议，印发了《关于进一步做好国有企业下岗职工基本生活保障和再就业工作的意见》。决定把国有企业下岗职工基本生活保障和再就业，作为各级党委和政府的头等大事来抓，并实行“一把手工程”。6月底，自治区召开“全区国有企业建立再就业服务中心现场会”，印发了《关于新疆维吾尔自治区国有企业建立再就业服务中心的实施意见》《关于再就业服务中心若干工作制度的通知》，统一了再就业服务中心工作程序。全年，自治区共建立再就业服务中心（站）1 486个，占应建数的100%。同时，印发了《新疆维吾尔自治区国有企业下岗职工待岗证发放和管理办法》，规范了职工下岗程序，对1998年7月1日以前的下岗职工进行了全面的清理和界定，下达了下岗职工控制计划。1998年自治区累计下岗171 947人（其中，上年结转62 988人，当年新增108 959人），截止到年底，在再就业服务中心滞留的下岗职工75 642人。8月5日和9月28日，自治区党委、人民政府两次召开电视电话会议，并组派督查小组分赴全区各地检查、指导和落实此项工作。按照“三三制”原则，自治区共筹集下岗职工基本生活保障费7 379.04万元。其中财政安排了3 588万元，失业保险调剂2 555.04万元，企业自筹1 236万元。在企业再就业服务中心开设了下岗职工基本生活保障费专户，按月发给下岗职工基本生活费，从当年7月起，实现了凡是进入再就业服务中心的下岗职工100%领到基本生活费的目标。

为了做好自治区国有企业下岗职工再就业培训工作，自治区劳动厅确认126个再就业定点培训单位，其中33个为自治区区属国有企业下岗职工再就业培训定点单位。全年培训5.19万下岗职工，培训率达30.19%。1998年，自治区建立了45个再就业市场、38个再就业农场，启动了一大批再就业工程项目，印发了《国有企业下岗职工再就业优惠证发放和管理有关问题的通知》。全区共有9.38万名下岗职工实现了再就业，再就业率达55.37%。在实现再就业的下岗职工中，到国有单位的2.75万人，占总数的29.3%，到非国有单位的1.97万人，占总数的21%，从事个体的4.66万人，占总数的49.68%。

【农村劳动力有序化转移】 1998年，自治区劳动厅编制下达了自治区农村劳动力（外来劳务工）使用计划，总数约为18万人。制定了《关于进一步加强招收使用农村劳动力(外来劳务工）管理的通知》，对全区允许和限制招收使用农村劳动力的行业、工种、岗位作出了明确的规定，并据此对一些用工单位进行了检查，仅在乌鲁木齐市就清退了不符合规定的农民工2 000多人。同时进一步加强了农民工流动就业证卡合一、凭证管理的力度，并在北京、四川、上海、深圳和广州等省市建立了劳务工作站，加强了地区间的劳务协作。全年，自治区跨省输出劳动力流动就业0.42万人，区内跨县流动就业1.48万人，其中通过劳动部门组织输出0.23万人，跨省输出和区内流动就业人员中办理外出人员就业登记卡的0.79万人。全自治区城镇各类企业吸纳跨省外来劳动力就业24.14万人（不含新疆生产建设兵团），外来劳动力就业人员中，已办理流动就业证的22.08万人。

【职业介绍】 1998年，新疆维吾尔自治区共有职业介绍机构257个，其中各级劳动部门举办的209个。职业介绍机构工作人员770人，其中各级劳动部门职业介绍机构工作人员617人。各级劳动部门职业介绍机构当年办理登记求职13.69万人，用人登记12.71万人，介绍交流成功11.5万人。

【职业技能开发】 1998年，自治区职业技能开发工作取得新的进展。(1) 为贯彻《教师法》和《职业教育法》，切实加强对技工学校的教学管理，使教学管理工作科学化、规范化、制度化，自治区劳动厅制发了《新疆维吾尔自治区技工学校教学管理规范》。同时，对3 409名技工学校和职业培训机构的专、兼职教师核发了教师上岗资格证书。组织召开了全区技工学校思想政治工作研讨会，共54所技校、123人参加了研讨会，收到论文210篇，其中20篇论文获一等奖，47篇论文获二等奖，78篇论文获三等奖。(2)全区技工学校当年招生1.38万人，占招生计划的77.5%，其中少数民族学生7 251人，占52.5%。当年技校毕业生12 769人，其中少数民族学生6 216人，占49%。毕业生就业去向分别为，国有企业8 765人，占67%，自谋职业3 472人，占27%。1998年5月在乌鲁木齐石油化工总厂举办了全区技工学校第五届田径运动会，共有49所技校近500名运动员、110名领队和教练员参加了比赛。7月，新疆机械电子技工学校被国家劳动和社会保障部批准为国家级重点技校。10月，新疆交通技校、阿克苏地区技校、巴州技校通过省、部级重点技工学校评估验收。(3) 为进一步规范职业技能鉴定工作，劳动厅制发了《新疆维吾尔自治区职业技能鉴定质量督导员暂行办法》。自治区共有考评员3 035人。全年组织开展了3次全自治区范围的社会化职业技能统一鉴定，参加鉴定的共有13 910人，中高级技师4名，技师400名，高级工800名，中级工9 370人，初级工1 300名。全区68所技工学校1.4万名毕业生参加了职业技能鉴定，其中8 387人参加了12个工种（专业）自治区统一命题考核鉴定和6个工种（专业）的国家命题考试。(4) 广泛开展职业技能竞赛活动，制定下发了《新疆维吾尔自治区职业技能竞赛管理办法》。全区分3个赛区举办了6个工种技能竞赛，参加人员约4万人，其中6人获得自治区技术能手称号。5月，召开了自治区职业技能竞赛总结表彰大会，对2名全国技术能手和24名自治区技术能手进行了表彰。(5)积极推行劳动预备制度。乌鲁木齐市被确定为全国试点城市；石河子、克拉玛依、库尔勒、奎屯等市被确定为自治区试点城市。当年共有1 700人参加了劳动预备制度培训。

社会保险

【养老保险】 1998年，自治区养老保险制度改革取得突破性进展。一是建立统一的企业职工基本养老保险制度。自治区劳动厅先后下发了《关于贯彻自治区企业职工基本养老保险个人账户管理办法》等规范性文件，并通过广播电视、报纸等新闻媒体，加强了专题宣传和专项咨询服务活动，推动了自治区新的养老金计发办法的实施。二是扩大了养老保险覆盖面。根据自治区养老保险覆盖面范围相对较窄的实际，1998年，把扩大养老保险覆盖面的重点放在非国有企业及从业人员上。通过调查摸底，制定了《新疆维吾尔自治区城镇私营企业和个体工商户及其从业人员基本养老保险办法》下发执行。截止到年底，自治区248家私营企业的10 152人和462个个体经济组织的16 997人参加了养老保险社会统筹。三是做好自治区级养老保险统筹的准备工作。为实现养老保险自治区级统筹，劳动厅认真进行了统筹方案的调查、摸底、测算，对企业缴费基数，养老金支付项目、计发办法和调整制度及企业和职工缴费比例等进行了充分论证，制定了企业职工基本养老保险实施自治区级统筹方案，已下发执行。四是加强社会保险基金管理。为落实社会保险基金收支两条线管理办法，自治区养老保险基金全部纳入财政专户。同时，完善养老保险调剂金制度，加强调剂征缴工作。对以往拖欠的1.6亿元养老金，采取多种措施予以补发，截止到年底，已补发9 200万元，全区各地上解调剂金9 805万元。回收挤占挪用的养老保险基金1 841万元，尚有2 000万元被挤占挪用的养老保险基金没收回。从1998年7月份起，实现了企业离退休人员养老金按时足额发放，没有发生新的拖欠。五是如期完成原行业统筹企业移交地方管理工作。制定了接收方案，成立了行业统筹移交地方管理办公室，开展了行业统筹单位基金收支审计和离退休情况调查，从9月1日起，对8个行业、23个单位的31万在职职工和11万离退休人员基本养老保险纳入地方管理，并按时足额发放了养老金，实现了行业统筹向地方的平稳过渡。同时，对中央行业办理职工提前退休问题进行调查、摸底，下发了清理整顿通知，加强了企业职工退休审批工作，及时控制了企业办理职工提前退休问题。

【失业保险】 1998年，自治区共有9 833户国有和集体企业的92.8万人参加失业保险，约占应参数的87.2%和96.5%。其中国有企业参保单位5 275个，占参保总数的53.6%，国有企业参保人数81.8万人，占参保总人数的88.1%。当年筹集失业保险基金总额11 660.29万元，比1997年增加50.5%，收缴率达89.9%。当年支出失业保险基金总额7 289.74万元，其中用于失业救济1 681.96万元，用于国有企业下岗职工基本生活保障和再就业2 555.04万元。年末结转失业救济人员3 327人，失业保险基金结余27 354.25万元。全年为5 519名失业人员提供了失业救济，对社会稳定起到了积极作用。

【医疗、工伤、生育保险】 1998年，自治区劳动厅配合自治区体改委对吐鲁番市、昌吉市医疗保险试点工作进行了调研和指导，对自治区医疗保险制度改革方案进行了前期准备；扩大了工伤保险试点范围，到年底，全区有13个县（市）参加了工伤保险费用社会统筹改革试点，自治区有5.7万人参加了工伤保险，纳入工伤保险费用社会统筹并经评残定级的工伤职工251人；开展了生育保险试点地区的测算和分析研究，到年底，全区有4个县（市）的2.64万人参加了生育保险，其中享受生育保险待遇的职工364人。

工资分配

【企业工资管理】 1998年，自治区职工工资总额为211.77亿元，比上年增长0.92%。国有单位职工工资总额为187.2亿元，比上年下降1.4%，其中国有企业127.94亿元，比上年下降6.63%；城镇集体单位职工工资总额为14.84亿元，比上年下降9.38%；其他单位9.74亿元，比上年增长169.39%。全区职工平均货币工资6 867元，比上年增长3.36%，扣除价格因素，实际增长3.15%。

为缓解社会分配不公，限制部分企业工资过快增长，自治区劳动厅制定了1998年自治区企业工资增长指导意见，规定以货币工资增长10%为企业工资增长基准线，以货币工资增长14%为预警线，加强了企业工资分配宏观调控。同时，制定了1998年自治区国有企业工资控制线，规定凡上年职工年平均工资水平达到自治区职工平均工资水平180%以上的企业和集团公司，均为工资控制线的实施对象，以此对工资分配关系进行合理调节。根据1996、1997年自治区职工社会平均工资及城镇居民消费价格指数等因素的变化，1998年自治区再一次调整了企业最低工资标准，调整后，乌鲁木齐市的标准为每月260元。

随着企业经营机制的转换，企业工资分配制度不断深化，对企业工资总量进行分类调控，使企业工资适度增长。到年底，全区地方国有企业实行工效挂钩和包干办法的达到1 752户，涉及职工58.38万人，分别占地方国有企业和职工总数的41%和79.66%。在改进和完善工效挂钩和包干办法的基础上，对151户企业进行年薪制试点，对具备条件的股份制企业进行集体协商确定工资水平制度试点。国有企业工资内外收入监督检查机构基本建立，到年底，对318户企业进行了审计检查，规范了企业工资分配秩序。

劳动关系调整

【劳动合同管理】 1998年，自治区在实行全员劳动合同制基础上，根据《劳动法》有关规定，继续制定和完善劳动合同管理的法规和政策。当年5月，自治区人民政府颁布了《新疆维吾尔自治区劳动合同管理办法》，9月，自治区劳动厅下发了《关于规范使用劳动合同管理台账、表册的通知》，召开了由各级劳动行政部门、部分企业及用人单位代表参加的劳动合同管理工作经验交流座谈会。对自治区劳动合同管理工作中存在的问题进行了座谈分析，针对性地提出了解决办法，推动了全区劳动合同管理工作的发展。截至年底，全区已有204.2万职工签订了劳动合同，占职工总数的73.4%。其中国有企业184.6万人，签订率为99.7%；集体企业9.5万人，签订率为40.5%；私营企业4.6万人，签订率为43.8%；个体企业5.5万人，签订率为11.2%。为促进劳动合同制度在各用人单位有效运行，自治区各级劳动行政部门积极在各用人单位推行平等协商、签订集体合同制度，改进集体合同的审核方式，提高审核效率和质量。截至年底，全区共有3 178家企业签订了集体劳动合同，占全部应签企业的65%，涉及职工156.68万人，职工覆盖率为83%。其中国有企业2 497家，签订率为70%，涉及职工152.2万人，职工覆盖率为85%；外商投资企业39家，签订率为70%，涉及职工0.88万人，职工覆盖率53%；乡镇企业、集体企业381家，签订率69%，涉及职工2.7万人，职工覆盖率66%；私营企业261家，签订率为35%，涉及职工0.9万人，职工覆盖率为30%。

【劳动争议处理】 1998年，自治区劳动争议处理工作紧紧围绕改革中的难点、热点问题展开。按照三方原则的要求，进一步健全了劳动争议仲裁机构，大力开展了岗位练兵活动，提高了仲裁人员素质。截止到年底，共有劳动争议仲裁机构103个（不包括新疆生产建设兵团）；受理各类劳动争议案件1 945起，结案率达94.3%；办理劳动合同鉴证48 000份，纠正违法和无效劳动合同15 279份；通过培训考核，有92人获得劳动争议调解员、仲裁员资格证书。

为了规范自治区劳动争议仲裁员的聘任管理工作和劳动争议仲裁委员会的办案工作，1998年3月4日，自治区劳动争议仲裁委员会下发了《新疆维吾尔自治区劳动仲裁员聘任管理办法》和《劳动争议仲裁委员会办案规程》。8月20日，又制发了《关于改进处理劳动争议办案方式的通知》，要求自治区各级劳动争议仲裁机构积极改革办案方式，结合案情简化办案程序，加强劳动争议当事人的举证责任，充分发挥庭审功能，缩短办案时间，提高办案质量和效率，及时、公正协调劳动关系，更好地维护劳动争议当事人的合法权益。11月12日，经自治区人民政府批准，对自治区劳动争议仲裁委员会组成人员进行了调整，使自治区劳动争议仲裁管理和办案工作进一步得到了加强和规范。

劳动安全卫生

【职业安全卫生监察】 1998年，新疆维吾尔自治区劳动厅制发了《劳动安全卫生检测检验员认证管理办法实施细则》《劳动安全卫生检测检验机构资格认证管理办法实施细则》《特种作业人员培训考核管理规定》《实施〈建设项目（工程）劳动安全卫生监察规定〉办法》。同时，结合“安全生产周”活动，对全区150家企业单位进行了安全检查，提出各类整改意见1 800条。全年，对7家建筑施工企业进行了安全资格认证，对62家进行了复审，对37家起重机械（电梯）制造、安装、维修单位进行了安全资格认证考核。验收新安装电梯104台，起重机98台；定期检验电梯225台，起重机153台；检验厂内机动车辆323辆。发现重大事故1 774处，提出整改项目4 023项。1～3月，对4条运营索道进行检查，提出整改意见20多项。对6家企业进行了尘毒危害测评，共检测粉尘作业点9个，毒物作业点4个，噪声作业点31个。同时，加强了对劳动防护用品生产企业和产品质量的监察，审查认证生产企业11家，对37个厂家46批产品进行了检验。

【锅炉压力容器安全监察】 1998年，自治区劳动厅积极配合财政厅、物价局联合对自治区锅炉压力容器安全监察检验收费标准作出明确规定，统一了全区的收费标准。同时，审查批准了沙雅铸铁锅炉厂等4家锅炉压力容器制造单位的制造资格，审查批准了哈密振兰实业有限公司等12家氧气、氮气充装单位和伊犁机械总厂等6家气瓶检验单位的生产资格，抽查了巴州锅检所等10家检验单位的检验质量，对发现的问题进行了及时处理，确保了自治区锅炉压力容器的检验质量及安全使用。截至年底，全区有在用锅炉11 327台，在用压力容器15 090台，在用气瓶69.2万只。为防止事故发生，已取证的气瓶充装站139个，检验站19个，对锅炉、压力容器产品安全质量实行100%监检。

【矿山安全卫生监察】 1998年，自治区深入开展了矿山安全执法安全生产大检查。年初，根据自治区人民政府安排，自治区劳动厅和煤炭厅两家联合开展了春节前后安全生产大检查，分别对乌鲁木齐市、昌吉州、吐鲁番地区进行了抽查。5月份组织了全区第8个“安全生产周”活动，分别对和田、喀什、克拉玛依、独山子、农四师等地进行了抽查。9～10月，组织了南北疆执法互检活动，为南北疆共同抓好安全管理和安全生产工作提供了新思路、新方法。同时加强了矿山安全条件审核认证工作，严格矿山建设施工单位的安全资格审查和扩建工程的验收。分别对新疆三建、哈密矿务局等十几家矿山企业进行了条件认证；对新疆地质工程公司矿山建设施工安装单位进行了资格审查；对乌苏四棵树煤矿的扩建工程进行了验收。

【劳动生产事故】 1998年，自治区非矿山企业发生企业职工因工伤亡事故249起，死亡165人，重伤130人，与上年同期相比分别下降20.95%、24.31%和17.19%；发生一次死亡3

人以上重大伤亡事故7起，死亡24人，重伤4人，与上年同期相比分别下降22.2%、27.27%、33.3%。自治区矿山企业发生伤亡事故270起，死亡328人，重伤42人，与上年同期相比分别下降20.1%、24.9%、38.2%；发生重大伤亡事故18起，死亡82人，重伤10人，分别比上年下降14.3%、29.3%、44.4%。

劳动法制建设

【劳动和社会保障法制建设】 1998年，自治区加快了地方劳动和社会保障立法步伐，自治区劳动厅积极配合自治区人民政府法制局论证了《自治区劳动监督检查条例（草案）》，并已提交自治区人大常委会审议；自治区人民政府发布了《关于进一步做好企业职工下岗管理和分流安置的意见》《自治区城镇私营企业和个体工商户从业人员基本养老保险办法》；劳动厅发布了《自治区城镇企业职工基本养老保险个人账户管理暂行办法》《自治区城镇企业职工基本养老保险调剂金管理使用暂行办法》《自治区城镇企业职工基本养老保险调剂金管理暂行办法》《自治区起重机械产品安全技术监督检验办法》《自治区起重机械安全管理规定》；草拟了《自治区劳务工管理条例》《自治区企业在职职工培训规定》。5月13日，《新疆维吾尔自治区劳动合同管理办法》发布实施。

劳动行政执法工作继续推进。到年底，为全区1 700余名劳动行政执法监督人员颁发劳动行政执法监督证，开展了劳动行政执法监督大检查。劳动系统“三五”普法工作进一步加强。截至年底，全区有1.2万名劳动行政执法人员和劳动机构管理人员参加了“三五”普法考核，合格率98%，并颁发了考核证书。

【劳动监察】 1998年，自治区劳动监察工作通过群众举报专查、劳动监察年审、用工大检查和巡视检查等多种方式，进一步维护了劳动关系的和谐与社会稳定，使各项劳动监督检查工作取得了良好的效果。截至年底，自治区实际巡视监察用人单位15 015户，涉及劳动者104.3万人。结合巡视监察执法任务，大力开展劳动用工年审检查工作，全年共检查各类用人单位12 521户，涉及职工70.03万人，其中对1 832户用人单位发出限期整改指令书，补签劳动合同14.47万份，补办外用工就业证5.94万人次，清退童工80人，清退风险抵押金184.39万元，追发劳动者工资353.1万元，追缴养老、失业保险基金1 292.32万元。

劳动监察法制建设进一步完善，执法水平不断提高。到年底，全区依法立案查处违反劳动法律法规案件1 895起，结案率为97%。查处取缔非法劳务中介机构53家。劳动监察执法队伍建设进一步健全。截至年底，全区共建立劳动监察机构113个，其中专门劳动监察机构67个；配备劳动监察员538人，其中专职劳动监察员232人。全年培训劳动监察人员53人。

（新疆维吾尔自治区劳动厅）

新疆生产建设兵团

【概况】 1998年，新疆生产建设兵团劳动系统围绕劳动和社会保障部提出的“三二一”工作目标，认真做好确保国有企业下岗职工基本生活，确保企业离退休人员养老金按时足额发放（“两个确保”）的工作，并在劳动就业、社会保险、工资分配、职业技能开发、劳动关系调整与监察、劳动安全卫生监察工作等方面取得了新进展。

国有企业下岗职工基本生活保障和再就业工作方面通过明确目标和任务，规范工作程序，制定一系列优惠政策，积极做好保障资金筹措，认真做好困难职工生活保障工作等措施，取得了阶段性成果。社会保险工作有了突破性进展：确保养老金按时足额发放工作进展顺利；兵团级统筹和兵团企业职工养老保险金计发办法改革于年初开始实施，养老保险制度改革进一步深化；失业保险和工伤、生育保险改革的力度也进一步加大。围绕经济发展和劳动力需求加强了就业工作；在落实企业内部分配自主权的同时，进一步加强了工资收入的宏观调控；劳动关系调整有了进展，劳动监察工作进一步趋向完善；职业技能开发工作向一体化、网络化格局发展；劳动安全卫生监察工作具有成效，安全生产形势趋于平稳；宣传教育、理论政策研究工作广泛开展；劳动部门自身建设得到加强。

培训就业

【国有企业下岗职工基本生活保障和再就业】 1998年，新疆生产建设兵团认真贯彻落实中央精神，高度重视下岗职工基本生活保障和再就业工作。当年做了如下具体工作：(1)加强领导，制定具体的实施意见和办法，建立了较为完善的运行机制。党中央、国务院召开了国有企业下岗职工基本生活保障和再就业工作会议以后，兵团及时召开了由党政“一把手”和劳动、计划、财务、工会、经贸等有关部门主要领导参加的党委扩大会议，统一思想、明确工作任务，并结合兵团实际，下发了《关于进一步做好国有企业下岗职工基本生活保障和再就业工作的意见（试行）》《兵团国有企业建立再就业服务中心的实施意见》《兵团国有企业下岗职工管理办法》等配套文件。成立了由兵团司令员任组长、20个有关部委办局主要领导为成员的领导小组，办公室设在劳动局，负责日常工作。各师（局）、兵团直属有关单位也成立了“一把手”挂帅、劳动部门牵头、有关部门参加的领导小组及相应的工作机构，结合各自实际，制定具体实施细则，形成了上下齐努力，各部门通力配合，工作有条不紊的良好局面。(2) 建中心、进中心、保生活。为落实“围绕7、8、9三个月打一场攻坚战的”目标，完成“建中心、进中心、保生活”的中心任务，保障下岗职工的基本生活。兵团对各级领导小组办公室和再就业服务中心的工作人员进行了政策培训，共举办学习班12期。全兵团有下岗职工的国有企业都按规定建立了再就业服务中心，各再就业服务中心普遍制定了工作制度，配备了2～6名专(兼)职工作人员，并在银行设立了下岗职工基本生活保障资金专户，资金封闭运行，职工下岗进中心程序规范、基本生活得到保障。截至12月底，全兵团建立再就业服务中心及类似机构198个，占应建数的100%；城镇下岗职工3.61万人，进中心3.25万人，占应进职工人数的90.03%；签订管理协议的有3.11万人，占进中心人数的95.69%，发放基本生活费2.7万人。按照“三三制”筹措下岗职工基本生活保障资金的原则，全年中央财政拨款7 052.2万元。1998年元旦、春节、肉孜节期间兵团下发了《关于切实做好1998年元旦春节肉孜节期间部分困难职工群众生活保障工作的通知》，劳动局、工会、各师（局）千方百计筹措2 435万元的帮困资金，65家特困企业获得工资性贴息贷款2 155万元，保障了节日期间近10万名困难职工和离退休人员的基本生活。兵师两级共组织慰问组120个，慰问特困职工1 520户。农二师、五师、工一师、哈管局等机关、事业单位开展捐款、捐物“送温暖献爱心”活动，使下岗职工人心安定、社会稳定。(3) 积极开展再就业培训，多渠道促进下岗职工再就业。为帮助下岗职工转变观念，提高职业技能，尽快实现再就业，兵团办公厅、兵团劳动局先后下发了《关于贯彻落实劳动部“三年千万”再就业培训计划的通知》和《关于兵直国有企业下岗职工再就业培训的实施意见》，成立了“兵团再就业培训指导小组”。截至年底，全兵团培训下岗职工1.4万人。与此同时，兵团还制定了一系列优惠政策，按照“企业安置、行业调剂、社会帮助、自谋职业”的原则，鼓励有条件的企业和行业分流安置下岗职工。为引导企业开展好这项工作，7月底在农七师召开了兵团国有企业下岗职工分流安置和再就业工作现场会，重点推广了农七师部分企业搞农业综合开发、向农业要岗位安置下岗职工的措施和做法。兵团劳动局转发了《关于新疆维吾尔自治区〈国有企业下岗职工再就业优惠证〉发放和管理有关问题的通知》，为下岗职工实现再就业发放《优惠证》4 000本。同时，充分利用各种新闻媒体，加大宣传教育力度，宣传有关下岗职工基本生活保障和再就业政策、方针的典型实例。兵团各级劳动保障、财务、经贸委、工会、共青团、教育部门选出再就业先进集体和个人，举办了26期报告会。截至1998年底，兵师两级通过各种渠道已累计分流安置下岗职工2.9万人，再就业率达48.4%。

【城镇就业】 1998年，新疆生产建设兵团针对城镇就业压力较大，企业富余职工、失业人员、新增劳动力人数不断增多的情况，一方面在城镇积极采取有效措施，大力发展第三产业，拓宽就业渠道，增强就业安置能力；另一方面结合兵团农业生产一线劳动力不足，逐步引导富余职工“退二进一”，参加农业生产，实现再就业。与此同时，加强了劳动就业基础性管理工作，制定了《新疆生产建设兵团劳动就业管理办法（草案）》，初步提出配合兵团在本世纪末后三年水土开发，引进劳动力资源方案，制定下发了《1998年兵团劳动力平衡计划》和《关于进一步加强招收使用外来劳动力管理的通知》等文件。完成了年度计划劳务工的引进工作并为下年度引进工作作了准备。据统计，截至1998年末，共安置就业人数3 962人，尚有失业人员17 164人，失业率1.8%。

【外来劳动力管理】 为加强对农村（农场）劳动力跨地区（师、局）流动就业的管理，规范用人单位用人、农村（农场）劳动者就业和各类服务组织从事有关服务活动的行为，引导农村（农场）劳动力跨地区（师、局）有序化流动，新疆生产建设兵团在外来劳动力管理工作上逐步完善了各项配套制度，做到了有章可循和“有序化流动”。兵团严格按照“用人单位因生产经营需要招用农村（农场）劳动力应按隶属关系报上级劳动行政部门批准。跨地区、团场、县招用农村（农场）劳动力由本师（局）劳动行政部门批准。跨师（局）、跨省招用农村（农场）劳动力由兵团劳动局批准”。在加强外来劳动力管理上，主要采取“证卡合一”制度，即办理《外出人员登记卡》和《外来人员就业证》。1998年度“证卡合一”率达到85%。兵团已与河南、四川、江苏、安徽、青海、甘肃等省建立了长期“劳务协议”。1998年度兵团劳动局根据各师（局）使用外来劳动力计划，及时到内地各省组织招收，为团场引进包地工、季节工40万人左右，做到了有计划、有组织的引进劳动力。

【职业介绍】 1998年，新疆生产建设兵团职业介绍服务中心根据国家下发的《职业介绍服务规程》制定服务标准、岗位责任，规范工作制度。并积极拓展劳动力市场的服务领域，使职业介绍工作集劳动力资源储备、信息收集、代聘代招、劳动人事、档案管理、社会保险、就业咨询于一体，建立了综合的服务体系。对城镇失业人员、下岗职工转变就业观念进行职业指导。并采取“把服务送到企业，把政策和信息带到职工身边”的措施，积极组织下岗职工在兵团内部、各地区、行业之间调剂余缺，组织劳务输出、输入，寻求国际劳务合作的新途径。建立和完善兵团的职业介绍信息网络和劳动力资源信息库。积极争取国家在政策和资金上对建立兵团职业介绍信息网络的支持；并派人参加了劳动和社会保障部举办的“劳动力市场信息网络建设培训班”的学习；制定并完善兵团劳动力市场信息网络的发展纲要。兵团职业介绍已初步形成兵、师、团三级职业介绍网络，共有职业介绍机构190个。办理求职登记36 305人，用工登记12 205人，介绍成功人数28 229人。做到了“把服务送到企业，把政策和信息带到职工身边”的服务要求。

【就业训练】 1998年度，新疆生产建设兵团就业训练机构以国有企业下岗职工再就业培训为中心开展工作。(1)对下岗职工的年龄、职业及求职意向进行了摸底，在此基础上拟定了指导性培训计划；(2)采取企业、失业保险机构和兵师两级财务补助的办法，较好地解决了下岗职工的培训经费；(3)培训机构与企业再就业服务中心密切配合，在培训的同时对下岗职工进行职业指导和再就业有关政策的宣传。通过采取上述措施，转变了下岗职工的就业观念，提高了下岗职工的再就业能力，保证了兵团下岗职工再就业计划的完成。全年共培训下岗职工1.4万人，其中大部分实现了再就业，维护了兵团的社会稳定，并有效地促进了兵团的经济发展。

【职工培训】 1998年新疆生产建设兵团职工培训工作坚持以技能培训为主，提高职工队伍素质这一宗旨，抓了三项具体工作：(1)加大冬春季职工培训力度，突出职工上岗培训，即针对农牧团场新上岗职工数量大、素质偏低的特点，积极组织了上岗前培训。通过传授科学文化知识和基本生产技能，使新职工适应兵团大农业生产的需要。培训根据农业一线的实际情况，选取棉花、小麦、水稻3个工种，于4月在农业师（局）开展了一次较大规模的统一考核。这次统考共有12个师（局）参加，共发放试卷4.8万份，参加考试人数达4.5万人。(2)加强技师培训与考核工作，建立畅通的人才成长通道。当年开展了对农机修理、汽车驾驶、拖拉机驾驶等工种进行技师任职资格培训与考评。共有11个师（局）的300多人报名参加考试。(3)围绕再就业工程开展下岗职工培训工作。为实现劳动保障部提出的“三年千万”的工作目标，顺利实施再就业工程，为下岗职工提供了有效实用的技能培训。通过培训，提高了职工培训质量，改善了职工队伍结构。全年共开展上岗培训考核45 000人次，转岗转业培训6 000人次，各种技术等级培训15 000人。

【技工学校】 1998年，新疆生产建设兵团计划招收技工学校学生3 789人，实际招收新生2 231人，使在校学生人数达到4 539人。加强了毕业生的“双证”考核工作，当年组织兵团11所学校、23个工种1 889名毕业生的“双证”考核，其中17个工种1 289名学生参加了自治区组织的统考。分配毕业生1 719人，分配率91%。在招生、分配制度改革方面进行了一些探索。一是扩大了招生范围，积极探索跨省区招生之路。当年5月组织部分技校的领导赴陕西进行了一次调研考察活动，学习借鉴外省区办学经验，同时，进行了在陕西部分地区招生的探讨。其中农二、六、八六师技校、兵团技校在当地劳动部门的帮助和支持下共招生280人。二是加强了技工学校招生宣传工作，扩大技校的影响，树立技工形象，让考生了解技校、了解招生政策、端正择业观念。三是积极培育市场，拓宽毕业生就业渠道，打破统包统配的旧模式，改革毕业生分配制度，使毕业生进入市场就业。四是与劳动学会合作，举办了技工学校教师“心理学、教育学培训班”。兵团8所技校的58名教师参加了培训。通过培训，提高了教师素质。

【职业技能开发鉴定】 1998年，新疆生产建设兵团的职业技能鉴定机构逐步建立健全，队伍不断壮大。兵团范围内国家职业技能鉴定所由1997年的12个发展到33个，特殊工种国家职业技能鉴定站从0发展到17个。根据鉴定工作的需要，1998年先后举办了两期考评员培训班，共培训考评人员282人。现在兵团已有考评人员1 200人，其中高级工考评员120人，考核工种60个。1998年5月举办了首批兵团职业技能鉴定管理人员学习班，经培训考核，70人取得了国家职业技能鉴定管理人员上岗证书。1998年全兵团共有14 127人参加劳动部门组织的职业技能鉴定，有12 886人取得了相应的技术等级证书，通过率91.2%。

【国家题库兵团分库的建设】 1998年4月新疆生产建设兵团参加了国家题库建设竞标，兵团职业技能鉴定中心承担了农艺工、农机修理工、纺织纤维分级分类检验工、纺织纤维物理性能检验工4个工种的国家题库建设任务。在落实队伍、资金的基础上，兵团劳动局成立了题库建设领导小组及办公室，组建了命题专家小组和评审小组，制定了具体的工作方案，经过近一年的努力，题库开发初步成果通过国家验收。劳动和社会保障部致函兵团劳动局称：“兵团开发的题库综合质量水平位于全国前列”。

社会保险

【养老保险】 1998年度，新疆生产建设兵团各级劳动和社会保险经办机构积极贯彻国务院《关于建立统一的企业职工基本养老保险制度的决定》《新疆生产建设兵团企业职工基本养老保险统一办法》《新疆生产建设兵团企业职工基本养老保险兵团级统筹办法》，紧紧围绕党中央、国务院提出的“两个确保”及劳动和社会保障部确定“三二一”工作目标开展工作。到1998年年末，参加基本养老保险职工人数为701 449人，比上年减少29 504人，递减率为4.04%；参加基本养老保险的离退休人员人数为363 050人，比上年增加24 045人，增长率为7.09%；社会保险负担系数为0.518，比上年增长了0.06，兵团各师(局)社会保险负担系数均超过全国地方统筹的负担系数，最高的达0.756，最低的达0.398。到1998年末，实收基本养老保险基金153 996万元，较上年增加收入25 648万元；补缴历年欠缴的基本养老保险基金15 920万元，较上年增加补缴金额9 284万元；综合收缴基本养老保险基金169 916万元，比去年增加收入34 932万元；本年度综合收缴率为83.5%，收缴率为88.5%，比上年分别提高了4.5个百分点和3.6个百分点。基本养老保险费率兵团平均费率为45.26%；师(局)最高的为87.67%，最低的为29.19%，养老保险费率参差不齐。职工的缴费工资为318 099万元，低于企业缴费工资66 338万元，人均缴费工资4 535元，比上年增加175元。本年度兵团实际支出基本养老保险费用159 400万元，比上年增加支出42 718万元；补支往年离退休费用3 646万元，实支率为98.15%；1998年应支付养老金162 403万元，人均月养老金为371元；从统计表上分析，1998年实际收缴基本养老保险基金169 916万元，实际支出163 046万元，当年结余6 870万元。截止到1998年底，基本养老保险基金结余63 135万元，其中活期存款11 730万元；定期存款26 408万元，其中1999年到期的17 720万元；国库券、特种定向国债23 683万元，其中1999年到期的4 217万元；挤占挪用1 314万元。基金结余可支付4.66个月的离退休费用。1999年度可动用基金33 667万元，可支付离退休费用2.5个月。基金结余分布不均衡，经济效益好的，不拖欠社会保险费的，相对结余多一些；经济效益差的，拖欠费用多的，结余很少。能支付6个月以上的师(局)只有2个，能支付4～5个月的有8个师(局)，只能支付3个月以下的有5个师(局)。支撑能力很弱。截止到1998年底企业欠缴养老保险基金33 618万元，其中单位欠缴30 147万元，个人欠缴3 471万元。1998年度养老金支付率是历年来最高的一年，兵团党委先后下发了两份紧急通知，要求从7月起不再发生拖欠养老金的现象。为规范师(局)按时足额发放企业离退休人员养老金工作，兵团下发了《关于按时足额发放企业离退休人员养老金的意见》，规定按时足额发放养老金工作由师(局)党政一把手负责，建立师(局)动用养老金结余垫支离退休人员养老金的审批制度，使按时足额发放养老金工作制度化。截止到1998年底，共批准师(局)动用1.7亿元养老金结余，农二师、农三师、工一师等财务部门还支付1 013万元，用于垫支离退休人员养老金。为了避免企业挤占挪用养老金，新疆生产建设兵团绝大部分师(局)实行了全额统筹和全额缴拨。农一、四、五、九、十师、哈管局、工一师实行了养老金的社会化发放。据统计，由银行代发或社会保险经办机构直接发放离退休金的离退休人员已达15.62万人，社会化发放率达43.25%。1998年底，兵团为参保的54万名企业职工建立了个人账户，建账率为77.07%，超过了原定建账率60%的指标。在实施兵团级统筹上，进展顺利。截至年底，14个师(局)、兵直都参加了兵团级社会统筹，参加的职工为70.14万人，离退休人员36.31万人。

【失业保险】 1998年底，新疆生产建设兵团共有失业保险机构14个，参保单位799个，参加人数56.24万人；应缴纳失业保险基金4 019万元，实缴纳3 033万元，收缴率为75.7%。失业保险金全年合计支出1 966万元，其中基金支出551万元，管理费支出157万元，补助下级支出1 160万元。随着失业保险工作力度的加大，收取的失业保险基金，不仅有效地保证了失业人员的基本生活，同时也为国有企业再就业服务中心下岗职工的基本生活提供了有力的保障。目前，失业保险仍存在着覆盖面窄、收缴率低、征缴难度大等问题。

【工伤保险】 截至1998年底，已实行工伤保险社会统筹的师(局)在原农一、三、五师工伤保险试点的基础上，扩大到了农二、四、六、七、工一师、哈管局、兵直共10个师(局)，参保职工50.6万人；累计收缴工伤保险基金2 472万元，实际支付工伤保险费用790万元，其中1998年当年收缴基金1 458万元，收缴率77%，当年支付费用474万元。工伤保险实行社会统筹，减轻了企业经济负担，稳定了职工队伍，确保了工伤职工的各项待遇，取得了良好的社会效益。

【生育保险】 截至1998年底，已实行生育保险社会统筹的师（局）在原农一、三师生育保险试点的基础上，扩大到农二、四、五、七师、工一师、哈管局、兵直共9个师（局），参保职工42.9万人。累计收缴生育保险基金3 196万元，实际支付生育保险费用1 402万元，其中1998年当年收缴基金1 395万元，收缴率74%。当年支付费用687万元，有18 732人享受了生育保险待遇。生育保险实行社会统筹，更好地保障了生育女职工的合法权益，均衡了企业生育费用负担。

工资分配

【工资管理】 1998年，新疆生产建设兵团针对目前企业经营者收入管理中存在的收入项目繁多、水平偏高，收入与经营业绩不相对应，政出多门、管理混乱等问题，出台了《新疆生产建设兵团国有企业经营者收入管理暂行办法》，对企业经营者收入管理工作作了具体规定，规定企业经营者收入由劳动部门归口管理和审批；收入水平控制在：实行资产经营的企业，其经营者收入最高不超过职工人均收入的7倍，其他企业不得超过职工人均收入的3倍。根据国家、自治区及兵团农牧团场最低工资保障制度的规定，考虑物价指数、社会平均工资等因素的变化，在调查并征询各师（局）意见的基础上对各师（局）农牧团场最低工资标准进行了调整，由原标准每月155～200元，调整到165～220元，新标准自1999年元月起执行。此外，兵团还积极探索新的企业工资决定机制，在农八师石河子市部分企业开展了“集体协商确定工资”的试点工作。

劳动关系调整

【劳动关系协调】 1998年，新疆生产建设兵团注意通过宣传贯彻《劳动法》来协调劳动关系。具体做法是：(1) 通过日常接待来信来访及在劳动仲裁庭上进行广泛的法制宣传教育。(2) 举办劳动合同管理学习班，对企业劳资干部和管理人员进行培训，统一了对劳动合同运行中有关劳动法律法规及政策的理解和认识，并对一些具体操作问题作了明确规定，提高了用人单位和劳动者的法律意识，促进了劳动合同的履行。(3) 全兵团1 895名劳动系统的干部参加了“三五”普法学习考试，进一步推动了兵团劳动系统的普法宣传教育工作，促进了劳动关系的和谐稳定。

【劳动争议处理】 1998年，兵团的劳动争议仲裁工作日趋规范，并取得较大的进展。(1) 注重办案程序，从立案、开庭到结案严格按程序办案，规范了仲裁文书的书写和档案的管理。(2) 进一步健全完善了仲裁委例会制度、会审制度、监督制度等。(3) 敢于立案、善于办案。1998年兵团和师（局）两级劳动争议仲裁委员会共受理劳动争议案件246起，以案外调解或仲裁方式处理结案212起，结案率86%，其中兵团劳动争议仲裁委员会受理案件25起，结案22起，结案率88%，另外，以行政方式成功调解11起。通过受理案件，以案说法，有效地维护了用人单位和劳动者的合法权益。(4) 推广典型经验，提高办案能力。1998年11月，召开了劳动争议仲裁案例座谈会，通过集中学习和集体研讨劳动争议疑难案件，总结推广农八师仲裁工作的经验，提高了各师（局）仲裁员的办案能力和业务水平。同时，再次强调要规范办案程序，并拟定了《兵团劳动争议仲裁案例评查暂行办法（讨论稿）》，促进了相互学习，达到了共同提高的目的。

【劳动合同制度】 新疆生产建设兵团已全面实行了劳动合同制度，为了提高劳动合同的管理效率，在全国仅有个别省市试点的情况下，兵团重点抓了农一师一团、农二师二十九团、农八师八一棉纺厂等企业，作为劳动合同微机化管理的试点单位，并于1998年11月召开劳动合同管理经验交流会，对3个企业的经验作现场推广演示，收到了很好的效果。通过实践证明：微机化管理使管理效能倍增，使管理人员从繁杂的手工登记7本台账的劳动中解脱出来，有更多的时间去分析和解决业务中的实质性问题，将以往的“死档案”变成了“活档案”，在一定意义上实现了动态化管理。

【劳动监察】 1998年，兵团的劳动监察工作继续遵循法制教育与执法检查相结合、劳动监察与群众监督相结合、常规监察与重点检查相结合的原则。(1)持续开展日常巡视监察工作，抓紧对劳动监察案件的及时处理。(2)开展专项执法检查。为了贯彻落实“两个确保”的要求，1998年9月21日～10月10日组织了一次全兵团范围内的行政执法监察，掌握了兵团所属企业社会保险和国有企业下岗职工基本生活保障工作的基本情况。(3)继续推行劳动用工年检工作制度，将重点放在扩大用工年检的覆盖面上，督促用人单位自觉遵守劳动法律法规，规范劳动管理行为。(4)充实劳动监察员队伍，提高监察员执法水平。1998年4月举办劳动监察员培训班，学习了《行政处罚法》和与劳动监察有关的法律、法规，培训监察员45名，并颁发劳动监察员证书，监察员素质有了不同程度的提高。

【执法监督】 1998年，兵团加强了劳动行政执法监督工作，在一定程度上提高了劳动系统的行政执法水平。(1) 出台了《新疆生产建设兵团劳动行政处罚听证实施办法》，建立了听证制度。(2) 拟定了《兵团行政复议暂行规定（讨论稿）》，着手开展行政复议工作。

劳动安全卫生

【职业安全卫生监察】 (1) 广泛开展安全知识的宣传教育和技术培训，提高全社会的安全意识和职工操作技能。各师（局）结合第八次“安全生产周”和“119消防日”活动，充分利用报刊、广播、电视等媒体开展安全生产宣传。据不完全统计，全年全兵团共出动宣传车70余辆，张贴标语2万余条，悬挂横幅近1 000幅，广播稿件12 000余篇，播放电视录像和专场200场（次）。同时为加大对特种作业人员的培训教育工作，当年共举办各类培训班150余期，参培人数达6 000人（次）；特殊工种培训班50期，参培人数达3 000人（次），使兵团特种作业人员持证上岗率保持在85%以上。(2) 安排和使用兵团安全技术措施经费，跟踪检查立项项目，确保项目按时竣工和投入使用，消除一批重大事故隐患。当年全兵团共投入安全资金2 000多万元。(3) 对建筑企业进行安全条件资格认证和起重设备制造、安装、维修安全资格认证工作。(4) 组织参加全国举办的有关知识有奖问答活动。兵团劳动局、农四师劳动局获全国化学品知识有奖问答活动组织奖，2人获个人优胜奖。

【矿山安全卫生监察】 针对非煤矿山企业伤亡事故发生机率和死亡人数呈上升趋势的状况，制定了《新疆生产建设兵团非煤矿山安全条件合格证认证办法及考核标准》。为配合安全条件认证工作的顺利开展，举办了非煤矿山矿（厂）长、生产负责人参加的安全资格培训班，培训102人，提高了管理人员的安全意识及技术水平。二二二团丁家湾煤矿“灌浆防、灭火”系统申报国家重点安措项目获得通过，得到国家补助资金60万元。

【锅炉压力容器及特种设备安全】 (1) 全年开展锅炉压力容器及特种危险设备的定检、运检、安装检验工作。全年共检验锅炉2 000余台，压力容器近1 000台，电梯安装检验10余部，检验电梯400部，检验起重设备1 500台（部），校验安全阀3 200余个。目前，兵团系统锅炉压力容器、起重机械（含电梯）、矿山特种危险设备的定检率已达80%以上。(2) 召开第二届劳动安全卫生检测检验座谈会，探讨成立兵团劳动安全检测、检验联合体的可行性。

【加强安全生产综合管理】 (1) 全面落实安全生产责任制，为企业实现“分级管理、分线负责”，形成全员、全面、全过程纵横交错矩阵形安全管理体系及正常运行奠定基础，全兵团大部分师（局）都已层层签订了安全生产责任状，并采取量化考核标准的措施加以落实。(2) 全面实行劳动安全的监督检查，加大监察力度，确保机构改革期间，安全生产管理和监察队伍不乱、人心不散、工作不断、力度不减，继续履行工作职责。(3) 实行目标管理，开展安全生产检查，消除事故隐患，遏制事故的发生。全年共组织各种安全检查50余次，专项安全检查80次，兵团综合性安全生产大检查3次；在查处隐患上，农一师率先采取“事故隐患征集箱”的办法，提高了职工的自检积极性，取得良好效果。全年兵团共查出事故隐患2万余个，整改率达80%。(4) 加强对伤亡事故的调查处理，实行“一事故一卡片”制度，掌握事故发生的具体情况，跟踪结案情况。全年全兵团共发生因工伤亡事故124起，伤亡135人。其中死亡57人，重伤78人，分别比上年下降0.8%，3.57%，17.3%和上升9.86%。全年未发生一次死亡3人以上的重大事故。

（新疆生产建设兵团）

劳动和社会保障
大 事 记

1998年劳动和社会保障大事记

3月10日　第九届全国人民代表大会第一次会议审议批准国务院机构改革方案，在劳动部基础上组建劳动和社会保障部，统一管理全国劳动和社会保障工作。原由劳动部管理的城镇职工社会保险、人事部管理的机关事业单位社会保险、民政部管理的农村社会保险、各行业部门统筹的社会保险，以及卫生部门管理的医疗保险，统一由劳动和社会保障部管理。

3月17日至28日　李其炎同志率团出席第271次国际劳工局理事会。会议选举国际劳工组织历史上第一位来自发展中国家(智利)的人士胡安·索马维亚先生担任国际劳工局局长。

3月18日　江泽民主席发布中华人民共和国主席令(第二号)，根据中华人民共和国第九届全国人民代表大会第一次会议的决定，任命国务院组成人员。张左己为劳动和社会保障部部长。

同日，中国共产党中央委员会发出《关于王忠禹等29名同志职务任免的通知》(中委〔1998〕42号)，决定成立劳动和社会保障部党组，张左己同志任党组书记。

3月20日　中国共产党中央委员会发出中委〔1998〕114号和中委〔1998〕115号通知，中共中央组织部发出组任字〔1998〕37号通知。批准李其炎同志任劳动和社会保障部党组副书记、劳动和社会保障部副部长(正部长级)，刘雅芝(女)、林用三、王建伦(女)、王东进同志任劳动和社会保障部党组成员、副部长。

3月21日上午　张左己同志主持召开劳动和社会保障部党组第1次会议。会议决定，为做好部机关的组建筹备工作，成立部机关筹备组，在部党组和部长领导下，起草部机关“三定”方案和人员选拔、分流办法，协调处理筹备期间部机关的重要工作，确保组建筹备和各项业务工作的顺利进行。筹备组下设5个小组，分别是综合组、机构人事组、业务一组、业务二组、业务三组。综合组负责协调各小组的工作进展，协助部党组和部长协调处理部机关筹备期间的重要工作，起草工作制度，负责资产、财务和行政、后勤等工作；李其炎同志任组长，刘贯学、刘永富、郭卫国、祝晏君同志为成员。机构人事组负责起草部机关“三定”方案，制定人员选拔任用和分流安置办法，负责筹备期间党的工作和思想政治工作等；刘雅芝同志任组长，王希付、陈刚、胡晓义、刘光义、田素清同志为成员。业务一组负责下岗职工再就业和失业保险等方面的业务工作；林用三同志任组长，张小建、毛健、任泽民同志为成员。业务二组负责社会保险统一管理以及养老保险等方面的业务工作；王建伦同志任组长，焦凯平、施明才、袁彦鹏、王以才同志为成员。业务三组负责医疗保险等方面的业务工作；王东进同志任组长，乌日图、张寿琪、姚宏同志为成员。

同日下午，劳动和社会保障部召开司局级干部会议，传达中央关于劳动和社会保障部领导班子组成的决定和部党组第1次会议精神；李伯勇、张左己同志分别讲话，张左己同志部署工作。刘雅芝、林用三、王建伦、王东进、严忠勤、何光同志和原劳动部全体司局级干部，人事部、民政部、卫生部有关司局和国务院医改办负责同志出席会议。

3月23日　江泽民总书记主持中央财经领导小组会议，听取张左已同志关于国有企业下岗职工分流安置和再就业及医疗保险制度改革工作的汇报。

3月24日至26日　受江泽民总书记委托，中共中央政治局常委、国务院总理朱镕基在长春主持召开辽、吉、黑、内蒙古党政主要负责人座谈会，听取他们对国有企业下岗职工基本生活保障和实施再就业工程以及深化粮食流通体制改革的意见和建议。

3月30日　国务院颁发“中华人民共和国劳动和社会保障部”印章和套印各1枚，新印章和套印颁发后即可启用，原“中华人民共和国劳动部”印章和套印停止使用并送交国务院办公厅。

3月31日　张左已同志主持部党组会议，传达国务院第一次全体会议和中央财经领导小组会议精神，研究部机关“三定”方案。会议原则同意将方案草案报送中央编委。会议还议定，同意《中国劳动报》更名为《中国劳动社会保障报》。7月2日，《中国劳动社会保障报》正式更名为《中国劳动保障报》。同意中国劳动出版社更名为中国劳动社会保障出版社。

4月1日下午　劳动和社会保障部举行挂牌仪式。张左已、李其炎、刘雅芝、林用三、王建伦、王东进同志及部属各单位主要负责同志出席。

4月9日下午，张左已同志主持第1次部务会议，讨论通过了《劳动和社会保障部工作规则》《关于做好当前劳动和社会保障工作的通知》。《关于做好当前劳动和社会保障工作的通知》(劳社部发〔1998〕1号）于4月10日发出。通知指出，为了做好机构改革期间的劳动和社会保障工作，经商民政部、人事部、卫生部和国务院体改办同意，对如下问题作出通知：确保机构改革期间工作正常运转和联系渠道畅通，全力以赴做好下岗职工分流安置和再就业工作，千方百计保证离退休人员的基本生活，加快推进医疗保险制度改革，切实加强各项社会保险基金的征缴和监管，抓紧做好社会保险统一管理的各项准备工作。《劳动和社会保障部工作规则》对岗位责任制度、会议制度、文件审批制度、请示报告和协商配合制度、值班制度、出访出国出差审批制度、参加内外事活动制度、工作人员守则作出了明确规定，并于4月15日印发（劳社部发〔1998〕3号)。

4月10日上午　江泽民总书记主持中央政治局常委会听取张左已同志关于国有企业下岗职工分流安置和再就业及医疗保险制度改革工作的汇报。

4月13日　中共中央颁发“中国共产党劳动和社会保障部党组”印章一枚（铜质，直径4.6厘米)，此印章自收到之日起启用（中办印函〔1998〕5号)。

4月16日　根据国务院领导同志指示，为全面、准确地掌握各地再就业服务中心设立和运作情况，劳动和社会保障部会同国家经贸委、财政部、国务院研究室和全国总工会等单位，联合组成五个调研组，分赴黑龙江、陕西、山东、河南、重庆等省市进行专题调查。

4月17日上午　张左已同志分别会见联合国开发计划署新任驻华代表克斯廷莱特女士、国际劳工组织北京局局长庄古先生。对克斯廷莱特女士荣任联合国开发计划署驻华代表表示祝贺，并对多年来在相关方面开展的技术合作表示感谢。张左已同志还分别向克斯廷莱特女士、庄古先生介绍了新组建的劳动和社会保障部的职能和目前重点工作，并希望今后在劳动保障领域继续加强合作。

4月21日上午　朱镕基总理邀请部分在京全国人大常委会委员和专门委员会委员，就国有企业下岗职工再就业和粮食流通体制改革工作进行座谈。张左已同志出席座谈会。

4月23日上午　张左已同志会见加拿大驻华大使贝祥先生，双方就两国在劳动和社会保障领域加强交流与合作交换意见。

4月24日上午　张左已同志主持第1次部长办公会议，研究并通过了《劳动和社会保障部立法工作程序规定》和《劳动和社会保障部立法工作安排意见》，会议对立法工作提出四点要求：统一思想认识，明确目标任务，打一场立法攻坚战；统筹规划，突出重点，注重实效；急用先立，先易后难，逐步完善；充分发挥法制部门的作用，按立法规程和要求办事，努力提高立法质量。

下午，江泽民总书记主持会议，中央政治局听取了张左己同志关于国有企业下岗职工基本生活保障和再就业工作情况的汇报。

4月30日下午　吴邦国副总理主持会议，研究养老保险和国有企业下岗职工基本生活费与城市居民最低生活费衔接问题。张左己同志出席。

5月8日　张左己同志主持召开第2次部长办公会议，分析劳动和社会保障工作形势。会议听取了部机关筹备组有关同志关于部机关组建以来工作运行情况、关于第一季度下岗职工再就业情况、关于基本养老保险情况、关于医疗保险制度改革情况、关于第一季度工资收入分配等情况的汇报。会议指出，采取办公会议的形式进行劳动和社会保障工作形势分析，是第一次尝试，有关单位准备比较认真、充分，汇报有情况、有分析、有对策。会议强调，定期分析工作形势，是一个很重要的工作方法，正确、科学地分析形势是我们作出工作决策、选择工作重点、明确工作方向的基础。通过形势分析，发现一些普遍性、倾向性的问题，使出台的政策、措施有的放矢，切实可行；通过形势分析，使大家树立全局观念，增强协调和服务意识。同时，也是学习业务的好机会。会议明确，采取部长办公会议的形式，定期分析劳动和社会保障工作形势要形成制度。

5月13日　朱镕基总理、吴邦国副总理主持会议，研究解决拖欠离退休人员养老金问题。张左己、王建伦同志出席，张左己同志作了汇报。

5月14日至16日　中共中央、国务院在京召开国有企业下岗职工基本生活保障和再就业工作会议。会议的主要任务是，贯彻落实党的十五大和九届全国人大一次会议精神，部署国有企业下岗职工基本生活保障和再就业工作。中共中央总书记、国家主席江泽民出席14日上午的会议开幕式并发表重要讲话。江泽民同志指出，全党动手，动员全社会的力量，共同做好国有企业下岗职工基本生活保障和再就业工作，对贯彻落实党的十五大精神，深化国有企业改革，引导、保护和发挥好职工群众的积极性，促进国民经济持续快速健康发展，巩固和发展安定团结的政治局面，全面推进建设有中国特色社会主义事业，具有十分重大的意义。中共中央政治局常委、国务院总理朱镕基在大会闭幕时作了重要讲话。他指出，国有企业下岗职工基本生活保障和再就业工作是当前关系改革、发展、稳定全局的头等大事，各地方、各部门一定要按照江泽民总书记重要讲话的要求，以对党和人民极端负责的精神，高度重视，加强领导，齐心协力，满腔热忱地做好这项工作。中共中央政治局常委、国务院总理朱镕基和中共中央政治局常委、国家副主席胡锦涛分别主持会议开幕式和闭幕式。中共中央政治局委员、国务院副总理吴邦国在大会开幕时作工作报告。李鹏、尉健行、李岚清、丁关根、李长春、吴官正、迟浩田、罗干、贾庆林、钱其琛、黄菊、温家宝、曾庆红、吴仪、司马义·艾买提、王忠禹出席会议。各省（自治区、直辖市）省委书记、省长（区委书记、主席，市委书记、市长）和劳动保障、财政、经贸、工会等部门负责同志及党中央、国务院有关部门的负责同志共312人参加了会议。5月13日晚，国务委员王忠禹主持召开预备会议，张左己同志对《中共中央国务院关于切实做好国有企业下岗职工基本生活保障和再就业工作的通知》的起草情况作了说明。

5月16日下午　李其炎同志主持召开部机关干部大会，传达中共中央、国务院国有企业下岗职工基本生活保障和再就业工作会议精神。

5月17日　劳动和社会保障部在京召开第一次全国劳动和社会保障厅局长座谈会，会议的主要任务是：贯彻落实党中央、国务院国有企业下岗职工基本生活保障和再就业工作会议精神，研究和部署今后一个时期劳动和社会保障工作。会议对劳动保障工作面临的形势和任务作了分析，提出了今后几年劳动和社会保障工作的主要任务，即三个重点、两个确保、一个统一的“三二一”工作目标。三个重点：一是促进国有企业下岗职工再就业，二是深化养老保险制度改革，三是推动医疗保险制度改革；两个确保：一是确保国有企业下岗职工的基本生活，二是确保企业离退休人员养老金的按时足额发放；一个统一：对社会保险实行统一管理。会议指出：劳动和社会保障部门肩负的任务繁重，使命艰巨，完成好党和政府赋予的任务，不辜负人民的重托，必须加强自身建设，树立大局观念、服务意识、务实作风、协作精神和廉洁形象。劳动和社会保障系统的全体同志应当振奋精神，坚定信心，埋头苦干，有所作为，努力开创新时期劳动和社会保障工作的新局面。李其炎同志作会议总结。刘雅芝、林用三、王建伦、王东进同志及各省（自治区、直辖市）劳动和社会保障厅局长，中央国家机关有关部门的同志及部属各单位主要负责同志参加了会议。

5月21日　吴邦国副总理听取张左己、王东进同志关于近期医疗保险制度改革工作及全国医疗保险制度改革工作会议筹备情况的汇报。

5月23日　劳动和社会保障部向国务院并中共中央报送《关于建议下发做好国有企业下岗职工基本生活保障和再就业工作通知的请示》(劳社部报〔1998〕9号)。6月9日，中共中央、国务院发出《关于切实做好国有企业下岗职工基本生活保障和再就业工作的通知》(中发〔1998〕10号)。通知主要内容是：统一思想认识，增强紧迫感和责任感；明确目标任务，加强宏观调控；普遍建立再就业服务中心，保障国有企业下岗职工基本生活；加大政策扶持力度，拓宽分流安置和再就业渠道；加快社会保障制度改革，完善社会保障体系；加强劳动力市场建设，强化再就业培训；切实加强思想政治工作，搞好宣传教育；切实加强领导，确保国有企业下岗职工基本生活保障和再就业工作顺利进行。通知指出，建立再就业服务中心是保障国有企业下岗职工基本生活和促进再就业的有效措施，是当前一项具有中国特色的社会保障制度。各地要自下而上的建立再就业服务中心组织体系，凡是有下岗职工的国有企业，都要建立再就业服务中心或类似机构，下岗职工不多的企业也可由有关科室代管。再就业服务中心要负责为本企业下岗职工发放基本生活费和代下岗职工缴纳养老、医疗、失业等社会保险费用。再就业服务中心用于保障下岗职工基本生活和缴纳社会保险费用的资金来源，原则上采取“三三制”的办法解决，即财政预算安排1/3、企业负担1/3、社会筹集1/3，具体比例各地可根据情况确定。1998年下岗职工的50%以上实现再就业。从1998年开始，将失业保险基金缴费比例由企业工资总额的1%提高到3%，由企业单方负担改为企业和职工个人共同负担，其中个人缴纳1%，企业缴纳2%。1998年，要在全国实现基本养老保险省级统筹，建立养老保险基金调剂机制，省、自治区、直辖市社会保险经办机构实行系统管理；中央有关部门（单位）实行养老保险行业统筹的企业改为参加地方统筹。

5月26日上午　中央宣传部、中直机关工委、中央国家机关工委、解放军总政治部、北京市委在京举行形势报告会，张左己同志作了题为《认真做好国有企业下岗职工基本生活保障和再就业工作》的报告。

5月28日　劳动和社会保障部党组向党中央、国务院报送《关于贯彻落实国有企业下岗职工基本生活保障和再就业工作会议精神的报告》(劳社党报〔1998〕3号)。主要从学习传达情况和工作思路、贯彻落实的主要措施、抓紧解决离退休人员养老金的拖欠问题、建议省级政府先行设立统一的社会保障工作机构等四个方面作了汇报。朱镕基总理、吴邦国副总理分别作了批示。

6月1日　劳动和社会保障部会同国家审计署联合发出《关于对社会保险基金进行全面

清查的通知》，对清查的目的、范围、方式、组织工作等作出了明确部署，要求各级劳动和社会保障行政部门、社会保险管理机构要深入领会、坚决贯彻党中央、国务院关于加强社会保险基金管理、确保基金安全的一系列指示、决定精神，以对国家和人民高度负责的态度，认真、严谨、高效地进行这次清查工作。

6月2日至18日　李其炎同志率中国三方代表团出席在日内瓦召开的第86届国际劳工大会，并代表中国政府在大会全会上发言，介绍了我国劳动和社会保障制度改革情况，阐述了对重大国际劳工问题的原则立场。6月19日，李其炎同志出席了第272次国际劳工局理事会，并于会议期间会见了国际劳工局主要官员及法国、美国等十几个国家的劳工部长，出席了不结盟国家劳工部长会议和亚太地区劳工部长会议。

6月9日下午　张左己同志会见来华访问的爱尔兰社会、社团和家庭事务部部长阿赫恩先生一行，向客人介绍了我国社会保障方面的情况，双方还就加强合作事宜交换了意见。

6月17日　国务院办公厅发出《关于印发〈劳动和社会保障部职能配置内设机构和人员编制规定〉的通知》（国办发〔1998〕50号）。《规定》明确，劳动和社会保障部是主管劳动和社会保障行政事务的国务院组成部门。人事部承担的机关、事业单位工作人员社会保险和组织工人技术等级考核职能，民政部承担的农村社会保险职能，卫生部承担的公费医疗管理、原国务院医疗保险制度改革领导小组办公室承担的医疗保险制度改革职能，均由劳动和社会保障部承担。原劳动部承担的安全生产综合管理、职业安全监察、矿山安全监察职能，交由国家经济贸易委员会承担。原劳动部承担的职业卫生监察（包括矿山卫生监察）职能，交由卫生部承担。原劳动部承担的锅炉压力容器监察职能，交由国家质量技术监督局承担。国务院原批准实行养老保险行业统筹的11个部门和单位（铁道、交通、邮电、煤炭、银行、民航、石油、有色金属、水利、建筑工程、电力）对其所属企业的养老保险管理职能，由劳动和社会保障部统一组织交由省、自治区、直辖市人民政府承担，劳动和社会保障部实行综合规划和指导。劳动和社会保障部不再对企业招用职工进行审批，改为依照劳动力市场管理法规和劳动合同制度进行管理。不再审核中央新建国有企业定员标准，改为重点调控这些企业的工资总额及工资水平。不再制定企业职工奖惩方面的行政规章，改为制定适用于各类企业的惩处职工的基本准则，作为企业制定内部规章制度以及处理劳动关系的依据。不再承担协调企业、事业单位和国家机关的工资政策的职能。职业分类、职业技能鉴定、职业技能竞赛的组织实施，职业技能标准的拟定和职业技能培训教材的组织编写工作，交由事业单位或社会中介组织承担。劳动定员定额标准的拟定工作由社会中介组织承担。

劳动和社会保障部的主要职责是：

拟定劳动和社会保险工作基本方针、政策及劳动和社会保险制度改革总体方案，编制劳动和社会保险事业发展规划和年度工作计划并组织实施。

起草劳动和社会保险法律法规，制定行政规章和基本标准并组织实施和监督检查；制定劳动和社会保险政策服务咨询机构的管理规则；代表国家行使劳动和社会保险的监督检查职权，制定劳动和社会保险的监督检查规范，监督地方劳动和社会保险监督检查机构的工作。

拟定促进城乡就业的基本政策和措施；规划劳动力市场的发展，组织建立、健全就业服务体系；拟定企业下岗职工的分流安置、基本生活保障和再就业的规划、政策，组织实施再就业工程；制定职业介绍机构的管理规则；制定农村剩余劳动力开发就业、农村劳动力跨地区有序流动的政策和措施并组织实施；按分工制定中国公民出境就业和境外公民入境就业的管理政策；制定有关机构经办向外国企业驻华代表机构选派中方雇员业务的管理办法；制定外国在华机构从事劳动力招聘中介、咨询和培训业务的资格管理办法。

组织拟定职业分类、职业技能国家标准，组织制定和颁布相关的行业标准；建立职业资格证书制度，制定职业技能鉴定政策；在国家教育工作方针、政策的指导下，制定技工学校的发展规划和管理规则；制定企业在职职工技能培训和失业人员、企业下岗职工再就业培训以及就业训练中心、社会力量举办的职业培训机构的规划及政策；制定职业技能人才培养、表彰、奖励和职业技能竞赛的规则、政策和措施；制定劳动预备制度实施办法；指导技工学校和职业培训机构的师资队伍建设，制定技工学校和职业技能培训的教材建设规划和评估认定制度。

制定劳动关系调整的基本规则；制定劳动合同、集体合同制度的实施规范，制定劳动争议处理制度和劳动仲裁的规范、规则；审核并发布企业劳动定员定额标准；拟定企业职工工作时间、休息休假制度和女工、未成年工特殊劳动保护政策；负责政策性安置和调配工作，参与评定国家级企业劳动模范。

拟定企业职工工资的宏观政策和措施；拟定企业工资指导线的有关政策；拟定行业工资收入调节政策和国有企业经营者收入分配政策；审核中央直属企业的工资总额和主要负责人的工资标准。

拟定养老、失业、医疗、工伤、生育社会保险的基本政策和基本标准并组织实施和监督检查。

制定社会保险基金收缴、支付、管理、运营的政策；对社会保险基金预决算提出审核意见；对社会保险基金管理实施行政监督；制定社会保险经办机构的管理规则和基金运营机构的资格认定标准；制定社会保险服务体系建设规划并组织实施。

制定机关、事业、企业单位补充养老保险、补充医疗保险的政策和补充保险承办机构资格认定标准；审查认定有关机构承办补充保险业务的资格。

承担全国劳动和社会保险的统计和信息工作，组织建设全国劳动和社会保险信息网络，定期发布劳动和社会保险事业统计公报、信息资料及发展预测报告。

组织劳动和社会保险领域的科学技术研究及成果推广应用、产业发展工作；负责劳动和社会保险领域标准化工作。

负责劳动和社会保险领域的国际交流与合作，代表政府参加国际劳工组织和其他有关国际组织的活动和工作；管理劳动和社会保险领域的政府、民间及国际经援机构的多边、双边国际交流与合作项目；管理劳动和社会保险领域的涉外业务技术合作和人才交流，审查和处理国际劳工公约、建议书。

承办国务院交办的其他事项。

根据以上职责，劳动和社会保障部机关设办公厅、法制司、规划财务司、培训就业司、劳动工资司、养老保险司、失业保险司、医疗保险司、农村社会保险司、社会保险基金监督司、国际合作司、人事教育司12个职能司（厅）和机关党委。行政编制为245名。其中：部长1名，副部长4名，司局级领导职数38名（含机关党委专职副书记）。离退休干部工作机构、后勤服务机构及编制，按有关规定另行核定。

6月24日上午　张左己同志主持部党组会议，确定部领导同志的工作分工：张左己同志领导部的全面工作。李其炎同志负责部的常务工作以及综合协调、资产管理和外事方面的工作，分管办公厅、规划财务司、国际合作司、信息中心。刘雅芝同志负责法制、劳动关系与监察、企业工资管理、人事和党务方面的工作，分管法制司、劳动工资司、人事教育司、机关党委、机关纪委、中国劳动保障报社、四达公司，联系监察部驻部监察专员办公室。林用三同志负责就业、培训和失业保险方面的工作，分管培训就业司、失业保险司、中国劳动社会保障出版社、职业技能鉴定中心、教育培训中心、天津职院、中韩项目办公室。王建伦同志负责养老保险和社会保险基金综合管理、监督检查方面的工作，分管养老保险司、社会保险基金监督司、社会保险事业管理局、劳动大厦。王东进同志负责医疗、工伤、生育保险和农村社会保险以及科学研究、后勤服务方面的工作，分管医疗保险司、农村社会保险司、离退休干部局、机关服务中心、劳动科学研究院。副部长在工作上实行AB角配合制度，AB角中一人出访出差时工作由另一人接替。按照与工作分工相对应的原则，确定部领导担任国务院有关议事协调机构和临时机构成员。

6月25日　劳动和社会保障部发出《关于不得违反国家规定办理企业职工提前退休的紧急通知》(劳社发明电〔1998〕5号)。主要内容是：鉴于当前一些地区、部门在办理病退和特殊工种提前退休工作中存在着标准不一、鉴定和审批不严、制度和管理混乱等问题，决定从通知下发之日到当年年底暂停办理病退和特殊工种提前退休的审批工作；各地区、各部门要切实加强对退休审批工作的管理，规范审批程序，主动接受社会与职工的监督；在退休审批工作中，不得擅自提高养老金标准或变相提高待遇水平；各级劳动和社会保障部门要充分利用广播、电视、报刊等宣传媒体，广泛宣传党中央、国务院关于基本养老保险制度改革的方针、政策，争取广大职工的理解和支持。

下午，劳动和社会保障部召开机构改革动员大会，张左己同志作动员讲话，李其炎同志主持会议并宣布部领导同志工作分工。

7月7日　劳动和社会保障部党组发出《关于刘永富等同志任职的通知》(劳社党发〔1998〕18号)。经部党组6月24日、6月28日会议研究决定，并报中共中央组织部备案，任命：

刘永富为办公厅主任；

袁彦鹏为办公厅副主任（正局级)；

信长星为办公厅副主任；

任泽民为法制司司长；

党晓捷为法制司副司长；

陈　刚为规划财务司司长；

赵锡铭为规划财务司副司长；

张小建为培训就业司司长；

刘燕斌为培训就业司副司长；

王爱文为培训就业司副司长；

祝晏君为劳动工资司司长；

苏海南为劳动工资司副司长；

汪志洪为劳动工资司副司长；

焦凯平为养老保险司司长；

陈　良为养老保险司副司长；

毛　健为失业保险司司长；

王　喆为失业保险司副司长；

乌日图为医疗保险司副司长（主持工作)；

姚　宏为医疗保险司副司长；

王以才为农村社会保险司司长；

张寿琪为农村社会保险司副司长；

施明才为社会保险基金监督司副司长（主持工作)；

孙建勇为社会保险基金监督司副司长；

李东林为国际合作司司长；

林迈珠为国际合作司副司长；

王希付为人事教育司司长；

田素清为人事教育司副司长；

郑灿栋为离退休干部局副局长（主持工作)；

刘光义为部机关党委专职副书记（正局级)；

沈宝英为部机关纪委书记；

赵志强为部机关纪委副书记。

7月9日　劳动和社会保障部发出《关于印发劳动和社会保障部厅司职能配置内设机构和人员编制规定的通知》(劳社厅发〔1998〕5号)。明确了各司局主要职责、内设机构和人员编制：部机关厅局内设机构共50个处室，处级领导职数103名。

7月13日上午和15日上午　国务院副总理吴邦国先后两次听取张左己、王建伦同志关于基本养老保险行业统筹移交地方管理有关问题的汇报。

7月16日　劳动和社会保障部向吴邦国副总理报送《关于基本养老保险行业统筹移交地方管理实行省级统筹的汇报提纲》。7月17日吴邦国副总理批示：报镕基、岚清同志审示。若原则同意准备近期召开会议部署下去，除此内容外，进一步落实下岗职工基本生活费发放和退休金按时足额发放工作，届时我去讲话。7月18日朱镕基总理批示：同意邦国同志批示，工作按报告所列程序、日期进行。国务院不再召开办公会议讨论。在召开地方会议以前，先请邦国同志尽快召开各部门会议以统一认识。李岚清副总理7月21日圈阅。

7月21日　国务院副总理吴邦国听取张左己、李其炎、王建伦同志关于行业统筹移交地方管理工作汇报。

7月23日　劳动和社会保障部党组向党中央、国务院报送《关于劳动和社会保障部机构改革工作的总结报告》（劳社党报〔1998〕4号）。《报告》说：按照中央的要求和部署，劳动保障部机构改革工作于7月16日结束，233名选用人员全部确定，并按照新的内设机构和职能开始工作，137名分流人员已陆续安置到位。改革达到了减少机构、精简人员、理顺职能、优化干部结构、充实企事业单位的目标。按照精简、统一、效能的原则，配置部机关职能，组建内设机构；实行公正、公平、公开的原则，引进竞争机制，通过双向选择与组织安排相结合的办法，确定机关定岗公务员；贯彻“带职分流、定向培训、充实企业、优化结构”的方针，平稳进行机关公务员分流安排工作。劳动保障部机构改革工作已经顺利完成。当前，正在按照中央的要求，全力以赴落实全国国有企业下岗职工基本生活保障和再就业工作会议精神，针对上半年存在的问题，采取切实可行的措施，确保国有企业下岗职工基本生活，确保企业离退休人员养老金按时足额发放，尽快完成行业统筹移交地方管理工作，加紧筹备国务院医疗保险制度改革工作会议。决心在以江泽民同志为核心的党中央领导下，高举邓小平理论伟大旗帜，把这次机构改革所形成的良好机制和局面保持下去，转变作风，扎实工作，努力完成好党中央、国务院交给劳动保障部的工作任务。

7月24日　劳动和社会保障部办公厅发出《关于做好原机械工业部等九部门所属技工学校管理体制调整工作的通知》（劳社厅发〔1998〕6号），要求做好原机械工业部等九部门所属技工学校管理体制调整工作。从1999年起，由财政部拨付事业费的技工学校的经费，按财政部核定的1998年末基数指标划转给地方，由地方负责管理。这批学校在专业设置、招生计划、教学等方面的职责，由地方劳动和社会保障部门负责，人财物的管理仍由举办单位负责。

7月24日至25日　劳动和社会保障部在京召开全国养老保险和再就业服务中心建设工作会议。吴邦国副总理出席24日上午的会议并作重要讲话，张左己部长作会议总结。会议提出了7、8、9三个月的工作目标，即：从7月份起确保养老金按时足额发放，再不能产生新的拖欠；8月份行业统筹整体移交地方，不能拖延；9月份确保下岗职工100%进入再就业服务中心。会议强调指出，时间紧，任务重，要求高，容不得按部就班，更不能讨价还价。必须从大局出发，雷厉风行，不折不扣地贯彻中央领导同志指示精神，把思想和行动统一到中央决策上来，以高度的责任心和使命感，下决心在第三季度打一场攻坚战。李其炎副部长、国家经贸委副主任陈清泰和财政部部长助理高强分别在会上发言。张左己部长和李其炎副部长分别主持开幕式和闭幕式，国务院副秘书长石秀诗，劳动保障部副部长刘雅芝、林用三、王建伦、王东进及各省、自治区、直辖市的政府秘书长、劳动和社会保障厅局长，中央有关部门的负责同志共218人出席会议。

7月26日至8月4日　为检查各地对国有企业下岗职工基本生活保障和再就业工作会议和《中共中央国务院关于切实做好国有企业下岗职工基本生活保障和再就业工作的通知》（中发〔1998〕10号）精神的贯彻落实情况，调查了解国有企业下岗职工基本生活保障和再就业工作及养老保险制度改革方面的突出问题，督促检查两个确保落实情况，研究提出解决问题的办法，李其炎、刘雅芝、林用三、王东进同志分别带队先后赴湖南、江西、广东、海南、辽宁、吉林、黑龙江、江苏、浙江九省进行调研，并安排有关司局负责同志到天津、河北、福建、云南、宁夏、新疆6省（区、市）调研。

7月28日　劳动和社会保障部向国务院报送《关于建议国务院审定下发实行企业职工基本养老保险省级统筹通知的请示》(劳社部报〔1998〕13号)。8月6日，国务院发出《国务院关于实行企业职工基本养老保险省级统筹和行业统筹移交地方管理有关问题的通知》(国发〔1998〕28号)。通知指出，为了深化企业职工养老保险制度改革，加强基本养老保险基金管理和调剂力度，确保企业离退休人员基本养老金的按时足额发放，国务院决定，加快实行企业职工基本养老保险省级统筹，并将铁道部、交通部、信息产业部（原邮电部部分）、水利部、民航总局、煤炭局（原煤炭部）、有色金属局（原中国有色金属工业总公司）、国家电力公司（原电力部）、中国石油天然气集团公司和中国石油化工集团公司（原石油天然气总公司部分）、银行系统（工商银行、农业银行、中国银行、建设银行、交通银行、中保集团）、中国建筑工程总公司组织的基本养老保险行业统筹移交地方管理。通知要求，1998年底以前，各省、区、市要实行企业职工基本养老保险省级统筹，建立基本养老保险基金省级调剂机制。从1998年9月1日起，目前实行基本养老保险基金差额缴拨的地区，要改变基金结算方式，对企业和职工个人全额征收基本养老保险费，对企业离退休人员全额支付基本养老金。通知指出，在1998年8月31日以前，实行基本养老保险行业统筹企业的基本养老保险工作，按照先移交后调整的原则，全部移交省（区、市）管理。行业统筹移交地方管理的工作由劳动和社会保障部会同财政部组织实施。各省（区、市）人民政府、各有关部门和单位要统一认识，加强领导，积极稳妥地推进省级统筹和行业统筹移交地方管理的工作，要按照通知规定的程序和进度抓紧进行，认真落实。

7月29日　劳动和社会保障部发出《关于做好基本养老保险行业统筹移交地方管理准备工作的紧急通知》。《通知》要求：1. 明确责任，组建工作机构。2. 尽快制定接收和移交工作方案。8月2日前，各行业要对所属企业按省、自治区、直辖市进行属地划分，并按照属地划分后的口径，准备好截止到1997年底的基础数据资料和1998年1—6月的实际执行情况。8月4日前，各行业召开移交工作会议，传达国务院领导同志指示精神，部署行业移交工作；各省、自治区、直辖市劳动和社会保障部门与驻所辖地区的行业核对有关基础数据，沟通情况，交换意见，协商解决交接工作中的具体问题。8月6日前，各省、自治区、直辖市和各行业都要制定出切实可行的接收和移交工作方案。3. 确保养老金发放和正常的工作秩序。各行业主管部门在做好移交准备工作的同时，要确保8月份的基金收缴和养老金发放，不能出现拖欠；在行业统筹移交地方管理之前，停止办理退休手续。各省、自治区、直辖市劳动和社会保障部门要做好资金准备，确保9月1日起按时足额发放养老金，不能出现断档；同时，要做好基金收缴、支付和管理以及经办机构的技术准备，保证接收工作的顺利进行。

8月3日　劳动和社会保障部、国家经贸委、财政部、教育部、国家统计局、全国总工会联合发出《关于加强国有企业下岗职工管理和再就业服务中心建设有关问题的通知》(劳社部发〔1998〕8号)。《通知》对国有企业职工下岗程序、下岗职工的管理、企业再就业服务中心的建立和运作、再就业服务中心的费用、调整失业保险基金缴费比例等问题提出了明确要求。

8月5日　劳动和社会保障部、外交部、全国总工会、中国企业家协会、全国妇联联合向国务院报送《关于建议批准国际劳工组织〈准予就业最低年龄公约〉的请示》（劳社部报〔1998〕15号）。1998年10月26日，国务院提请全国人民代表大会常务委员会审议批准《准予就业最低年龄公约》的议案。12月23日上午，张左己同志列席第九届全国人民代表大会常务委员会第六次会议，受国务院委托作关于提请审议批准《准予就业最低年龄公约》的议案的说明。12月29日上午，第九届全国人民代表大会常务委员会第六次会议表决批准了国务院提请审议批准的《准予就业最低年龄公约》。同时声明：在中华人民共和国领土内及中华人民共和国注册的运输工具上就业或者工作的最低年龄为16周岁；在中华人民共和国政府另行通知前，《准予就业最低年龄公约》暂不适用于中华人民共和国香港特别行政区。这是我国继批准《男女同工同酬公约》之后，批准的第二个国际劳工核心公约。

8月5日至9日　劳动和社会保障部在南戴河培训中心召开劳动和社会保障工作形势分析会，听取调研组赴15个省（区、市）对贯彻落实国有企业下岗职工基本生活保障和再就业工作会议及两个确保情况的调研汇报，分析面临的形势和任务，在此基础上，研究通过了向党中央、国务院报送的《关于国有企业下岗职工基本生活保障和离退休人员养老金发放工作情况的报告》（劳社党报〔1998〕5号），从以下四个方面作出汇报：中央5月会议以来两个确保工作的基本情况；今年后几个月两个确保的工作形势；今年后几个月两个确保的工作安排；几点建议。

8月13日至21日　劳动和社会保障部和财政部在京联合召开全国基本养老保险行业统筹移交地方管理工作会议。会议分两个阶段进行，第一阶段从13日至17日，第二阶段从18日至21日。31个省、自治区、直辖市与11个行业和单位通过商谈取得一致意见，全部签署了移交协议书。张左己同志主持会议并讲话，王建伦同志和财政部部长助理高强同志分别讲话。各省、自治区、直辖市政府副秘书长、劳动保障厅局长、社会保险经办机构及财政厅的同志，11个行业和单位的有关同志参加了会议。

8月14日　为规范、统一国务院各单位的简称，国务院办公厅秘书局发出《国务院机构简称》（国办秘函〔1998〕158号），明确劳动和社会保障部简称为劳动保障部。

8月18日上午　国务院副总理吴邦国会见国际劳工局局长汉森。张左己等同志陪同。

8月20日　朱镕基总理在张左己同志关于7月份企业再就业服务中心建设和养老金发放及行业统筹移交地方管理等情况的报告上批示："登《昨日要情》（附邦国批语），如一期篇幅太长，其他消息不登或少登。"吴邦国副总理8月18日在此件上批示："镕基同志：尽管困难很大，但总的来说进展情况是好的，估计到9月份基本上可达到你提出的工作要求。12号文件提出的，加快清理拖欠养老金问题，我已请劳动保障部、财政部准备意见，特此报告。"在"关于企业再就业服务中心建设情况"处批示："要求9月份全部进再就业中心，并使再就业中心正常运作。"在"关于养老金发放情况"处批示："煤炭行业矛盾突出，但实现省级统筹和11个行业下放后可增加统筹的资金，矛盾可望缓解。对有困难的省已请左己、高强同志研究，落实资金。"在"关于行业统筹移交地方管理情况"处批示："总体上讲，大家还是顾全大局的。据左己反映，电力、有色矛盾多些，主要还是认识问题。"

8月26日上午　吴邦国副总理听取张左己、刘雅芝、王东进同志关于医疗保险制度改革情况和《社会保险费征缴暂行条例》有关问题的汇报。

9月2日至21日　为检查各地对国有企业下岗职工基本生活保障和再就业工作会议及《中共中央、国务院关于切实做好国有企业下岗职工基本生活保障和再就业工作的通知》（中发〔1998〕10号）和《国务院关于实行企业职工基本养老保险省级统筹和行业统筹移交地方管理有关问题的通知》（国发〔1998〕28号）精神的贯彻落实情况，督促检查两个确保及行业统筹移交地方管理的落实情况，张左己、李其炎、刘雅芝、林用三、王建伦、王东进同志分别带队，先后赴云南、贵州、陕西、青海、宁夏、甘肃、四川、重庆、河南、安徽、福建11个省（区、市）进行调研，并与省（区、市）政府有关领导同志交换意见。

9月4日　在全国妇联第八届执委会第一

次会议上，刘雅芝同志当选为第八届全国妇联副主席。

9月6日　朱镕基总理在《劳动和社会保障情况反映》第11期“企业欠缴养老保险费情况严重，欠费100万元以上企业近5 000家”上批示：“执法要严。”吴邦国副总理9月4日在此件上批示：“左己同志：一是加快养老金收缴条例的立法工作，在上次会议基础上，修改后提交总理办公会审议；二是对欠缴企业进行清理，凡有能力缴而不缴的企业要坚决清欠。”

9月10日　劳动保障部承办的人大代表议案、建议和政协委员提案全部完成。共承办212件，其中议案14件，建议100件，提案98件。各司局办理数量依次是：培训就业司112件、养老保险司35件、法制司29件、劳动工资司21件、医疗保险司9件、社保局4件、基金监督司2件。

9月11日　劳动保障部发出《关于进一步加强就业服务大力促进下岗职工再就业的通知》(劳社部发〔1998〕13号)。《通知》要求：(1)围绕促进下岗职工再就业，明确工作目标。对进入再就业服务中心的下岗职工，在今年年底前，要至少进行一次职业指导，提供三次就业信息或职业介绍。要对每个参加技能培训的下岗职工提供一次免费（或部分免费）的培训机会。(2)加强对企业再就业服务中心的指导，做好下岗职工的管理工作。(3)加强劳动力市场信息网络建设，使下岗职工及时了解就业信息。(4)针对下岗职工的特点，开展有特色的就业服务。(5)做好政策宣传，促进政策落实。同时要求，各地劳动保障部门要按照管理科学、制度健全、服务规范的原则，制定就业服务工作标准，加强就业服务体系建设，形成延伸到街道、乡镇的工作网络。

9月14日至15日　朱镕基总理和吴邦国副总理分别对劳动保障部报送的《关于今年灾后民工流动情况的报告》作出批示。朱镕基总理批示：“此项工作亟应重视，早为筹划，请忠禹同志批请计委、劳动保障部、水利部、建设部等联合拟文，由国办批转。关键是要开展以工代赈，修建水利工程和基础设施，就地安置劳动力。”吴邦国副总理批示：“拟同意左己同志意见和工作部署，这项工作要立足于早抓，否则大量灾民盲目流入城市，不仅会引发大量社会问题，而且影响重建家园和农田水利建设。近几年，我们在引导民工有序流动方面积累了不少经验，关键是劳动力输出省和输入省领导统一认识，通力合作。当否，请镕基同志批示。”

10月6日至15日　越南社会保险委员会主席胡细先生应我部邀请访华，考察了我国社会保障方面的有关情况。王建伦同志接待了代表团。

10月10日至11日上午　全国劳动和社会保障厅局长座谈会在北京召开，会议的主要内容是总结7、8、9三个月的工作情况，部署四季度的工作任务，研究1999年劳动和社会保障工作的思路。张左己同志在会上作了题为《巩固成果，再接再厉，全面实现今年的工作目标》的报告，刘雅芝同志主持会议并作了会议总结讲话，李其炎、林用三、王建伦、王东进同志出席，部属各单位负责同志及各省（自治区、直辖市）及计划单列市劳动保障厅局长参加了会议。

10月14日至16日　刘雅芝同志率团出席在菲律宾举行的亚太经济合作组织妇女问题部长级会议，代表中国政府在会上作了发言。会议讨论通过《部长级联合声明》。

10月14日至21日　加拿大人力资源部高级顾问兼议员乔伊丝·费尔贝恩女士应我部邀请访华，考察了我国职业培训方面的有关情况。王建伦、王东进同志接待了代表团。

10月16日上午　张左己同志主持会议，传达中共十五届三中全会通过的《中共中央关于农业和农村工作若干重大问题的决定》，并就传达学习十五届三中全会精神提出要求：一是要充分认识十五届三中全会的地位和作用，认真学习、深刻领会、坚决贯彻全会精神；二是要把学习十五届三中全会精神与完成党中央国务院交给劳动保障部的任务结合起来，发扬抗洪精神，巩固两个确保，决战第四季度，全面实现今年工作目标；三是要按《决定》要求切实做好对口扶贫工作，结合劳动保障部实际情况，加大工作力度，落实对口扶贫工作计划。林用三、王建伦、王东进等同志出席，部机关全体党员、企事业单位司局级干部、离退休干部党支部书记参加了会议。

10月19日至24日　王东进同志出席中国工会第十三次全国代表大会，并当选为中华全国总工会副主席。

10月20日　国务院办公厅转发劳动保障部等部门《关于做好灾区农村劳动力就地安置和组织民工有序流动工作意见的通知》(国办发〔1998〕138号)。《通知》指出，当前和今后一个时期，抗洪救灾工作的重点将转到灾后重建上来。各有关地区和部门特别是灾区各级政府，必须高度重视，统一思想认识，加强组织领导，通力合作，抓好落实，认真做好农村劳动力就地安置工作。同时，要总结近几年工作的经验，做好组织民工有序流动工作，防止灾区农村劳动力盲目外流，确保社会的稳定和灾后重建工作的顺利进行。

10月22日至31日　张左己同志等赴沈阳、大连，就国有企业下岗职工基本生活保障和企业离退休人员养老金发放及下岗职工劳动关系等问题进行调研。28日将调研情况呈报吴邦国副总理。29日吴邦国副总理批示："报镕基同志：(1) 中央支持地方的资金（今年），只要情况属实而又不突破总盘子，可尽快下达。(2) 明年中央财政预算应留出一块，支持确有困难的省的下岗职工基本生活费。(3) 现养老基金收缴率不高，应尽快下发收缴条例（我已协调过）。"朱镕基总理31日批示："同意，可登《昨日要情》。"

10月25日至31日　王建伦同志率团出席在摩洛哥举行的国际社会保障协会第26届大会，并在会上作了《发展社会保障事业，促进经济发展》的报告。

11月2日上午　吴邦国副总理主持会议，研究医疗保险制度改革工作。张左己、王东进同志出席。

11月5日上午　江泽民同志主持中央政治局常委会，听取了张左己同志关于《国务院关于建立城镇职工基本医疗保险制度的决定(讨论稿)》的汇报。

11月5日至18日　为检查全国劳动保障厅局长座谈会部署的第四季度工作任务落实情况，听取对1999年劳动保障工作的意见和建议，张左己、李其炎、刘雅芝、林用三、王建伦同志分别带队，先后赴上海、浙江、山东、山西、湖北、湖南、青海、新疆、广东、广西等10个省（区、市）和新疆生产建设兵团进行调研，并与政府有关领导同志交换意见。

11月23日下午　国务院副总理吴邦国听取劳动保障部1998年工作情况和1999年工作意见的汇报。张左己、李其炎、刘雅芝、王建伦同志及部属有关单位负责同志参加。

11月26日至27日　全国城镇职工医疗保险制度改革工作会议在京召开。中共中央政治局常委、国务院副总理李岚清在会议结束时作了重要讲话；中共中央政治局委员、国务院副总理吴邦国在大会开幕时作了工作报告。国务委员王忠禹主持大会闭幕式，国务院副秘书长石秀诗主持了开幕式。张左己部长在大会开幕时就国务院关于建立城镇职工基本医疗保险制度的决定稿作了说明，财政部副部长高强、卫生部副部长王陇德分别发言。王东进同志出席会议。会议分组讨论了国务院领导同志的讲话和医改决定稿。各省、自治区、直辖市分管劳动保障工作的副省长（副主席、副市长），劳动保障、医改、财政、卫生、体改部门负责同志，计划单列市、省会城市、新疆生产建设兵团分管劳动保障工作的负责同志和劳动保障局长，江苏省镇江市、江西省九江市分管副市长和劳动保障局长，中共中央、国务院有关部门的负责同志334人出席会议。

11月27日上午　吴邦国副总理主持召开座谈会，听取黑龙江、吉林、内蒙古、湖南、贵州省（区）劳动保障厅局长关于两个确保情况的汇报。国务院副秘书长石秀诗、劳动保障部张左己、王建伦及有关部门负责同志出席。

下午，李岚清副总理听取全国城镇职工医疗保险制度改革工作会议情况汇报，吴邦国副总理、王忠禹国务委员等出席。张左己同志作了汇报。

同日，中央财政支持地方再就业及养老金专项借款签字仪式在京举行。张左己同志出席，财政部高强同志、劳动保障部王建伦同志分别在仪式上讲话。劳动保障部办公厅主任刘永富主持签字仪式，培训就业司司长张小建和财政部社会保障司司长杜俭分别代表两部，与省级劳动保障和财政部门负责同志在借款协议上签字。此次借款的额度为70亿元，其中支持国有企业下岗职工基本生活保障资金为50亿元，支持企业离退休人员养老金发放20亿元。

12月14日上午　中共中央在人民大会堂举行第二次法制讲座，内容是社会保障与法制建设。中共中央总书记江泽民主持讲座并作了重要讲话。他强调，为了建立符合我国社会主义市场经济发展要求的完备的社会保障体系，进一步作好社会保障工作，必须十分重视和不断加强社会保障的法制建设。中共中央政治局常委李鹏、朱镕基、李瑞环、胡锦涛、尉健行、李岚清参加了法制讲座。张左己、王建伦同志也参加了讲座。讲座的主讲人是中国人民大学法学院的龙翼飞教授。他以“社会保障与法制建设”为题，讲了三个问题：一是社会保障在社会进步中的作用；二是当代世界各国的社会保障制度；三是建设具有中国特色的社会保障法律制度。此次法制讲座是由劳动保障部和司法部等部门筹备的。为筹备好这次讲座，劳动保障部成立了以张左己同志为组长的领导小组，组织有关司局提出了讲座内容大纲，并对主讲人的讲稿进行反复审核修改，保证了讲座的成功举行。

12月14日　国务院发出《国务院关于建立城镇职工基本医疗保险制度的决定》（国发〔1998〕44号）。决定指出，加快医疗保险制度改革，保障职工基本医疗，是建立社会主义市场经济体制的客观要求和重要保障。在认真总结近年来各地医疗保险制度改革试点经验的基础上，国务院决定，在全国范围内进行城镇职工医疗保险制度改革。城镇所有用人单位，包括企业（国有企业、集体企业、外商投资企业、私营企业等）、机关、事业单位、社会团体、民办非企业单位及其职工，都要参加基本医疗保险。基本医疗保险原则上以地级以上行政区为统筹单位，也可以县（市）为统筹单位。基本医疗保险费用由用人单位和职工共同缴纳。用人单位缴费率应控制在职工工资总额的6%左右，职工缴费率一般为本人工资收入的2%。基本医疗保险基金由统筹基金和个人账户构成，职工个人缴纳的基本医疗保险费，全部计入个人账户。用人单位缴纳的基本医疗保险费，一部分用于建立统筹基金，一部分划入个人账户。划入个人账户的比例一般为用人单位缴费的30%左右。统筹基金的起付标准原则上控制在当地职工年平均工资的10%左右，最高支付限额原则上控制在当地职工年平均工资的4倍左右。决定还指出，医疗保险制度改革政策性强，涉及广大职工的切身利益，关系到国民经济发展和社会稳定。各级人民政府要切实加强领导，统一思想，提高认识，做好宣传工作和政治思想工作，使广大职工和社会各方面都积极支持和参与这项改革。各地要按照建立城镇职工基本医疗保险制度的任务、原则和要求，结合本地实际，精心组织实施，保证新旧制度的平稳过渡。

12月16日上午　朱镕基总理主持召开国务院第11次常务会议，审议并原则通过了《失业保险条例（草案）》。此次会议还对《社会保险费征缴暂行条例》进行了审议，但由于有些问题需进一步协商，以后再予审议。张左己同志列席。

12月16日下午　朱镕基总理主持会议，听取张左己同志关于1998年劳动保障工作情况和1999年工作意见的汇报。李其炎、刘雅芝、林用三、王建伦同志及部属有关单位负责同志参加。

12月17日上午　劳动保障部召开1998年度中华技能大奖获得者和全国技术能手表彰

大会，黄永堂等10名中华技能大奖获得者和齐大同等102名全国技术能手受到表彰。张左己同志出席会议并讲话，林用三同志主持会议。中华技能大奖获得者所属十个行业及全国总工会、共青团中央、全国妇联的负责同志出席会议。与会领导向获奖代表颁发了奖品和奖杯。

同日下午，劳动保障部召开纪念十一届三中全会20周年大会。张左己同志讲话。李其炎同志主持会议。刘雅芝、王建伦、王东进同志出席。何光同志和部属有关单位负责同志分别在会上发言。张左己同志在12月18日《人民日报》发表纪念文章，题为《劳动和社会保障制度的历史跨越》。

12月18日　根据《劳动和社会保障部工作规则》及《劳动和社会保障部新闻宣传管理规定》，劳动保障部决定设新闻发言人，由办公厅主任刘永富担任。

下午，吴邦国副总理听取张左己同志关于两个确保有关问题的汇报。

12月25日至28日　为检查了解两个确保和行业统筹移交地方管理后有关情况，张左己、林用三、王建伦同志分别带队赴辽宁、吉林、黑龙江、内蒙古、云南、贵州、四川、重庆、陕西、甘肃、新疆11省（区、市）进行调研。财政部、经贸委有关同志参加。

12月28日　按照国务院第11次常务会议要求，国务院法制办会同劳动保障部、财政部、国家税务总局、中国人民银行联合召开座谈会，征求对《社会保险费征缴暂行条例（草案）》《失业保险条例（草案）》的意见。会议由国务院法制办杨景宇同志主持，劳动保障部刘雅芝同志及国务院有关部门和十个省市的负责同志参加了会议。

12月31日　根据《中共中央办公厅、国务院办公厅关于中央党政机关与所办经济实体和管理的直属企业脱钩有关问题的通知》(中办发〔1998〕27号）的规定，经国务院批准，劳动保障部直属企业劳动大厦、中国四达国际经济技术合作公司与部脱离隶属关系，分别移交中国发展研究基金会和中国贸促会所属中国国际经济技术合作咨询公司管理。

劳动和社会保障统计资料

一、综　合

全国劳动和社会保障统计主要指标

	计量单位	1993年	1997年	1998年	1998年比1997年增长（%）
一、全国从业人员年末人数	万人	66 373.0	69 600.0	69 957.0	0.5
1. 城镇从业人员年末人数	万人	15 964.5	17 705.2	17 904.8	1.1
（1）全部职工	万人	14 848.8	14 668.4	14 313.8	－2.4
＃企业单位	万人	11 436.0	10 887.3	10 523.9	－3.3
国有单位	万人	10 920.1	10 765.9	10 043.7	－6.7
＃企业单位	万人	7 642.3	7 131.1	6 393.5	－10.3
城镇集体单位	万人	3 393.0	2 817.0	2 457.0	－12.7
＃企业单位	万人	3 258.9	2 672.5	2 320.1	－13.2
其他单位	万人	535.7	1 085.5	1 812.1	66.9
＃企业单位	万人	534.9	1 083.7	1 810.4	67.1
（2）城镇其他从业人员	万人		367.8	359.1	－2.4
（3）城镇私营和个体从业人员	万人	1 115.7	2 669.0	3 231.9	21.1
2. 乡村从业人员年末人数	万人	48 784.0	49 393.0	49 279.0	－0.2
二、职工工资总额	亿元	4 916.2	9 405.3	9 535.4	1.4
＃企业单位	亿元	3 771.8	6 832.0	6 695.9	－2.0
国有单位	亿元	3 812.7	7 211.0	6 982.8	－3.2
＃企业单位	亿元	2 718.7	4 721.9	4 228.2	－10.5
城镇集体单位	亿元	849.9	1 253.4	1 058.4	－15.6
＃企业单位	亿元	800.0	1 171.0	975.2	－16.7
其他单位	亿元	253.6	940.8	1 494.2	58.8
＃企业单位	亿元	253.0	939.1	1 492.4	58.9
三、职工平均工资	元	3 371	6 470	6 664	3.0
＃企业单位	元	3 361	6 322	6 344	0.3
国有单位	元	3 532	6 747	6 946	2.9
＃企业单位	元	3 593	6 647	6 569	－1.2
城镇集体单位	元	2 592	4 512	4 313	－4.4
＃企业单位	元	2 542	4 443	4 209	－5.3
其他单位	元	4 966	8 789	8 287	－5.7
＃企业单位	元		8 788	8 285	－5.7
四、城镇失业人员年末人数	万人	420.1	576.8	571.0	－1.0
五、全部离休、退休、退职人数	万人	2 780.0	3 350.7	3 593.6	7.2
六、全部职工保险福利费用	亿元	1 670.2	3 043.5	3 360.7	10.4
七、人均离休、退休、退职费	元	2 824	5 458	5 972	9.4

注：1. 1998年职工人数、职工工资总额、职工平均工资均包括在岗和离岗职工的数字。

2. 全部离休、退休、退职人数和人均离休、退休、退职费及全部职工保险福利费用包括民政部门支付离退休费的人数和费用。

国内生产总值、增长及构成

年　　份	国内生产总值	第一产业	第二产业	第三产业产
一、绝对数（亿元）				
1978	3 624.1	1 018.4	1 745.2	860.5
1979	4 038.2	1 258.9	1 913.5	865.8
1980	4 517.8	1 359.4	2 192.0	966.4
1981	4 862.4	1 545.6	2 255.5	1 061.3
1982	5 294.7	1 761.6	2 383.0	1 150.1
1983	5 934.5	1 960.8	2 646.2	1 327.5
1984	7 171.0	2 295.5	3 105.7	1 769.8
1985	8 964.4	2 541.6	3 866.6	2 556.2
1986	10 202.2	2 763.9	4 492.7	2 945.6
1987	11 962.5	3 204.3	5 251.6	3 506.6
1988	14 928.3	3 831.0	6 587.2	4 510.1
1989	16 909.2	4 228.0	7 278.0	5 403.2
1990	18 547.9	5 017.0	7 717.4	5 813.5
1991	21 617.8	5 288.6	9 102.2	7 227.0
1992	26 638.1	5 800.0	11 699.5	9 138.6
1993	34 634.4	6 882.1	16 428.5	11 323.8
1994	46 759.4	9 457.2	22 372.2	14 930.0
1995	58 478.1	11 993.0	28 537.9	17 947.2
1996	67 884.6	13 844.2	33 612.9	20 427.5
1997	74 772.4	13 968.8	36 770.3	24 033.3
1998	79 552.8	14 298.7	39 149.8	26 104.3
二、比上年增长（%）				
1978	11.7	4.1	15.0	13.7
1979	7.6	6.1	8.2	7.8
1980	7.8	−1.5	13.6	5.9
1981	5.2	7.0	1.9	10.4
1982	9.1	11.5	5.6	13.0
1983	10.9	8.3	10.4	15.2
1984	15.2	12.9	14.5	19.4
1985	13.5	1.8	18.6	18.3
1986	8.8	3.3	10.2	12.1
1987	11.6	4.7	13.7	14.4
1988	11.3	2.5	14.5	13.2
1989	4.1	3.1	3.8	5.4

续表1

年　份	国内生产总值	第一产业	第二产业	第三产业产
1990	3.8	7.3	3.2	2.3
1991	9.2	2.4	13.9	8.8
1992	14.2	4.7	21.2	12.4
1993	13.5	4.7	19.9	10.7
1994	12.6	4.0	18.4	9.6
1995	10.5	5.0	13.9	8.4
1996	9.6	5.1	12.1	7.9
1997	8.8	3.5	10.8	8.2
1998	7.8	3.5	9.2	7.6
三、构成（%）				
1978	100.0	28.1	48.2	23.7
1979	100.0	31.2	47.4	21.4
1980	100.0	30.1	48.5	21.4
1981	100.0	31.8	46.4	21.8
1982	100.0	33.3	45.0	21.7
1983	100.0	33.0	44.6	22.4
1984	100.0	32.0	43.3	24.7
1985	100.0	28.4	43.1	28.5
1986	100.0	27.1	44.0	28.9
1987	100.0	26.8	43.9	29.3
1988	100.0	25.7	44.1	30.2
1989	100.0	25.0	43.0	32.0
1990	100.0	27.1	41.6	31.3
1991	100.0	24.5	42.1	33.4
1992	100.0	21.8	43.9	34.3
1993	100.0	19.9	47.4	32.7
1994	100.0	20.2	47.9	31.9
1995	100.0	20.5	48.8	30.7
1996	100.0	20.4	49.5	30.1
1997	100.0	18.7	49.2	32.1
1998	100.0	18.0	49.2	32.8

注：比上年增长（%）按可比价格计算。

城镇居民家庭基本情况

项　目	单位	1993 年	1997 年	1998 年
一、调查户数	户	35 390	37 890	39 080
二、平均每户家庭人口数	人	3.31	3.19	3.16
三、平均每户就业人口数	人	1.92	1.83	1.80
四、平均每户就业面	%	58.00	57.37	56.96
五、平均每一就业者负担人数（包括就业者本人）	人	1.72	1.74	1.76
六、平均每人全年全部收入	元	2 583.16	5 188.54	5 458.34
七、平均每人全年生活费支出	元	2 110.81	4 185.64	4 331.61
食品	元	1 058.20	1 942.59	1 926.89
衣着	元	300.61	520.91	480.86
家庭设备用品及服务	元	184.96	316.89	356.83
医疗保健	元	56.89	179.68	205.16
交通和通讯	元	80.63	232.90	257.15
娱乐教育文化服务	元	194.01	448.38	499.39
居住	元	140.01	358.64	408.39
住房	元	52.93	148.66	172.96
水、电、燃料及其他	元	87.08	209.98	235.42
杂项商品和服务	元	95.50	185.65	196.95

全国技工学校学生和教职工情况

单位：人

	1992 年	1997 年	1998 年	1998 年比 1997 年增长（%）
学校所数（所）	4 392	4 395	4 362	−0.8
一、学生情况				
1. 招生数	601 795	734 147	594 733	−19.0
2. 在校生数合计	1 556 040	1 931 605	1 813 304	−6.1
一年制	4 527	11 604	9 856	−15.1
二年制	166 391	409 454	319 660	−21.9
三年制	1 385 122	1 510 544	1 483 788	−1.8
3. 毕业生数	457 022	699 411	694 639	−0.7
二、教职工情况				
教职工数合计	336 493	328 355	305 586	−6.9
1. 校本部教职工	265 377	263 586	248 817	−5.6
文化技术理论课教师	110 819	115 742	109 778	−5.2
生产实习指导教师	38 040	39 444	37 487	−5.0
教辅人员	18 618	18 862	17 945	−4.9
行政人员	53 343	43 069	44 923	4.3
工勤人员	44 557	41 459	38 684	−6.7
2. 实习工厂职工	50 027	45 962	41 264	−10.2
管理人员	8 402	7 087	6 349	−10.4
专业技术人员	6 823	8 634	8 090	−6.3
工人	34 802	30 241	26 825	−11.3
3. 临时职工	21 089	18 807	15 505	−17.6

全国从业人员年末人数

单位：万人

年份	从业人员		职工人数	城镇个体从业人员	乡村从业人员	按三次产业		
	合计	占人口(%)				第一产业	第二产业	第三产业
1952	20 729	36.1	1 603	883	18 243	17 317	1 531	1 881
1953	21 364	36.3	1 856	893	18 610	17 747	1 715	1 902
1954	21 832	36.2	2 002	742	19 083	18 151	1 882	1 799
1955	22 328	36.3	2 162	640	19 526	18 592	1 913	1 823
1956	23 018	36.6	2 977	16	20 025	18 544	2 468	2 006
1957	23 771	36.8	3 101	104	20 566	19 309	2 142	2 320
1958	26 600	40.3	5 194	106	21 300	15 490	7 076	4 034
1959	26 173	38.9	5 275	114	20 784	16 271	5 402	4 500
1960	25 880	39.1	5 969	150	19 761	17 016	4 112	4 752
1961	25 590	38.9	5 171	165	20 254	19 747	2 856	2 987
1962	25 910	38.5	4 321	216	21 373	21 276	2 059	2 575
1963	26 640	38.5	4 372	231	22 037	21 966	2 038	2 636
1964	27 736	39.3	4 601	227	22 908	22 801	2 183	2 752
1965	28 670	39.5	4 965	171	23 534	23 396	2 408	2 866
1966	29 805	40.0	5 198	156	24 451	24 297	2 600	2 908
1967	30 814	40.3	5 305	141	25 368	25 165	2 661	2 988
1968	31 915	40.6	5 504	126	26 285	26 063	2 743	3 109
1969	33 225	41.2	5 714	111	27 400	27 117	3 030	3 078
1970	34 432	41.5	6 216	96	28 120	27 811	3 518	3 103
1971	35 620	41.8	6 787	81	28 752	28 397	3 990	3 233
1972	35 854	41.1	7 134	66	28 654	28 283	4 276	3 295
1973	36 652	41.1	7 337	51	29 264	28 857	4 492	3 303
1974	37 369	41.1	7 651	36	29 682	29 218	4 712	3 439
1975	38 168	41.3	8 193	24	29 946	29 456	5 152	3 560
1976	38 334	41.4	8 673	19	30 142	29 443	5 611	3 780
1977	39 377	41.5	9 112	15	30 250	29 340	5 831	4 206
1978	40 152	41.7	9 499	15	30 638	28 318	6 945	4 890
1979	41 024	42.1	9 967	32	31 025	28 634	7 214	5 177
1980	42 361	42.9	10 444	81	31 836	29 122	7 707	5 532
1981	43 725	43.7	10 940	113	32 672	29 777	8 003	5 945
1982	45 295	44.6	11 281	147	33 867	30 859	8 346	6 090
1983	46 436	45.1	11 515	231	34 690	31 151	8 679	6 606
1984	48 197	46.2	11 890	339	35 968	30 868	9 590	7 739
1985	49 873	47.1	12 358	450	37 065	31 130	10 384	8 359
1986	51 282	47.7	12 809	483	37 990	31 254	11 216	8 811
1987	52 783	48.3	13 214	569	39 000	31 663	11 726	9 395
1988	54 334	48.9	13 608	659	40 067	32 249	12 152	9 936
1989	55 329	49.1	13 742	648	40 939	33 225	11 976	10 129
1990	63 909	49.6	14 059	671	47 293	38 428	13 654	11 828
1991	64 799	56.6	14 508	759	47 822	38 685	13 867	12 247
1992	65 554	56.7	14 792	837	48 313	38 349	14 226	12 979
1993	66 373	56.7	14 849	1 116	48 784	37 434	14 868	14 071
1994	67 199	56.8	14 849	1 557	48 786	36 489	15 254	15 456
1995	67 947	56.1	14 908	2 045	48 854	35 468	15 628	16 851
1996	68 850	56.3	14 845	2 329	49 035	34 769	16 180	17 901
1997	69 600	56.3	14 668	2 669	49 393	34 730	16 495	18 375
1998	69 957	56.1	14 314	3 232	49 279	34 838	16 440	18 679

续表 1

年份	构成（以合计为100） 第一产业	第二产业	第三产业	农业从业人员	非农业从业人员
1952	83.5	7.4	9.1	17 317	3 412
1953	83.1	8.0	8.9	17 747	3 617
1954	83.1	8.6	8.2	18 151	3 681
1955	83.3	8.6	8.2	18 592	3 736
1956	80.6	10.7	8.7	18 544	4 474
1957	81.2	9.0	9.8	19 309	4 462
1958	58.2	26.6	15.2	15 490	11 110
1959	62.2	20.6	17.2	16 271	9 902
1960	65.7	15.9	18.4	17 016	8 864
1961	77.2	11.2	11.7	19 747	5 843
1962	82.1	7.9	9.9	21 276	4 634
1963	82.5	7.7	9.9	21 966	4 674
1964	82.2	7.9	9.9	22 801	4 935
1965	81.6	8.4	10.0	23 396	5 274
1966	81.5	8.7	9.8	24 297	5 508
1967	81.7	8.6	9.7	25 165	5 649
1968	81.7	8.6	9.7	26 063	5 852
1969	81.6	9.1	9.3	27 117	6 108
1970	80.8	10.2	9.0	27 811	6 621
1971	79.7	11.2	9.1	28 397	7 223
1972	78.9	11.9	9.2	28 283	7 571
1973	78.7	12.3	9.0	28 857	7 795
1974	78.2	12.6	9.2	29 218	8 151
1975	77.2	13.5	9.3	29 456	8 712
1976	75.8	14.4	9.7	29 443	9 391
1977	74.5	14.8	10.7	29 340	10 037
1978	70.5	17.3	12.2	28 318	11 834
1979	69.8	17.6	12.6	28 634	12 390
1980	68.7	18.2	13.1	29 122	13 239
1981	68.1	18.3	13.6	29 777	13 948
1982	68.1	18.4	13.5	30 859	14 436
1983	67.1	18.7	14.2	31 151	15 285
1984	64.0	19.9	16.1	30 868	17 329
1985	62.4	20.8	16.8	31 130	18 743
1986	60.9	21.9	17.2	31 254	20 028
1987	60.0	22.2	17.8	31 663	21 120
1988	59.3	22.4	18.3	32 249	22 085
1989	60.1	21.6	18.3	33 225	22 104
1990	60.1	21.4	18.5	38 428	25 481
1991	59.7	21.4	18.9	38 685	26 114
1992	58.5	21.7	19.8	38 349	27 205
1993	56.4	22.4	21.2	37 434	28 939
1994	54.3	22.7	23.0	36 489	30 710
1995	52.2	23.0	24.8	35 468	32 479
1996	50.5	23.5	26.0	34 769	34 081
1997	49.9	23.7	26.4	34 730	34 870
1998	49.8	23.5	26.7	34 838	35 119

分行业从业人员年末人数

单位：万人

年份	合计	农、林、牧、渔	采掘业	制造业	电力、煤气及水的生产和供应业	建筑业	地质勘查业、水利管理业	交通运输、仓储及邮电通信业
1978	40 152	28 318	652	5 332	107	854	178	750
1979	41 024	28 634	670	5 516	112	916	185	781
1980	42 361	29 122	697	5 899	118	993	188	805
1981	43 725	29 777	728	6 122	125	1 028	188	844
1982	45 295	30 859	747	6 329	128	1 142	191	878
1983	46 436	31 151	758	6 508	131	1 282	193	936
1984	48 197	30 868	767	7 029	134	1 660	197	1 122
1985	49 873	31 130	795	7 412	142	2 035	197	1 279
1986	51 282	31 254	809	8 019	152	2 236	197	1 376
1987	52 783	31 663	819	8 359	164	2 384	200	1 453
1988	54 334	32 249	832	8 652	177	2 491	204	1 521
1989	55 329	33 225	842	8 547	180	2 407	199	1 522
1990	63 909	34 117	882	8 624	192	2 424	197	1 566
1991	64 799	34 956	905	8 839	203	2 482	199	1 617
1992	65 554	34 795	898	9 106	215	2 660	202	1 674
1993	66 373	33 966	932	9 295	240	3 050	144	1 688
1994	67 199	33 386	915	9 613	246	3 188	139	1 864
1995	67 947	33 018	932	9 803	258	3 322	135	1 942
1996	68 850	32 909	902	9 763	273	3 408	129	2 013
1997	69 600	33 005	868	9 612	283	3 449	129	2 062
1998	69 957	33 232	721	8 619	283	3 327	116	2 000

年　份	批发和零售贸易、餐饮业	金融保险业	房地产业	社会服务业	卫生、体育和社会福利业	教育、文化艺术和广播电影电视业	科学研究和综合技术服务业	国家机关、政党机关和社会团体	其他
1978	1 140	76	31	179	363	1 093	92	467	521
1979	1 232	86	34	210	386	1 131	100	505	527
1980	1 363	99	37	276	389	1 147	113	527	588
1981	1 491	107	38	305	375	1 095	127	556	819
1982	1 576	113	38	322	399	1 128	132	611	702
1983	1 732	117	37	367	415	1 151	133	646	879
1984	1 994	127	36	439	435	1 204	137	743	1 305
1985	2 306	138	36	401	467	1 273	144	799	1 319
1986	2 413	152	38	466	482	1 324	152	873	1 338
1987	2 576	170	39	501	496	1 375	158	925	1 502
1988	2 743	194	42	534	508	1 403	161	971	1 655
1989	2 770	205	43	550	518	1 426	165	1 022	1 709
1990	2 839	218	44	594	536	1 457	173	1 079	1 798
1991	2 998	234	48	604	553	1 497	179	1 136	1 910
1992	3 209	248	54	643	565	1 520	183	1 148	2 313
1993	3 459	270	66	543	416	1 210	173	1 030	3 740
1994	3 921	264	74	626	434	1 436	178	1 033	4 155
1995	4 292	276	80	703	444	1 476	182	1 042	4 484
1996	4 511	292	84	747	458	1 513	183	1 093	4 563
1997	4 795	308	87	810	471	1 557	186	1 093	4 862
1998	4 645	314	94	868	470	1 573	178	1 097	5 118

分行业职工人数和劳动报酬情况

(1998)

单位：万人、千万元

	在岗职工年末人数	离岗职工年末人数	在岗职工平均人数	离岗职工平均人数	在岗职工工资总额	离岗职工生活费
总计	12 336.6	1 977.2	12 430.2	1 879.1	92 965.2	2 388.8
农、林、牧、渔业	545.8	42.6	551.8	40.4	2 498.6	37.3
农业	302.0	19.0	306.4	17.9	1 314.2	13.9
林业	82.6	12.1	84.4	11.6	348.9	11.7
畜牧业	40.3	4.0	40.5	3.8	169.5	3.2
渔业	12.9	2.9	13.0	2.8	78.0	3.8
农、林、牧、渔服务业	108.0	4.6	107.5	4.3	588.0	4.7
采掘业	701.6	117.8	709.6	106.1	5 138.7	135.4
制造业	3 768.8	1 056.7	3 856.7	1 003.0	27 242.9	1 305.6
电力、煤气及水的生产和供应业	281.2	10.3	280.1	9.2	2 934.5	28.9
建筑业	846.2	127.7	851.6	121.4	6 350.1	147.4
土木工程建筑业	735.4	117.1	738.2	111.3	5 235.6	128.1
线路、管道和设备安装业	92.7	8.8	95.8	8.3	973.4	17.1
装修装饰业	18.0	1.8	17.6	1.8	141.1	2.2
地质勘查业、水利管理业	115.4	11.6	116.0	11.1	922.1	19.0
地质勘查业	55.7	8.4	56.4	8.1	541.9	14.2
水利管理业	59.7	3.2	59.6	3.1	380.2	4.9
交通运输、仓储及邮电通信业	701.0	96.7	707.1	92.3	6 934.7	134.7
铁路运输业	193.4	8.3	198.1	6.5	2 281.9	23.8
公路运输业	139.5	53.0	141.1	52.0	779.0	48.7
管道运输业	3.3	0.1	3.1	0.1	40.3	0.4
水上运输业	51.3	14.7	52.2	14.2	503.2	19.2
航空运输业	11.2		11.0		190.6	0.1
交通运输辅助业	147.8	10.6	147.3	10.1	1 361.4	22.8
其他交通运输业	2.0	0.2	2.0	0.2	17.4	0.4
仓储业	37.3	9.5	38.3	9.0	278.5	18.3
邮电通信业	115.1	0.3	113.9	0.3	1 482.5	1.0
批发和零售贸易、餐饮业	1 256.2	420.3	1 272.9	405.5	7 465.5	369.7
食品、饮料、烟草和家庭日用品批发业	404.2	126.7	407.8	122.5	2 439.9	129.5
能源、材料和机械电子设备批发业	168.1	60.2	170.9	59.0	1 210.7	68.4
其他批发业	101.3	32.2	102.5	30.6	592.8	27.0
零售业	513.2	184.2	522.3	176.4	2 731.0	127.7
商业经纪与代理业	5.0	1.0	4.7	1.0	53.6	1.2
餐饮业	64.4	16.0	64.6	15.9	437.7	16.0
金融、保险业	300.6	1.2	300.5	1.2	3 195.6	5.1
金融业	281.2	1.1	281.3	1.0	2 990.4	5.0
保险业	19.5		19.2	0.1	205.2	0.2
房地产业	88.9	5.8	87.1	5.4	897.3	11.9
房地产开发与经营业	43.0	3.4	42.3	3.2	468.5	5.5

续表 1

地　区	#城镇私营和个体从业人员			2. 乡村从业人员		
	1997 年	1998 年	1998 年比 1997 年增长（%）	1997 年	1998 年	1998 年比 1997 年增长（%）
全国总计	2 669.0	3 231.9	21.1	49 393.0	49 279.0	−0.2
北　京	22.1	20.1	−9.3	161.2	161.0	−0.1
天　津	28.4	35.3	24.3	173.0	173.0	
河　北	109.3	145.6	33.2	2 613.4	2 635.9	0.9
山　西	49.7	54.0	8.7	964.0	969.7	0.6
内蒙古	74.8	96.2	28.7	605.4	606.9	0.2
辽　宁	155.2	181.5	16.9	921.5	933.2	1.3
吉　林	113.1	130.5	15.4	616.2	616.8	
黑龙江	155.4	190.6	22.7	688.1	904.3	31.4
上　海	60.7	61.3	0.9	242.6	223.2	−8.0
江　苏	90.1	129.9	44.2	2 750.4	2 795.9	1.7
浙　江	109.1	121.9	11.7	2 099.6	2 096.5	−0.1
安　徽	122.7	151.2	23.2	2 674.8	2 717.5	1.6
福　建	66.5	78.6	18.2	1 181.4	1 200.3	1.6
江　西	107.8	99.5	−7.7	1 550.5	1 541.4	−0.6
山　东	151.7	204.4	34.7	3 588.7	3 595.8	0.2
河　南	132.6	160.4	21.0	4 015.2	4 067.2	1.3
湖　北	175.3	233.2	33.0	1 783.5	1 770.5	−0.7
湖　南	200.4	222.5	11.0	2 774.7	2 786.9	0.4
广　东	243.8	281.4	15.4	2 627.8	2 632.9	0.2
广　西	65.3	82.4	26.4	2 032.3	2 068.2	1.8
海　南	17.1	26.0	52.2	209.7	210.3	0.3
重　庆	74.6	87.3	17.0	1 320.9	1 317.0	−0.3
四　川	98.6	118.6	20.3	3 823.6	3 829.5	0.2
贵　州	40.6	50.1	23.5	1 646.0	1 682.7	1.0
云　南	41.2	58.0	40.8	1 884.0	1 908.6	1.3
西　藏	4.2	2.7	−35.7	97.8	97.5	−0.3
陕　西	62.7	98.9	57.7	1 342.1	1 355.8	1.0
甘　肃	32.0	41.5	29.6	900.4	906.7	0.7
青　海	9.1	10.8	18.6	161.4	162.4	0.6
宁　夏	8.5	9.9	16.4	176.6	181.2	2.6
新　疆	41.3	47.6	15.2	334.9	348.9	2.7

二、就业与失业

分地区城镇登记失业人员及失业率

地区	失业人员（万人）			失业率（%）		
	1990年	1997年	1998年	1990年	1997年	1998年
全国总计	383.2	576.8	571.0	2.5	3.1	3.1
北京	1.7	3.3	3.0	0.4	0.7	0.7
天津	8.1	4.3	4.5	2.7	1.3	1.4
河北	7.7	16.2	15.9	1.1	2.0	2.3
山西	5.5	12.6	10.0	1.2	2.4	2.2
内蒙古	15.2	17.7	13.1	3.8	3.8	3.1
辽宁	23.7	46.0	40.0	2.2	3.9	3.4
吉林	10.5	13.6	18.3	1.9	2.1	3.1
黑龙江	20.4	25.5	25.0	2.2	2.6	2.4
上海	7.7	14.9	16.0	1.5	2.7	2.8
江苏	22.5	25.1	24.3	2.4	2.5	2.6
浙江	11.2	21.2	20.0	2.2	3.4	3.2
安徽	15.2	21.6	15.3	2.8	3.2	3.2
福建	9.0	10.4	8.0	2.6	2.4	2.1
江西	10.3	16.3	14.5	2.4	3.0	2.5
山东	26.2	38.9	36.5	3.2	3.4	3.3
河南	25.1	24.0	21.7	3.3	2.3	2.6
湖北	12.7	33.9	31.3	1.7	3.5	3.3
湖南	15.9	30.9	29.8	2.7	3.6	3.9
广东	19.2	31.9	26.2	2.2	2.7	2.3
广西	13.9	18.2	13.4	3.9	4.2	3.2
海南	3.5	5.5	3.5	3.0	4.3	3.3
重庆		10.9	10.1		2.9	3.5
四川	38.0	32.3	30.2	3.7	3.9	3.7
贵州	10.7	19.6	10.7	4.1	6.5	3.8
云南	7.8	10.4	6.0	2.5	2.8	2.2
西藏						
陕西	11.2	32.0	12.2	2.8	6.4	3.1
甘肃	12.5	15.7	8.3	4.9	5.2	3.3
青海	4.2	5.9	1.8	5.6	7.4	2.5
宁夏	4.0	4.2	3.9	5.4	4.8	4.7
新疆	9.6	13.8	12.8	3.0	3.7	3.9

分地区城镇登记失业变化情况

(1998)

单位：万人

地区	本年失业人员合计	上年末结转的失业人员	本年增加的失业人员	#由就业转失业
全国	1 031.80	576.78	455.02	175.00
北京	7.72	3.29	3.93	2.15
天津	15.99	4.34	11.65	8.40
河北	22.59	15.53	7.06	2.18
山西	18.07	10.26	7.81	2.62
内蒙古	26.53	14.53	12.00	1.93
辽宁	68.00	43.50	24.50	8.40
吉林	29.17	8.84	20.33	2.04
黑龙江	49.00	26.00	23.00	4.00
上海	36.03	14.91	21.12	15.99
江苏	46.81	23.80	23.01	8.96
浙江	33.95	18.75	15.20	8.86
安徽	27.55	15.44	12.11	2.72
福建	21.51	7.80	13.71	2.85
江西	32.10	14.22	17.88	2.50
山东	60.86	37.50	23.36	7.53
河南	45.03	20.81	24.22	5.47
湖北	56.11	29.83	26.28	3.48
湖南	53.75	29.02	24.73	9.50
广东	67.95	25.84	42.11	20.31
广西	26.88	12.69	14.19	4.87
海南	6.96	4.03	2.93	0.46
重庆	18.55	10.85	7.70	3.46
四川	49.46	26.72	22.74	5.98
贵州	22.12	11.50	10.62	1.98
云南	13.45	7.84	5.61	2.17
西藏	1.62	1.43	0.19	
陕西	21.79	12.24	9.55	3.28
甘肃	18.61	8.38	10.23	2.71
青海	3.84	1.50	2.34	0.59
宁夏	7.60	3.95	3.65	0.39
新疆	23.66	12.21	11.45	2.40

续表 1

地　区	本年失业人员就业人数	#女性	除就业外其他原因减少的失业人员数	本年末尚有失业人员数	#女性
全　国	413.35	197.38	47.17	571.28	300.47
北　京	4.13	1.79	0.14	2.95	1.47
天　津	11.30	6.02	0.20	4.49	2.47
河　北	6.34	3.00	0.39	15.86	9.57
山　西	7.89	3.76	0.22	9.96	5.79
内蒙古	11.52	4.79	1.90	13.11	7.05
辽　宁	24.00	11.00	4.00	40.00	21.00
吉　林	10.58	5.19	0.31	18.28	9.75
黑龙江	23.00	10.00	1.00	25.00	14.00
上　海	17.75	7.19	2.32	15.96	7.01
江　苏	21.61	10.85	0.94	24.26	13.32
浙　江	12.83	6.38	1.16	19.96	10.96
安　徽	11.27	5.92	0.94	15.34	8.12
福　建	13.18	6.33	0.35	7.98	4.15
江　西	16.96	7.99	0.69	14.45	7.82
山　东	22.12	11.08	2.20	36.54	21.10
河　南	22.11	9.78	1.27	21.65	10.72
湖　北	23.56	11.11	1.22	31.33	12.95
湖　南	20.85	9.48	3.13	29.77	16.33
广　东	40.27	20.67	1.44	26.24	13.72
广　西	13.05	6.14	0.42	13.41	7.11
海　南	3.17	1.74	0.28	3.51	1.46
重　庆	7.94	4.23	0.51	10.10	5.47
四　川	17.92	8.44	1.36	30.18	16.04
贵　州	9.48	4.19	1.90	10.74	5.46
云　南	7.13	3.44	0.31	6.01	3.02
西　藏	0.06	0.02	0.02	1.54	0.79
陕　西	8.76	4.96	0.82	12.21	6.92
甘　肃	9.46	4.64	0.81	8.34	4.48
青　海	1.95	1.13	0.07	1.82	0.86
宁　夏	3.67	1.80	0.02	3.91	1.80
新　疆	9.45	4.34	1.33	12.78	5.77

分地区城镇登记失业人员基本情况

(1998)

单位：万人

地区	合计	年龄（周岁）和性别				失业时间	
		16～25岁	#女性	26岁及以上	#女性	6个月以下	#女性
全国	571.28	312.37	166.95	258.91	133.52	230.50	113.67
北京	2.95	1.06	0.51	1.89	0.96	1.36	0.74
天津	4.49	1.60	0.95	2.89	1.52	1.90	1.06
河北	15.86	11.08	6.75	4.78	2.82	8.32	5.13
山西	9.96	7.40	4.32	2.56	1.47	5.90	2.45
内蒙古	13.11	7.81	4.32	5.30	2.73	3.99	1.97
辽宁	40.00	22.78	12.39	17.22	8.61	14.95	7.77
吉林	18.28	10.15	5.18	8.13	4.57	3.69	1.95
黑龙江	25.00	15.00	9.00	10.00	5.00	9.00	5.00
上海	15.96	6.91	3.19	9.05	3.82	4.74	2.22
江苏	24.26	13.14	7.17	11.12	6.15	10.00	5.39
浙江	19.96	10.36	5.69	9.60	5.27	7.56	4.15
安徽	15.34	9.24	4.92	6.10	3.20	5.09	2.77
福建	7.98	3.62	1.86	4.36	2.29	3.46	1.67
江西	14.45	8.26	4.75	6.19	3.07	7.31	3.65
山东	36.54	22.77	12.41	13.77	7.69	13.65	7.43
河南	21.65	12.68	6.19	8.97	4.53	10.46	5.21
湖北	31.33	13.03	6.79	18.30	6.16	19.77	4.88
湖南	29.77	15.42	7.87	14.35	8.46	10.16	5.52
广东	26.24	10.77	5.46	15.47	8.26	12.24	6.26
广西	13.41	7.67	3.91	5.74	3.20	6.32	3.41
海南	3.51	1.61	0.62	1.90	0.84	1.07	0.31
重庆	10.10	5.71	2.99	4.39	2.49	3.64	1.96
四川	30.18	16.72	8.66	13.46	7.38	11.10	5.63
贵州	10.74	5.70	2.84	5.04	2.62	3.65	1.83
云南	6.01	4.04	1.98	1.97	1.04	2.05	1.06
西藏	1.54	1.23	0.62	0.31	0.17	0.23	0.11
陕西	12.21	5.67	3.70	6.54	3.22	4.16	2.44
甘肃	8.34	5.65	3.04	2.69	1.44	2.77	1.38
青海	1.82	1.04	0.50	0.78	0.36	0.88	0.47
宁夏	3.91	2.48	1.11	1.43	0.69	1.86	0.77
新疆	12.78	6.45	3.00	6.33	2.77	4.80	2.25

续表 1

地　区			文化程度					
	6个月及以上	#女性	大专及以上	#女性	中专和高中	#女性	初中及以下	#女性
全　国	340.78	187.20	34.26	14.58	214.85	112.04	322.17	173.85
北　京	1.59	0.73	0.26	0.16	1.54	0.72	1.15	0.59
天　津	2.59	1.41	0.85	0.49	3.18	1.72	0.46	0.26
河　北	7.54	4.44	0.53	0.32	6.85	4.19	8.48	5.06
山　西	4.06	3.34	0.41	0.24	3.99	2.40	5.56	3.15
内蒙古	9.12	5.08	0.64	0.27	4.59	2.67	7.88	4.11
辽　宁	25.05	13.23	1.58	0.77	13.67	7.04	24.75	13.19
吉　林	14.59	7.80	1.36	0.79	6.19	3.27	10.73	5.69
黑龙江	16.00	9.00	1.00	0.40	9.00	4.60	15.00	9.00
上　海	11.22	4.79	1.10	0.41	7.38	3.22	7.48	3.38
江　苏	14.26	7.93	0.76	0.41	10.14	5.51	13.36	7.40
浙　江	12.40	6.81	0.91	0.42	9.02	4.96	10.03	5.58
安　徽	10.25	5.35	0.49	0.22	4.01	2.00	10.84	5.90
福　建	4.52	2.48	0.17	0.07	3.17	1.57	4.64	2.51
江　西	7.14	4.17	0.86	0.48	4.74	2.54	8.85	4.88
山　东	22.89	12.67	1.92	0.88	15.67	8.05	18.95	11.17
河　南	11.19	5.51	1.68	0.82	8.31	4.09	11.66	5.81
湖　北	11.56	8.07	4.81	0.76	8.20	4.21	18.32	7.98
湖　南	19.31	10.81	2.36	0.97	10.72	5.64	16.69	9.72
广　东	14.00	7.46	1.40	0.66	10.75	5.36	14.09	7.70
广　西	7.09	3.70	0.96	0.45	4.69	2.54	7.76	4.12
海　南	2.44	1.15	0.17	0.05	1.27	0.61	2.07	0.80
重　庆	6.46	3.52	0.47	0.24	4.08	2.26	5.55	2.98
四　川	19.08	10.41	1.59	0.77	10.58	5.85	18.01	9.42
贵　州	7.09	3.63	0.43	0.21	3.36	1.70	6.95	3.55
云　南	3.96	1.96	0.15	0.06	2.43	1.16	3.43	1.80
西　藏	1.31	0.68			0.38	0.21	1.16	0.58
陕　西	8.05	4.48	0.70	0.32	4.76	2.58	6.75	4.02
甘　肃	5.57	3.10	0.34	0.20	2.87	1.49	5.13	2.79
青　海	0.94	0.39	0.06	0.02	0.69	0.36	1.07	0.48
宁　夏	2.05	1.03	0.14	0.05	1.59	0.67	2.18	1.08
新　疆	7.98	3.52	1.05	0.58	5.39	2.36	6.34	2.83

分地区劳动就业服务企业基本情况

(1998)

地　区	企业总数（个）					
	合　计	#本年新办	#劳动部门办	#生产自救基地	#股份合作制企业	#亏损企业数
全　国	112 864	7 731	11 523	9 437	7 757	31 257
北　京	5 350	420		13	84	1 609
天　津	3 261	878	715	18	117	1 104
河　北	3 227	223	487	289	120	984
山　西	3 793	57	373	3 592	201	643
内蒙古	2 986	133	165	292	167	597
辽　宁	5 709	429	366	208	265	2 351
吉　林	7 714	345	65	41	185	3 012
黑龙江	5 189	66	293	108	140	1363
上　海	4 226	637	462	662	423	801
江　苏	5 807	541	1 792	148	492	979
浙　江	3 932	238	703	21	988	624
安　徽	5 612	188	208	702	1 017	2 426
福　建	2 328	146	480	368	333	432
江　西	3 557	82	401	117	388	779
山　东	7 003	832	331	423	573	1 644
河　南	7 347	347	213	218	300	2 234
湖　北	3 946	167	1 358	241	539	1 599
湖　南	2 330	85	62	61	134	796
广　东	6 458	843	1 499	417	455	1 274
广　西	1 352	51	90	106	32	364
海　南	45	5	20			25
重　庆	1 678	80	316	228	163	402
四　川	4 585	178	288	379	125	1 058
贵　州	563	43	22	62	48	196
云　南	1 807	73	83	47	125	679
西　藏						
陕　西	6 142	407	104	199	91	1 259
甘　肃	4 368	156	133	98	155	1 246
青　海	444	13	106	255	18	155
宁　夏	437	9	31	15	13	106
新　疆	1 599	58	353	109	63	483

续表1

地　区	从业人员（人）						
	上年末结转从业人员数	本年新增人员数					
		合　计	新成长的失业青年	失业职工	#女职工	富余职工	#女职工
全　国	7 331 226	705 118	139 337	133 837	60 421	250 308	99 775
北　京	169 112	28 637	208	6 716	3 559	15 617	7 839
天　津	109 620	22 397	2 166	1 976	311	10 879	3 790
河　北	228 585	24 625	3 303	4 847	1 747	8 386	2 862
山　西	337 976	5 841	2 524	765	298	1 540	708
内蒙古	336 199	29 402	5 347	3 864	1 882	10 846	1 249
辽　宁	667 696	30 712	3 907	3 889	1 998	16 124	8 157
吉　林	623 087	16 470	3 993	3 911	1 465	7 263	2 966
黑龙江	849 800	39 450	4 422	4 250	1 415	4 255	907
上　海	238 677	27 762	1 521	4 481	2 332	15 258	5 173
江　苏	242 050	28 321	3 714	5 075	2 652	14 881	5 900
浙　江	119 472	17 029	1 724	1 651	671	5 645	1 892
安　徽	469 892	39 310	10 926	11 457	2 085	9 107	3 599
福　建	108 013	15 784	3 060	2 434	1 188	7 710	3 045
江　西	194 969	12 804	4 768	2 876	1 097	3 845	1 791
山　东	400 975	66 874	14 769	9 227	4 599	30 950	12 466
河　南	294 817	37 614	11 090	10 629	4 375	8 808	4 048
湖　北	330 260	47 705	7 869	8 526	2 970	15 220	5 336
湖　南	203 814	21 911	5 199	5 152	2 287	8 390	5 087
广　东	111 498	8 120	1 982	1 773	1 127	1 609	1 012
广　西	78 385	6 182	1 549	1 000	311	1 551	606
海　南	3 682	1 321	801	220	113	49	32
重　庆	83 336	22 671	2 921	2 322	908	11 278	4 074
四　川	261 590	32 596	8 427	7 295	3 144	10 199	4 073
贵　州	94 107	4 370	2 110	502	384	530	208
云　南	108 774	13 029	2 856	673	278	5 161	2 239
西　藏							
陕　西	166 216	39 556	11 873	15 796	11 750	6 224	3 261
甘　肃	332 181	35 148	8 898	10 396	4 694	12 197	5 322
青　海	31 244	1 686	564	108	61	314	132
宁　夏	39 042	9 212	3 262	556	314	4 212	687
新　疆	92 825	18 064	3 514	1 210	401	2 164	1 252

分地区就业训练情况

(1998)

地区	就业训练机构数量（个）							
	合计	劳动部门办	非劳动部门办					
			机关办	事业单位办	企业办	社会团体办	私人办	其他
全国	16 447	3 646	752	2 331	3 558	1 301	4 347	512
北京	19	19						
天津	19	19						
河北	672	189	36	39	75	67	232	34
山西	631	180	44	41	281	43	35	7
内蒙古	629	113	11	48	126	29	296	6
辽宁	957	134	52	202	268	102	149	50
吉林	618	155	21	68	65	22	286	1
黑龙江	1 034	230	73	103	159	36	415	18
上海	21	21						
江苏	676	149	21	154	263	49	39	1
浙江	577	110	10	118	127	79	108	25
安徽	492	87	45	88	29	88	100	55
福建	528	104	27	86	76	57	125	53
江西	320	127	9	20	65	18	69	12
山东	551	167	8	77	173	37	73	16
河南	945	141	42	82	155	65	428	32
湖北	918	276	79	158	128	56	189	32
湖南	661	181	32	99	206	45	90	8
广东	1 293	211	57	224	216	57	502	26
广西	542	121	21	58	91	40	197	14
海南	59	26	3	6	3	7	13	1
重庆	491	72	17	91	189	28	87	7
四川	1 147	239	60	148	323	120	211	46
贵州	416	74	15	99	86	27	109	6
云南	478	121	9	79	93	33	112	31
西藏	4	4						
陕西	769	117	30	127	142	68	262	23
甘肃	419	95	8	51	51	105	106	3
青海	104	22	2	22	43	1	12	2
宁夏	158	23	6	11	16	12	87	3
新疆	299	119	14	32	109	10	15	

续表 1

地区	本年就业训练总人次数（人次）						
	合计	#女性	上年末结转的训练人数	#转业训练	本年增加的训练人数	新成长的失业青年	由就业转失业人员
全国	6 793 139	3 205 812	411 215	65 943	6 381 924	1 270 008	1 437 642
北京	279 590	248 100			279 590	39 981	31 167
天津	49 337	27 431	1 338		47 999	6 719	19 906
河北	346 816	172 642	18 244	2 854	328 572	31 232	47 774
山西	191 579	48 473	12 375	1 950	179 204	47 151	43 339
内蒙古	126 331	66 457	4 234	852	122 097	57 615	29 739
辽宁	608 995	322 484	24 458		584 537	71 771	54 003
吉林	97 019	43 214	7 791	1 564	89 228	38 710	14 645
黑龙江	619 026	381 380	8 954	2 739	610 072	58 725	388 197
上海	51 399	25 782	2 651		48 748	1 810	19 609
江苏	772 978	422 062	28 109	1 731	744 869	59 104	39 949
浙江	136 655	66 671	5 656	946	130 999	23 452	27 308
安徽	142 132	75 862	9 314	1 444	132 818	14 655	71 052
福建	185 600	83 300	3 800	1 200	181 800	36 000	28 500
江西	174 694	86 598	33 251	2 690	141 443	59 948	20 508
山东	307 214	118 989	56 945	6 305	250 269	70 550	62 459
河南	415 019	182 136	16 572	3 628	398 447	75 401	140 498
湖北	472 641	237 327	18 526	4 968	454 115	171 469	103 023
湖南	173 511	90 460	19 732	2 523	153 779	39 574	32 566
广东	460 183		30 589	8 332	429 594	104 003	44 800
广西	136 000	62 300	10 900	1 900	125 100	29 600	29 200
海南	25 603	9 812	4 482	395	21 121	5 580	2 368
重庆	88 237	40 280	9 214	3 544	79 023	15 769	8 989
四川	237 422	104 675	15 030	3 759	222 392	51 443	82 098
贵州	116 273	39 824	7 224	991	109 049	32 159	18 548
云南	98 500	44 600	8 800	300	89 700	27 200	9 900
西藏	527	240	302	6	225	100	25
陕西	196 704	93 847	37 895	9 168	158 809	47 411	33 651
甘肃	97 104	40 926	3 594	516	93 510	22 625	21 655
青海	20 998	10 534	3 129	657	17 869	4 706	1 294
宁夏	48 804	17 716	1 276	301	47 528	6 952	6 383
新疆	116 248	41 690	6 830	680	109 418	18 593	4 489

续表 2

	其他失业人员	城镇在业人员	其他人员	农村劳动力	#外省	不同训练期限人数：半年以下	不同训练期限人数：半年至一年
全　国	546 486	1 416 600	629 694	1 081 494	302 540	5 749 932	582 662
北　京	48 424		38 794	121 224	107 614	256 922	2 251
天　津	1 407	13 724	2 884	3 359	413	44 403	1 460
河　北	18 084	66 000	41 793	123 689	38 200	305 988	32 245
山　西	2 185	6 175	32 757	47 597	4 626	137 473	44 761
内蒙古	9 321	11 204	11 552	2 666	175	119 340	4 127
辽　宁		304 204	82 832	71 727	59 498	500 795	6 390
吉　林	9 460	13 620	5 886	6 907	1 597	69 758	20 548
黑龙江	79 703	52 792	14 307	16 348	4 032	513 792	68 366
上　海	21 541	897	1 111	3 780	2 452	50 801	380
江　苏	66 402	452 765	28 121	98 528	13 189	714 813	36 489
浙　江	7 316	40 732	16 852	15 339	1 809	125 049	5 344
安　徽	16 128	2 842	20 066	8 075	300	117 217	15 584
福　建	18 000	32 300	9 500	57 500	6 700	170 700	12 500
江　西	15 484	16 864	13 498	15 141	326	137 358	19 605
山　东	19 581	34 665	20 967	42 047	5 166	221 922	39 820
河　南	28 477	34 660	33 681	85 730	3 307	385 150	22 823
湖　北	66 893	22 031	27 111	63 588	3 251	372 078	64 501
湖　南	4 568	28 276	9 331	39 464	2 619	124 934	27 516
广　东	23 447	72 044	123 239	62 061	30 951	424 844	21 342
广　西	10 300	16 400	8 800	30 800	1 600	115 400	12 400
海　南	3 253	3 497	6 269	154	40	24 764	479
重　庆	5 521	33 504	7 612	7 628	514	76 677	4 989
四　川	21 885	23 751	10 824	32 391	2 371	200 820	22 950
贵　州	8 140	11 066	11 190	27 946	1 632	88 465	15 617
云　南	5 600	6 600	9 600	30 800	1 200	70 400	14 700
西　藏	100					460	67
陕　西	14 673	21 345	6 304	35 425	3 343	130 627	40 020
甘　肃	7 617	22 385	7 234	11 994	686	85 031	8 134
青　海	1 499	2 601	5 626	2 143	74	14 797	2 730
宁　夏	986	24 529	4 368	4 310	391	46 704	1 859
新　疆	10 491	45 127	17 585	13 133	4 464	102 450	12 665

续表 3

	一年以上	本年就业训练人次数（人次）	结业后实现就业的人数	结业后仍未实现就业的人数	年末尚有在培训人数（人）	#转业训练人数
全　国	356 541	6 000 557	4 541 871	1 458 693	317 743	82 136
北　京	20 417	201 254	154 327	46 927		
天　津	3 454	33 549	28 181	5 368	4 039	777
河　北	10 901	329 282	273 709	55 573	11 900	1 229
山　西	9 345	182 067	146 143	35 924	7 248	2 412
内蒙古	2 864	123 241	92 267	30 974	3 090	1 460
辽　宁	10 108	517 293	454 320	62 973	20 181	3 582
吉　林	6 713	88 148	72 100	16 048	8 671	2 525
黑龙江	36 868	600 455	360 273	240 182	10 606	2 770
上　海	218	48 156	35 625	12 531	1 546	670
江　苏	21 676	716 702	507 217	209 485	20 893	813
浙　江	6 262	126 101	85 850	40 251	5 939	1 172
安　徽	9 331	131 512	86 467	45 045	10 386	9 400
福　建	2 400	180 400	152 300	28 100	3 300	700
江　西	17 729	150 679	119 928	30 751	21 020	11 628
山　东	25 674	249 826	190 589	59 237	32 821	8 029
河　南	7 046	312 821	244 851	67 970	7 157	2 993
湖　北	36 062	425 379	328 146	97 233	12 959	4 434
湖　南	21 061	137 958	106 013	31 943	19 957	4 047
广　东	13 997	385 053	270 498	114 555	22 883	8 810
广　西	8 200	125 200	99 200	26 000	10 800	1 100
海　南	360	21 362	8 935	12 427	2 709	410
重　庆	6 571	83 426	67 548	15 878	3 927	2 006
四　川	13 652	223 897	183 665	40 241	12 192	4 428
贵　州	12 191	106 084	81 843	24 241	5 161	395
云　南	13 400	88 900	75 600	13 300	8 300	500
西　藏		334	153	181	193	
陕　西	26 057	164 172	119 255	44 917	23 119	3 518
甘　肃	3 939	92 953	68 249	24 704	4 084	1 060
青　海	3 471	17 610	13 734	3 876	2 983	161
宁　夏	241	47 621	41 015	6 606	1 089	66
新　疆	6 333	89 122	73 870	15 252	18 590	1 041

分地区劳动部门就业训练中心情况

(1998)

地区	就业训练中心个数(个)	#拥有实习场地的	工作人员数(人) 合计	管理人员	教师	#专职	工勤人员
全国	2 924	2 416	40 339	9 472	24 969	9 632	5 898
北京	19	19	893	114	684	228	95
天津	19	19	629	117	314	111	198
河北	176	131	2 523	644	1 563	893	316
山西	90	86	992	296	524	157	172
内蒙古	113	103	959	289	460	249	210
辽宁	134	171	2 850	555	2 062	692	233
吉林	64	49	774	204	468	197	102
黑龙江	136	113	734	254	313	199	167
上海	21		514	112	366	71	36
江苏	114	72	4 493	421	3 287	571	785
浙江	88	66	971	254	626	140	91
安徽	87	72	1 437	301	922	282	214
福建	104	80	756	219	430	128	107
江西	116	110	1 267	388	679	244	200
山东	150	141	3 302	807	1 636	583	859
河南	142	125	2 887	754	1 668	987	465
湖北	120	110	1 301	378	691	336	232
湖南	133	117	2 045	414	1 433	401	198
广东	227	204	4 247	745	3 094	2 001	408
广西	101	82	1 000	300	600	200	100
海南	21	15	288	73	194	64	21
重庆	36	29	495	104	347	96	44
四川	150	109	1372	374	834	180	164
贵州	74	41	320	144	105	30	71
云南	118	51	604	290	273	69	41
西藏	3	1	5	5			
陕西	112	97	1 101	291	649	196	161
甘肃	95	68	582	212	282	128	88
青海	22	8	148	39	88	53	21
宁夏	23	23	96	37	43	40	16
新疆	116	104	754	337	334	106	83

续表 1

地区	就业训练总人数（人）			培训考核情况（人）		年末尚有在培训人数（人）
	合计	#女性	#本年增加的就业训练人数	获得结业证书的人员	获得技术等级证书的人员	
全国	3 775 673	1 766 863	3 111 553	2 807 497	521 724	191 425
北京	218 244	17 511		174 627	25 857	
天津	49 337	27 431	47 999	35 104	6 157	4 039
河北	182 110	89 616	154 118	126 382	28 764	8 676
山西	61 453	29 378	51 641	53 520	4 632	2 203
内蒙古	77 080	41 714	73 825	61 491	7 422	1 530
辽宁	303 210	181 926	295 362	295 024	21 206	8 126
吉林	60 531	26 603	50 013	44 868	7 810	7 745
黑龙江	195 401	112 528	181 578	159 949	22 425	11 173
上海	51 399	25 782	48 748	28 136	20 020	1 546
江苏	362 158	188 514	340 272	281 601	57 027	15 929
浙江	91 643	43 769	87 060	60 301	21 757	3 948
安徽	69 786	41 300	65 303	55 138	10 938	2 810
福建	117 051	55 552	104 820	92 807	12 948	2 067
江西	144 049	67 152	96 858	86 432	20 937	22 449
山东	176 427	86 650	137 469	118 994	24 708	21 961
河南	255 552	119 605	205 313	201 499	25 144	11 890
湖北	296 185	150 032	285 497	202 949	31 443	1 793
湖南	114 490	57 514	97 604	82 868	14 808	16 814
广东	402 556	159 796	306 713	237 398	88 079	20 960
广西	83 600	36 900	79 100	67 800	9 900	3 600
海南	19 509	3 020	16 098	13 319	2 545	429
重庆	28 663	14 445	23 778	23 823	3 309	1 029
四川	79 379	40 935	73 855	64 573	12 434	2 389
贵州	44 940	16 718	39 082	38 571	3 096	701
云南	49 000	19 400	42 600	38 800	3 400	2 300
西藏	300	134	20	300		20
陕西	100 969	49 895	78 996	48 824	18 875	9 144
甘肃	61 322	28 487	57 709	57 134	931	1 882
青海	5 873	2 892	5 205	4 765	192	568
宁夏	14 551	7 818	14 274	12 202	1 847	98
新疆	58 905	23 846	50 643	38 298	13 113	3 606

续表 2

地区	就业训练经费收支情况（万元）			
	经费来源			
	合计	行政事业经费	就业经费	转业训练经费
全国	47 148.44	3 094	2 962.04	10 866
北京	1 433		133	1 300
天津	374			374
河北	1 804	49	149	315
山西	313.8		11	18
内蒙古	678	198	21	261
辽宁	2 419		971	931
吉林	818	82	27	120
黑龙江	840	29	22	134
上海	1 272	13	3	81
江苏	4 898	1 005	84	1 206
浙江	2 069	84	82	421
安徽	919	32		209
福建	1 003	6	40	203
江西	552	35	85	139
山东	5 271	103	54	716
河南	1 517	25	26	398
湖北	2 234	70	259	719
湖南	2 982	68	177	603
广东	10 072	669	127	1 275
广西	1 181	36	12	411
海南	125			41
重庆	510	26	50	140
四川	849	27	99	259
贵州	161	3	13	48
云南	422	119	88	130
西藏	3			3
陕西	592	32	94	43
甘肃	494.04	167	0.04	72
青海	232	74	76	5
宁夏	133.60	52	6	50
新疆	977	90	253	241

续表 3

	就业服务机构拨款	有偿培训收入	其他	总支出	期末结余
全国	3 197.43	22 953	4 075	42 345	3 792
北京					
天津				374	
河北	302	943	46	2 011	−191
山西	0.8	250	34	304	1
内蒙古	4	129	64	596	81
辽宁		495	22	1 715	715
吉林	17	566	6	647	171
黑龙江	0.03	655		749	91
上海	97	920	158	1 135	137
江苏	108	2 313	182	4 384	517
浙江	55	1 275	152	1 758	312
安徽	69	575	34	779	
福建	34	693	27	814	191
江西	27	248	18	492	61
山东	260	2 127	2 011	5 195	76
河南	42	928	98	1 488	31
湖北	169	853	164	1 801	434
湖南	322	1 645	167	3 044	162
广东	1 360	6 115	526	9 540	532
广西	21	670	31	1 112	71
海南		84		67	58
重庆	24	253	17	536	−25
四川	42	341	81	793	56
贵州	6	56	35	161	2
云南	10	75		392	30
西藏					
陕西	125	285	13	890	
甘肃	16	150	89	487	7
青海	43	32	2	223	9
宁夏	0.60	9	16	135	7
新疆	43	268	82	723	256

分地区职业介绍机构基本情况

(1998)

地区	职业介绍机构（个）								
	合计	劳动部门办	省、自治区、直辖市	地、市	县、区	街道	乡镇	非劳动部门办	机关
全国	35 449	28 717	62	466	3 179	3 932	21 027	6 732	516
北京	353	171	26			94	51	182	
天津	203	92	2		23	67		111	1
河北	2 150	1 894	1	11	181	153	1 548	256	5
山西	2 166	2 120	1	11	126		1 982	46	
内蒙古	902	796	1	14	99	121	561	106	38
辽宁	1 559	1 142	1	23	118	674	326	417	182
吉林	1 010	938	1	12	60	239	626	72	2
黑龙江	1 264	1 073	1	14	254	254	550	191	3
上海	447	339	3		20	106	210	108	2
江苏	2 144	1 966	1	15	129	180	1 641	178	25
浙江	1 716	801	1	17	106	48	629	915	8
安徽	2 214	1 791	1	20	128	96	1 546	423	34
福建	1 164	831	1	12	85	49	684	333	6
江西	2 082	1 841	1	12	115	54	1 659	241	19
山东	1 718	1 497	1	19	153	137	1 187	221	11
河南	1 789	1 398	1	22	164	44	1 167	391	32
湖北	1 489	1 303	1	24	115	325	838	186	8
湖南	1 473	1 253	1	15	146	52	1 039	220	11
广东	1 447	1 049	1	34	159	855		398	2
广西	641	466	5	12	110	32	307	175	18
海南	37	28	1	5	17		5	9	
重庆	274	152	1	13	34	44	60	122	7
四川	1 765	1 184	1	32	190	55	856	581	43
贵州	1 048	940	1	10	79	37	813	108	
云南	1 277	1 151	1	15	127	52	956	126	2
西藏	6	6	1	5					
陕西	1 542	1 097	1	9	122	68	897	445	52
甘肃	738	652		16	72	66	498	86	
青海	284	271	1	9	44	11	206	13	
宁夏	210	195	1	2	24	4	164	15	3
新疆	337	280	2	63	179	15	21	57	2

续表1

地区	事业单位	企业	社会团体	私人	其他	职业介绍机构工作人员数（人）	#非劳动部门的人员
全国	678	989	969	3 106	418	88 944	29 741
北京	64	49	50	5	14	2 471	2 074
天津	35	32	27	16		2 470	1 050
河北	10	35	60	75	71	6 620	1 785
山西		20	3	7	16	4 262	568
内蒙古	3	11	20	34		2 116	601
辽宁	9	21	33	172		3 019	695
吉林	11	7	7	45		1 697	576
黑龙江	7	61	25	54	41	2 400	5
上海		6	39	5		2 414	574
江苏	32	43	53	15	10	5 190	688
浙江	31	55	92	662	67	3 799	2 284
安徽	17	107	56	205	4	5 378	2 251
福建	16	10	35	253	13	2 733	1 005
江西	51	32	36	100	3	4 003	882
山东	26	22	28	131	3	4 052	1 017
河南	93	29	57	176	4	5 280	1 918
湖北	25	11	23	118	1	3 628	591
湖南	21	43	16	127	2	3 977	1 047
广东	15	59	34	283	5	4 099	1 839
广西	28	3	39	63	24	1 665	602
海南		3	2	4		334	78
重庆	9	42	16	46	2	907	531
四川	79	127	120	169	43	4 914	2 754
贵州	6	11	8	80	3	2 357	1 116
云南	10	23	12	77	2	2 172	655
西藏						15	
陕西	69	95	42	105	82	3 517	1 434
甘肃	5	4	28	45	4	1 634	273
青海	2	5		6		584	58
宁夏	2		3	7		467	128
新疆	2	23	5	21	4	770	153

分地区劳动部门职业介绍工作情况

(1998)

单位：万人次

地区	求职登记总数							
	合计	上年末结转数	本年求职登记人数					
				新成长的失业青年	由就业转失业人员	其他失业人员	城镇在业人员	其他人员
全国	1 863.37	678.05	1 184.33	201.79	170.03	94.02	116.03	108.64
北京	45.55		45.55	1.89	5.98	2.82	12.61	5.71
天津	88.61	23.86	64.75	9.07	29.79	11.33	9.06	5.34
河北	64.54	22.77	41.77	5.10	3.80	2.87	1.81	3.11
山西	32.39	12.20	20.19	4.79	1.91	0.49	2.74	0.74
内蒙古	39.96	16.32	23.64	6.47	2.86	1.71	1.18	1.48
辽宁	102.40	32.70	69.70	14.20	7.60	14.20	12.70	5.80
吉林	42.19	12.20	29.99	8.04	2.54	5.00	2.14	2.95
黑龙江	63.00	34.00	29.00	6.00	0.60	2.00	5.00	4.00
上海	46.53	14.91	30.62	3.00	15.99	2.14	7.77	0.94
江苏	104.66	44.79	59.87	11.34	11.70	6.29	9.15	1.65
浙江	194.30	84.21	110.09	4.26	6.70	3.34	2.88	15.96
安徽	56.00	24.79	31.20	5.19	2.34	1.73	1.27	1.28
福建	71.50	22.13	49.37	6.17	3.08	3.03	2.63	2.28
江西	47.07	29.11	17.96	5.19	1.77	1.66	1.22	1.08
山东	115.14	43.03	72.11	15.42	10.50	3.54	6.42	2.73
河南	98.96	35.89	63.08	7.99	5.32	2.26	4.08	2.29
湖北	87.24	37.71	49.53	14.20	7.18	6.36	4.86	5.23
湖南	109.91	47.21	62.70	12.02	8.17	4.68	6.02	7.42
广东	138.58	43.63	94.95	13.04	14.36	4.48	10.89	26.70
广西	40.39	4.94	35.45	6.82	3.72	1.66	0.42	2.57
海南	33.53	10.64	22.89	12.12	5.69	0.28	1.81	0.23
重庆	19.16	5.23	13.93	3.80	2.71	1.13	1.30	0.63
四川	40.74	8.52	32.22	4.15	5.10	3.23	1.80	1.82
贵州	21.01	8.36	12.65	3.10	1.02	1.27	0.66	0.38
云南	30.38	5.24	25.14	3.95	1.67	1.52	0.26	0.48
西藏	0.37	0.30	0.07	0.02				0.03
陕西	55.34	25.98	29.36	6.33	4.08	2.26	2.97	3.76
甘肃	16.87	6.32	10.55	2.42	1.53	1.31	0.40	0.91
青海	17.78	0.99	16.79	0.79	0.24	0.50	0.85	0.15
宁夏	8.09	3.72	4.38	1.42	0.48	0.12	0.47	0.03
新疆	31.18	16.35	14.83	3.49	1.60	0.80	0.66	0.95

续表 1

地区	农村劳动力		用人登记总数						
		#外省人数	合计	上年末结转数	本年用人登记数				
						企业	机关和事业单位	家庭服务	其他
全国	490.31	151.21	1 169.99	235.21	934.16	629.15	19.73	31.16	222.56
北京	16.54	13.29	43.18		43.18	41.86	0.58	0.15	0.59
天津	0.16	0.13	47.27	19.78	27.49	26.66	0.20	0.28	0.35
河北	25.09	11.20	43.37	7.98	35.39	26.05	0.57	0.56	8.22
山西	9.52	3.29	22.99	4.51	18.48	14.03	0.19	0.18	4.08
内蒙古	9.94	2.52	25.90	2.05	23.85	13.79	0.58	0.42	9.06
辽宁	15.20	2.40	52.30	8.20	44.10	23.30	0.90	1.70	18.20
吉林	9.32	2.41	32.89	4.63	28.25	20.46	0.55	0.37	6.87
黑龙江	11.00	1.00	36.00	7.00	29.00	17.00	1.00	2.00	9.00
上海	1.78		54.25	16.99	37.26	33.34	0.31	0.21	3.40
江苏	19.73	2.99	63.62	11.71	51.91	43.29	1.22	.87	6.53
浙江	76.95	50.28	121.80	36.98	89.22	72.64	1.40	2.06	9.12
安徽	19.39	0.61	33.29	5.42	27.87	25.40	0.41	0.59	1.47
福建	32.18	16.61	44.37	6.42	37.95	26.14	0.25	1.52	10.04
江西	7.04	1.93	18.27	5.28	12.99	7.50	0.31	0.63	4.55
山东	33.51	1.54	73.70	14.96	58.74	50.94	1.10	0.59	6.12
河南	41.11	3.47	68.17	3.62	59.55	2.39	0.04	0.97	28.78
湖北	11.70	2.09	52.70	13.24	39.46	19.04	1.57	5.13	13.72
湖南	24.39	3.19	58.90	14.83	44.07	26.57	1.33	2.68	13.49
广东	25.44	11.85	78.02	30.32	47.70	35.83	1.61	1.51	8.75
广西	20.26	1.56	28.21	1.89	26.32	17.47	0.69	0.65	7.51
海南	2.77	1.29	14.26	3.27	10.99	8.95	0.58	0.46	0.99
重庆	4.36	0.40	12.46	0.99	11.47	8.22	0.21	0.33	2.70
四川	12.06	2.30	32.09	2.23	29.85	19.11	0.65	2.05	8.03
贵州	6.21	1.09	13.19	0.93	12.26	6.03	0.40	0.16	5.66
云南	17.26	4.41	26.05	0.67	25.38	15.93	0.98	1.47	7.00
西藏			0.05	0.03	0.02				0.01
陕西	9.96	0.65	21.99	5.88	16.11	8.92	0.82	2.28	4.09
甘肃	3.99	0.23	11.55	0.88	10.67	5.03	0.14	0.35	5.15
青海	14.26	2.84	16.75	0.10	16.65	2.62	0.27	0.29	13.48
宁夏	1.85	0.40	5.80	1.29	4.51	3.10	0.05	0.07	1.30
新疆	7.34	5.24	16.60	3.13	13.47	7.53	0.82	0.63	4.29

续表 2

	介绍成功人数						
	合　计		失业人员			城镇在业人员	其　他人　员
		#女性		失业六个月以下	失业六个月及以上		
全　国	798.79	313.21	262.15	115.67	146.44	81.67	71.70
北　京	26.52		6.86	0.69	6.17	7.03	2.16
天　津	12.25		3.80	0.88	2.92	7.35	0.94
河　北	34.44	11.35	6.15	3.55	2.60	1.27	5.70
山　西	20.86	8.66	5.40	2.86	2.54	3.35	0.70
内蒙古	21.65	7.08	10.10	2.67	7.43	0.66	1.02
辽　宁	40.70	14.80	16.80	6.40	10.40	9.00	4.30
吉　林	28.68	11.52	12.48	6.40	6.08	2.59	4.44
黑龙江	30.00	10.00	13.00	6.00	7.00	5.00	8.00
上　海	10.94	8.48	17.75	5.27	12.48	1.35	0.45
江　苏	46.27	20.88	18.12	8.73	9.39	7.42	2.44
浙　江	67.29	22.15	12.57	6.37	6.20	1.53	5.44
安　徽	26.29	11.96	6.90	2.42	4.49	1.08	1.42
福　建	30.87	12.98	7.12	3.42	3.70	2.27	2.38
江　西	13.91	7.73	6.44	2.98	3.46	1.15	1.06
山　东	57.67	27.25	19.19	8.88	10.31	4.23	2.11
河　南	56.85	19.46	9.71	4.87	4.85	5.47	3.75
湖　北	42.51	18.25	18.65	9.66	8.99	3.71	9.33
湖　南	34.63	18.22	9.20	4.34	4.86	3.96	2.23
广　东	38.58	18.05	12.32	6.35	5.97	3.22	2.70
广　西	19.78	10.40	5.74	2.84	2.90	0.44	0.79
海　南	9.31	4.30	4.28	2.74	1.56	0.84	1.17
重　庆	8.33	3.93	3.96	2.11	1.86	1.23	0.67
四　川	26.81	11.93	11.80	4.75	7.05	1.96	2.35
贵　州	10.92	5.09	3.44	1.51	1.85	0.44	0.59
云　南	24.92	9.81	5.80	2.83	2.97	0.30	0.69
西　藏	0.01	0.01	0.01		0.01		
陕　西	14.87	6.24	3.51	1.38	2.13	1.96	2.21
甘　肃	10.45	6.03	4.65	1.82	2.82	0.57	1.23
青　海	16.42	1.75	1.27	0.44	0.83	0.83	0.12
宁　夏	3.62	1.22	1.32	0.87	0.46	0.52	0.04
新　疆	12.44	3.68	3.81	1.64	2.16	0.94	1.27

续表 3

			填补岗位人数				期末结余人数	
	农村劳动力	#外省人数	企业	机关和事业单位	家庭服务	其他	求职登记	用人登记
全国	393.27	114.09	546.09	22.07	29.49	204.13	798.72	273.20
北京	10.47	8.29	25.93	0.24	0.13	0.22	19.03	16.66
天津	0.17	0.09	11.75	0.09	0.13	0.28	32.15	14.84
河北	21.32	8.02	23.05	0.54	0.23	10.62	27.75	6.55
山西	11.41	5.17	15.97	0.26	0.12	4.51	11.53	2.13
内蒙古	9.87	2.55	13.59	0.58	0.27	7.21	18.30	4.25
辽宁	10.60	1.20	21.20	1.60	1.80	16.10	38.30	6.84
吉林	9.17	2.53	21.01	0.51	0.24	6.92	13.23	3.51
黑龙江	4.00	1.00	17.00	1.00	2.00	10.00	30.00	5.00
上海	1.39		18.88	0.16	0.07	1.83	15.96	16.32
江苏	18.28	2.30	39.25	1.08	0.66	5.28	45.20	14.00
浙江	47.75	31.64	55.08	1.16	2.96	8.09	127.01	54.51
安徽	16.88	1.19	22.78	0.32	0.73	2.46	21.88	5.30
福建	19.10	9.35	20.03	0.24	1.10	9.50	16.32	5.84
江西	5.26	1.16	7.09	0.44	0.78	5.60	15.84	4.24
山东	32.15	1.72	48.10	1.12	1.18	7.27	44.94	11.95
河南	37.91	3.60	25.89	0.40	2.33	28.23	35.03	10.13
湖北	10.82	2.22	21.89	1.85	5.12	13.65	44.11	10.09
湖南	19.24	4.83	19.92	1.69	1.96	11.06	66.28	20.78
广东	20.34	8.56	29.85	4.13	1.10	3.50	43.38	29.83
广西	12.81	1.33	12.80	0.62	0.64	5.72	8.49	3.41
海南	3.02	0.90	7.32	0.25	0.22	1.53	23.32	4.91
重庆	2.47	0.59	6.10	0.37	0.22	1.64	4.61	1.17
四川	10.71	1.09	15.38	0.58	2.04	1.81	13.49	3.41
贵州	6.46	1.44	4.82	0.31	0.19	5.60	7.81	2.28
云南	18.13	4.50	15.46	1.00	0.29	8.17	4.77	0.61
西藏			0.01				0.36	0.04
陕西	7.19	0.87	8.25	0.58	2.23	3.81	40.47	7.12
甘肃	4.00	0.23	5.00	0.13	0.28	5.05	5.97	0.94
青海	14.19	2.39	2.60	0.29	0.21	13.31	1.31	0.33
宁夏	1.74	0.41	3.02	0.07	0.10	0.42	4.39	2.11
新疆	6.42	4.92	7.08	0.46	0.16	4.74	17.49	4.10

分地区农村劳动力流动就业情况

(1998)

单位：万人

地区	本地农村劳动力在外流动就业情况						
	本年末在外流动就业人数			本年内新增外出流动就业人数			
		跨省就业人数	省内跨县就业人数		跨省	#办理就业登记卡人数	#劳动部门组织输出人数
全国总计	4 423.90	2 865.35	1 538.73	1 205.32	801.35	278.83	192.40
北京	24.00	0.12	23.88	0.12		0.12	
天津	14.00	1.50	12.50	0.50	0.30	0.25	
河北	163.75	81.01	82.74	38.36	20.98	11.81	12.06
山西	38.48	7.61	30.87	7.76	1.87	1.01	0.66
内蒙古	29.59	16.48	13.11	19.24	11.53	1.51	0.85
辽宁	45.08	8.22	36.86	7.28	2.21	1.13	0.99
吉林	4.12	2.04	2.08	1.84	1.05	26.00	0.46
黑龙江	6.00	3.00	3.00	2.00	1.00	0.50	0.30
上海				0.04	0.04	0.01	
江苏	168.08	82.74	85.34	45.12	24.33	20.00	2.75
浙江	97.26	57.31	39.95	10.84	5.01	4.01	0.40
安徽	503.82	423.69	60.13	132.39	112.45	8.53	20.21
福建	51.02	21.91	29.11	19.15	7.84	3.01	1.79
江西	285.00	247.00	38.00	94.00	83.00	19.00	16.00
山东	165.71	72.06	93.62	65.02	29.43	4.61	16.20
河南	659.18	455.46	203.72	264.65	177.97	35.68	30.77
湖北	177.22	125.61	51.61	44.55	29.90	24.22	9.33
湖南	367.84	308.23	59.61	82.83	63.00	19.05	12.96
广东	145.16	13.60	131.56	59.24	6.30	4.38	0.48
广西	195.19	161.48	33.71	43.28	33.57	18.01	14.72
海南	0.86	0.62	0.24	0.62	0.45	0.28	0.05
重庆	228.61	183.62	44.79	46.18	38.22	4.46	1.89
四川	654.15	416.60	237.55	120.89	92.70	32.80	9.87
贵州	156.57	126.81	29.76	28.10	21.45	6.98	6.83
云南	34.40	8.65	25.75	10.58	4.10	1.31	0.87
西藏							
陕西	171.93	104.40	67.53	45.70	32.63	3.87	8.15
甘肃	210.60	91.43	119.37	38.63	26.51	21.74	24.16
青海	14.03	5.87	8.17	11.53	4.87	0.37	1.06
宁夏	38.96	21.48	17.48	10.01	6.62	8.45	0.45
新疆	2.79	0.66	2.13	1.49	0.33	0.25	0.05

续表 1

地区	省内跨县	#办理就业登记卡人数	#劳动部门组织输出人数	外地农村劳动力在本地流动就业：本年末外来劳动力就业人数	跨省	#办理流动就业证人数
全国总计	406.03	162.31	88.53	1 589.33	938.48	723.07
北京				71.00	41.00	
天津	0.20			69.00	41.00	35.50
河北	17.38	10.13	9.55	57.15	30.34	24.39
山西	5.89	2.80	0.55	27.91	16.18	13.46
内蒙古	7.72	0.48	0.20	10.42	4.56	2.94
辽宁	5.07	2.80	2.71	30.10	14.13	13.29
吉林	0.79	0.50	0.42	8.23	3.82	2.08
黑龙江	1.00	0.50	0.60	10.00	5.00	2.00
上海					28.90	26.50
江苏	20.79	18.62	3.64	77.03	29.22	25.80
浙江	7.23	6.29	1.29	160.28	113.85	85.50
安徽	19.95	2.10	2.34	15.21	5.52	1.76
福建	11.31	6.46	4.47	102.20	60.32	52.87
江西	11.00	1.60	1.60	9.30	4.90	1.50
山东	35.59	6.18	15.81	31.77	6.09	4.06
河南	86.68	21.40	9.81	71.05	26.28	12.46
湖北	14.65	14.45	3.40	40.55	13.75	12.38
湖南	19.83	5.86	2.40	37.50	13.00	5.27
广东	52.94	35.92	7.02	519.30	349.34	318.88
广西	9.71	3.33	1.50	31.31	10.88	3.71
海南	0.18	0.03	0.11	11.58	7.37	6.09
重庆	7.96	1.13	0.54	40.58	3.71	1.74
四川	28.15	7.68	4.06	34.60	6.05	1.28
贵州	6.64	0.73	1.08	15.95	8.81	1.88
云南	6.48	2.94	2.34	29.81	14.16	11.63
西藏				0.42	3.56	0.30
陕西	13.07	0.95	2.00	48.55	21.54	11.81
甘肃	12.12	7.95	8.36	35.69	35.69	25.74
青海	6.67	0.36	1.42	2.55	1.38	0.80
宁夏	4.19	1.65	1.65	2.85	1.25	0.90
新疆	1.16	0.76	0.28	38.67	33.63	26.07

续表 2

地区	省内跨县	#办理流动就业证人数	本年内新增外来劳动力就业人数	跨省	#办理流动就业证的人数	省内跨县	#办理流动就业证的人数
全国总计	643.70	484.80	494.30	274.83	244.37	206.18	156.67
北京			45.00	45.00	45.00	2.00	
天津	28.00	20.00	0.80	0.70	0.50	4.00	3.20
河北	26.81	22.05	11.55	6.95	5.11	4.60	3.65
山西	11.73	9.55	5.40	3.26	2.88	2.14	2.03
内蒙古	5.76	3.60	7.18	2.99	2.13	4.19	2.75
辽宁	15.97	14.33	14.58	5.89	5.44	8.69	7.40
吉林	4.41	1.47	2.64	1.71	0.94	0.93	0.65
黑龙江	5.00	2.00	4.00	2.00	1.00	2.00	1.00
上海							
江苏	47.81	44.15	23.34	9.44	8.93	13.90	13.21
浙江	46.44	37.73	60.46	40.49	36.01	19.97	17.06
安徽	3.69	2.71	5.00	1.62	0.48	3.38	1.65
福建	41.88	36.08	54.69	21.28	30.26	22.41	20.23
江西	4.40	1.30	3.40	1.80	0.60	1.60	0.60
山东	25.68	18.51	9.22	1.75	1.15	7.47	6.44
河南	44.78	23.42	19.14	8.34	5.09	10.80	6.08
湖北	26.80	24.12	9.63	3.70	3.33	5.93	5.34
湖南	24.50	10.58	9.13	3.55	1.80	5.58	3.44
广东	169.96	152.62	127.35	74.35	68.36	53.00	42.31
广西	20.43	5.84	16.67	4.87	2.18	11.80	4.05
海南	4.22	3.45	1.46	0.92	0.79	0.54	0.52
重庆	44.79	3.20	3.40	1.10	0.27	2.30	1.35
四川	28.55	12.01	9.05	3.02	0.54	6.03	3.05
贵州	7.14	0.87	3.86	2.12	0.62	1.74	0.28
云南	15.65	13.33	18.33	8.24	7.59	10.09	9.65
西藏							
陕西	27.02	20.21	12.49	6.48	1.91	6.01	2.77
甘肃			3.69	1.70	1.13		
青海	1.17	0.67	0.90	0.43	0.29	0.47	0.27
宁夏	1.60	0.70	1.55	0.74	0.64	0.61	0.60
新疆	5.05	4.08	18.33	15.65	13.53	2.68	1.90

分登记注册类型女职工年末人数

年份	合计	国有单位	城镇集体单位	其他单位
一、年末人数（万人）				
1978	3 128	2 126	1 002	
1980	3 698	2 473	1 225	
1985	4 500	2 910	1 570	20
1986	4 688	3 057	1 605	26
1987	4 869	3 203	1 631	35
1988	5 036	3 339	1 649	48
1989	5 137	3 422	1 648	67
1990	5 294	3 540	1 670	84
1991	5 483	3 679	1 691	113
1992	5 586	3 781	1 658	147
1993	5 542	3 838	1 449	255
1994	5 646	3 868	1 420	358
1995	5 755	3 957	1 373	424
1996	5 745	3 982	1 316	447
1997	5 687	3 927	1 247	513
1998	4 678	3 182	796	700
二、女职工占职工（%）				
1978	32.9	28.5	48.9	
1980	35.4	30.8	50.5	
1985	36.4	32.4	47.2	45.5
1986	36.6	32.8	46.9	47.3
1987	36.8	33.2	46.8	48.6
1988	37.0	33.4	46.8	49.5
1989	37.4	33.9	47.1	50.8
1990	37.7	34.2	47.1	51.2
1991	37.8	34.5	46.6	52.3
1992	37.8	34.7	45.8	52.1
1993	37.3	35.1	42.7	47.6
1994	38.0	35.5	44.2	47.9
1995	38.6	36.1	44.6	48.3
1996	38.7	36.4	44.5	47.5
1997	38.8	36.5	44.3	47.2
1998	37.9	36.1	41.9	43.0
三、指数（以上年为100）				
1979	109.0	107.7	111.8	
1980	108.5	108.0	109.4	
1985	104.0	105.2	101.9	111.1
1986	104.2	105.1	102.2	130.0
1987	103.9	104.8	101.6	134.6
1988	103.4	104.2	101.1	137.1
1989	102.0	102.5	99.9	139.6
1990	103.1	103.4	101.3	125.4
1991	103.6	103.9	101.3	134.5
1992	101.9	102.8	98.0	130.1
1993	99.2	101.5	87.4	173.5
1994	101.9	100.8	98.0	140.4
1995	101.9	102.3	96.7	118.4
1996	99.8	100.6	95.8	105.4
1997	99.0	98.6	94.8	114.8

注：1998 年全部职工人数和女职工人数不包括离岗职工的数字。

分行业女职工年末人数

单位：万人

年份	合计	农、林、牧、渔业	采掘业	制造业	电力、煤气及水的生产和供应业	建筑业	地质勘查业、水利管理业	交通运输、仓储及邮电通信业
1978	3 128	295	134	1 415	41	138	29	127
1980	3 698	285	158	1 666	49	176	31	153
1983	4 199	299	176	1 860	54	194	34	170
1984	4 325	293	181	1 908	56	203	34	172
1985	4 500	287	189	1 998	58	204	33	175
1986	4 688	289	198	2 090	61	204	35	180
1987	4 869	294	206	2 174	63	205	36	183
1988	5 036	293	213	2 251	66	203	37	186
1989	5 137	292	217	2 287	67	199	36	187
1990	5 294	292	223	2 352	69	199	36	192
1991	5 483	288	229	2 417	70	205	35	199
1992	5 586	280	231	2 439	71	209	35	203
1993	5 542	264	229	2 418	71	204	35	209
1994	5 646	254	226	2 426	75	201	34	217
1995	5 755	248	237	2 458	81	204	33	218
1996	5 745	232	231	2 365	86	205	32	224
1997	5 687	231	221	2 263	90	201	32	227
1998	4 678	204	180	1 636	90	156	29	194

年份	批发和零售贸易、餐饮业	金融、保险业	房地产业	社会服务业	卫生、体育和社会福利业	教育、文化艺术和广播电影电视业	科学研究和综合技术服务业	国家机关、政党机关和社会团体	其他
1978	385	16		85	116	251	29	65	
1980	496	26		113	141	284	36	79	
1983	612	34		147	165	306	41	106	
1984	633	38		150	172	317	44	124	
1985	678	42		141	177	335	46	136	
1986	699	47		149	184	354	48	149	
1987	722	52		156	192	378	49	158	
1988	756	61		165	198	391	50	166	
1989	777	66		171	203	406	51	179	
1990	807	70	14	166	210	422	52	191	
1991	845	76	16	175	221	445	54	207	
1992	874	83	17	182	227	465	55	215	
1993	799	92	22	191	226	476	56	233	20
1994	840	103	24	207	235	495	59	227	23
1995	847	109	26	209	244	522	60	232	25
1996	846	118	28	216	253	559	60	251	39
1997	830	123	29	224	261	591	61	252	51
1998	580	125	30	209	265	625	57	255	42

注：1998 年女职工人数不包括离岗职工的数字。

分行业职工年末人数

（国有单位）

单位：万人

年份	合计	农、林、牧、渔业	采掘业	制造业	电力、煤气及水的生产和供应业	建筑业	地质勘查业、水利管理业	交通运输、仓储及邮电通信业
1978	7 451	774	588	2 449	102	447	177	465
1979	7 693	747	600	2 502	106	463	184	480
1980	8 019	740	621	2 601	112	475	187	498
1981	8 372	745	649	2 720	119	475	187	522
1982	8 630	742	666	2 794	122	481	190	537
1983	8 771	739	674	2 833	125	497	192	549
1984	8 637	732	680	2 862	127	518	196	559
1985	8 990	726	706	2 975	134	545	196	585
1986	9 333	736	715	3 096	144	557	196	604
1987	9 654	744	722	3 209	155	566	200	618
1988	9 983	743	735	3 327	167	568	204	636
1989	10 109	736	757	3 344	172	541	199	640
1990	10 346	737	786	3 395	183	538	194	660
1991	10 664	727	797	3 482	193	557	196	682
1992	10 889	717	792	3 526	203	577	199	693
1993	10 920	672	834	3 444	220	663	142	664
1994	10 890	653	820	3 321	230	629	135	677
1995	10 955	634	834	3 326	237	605	132	677
1996	10 949	592	809	3 218	250	595	126	684
1997	10 766	588	772	3 011	257	577	125	681
1998	10 043.7	565.2	694	2 499.2	250.7	527.4	124.5	643.8

年份	批发和零售贸易、餐饮业	金融、保险业	房地产业	社会服务业	卫生、体育和社会福利业	教育、文化艺术和广播电影电视业	科学研究和综合技术服务业	国家机关、政党机关和社会团体	其他
1978	907	42	23	107	183	674	91	417	
1979	960	50	30	114	200	707	99	451	
1980	1 005	63	33	130	217	757	104	476	
1981	1 063	71	33	141	233	797	110	507	
1982	1 094	74	33	150	242	825	117	563	
1983	1 112	77	32	157	253	835	120	576	
1984	780	84	31	165	264	873	124	642	
1985	800	93	32	181	272	925	129	691	
1986	824	101	34	193	283	973	135	742	
1987	851	113	34	203	296	1 025	140	778	
1988	900	128	37	214	306	1 059	142	817	
1989	923	136	38	221	314	1 086	144	859	
1990	947	145	40	236	323	1 112	148	903	
1991	993	154	43	251	340	1 151	151	946	
1992	1 037	166	48	269	356	1 183	153	969	
1993	1 014	182	55	293	356	1 180	153	1 014	34
1994	1 054	196	59	308	368	1 227	165	1 007	40
1995	1 061	203	61	315	379	1 265	167	1 019	42
1996	1 055	208	63	329	390	1 322	166	1 068	74
1997	1 037	210	64	345	402	1 361	167	1 074	95
1998	936.2	208.5	67.2	346.1	415.7	1 418.9	159.8	1 090.8	95.9

分行业职工年末人数

（城镇集体单位）　　单位：万人

年份	合计	农、林、牧、渔业	采掘业	制造业	电力、煤气及水的生产和供应业	建筑业	地质勘查业、水利管理业	交通运输、仓储及邮电通信业
1978	2 048	56	64	1 146	5	176	0.5	204
1980	2 425	48	76	1 346	6	235	1.0	216
1985	3 324	51	89	1 608	8	354	1.0	237
1986	3 421	48	93	1 680	8	364	0.7	241
1987	3 488	47	96	1 724	8	379	0.3	241
1988	3 527	45	96	1 745	9	385	0.2	237
1989	3 502	45	84	1 754	7	357	0.4	232
1990	3 549	42	95	1 773	8	357	3.3	232
1991	3 628	41	107	1 782	9	380	3.4	232
1992	3 621	39	105	1 747	10	414	3.2	226
1993	3 393	34	89	1 595	8	479	2.0	154
1994	3 211	24	81	1 515	9	427	2.0	149
1995	3 076	23	77	1 417	9	427	1.9	138
1996	2 954	22	72	1 346	11	412	2.1	134
1997	2 817	20	72	1 244	11	393	3.0	125
1998	2 457.9	17.8	61.2	1 046.6	10.8	348	2.4	110.5

年份	批发和零售贸易、餐饮业	金融、保险业	房地产业	社会服务业	卫生、体育和社会福利业	教育、文化艺术和广播电影电视业	科学研究和综合技术服务业	国家机关、政党机关和社会团体	其他
1978	172	23	3	59	64	62	0.6	13	
1980	234	26	4	88	70	60	0.8	14	
1985	716	33	4	87	70	37	1.5	27	
1986	718	37	4	91	71	35	1.9	28	
1987	722	41	5	93	69	34	2.0	27	
1988	738	45	4	94	69	32	2.2	26	
1989	748	49	4	94	68	32	2.5	26	
1990	762	51	4	93	69	32	3.0	26	
1991	786	54	5	98	70	30	4.0	28	
1992	796	57	4	96	65	28	5.0	27	
1993	744	55	5	101	60	24	9.0	15	20
1994	716	62	6	102	59	21	7.4	9	22
1995	693	67	6	94	59	26	7.6	8	23
1996	667	73	7	86	60	22	7.4	7	27
1997	637	76	7	87	62	40	7.5	6	27
1998	568.4	71.3	7.6	76.2	59.6	42	6.8	5.4	23.3

分行业职工年末人数

（其他单位）　　　　单位：万人

年份	合计	农、林、牧、渔业	采掘业	制造业	电力、煤气及水的生产和供应业	建筑业	地质勘查业、水利管理业	交通运输、仓储及邮电通信业
1984	36.7			33.1		0.5		0.86
1985	43.7	0.2		36.8		0.6		0.90
1986	55.3	0.2		45.6		0.6		0.90
1987	71.9	0.5		58.3		0.8		1.49
1988	96.7	0.6	1.0	77.0	1.0	1.3		1.04
1989	131.7	0.7	1.0	108.0	1.0	1.5		1.55
1990	163.8	1.1	1.0	135.0	1.0	1.6	0.04	1.63
1991	216.0	1.4	1.0	180.0	1.0	2.7	0.09	2.03
1992	281.8	1.5	1.0	236.0	2.0	4.1	0.10	2.38
1993	535.7	2.2	2.1	429.5	4.0	10.6	0.03	7.70
1994	747.4	2.6	3.2	598.1	5.9	16.3	0.05	8.98
1995	877.0	3.2	4.0	696.0	10.2	21.0	0.08	9.67
1996	941.7	3.9	4.3	728.4	10.7	28.2	0.05	11.78
1997	1 085.5	4.1	6.8	826.7	13.8	33.7	0.05	17.08
1998	1 812.1	5.4	12.8	1 279.8	30.0	98.5	0.10	43.40

年份	批发和零售贸易、餐饮业	金融、保险业	房地产业	社会服务业	卫生、体育和社会福利业	教育、文化艺术和广播电影电视业	科学研究和综合技术服务业	国家机关、政党机关和社会团体	其他
1984	2.1			0.30					
1985	2.3			2.90					
1986	2.6			5.20					
1987	3.8			7.50					
1988	4.4	0.08		10.60			0.04		
1989	4.9	0.12		12.60			0.19		
1990	6.0	0.05	0.51	15.03	0.05	0.25	0.20		
1991	7.5	0.05	0.79	18.84	0.13	0.38	0.51		
1992	11.0	0.03	1.43	21.07	0.11	0.71	0.86		
1993	38.1	1.87	6.25	28.23	0.15	0.53	3.14	1.03	0.26
1994	62.9	2.30	7.22	36.61	0.37	0.66	1.41		0.75
1995	74.4	3.80	9.32	39.70	0.41	0.89	2.90		1.40
1996	85.0	7.72	11.21	44.13	0.51	1.15	3.24		1.43
1997	100.1	12.48	12.80	48.89	0.54	1.25	4.60		2.59
1998	172.0	22.00	20.00	63.40	1.10	1.50	6.40		4.60

注：其他经济单位1987年以前行业均未调整，下同。

分地区全部职工年末人数

单位：万人

地区	全部职工 1997年	全部职工 1998年	全部职工 1998年比1997年增长（%）	企业单位 1997年	企业单位 1998年	企业单位 1998年比1997年增长（%）
全国总计	14 668.4	14 313.8	－2.4	10 887.3	10 523.9	－3.3
北京	465.3	450.1	－3.3	338.7	333.6	－1.5
天津	281.3	269.2	－4.3	227.9	219.4	－3.7
河北	676.7	657.0	－2.9	488.0	468.0	－4.1
山西	455.9	446.5	－2.1	339.1	331.7	－2.2
内蒙古	363.9	336.5	－7.5	262.6	237.9	－9.4
辽宁	969.4	917.4	－5.4	796.7	746.5	－6.3
吉林	500.1	483.0	－3.4	389.4	371.9	－4.5
黑龙江	797.0	772.9	－3.0	651.8	633.5	－2.8
上海	435.3	412.6	－5.2	353.7	333.5	－5.7
江苏	893.7	870.1	－2.6	683.6	665.5	2.7
浙江	482.3	468.4	－2.9	360.6	345.7	－4.1
安徽	502.6	495.4	－1.4	367.4	357.1	－2.8
福建	357.7	364.1	1.8	260.5	265.3	1.8
江西	409.4	403.8	－1.4	293.1	282.9	－3.5
山东	937.6	931.2	－0.7	698.0	678.3	－2.8
河南	841.3	839.1	－0.3	616.3	605.0	－1.8
湖北	735.4	723.0	－1.7	540.6	524.8	－2.9
湖南	597.5	594.1	－0.6	422.2	416.4	－1.4
广东	897.3	884.8	－1.4	677.8	666.0	－1.7
广西	340.0	335.5	－1.3	215.9	213.3	－1.2
海南	102.6	97.9	－4.6	77.6	73.2	－5.7
重庆	289.3	278.2	－3.8	218.6	206.8	－5.4
四川	681.6	662.9	－2.7	478.9	458.4	－4.3
贵州	232.8	228.1	－2.0	151.1	149.1	－1.3
云南	313.7	310.2	－1.1	197.4	190.6	－3.4
西藏	16.7	16.4	－1.5	6.4	6.1	4.1
陕西	396.2	390.6	－1.4	276.7	270.8	－2.1
甘肃	246.7	241.2	－2.2	173.9	166.2	－4.4
青海	63.7	61.8	－3.0	40.9	39.3	－3.9
宁夏	73.9	72.9	－1.3	51.8	51.3	－1.0
新疆	310.7	298.6	－3.9	230.0	216.0	－6.1

注：1998年职工年末人数包括在岗职工和离岗职工的人数。

续表 1

地区	事业单位			机关单位		
	1997 年	1998 年	1998 年比 1997 年增长（%）	1997 年	1998 年	1998 年比 1997 年增长（%）
全国总计	2 731.6	2 728.8	−0.1	1 049.4	1 061.2	1.1
北京	101.4	94.9	−6.4	25.2	21.6	−14.3
天津	42.5	39.4	−7.3	11.0	10.6	−3.6
河北	127.7	129.0	1.0	61.1	60.0	−1.8
山西	77.0	75.0	−2.6	39.8	39.8	
内蒙古	73.7	69.6	−5.6	27.6	29.1	5.4
辽宁	132.6	130.0	−2.0	40.2	40.8	1.5
吉林	88.0	86.8	−1.4	23.4	24.3	3.8
黑龙江	105.7	100.0	−5.4	39.5	39.4	−0.3
上海	66.5	65.7	−1.2	15.1	13.4	−11.3
江苏	166.5	161.4	−3.1	43.6	43.1	−1.1
浙江	89.4	89.1	−0.3	32.3	33.5	3.7
安徽	95.4	98.6	3.4	39.7	39.5	−0.5
福建	69.8	72.0	3.2	27.4	26.9	−1.8
江西	82.4	85.3	3.5	33.9	35.6	5.0
山东	166.6	178.2	7.0	73.1	74.7	2.2
河南	155.9	161.0	3.3	69.1	73.1	5.8
湖北	142.2	145.1	2.0	52.6	53.1	1.0
湖南	124.5	127.2	2.2	50.8	50.6	−0.4
广东	153.9	150.7	−2.1	65.6	68.2	4.0
广西	90.5	88.1	−2.7	33.6	34.1	1.5
海南	17.7	17.2	−2.8	7.4	7.6	2.7
重庆	51.8	52.1	0.6	18.9	19.3	2.1
四川	143.4	146.6	2.2	59.2	57.9	−2.2
贵州	54.4	52.8	−2.9	27.2	26.4	−2.9
云南	79.1	80.2	1.4	37.2	39.4	5.9
西藏	5.8	5.7	−1.7	4.5	4.6	2.2
陕西	86.5	85.3	−1.4	33.0	34.4	4.2
甘肃	51.2	52.4	2.3	21.6	22.6	4.6
青海	15.7	16.0	1.9	7.1	6.5	−8.5
宁夏	16.2	15.5	−4.3	6.0	6.3	5.0
新疆	57.7	57.9	0.3	22.8	24.8	8.8

续表 2

地区	1. 国有单位			国有企业单位		
	1997 年	1998 年	1998 年比 1997 年增长（%）	1997 年	1998 年	1998 年比 1997 年增长（%）
全国总计	10 765.9	10 043.7	−6.7	7 131.1	6 393.5	−10.3
北京	348.7	321.7	−7.7	224.6	207.0	−7.8
天津	191.6	171.8	−10.3	139.3	122.9	−11.8
河北	531.5	502.4	−5.5	346.3	316.2	−8.7
山西	364.3	321.4	−11.8	252.1	210.4	−16.5
内蒙古	291.9	252.3	−13.6	193.1	155.9	−19.3
辽宁	651.3	604.1	−7.2	483.4	437.8	−9.4
吉林	375.9	355.0	−5.6	266.9	246.4	−7.7
黑龙江	608.2	566.4	−6.9	465.6	428.9	−7.9
上海	292.8	259.1	−11.5	215.5	183.9	−14.7
江苏	577.5	533.6	−7.6	384.2	344.4	−10.4
浙江	285.0	262.7	−7.8	171.0	146.7	−14.2
安徽	353.1	331.9	−6.0	225.0	200.8	−10.8
福建	215.6	205.8	−4.5	122.6	110.8	−9.6
江西	334.0	310.3	−7.1	219.9	191.3	−13.0
山东	665.6	650.2	−2.3	434.5	406.0	−6.6
河南	602.8	538.1	−10.7	409.6	339.0	−17.2
湖北	560.1	539.9	−3.6	369.3	345.8	−6.4
湖南	471.5	461.6	−2.1	303.4	290.5	−4.3
广东	544.5	510.9	−6.2	330.4	297.0	−10.1
广西	280.7	263.2	−6.2	157.5	141.8	−10.0
海南	86.5	82.7	−4.4	62.3	58.6	−5.9
重庆	211.1	198.0	−6.2	144.3	130.1	−9.8
四川	506.2	467.3	−7.7	313.9	272.4	−13.2
贵州	196.1	182.8	−6.8	115.3	104.3	−9.5
云南	265.1	256.9	−3.1	149.4	138.0	−7.6
西藏	15.4	15.1	−1.9	5.2	4.8	−7.7
陕西	335.1	310.2	−7.4	218.9	193.3	−11.7
甘肃	208.1	194.7	−6.4	136.6	120.7	−11.6
青海	55.5	53.5	−3.6	32.9	31.3	−4.9
宁夏	61.7	57.9	−6.2	39.6	36.3	−8.3
新疆	278.5	262.3	−5.8	198.7	180.1	−9.4

续表 3

地区	国有事业单位			国有机关单位		
	1997 年	1998 年	1998 年比 1997 年增长（%）	1997 年	1998 年	1998 年比 1997 年增长（%）
全国总计	2 592.0	2 595.0	0.1	1 042.8	1 055.2	1.1
北京	98.8	93.0	−5.9	25.2	21.6	−14.3
天津	41.5	38.4	−7.5	10.9	10.4	−4.6
河北	124.6	126.3	1.4	60.6	59.8	−1.3
山西	72.7	71.5	−1.7	39.5	39.6	0.3
内蒙古	71.4	67.5	−5.5	27.5	29.0	5.5
辽宁	127.9	125.5	−1.9	40.0	40.7	1.7
吉林	85.7	84.4	−1.5	23.3	24.3	4.3
黑龙江	103.4	98.3	−4.9	39.2	39.2	
上海	62.4	61.8	−1.0	14.9	13.4	−10.1
江苏	150.2	146.4	−2.5	43.2	42.8	−0.9
浙江	82.0	82.5	0.6	32.0	33.4	4.4
安徽	88.8	92.2	3.8	39.9	38.9	−2.5
福建	65.7	68.2	3.8	27.3	26.8	−1.8
江西	80.5	83.4	3.6	33.6	35.4	5.4
山东	158.3	170.1	7.5	72.8	74.1	1.8
河南	124.2	126.0	1.4	69.1	73.1	5.8
湖北	138.6	141.6	2.2	52.2	52.5	0.6
湖南	117.7	121.0	2.8	50.3	50.1	−0.4
广东	148.9	146.2	−1.8	65.2	67.7	3.8
广西	89.8	87.3	−2.8	33.4	34.0	1.8
海南	16.8	16.5	−1.8	7.4	7.5	1.4
重庆	48.2	48.8	1.2	18.7	19.2	2.7
四川	133.5	137.3	2.8	58.7	57.6	−1.9
贵州	53.6	52.1	−2.8	27.2	26.4	−2.9
云南	78.7	79.7	1.3	36.9	39.2	6.2
西藏	5.7	5.6	−1.8	4.5	4.6	2.2
陕西	83.5	82.8	−0.8	32.6	34.2	4.9
甘肃	50.1	51.6	3.0	21.4	22.4	4.7
青海	15.6	15.9	1.9	7.0	6.4	−8.6
宁夏	16.1	15.4	−4.3	6.0	6.3	5.0
新疆	57.2	57.5	0.5	22.7	24.7	8.8

续表 4

地区	2. 城镇集体单位			#城镇集体企业单位		
	1997年	1998年	1998年比1997年增长（%）	1997年	1998年	1998年比1997年增长（%）
全国总计	2 817.0	2 457.9	－12.7	2 672.5	2 320.1	－13.2
北京	65.0	50.8	－21.8	62.8	49.1	－21.8
天津	55.3	49.8	－9.9	54.3	48.9	－9.9
河北	112.1	93.6	－16.5	108.6	90.8	－16.4
山西	82.3	74.5	－9.5	77.8	70.7	－9.1
内蒙古	59.4	45.7	－23.1	56.9	43.5	－23.6
辽宁	257.0	222.7	－13.3	252.2	218.3	－13.4
吉林	100.2	90.2	－10.0	97.9	87.7	－10.4
黑龙江	157.9	146.1	－7.5	155.3	144.1	－7.2
上海	71.2	59.8	－16.0	67.0	56.0	－16.4
江苏	239.6	202.5	－15.5	222.9	187.3	－16.0
浙江	144.5	107.8	－25.4	136.9	101.2	－26.1
安徽	119.6	104.8	－12.4	112.6	98.0	－13.0
福建	54.8	50.3	－8.2	50.7	46.6	－8.1
江西	67.6	59.6	－11.8	65.4	57.6	－11.9
山东	190.9	159.9	－16.2	182.3	151.3	－17.0
河南	176.8	173.5	－1.9	145.3	138.5	－4.7
湖北	126.5	114.9	－9.2	122.5	110.9	－9.5
湖南	110.5	101.2	－8.4	103.3	94.6	－8.4
广东	179.9	160.3	－10.9	174.4	155.6	－10.8
广西	42.6	39.4	－7.5	41.8	38.6	－7.7
海南	8.3	7.1	－14.5	7.5	6.5	－13.3
重庆	61.6	52.8	－14.3	57.9	49.3	－14.9
四川	131.0	111.9	－14.6	120.7	102.3	－15.2
贵州	31.3	27.2	－13.1	30.5	26.6	－12.8
云南	39.1	33.3	－14.8	38.5	32.5	－15.6
西藏	1.1	1.2	9.1	1.0	1.1	10.0
陕西	52.4	47.5	－9.4	49.2	44.7	－9.1
甘肃	35.2	31.9	－9.4	34.1	30.9	－9.4
青海	7.5	7.1	－5.3	7.2	6.9	－4.2
宁夏	8.6	6.8	－20.9	8.5	6.8	－20.0
新疆	27.2	23.6	－13.2	26.5	1.3	－95.1

续表 5

地区	3. 其他单位			#其他企业单位		
	1997 年	1998 年	1998 年比 1997 年增长（%）	1997 年	1998 年	1998 年比 1997 年增长（%）
全国总计	1 085.5	1 812.1	66.9	1 083.7	1 810.4	67.1
北京	51.7	77.6	50.1	51.4	77.5	50.8
天津	34.4	47.6	38.4	34.3	47.5	38.5
河北	33.1	61.1	84.6	33.0	61.0	84.8
山西	9.3	50.6	444.1	9.2	50.6	450.0
内蒙古	12.5	38.5	208.0	12.5	38.5	208.0
辽宁	61.1	90.5	48.1	61.1	90.4	48.0
吉林	24.8	37.7	52.0	24.8	37.7	52.0
黑龙江	30.9	60.5	95.8	30.9	60.5	95.8
上海	71.3	93.8	31.6	71.3	93.6	31.3
江苏	76.6	133.9	74.8	76.5	133.8	74.9
浙江	52.7	97.9	85.8	52.6	97.8	85.9
安徽	29.8	58.6	96.6	29.8	58.3	95.6
福建	87.3	108.1	23.8	87.3	107.9	23.6
江西	7.9	33.9	329.1	7.9	33.9	329.1
山东	81.2	121.1	49.1	81.2	121.0	49.0
河南	61.6	127.6	107.1	61.4	127.5	107.7
湖北	48.8	68.2	39.8	48.8	68.1	39.5
湖南	15.5	31.3	101.9	15.5	31.3	101.9
广东	173.3	213.7	23.3	173.0	213.4	23.4
广西	16.7	32.9	97.0	16.6	32.9	98.2
海南	7.9	8.1	2.5	7.8	8.0	2.6
重庆	16.5	27.5	66.7	16.5	27.5	66.7
四川	44.3	83.8	89.2	44.3	83.8	89.2
贵州	5.4	18.2	237.0	5.3	18.2	243.4
云南	9.5	20.1	111.6	9.5	20.1	111.6
西藏	0.1	0.3	200.0	0.1	0.3	200.0
陕西	8.8	32.9	273.9	8.6	32.8	281.4
甘肃	3.3	14.5	339.4	3.2	14.5	353.1
青海	0.8	1.2	50.0	0.8	1.2	50.0
宁夏	3.6	8.3	130.6	3.6	8.3	130.6
新疆	4.9	12.7	159.2	7.9	12.7	60.8

四、职工工资

分登记注册类型职工工资总额及指数

年份	工资总额（亿元）				指数（以上年为100）			
	合计	国有单位	城镇集体单位	其他单位	合计	国有单位	城镇集体单位	其他单位
1952	68.3	67.5	0.8	—				
1953	90.0	88.9	1.1	—	131.8	131.7	137.5	—
1954	98.8	95.3	3.5	—	109.8	107.2	318.2	—
1955	108.8	100.3	8.5	—	110.1	105.2	242.9	—
1956	158.6	136.5	22.1	—	145.8	136.1	260.0	—
1957	190.8	156.4	34.4	—	120.3	114.6	155.7	—
1958	210.8	180.0	30.8	—	110.5	115.1	89.5	—
1959	263.1	233.5	29.6	—	124.8	129.7	96.1	—
1960	296.7	263.2	33.5	—	112.8	112.7	113.2	—
1961	280.7	244.1	36.6	—	94.6	92.7	109.3	—
1962	254.3	213.6	40.7	—	90.6	87.5	111.2	—
1963	249.9	211.1	38.8	—	98.3	98.8	95.3	—
1964	263.7	224.0	39.7	—	105.5	106.1	102.3	—
1965	282.3	235.3	47.0	—	107.1	105.0	118.4	—
1966	296.3	243.6	52.7	—	105.0	103.5	112.1	—
1967	308.3	250.0	58.3	—	104.0	102.6	110.6	—
1968	312.0	254.0	58.0	—	101.2	101.6	99.5	—
1969	322.6	263.0	59.6	—	103.4	103.5	102.8	—
1970	334.3	277.5	56.8	—	103.6	105.5	95.3	—
1971	364.0	302.0	62.0	—	108.9	108.8	109.2	—
1972	409.6	340.0	69.6	—	112.5	112.6	112.3	—
1973	429.1	353.3	75.8	—	104.8	103.9	108.9	—
1974	441.9	370.9	71.0	—	103.0	105.0	93.7	—
1975	463.5	386.1	77.4	—	104.9	104.1	109.0	—
1976	489.2	406.1	83.1	—	105.5	105.2	107.4	—
1977	514.8	425.7	89.1	—	105.2	104.8	107.2	—
1978	568.9	468.7	100.2	—	110.5	110.1	112.5	—
1979	646.7	529.5	117.2	—	113.7	113.0	117.0	—
1980	772.4	627.9	144.5	—	119.4	118.6	123.3	—
1981	820.0	660.4	159.6	—	106.2	105.2	110.4	—
1982	882.0	708.9	173.1	—	107.6	107.3	108.5	—
1983	934.6	748.1	186.5	—	106.0	105.5	107.7	—
1984	1 133.4	375.8	254.0	3.6	121.3	117.1	136.2	—
1985	1 383.0	1 064.8	312.3	5.9	122.0	121.6	123.0	163.9
1986	1 659.7	1 288.5	362.8	8.4	120.0	121.0	116.2	142.4
1987	1 881.1	1 459.3	409.1	12.6	113.3	113.3	112.8	151.2
1988	2 316.2	1 807.1	487.6	21.5	123.1	123.8	119.2	169.3
1989	2 618.5	2 050.2	534.4	33.9	113.1	113.5	109.6	157.7
1990	2 951.1	2 324.1	581.0	46.0	112.7	113.4	108.7	135.7
1991	3 323.9	2 594.9	658.6	70.4	112.6	111.7	113.4	153.0
1992	3 939.2	3 090.4	743.2	105.6	118.5	119.1	112.8	150.0
1993	4 916.2	3 812.7	849.9	253.6	124.8	123.4	114.4	240.2
1994	6 656.4	5 177.4	1 023.3	455.6	135.4	135.8	120.4	179.7
1995	8 100.0	6 080.2	1 182.0	637.8	121.7	117.4	115.5	140.0
1996	9 080.0	6 792.7	1 241.0	761.4	112.1	111.7	105.0	119.4
1997	9 405.3	7 211.0	1 253.4	940.8	103.6	106.2	101.0	123.6
1998	9 535.4	6 982.8	1 058.4	1 494.2	101.4	96.8	84.4	158.8

注：1998 年职工工资总额包括在岗职工和离岗职工的工资总额。

分行业职工工资总额

单位：亿元

年份	合计	农、林、牧、渔业	采掘业	制造业	电力、煤气及水的生产和供应业	建筑业	地质勘查业、水利管理业	交通运输、仓储及邮电通信业
1978	568.9	39.0	44.1	214.8	9.1	43.6	12.6	46.4
1979	646.7	43.0	49.9	244.0	10.3	50.9	14.2	52.0
1980	772.4	48.9	58.4	289.7	11.9	59.7	16.7	58.8
1981	820.0	50.5	60.9	306.3	12.7	62.5	17.4	61.2
1982	882.0	52.7	64.1	323.7	13.5	68.6	18.1	65.8
1983	934.6	55.2	66.2	337.7	14.3	74.8	19.5	68.5
1984	1 133.4	61.1	81.3	418.0	17.5	96.6	23.0	84.6
1985	1 383.0	68.7	103.4	504.0	17.1	120.0	27.7	103.0
1986	1 659.7	81.8	125.8	601.9	22.0	139.0	31.6	123.1
1987	1 881.1	90.1	135.4	695.4	26.5	156.3	35.1	138.3
1988	2 316.2	101.1	162.1	866.8	33.6	184.3	40.9	168.3
1989	2 618.5	109.1	199.0	983.8	40.0	196.2	44.3	192.0
1990	2 951.1	120.3	234.3	1 089.3	49.4	211.5	48.8	214.6
1991	3 323.9	128.0	262.9	1 230.2	57.7	244.5	53.6	243.3
1992	3 939.2	139.6	289.3	1 443.0	70.9	300.2	64.6	286.0
1993	4 916.2	143.0	337.7	1 796.3	96.5	433.4	53.5	346.4
1994	6 656.4	191.5	417.0	2 292.3	146.5	527.1	75.9	470.9
1995	8 100.0	230.1	516.2	2 760.4	197.0	609.8	79.8	565.6
1996	9 080.0	246.4	565.2	2 939.5	234.8	647.5	83.9	645.7
1997	9 405.3	262.8	574.3	2 993.4	268.8	673.3	91.7	702.8
1998	9 535.4	253.6	527.4	2 854.9	296.3	649.8	94.1	706.9

年份	批发和零售贸易、餐饮业	金融、保险业	房地产业	社会服务业	卫生、体育和社会福利业	教育、文化艺术和广播电影电视业	科学研究和综合技术服务业	国家机关、政党机关和社会团体	其他
1978	59.4	3.6	1.8	9.2	13.7	38.6	5.9	27.0	
1979	68.3	4.3	2.2	11.1	15.5	43.6	6.9	30.5	
1980	83.0	5.9	2.8	14.5	19.9	55.6	8.7	37.9	
1981	90.7	6.9	2.7	16.5	21.9	59.7	9.3	40.9	
1982	96.7	7.6	2.9	18.2	25.4	69.1	9.9	45.8	
1983	101.8	8.1	3.2	20.4	27.4	72.2	11.8	53.6	
1984	123.6	10.7	3.8	24.2	31.3	82.0	13.2	62.6	
1985	149.7	13.8	4.1	29.3	37.7	109.3	16.3	78.7	
1986	175.7	17.9	5.0	36.9	46.6	130.8	20.1	101.5	
1987	198.3	21.2	5.7	42.9	51.9	145.4	22.6	116.0	
1988	250.6	28.4	7.0	53.5	64.5	187.2	27.4	140.4	
1989	275.3	33.3	8.3	62.0	73.8	207.3	30.8	163.3	
1990	308.2	39.7	9.7	72.7	85.1	238.6	36.0	192.9	
1991	346.8	45.5	11.7	86.8	95.3	260.7	39.5	217.5	
1992	400.0	60.6	15.8	107.5	116.5	323.9	49.1	272.3	
1993	468.7	85.1	26.9	147.1	139.5	389.7	63.4	357.7	18.3
1994	637.0	170.1	44.1	220.2	216.8	607.4	106.8	500.2	32.3
1995	758.1	197.9	54.9	264.3	253.8	690.8	121.4	559.5	40.4
1996	823.0	240.4	66.3	305.5	303.2	812.2	141.9	672.1	67.6
1997	848.5	288.0	75.1	357.4	348.1	931.1	161.8	744.0	84.1
1998	783.6	320.1	90.9	380.0	396.4	1 073.7	173.8	839.7	94.3

分行业职工工资总额

（国有单位）

单位：亿元

年份	合计	农、林、牧、渔业	采掘业	制造业	电力、煤气及水的生产和供应业	建筑业	地质勘查业、水利管理业	交通运输、仓储及邮电通信业
1978	468.7	37.3	41.4	159.3	8.9	33.5	12.6	33.5
1979	529.5	40.8	46.7	179.7	10.1	38.0	14.2	38.2
1980	627.9	46.7	54.4	209.4	11.7	43.6	16.6	44.1
1981	660.4	47.9	56.5	218.0	12.4	44.3	17.3	46.1
1982	708.9	49.8	59.5	230.3	13.2	47.0	18.0	49.1
1983	748.1	51.9	61.3	238.3	14.0	49.9	19.4	51.5
1984	875.8	57.7	75.3	292.8	17.1	66.3	22.9	64.5
1985	1 064.8	65.0	95.9	347.2	16.6	82.4	27.6	79.1
1986	1 288.5	77.6	116.4	419.5	21.1	95.2	31.5	95.7
1987	1 459.3	85.4	124.6	486.2	25.3	105.6	35.1	108.3
1988	1 807.1	96.0	148.5	611.7	32.1	124.3	40.9	134.2
1989	2 050.2	103.6	182.7	693.9	38.1	133.3	44.3	154.6
1990	2 324.1	114.8	213.2	771.0	47.0	144.3	48.4	175.3
1991	2 594.9	121.9	236.0	861.2	54.2	162.6	53.0	199.1
1992	3 090.4	133.2	257.3	1 012.2	66.4	197.2	63.9	237.3
1993	3 812.7	136.5	317.1	1 215.6	91.6	280.7	52.9	301.3
1994	5 177.4	184.2	393.8	1 482.1	137.1	352.7	75.2	417.8
1995	6 080.2	221.4	487.4	1 754.3	179.7	399.1	79.0	507.6
1996	6 792.7	235.7	535.3	1 845.9	213.5	422.6	82.9	580.7
1997	7 211.0	252.2	541.4	1 804.3	242.5	436.1	89.8	630.0
1998	6 982.8	243.8	466.0	1 444.2	251.2	385.1	92.6	618.7

年份	批发和零售贸易、餐饮业	金融、保险业	房地产业	社会服务业	卫生、体育和社会福利业	教育、文化艺术和广播电影电视业	科学研究和综合技术服务业	国家机关、政党机关和社会团体	其他
1978	51.6	2.6	1.7	6.5	10.7	36.7	5.9	26.5	
1979	59.0	3.1	2.0	7.5	12.0	41.5	6.9	29.8	
1980	70.3	4.3	2.5	9.7	15.7	53.0	8.7	37.2	
1981	75.5	5.2	2.4	10.9	17.5	57.1	9.2	40.1	
1982	79.7	5.8	2.6	11.9	20.4	66.8	9.8	45.0	
1983	83.4	6.1	2.8	13.2	22.1	69.9	11.7	52.6	
1984	73.4	8.3	3.4	15.9	25.4	79.4	13.1	60.3	
1985	85.9	10.8	3.7	20.9	31.0	106.4	16.1	76.2	
1986	103.0	13.8	4.5	26.5	38.1	127.5	19.8	98.3	
1987	117.1	16.4	5.1	30.6	43.1	141.8	22.3	112.4	
1988	152.1	22.1	6.3	38.5	53.8	183.3	27.1	136.2	
1989	168.7	25.8	7.4	44.2	61.9	202.9	30.3	158.5	
1990	189.6	30.7	8.7	52.6	71.8	233.7	35.3	187.7	
1991	213.5	35.1	10.3	61.9	80.6	255.6	38.5	211.4	
1992	251.5	47.1	14.1	78.2	101.0	317.9	47.5	265.5	
1993	291.5	67.6	22.3	104.9	122.2	383.4	59.0	353.3	12.9
1994	399.1	133.8	34.3	154.7	191.7	599.5	102.5	496.2	22.9
1995	472.7	151.4	41.1	185.0	224.8	678.9	114.2	555.2	28.3
1996	509.4	180.0	48.7	216.9	269.3	800.2	132.5	668.1	50.9
1997	524.9	209.0	53.4	253.1	309.3	910.1	150.3	740.4	64.2
1998	455.8	227.1	59.6	265.6	355.1	1 050.6	159.7	836.0	71.7

分行业职工工资总额

（城镇集体单位）　　　　单位：亿元

年份	合计	农、林、牧、渔业	采掘业	制造业	电力、煤气及水的生产和供应业	建筑业	地质勘查业、水利管理业	交通运输、仓储及邮电通信业
1978	100.2	1.7	2.7	55.5	0.2	10.1		12.9
1980	144.5	2.2	4.0	80.4	0.2	16.1	0.1	14.7
1985	312.3	3.7	7.5	151.9	0.5	37.6	0.1	23.7
1986	362.8	4.2	8.6	176.8	0.7	43.6	0.1	27.2
1987	409.1	4.6	9.6	200.8	1.0	50.5		29.8
1988	487.6	5.0	11.6	240.7	1.1	59.6		33.6
1989	534.4	5.3	12.9	266.5	1.3	62.4		36.9
1990	581.0	5.2	16.5	286.2	1.6	66.6	0.4	38.6
1991	658.6	5.6	19.8	319.6	2.2	81.0	0.6	43.1
1992	743.2	5.8	21.2	356.0	2.6	101.2	0.7	47.4
1993	849.9	5.7	20.0	380.7	2.8	147.9	0.6	40.4
1994	1 023.3	5.9	21.9	456.6	5.0	165.0	0.7	45.5
1995	1 182.0	6.7	26.8	513.8	6.7	196.8	0.8	48.1
1996	1 241.0	8.0	27.6	525.3	8.8	205.9	1.0	51.3
1997	1 253.4	7.7	29.3	504.7	9.8	212.3	1.9	50.1
1998	1 058.4	6.9	22.2	401.5	20.6	183.5	1.5	42.8

年份	批发和零售贸易、餐饮业	金融、保险业	房地产业	社会服务业	卫生、体育和社会福利业	教育、文化艺术和广播电影电视业	科学研究和综合技术服务业	国家机关、政党机关和社会团体	其他
1978	7.8	1.0	0.1	2.7	3.0	1.9		0.5	
1980	12.7	1.6	0.3	4.8	4.2	2.6		0.7	
1985	63.3	3.1	0.4	8.0	6.8	2.9	0.1	2.7	
1986	72.3	4.1	0.5	9.4	8.5	3.3	0.2	3.3	
1987	80.5	4.8	0.6	10.7	8.8	3.5	0.3	3.6	
1988	97.5	6.3	0.6	12.4	10.7	3.9	0.3	4.2	
1989	105.3	7.5	0.7	14.3	11.8	4.3	0.4	4.8	
1990	116.8	9.0	0.8	15.4	13.3	4.8	0.6	5.2	
1991	130.8	10.3	1.1	18.1	14.7	5.0	0.8	6.1	
1992	144.5	13.4	1.1	20.2	15.4	5.7	1.2	6.8	
1993	159.2	16.5	1.7	26.4	17.3	6.1	2.9	4.4	4.9
1994	199.6	34.1	3.3	37.4	24.9	7.3	3.4	4.0	8.7
1995	233.7	42.0	4.2	43.4	28.6	11.1	4.5	4.4	10.5
1996	249.0	48.9	4.8	42.2	33.4	10.8	5.2	4.0	14.8
1997	244.0	57.3	5.5	47.9	38.3	19.7	5.7	3.6	15.7
1998	200.2	57.9	6.1	41.5	39.8	21.4	5.1	3.6	14.5

分行业职工工资总额

（其他单位）

单位：亿元

年 份	合 计	农、林、牧、渔业	采掘业	制造业	电力、煤气及水的生产和供应业	建筑业	地质勘查业、水利管理业	交通运输、仓储及邮电通信业
1984	3.61			3.19		0.10		0.09
1985	5.91		0.05	4.59	0.03	0.12		0.17
1986	8.42		0.80	5.60	0.20	0.20		0.23
1987	12.59	0.08	1.20	8.38	0.20	0.20		0.24
1988	21.48	0.14	0.21	16.63	0.10	0.40		0.32
1989	33.87	0.19	0.24	26.63	0.21	0.50		0.50
1990	45.99	0.34	0.18	37.20	0.30	0.55	0.02	0.66
1991	70.43	0.47	0.32	57.12	0.38	0.97	0.03	1.10
1992	105.57	0.59	0.34	86.30	0.60	1.67	0.04	1.31
1993	253.60	0.80	0.60	200.06	2.14	4.83	0.02	4.70
1994	455.62	1.37	1.32	353.63	4.54	9.39	0.02	7.54
1995	637.78	2.10	1.98	492.34	10.59	13.88	0.04	9.81
1996	761.40	2.70	2.22	568.28	12.50	18.97	0.03	13.69
1997	940.80	2.92	3.57	684.36	16.52	25.00	0.03	22.75
1998	1 494.20	2.80	39.20	1 009.20	35.10	81.10	0.07	45.50

年 份	批发和零售贸易、餐饮业	金融、保险业	房地产业	社会服务业	卫生、体育和社会福利业	教育、文化艺术和广播电影电视业	科学研究和综合技术服务业
1984	0.23			0.05			
1985	0.43			0.40		0.01	
1986	0.45		0.03	0.95		0.01	
1987	0.66		0.04	1.52	0.01	0.01	0.01
1988	1.03	0.02	0.10	2.60	0.01	0.02	0.01
1989	1.34	0.05	0.02	3.50	0.06	0.06	0.05
1990	1.79	0.03	0.19	4.68	0.02	0.10	0.06
1991	2.42	0.03	0.32	6.78	0.06	0.17	0.17
1992	4.04	0.03	0.62	9.07	0.06	0.34	0.37
1993	18.03	1.00	2.83	15.83	0.05	0.30	1.49
1994	38.37	2.16	6.59	28.13	0.25	0.58	0.98
1995	51.62	4.56	9.61	35.98	0.35	0.76	2.66
1996	64.53	11.49	12.88	46.35	0.54	1.11	4.21
1997	79.59	21.71	16.12	56.36	0.60	1.24	5.95
1998	127.50	35.10	25.20	72.90	1.50	1.80	9.03

分地区全部职工工资总额

单位：亿元

地区	全部职工			企业单位		
	1997年	1998年	1998年比1997年增长（%）	1997年	1998年	1998年比1997年增长（%）
全国总计	9 405.3	9 535.4	1.4	6 832.0	6 695.9	-2.0
北京	514.8	540.3	5.0	374.4	389.9	4.1
天津	223.3	225.6	1.0	176.1	176.6	0.3
河北	386.0	385.0	-0.3	275.8	267.5	-3.0
山西	240.0	226.3	-5.7	183.4	166.8	-9.1
内蒙古	185.4	178.3	-3.8	131.9	121.3	-8.0
辽宁	544.5	521.3	-4.3	431.0	396.2	-8.1
吉林	274.5	253.7	-7.6	206.6	182.4	-11.7
黑龙江	382.8	385.6	0.7	298.8	295.0	-1.3
上海	510.1	510.4	0.1	408.5	396.6	-2.9
江苏	635.4	654.6	3.0	456.7	458.3	0.4
浙江	402.0	422.6	5.1	286.5	288.0	0.5
安徽	273.8	271.3	-0.9	192.0	179.3	-6.6
福建	263.4	285.5	8.4	191.4	203.5	6.3
江西	194.4	180.9	-6.9	133.2	114.3	-14.2
山东	580.5	590.2	1.7	414.6	402.9	-2.8
河南	434.1	438.1	0.9	313.2	303.1	-3.2
湖北	391.0	402.7	3.0	272.8	266.5	-2.3
湖南	314.9	323.7	2.8	208.8	203.2	-2.7
广东	858.4	899.7	4.8	636.9	663.2	4.1
广西	184.9	193.3	4.5	122.4	122.4	
海南	58.1	53.7	-7.6	39.8	35.3	-11.3
重庆	158.2	160.2	1.3	118.2	114.3	-3.3
四川	380.6	392.8	3.2	263.3	260.6	-1.0
贵州	119.9	121.1	1.0	82.2	82.9	0.9
云南	219.1	228.4	4.2	140.5	138.7	-1.3
西藏	17.0	18.0	5.9	5.3	5.9	11.3
陕西	204.6	211.1	3.2	140.5	141.3	0.6
甘肃	153.1	155.4	1.5	112.2	107.5	-4.2
青海	45.9	46.7	1.7	26.8	26.3	-1.9
宁夏	44.9	47.5	5.8	32.9	33.7	2.4
新疆	209.8	211.8	1.0	156.6	152.3	-2.7

注：1998年职工工资总额包括在岗职工和离岗职工的工资总额。

续表 1

地区	事业单位			机关单位		
	1997 年	1998 年	1998 年比 1997 年增长（%）	1997 年	1998 年	1998 年比 1997 年增长（%）
全国总计	1 849.8	2 030.1	9.7	723.4	809.6	11.9
北京	112.5	122.2	8.6	27.8	28.2	1.4
天津	36.6	37.8	3.3	10.5	11.2	6.7
河北	73.5	78.2	6.4	36.7	39.3	7.1
山西	36.7	38.4	4.6	19.8	21.1	6.6
内蒙古	38.3	39.4	2.9	15.1	17.5	15.9
辽宁	85.2	92.8	8.9	28.3	32.4	14.5
吉林	52.8	54.2	2.7	15.0	17.1	14.0
黑龙江	59.9	63.5	6.0	24.1	27.2	12.9
上海	82.5	93.7	13.6	19.1	20.0	4.7
江苏	137.3	150.2	9.4	41.3	46.1	11.6
浙江	84.1	97.0	15.3	31.4	37.5	19.4
安徽	56.8	64.6	13.7	25.0	27.4	9.6
福建	51.0	58.3	14.3	21.0	23.8	13.3
江西	42.5	45.7	7.5	18.7	20.9	11.8
山东	115.6	131.9	14.1	50.3	55.4	10.1
河南	83.4	91.4	9.6	37.5	43.6	16.3
湖北	85.4	98.0	14.8	32.8	38.2	16.5
湖南	74.6	85.5	14.6	31.5	35.0	11.1
广东	152.3	159.0	4.4	69.1	77.5	12.2
广西	44.5	49.8	11.9	18.0	21.1	17.2
海南	12.6	12.6		5.7	5.8	1.8
重庆	28.6	32.6	14.0	11.4	13.3	16.7
四川	81.2	91.9	13.2	36.2	40.3	11.3
贵州	24.7	24.7		13.0	13.5	3.8
云南	54.3	59.9	10.3	25.7	29.7	15.6
西藏	6.4	6.6	3.1	5.4	5.4	
陕西	46.7	50.9	9.0	17.1	19.0	11.1
甘肃	28.9	33.2	14.9	12.0	14.6	21.7
青海	13.8	21.3	54.3	5.3	5.4	1.9
宁夏	8.7	15.8	81.6	3.3	4.1	24.2
新疆	37.8	65.5	73.3	15.4	18.3	18.8

续表 2

地区	1. 国有单位			国有企业单位		
	1997 年	1998 年	1998 年比 1997 年 增长（%）	1997 年	1998 年	1998 年比 1997 年 增长（%）
全国总计	7 211.0	6 982.8	−3.2	4 721.9	4 228.2	−10.5
北京	383.6	385.9	0.6	246.0	237.6	−3.4
天津	160.5	148.1	−7.7	114.0	99.8	−12.5
河北	321.8	311.2	−3.3	213.3	195.0	−8.6
山西	209.2	175.4	−16.5	154.3	117.4	−23.9
内蒙古	158.6	140.3	−11.5	106.2	84.3	−20.6
辽宁	408.1	384.9	−5.7	296.9	262.0	−11.8
吉林	221.4	202.7	−8.4	154.7	132.7	−14.2
黑龙江	318.2	307.6	−3.3	235.2	217.9	−7.4
上海	353.7	330.1	−6.7	257.2	221.5	−13.9
江苏	447.0	437.6	−2.1	280.8	254.2	−9.5
浙江	251.8	257.0	2.1	143.0	129.0	−9.8
安徽	212.2	202.5	−4.6	133.6	114.2	−14.6
福建	160.4	164.6	2.7	91.3	85.7	−6.1
江西	166.7	145.1	−13.0	106.4	79.3	−25.5
山东	450.0	455.0	1.1	289.4	273.2	−5.6
河南	336.3	304.3	−9.5	229.6	185.5	−19.2
湖北	317.8	322.6	1.5	201.5	188.6	−6.4
湖南	265.5	269.1	1.4	163.0	152.1	−6.7
广东	539.9	530.1	−1.8	323.5	298.6	−7.7
广西	155.9	153.1	−1.8	93.8	82.6	−11.9
海南	47.5	43.8	−7.8	29.7	25.8	−13.0
重庆	122.7	122.1	−0.5	84.5	78.0	−7.7
四川	302.0	301.0	−0.3	189.3	173.3	−8.4
贵州	105.6	98.4	−6.8	68.2	60.5	−11.3
云南	190.8	195.0	2.2	111.1	106.0	−4.6
西藏	16.4	17.2	4.9	4.7	5.1	8.9
陕西	182.3	176.6	−3.1	119.4	107.7	−9.8
甘肃	134.5	131.9	−1.9	64.1	84.6	−10.1
青海	43.0	43.4	0.9	24.0	23.1	−3.8
宁夏	38.0	38.5	1.3	26.0	24.7	−5.1
新疆	189.9	187.2	−1.4	137.0	127.9	−6.6

续表 3

地区	国有事业单位			国有机关单位		
	1997 年	1998 年	1998 年比 1997 年增长（%）	1997 年	1998 年	1998 年比 1997 年增长（%）
全国总计	1 769.9	1 948.8	10.1	719.2	805.8	12.0
北京	109.8	120.2	9.5	27.8	28.2	1.3
天津	36.0	37.2	3.4	10.4	11.2	7.8
河北	72.1	76.9	6.7	36.4	39.2	7.6
山西	35.2	37.1	5.4	19.7	21.0	6.4
内蒙古	37.4	38.5	2.8	15.0	17.5	16.5
辽宁	83.0	90.6	9.2	28.2	32.3	14.6
吉林	51.7	52.9	2.4	15.0	17.1	14.2
黑龙江	59.1	62.8	6.2	23.9	27.0	12.9
上海	77.6	88.7	14.3	18.9	19.9	5.5
江苏	125.2	137.6	9.9	40.9	45.8	11.9
浙江	77.7	90.7	16.7	31.1	37.4	20.1
安徽	53.7	61.3	14.1	24.8	27.1	9.1
福建	48.2	55.4	15.0	20.9	23.6	13.1
江西	41.7	45.0	7.9	18.6	20.8	12.0
山东	110.6	126.7	14.5	50.2	55.2	9.9
河南	69.3	75.2	8.5	37.5	43.6	16.2
湖北	83.7	96.2	14.9	32.6	37.9	16.3
湖南	71.2	82.3	15.5	31.3	34.8	11.0
广东	147.7	154.6	4.7	68.7	77.0	12.0
广西	44.1	49.5	12.2	17.9	21.0	17.5
海南	12.1	12.2	0.6	5.7	5.8	2.3
重庆	26.9	30.9	14.9	11.3	13.2	16.8
四川	76.8	87.6	14.0	35.9	40.1	11.8
贵州	24.3	24.5	0.9	13.0	13.5	3.5
云南	54.1	59.6	10.2	25.6	29.5	15.4
西藏	6.4	6.6	3.4	5.4	5.4	0.2
陕西	45.9	49.9	8.7	17.0	18.9	10.9
甘肃	28.5	32.8	15.1	11.9	14.5	22.0
青海	13.7	14.9	8.7	5.3	5.3	0.4
宁夏	8.7	9.7	11.7	3.3	4.1	24.5
新疆	37.5	41.0	9.3	15.3	18.2	19.1

续表 4

地 区	2. 城镇集体单位			#城镇集体企业单位		
	1997 年	1998 年	1998 年比 1997 年增长（%）	1997 年	1998 年	1998 年比 1997 年增长（%）
全国总计	1 253.4	1 058.4	−15.6	1 171.0	975.2	−16.7
北 京	53.8	41.0	−23.8	51.6	39.2	−24.1
天 津	26.5	23.5	−11.3	25.8	22.9	−11.4
河 北	44.1	35.9	−18.6	42.4	34.6	−18.4
山 西	25.6	20.5	−19.9	23.9	19.1	−20.0
内蒙古	21.0	16.4	−21.9	20.0	15.4	−23.0
辽 宁	92.4	71.6	−22.5	90.1	69.5	−22.9
吉 林	35.3	27.4	−22.4	34.1	26.2	−23.3
黑龙江	42.4	39.2	−7.5	41.4	38.3	−7.6
上 海	53.7	44.1	−17.9	48.6	39.2	−19.3
江 苏	124.9	106.3	−14.9	112.5	93.6	−16.8
浙 江	100.1	74.9	−25.2	93.5	68.5	−26.8
安 徽	43.4	36.2	−16.6	40.1	32.8	−18.2
福 建	29.5	27.7	−6.1	26.7	25.0	−6.2
江 西	21.9	15.9	−27.4	21.0	15.1	−28.1
山 东	79.7	63.8	−19.9	74.5	58.3	−21.7
河 南	66.0	64.3	−2.6	52.1	48.0	−7.8
湖 北	45.7	42.9	−6.1	43.7	40.9	−6.5
湖 南	40.7	35.9	−11.8	37.1	32.4	−12.7
广 东	120.4	105.6	−12.3	115.7	100.9	−12.8
广 西	18.4	16.9	−8.2	18.0	16.5	−8.6
海 南	3.4	2.6	−23.5	3.0	2.2	−27.3
重 庆	24.4	21.0	−13.9	22.6	19.2	−14.9
四 川	51.4	43.8	−14.8	46.7	39.4	−15.6
贵 州	11.0	10.4	−5.5	10.7	10.1	−5.3
云 南	21.0	18.9	−10.0	20.6	18.4	−10.5
西 藏	0.5	0.6	20.0	0.5	0.6	20.0
陕 西	16.4	14.4	−12.2	15.2	13.3	−12.8
甘 肃	16.4	15.5	−5.5	15.9	15.0	−5.7
青 海	2.6	2.6		2.5	2.5	
宁 夏	4.4	3.5	−20.5	4.4	3.5	−21.4
新 疆	16.4	14.8	−9.8	16.0	14.6	−8.8

续表 5

地区	3. 其他单位			#其他企业单位		
	1997 年	1998 年	1998 年比 1997 年增长（%）	1997 年	1998 年	1998 年比 1997 年增长（%）
全国总计	940.8	1 494.2	58.8	939.1	1 492.4	58.9
北京	77.4	113.3	46.4	76.8	113.1	47.3
天津	36.3	54.0	48.8	36.3	54.0	48.7
河北	20.1	38.0	89.1	20.1	37.9	88.4
山西	5.2	30.2	480.8	5.2	30.2	481.2
内蒙古	5.7	21.6	278.9	5.7	21.6	278.9
辽宁	44.0	64.8	47.3	44.0	64.7	47.0
吉林	17.8	23.5	32.0	17.8	23.5	32.1
黑龙江	22.2	38.9	75.2	22.2	38.9	75.0
上海	102.7	136.1	32.5	102.7	135.9	32.4
江苏	63.6	110.7	74.1	63.6	110.6	73.9
浙江	50.0	90.7	81.4	49.9	90.6	81.5
安徽	18.3	32.5	77.6	18.2	32.3	77.4
福建	73.5	93.0	26.5	73.4	92.8	26.4
江西	5.8	19.9	243.1	5.8	19.9	242.8
山东	50.7	71.4	40.8	50.7	71.4	40.8
河南	31.7	69.6	119.6	31.5	69.6	121.0
湖北	27.5	37.2	35.3	27.5	37.1	35.0
湖南	8.7	18.7	114.9	8.7	18.7	114.8
广东	198.0	264.0	33.3	197.7	263.7	33.4
广西	10.5	23.3	121.9	10.5	23.3	121.4
海南	7.2	7.3	1.4	7.1	7.2	1.1
重庆	11.1	17.0	53.2	11.1	17.0	52.8
四川	27.3	47.8	75.1	27.3	47.8	75.1
贵州	3.4	12.2	258.8	3.4	12.2	259.7
云南	7.3	14.3	95.9	7.3	14.3	96.3
西藏	0.1	0.2	100.0	0.1	0.2	100.0
陕西	5.9	20.2	242.4	5.9	20.2	242.0
甘肃	2.2	8.0	263.6	2.1	8.0	282.9
青海	0.3	0.7	133.3	0.3	0.7	133.3
宁夏	2.5	5.5	120.0	2.5	5.5	119.2
新疆	3.6	9.7	169.4	3.6	9.7	169.7

分登记注册类型职工平均工资及指数

年份	平均工资（元）				指数（以上年为100）			
	合计	国有单位	城镇集体单位	其他单位	合计	国有单位	城镇集体单位	其他单位
1952	445	446	348					
1953	495	496	415		111.2	111.2	119.3	
1954	517	519	464		104.4	104.6	111.8	
1955	527	534	453		101.9	102.9	97.6	
1956	601	610	547		114.0	114.2	120.8	
1957	624	637	571		103.8	104.4	104.4	
1958	536	550	470		85.9	86.3	82.3	
1959	512	524	430		95.5	95.3	91.5	
1960	511	528	409		99.8	100.8	95.1	
1961	510	537	380		99.8	101.7	92.9	
1962	551	592	405		108.0	110.2	106.6	
1963	576	641	371		104.5	108.3	91.6	
1964	586	661	358		101.7	103.1	96.5	
1965	590	652	398		100.7	98.6	111.2	
1966	583	636	423		98.8	97.5	106.3	
1967	587	630	455		100.7	99.1	107.6	
1968	577	621	441		98.3	98.6	96.9	
1969	575	618	439		99.7	99.5	99.5	
1970	561	609	405		97.6	98.5	92.3	
1971	560	597	429		99.8	98.0	105.9	
1972	588	622	465		105.0	104.2	108.4	
1973	587	614	489		99.8	98.7	105.2	
1974	584	622	441		99.5	101.3	90.2	
1975	580	613	453		99.3	98.6	102.7	
1976	575	605	464		99.1	98.7	102.4	
1977	576	602	478		100.2	99.5	103.0	
1978	615	644	506		106.8	107.0	105.9	
1979	668	705	542		108.6	109.5	107.1	
1980	762	803	623		114.1	113.9	114.9	
1981	772	812	642		101.3	101.1	103.0	
1982	798	836	671		103.4	103.0	104.5	
1983	826	865	698		103.5	103.5	104.0	
1984	974	1 034	811	1 048	117.9	119.5	116.2	
1985	1 148	1 213	967	1 436	117.9	117.3	119.2	137.0
1986	1 329	1 414	1 092	1 629	115.8	116.6	112.9	113.4
1987	1 459	1 546	1 207	1 879	109.8	109.3	110.5	115.3
1988	1 747	1 853	1 426	2 382	119.7	119.9	118.1	126.8
1989	1 935	2 055	1 557	2 707	110.8	110.9	109.2	113.6
1990	2 140	2 284	1 681	2 987	110.6	111.1	108.0	110.3
1991	2 340	2 477	1 866	3 468	109.3	108.5	111.0	116.1
1992	2 711	2 878	2 109	3 966	115.9	116.2	113.0	114.4
1993	3 371	3 532	2 592	4 966	124.3	122.7	122.9	125.2
1994	4 538	4 797	3 245	6 303	134.6	135.8	125.2	126.9
1995	5 500	5 625	3 931	7 463	121.2	117.3	121.1	118.4
1996	6 210	6 280	4 302	8 261	112.9	111.6	109.4	110.7
1997	6 470	6 747	4 512	8 789	104.2	107.4	104.9	106.4
1998	6 664	6 946	4 313	8 288	103.0	102.9	95.6	94.3

注：1998年职工平均工资包括在岗职工和离岗职工的平均工资。

分行业职工平均工资

单位：元

年份	合计	农、林、牧、渔业	采掘业	制造业	电力、煤气及水的生产和供应业	建筑业	地质勘查业、水利管理业	交通运输、仓储及邮电通信业
1978	615	470	676	597	850	714	708	694
1980	762	616	854	752	1 035	855	895	832
1985	1 148	878	1 324	1 112	1 239	1 362	1 406	1 275
1986	1 329	1 048	1 569	1 275	1 497	1 536	1 604	1 476
1987	1 459	1 143	1 663	1 418	1 677	1 684	1 768	1 621
1988	1 747	1 280	1 964	1 710	1 971	1 959	2 025	1 941
1989	1 935	1 389	2 378	1 900	2 241	2 166	2 199	2 197
1990	2 140	1 541	2 718	2 073	2 656	2 384	2 465	2 426
1991	2 340	1 652	2 942	2 289	2 922	2 649	2 707	2 686
1992	2 711	1 828	3 209	2 635	3 392	3 066	3 222	3 114
1993	3 371	2 042	3 711	3 348	4 319	3 779	3 717	4 273
1994	4 538	2 819	4 679	4 283	6 155	4 894	5 450	5 690
1995	5 500	3 522	5 757	5 169	7 843	5 785	5 962	6 948
1996	6 210	4 050	6 482	5 642	8 816	6 249	6 581	7 870
1997	6 470	4 311	6 833	5 933	9 649	6 655	7 160	8 600
1998	6 664	4 282	6 466	5 875	10 243	6 678	7 404	8 843

年份	批发和零售贸易、餐饮业	金融、保险业	房地产业	社会服务业	卫生、体育和社会福利业	教育、文化艺术和广播电影电视业	科学研究和综合技术服务业	国家机关、政党机关和社会团体	其他
1978	551	610	548	392	573	545	669	655	
1980	692	720	694	475	718	700	851	800	
1985	1 007	1 154	1 028	777	1 124	1 166	1 272	1 127	
1986	1 148	1 353	1 216	980	1 343	1 330	1 492	1 356	
1987	1 270	1 458	1 327	1 085	1 446	1 409	1 620	1 468	
1988	1 556	1 739	1 715	1 719	1 752	1 747	1 931	1 707	
1989	1 660	1 867	1 925	1 926	1 959	1 883	2 118	1 874	
1990	1 818	2 097	2 243	2 170	2 209	2 117	2 403	2 113	
1991	1 981	2 255	2 507	2 431	2 370	2 243	2 573	2 275	
1992	2 204	2 829	3 106	2 844	2 812	2 715	3 115	2 768	
1993	2 679	3 740	4 320	3 588	3 413	3 278	3 904	3 505	3 371
1994	3 537	6 712	6 288	5 026	5 126	4 923	6 162	4 962	5 213
1995	4 248	7 376	7 330	5 982	5 860	5 435	6 846	5 526	6 295
1996	4 661	8 406	8 337	6 778	6 790	6 144	8 048	6 340	7 184
1997	4 845	9 734	9 190	7 553	7 599	6 759	9 049	6 981	6 838
1998	4 668	10 612	9 829	7 876	8 398	7 439	10 028	7 725	7 715

分行业职工平均货币工资指数

年 份	合 计	农、林、牧、渔业	采掘业	制造业	电力、煤气及水的生产和供应业	建筑业	地质勘查业、水利管理业	交通运输、仓储及邮电通信业
一、以上年为100								
1979	108.6	112.4	111.6	111.1	110.6	107.7	110.5	109.5
1980	114.1	116.7	113.2	113.3	110.0	111.2	114.5	109.5
1981	101.3	103.4	100.0	100.8	101.0	101.6	103.4	101.2
1982	103.4	103.8	101.7	102.0	102.1	104.9	103.2	104.2
1983	103.5	104.5	101.2	102.1	103.5	104.6	106.3	102.1
1984	117.9	111.4	121.2	120.9	119.6	121.0	116.1	120.9
1985	117.9	114.1	124.2	116.5	93.8	118.0	119.2	117.8
1986	115.8	119.3	118.5	114.6	120.8	112.8	114.1	115.8
1987	109.8	109.1	106.0	111.2	112.1	109.6	110.2	109.8
1988	119.7	112.0	118.1	120.6	117.5	116.3	114.5	119.7
1989	110.8	108.5	121.1	111.1	113.7	110.6	108.6	113.2
1990	110.6	110.9	114.3	109.1	118.5	110.1	112.1	110.4
1991	109.3	107.2	108.3	110.4	110.0	111.1	109.8	110.7
1992	115.9	110.7	109.1	115.1	116.1	115.7	119.0	115.9
1993	124.3	111.7	115.6	127.1	127.3	123.3	115.4	137.2
1994	134.6	138.2	126.0	127.9	142.4	129.5	146.7	133.3
1995	121.2	124.9	123.0	120.7	127.4	118.2	109.4	122.1
1996	112.9	115.0	112.6	109.2	112.4	108.0	110.4	113.3
1997	104.2	106.4	105.4	105.2	109.4	103.5	108.8	109.3
1998	130.0	99.3	94.6	99.0	106.2	100.3	103.4	102.8
二、以1978年为100								
1979	108.6	112.4	111.6	111.1	110.6	107.7	110.5	109.5
1980	123.9	131.2	126.3	125.9	121.7	119.7	126.5	119.9
1981	125.5	135.6	126.4	126.9	122.9	121.7	130.7	121.3
1982	129.8	140.7	128.5	129.5	125.5	127.7	134.9	126.4
1983	134.3	147.0	130.1	132.1	129.8	133.6	143.5	129.0
1984	158.4	163.8	157.6	159.8	155.3	161.6	166.6	155.9
1985	186.7	186.9	195.7	186.2	145.7	190.8	198.6	183.7
1986	216.1	223.0	231.9	213.4	176.0	215.1	226.6	212.7
1987	237.2	243.3	245.9	237.3	197.2	235.9	249.8	233.6
1988	284.1	272.4	290.3	286.2	231.7	274.4	286.0	279.7
1989	314.6	295.7	351.7	318.0	263.5	303.4	310.6	316.6
1990	348.0	328.0	401.9	346.9	312.3	333.9	348.2	349.6
1991	380.5	351.5	435.0	383.2	343.5	371.0	382.4	387.0
1992	440.8	389.1	474.5	441.1	398.9	429.4	455.2	448.7
1993	548.1	434.5	548.6	560.4	507.9	529.3	525.1	615.7
1994	737.9	600.6	691.5	716.8	723.1	685.4	770.2	820.5
1995	894.3	749.6	851.1	865.1	922.2	810.2	842.3	1001.2
1996	1 009.8	861.9	958.3	945.3	1 036.6	875.2	929.7	1 134.0
1997	1 052.0	917.2	1 010.8	993.8	1 135.2	932.1	1 011.3	1 239.2
1998	1 083.6	910.8	956.2	983.9	1 205.6	934.9	1 045.7	1 273.9

续表 1

年 份	批发和零售贸易、餐饮业	金融、保险业	房地产业	社会服务业	卫生、体育和社会福利业	教育、文化艺术和广播电影电视业	科学研究和综合技术服务业	国家机关、政党机关和社会团体	其他
一、以上年为 100									
1979	110.7	106.9	110.6	107.4	104.4	107.2	107.2	104.4	
1980	113.4	110.4	114.5	112.8	120.1	119.9	118.7	117.0	
1981	101.7	104.2	91.1	100.6	104.5	102.3	99.9	101.9	
1982	100.7	102.4	108.2	101.3	111.1	113.3	100.8	100.7	
1983	102.1	101.4	107.7	105.0	104.1	103.1	115.5	112.4	
1984	118.6	124.9	124.7	115.7	109.3	110.0	108.3	107.2	
1985	117.2	118.6	111.9	132.1	118.6	126.7	118.7	114.0	
1986	114.0	117.2	118.3	126.1	119.5	114.1	117.3	120.3	
1987	110.6	107.8	109.1	110.7	107.7	105.9	108.6	108.3	
1988	122.5	119.3	129.2	158.4	121.2	124.0	119.2	116.3	
1989	106.7	107.4	112.2	112.0	111.8	107.8	109.7	109.8	
1990	109.5	112.3	116.5	112.7	112.8	112.4	113.5	112.8	
1991	109.0	107.5	111.8	112.0	107.3	106.0	107.1	107.7	
1992	111.3	125.5	123.9	117.0	118.6	121.0	121.1	121.7	
1993	121.6	132.2	139.1	126.2	121.4	120.7	125.3	126.6	
1994	132.0	179.6	145.1	140.0	150.2	150.2	157.9	141.4	154.1
1995	120.1	109.9	116.6	119.0	114.3	110.4	111.1	111.4	120.8
1996	109.7	114.0	113.7	113.3	115.9	113.0	117.6	114.7	114.1
1997	103.9	115.8	110.2	111.4	111.9	110.0	112.4	110.1	95.2
1998	96.3	109.0	107.0	104.3	110.5	110.1	110.8	110.7	112.8
二、以 1978 年为 100									
1979	110.7	106.9	110.6	107.4	104.4	107.2	107.2	104.4	
1980	125.5	118.0	126.6	121.2	125.3	128.4	127.2	122.1	
1981	127.8	123.0	115.3	121.9	130.9	131.4	127.1	124.4	
1982	128.7	125.9	124.8	123.5	145.4	148.8	128.1	125.3	
1983	131.4	127.7	134.5	129.6	151.3	153.4	148.0	140.9	
1984	155.9	159.5	167.7	150.0	165.4	168.8	160.2	151.0	
1985	182.8	189.2	187.6	198.2	196.2	213.9	190.1	172.1	
1986	208.3	221.8	221.9	250.0	234.4	244.0	223.0	207.0	
1987	230.5	239.0	242.2	276.8	252.4	258.5	242.2	224.1	
1988	282.4	285.1	313.0	438.5	305.8	320.6	288.6	260.6	
1989	301.3	306.1	351.3	491.3	341.9	345.5	316.6	286.1	
1990	329.9	343.8	409.3	553.6	385.5	388.4	359.2	322.6	
1991	359.5	369.7	457.5	620.2	413.6	411.6	384.6	347.3	
1992	400.0	463.8	566.8	725.5	490.8	498.2	465.6	422.6	
1993	486.3	613.2	788.4	915.4	595.7	601.5	583.6	535.2	
1994	641.9	1 101.1	1 143.8	1 281.9	894.9	903.1	921.5	756.6	
1995	771.0	1 209.2	1 337.6	1 526.0	1 022.7	997.2	1 023.3	843.7	
1996	845.9	1 378.0	1 521.4	1 729.1	1 185.0	1 127.3	1 203.0	967.9	
1997	879.3	1 595.7	1 677.0	1 926.8	1 326.2	1 240.2	1 352.6	1 065.8	
1998	846.8	1 739.3	1 794.4	2 009.7	1 465.5	1 365.5	1 498.7	1 179.8	

分行业职工平均实际工资指数

年 份	合 计	农、林、牧、渔业	采掘业	制造业	电力、煤气及水的生产和供应业	建筑业	地质勘查业、水利管理业	交通运输、仓储及邮电通信业
一、以上年为100								
1979	106.6	110.3	109.5	109.1	108.5	105.7	108.5	107.5
1980	106.1	108.6	105.3	105.4	102.3	103.4	106.5	101.8
1981	98.8	100.9	97.6	98.3	98.5	99.2	100.8	98.7
1982	101.3	101.7	99.7	100.0	100.1	102.9	101.2	102.1
1983	101.5	102.4	99.2	100.0	101.4	102.6	104.2	100.1
1984	114.8	108.5	118.0	117.7	116.5	117.8	113.1	117.7
1985	105.3	102.0	111.0	104.1	83.8	105.5	106.5	105.3
1986	108.2	111.5	110.7	107.1	112.9	105.4	106.6	108.2
1987	100.9	100.3	97.5	102.2	103.0	100.8	101.3	100.9
1988	99.2	92.8	97.8	99.9	97.3	96.4	94.9	99.2
1989	95.2	93.3	104.1	95.5	97.8	95.1	93.4	97.3
1990	109.2	109.5	112.9	107.7	117.0	108.7	110.7	109.0
1991	104.0	102.0	103.0	105.1	104.7	105.7	104.5	105.3
1992	106.7	110.9	100.4	106.0	106.9	106.6	109.6	106.8
1993	107.1	96.2	99.6	109.4	109.7	106.2	99.4	118.2
1994	107.7	110.6	100.8	102.3	113.9	103.6	117.3	106.6
1995	103.8	107.0	105.3	103.3	109.1	101.2	93.7	104.5
1996	103.8	105.7	103.5	100.3	103.3	99.3	101.5	104.1
1997	101.1	103.2	102.2	102.0	106.1	100.4	105.5	106.0
1998	103.6	99.9	95.2	99.6	106.8	100.9	104.0	103.4
二、以1978年为100								
1979	106.6	110.3	109.5	109.1	108.5	105.7	108.5	107.5
1980	113.2	119.8	115.4	115.0	111.1	109.4	115.5	109.5
1981	111.9	120.9	112.6	113.1	109.5	108.5	116.5	108.1
1982	113.4	123.0	112.3	113.2	109.7	111.7	117.9	110.5
1983	115.1	126.0	111.5	113.2	111.3	114.5	122.9	110.5
1984	132.1	136.6	131.5	133.2	129.5	134.8	139.0	130.0
1985	139.1	139.3	145.9	138.7	108.6	142.1	148.0	136.9
1986	150.5	155.3	161.5	148.6	122.5	149.8	157.8	148.1
1987	151.9	155.8	157.4	151.9	126.3	151.0	159.9	149.5
1988	150.7	144.5	154.0	151.8	122.9	145.6	151.7	148.4
1989	143.5	134.9	160.4	145.1	120.2	138.4	141.7	144.4
1990	156.7	147.7	181.0	156.3	140.7	150.4	156.8	157.5
1991	162.9	150.5	186.2	164.0	147.1	158.8	163.7	165.7
1992	173.8	153.4	187.0	173.9	157.2	169.3	179.4	176.9
1993	186.1	147.5	186.3	190.3	172.4	179.7	178.3	209.0
1994	200.4	163.1	187.8	194.7	196.4	186.2	209.2	222.8
1995	208.0	174.5	197.8	201.2	214.3	188.4	195.9	233.0
1996	215.8	184.4	204.7	201.8	221.4	187.1	198.8	242.5
1997	218.2	190.3	209.2	205.8	234.9	187.8	209.7	257.1
1998	226.1	190.1	199.2	205.0	250.9	189.5	218.1	265.8

续表1

年份	批发和零售贸易、餐饮业	金融、保险业	房地产业	社会服务业	卫生、体育和社会福利业	教育、文化艺术和广播电影电视业	科学研究和综合技术服务业	国家机关、政党机关和社会团体	其他
一、以上年为100									
1979	108.6	104.9	108.5	105.4	102.4	105.2	105.2	102.5	
1980	105.5	102.7	106.5	105.0	111.7	111.5	110.4	108.8	
1981	99.3	101.6	88.8	98.2	101.9	99.8	97.4	99.4	
1982	98.7	100.4	106.1	99.3	108.9	111.0	98.8	98.8	
1983	100.1	99.4	105.6	102.9	102.0	101.1	113.3	110.2	
1984	115.5	121.6	121.4	112.7	106.5	107.2	105.4	104.3	
1985	104.8	106.0	100.0	118.1	106.0	113.3	106.0	101.8	
1986	106.5	109.6	110.5	117.9	111.7	106.6	109.6	112.4	
1987	101.7	99.0	100.3	101.8	99.0	97.4	99.8	99.5	
1988	101.5	98.8	107.1	131.3	100.4	102.7	98.8	96.3	
1989	91.7	92.3	96.5	96.3	96.1	92.7	94.3	94.4	
1990	108.1	110.9	115.0	111.2	111.3	111.0	112.0	113.3	
1991	103.7	102.3	106.3	106.6	102.1	100.8	101.9	102.4	
1992	102.4	115.5	114.1	107.7	109.3	111.5	111.5	112.0	
1993	104.7	113.9	119.8	108.7	104.5	104.0	108.0	109.1	
1994	105.6	143.7	116.1	112.0	120.2	120.1	126.3	113.1	123.3
1995	102.8	94.1	99.8	101.9	97.9	94.5	95.1	95.3	103.4
1996	100.8	104.7	104.5	104.1	106.5	103.9	108.0	105.5	104.9
1997	100.8	112.3	106.9	108.1	108.5	106.7	109.0	106.8	92.3
1998	96.9	109.7	107.6	104.9	111.2	110.8	111.5	111.4	113.5
二、以1978年为100									
1979	108.6	104.9	108.5	105.4	102.4	105.2	105.2	102.5	
1980	114.7	107.8	115.7	110.7	114.4	117.3	116.2	111.5	
1981	113.9	109.6	102.8	108.7	116.7	117.1	113.2	110.9	
1982	112.5	110.1	109.1	107.9	127.1	130.1	112.0	109.6	
1983	112.6	109.4	115.2	111.0	129.7	131.4	126.8	120.8	
1984	130.0	133.0	139.9	125.1	138.0	140.8	133.6	125.9	
1985	136.2	141.0	139.8	147.7	146.2	159.4	141.7	128.2	
1986	145.1	154.5	154.5	174.1	163.2	169.9	155.3	144.2	
1987	147.6	153.0	155.0	177.2	161.6	165.5	155.0	143.5	
1988	149.8	151.2	166.0	232.6	162.2	170.1	153.1	138.3	
1989	137.4	139.6	160.3	224.1	156.0	157.6	144.4	130.5	
1990	148.6	154.9	184.4	249.4	173.7	175.0	161.8	145.3	
1991	153.9	158.3	195.8	265.5	177.1	176.2	164.6	148.7	
1992	157.7	182.8	223.4	286.0	193.4	196.4	183.5	166.6	
1993	165.1	208.2	267.7	310.8	202.2	204.2	198.1	181.7	
1994	174.3	299.1	310.7	348.2	243.1	245.3	250.3	205.5	
1995	179.3	281.4	310.1	354.8	237.9	231.9	238.1	195.9	
1996	180.8	294.7	324.1	369.5	253.4	240.9	257.2	206.6	
1997	182.2	330.9	346.5	399.4	274.9	257.0	280.3	220.6	
1998	176.6	363.0	372.8	419.0	305.7	284.8	312.5	245.7	

分行业职工平均工资

（国有单位）

单位：元

年份	合计	农、林、牧、渔业	采掘业	制造业	电力、煤气及水的生产和供应业	建筑业	地质勘查业、水利管理业	交通运输、仓储及邮电通信业
1978	644	482	704	663	873	760	712	720
1979	705	536	786	726	971	819	787	808
1980	803	628	891	821	1 073	924	895	902
1981	812	645	890	820	1 074	941	925	905
1982	836	670	905	835	1 095	979	955	927
1983	865	701	915	847	1 134	1 018	1 016	949
1984	1 034	785	1 112	1 028	1 357	1 275	1 180	1 164
1985	1 213	892	1 384	1 190	1 272	1 532	1 408	1 383
1986	1 414	1 062	1 638	1 382	1 518	1 731	1 607	1 610
1987	1 546	1 154	1 734	1 543	1 692	1 832	1 773	1 773
1988	1 853	1 291	2 038	1 872	1 994	2 192	2 025	2 140
1989	2 055	1 401	2 449	2 031	2 243	2 419	2 199	2 423
1990	2 284	1 559	2 763	2 289	2 648	2 667	2 463	2 697
1991	2 477	1 665	2 982	2 505	2 883	2 924	2 718	2 967
1992	2 878	1 845	3 239	2 889	3 354	3 406	3 235	3 452
1993	3 532	2 043	3 856	3 562	4 317	4 182	3 729	4 604
1994	4 797	2 821	4 863	4 508	6 124	5 498	5 476	6 212
1995	5 625	3 527	5 944	5 352	7 734	6 512	5 987	7 572
1996	6 280	4 038	6 709	5 798	8 701	6 992	6 610	8 546
1997	6 747	4 304	7 091	6 008	9 541	7 388	7 180	9 303
1998	6 946	4 280	6 724	5 711	10 106	7 195	7 423	9 568

年份	批发和零售贸易、餐饮业	金融、保险业	房地产业	社会服务业	卫生、体育和社会福利业	教育、文化艺术和广播电影电视业	科学研究和综合技术服务业	国家机关、政党机关和社会团体	其他
1978	569	650	630	607	605	566	670	661	
1979	632	689	690	676	625	606	719	691	
1980	716	754	758	795	751	722	853	807	
1981	730	788	727	801	781	738	852	820	
1982	739	806	788	815	861	827	860	826	
1983	756	813	848	863	895	851	992	928	
1984	776	1 038	1 063	983	981	934	1 074	993	
1985	1 087	1 234	1 170	1 208	1 164	1 184	1 263	1 133	
1986	1 268	1 427	1 364	1 417	1 376	1 344	1 494	1 361	
1987	1 398	1 540	1 500	1 545	1 481	1 422	1 624	1 472	
1988	1 737	1 842	1 750	1 842	1 793	1 764	1 935	1 709	
1989	1 851	1 960	1 992	2 028	1 999	1 899	2 123	1 875	
1990	2 028	2 200	2 247	2 307	2 263	2 134	2 411	2 115	
1991	2 201	2 355	2 476	2 547	2 417	2 257	2 580	2 277	
1992	2 478	2 967	3 082	3 008	2 883	2 732	3 130	2 774	
1993	2 933	3 885	4 278	3 661	3 494	3 292	3 898	3 512	3 793
1994	3 856	7 017	5 997	5 098	5 267	4 944	6 212	4 967	5 744
1995	4 568	7 595	6 884	5 949	6 009	5 457	6 835	5 528	6 854
1996	4 940	8 679	7 897	6 695	6 967	6 161	7 984	6 344	7 643
1997	5 134	10 012	8 570	7 425	7 794	6 810	8 974	6 985	6 891
1998	4 862	10 882	8 992	7 716	8 618	7 503	9 943	7 729	7 579

分行业职工平均工资

（城镇集体单位）　　　　单位：元

年　份	合　计	农、林、牧、渔业	采掘业	制造业	电力、煤气及水的生产和供应业	建筑业	地质勘查业、水利管理业	交通运输、仓储及邮电通信业
1978	506	304	443	503	333	594	600	632
1979	542	423	478	535	364	652	571	652
1980	623	458	548	619	333	716	700	676
1981	642	500	563	641	500	737	700	694
1982	671	527	575	654	500	794	800	757
1983	698	532	594	679	500	847	800	762
1984	811	618	702	805	615	959	900	878
1985	967	725	852	963	667	1 101	900	1 009
1986	1 092	875	945	1 075	875	1 232	1 286	1 139
1987	1 207	979	1 016	1 130	1 250	1 380	1 333	1 236
1988	1 426	1 111	1 208	1 388	1 294	1 597	1 500	1 409
1989	1 557	1 178	1 433	1 523	1 625	1 763	1 000	1 575
1990	1 681	1 238	1 844	1 622	2 133	1 935	1 212	1 661
1991	1 866	1 366	1 960	1 798	2 588	2 216	1 765	1 854
1992	2 109	1 487	2 000	2 017	2 737	2 554	2 188	2 070
1993	2 592	1 887	2 327	2 469	3 539	3 182	2 843	2 711
1994	3 245	2 510	2 793	3 076	5 734	3 936	3 692	3 110
1995	3 931	2 927	3 680	3 717	7 461	4 677	4 294	3 584
1996	4 302	3 814	3 968	4 007	8 324	5 092	4 784	3 961
1997	4 512	3 945	4 164	4 120	9 064	5 466	6 342	4 057
1998	4 313	3 960	3 714	3 814	3 228	5 373	6 125	3 900

年　份	批发和零售贸易、餐饮业	金融、保险业	房地产业	社会服务业	卫生、体育和社会福利业	教育、文化艺术和广播电影电视业	科学研究和综合技术服务业	国家机关、政党机关和社会团体	其他
1978	453	526	467	451	484	317	500	455	
1979	499	571	475	531	522	339	500	467	
1980	584	640	638	584	618	433	571	538	
1981	598	654	590	603	647	433	667	615	
1982	597	667	660	621	735	523	600	615	
1983	607	690	760	675	768	535	750	714	
1984	1 017	800	860	736	831	634	900	885	
1985	912	945	1 050	806	975	779	1 052	1 046	
1986	1 008	1 150	1 238	1 057	1 212	945	1 236	1 227	
1987	1 118	1 235	1 130	1 167	1 296	1 033	1 319	1 368	
1988	1 335	1 450	1 602	1 333	1 570	1 202	1 636	1 648	
1989	1 417	1 597	1 967	1 521	1 774	1 352	1 710	1 860	
1990	1 548	1 806	1 969	1 638	1 956	1 533	1 997	2 042	
1991	1 691	1 965	2 432	1 905	2 135	1 689	2 120	2 206	
1992	1 827	2 428	2 763	2 082	2 416	1 987	2 392	2 565	
1993	2 213	3 182	4 006	2 727	2 935	2 539	3 474	3 071	2 547
1994	2 823	5 625	5 290	3 754	4 238	3 548	4 719	4 411	4 067
1995	3 449	6 407	6 706	4 707	4 890	4 291	6 046	5 314	4 935
1996	3 818	6 857	6 820	5 032	5 603	4 949	7 206	5 686	5 675
1997	3 873	7 634	7 687	5 663	6 294	4 955	7 749	6 244	5 780
1998	3 516	8 115	8 384	5 487	6 746	5 147	7 800	6 868	6 237

分行业职工平均工资

（其他单位）

单位：元

年份	合计	农、林、牧、渔业	采掘业	制造业	电力、煤气及水的生产和供应业	建筑业	地质勘查业、水利管理业	交通运输、仓储及邮电通信业
1984	1 048	543		1 007		1 513		1 696
1985	1 436	1 519	1 270	1 328	1 270	1 000		2 429
1986	1 626	1 806		1 528		2 299		2 543
1987	1 879	2 106		1 789		2 503		2 760
1988	2 382	2 560	2 239	2 462	2 104	4 000		3 363
1989	2 707	2 938	2 427	2 889	3 232	5 000		3 846
1990	2 987	3 773	2 270	3 055	3 088	3 571	5 714	3 667
1991	3 468	3 760	3 855	3 626	3 333	4 641	4 615	5 500
1992	3 966	4 069	3 579	4 154	4 238	5 061	5 263	5 955
1993	4 966	3 905	3 423	4 874	6 309	4 464	7 441	6 450
1994	6 303	5 394	4 233	6 096	8 005	5 766	4 362	8 713
1995	7 463	6 992	5 174	7 245	10 746	6 798	5 408	10 492
1996	8 261	7 389	5 217	7 945	12 030	6 937	6 464	11 931
1997	8 789	7 061	5 385	8 376	12 127	7 517	5 770	13 734
1998	8 288	5 500	6 240	7 896	11 765	8 433	7 000	10 555

年份	批发和零售贸易、餐饮业	金融、保险业	房地产业	社会服务业	卫生、体育和社会福利业	教育、文化艺术和广播电影电视业	科学研究和综合技术服务业	国家机关、政党机关和社会团体	其他
1984	1 428	2 500		1 741					
1985	1 955	2 107		1 904		3 184	1 728		
1986	1 971	2 457		2 126	1 583	2 245	2 533		
1987	2 142	2 745		2 310	2 793	2 451	1 967		
1988	2 512	3 902	1 296	2 856	2 903	2 498	2 544		
1989	2 832	4 376	1 776	3 202	2 945	3 604	3 241		
1990	3 284	5 565	2 517	3 463	5 430	4 022	3 425		
1991	3 585	6 041	4 923	4 004	4 817	4 560	3 906		
1992	4 368	9 761	5 561	4 545	5 461	5 107	5 033		
1993	4 975	6 073	4 940	5 934	3 665	5 289	5 645	2 182	4 953
1994	6 460	10 400	9 610	8 013	7 051	8 360	7 882	2 500	9 691
1995	7 190	12 949	10 746	9 274	8 668	8 968	9 678	2 850	10 502
1996	7 862	15 818	11 801	10 820	11 014	10 172	13 358		13 508
1997	8 051	17 970	13 249	11 812	11 863	10 017	14 370		16 423
1998	7 444	16 189	13 323	11 652	15 100	11 933	14 565		18 477

分地区全部职工平均工资

单位：元

地区	全部职工			企业单位		
	1997 年	1998 年	1998 年比 1997 年 增长（%）	1997 年	1998 年	1998 年比 1997 年 增长（%）
全国总计	6 470	6 664	3.0	6 322	6 344	0.3
北京	11 019	11 890	7.9	10 990	11 550	5.1
天津	8 238	8 191	－0.6	8 093	7 819	－3.4
河北	5 692	5 820	2.2	5 598	5 629	0.6
山西	5 320	5 087	－4.4	5 465	5 037	－7.8
内蒙古	5 124	5 272	2.9	5 053	5 064	0.2
辽宁	5 591	5 637	0.8	5 373	5 253	－2.2
吉林	5 664	5 308	－6.3	5 515	4 957	－10.1
黑龙江	4 889	5 048	3.3	4 671	4 714	0.9
上海	11 425	12 059	5.6	11 201	11 528	2.9
江苏	7 108	7 516	5.7	6 659	6 863	3.1
浙江	8 386	9 017	7.5	7 969	8 288	4.0
安徽	5 492	5 491		5 266	5 019	－4.7
福建	7 559	7 934	5.0	7 562	7 753	2.5
江西	5 089	4 516	－11.3	4 867	4 079	－16.2
山东	6 241	6 372	2.1	5 967	5 950	－0.3
河南	5 225	5 276	1.0	5 139	5 063	－1.5
湖北	5 401	5 590	3.5	5 139	5 089	－1.0
湖南	5 326	5 472	2.7	4 988	4 883	－2.1
广东	9 698	10 204	5.5	9 515	9 995	5.0
广西	5 542	5 778	4.3	5 791	5 732	－1.0
海南	5 664	5 498	－2.9	5 112	4 806	－6.0
重庆	5 502	5 710	3.8	5 431	5 445	0.3
四川	5 626	5 939	5.6	5 528	5 678	2.7
贵州	5 206	5 383	3.4	5 489	5 630	2.6
云南	7 037	7 403	5.2	7 062	7 294	3.3
西藏	10 098	10 909	8.0	7 961	9 484	19.1
陕西	5 184	5 380	3.8	5 093	5 170	1.5
甘肃	6 182	6 416	3.8	6 388	6 413	0.4
青海	7 091	7 456	5.1	6 396	6 529	2.1
宁夏	6 073	6 441	6.1	6 312	6 449	2.2
新疆	6 644	6 867	3.4	6 619	6 719	1.5

注：1998 年包括在岗职工和离岗职工的平均工资。

续表1

地区	事业单位			机关单位		
	1997年	1998年	1998年比1997年增长（%）	1997年	1998年	1998年比1997年增长（%）
全国总计	6 867	7 515	9.4	6 990	7 690	10.0
北京	11 100	12 870	15.9	11 086	12 878	16.2
天津	8 603	9 633	12.0	9 709	10 814	11.4
河北	5 878	6 161	4.8	6 078	6 615	8.8
山西	4 831	5 167	7.0	5 029	5 359	6.6
内蒙古	5 230	5 677	8.5	5 507	6 025	9.4
辽宁	6 466	7 140	10.4	7 072	7 936	12.2
吉林	6 088	6 306	3.6	6 475	7 073	9.2
黑龙江	5 747	6 411	11.6	6 164	6 954	12.8
上海	12 351	14 236	15.3	12 750	15 025	17.8
江苏	8 329	9 366	12.4	9 598	10 774	12.3
浙江	9 569	11 045	15.4	9 819	11 275	14.8
安徽	6 000	6 617	10.3	6 367	6 980	9.6
福建	7 470	8 242	10.3	7 752	8 900	14.8
江西	5 517	5 385	−2.4	5 986	5 891	−1.6
山东	7 069	7 534	6.6	7 001	7 482	6.9
河南	5 441	5 741	5.5	5 502	6 015	9.3
湖北	6 065	6 819	12.4	6 276	7 210	14.9
湖南	6 079	6 825	12.3	6 309	6 990	10.8
广东	10 089	10 730	6.4	10 685	11 493	7.6
广西	4 999	5 712	14.3	5 412	6 231	15.1
海南	7 237	7 434	2.7	7 797	7 862	0.8
重庆	5 590	6 323	13.1	6 085	6 956	14.3
四川	5 733	6 332	10.5	6 166	7 026	14.0
贵州	4 596	4 783	4.1	4 844	5 179	6.9
云南	6 979	7 567	8.4	7 092	7 603	8.1
西藏	11 143	11 658	4.6	11 931	12 020	0.7
陕西	5 458	5 986	9.7	5 226	5 548	6.2
甘肃	5 699	6 394	12.2	5 636	6 509	15.5
青海	8 790	9 395	6.9	7 441	8 381	12.6
宁夏	5 468	6 354	16.2	5 586	6 646	19.0
新疆	6 643	7 194	8.3	6 903	7 474	8.3

续表 2

地区	1. 国有单位			国有企业单位		
	1997 年	1998 年	1998 年比 1997 年增长（%）	1997 年	1998 年	1998 年比 1997 年增长（%）
全国总计	6 747	6 946	2.9	6 647	6 569	−1.2
北京	10 907	11 788	8.1	10 801	11 185	3.6
天津	8 689	8 489	−2.3	8 616	7 934	−7.9
河北	6 066	6 170	1.7	6 117	6 078	−0.6
山西	5 791	5 461	−5.7	6 165	5 556	−9.9
内蒙古	5 462	5 540	1.4	5 526	5 377	−2.7
辽宁	6 226	6 311	1.4	6 078	5 904	−2.9
吉林	6 017	5 740	−4.6	5 943	5 405	−9.1
黑龙江	5 323	5 484	3.0	5 147	5 128	−0.4
上海	11 733	12 360	5.3	11 483	11 546	0.5
江苏	7 745	8 200	5.9	7 269	7 350	1.1
浙江	8 847	9 791	10.7	8 302	8 711	4.9
安徽	6 039	6 120	1.3	5 956	5 677	−4.7
福建	7 621	8 051	5.6	7 654	7 713	0.8
江西	5 303	4 707	−11.2	5 109	4 179	−18.2
山东	6 817	7 053	3.5	6 680	6 752	1.1
河南	5 643	5 708	1.2	5 662	5 522	−2.5
湖北	5 741	5 981	4.2	5 530	5 439	−1.7
湖南	5 683	5 848	2.9	5 404	5 221	−3.4
广东	10 032	10 432	4.0	9 867	10 040	1.7
广西	5 654	5 826	3.0	6 081	5 795	−4.7
海南	5 468	5 290	−3.3	4 715	4 363	−7.5
重庆	5 828	6 094	4.6	5 853	5 858	0.1
四川	5 996	6 440	7.4	6 038	6 315	4.6
贵州	5 434	5 448	0.3	5 950	5 843	−1.8
云南	7 237	7 637	5.5	7 420	7 686	3.6
西藏	10 524	11 389	8.2	8 622	10 417	20.8
陕西	5 452	5 659	3.8	5 457	5 509	0.9
甘肃	6 445	6 759	4.9	6 828	6 945	1.7
青海	7 623	7 948	4.3	7 096	7 119	0.3
宁夏	6 206	6 664	7.4	6 592	6 786	2.9
新疆	6 709	6 913	3.0	6 704	6 756	0.8

续表 3

地区	国有事业单位			国有机关单位		
	1997 年	1998 年	1998 年比 1997 年增长（%）	1997 年	1998 年	1998 年比 1997 年增长（%）
全国总计	6 925	7 586	9.5	6 994	7 698	10.1
北京	11 106	12 913	16.3	11 086	12 883	16.2
天津	8 657	9 698	12.0	9 715	10 883	12.0
河北	5 910	6 188	4.7	6 084	6 614	8.7
山西	4 901	5 240	6.9	5 031	5 352	6.4
内蒙古	5 273	5 715	8.4	5 506	6 037	9.6
辽宁	6 530	7 222	10.6	7 075	7 949	12.4
吉林	6 119	6 336	3.5	6 471	7 096	9.7
黑龙江	5 792	6 448	11.3	6 174	6 922	12.1
上海	12 378	14 306	15.6	12 782	15 060	17.8
江苏	8 454	9 469	12.0	9 602	10 779	12.3
浙江	9 631	11 147	15.7	9 814	11 280	14.9
安徽	6 095	6 714	10.2	6 392	7 028	9.9
福建	7 502	8 278	10.3	7 758	8 904	14.8
江西	5 556	5 412	−2.6	5 994	5 900	−1.6
山东	7 115	7 584	6.6	7 004	7 507	7.2
河南	5 659	6 026	6.5	5 502	6 017	9.4
湖北	6 098	6 858	12.5	6 281	7 233	15.2
湖南	6 140	6 902	12.4	6 314	7 010	11.0
广东	10 110	10 751	6.3	10 698	11 504	7.5
广西	4 998	5 718	14.4	5 410	6 238	15.3
海南	7 296	7 462	2.3	7 800	7 910	1.4
重庆	5 650	6 419	13.6	6 086	6 940	14.0
四川	5 823	6 444	10.7	6 166	7 032	14.1
贵州	4 615	4 791	3.8	4 844	5 167	6.7
云南	6 981	7 573	8.5	7 032	7 617	8.3
西藏	11 221	11 779	5.0	11 931	11 969	0.3
陕西	5 524	6 055	9.6	5 231	5 542	5.9
甘肃	5 722	6 411	12.0	5 646	6 526	15.6
青海	8 812	9 400	6.7	7 528	8 444	12.2
宁夏	5 471	6 391	16.8	5 586	6 672	19.4
新疆	6 651	7 206	8.3	6 896	7 452	8.1

续表 4

地　区	2. 城镇集体单位			＃城镇集体企业单位		
	1997 年	1998 年	1998 年比 1997 年 增长（%）	1997 年	1998 年	1998 年比 1997 年 增长（%）
全国总计	4 512	4 313	－4.4	4 443	4 209	－5.3
北　京	8 259	8 019	－2.9	8 206	7 922	－3.5
天　津	5 083	4 416	－13.1	5 051	4 377	－13.3
河　北	3 843	3 742	－2.6	3 815	3 716	－2.6
山　西	3 177	2 790	－12.2	3 145	2 738	－12.9
内蒙古	3 551	3 543	－0.2	3 531	3 488	－1.2
辽　宁	3 583	3 209	－10.4	3 560	3 178	－10.7
吉　林	3 813	3 133	－17.8	3 781	3 077	－18.6
黑龙江	2 747	2 730	－0.6	2 729	2 706	－0.8
上　海	7 329	7 141	－2.6	7 048	6 768	－4.0
江　苏	5 183	5 224	0.8	5 024	4 970	－1.1
浙　江	7 026	6 915	－1.6	6 924	6 731	－2.8
安　徽	3 692	3 457	－6.4	3 630	3 353	－7.6
福　建	5 582	5 577	－0.1	5 467	5 436	－0.6
江　西	3 636	2 697	－25.8	3 616	2 644	－26.9
山　东	4 186	3 973	－5.1	4 092	3 837	－6.2
河　南	3 797	3 759	－1.0	3 634	3 515	－3.3
湖　北	3 731	3 781	1.3	3 693	3 730	1.0
湖　南	3 736	3 582	－4.1	3 645	3 462	－5.0
广　东	6 814	6 673	－2.1	6 742	6 569	－2.6
广　西	4 437	4 357	－1.8	4 421	4 320	－2.3
海　南	4 208	3 660	－13.0	4 034	3 441	－14.7
重　庆	4 016	3 986	－0.7	3 962	3 911	－1.3
四　川	3 982	3 963	－0.5	3 930	3 897	－0.8
贵　州	3 556	3 960	12.0	3 562	3 943	10.7
云　南	5 473	5 629	2.9	5 453	5 605	2.8
西　藏	4 588	5 104	11.2	4 622	5 393	16.7
陕　西	3 177	3 038	－4.4	3 142	2 985	－5.0
甘　肃	4 598	4 787	4.1	4 598	4 761	3.5
青　海	3 419	3 805	11.3	3 377	3 793	12.3
宁　夏	4 831	4 864	0.7	4 831	4 892	1.3
新　疆	5 849	5 957	1.8	5 840	5 964	2.1

续表 5

地　区	3. 其他单位			#其他企业单位		
	1997 年	1998 年	1998 年比 1997 年增长（%）	1997 年	1998 年	1998 年比 1997 年增长（%）
全国总计	8 789	8 287	－5.7	8 788	8 285	－5.7
北　京	15 370	14 938	－2.8	15 347	14 941	－2.6
天　津	10 599	11 272	6.3	10 615	11 283	6.3
河　北	6 118	6 188	1.1	6 122	6 185	1.0
山　西	5 581	6 048	8.4	5 585	6 055	8.4
内蒙古	4 687	5 590	19.3	4 688	5 594	19.3
辽　宁	7 266	7 061	－2.8	7 266	7 057	－2.9
吉　林	7 386	6 277	－15.0	7 386	6 286	－14.9
黑龙江	7 183	6 524	－9.2	7 185	6 528	－9.1
上　海	14 313	14 430	0.8	14 313	14 422	0.8
江　苏	8 376	8 274	－1.2	8 376	8 268	－1.3
浙　江	9 584	9 270	－3.3	9 579	9 268	－3.2
安　徽	6 139	5 565	－9.4	6 138	5 549	－9.6
福　建	8 636	8 817	2.1	8 636	8 810	2.0
江　西	7 843	5 960	－24.0	7 843	5 957	－24.0
山　东	6 373	5 927	－7.0	6 374	5 924	－7.1
河　南	5 209	5 515	5.9	5 201	5 514	6.0
湖　北	5 740	5 504	－4.1	5 740	5 497	－4.2
湖　南	5 733	6 007	4.8	5 733	5 994	4.6
广　东	11 635	12 409	6.7	11 634	12 409	6.7
广　西	6 463	7 116	10.1	6 464	7 101	9.9
海　南	9 462	9 403	－0.6	9 484	9 383	－1.1
重　庆	6 845	6 185	－9.6	6 845	6 197	－9.5
四　川	6 206	5 740	－7.5	6 206	5 741	－7.5
贵　州	6 461	6 817	5.5	6 469	6 832	5.6
云　南	7 852	7 351	－6.4	7 852	7 374	－6.1
西　藏	7 233	9 066	25.3	7 228	8 709	20.5
陕　西	6 783	6 104	－10.0	6 825	6 110	－10.5
甘　肃	6 703	5 517	－17.7	6 802	5 530	－18.7
青　海	4 326	6 078	40.5	4 326	5 761	33.2
宁　夏	6 962	6 243	－10.3	6 963	6 298	－9.6
新　疆	7 428	7 599	2.3	7 425	7 622	2.7

五、劳动和社会保障制度改革

企业下岗职工情况

(1998)

单位：人

	上期末结转下岗职工人数	报告期新增下岗职工人数	报告期减少下岗职工人数		
				再就业人数	
					到国有单位
全国总计	9 954 228	7 389 228	8 574 142	7 838 749	1 832 285
一、国有企业、国有联营企业、国有独资公司	6 918 442	5 622 148	6 592 683	6 099 233	1 663 197
# 国有企业	6 591 179	5 264 392	6 179 998	5 774 989	1 575 269
# 中央直属企业	651 548	500 440	518 910	471 130	213 301
# 大中型工业企业	2 409 476	1 751 505	1 860 390	1 672 341	662 790
# 亏损企业	4 794 495	3 038 616	3 693 977	3 412 185	845 361
1. 采掘业企业	761 630	720 442	731 303	698 951	242 375
2. 制造业企业	3 274 238	2 750 332	3 184 957	2 905 148	833 023
3. 电力、煤气及水的生产和供应企业	80 599	63 654	81 779	50 520	12 613
4. 建筑企业	493 642	314 127	404 641	380 550	128 395
5. 交通运输、仓储及邮电通信企业	333 769	272 216	334 933	308 151	94 961
6. 批发和零售贸易、餐饮企业	1 413 472	869 464	1 202 697	1 144 260	226 493
7. 其他企业	561 092	631 913	652 373	611 653	125 337
二、城镇集体企业	2 665 011	1 569 775	1 720 500	1 517 869	148 071
三、其他企业	370 775	197 305	260 959	221 647	21 017

续表1

	到非国有单位	从事个体	报告期末实有下岗职工人数	女性	未领到基本生活费人数
全国总计	2 300 236	3 496 280	8 769 314	3 926 560	1 578 272
一、国有企业、国有联营企业、国有独资公司	1 686 454	2 580 576	5 947 907	2 684 217	451 476
# 国有企业	1 576 741	2 430 139	5 675 573	2 533 062	421 821
# 中央直属企业	113 780	124 339	633 078	233 680	26 143
# 大中型工业企业	482 102	467 181	2 300 591	981 105	107 118
# 亏损企业	989 116	1 441 709	4 139 134	1 765 296	295 125
1. 采掘业企业	142 229	303 438	750 769	277 773	39 142
2. 制造业企业	874 948	1 119 120	2 839 613	1 372 767	243 800
3. 电力、煤气及水的生产和供应企业	12 150	25 390	62 474	26 301	2 466
4. 建筑企业	78 657	155 831	403 128	158 804	27 290
5. 交通运输、仓储及邮电通信企业	72 784	127 043	271 052	104 765	16 694
6. 批发和零售贸易、餐饮企业	345 324	555 466	1 080 239	501 787	80 358
7. 其他企业	160 362	294 288	540 632	242 020	41 726
二、城镇集体企业	552 194	780 962	2 514 286	1 132 395	1 026 595
三、其他企业	61 588	134 742	307 121	109 948	100 201

续表 2

	按年龄分组			按受教育程度分组	
	35 岁以下	35～46 岁	46 岁以上	大专及以上	中专、高中及相应学历
全 国 总 计	2 917 179	3 718 909	2 133 226	616 922	3 152 287
一、国有企业、国有联营企业、国有独资公司	2 106 039	2 473 338	1 368 530	436 074	2 211 158
# 国有企业	2 025 144	2 368 689	1 281 740	416 850	2 130 212
# 中央直属企业	292 329	214 184	126 565	47 633	246 799
# 大中型工业企业	840 005	951 565	509 021	153 916	867 839
# 亏损企业	1 561 730	1 742 768	834 636	246 178	1 500 441
1. 采掘业企业	317 217	291 380	142 172	34 096	236 712
2. 制造业企业	1 022 581	1 083 532	733 500	215 795	1 078 486
3. 电力、煤气及水的生产和供应企业	25 257	26 775	10 442	5 372	23 670
4. 建筑企业	154 214	166 611	82 303	20 175	140 912
5. 交通运输、仓储及邮电通信企业	94 395	116 924	59 733	16 325	100 401
6. 批发和零售贸易、餐饮企业	303 687	547 786	228 766	103 296	431 562
7. 其他企业	188 688	240 330	111 614	41 015	199 415
二、城镇集体企业	708 263	1 128 646	677 377	155 486	822 265
三、其他企业	102 877	116 925	87 319	25 362	118 864

续表 3

	初中及以下	进入再就业服务中心人数	进中心1年以内	进中心1～2年	进中心2～3年
全　国　总　计	5 000 105	6 827 000	839 282	22 160	5 058
一、国有企业、国有联营企业、国有独资公司	3 300 675	5 826 312	5 676 817	129 408	20 087
#国有企业	3 128 511	5 593 669	5 453 007	121 636	19 026
#中央直属企业	338 646	620 052	609 342	9 452	1 258
#大中型工业企业	1 278 836	2 215 764	2 165 508	43 774	6 482
#亏损企业	2 392 515	4 056 308	3 993 813	50 213	12 282
1. 采掘业企业	479 961	733 138	73 778	232	723
2. 制造业企业	1 545 332	2 814 314	301 636	10 770	1 532
3. 电力、煤气及水的生产和供应企业	33 432	62 253	4 914	906	50
4. 建筑企业	242 041	384 512	39 640	337	364
5. 交通运输、仓储及邮电通信企业	154 326	268 406	27 966	118	28
6. 批发和零售贸易、餐饮企业	545 381	1 031 418	103 588	673	74
7. 其他企业	300 202	532 271	58 285	58	
二、城镇集体企业	1536 535	907 112	194 899	6 649	1 216
三、其他企业	162 895	93 576	40 008	1 403	37

分地区企业下岗职工情况

(1998)

单位：人

地区	上期末结转下岗职工人数	报告期新增下岗职工人数	报告期减少下岗职工人数				
				再就业人数			
					到国有单位	到非国有单位	从事个体
全国总计	9 954 228	7 389 228	8 574 142	7 838 749	1 832 285	2 300 236	3 496 280
北京	33 019	136 593	102 125	102 125	54 365	42 231	5 529
天津	108 989	11 635	40 133	38 403	10 178	7 568	20 657
河北	308 438	199 293	246 952	243 485	83 349	34 319	106 499
山西	252 377	244 775	261 252	249 359	67 853	81 967	88 230
内蒙古	193 336	367 958	373 670	365 275	128 227	93 355	143 653
辽宁	1 084 625	695 647	745 125	671 668	96 541	187 490	387 637
吉林	605 452	365 467	473 266	473 266	90 460	89 262	291 550
黑龙江	852 900	837 100	859 200	853 300	116 800	180 300	556 200
上海	109 609	285 045	231 728	188 326	71 900	107 851	8 575
江苏	581 589	544 796	714 831	517 571	152 501	220 243	144 827
浙江	241 095	168 919	210 692	179 174	35 626	85 830	46 543
安徽	412 433	319 342	342 186	292 141	64 979	95 375	122 384
福建	103 114	104 935	156 468	128 026	11 161	51 138	62 613
江西	297 400	271 700	265 900	240 100	40 200	47 100	75 100
山东	467 963	287 538	470 359	457 516	158 929	148 717	149 870
河南	734 951	190 121	507 952	462 995	122 418	117 419	217 521
湖北	588 303	491 742	466 769	456 375	76 745	123 150	254 527
湖南	657 129	538 404	508 276	489 366	128 459	95 873	230 843
广东	494 459	203 192	338 800	232 713	32 068	92 407	87 215
广西	120 482	138 773	175 749	153 233	36 583	41 705	69 178
海南	84 874	20 102	21 026	15 795	4 156	4 436	6 766
重庆	183 400	98 500	158 100	158 100	19 300	101 800	37 000
四川	482 715	362 946	410 210	395 239	95 317	112 204	187 718
贵州	130 929	63 661	68 590	68 590	22 358	13 385	32 834
云南	40 984	57 117	35 651	31 178	8 167	11 927	10 597
西藏							
陕西	418 216	168 486	170 554	170 554	35 744	60 219	74 591
甘肃	182 304	54 785	66 476	59 519	23 145	15 902	18 341
青海	44 326	33 914	37 798	31 421	8 945	11 013	7 173
宁夏	41 269	12 273	15 434	15 266	6 509	5 722	2 632
新疆	62 988	108 959	94 827	94 627	27 559	19 728	47 340

续表 1

地　区	报告期末实有下岗职工人数	女　性	未领到基本生活费人数	按年龄分组		
				35 岁以下	35～46 岁	46 岁以上
全国总计	8 769 314	3 926 560	1 578 272	2 917 179	3 718 909	2 133 226
北　京	67 487	35 211		15 396	42 888	9 203
天　津	80 491	41 621		22 824	40 256	17 411
河　北	260 779	116 345	26 039	96 059	108 224	56 496
山　西	235 900	102 872	48 025	88 941	102 170	44 789
内蒙古	187 624	84 624	17 963	69 140	89 066	29 418
辽　宁	103 5147	303 557	72 101	88 921	393 020	553 206
吉　林	497 653	248 495	151 771	199 519	208 202	89 932
黑龙江	830 800	410 200	264 500	215 200	411 100	204 500
上　海	162 926	78 269		22 759	103 258	36 909
江　苏	411 554	197 492	15 142	139 404	186 854	85 296
浙　江	199 322	93 278	13 887	46 158	104 208	48 956
安　徽	389 589	182 886	75 429	153 421	151 083	85 085
福　建	51 581	23 031	9 289	15 858	21 740	13 983
江　西	303 200	151 500	79 200	110 500	144 300	48 400
山　东	285 142	134 930	13 115	117 372	114 252	53 518
河　南	417 120	204 420	125 610	177 931	150 821	88 368
湖　北	613 276	303 877	68 526	207 201	292 312	113 763
湖　南	687 257	323 715	258 698	269 034	284 378	133 845
广　东	358 851	130 868	98 589	96 157	146 490	116 204
广　西	83 506	33 923	13 880	29 701	32 262	21 543
海　南	83 950	37 833	24 050	28 778	35 323	19 849
重　庆	123 800	59 200	2 700	42 800	52 500	28 500
四　川	435 451	204 468	58 590	169 560	169 889	96 002
贵　州	126 000	55 425	15 255	45 720	49 303	30 977
云　南	62 450	28 471	4 772	26 899	24 627	10 924
西　藏						
陕　西	416 148	165 482	61 588	245 919	145 842	24 387
甘　肃	170 613	79 287	49 751	85 476	57 433	27 704
青　海	40 442	15 910	2 717	21 422	12 273	6 747
宁　夏	38 108	17 832	2 861	18 919	12 373	6 816
新　疆	77 120	42 279		31 698	20 888	24 534

续表 2

地区	按受教育程度分组			进入再就业服务中心人数			
	大专及以上	中专、高中及相应学历	初中及以下		进中心1年以内	进中心1～2年	进中心2～3年
全国总计	616 922	3 152 287	5 000 105	6 827 000	839 282	22 160	5 058
北　京	2 370	31 389	33 728	67 487			
天　津	3 314	33 214	43 963	80 491			
河　北	10 320	86 378	164 081	226 621			
山　西	14 446	75 648	145 806	187 875			
内蒙古	8902	79 968	98 754	175 182			
辽　宁	172 716	350 148	512 283	527 000			
吉　林	22 234	194 938	280 481	497 653			
黑龙江	71 100	329 400	430 300	528 000			
上　海	6 761	45 993	110 172	162 926			
江　苏	17 884	137 948	255 722	411 554	395 855	13 078	2 621
浙　江	5 478	48 384	145 460	185 647			
安　徽	20 340	126 607	242 642	265 160			
福　建	1 433	17 093	33 055	31 249			
江　西	32 300	94 700	176 200	246 700			
山　东	13 714	96 158	175 270	282 576			
河　南	21 704	159 799	235 617	259 495			
湖　北	31 157	234 936	347 183	457 238			
湖　南	48 857	268 870	369 530	543 004			
广　东	19 574	127 246	212 031	285 067	16 827	1 014	1 034
广　西	6 182	29 020	48 304	76 507			
海　南	6 010	30 636	47 304	83 950			
重　庆	7 700	45 900	70 200	110 800			
四　川	19 357	143 418	272 676	352 121	342 650	8 068	1 403
贵　州	5 447	39 794	80 759	108 367			
云　南	4 776	19 061	38 613	55 503			
西　藏							
陕　西	21 462	169 486	225 200	306 148			
甘　肃	8 952	68 888	92 773	12 9021			
青　海	1 369	18 079	20 994	39 490			
宁　夏	2 205	13 228	22 675	35 889			
新　疆	6 558	21 434	49 128	75 642			

分地区国有企业、国有联营企业、国有独资公司下岗职工情况

(1998)

单位：人

地区	上期末结转下岗职工人数	报告期新增下岗职工人数	报告期减少下岗职工人数				
				再就业人数			
					到国有单位	到非国有单位	从事个体
全国总计	6 918 442	5 622 148	6 592 683	6 099 233	1 663 197	1 686 454	2 580 576
北京	24 011	102 723	69 706	69 706	46 262	20 491	2 953
天津	82 889	6 994	29 968	28 821	9 652	2 646	16 523
河北	211 734	168 767	197 480	194 926	78 775	20 622	79 511
山西	195 123	229 483	244 967	234 804	67 124	77 028	79 826
内蒙古	178 350	237 120	266 616	259 884	117 258	43 076	99 510
辽宁	686 758	444 867	542 604	489 876	91 135	159 086	239 655
吉林	466 021	237 938	363 533	363 533	88 280	63 940	211 313
黑龙江	566 000	622 000	660 000	657 000	99 800	145 400	411 800
上海	106 318	214 813	213 234	171 579	65 322	97 983	8 274
江苏	340 837	314 275	409 862	291 623	116 372	95 732	79 519
浙江	133 877	103 354	123 311	120 014	32 263	54 619	25 476
安徽	250 705	253 923	255 765	227 986	57 259	75 239	87 922
福建	82 556	99 094	150 401	122 236	10 891	48 928	59 844
江西	223 900	214 700	191 900	174 200	27 900	35 800	51 900
山东	294 246	200 888	311 041	301 999	137 396	76 062	88 541
河南	495 401	134 800	374 925	348 242	115 465	79 493	148 456
湖北	362 295	429 497	405 309	402 067	72 539	106 035	221 623
湖南	464 097	466 297	449 413	437 094	125 762	80 099	197 492
广东	324 925	148 816	240 212	161 530	28 302	62 094	56 754
广西	101 476	137 370	167 444	145 918	36 408	39 195	6 4548
海南	70 696	19 343	19 493	14 938	4 073	4 130	6 319
重庆	156 800	83 600	129 600	129 600	13 700	8 9600	26 300
四川	322 660	294 904	329 947	321 849	90 367	88 241	143 241
贵州	111 515	57 337	62 773	62 773	22 243	12 399	28 118
云南	36 151	52 263	33 151	29 180	8 070	11 219	9 626
西藏							
陕西	308 216	146 258	148 326	148 326	34 497	48 964	64 865
甘肃	147 355	45 554	56 399	50 682	21 465	13 654	15 351
青海	39 119	31 889	33 358	27 048	8 939	9 097	4 764
宁夏	36 867	11 332	14 117	13 971	6 401	5 316	1 851
新疆	62 988	106 439	93 785	93 785	27 534	19 666	46 585

续表 1

地　　区	报告期末实有下岗职工人数	女　　性	未领到基本生活费人数	按年龄分组		
				35 岁以下	35～46 岁	46 岁以上
全国总计	5 947 907	2 684 217	451 476	2 106 039	2 473 338	1 368 530
北　　京	57 028	27 837		13 045	35 131	8 852
天　　津	59 915	29 341		18 294	29 288	12 333
河　　北	183 021	76 513		68 429	73 387	41 205
山　　西	179 639	75 153	2 695	70 463	74 625	34 551
内 蒙 古	148 854	67 054	11 136	56 598	71 736	20 520
辽　　宁	589 021	232 142	72 101	28 974	248 022	312 025
吉　　林	340 426	155 022	19 711	146 005	135 420	59 001
黑 龙 江	528 000	256 900	5 000	154 700	253 800	119 500
上　　海	107 897	48 043		15 553	69 380	22 964
江　　苏	245 250	117 706	3 972	84 898	109 101	51 251
浙　　江	113 920	50 707	1 290	30 019	58 547	25 354
安　　徽	248 863	108 898	10 097	102 578	90 540	55 745
福　　建	31 249	13 797		9 989	13 405	7 855
江　　西	246 700	123 000	22 700	85 000	125 000	36 700
山　　东	184 093	84 363	1 486	79 973	70 678	33 442
河　　南	255 276	120 031	24 373	112 210	88 357	54 709
湖　　北	386 483	183 862	10 991	133 159	184 584	68 740
湖　　南	480 981	237 521	162 266	193 513	195 016	92 452
广　　东	233 529	77 191	31 871	64 438	93 345	75 746
广　　西	71 402	28 508	6 044	25 680	27 001	18 721
海　　南	70 546	31 837	17 706	24 979	29 335	16 232
重　　庆	110 800	53 000		38 300	47 100	25 400
四　　川	287 617	129 050	8 009	120 987	106 658	59 972
贵　　州	106 079	44 100	1 007	40 272	40 033	25 774
云　　南	55 263	24 550	3 345	24 206	21 183	9 874
西　　藏						
陕　　西	306 148	133 686		206 722	84 307	15 119
甘　　肃	136 510	63 761	30 439	70 365	44 620	21 525
青　　海	37 650	14 174	700	20 088	11 018	6 544
宁　　夏	34 082	15 526	313	16 856	10 882	6 344
新　　疆	75 642	41 685		31 254	20 267	24 121

续表 2

地区	按受教育程度分组			进入再就业服务中心人数			
	大专及以上	中专、高中及相应学历	初中及以下		进中心1年以内	进中心1～2年	进中心2～3年
全国总计	436 074	2 211 158	3 300 675	5 826 312	5 676 817	129 408	20 087
北京	2 122	26 513	28 393	57 028	9 603	47 425	
天津	2 872	26 894	30 149	59 915	59 915		
河北	7 801	63 517	111 703	183 021	183 021		
山西	12 832	60 246	106 561	176 944	176 944		
内蒙古	7 453	61 296	80 105	148 854	146 107	2 268	479
辽宁	99 296	220 148	269 577	527 000	527 000		
吉林	17 470	142 995	179 961	340 426	340 426		
黑龙江	42 400	175 100	310 500	528 000	528 000		
上海	5 308	36 471	66 118	107 897	80 923	26 974	
江苏	11 348	87 616	146 286	245 250	236 375	7 507	1 368
浙江	4 109	30 462	79 349	112 740	112 740		
安徽	15 430	89 372	144 061	240 800	235 592	5 117	91
福建	1 168	12 156	17 925	31 249	31 249		
江西	28 000	73 700	145 000	246 700	246 700		
山东	10 494	66 320	107 279	182 607	182 607		
河南	16 731	104 081	134 464	242 758	242 758		
湖北	18 988	151 631	215 864	386 483	386 483		
湖南	39 309	201 511	240 161	480 981	472 353	8 628	
广东	11 940	85 851	135 738	225 530	194 877	14 284	16 369
广西	4 707	24 851	41 844	71 402	71 402		
海南	5 172	26 226	39 148	70 546	70 546		
重庆	6 900	41 100	62 800	110 800	106 300	4 500	
四川	14 942	103 772	168 903	287 617	280 627	5 587	1 403
贵州	5 191	34 621	66 267	105 335	105 335		
云南	4 522	17 762	32 979	54 617	54 617		
西藏							
陕西	19 520	128 462	158 166	306 148	306 148		
甘肃	7 790	53 700	75 020	115 997	115 997		
青海	1 329	17 353	18 968	37 650	31 906	5 367	377
宁夏	2 093	12 155	19 834	33 742	31 991	1 751	
新疆	6 537	20 752	48 353	75 642	75 642		

分地区国有企业下岗职工情况

(1998)

单位：人

地　区	上期末结转下岗职工人数	报告期新增下岗职工人数	报告期减少下岗职工人数				
				再就业人数			
					到国有单位	到非国有单位	从事个体
全国总计	6 591 179	5 264 392	6 179 998	5 774 989	1 575 269	1 576 741	2 430 139
北　京	24 011	102 723	69 706	69 706	46 262	20 491	2 953
天　津	81 900	6 838	29 812	28 670	9 591	2 646	16 433
河　北	207 747	162 759	190 816	189 773	77 380	19 534	77 740
山　西	159 786	177 024	184 712	176 738	61 197	55 397	49 790
内蒙古	176 686	219 458	252 931	246 199	110 571	37 379	93 315
辽　宁	644 563	431 081	534 347	484 806	90 439	156 446	237 921
吉　林	454 004	216 588	344 359	344 359	81 895	60 669	201 348
黑龙江	566 000	622 000	660 000	657 000	99 800	145 400	411 800
上　海	101 558	201 401	198 944	161 357	61 421	92 132	7 804
江　苏	330 554	271 798	368 175	278 867	111 004	91 589	76 274
浙　江	118 483	92 327	110 125	109 974	28 732	52 131	24 435
安　徽	250 012	253 923	255 750	227 971	57 259	75 239	87 680
福　建	82 556	99 094	150 401	122 236	10 891	48 928	59 844
江　西	223 900	214 700	191 900	174 200	27 900	35 800	51 900
山　东	289 842	197 253	305 724	296 785	134 875	74 821	87 089
河　南	432 744	113 733	321 883	302 450	102 022	69 010	128 400
湖　北	332 115	389 814	371 218	368 509	66 653	99 119	200 985
湖　南	459 661	457 739	442 362	431 338	106 822	77 863	193 740
广　东	264 550	118 196	187 711	144 993	23 702	57 640	48 420
广　西	96 765	137 158	166 149	144 626	36 251	39 195	64 548
海　南	67 477	18 112	18 273	14 144	3 858	3 862	5 951
重　庆	156 800	83 600	129 600	129 600	13 700	89 600	26 300
四　川	304 394	279 192	312 834	304 845	85 339	82 368	137 138
贵　州	110 343	57 172	62 415	62 415	22 233	12 387	27 782
云　南	36 151	51 566	32 729	29 000	8 066	11 168	9 596
西　藏							
陕　西	304 011	89 281	89 076	89 076	32 368	24 582	32 126
甘　肃	141 317	44 872	52 747	47 199	20 425	12 057	14 505
青　海	39 119	31 889	33 358	26 358	8 939	3 706	3 713
宁　夏	36 867	11 332	14 117	13 971	6 401	5 316	1 851
新　疆	62 988	106 439	93 785	93 785	27 534	19 666	46 585

续表 1

地　区	报告期末实有下岗职工人数	女　性	未领到基本生活费人数	按年龄分组		
				35 岁以下	35～46 岁	46 岁以上
全国总计	5 675 573	2 533 062	421 821	2 025 144	2 368 689	1 281 740
北　京	57 028	27 837		13 045	35 131	8 852
天　津	58 926	28 813		18 161	28 605	12 160
河　北	179 690	73 804		68 098	70 636	40 956
山　西	152 098	52 499	1 521	63 246	62 853	25 999
内蒙古	143 213	65 049	10 608	54 743	69 148	19 322
辽　宁	541 297	211 711	72 101	26 374	232 970	281 953
吉　林	326 233	151 542	19 055	134 460	132 894	58 879
黑龙江	528 000	256 900	5 000	154 700	253 800	119 500
上　海	104 015	46 671		14 402	67 108	22 505
江　苏	234 177	112 669	3 972	81 537	103 918	48 722
浙　江	100 685	45 497	1 290	27 265	52 309	21 111
安　徽	248 185	108 580	9 707	101 990	90 472	55 723
福　建	31 249	13 797		9 989	13 405	7 855
江　西	246 700	123 000	22 700	85 000	125 000	36 700
山　东	181 371	83 103	1 471	79 156	69 092	33 123
河　南	224 594	106 543	18 210	98 782	77 185	48 627
湖　北	350 711	169 573	9 566	118 914	169 218	62 579
湖　南	475 038	229 408	151 326	191 415	193 288	90 335
广　东	195 035	68 930	26 757	56 129	78 310	60 596
广　西	67 774	27 787	5 571	24 631	25 987	17 156
海　南	67 316	30 044	16 543	24 020	28 094	15 202
重　庆	110 800	53 000		38 300	47 100	25 400
四　川	270 752	121 359	7 980	114 982	101 260	54 510
贵　州	105 100	43 711	1 007	39 860	39 662	25 578
云　南	54 988	24 387	3 345	24 163	20 983	9 842
西　藏						
陕　西	304 216	105 881		205 637	83 724	14 855
甘　肃	133 442	62 102	29 342	69 834	42 803	20 805
青　海	37 650	14 174	700	20 088	11 018	6 544
宁　夏	34 082	15 526	313	16 856	10 882	6 344
新　疆	75 642	41 685		31 254	20 267	24 121

续表 2

地　区	按受教育程度分组			进入再就业服务中心人数			
	大专及以上	中专、高中及相应学历	初中及以下		进中心1年以内	进中心1～2年	进中心2～3年
全国总计	416 850	2 130 212	3 128 511	5 593 669	5 453 007	121 636	19 026
北　京	2 122	26 513	28 393	57 028	9 603	47 425	
天　津	2 838	26 356	29 732	58 926	58 926		
河　北	7 203	61 181	111 306	179 690	179 690		
山　西	10 823	52 134	89 141	150 577	150 577		
内蒙古	6 721	59 366	77 126	143 213	140 466	2 268	479
辽　宁	95 438	219 743	226 116	527 000	527 000		
吉　林	17 119	136 997	172 117	326 233	326 233		
黑龙江	42 400	175 100	310 500	528 000	528 000		
上　海	4 340	33 863	65 812	104 015	78 012	26 003	
江　苏	10 766	83 553	139 858	234 177	226 408	6 801	968
浙　江	3 461	27 835	69 389	99 490	99 490		
安　徽	15 320	89 357	143 508	240 122	234 914	5 117	91
福　建	1 168	12 156	17 925	31 249	31 249		
江　西	28 000	73 700	145 000	246 700	246 700		
山　东	10 384	65 416	105 571	179 900	179 900		
河　南	14 623	91 051	118 920	213 916	213 916		
湖　北	16 631	138 456	195 624	350 711	350 711		
湖　南	38 974	199 267	236 797	475 038	466 518	8 520	
广　东	9 946	71 887	113 202	178 598	153 647	9 196	15 755
广　西	4 454	23 534	39 786	67 774	67 774		
海　南	4 944	25 266	37 106	67 316	67 316		
重　庆	6 900	41 100	62 800	110 800	106 300	4 500	
四　川	14 399	98 935	157 418	270 752	264 708	4 688	1 356
贵　州	5 164	34 382	65 554	103 343	103 343		
云　南	4 441	17 618	32 929	54 617	54 617		
西　藏							
陕　西	18 697	127 869	157 650	304 216	304 216		
甘　肃	7 693	52 853	72 896	112 973	112 973		
青　海	1 329	17 353	18 968	37 650	31 906	5 367	377
宁　夏	2 093	12 155	19 834	33 742	31 991	1 751	
新　疆	6 537	20 752	48 353	75 642	75 642		

分地区中央直属企业下岗职工情况

(1998)

单位：人

地　区	上期末结转下岗职工人数	报告期新增下岗职工人数		报告期减少下岗职工人数			
					再就业人数		
					到国有单位	到非国有单位	从事个体
全国总计	651 548	500 440	518 910	471 130	213 301	113 780	124 339
北　京							
天　津	8 300	1 373	164	164	47		117
河　北	24 425	14 644	20 734	19 925	7 604	570	2 416
山　西	28 125	38 789	35 994	32 306	12 912	10 368	5 714
内 蒙 古	23 883	8 881	16 732	15 672	12 054	1 158	2 460
辽　宁	58 993	47 743	34 147	23 428	17 276	477	4 132
吉　林	42 633	2 344	24 654	24 654	16 627	5 299	2 728
黑 龙 江	60 500	35 500	53 000	52 200	12 300	17 500	22 400
上　海	439	7 657	3 890	3 863	1 424	2 135	304
江　苏	11 562	10 093	10 427	6 220	2 726	2 710	784
浙　江	1 190	1 682	2 024	1 485	444	654	384
安　徽	13 626	37 067	24 628	16 302	11 138	3 501	1 651
福　建	77	7					
江　西	4 700	7 300	6 000	5 200	1 100	1 600	1 200
山　东	9 879	17 158	16 234	16 020	8 628	5 583	1 809
河　南	26 848	25 516	13 450	10 090	4 029	2 002	3 871
湖　北	18 038	23 866	21 340	21 249	6 575	6 314	8 325
湖　南	38 522	95 904	90 925	86 011	37 130	13 865	31 589
广　东	11 950	2 770	3 374	1 993	911	560	354
广　西	4 908	1 074	1 868	1 831	224		1 538
海　南	7 359	1 724	1 536	1 155	523	279	305
重　庆	21 600	6 400	17 500	17 500	1 300	13 700	2 500
四　川	36 612	42 015	40 465	38 217	21 527	8 171	8 519
贵　州	19 030	8 179	5 080	5 080	3 667	538	675
云　南	6 554	12 084	3 932	3 784	2 898	147	739
西　藏							
陕　西	77 334	21 062	22 182	22 182	8 217	6 086	7 879
甘　肃	26 097	12 268	6 165	4 760	4 294	243	165
青　海	5 131	6 532	8 049	5 262	5 262		
宁　夏	3 991	268	555	555	400	1	94
新　疆	27 801	5 760	30 468	30 468	10 542	9 837	10 089

续表 1

地区	报告期末实有下岗职工人数	女性	未领到基本生活费人数	按年龄分组		
				35 岁以下	35～46 岁	46 岁以上
全国总计	633 078	233 680	26 143	292 329	214 184	126 565
北京						
天津	9 509	2 545		3 480	4 040	1 989
河北	18 335	8 891		7 771	7 026	3 538
山西	30 920	11 495	1 237	13 209	12 068	5 643
内蒙古	16 032	5 347	55	8 238	6 939	855
辽宁	72 589	20 608		25 538	11 620	35 431
吉林	20 323	6 942	3 166	12 366	6 128	1 829
黑龙江	43 000	18 900		13 000	21 100	8 900
上海	4 206	1 554		1 003	2 153	1 050
江苏	11 228	4 808	154	3 749	4 070	3 409
浙江	848	266		265	481	102
安徽	26 065	9 137	338	12 911	7 396	5 758
福建	84	32		43	39	2
江西	6 000	3 000		1 500	3 600	900
山东	10 803	3 946	128	3 621	4 187	2 995
河南	38 914	14 764	555	21 673	10 155	7 086
湖北	20 564	7 547	15	6 435	10 763	3 366
湖南	43 501	18 600	5 150	22 354	12 755	8 392
广东	11 346	3 672	1 692	3 246	4 003	4 097
广西	4 114	1 217	2 418	1 495	1 609	1 010
海南	7 547	2 786	1 043	3 485	2 553	1 509
重庆	10 500	5 100		3 600	4 500	2 400
四川	38 162	14 222	49	20 968	10 894	6 300
贵州	22 129	6 735	985	9 870	7 070	5 189
云南	14 706	5 947	826	7 451	5 324	1 931
西藏						
陕西	76 214	21 502		45 749	28 343	2 122
甘肃	32 200	12 020	4 550	18 805	9 907	3 488
青海	3 614	939		1 423	2 056	135
宁夏	3 704	1 424		1 165	1 371	1 168
新疆	3 093	1 654		899	1 543	651

续表 2

地　　区	按受教育程度分组			进入再就业服务中心人数			
	大专及以上	中专、高中及相应学历	初中及以下		进中心1年以内	进中心1～2年	进中心2～3年
全国总计	47 633	246 799	338 646	620 052	609 342	9 452	1 258
北　　京							
天　　津	652	4 478	4 379	9 509	9 509		
河　　北	837	6 488	11 010	18 335	18 335		
山　　西	3 993	11 193	15 734	29 683	29 683		
内 蒙 古	908	4 735	10 389	16 032	16 032		
辽　　宁	4 641	20 850	47 098	72 589	72 589		
吉　　林	1 878	12 111	6 334	20 323	20 323		
黑 龙 江	3 700	14 600	24 700	43 000	43 000		
上　　海	400	1 509	2 297	4 206	4 206		
江　　苏	1 107	4 469	5 652	11 228	11 129	58	41
浙　　江	39	315	494	753	753		
安　　徽	1 291	8 531	16 243	25 778	25 778		
福　　建	4	28	52	30	30		
江　　西	500	1 500	4 000	6 000	6 000		
山　　东	969	3 837	5 997	10 310	10 310		
河　　南	2 850	17 422	18 642	38 007	38 007		
湖　　北	1 709	9 451	9 404	20 564	20 564		
湖　　南	4 155	18 534	20 812	43 501	40 623	2 878	
广　　东	738	3 946	6 662	11 266	9 625	825	816
广　　西	134	1 598	2 382	4 114	4 114		
海　　南	568	2 942	4 037	7 547	7 547		
重　　庆	700	3 900	5 900	10 500	10 100	400	
四　　川	3 505	17 206	17 451	38 162	35 668	2 093	401
贵　　州	1 476	8 892	11 761	21 408	21 408		
云　　南	2 461	4 766	7 479	14 062	14 062		
西　　藏							
陕　　西	3 131	29 879	43 204	76 214	76 214		
甘　　肃	2 360	14 631	15 209	27 362	27 362		
青　　海	178	2 071	1 365	3 371	1 393	1 978	
宁　　夏	293	1 936	1 475	3 667	2 447	1 220	
新　　疆	396	1 702	995	3 093	3 093		

分地区大中型工业企业下岗职工情况

(1998)

单位：人

地区	上期末结转下岗职工人数	报告期新增下岗职工人数	报告期减少下岗职工人数				
				再就业人数			
					到国有单位	到非国有单位	从事个体
全国总计	2 409 476	1 751 505	1 860 390	1 672 341	662 790	482 102	467 181
北京	16 627	79 804	48 255	48 255	33 921	12 670	1 664
天津	63 226	4 873	22 397	21 809	6 753	1 981	13 075
河北	93 940	92 309	92 941	89 729	49 884	7 916	26 622
山西	72 603	107 644	101 730	93 767	41 277	33 202	17 243
内蒙古	41 942	25 001	33 205	33 014	26 253	2 248	4 513
辽宁	250 328	135 040	110 506	81 677	22 617	8 231	35 505
吉林	155 693	151 971	141 520	141 520	58 815	21 555	58 401
黑龙江	44 500	26 100	39 100	38 500	9 000	12 800	16 700
上海	95 930	148 302	170 481	134 952	51 386	77 078	6 488
江苏	117 288	92 148	106 829	86 724	41 020	28 816	16 888
浙江	38 452	29 100	24 283	12 798	5 507	2 454	2 204
安徽	129 098	125 274	127 390	107 598	32 741	39 999	28 738
福建	1 121	3 333	3 403	2 364	420	788	1 101
江西	139 000	17 300	50 800	46 200	9 600	10 200	9 700
山东	109 137	112 236	145 755	143 830	77 761	34 462	31 607
河南	182 869	56 217	113 300	101 944	45 689	19 806	33 850
湖北	110 018	78 062	98 042	97 454	22 530	30 316	42 904
湖南	170 374	101 883	62 095	46 470	20 509	8 538	15 814
广东	49 771	16 959	16 173	8 279	3 242	2 624	1 734
广西	29 918	22 932	35 090	28 229	8 389	8 368	8 916
海南	27 072	6 046	5 516	4 106	1 627	1 184	1 147
重庆	79 100	41 100	64 800	64 800	6 900	44 700	13 200
四川	112 271	114 342	108 212	104 933	34 277	28 276	42 380
贵州	34 191	24 126	18 953	18 953	9 271	4 444	5 159
云南	19 842	26 171	16 084	15 260	2 714	6 025	6 521
西藏							
陕西	143 792	63 327	62 436	62 436	22 311	21 486	18 639
甘肃	48 550	10 471	6 453	4 836	4 079	342	310
青海	22 038	18 753	16 502	12 478	7 478	3 520	1 480
宁夏	9 122	422	553	484	400		80
新疆	15 030	25 013	20 729	20 729	6 975	8 679	5 075

续表 1

地　区	报告期末实有下岗职工人数	女　性	未领到基本生活费人数	按年龄分组		
				35 岁以下	35～46 岁	46 岁以上
全国总计	2 300 591	981 105	107 118	840 005	951 565	509 021
北　京	48 176	24 541		11 703	30 263	6 210
天　津	45 702	21 372		14 115	22 716	8 871
河　北	93 308	43 876		37 164	30 730	25 414
山　西	78 517	29 404	1 178	30 532	33 101	14 884
内蒙古	33 738	14 537	462	14 838	16 922	1 978
辽　宁	274 862	125 786		14 862	123 157	136 843
吉　林	166 144	69 805	5 102	71 579	68 421	26 144
黑龙江	31 500	13 900		10 700	13 100	7 700
上　海	73 751	33 505		9 699	48 576	15 476
江　苏	102 607	50 706	1 213	34 601	46 553	21 453
浙　江	43 269	21 685	352	10 836	22 651	9 782
安　徽	126 982	53 313	4 601	53 991	45 146	27 845
福　建	1 051	447		207	406	438
江　西	105 500	55 000		25 000	63 000	17 500
山　东	75 618	35 238	521	34 212	29 239	12 167
河　南	125 786	59 177	9 105	59 573	42 725	23 488
湖　北	90 038	39 767	1 257	33 012	39 961	17 065
湖　南	210 162	86 315	62 482	104 823	71 595	33 744
广　东	50 557	15 514	10 117	13 827	18 618	18 112
广　西	17 760	6 522	574	6 108	5 835	5 817
海　南	27 602	11 771	4 366	10 078	11 416	6 108
重　庆	55 400	26 500		19 200	23 500	12 700
四　川	118 401	49 956	1 728	53 518	41 936	22 947
贵　州	39 364	14 684	331	15 775	13 209	10 380
云　南	29 929	13 015	1 244	11 843	12 211	5 875
西　藏						
陕　西	144 683	29 967		92 143	46 965	5 575
甘　肃	52 568	22 968	6 191	27 799	16 675	8 094
青　海	24 289	4 686		10 617	10 012	3 660
宁　夏	8 991	5 340	13	4 990	2 284	1 717
新　疆	19 314	6 924		6 363	8 285	4 666

续表 2

地区	按受教育程度分组			进入再就业服务中心人数			
	大专及以上	中专、高中及相应学历	初中及以下		进中心1年以内	进中心1～2年	进中心2～3年
全国总计	153 916	867 839	1 278 836	2 215 764	2 165 508	43 774	6 482
北　京	1 900	22 422	23 854				
天　津	2 029	19 398	24 275	45 702	45 702		
河　北	4 829	36 743	51 736	93 308	93 308		
山　西	6 467	26 139	45 911	77 339	77 339		
内蒙古	1 095	13 852	18 791	33 735	33 445		290
辽　宁	16 292	61 682	196 888	274 862	274 862		
吉　林	8 357	73 614	84 173	166 144	166 144		
黑龙江	4 300	8 600	18 600	31 500	31 500		
上　海	4 292	28 051	41 408	73 751	55 313	18 438	
江　苏	5 255	43 885	53 467	102 607	96 334	5 306	967
浙　江	1 362	10 641	31 266	42 392	42 392		
安　徽	7 454	48 359	71 169	125 754	120 546	5 117	91
福　建	25	445	581	1 001	1 001		
江　西	16 000	32 000	57 500	105 500	105 500		
山　东	4 475	27 652	43 491	75 099	75 099		
河　南	9 859	54 509	61 418	114 076	114 076		
湖　北	6 388	33 690	49 960	90 038	90 038		
湖　南	18 592	92 725	98 845	210 162	207 333	2 829	
广　东	4 378	16 231	29 948	42 339	36 360	1 829	4 150
广　西	916	5 365	11 479	17 760	17 760		
海　南	1 847	10 412	15 343	27 602	27 602		
重　庆	3 500	20 500	31 400	55 400	53 100	2 300	
四　川	7 438	48 743	62 220	116 947	112 480	3 590	877
贵　州	2 562	13 648	23 154	39 215	39 215		
云　南	3 509	9 239	17 181	24 876	24 876		
西　藏							
陕　西	5 432	66 943	72 308	144 683	144 683		
甘　肃	4 508	20 468	27 592	46 730	46 730		
青　海	558	14 617	9 114	24 289	19 817	4 365	107
宁　夏	466	3 399	5 126	8 900	8 900		
新　疆	968	8 625	9 721	19 314	19 314		

分地区亏损企业下岗职工情况

（1998）

单位：人

地区	上期末结转下岗职工人数	报告期新增下岗职工人数	报告期减少下岗职工人数				
				再就业人数			
					到国有单位	到非国有单位	从事个体
全国总计	4 794 495	3 038 616	3 693 977	3 412 185	845 361	989 116	1 441 709
北京							
天津	72 038	6 336	25 673	24 770	8 190	1 945	14 635
河北	176 042	138 274	148 161	145 320	61 782	13 312	56 970
山西	146 182	151 189	159 765	150 339	49 649	55 119	40 779
内蒙古	151 047	127 179	176 725	175 959	76 932	29 267	69 760
辽宁	542 694	271 360	399 883	384 098	28 112	124 580	231 406
吉林	356 796	143 970	223 742	223 742	47 359	36 338	135 980
黑龙江	53 200	31 200	46 600	46 000	10 200	14 500	21 300
上海	34 245	103 327	70 652	58 974	6	34 229	1 926
江苏	228 369	177 734	224 360	165 584	57 850	60 718	47 016
浙江	59 862	45 756	44 954	31 904	10 625	8 662	7 487
安徽	200 878	202 829	192 577	179 016	46 025	61 644	68 555
福建	70 696	89 256	131 229	101 926	7 807	38 819	51 960
江西	221 900	67 900	21 800	113 100	15 600	21 600	32 400
山东	242 633	140 958	222 790	218 969	87 521	60 091	71 357
河南	343 420	88 097	236 495	214 753	72 618	49 607	87 750
湖北	204 267	265 473	224 870	223 430	40 920	65 131	116 174
湖南	397 714	175 149	143 561	120 883	27 165	26 306	63 504
广东	133 463	46 659	68 395	51 944	9 230	19 015	16 538
广西	76 194	132 272	152 588	133 057	34 638	34 978	58 007
海南	49 561	10 454	10 922	8 357	2 070	2 423	3 530
重庆	149 000	79 400	123 100	123 100	1 300	85 100	25 000
四川	250 566	192 065	228 083	215 311	57 084	59 426	98 768
贵州	77 951	40 120	35 435	35 435	12 838	8 847	13 737
云南	26 066	46 369	28 579	24 557	6 654	9 763	8 076
西藏							
陕西	301 124	129 980	128 965	128 965	32 867	42 391	53 707
甘肃	93 674	20 291	24 186	21 580	10 435	4 399	6 684
青海	27 625	18 827	14 852	6 169	1 889	813	1 718
宁夏	19 037	2 638	2 258	2 176	674	294	1 004
新疆	59 867	89 420	79 042	79 042	25 768	19 234	34 040

续表 1

地区	报告期末实有下岗职工人数	女性	未领到基本生活费人数	按年龄分组		
				35 岁以下	35～46 岁	46 岁以上
全国总计	4 139 134	1 765 296	295 125	1 561 730	1 742 768	834 636
北　京						
天　津	52 701	26 530		15 471	27 566	9 664
河　北	166 155	66 305		60 498	70 064	35 593
山　西	137 606	55 622	2 078	54 758	56 857	25 991
内蒙古	101 501	46 559	7 210	41 875	48 650	10 976
辽　宁	414 171	200 572		27 296	233 365	153 510
吉　林	277 024	122 604	12 932	111 706	116 993	48 325
黑龙江	37 800	15 700		9 600	22 000	6 200
上　海	66 920	28 823		10 399	43 020	13 501
江　苏	181 743	91 688	2 778	66 125	76 546	39 072
浙　江	60 664	27 399	904	17 309	31 161	12 194
安　徽	211 130	92 214	9 221	89 403	74 867	46 860
福　建	28 723	11 671		8 997	11 992	7 734
江　西	168 000	85 000	22 700	38 000	105 000	25 000
山　东	160 801	74 515	1 100	70 472	62 835	27 494
河　南	195 022	92 826	14 016	86 475	69 720	38 827
湖　北	244 870	118 008	6 685	88 465	113 763	42 642
湖　南	429 302	202 111	151 292	190 626	162 704	75 972
广　东	111 727	40 082	16 931	35 227	45 132	31 368
广　西	55 878	21 626	5 671	20 385	20 583	14 910
海　南	49 093	20 938	11 574	18 523	20 671	9 899
重　庆	105 300	50 400		36 400	44 700	24 200
四　川	214 548	100 330	7 346	90 925	79 469	44 154
贵　州	82 636	33 193	983	33 003	30 689	18 944
云　南	43 856	18 791	2 392	18 853	16 817	8 186
西　藏						
陕　西	302 139	12 998		205 869	83 296	12 974
甘　肃	89 779	44 681	16 214	48 107	27 346	14 326
青　海	31 600	11 214		15 684	11 000	4 916
宁　夏	19 417	9 522	180	9 789	5 993	3 635
新　疆	70 245	29 475		28 085	20 030	22 130

续表 2

地　区	按受教育程度分组			进入再就业服务中心人数			
	大专及以上	中专、高中及相应学历	初中及以下		进中心1年以内	进中心1～2年	进中心2～3年
全国总计	246 178	1 500 441	2 392 515	4 056 308	3 993 813	50 213	12 282
北　京							
天　津	2 048	22 168	28 485	52 701	52 701		
河　北	6 338	57 333	102 484	166 155	166 155		
山　西	8 803	48 820	79 983	134 028	134 028		
内 蒙 古	5 179	41 165	55 157	101 501	98 993	2 268	240
辽　宁	27 924	119 521	266 726	414 171	414 171		
吉　林	15 366	119 395	142 263	277 024	277 024		
黑 龙 江	3 100	9 500	25 200	37 800	37 800		
上　海	3 071	19 761	44 088	66 920	50 190	16 730	
江　苏	8 076	67 644	106 023	181 743	178 164	2 674	905
浙　江	1 993	15 820	42 851	59 638	59 638		
安　徽	12 049	77 695	121 386	206 595	201 387	5 117	91
福　建	1 001	10 518	17 204	28 723	28 723		
江　西	15 000	35 000	118 000	168 000	168 000		
山　东	9 601	59 232	91 968	158 544	158 544		
河　南	12 593	82 462	99 967	176 518	176 518		
湖　北	13 328	93 709	137 833	244 870	244 870		
湖　南	33 470	173 621	222 211	429 265	423 112	6 153	
广　东	5 123	42 946	63 658	99 460	85 215	4 167	10 078
广　西	3 019	19 317	33 542	55 878	55 878		
海　南	2 920	17 796	28 377	49 093	49 093		
重　庆	6 600	39 000	59 700	105 300	101 000	4 300	
四　川	10 745	72 317	131 486	207 356	202 654	3 841	861
贵　州	3 901	26 926	51 809	79 459	79 459		
云　南	4 485	13 768	25 603	32 551	32 551		
西　藏							
陕　西	18 642	127 634	155 863	302 139	302 139		
甘　肃	4 794	36 387	48 598	80 189	80 189		
青　海	1 063	12 661	17 876	31 600	26 530	4 963	107
宁　夏	1 101	6 574	11 742	19 222	19 222		
新　疆	3 290	20 495	46 460	70 245	70 245		

分地区城镇集体企业下岗职工情况

（1998）

单位：人

地区	上期末结转下岗职工人数	报告期新增下岗职工人数	报告期减少下岗职工人数	再就业人数	到国有单位	到非国有单位	从事个体
全国总计	2 665 011	1 569 775	1 720 500	1 517 869	148 071	552 194	780 962
北京	9 008	33 870	32 419	32 419	8 103	21 740	2 576
天津	26 100	4 120	10 165	9 582	526	4 922	4 134
河北	90 396	28 640	47 574	46 833	4 409	13 423	26 056
山西	55 894	14 576	15 875	14 174	649	4 894	8 148
内蒙古	7 965	120 898	95 248	94 413	9 394	47 830	37 189
辽宁	300 867	209 688	140 608	121 113	5 000	20 400	95 713
吉林	135 905	115 677	103 342	103 342	1 096	23 824	76 428
黑龙江	225 900	178 600	156 900	154 100	13 100	19 400	121 600
上海	3 291	70 232	18 494	16 747	6 578	9 868	301
江苏	223 432	208 984	281 567	209 410	30 025	118 246	61 139
浙江	101 544	57 508	78 859	54 166	2 935	28 830	19 877
安徽	153 590	64 292	82 263	62 452	7 676	19 419	33 522
福建	19 904	5 740	5 880	5 608	261	2 096	2 715
江西	69 200	48 500	64 500	57 700	10 400	9 800	20 500
山东	173 282	86 108	158 611	154 810	21 255	72 611	60 944
河南	180 720	42 137	80 605	78 283	6 453	26 173	44 849
湖北	194 082	55 739	57 593	51 834	3 845	16 328	31 602
湖南	186 326	64 006	57 004	50 636	2 100	15 432	32 684
广东	154 848	48 477	89 225	64 902	3 056	27 759	28 232
广西	15 783	802	7 844	6 877	171	2 381	4 325
海南	13 702	679	1 411	792	77	288	407
重庆	26 600	14 900	28 500	28 500	5 600	12 200	10 700
四川	128 386	49 562	60 567	55 453	2 346	17 563	35 544
贵州	18 799	6 121	5 458	5 458	107	863	4 488
云南	4 833	4 734	2 500	1 998	97	708	971
西藏							
陕西	101 854	21 669	21 794	21 794	1 186	11 047	9 561
甘肃	33 187	8 150	8 956	8 024	1 487	1 779	2 839
青海	5 207	1 981	4 431	4 364	6	1 916	2 400
宁夏	4 402	941	1 317	1 295	108	406	781
新疆		2 444	990	790	25	48	717

续表 1

地　　区	报告期末实有下岗职工人数	女　　性	未领到基本生活费人数	按年龄分组		
				35 岁以下	35～46 岁	46 岁以上
全国总计	2 514 286	1 132 395	1 026 595	708 263	1 128 646	677 377
北　　京	10 459	7 374		2 351	7 757	351
天　　津	20 055	12 062		4 383	10 712	4 960
河　　北	71 462	37 149	23 959	25 055	32 292	14 115
山　　西	54 595	26 783	44 044	17 918	26 635	10 042
内 蒙 古	33 615	15 089	5 056	10 799	14 637	8 179
辽　　宁	369 947	70 415		49 947	120 000	200 000
吉　　林	148 240	89 467	124 259	49 630	68 958	29 652
黑 龙 江	247 600	127 600	209 200	38 100	135 200	74 300
上　　海	55 029	30 226		7 206	33 878	13 945
江　　苏	150 849	72 272	10 802	48 746	71 520	30 583
浙　　江	80 193	39 988	12 354	15 116	42 950	22 127
安　　徽	135 619	71 729	61 872	48 632	58 584	28 403
福　　建	19 764	8 941	9 079	5 569	8 156	6 039
江　　西	53 200	26 700	53 200	24 000	18 300	10 900
山　　东	100 779	50 453	11 629	37 238	43 495	20 046
河　　南	142 252	74 813	88 742	56 649	56 250	29 353
湖　　北	192 228	101 599	54 127	61 790	93 045	37 393
湖　　南	193 328	80 145	92 083	69 751	84 308	39 269
广　　东	114 100	47 777	63 381	29 004	47 916	37 180
广　　西	8 741	4 221	6 401	2 579	4 077	2 085
海　　南	12 970	5 841	5 997	3 654	5 822	3 494
重　　庆	13 000	6 200	2 700	4 500	5 400	3 100
四　　川	117 381	60 645	48 087	34 703	52 193	30 485
贵　　州	19 462	11 155	13 836	5 224	9 087	5 151
云　　南	7 067	3 861	1 307	2 613	3 424	1 030
西　　藏						
陕　　西	101 729	30 544	61 588	34 744	58 546	8 439
甘　　肃	32 381	14 738	18 336	14 579	12 136	5 666
青　　海	2 757	1 721	2 008	1 300	1 254	203
宁　　夏	4 026	2 306	2 548	2 063	1 491	472
新　　疆	1 454	581		420	621	413

续表 2

地区	按受教育程度分组			进入再就业服务中心人数			
	大专及以上	中专、高中及相应学历	初中及以下		进中心1年以内	进中心1～2年	进中心2～3年
全国总计	155 486	822 265	1 536 535	907 112	194 899	6 649	1 216
北京	248	4 876	5 335	10 459			
天津	417	6 087	13 551	20 055			
河北	2 332	21 097	48 033	40 950			
山西	1 577	15 110	37 908	10 551			
内蒙古	1 132	15 434	17 049	22 776			
辽宁	68 420	98 000	203 527				
吉林	4 373	48 427	95 440	148 240			
黑龙江	17 500	128 200	101 900				
上海	1 453	9 522	44 054	55 029			
江苏	5 934	45 696	99 219	150 849	144 513	5 120	1 216
浙江	1 160	16 798	62 235	68 183			
安徽	4 475	35 708	95 436	23 627			
福建	238	4 735	14 791				
江西	3 900	20 200	29 100				
山东	3 216	29 763	67 800	99 699			
河南	3 884	48 418	89 950	13 959			
湖北	11 123	73 882	107 223	59 798			
湖南	8 829	61 688	122 811	55 105			
广东	6 892	36 589	70 619	53 409			
广西	802	2 960	4 979	2 190			
海南	802	4 242	7 926	12 970			
重庆	800	4 800	7 400				
四川	2 886	29 127	85 368	38 945	37 416	1 529	
贵州	248	4 978	14 236	2 992			
云南	244	1 254	5 569	886			
西藏							
陕西	1 304	37 730	62 695				
甘肃	1 128	14 498	16 755	12 479			
青海	40	695	2 022	1 810			
宁夏	112	1 073	2 841	2 147			
新疆	17	676	761				

分地区其他企业下岗职工情况

(1998)

单位：人

地区	上期末结转下岗职工人数	报告期新增下岗职工人数	报告期减少下岗职工人数				
				再就业人数			
					到国有单位	到非国有单位	从事个体
全国总计	370 775	197 305	260 959	221 647	21 017	61 588	134 742
北京							
天津		521					
河北	6 308	1 886	1 898	1 726	165	274	932
山西	1 360	716	410	381	80	45	256
内蒙古	7 021	9 940	11 806	10 978	1 575	2 449	6 954
辽宁	97 000	41 092	61 913	60 679	406	8 004	52 269
吉林	3 526	11 852	6 391	6 391	1 084	1 498	3 809
黑龙江	61 000	36 500	42 300	42 200	3 900	15 500	22 800
上海							
江苏	17 320	21 537	23 402	16 538	6 104	6 265	4 169
浙江	5 674	8 057	8 522	4 994	428	2 381	1 190
安徽	8 138	1 127	4 158	1 703	44	717	940
福建	654	101	187	182	9	114	54
江西	4 300	8 500	9 500	8 200	1 900	1 500	2 700
山东	435	542	707	707	278	44	385
河南	58 830	13 184	52 422	36 470	500	11 753	24 216
湖北	31 926	6 506	3 867	2 474	361	787	1 302
湖南	6 706	8 101	1 859	1 636	597	342	667
广东	14 686	5 899	9 363	6 281	710	2 554	2 229
广西	3 223	601	461	438	4	129	305
海南	476	80	122	65	6	18	40
重庆							
四川	31 669	18 480	19 696	17 937	2 604	6 400	8 933
贵州	615	203	359	359	8	123	228
云南		120					
西藏							
陕西	8 146	559	434	434	61	208	165
甘肃	1 762	1 081	1 121	813	193	469	151
青海		44	9	9			
宁夏							
新疆		76	52	52		14	38

续表1

地区	报告期末实有下岗职工人数	女性	未领到基本生活费人数	按年龄分组		
				35岁以下	35～46岁	46岁以上
全国总计	307 121	109 948	100 201	102 877	116 925	87 319
北　京						
天　津	521	218		147	256	118
河　北	6 296	2 683	2 080	2 575	2 545	1 176
山　西	1 666	936	1 286	560	910	196
内蒙古	5 155	2 481	1 771	1 743	2 693	719
辽　宁	76 179	1 000		10 000	24 998	41 181
吉　林	8 987	4 006	7 801	3 884	3 824	1 279
黑龙江	55 200	25 700	50 300	22 400	22 100	10 700
上　海						
江　苏	15 455	7 514	368	5 760	6 233	3 462
浙　江	5 209	2 583	243	1 023	2 711	1 475
安　徽	5 107	2 259	3 460	2 211	1 959	937
福　建	568	293	210	300	179	89
江　西	3 300	1 800	3 300	1 500	1 000	800
山　东	270	114		161	79	30
河　南	19 592	9 576	12 495	9 072	6 214	4 306
湖　北	34 565	18 416	3 408	12 252	14 683	7 630
湖　南	12 948	6 049	4 349	5 770	5 054	2 124
广　东	11 222	5 900	3 337	2 715	5 229	3 278
广　西	3 363	1 194	1 435	1 442	1 184	737
海　南	434	155	347	145	166	123
重　庆						
四　川	30 453	14 773	2 494	13 870	11 038	5 545
贵　州	459	170	412	224	183	52
云　南	120	60	120	80	20	20
西　藏						
陕　西	8 271	1 252		4 453	2 989	829
甘　肃	1 722	788	976	532	677	513
青　海	35	15	9	34	1	
宁　夏						
新　疆	24	13		24		

续表 2

地区	按受教育程度分组			进入再就业服务中心人数			
	大专及以上	中专、高中及相应学历	初中及以下		进中心1年以内	进中心1～2年	进中心2～3年
全国总计	25 362	118 864	162 895	93 576	40 008	1 403	37
北京							
天津	25	233	263	521			
河北	187	1 764	4 345	2 650			
山西	37	292	1 337	380			
内蒙古	317	3 238	1 600	3 552			
辽宁	5 000	32 000	39 179				
吉林	391	3 516	5 080	8 987			
黑龙江	11 200	26 100	17 900				
上海							
江苏	602	4 636	10 217	15 455	14 967	451	37
浙江	209	1 124	3 876	4 724			
安徽	435	1 527	3 145	733			
福建	27	202	339				
江西	400	800	2 100				
山东	4	75	191	270			
河南	1 089	7 300	11 203	2 778			
湖北	1 046	9 423	24 096	10 957			
湖南	719	5 671	6 558	6 918			
广东	742	4 806	5 674	6 128			
广西	673	1 209	1 481	2 915			
海南	36	168	230	434			
重庆							
四川	1 529	10 519	18 405	25 559	24 607	952	
贵州	8	195	256	40			
云南	10	45	65				
西藏							
陕西	638	3 294	4 339				
甘肃	34	690	998	545			
青海		31	4	30			
宁夏							
新疆	4	6	14				

企业再就业服务中心资金筹集与使用情况

(1998)

单位：千元

	上期末资金结转额	本期资金筹集额					
		合计	企业自筹	社会筹集		财政安排	
					失业保险基金调剂		中央财政补助
总计	363 661	13 116 487	3 954 180	2 320 664	1 436 540	6 841 632	1 847 339
#中央直属企业	21 223	1 312 389	808 855	123 755	92 830	366 842	320 348
#大中型工业企业	73 880	5 000 468	2 057 482	909 622	487 593	2 033 365	539 175
#亏损企业	70 702	6 709 910	2 116 380	1 328 301	770 433	3 265 209	1 000 884

续表1

	本期资金使用额					本期末资金结余额
	合计	基本生活费	养老保险费	医疗保险费	失业保险费	
总计	10 763 353	7 282 393	2 434 583	502 287	418 554	2 716 794
#中央直属企业	1 172 313	789 981	268 748	65 628	36 825	158 903
#大中型工业企业	4 653 604	3 071 623	1 090 271	265 402	183 610	420 745
#亏损企业	6 027 791	4 156 792	1 399 099	245 869	163 143	752 811

分地区企业再就业服务中心资金筹集与使用情况

(1998)

单位：千元

地区	上期末资金结转额	本期资金筹集额			
		合计	企业自筹	社会筹集	
					失业保险基金调剂
全国总计	363 661	13 116 487	3 954 180	2 320 664	1 436 540
北京		146 623	48 871	48 871	48 871
天津		70 653	45 703	13 000	13 000
河北		304 416	88 280	90 777	38 353
山西		423 135	46 752	38 383	36 917
内蒙古		317 331	89 747	37 027	22 984
辽宁	900	1 166 265	413 774	196 477	188 151
吉林		537 436	78 730	29 560	29 560
黑龙江		1 160 583	39 841	65 906	59 570
上海	109 233	999 569	435 551	204 343	148 454
江苏	8 593	794 544	395 760	221 112	72 027
浙江	26 440	632 685	367 738	106 373	46 226
安徽	7 044	428 364	171 642	114 487	73 947
福建	10 284	141 722	22 468	31 367	27 265
江西	6 925	168 797	44 897	23 594	5 813
山东	10 433	722 323	139 755	250 803	133 623
河南	2 071	539 928	108 431	144 107	81 477
湖北	65 900	667 292	249 987	81 807	45 810
湖南	924	806 000	154 377	194 858	85 372
广东	4 197	533 650	167 376	84 411	34 590
广西		149 247	49 108	36 260	6 542
海南	1 460	27 689	15 038	1 526	1 359
重庆	91 000	477 890	97 670	32 000	32 000
四川	7 609	677 365	411 938	64 660	30 899
贵州	403	195 689	55 336	12 849	4 739
云南	7 730	118 177	47 764	32 773	21 004
西藏					
陕西	2 433	335 561	40 000	65 561	60 000
甘肃		305 620	91 167	40 132	32 380
青海		122 558	10 942	4 546	2 721
宁夏	82	19 688	5 599	4 511	4 303
新疆		97 581	12 404	40 267	40 267

续表 1

地　区	本期资金使用额			
	财政安排	中央财政补助	合　计	基本生活费
全国总计	6 841 632	1 847 339	10 763 353	7 282 393
北　京	48 871	4 791	122 185	85 041
天　津	11 950	0	70 653	48 751
河　北	125 359	13 368	299 376	243 654
山　西	338 000	121 500	388 722	309 184
内 蒙 古	190 557	48 560	275 482	218 829
辽　宁	556 014	125 100	941 059	612 807
吉　林	429 146	259 846	497 917	353 500
黑 龙 江	1 054 836	194 836	715 918	529 440
上　海	359 675	6 222	974 766	501 587
江　苏	177 672	11 003	732 754	530 341
浙　江	158 574	234	560 767	330 031
安　徽	142 235	18 738	378 537	292 993
福　建	87 887		66 158	51 990
江　西	100 306	29 440	145 908	80 726
山　东	331 765	2 992	404 322	303 156
河　南	287 390	172 969	357 671	283 319
湖　北	335 498	72 500	537 273	390 831
湖　南	456 765	126 255	457 140	322 990
广　东	281 863	14 636	464 826	315 069
广　西	63 879	20 000	102 805	78 868
海　南	11 125	9 338	27 432	12 716
重　庆	348 220	181 720	652 390	360 883
四　川	200 766	34 879	575 423	403 947
贵　州	127 504	104 609	188 603	145 607
云　南	37 640	8 474	125 907	85 631
西　藏				
陕　西	230 000	17 503	170 114	108 749
甘　肃	174 321	126 500	271 760	118 886
青　海	107 070	77 070	115 462	65 119
宁　夏	9 578	2 000	18 879	16 512
新　疆	44 910	30 000	95 038	63 438

续表 2

地区	养老保险费	医疗保险费	失业保险费	本期末资金结余额
全国总计	2 434 583	502 287	418 554	2 716 794
北京	22 238	13 440	1 466	24 437
天津	15 120	1 837	4 946	0
河北	42 204	5 173	2 979	5 040
山西	46 333	14 699	4 974	34 413
内蒙古	46 800	4 598	5 255	41 849
辽宁	222 351	51 509	31 792	226 106
吉林	102 374	31 297	10 746	39 519
黑龙江	154 319	9 050	23 109	444 665
上海	223 369	124 073	125 737	134 036
江苏	167 348	20 990	14 075	70 383
浙江	164 817	35 401	14 245	98 358
安徽	65 218	9 402	9 777	56 871
福建	9 767	2 924	1 477	85 848
江西	51 653	9 075	4 454	29 814
山东	61 840	11 423	5 716	328 434
河南	53 298	12 048	7 433	184 328
湖北	120 296	10 722	15 424	195 919
湖南	110 280	9 740	14 030	349 784
广东	109 851	13 302	13 479	73 021
广西	18 497	3 264	2 176	46 442
海南	9 486	4 486	742	1 717
重庆	257 768		25 773	−83 500
四川	112 686	22 060	15 075	109 551
贵州	30 775	8 924	3 297	7 489
云南	31 885	3 840	4 551	0
西藏				
陕西	49 633	6 271	5 450	167 880
甘肃	62 553	47 920	42 401	33 860
青海	33 102	13 286	3 955	7 096
宁夏	1 878	318	171	891
新疆	28 727		2 873	2 543

企业工资总额同经济效益挂钩情况

（国有单位，1997）

单位：万元

	挂钩企业单位数（个）	职工平均人数（人）		上年工资总额		上年结存工资增长基金
		上年	本年	提取	实际	
总　计	45 357	17 172 481	17 223 958	10 504 822.2	9 753 730.2	4 678 756.4
一、中央企业合计	213	1 252 202	1 244 722	1 141 001.5	1 119 065.8	479 951.4
二、地方企业合计	45 144	15 920 279	15 979 236	9 363 820.7	8 634 664.5	4 198 804.9
＃亏损企业	16 153	4 842 802	4 506 022	2 259 893.3	2 127 509.0	863 344.1
1. 与上缴税利挂钩	4 133	1 485 257	1 642 991	723 444.1	688 131.3	466 051.6
＃制造业企业	1 072	733 069	875 273	378 237.1	334 692.0	283 314.7
2. 与实现税利挂钩	26 346	8 743 274	8 711 325	4 879 457.7	4 521 593.1	2 343 463.4
＃制造业企业	7 270	4 639 949	4 649 066	2 567 674.0	2 472 489.7	1 211 688.8
3. 百元产值工资含量包干	586	775 465	753 353	690 352.5	623 416.4	147 307.9
4. 吨煤工资含量包干	135	184 057	185 817	84 130.6	90 439.1	20 670.8
5. 换算吨公里工资含量包干	16	25 899	25 822	33 651.3	11 497.2	6 440.0
6. 吨矿工资含量包干	20	19 143	20 010	9 831.8	8 801.4	3 254.7
7. 吨水泥工资含量包干	40	25 954	26 974	13 925.9	12 635.6	5 815.9
8. 复合指标挂钩	4 863	1 947 500	1 933 329	1 296 222.8	1 117 376.1	473 895.0
9. 其他	9 005	2 713 730	2 679 615	1 632 804.0	1 560 774.3	731 905.7

续表1

	当年基数		当年挂钩实际完成情况	
	效益指标基数 总量	工资基数	效益指标总量	提取新增效益工资额
总　计		10 817 635.8		463 774.5
一、中央企业合计		1 184 009.4		108 649.1
二、地方企业合计		9 633 626.4		355 125.4
＃亏损企业		2 406 009.6		−145 916.0
1. 与上缴税利挂钩	635 622.5	816 282.4	692 203.2	9 147.1
＃制造业企业	371 903.2	418 394.1	444 943.5	−4 219.4
2. 与实现税利挂钩	9 193 862.8	5 057 331.8	8 858 030.9	153 295.8
＃制造业企业	4 864 868.9	2 684 660.9	4 546 312.2	30 649.7
3. 百元产值工资含量包干	2 813 721.1	512 501.2	2 912 546.5	124 264.0
4. 吨煤工资含量包干	188 031.0	107 878.7	57 040.0	4 574.4
5. 换算吨公里工资含量包干	90 248.6	11 674.6	92 469.3	1 350.7
6. 吨矿工资含量包干	72 725.5	9 861.9	80 183.1	−154.4
7. 吨水泥工资含量包干	343 410.9	15 077.6	427 455.7	1 152.8
8. 复合指标挂钩		1 278 092.2		51 306.9
9. 其他		1 824 926.0		10 188.2

续表 2

	当年工资总额	#未列入挂钩基数工资范围	#国家允许单列的工资	非工资性支出
总　计	10 407 380.1	274 797.3	200 276.0	149 371.7
一、中央企业合计	1 193 382.0	13 374.2	5 108.3	2 466.0
二、地方企业合计	9 213 998.1	261 423.1	195 167.7	146 905.7
#亏损企业	2 108 163.1	57 787.6	36 227.6	18 299.4
1. 与上缴税利挂钩	748 718.3	30 010.7	15 881.8	5 143.8
#制造业企业	392 225.8	19 415.4	10 418.1	3 635.6
2. 与实现税利挂钩	4 876 760.8	140 840.5	112 178.1	76 470.6
#制造业企业	2 522 549.9	69 939.0	53 242.7	30 178.8
3. 百元产值工资含量包干	543 914.3	5 738.4	2 619.6	11 068.6
4. 吨煤工资含量包干	100 303.4	2 195.6	1 047.8	3 691.4
5. 换算吨公里工资含量包干	13 293.2	1 148.8	774.3	789.5
6. 吨矿工资含量包干	10 163.3	981.5	365.5	1 516.1
7. 吨水泥工资含量包干	13 801.2	385.2	162.5	29.6
8. 复合指标挂钩	1 222 354.7	28 884.2	18 231.2	16 707.2
9. 其他	1 684 688.9	51 238.1	43 906.9	31 489.0

续表 3

	年末结存工资增长基金	主要经济效益指标完成情况			
		实现税利		上缴税利	
		上年实际	当年实际	上年实际	当年实际
总　计	5 678 744.9	8 820 621.1	8 450 558.5	5 362 992.9	5 094 918.0
一、中央企业合计	590 668.9	2 673 393.3	2 650 332.5	−17 262.9	−29 102.9
二、地方企业合计	5 088 076.0	6 147 227.8	5 800 225.9	5 380 255.8	5 124 020.9
#亏损企业	1 054 762.8	−508 023.0	−1 220 104.1	554 245.1	449 983.6
1. 与上缴税利挂钩	567 629.7	506 970.5	580 334.0	457 124.3	505 482.0
#制造业企业	321 043.4	257 001.0	331 809.6	264 459.8	263 494.6
2. 与实现税利挂钩	2 741 700.0	4 004 132.0	3 522 619.6	2 970 576.1	2 928 420.2
#制造业企业	1 444 209.7	2 347 687.3	2 295 604.6	1 698 575.1	1 759 805.6
3. 百元产值工资含量包干	234 828.7	120 535.0	136 300.9	138 801.6	145 782.4
4. 吨煤工资含量包干	31 324.7	37 366.0	33 448.8	26 294.5	23 263.8
5. 换算吨公里工资含量包干	6 531.4	1 409.4	2 296.4	1 728.9	1 829.2
6. 吨矿工资含量包干	2 264.3	−654.9	−47.1	2 213.1	1 619.3
7. 吨水泥工资含量包干	8 600.7	12 683.0	9 824.5	414 340.3	6 908.5
8. 复合指标挂钩	593 116.5	848 297.9	1 234 543.3	649 307.8	719 875.1
9. 其他	902 080.0	616 488.9	285 167.6	719 869.2	790 840.4

注：各种不同挂钩形式效益指标计量单位：换算吨公里工资含量包干为万换算吨公里；吨煤工资含量包干、吨矿工资含量包干和吨水泥工资含量包干为万吨。

分地区地方企业工资总额同经济效益挂钩情况

（国有单位，1997）

单位：万元

地　　区	挂钩企业单位数（个）	职工平均人数（人）		上年工资总额		上年结存工资增长基金
		上年	当年	提取	实发	
全国总计	45 144	15 920 279	15 979 236	9 363 820.7	8 634 664.5	4 198 804.9
北　　京						
天　　津						
河　　北	4 372	1 752 123	1 749 362	1 045 127.7	898 165.1	720 864.8
山　　西	1 550	598 679	585 024	281 257.5	268 721.7	89 816.0
内 蒙 古	503	159 515	152 262	62 601.9	73 246.5	34 978.1
辽　　宁						
吉　　林	2 658	958 038	914 670	657 781.8	613 987.5	334 804.3
黑 龙 江						
上　　海	26	85 200	83 083	199 142.0	181 862.0	
江　　苏	5 508	1 566 503	1 688 170	1 193 179.5	1 148 465.5	667 637.6
浙　　江	1 988	633 134	618 475	544 686.3	500 162.8	217 229.1
安　　徽						
福　　建						
江　　西						
山　　东	6 636	2 234 214	2 251 629	1 363 480.6	1 264 111.4	604 853.9
河　　南	482	2 072 431	2 048 464	966 325.2	920 033.3	419 950.7
湖　　北	4 911	1 448 549	1 473 683	772 774.1	622 042.1	206 772.4
湖　　南	4 545	1 469 237	1 486 203	767 328.9	706 290.1	352 173.0
广　　东						
广　　西						
海　　南	120	197 361	184 470	77 612.3	64 011.8	14 299.2
重　　庆						
四　　川	980	413 683	417 372	208 775.6	194 820.5	72 382.9
贵　　州	2 464	1 101 483	1 098 544	550 289.5	542 421.3	221 193.8
云　　南	2 278	478 002	475 394	257 618.4	227 914.3	82 999.9
西　　藏						
陕　　西	1 187	484 608	485 261	257 410.6	246 492.5	98 225.5
甘　　肃						
青　　海	302	76 015	80 689	38 044.4	41 557.2	16 794.5
宁　　夏	290	191 504	186 481	120 384.3	120 358.8	43 829.3
新　　疆						

续表1

地　　区	当年工资基数	当年提取新增效益工资额	当年工资总额	#未列入挂钩基数工资范围	#国家允许单列的工资	非工资性支出
全国总计	9 633 626.4	355 125.4	9 213 998.1	261 423.1	195 167.7	146 905.7
北　　京						
天　　津						
河　　北	1 101 802.9	64 309.9	1 088 091.8	44 601.4	42 540.7	32 541.3
山　　西	286 166.2	13 602.1	285 210.0	7 092.3	6 046.1	866.0
内 蒙 古	84 333.3	8 182.5	80 783.9	2 152.7	1 274.6	2 214.6
辽　　宁						
吉　　林	775 197.4	29 720.6	640 106.3	27 799.4	17 052.5	4 658.8
黑 龙 江						
上　　海	119 714.0		105 913.0			
江　　苏	1 233 281.6	43 674.8	1 136 129.4	36 252.7	23 383.4	27 933.4
浙　　江	537 718.8	59 015.5	576 958.6	25 621.2	19 785.7	6 409.7
安　　徽						
福　　建						
江　　西						
山　　东	1 278 470.6	115 482.0	1 335 811.8	32 453.8	32 453.8	15 415.5
河　　南	1 025 588.6	8 251.2	967 139.3	15 400.1	8 517.5	11 093.8
湖　　北	732 705.1	11 263.2	758 129.7	21 252.3	16 925.2	2 576.8
湖　　南	843 528.0	—58 931.0	714 497.7	9 611.5	7 114.3	8 189.9
广　　东						
广　　西						
海　　南	81 701.6	3 508.2	75 974.5		5 931.6	
重　　庆						
四　　川	214 596.8	6 968.7	211 233.5	5 874.8	2 449.8	1 152.0
贵　　州	590 206.4	39 610.6	550 939.9	19 357.9	5 670.5	6 809.8
云　　南	268 515.6	—6 839.8	255 905.7	6 929.2	6 572.0	171.6
西　　藏						
陕　　西	275 562.6	9 418.1	257 366.9	5 250.1	4 256.4	13 286.7
甘　　肃						
青　　海	52 394.4	3 911.5	47 126.3	540.7	472.4	48.2
宁　　夏	132 142.5	3 977.3	126 679.8	1 233.0	652.7	7 606.0
新　　疆						

续表 2

地　区	年末结存工资增长基金	主要经济效益指标完成情况			
		实现税利		上缴税利	
		上年实际	当年实际	上年实际	当年实际
全国总计	5 088 076.0	6 147 227.8	5 800 225.9	5 380 255.8	5 124 020.9
北　京					
天　津					
河　北	810 945.9	901 865.9	818 066.6	1 055 960.9	646 359.6
山　西	110 600.6	153 908.9	151 725.5	127 636.2	130 696.7
内 蒙 古	46 648.1	68 018.4	73 769.4	57 362.3	69 645.8
辽　宁					
吉　林	522 756.6	311 140.5	56 032.5	345 557.0	269 225.3
黑 龙 江					
上　海	13 801.0	67 250.0	73 422.0	64 181.0	65 556.0
江　苏	816 783.9	556 389.2	635 738.4	485 488.3	559 518.4
浙　江	256 216.3	517 629.5	544 660.3	283 482.2	337 406.7
安　徽					
福　建					
江　西					
山　东	680 033.0	1 256 794.5	1 175 658.3	845 046.0	913 316.2
河　南	490 957.4	773 961.6	694 711.4	611 719.2	552 670.6
湖　北	211 286.5	321 334.9	283 225.5	243 463.7	195 429.8
湖　南	423 693.9	159 781.0	84 697.8	303 042.2	296 619.7
广　东					
广　西					
海　南	17 602.9	25 674.3	34 524.9	19 835.6	27 732.1
重　庆					
四　川	87 437.7	63 183.2	55 841.1	83 784.5	87 693.6
贵　州	312 619.0	354 136.2	383 286.7	311 749.1	328 884.1
云　南	95 527.6	424 547.8	569 313.0	384 638.4	469 958.0
西　藏					
陕　西	117 802.7	123 057.1	94 047.5	90 172.0	98 183.3
甘　肃					
青　海	26 466.6	6 575.4	13 346.3	16 968.0	17 385.0
宁　夏	46 896.3	61 979.4	58 158.7	50 169.2	57 740.0
新　疆					

14个城市部分职工工资增长情况

	1998年10月平均工资（元）				
	合　计	计时和计件标准工资	奖金和计件超额工资	津贴和补贴	加班加点工资和其他工资
总　计	878.06	469.48	194.14	183.57	29.50
一、按企业、事业、机关分组					
1. 企业	857.28	400.28	133.04	311.64	12.34
2. 事业	897.55	430.76	130.14	306.41	30.25
3. 机关	876.87	478.41	205.74	160.68	30.43
二、按登记注册类型分组					
1. 国有	878.03	439.47	197.59	211.84	27.80
2. 城镇集体	708.88	379.14	179.65	128.72	18.83
3. 外商投资	1 071.70	637.99	228.30	160.83	44.52
4. 港、澳、台投资	967.34	571.04	192.29	166.95	37.05
5. 其他	1 022.91	663.53	173.27	136.52	48.27
三、按地区分组					
1. 北京	1 121.60	530.56	307.71	227.54	55.79
2. 天津	837.72	409.19	194.12	189.64	44.78
3. 上海	1 092.65	737.13	202.52	127.47	0.00
4. 福州	764.79	278.24	358.35	104.64	23.57
5. 重庆	643.88	369.86	98.61	150.45	24.96
6. 深圳	2 157.55	1 344.58	317.14	434.08	61.74
7. 西安	676.96	408.88	102.50	149.83	15.76
8. 成都	778.58	433.04	186.29	136.52	22.74
9. 哈尔滨	607.12	335.11	67.26	183.15	21.59
10. 济南	594.39	331.68	70.29	172.17	20.25
11. 无锡	903.06	408.23	223.53	239.33	31.97
12. 黄石	565.29	323.80	68.99	131.50	41.00
13. 秦皇岛	690.23	414.25	65.68	193.16	17.14
14. 佛山	1 149.89	429.88	557.99	135.18	26.84
四、按职工类别分组					
1. 工人	776.85	403.60	202.69	140.68	29.08
①初级工	684.69	382.81	150.89	128.61	20.10
②中级工	834.70	440.02	213.68	150.33	30.33
③高级工	785.50	406.57	186.07	157.44	35.14
④技师	1 079.03	592.70	294.30	147.78	43.52
⑤高级技师	902.07	535.21	145.93	161.07	54.29
⑥其他人员	742.65	325.48	267.71	118.34	30.79
2. 专业技术人员	984.17	520.47	188.77	246.09	28.46
①正高级专业技术职务	1 256.76	656.51	218.64	323.81	57.08
②副高级专业技术职务	1 149.39	633.71	165.84	330.72	19.12
③中级专业技术职务	1 026.69	536.95	196.84	259.75	32.48
④初级专业技术职务	880.23	466.60	181.47	208.44	23.55
⑤未评定技术职务人员	837.64	434.74	200.15	174.85	27.90

注：14个市共调查18 352名职工。

续表 1

	1998 年 10 月平均工资（元）				
	合　计	计时和计件标准工资	奖金和计件超额工资	津贴和补贴	加班加点工资和其他工资
3. 服务人员	889.90	485.57	214.90	142.21	39.65
①初级工	652.44	354.66	134.00	124.19	34.35
②中级工	1 027.09	451.90	363.95	158.30	34.63
③高级工	738.54	419.84	113.51	166.85	30.24
④技师	1 116.27	681.27	242.82	141.18	47.67
⑤高级技师	1 432.57	984.86	237.14	112.14	98.43
⑥其他人员	986.64	609.36	190.42	136.54	48.92
4. 企业管理人员	1 142.62	689.82	249.82	171.80	30.39
①厂长（经理）	1 398.43	881.65	292.24	184.73	38.65
②部门负责人	1 207.09	690.56	305.73	177.98	31.71
③其他管理人员	976.77	602.12	187.40	161.41	25.47
5. 机关事业单位管理人员	1 093.85	538.22	181.97	357.90	15.41
①正、副厅（局）长级	1 261.50	670.71	158.06	401.88	30.85
②正、副处长级	1 282.00	643.97	198.14	414.68	24.76
③正、副科长级	987.98	471.28	161.59	340.67	14.45
④科员、办事员级	1 068.62	520.11	201.96	336.46	9.37
⑤未评定职务人员	1 031.89	704.57	29.71	297.25	0.36
五、按工龄分组					
1. 5 年及以下	795.74	464.87	148.44	146.56	35.67
2. 6～10 年	918.38	478.19	217.86	191.29	29.96
3. 11～20 年	849.00	439.11	201.79	179.50	26.68
4. 21～30 年	884.97	476.63	188.61	189.72	28.30
5. 31～40 年	1 037.20	539.37	233.57	232.11	31.24
6. 41 年及以上	1 134.93	659.54	207.46	233.25	34.68
六、按年龄分组					
1. 20 岁及以下	592.78	343.84	61.48	146.09	41.37
2. 21～30 岁	863.99	464.39	199.21	169.45	30.14
3. 31～40 岁	879.55	462.87	200.54	186.05	28.12
4. 41～50 岁	884.26	475.32	194.97	184.25	28.00
5. 51～59 岁	1 064.47	558.86	236.02	239.27	30.11
6. 60 岁及以上	1 536.15	952.46	264.19	267.06	52.42
七、按学历分组					
1. 大专及以上	1 122.30	609.49	202.42	284.46	25.65
2. 中专（技工学校、高中）	864.64	459.04	208.15	164.04	31.91
3. 初中及以下	769.71	405.28	192.14	143.05	27.15

续表 2

	比上年同期增长（%）				
	合　计	计时和计件标准工资	奖金和计件超额工资	津贴和补贴	加班加点工资和其他工资
总　计	3.86	6.91	−1.47	2.36	0.75
一、按企业、事业、机关分组					
1. 企业	8.50	10.18	4.57	7.79	17.86
2. 事业	9.17	7.37	14.13	8.51	7.54
3. 机关	2.96	6.71	−2.73	0.43	−0.36
二、按登记注册类型分组					
1. 国有	4.43	6.98	1.75	2.11	3.85
2. 城镇集体	3.98	8.17	−6.09	5.36	−4.37
3. 外商投资	3.77	6.24	−2.96	4.22	4.58
4. 港、澳、台投资	−1.14	4.19	−12.03	2.75	−24.94
5. 其他	2.76	6.81	−5.87	−4.68	6.13
三、按地区分组					
1. 北京	4.02	8.34	3.63	5.83	−26.93
2. 天津	3.27	13.77	−12.50	2.93	−1.52
3. 上海	−1.72	2.20	−13.45	−0.99	0.00
4. 福州	10.20	2.36	19.07	3.73	15.94
5. 重庆	6.08	10.01	2.39	−2.65	25.62
6. 深圳	5.42	12.15	−6.70	−5.43	26.70
7. 西安	8.69	6.00	24.92	8.51	−7.24
8. 成都	4.10	5.48	7.78	−0.71	−15.87
9. 哈尔滨	5.52	0.25	−12.43	16.32	16.58
10. 济南	−1.10	−4.07	12.54	2.40	−17.95
11. 无锡	5.95	9.63	−2.06	8.65	1.43
12. 黄石	4.73	−0.28	27.48	5.79	11.87
13. 秦皇岛	0.47	3.76	−20.68	1.12	22.69
14. 佛山	1.67	16.03	−6.52	−5.18	27.20
四、按职工类别分组					
1. 工人	2.25	5.52	−2.44	1.23	−4.81
①初级工	−0.30	3.13	−8.76	0.28	−4.15
②中级工	3.08	5.93	−0.99	2.30	−4.71
③高级工	1.96	5.78	−3.78	2.21	−10.54
④技师	−0.05	4.13	−0.56	−5.96	−26.30
⑤高级技师	0.59	−1.95	6.74	10.00	−12.73
⑥其他人员	3.66	9.18	−0.55	−1.55	8.04
2. 专业技术人员	7.07	8.62	4.07	5.32	7.15
①正高级专业技术职务	5.96	7.28	−2.86	8.95	11.70
②副高级专业技术职务	8.94	5.41	13.56	9.15	19.65
③中级专业技术职务	6.81	8.70	2.42	6.42	4.98
④初级专业技术职务	7.00	9.03	5.46	2.97	10.67
⑤未评定技术职务人员	6.33	16.23	0.34	−4.50	−10.38

续表 3

	比上年同期增长（%）				
	合　计	计时和计件标准工资	奖金和计件超额工资	津贴和补贴	加班加点工资和其他工资
3. 服务人员	1.87	6.60	−5.18	1.11	−9.08
①初级工	1.47	2.03	−3.78	2.04	6.81
②中级工	−0.50	5.45	−3.81	−0.70	−25.81
③高级工	−3.74	2.12	−20.89	2.92	−25.09
④技师	25.97	52.38	1.24	−3.16	−5.92
⑤高级技师	19.07	18.21	33.01	−8.83	43.25
⑥其他人员	4.01	8.35	−5.25	1.78	−1.98
4. 企业管理人员	3.89	7.72	−6.46	4.60	11.32
①厂长（经理）	4.36	7.74	−7.24	8.65	8.90
②部门负责人	3.25	6.98	−3.13	0.32	8.23
③其他管理人员	4.10	8.43	−10.20	6.27	15.72
5. 机关事业单位管理人员	5.83	11.43	4.19	−1.65	30.26
①正、副厅（局）长级	5.08	7.40	−1.92	2.25	41.58
②正、副处长级	8.61	13.38	7.14	1.60	28.29
③正、副科长级	6.93	12.07	4.60	0.78	31.96
④科员、办事员级	2.64	7.85	2.32	−4.85	28.71
⑤未评定职务人员	5.56	53.69	1.33	−39.26	0.00
五、按工龄分组					
1. 5年及以下	6.22	8.19	2.38	2.55	13.09
2. 6～10年	4.90	8.59	−1.54	3.24	6.92
3. 11～20年	2.50	6.40	−2.80	1.60	−10.20
4. 21～30年	3.33	6.05	−2.39	2.26	1.65
5. 31～40年	4.57	6.75	0.83	3.36	2.09
6. 41年及以上	4.46	4.75	6.52	2.04	3.31
六、按年龄分组					
1. 20岁及以下	6.16	3.50	13.58	7.60	14.06
2. 21～30岁	5.52	9.05	0.23	2.08	7.80
3. 31～40岁	2.66	6.46	−2.91	1.32	−7.32
4. 41～50岁	3.11	5.99	−2.92	2.36	1.23
5. 51～59岁	5.61	7.50	2.62	4.59	0.30
6. 60岁及以上	−1.35	5.10	−19.55	−2.48	7.48
七、按学历分组					
1. 大专及以上	6.34	8.96	1.15	4.30	5.95
2. 中专（技工学校、高中）	3.33	6.86	−0.81	0.69	−3.22
3. 初中及以下	1.87	5.49	−4.80	1.63	0.04

14个城市部分职工工资总额构成情况

	1998年10月平均工资（以合计为100）				
	合　计	计时和计件标准工资	奖金和计件超额工资	津贴和补贴	加班加点工资和其他工资
总　计	100.00	53.47	22.11	21.06	3.36
一、按企业、事业、机关分组					
1. 企业	100.00	46.69	15.52	36.35	1.44
2. 事业	100.00	47.99	14.50	34.14	3.37
3. 机关	100.00	54.56	23.46	18.51	3.47
二、按登记注册类型分组					
1. 国有	100.00	50.05	22.50	24.28	3.17
2. 城镇集体	100.00	53.48	25.34	18.52	2.66
3. 外商投资	100.00	59.53	21.30	15.02	4.15
4. 港、澳、台投资	100.00	59.03	19.88	17.26	3.83
5. 其他	100.00	64.87	16.94	13.47	4.72
三、按地区分组					
1. 北京	100.00	47.30	27.43	20.30	4.97
2. 天津	100.00	48.85	23.17	22.64	5.34
3. 上海	100.00	67.46	18.53	14.01	0.00
4. 福州	100.00	36.38	46.86	13.68	3.08
5. 重庆	100.00	57.44	15.31	23.37	3.88
6. 深圳	100.00	62.32	14.70	20.12	2.86
7. 西安	100.00	60.40	15.14	22.13	2.33
8. 成都	100.00	55.62	23.93	17.53	2.92
9. 哈尔滨	100.00	55.20	11.08	30.16	3.56
10. 济南	100.00	55.80	11.83	28.96	3.41
11. 无锡	100.00	45.21	24.75	26.50	3.54
12. 黄石	100.00	57.28	12.20	23.27	7.25
13. 秦皇岛	100.00	60.02	9.52	27.98	2.48
14. 佛山	100.00	37.38	48.53	11.76	2.33
四、按职工类别分组					
1. 工人	100.00	51.95	26.09	18.22	3.74
①初级工	100.00	55.91	22.04	19.11	2.94
②中级工	100.00	52.72	25.60	18.05	3.63
③高级工	100.00	51.76	23.69	20.08	4.47
④技师	100.00	54.93	27.27	13.77	4.03
⑤高级技师	100.00	59.33	16.18	18.47	6.02
⑥其他人员	100.00	43.83	36.05	15.97	4.15
2. 专业技术人员	100.00	52.88	19.18	25.05	2.89
①正高级专业技术职务	100.00	52.24	17.40	25.82	4.54
②副高级专业技术职务	100.00	55.13	14.43	28.78	1.66
③中级专业技术职务	100.00	52.30	19.17	25.37	3.16
④初级专业技术职务	100.00	53.01	20.62	23.70	2.67
⑤未评定技术职务人员	100.00	51.90	23.89	20.88	3.33

续表 1

	1998年10月平均工资（以合计为100）				
	合　计	计时和计件标准工资	奖金和计件超额工资	津贴和补贴	加班加点工资和其他工资
3. 服务人员	100.00	54.56	24.15	16.83	4.46
①初级工	100.00	54.36	20.54	19.83	5.27
②中级工	100.00	44.00	35.43	17.20	3.37
③高级工	100.00	56.85	15.37	23.69	4.09
④技师	100.00	61.03	21.75	12.95	4.27
⑤高级技师	100.00	68.75	16.55	7.83	6.87
⑥其他人员	100.00	61.76	19.30	13.98	4.96
4. 企业管理人员	100.00	60.37	21.86	15.11	2.66
①厂长（经理）	100.00	63.05	20.90	13.29	2.76
②部门负责人	100.00	57.21	25.33	14.83	2.63
③其他管理人员	100.00	61.64	19.19	16.56	2.61
5. 机关事业单位管理人员	100.00	49.20	16.64	32.75	1.41
①正、副厅（局）长级	100.00	53.17	12.53	31.85	2.45
②正、副处长级	100.00	50.23	15.46	32.38	1.93
③正、副科长级	100.00	47.70	16.36	34.48	1.46
④科员、办事员级	100.00	48.67	18.90	31.55	0.88
⑤未评定职务人员	100.00	68.28	2.88	28.81	0.03
五、按工龄分组					
1. 5年及以下	100.00	58.42	18.65	18.45	4.48
2. 6～10年	100.00	52.07	23.72	20.95	3.26
3. 11～20年	100.00	51.72	23.77	21.37	3.14
4. 21～30年	100.00	53.86	21.31	21.63	3.20
5. 31～40年	100.00	52.00	22.52	22.47	3.01
6. 41年及以上	100.00	58.11	18.28	20.55	3.06
六、按年龄分组					
1. 20岁及以下	100.00	58.01	10.37	24.64	6.98
2. 21～30岁	100.00	53.75	23.06	19.70	3.49
3. 31～40岁	100.00	52.63	22.80	21.37	3.20
4. 41～50岁	100.00	53.75	22.05	21.03	3.17
5. 51～59岁	100.00	52.50	22.17	22.50	2.83
6. 60岁及以上	100.00	62.00	17.20	17.39	3.41
七、按学历分组					
1. 大专及以上	100.00	54.31	18.04	25.36	2.29
2. 中专（技工学校、高中）	100.00	53.09	24.07	19.15	3.69
3. 初中及以下	100.00	52.65	24.96	18.86	3.53

劳动争议仲裁委员会受理案件情况

(1998)

单位：件

	上期结案件数	案件受理情况	
		案件数	劳动者当事人数（人）
总　　计	3 475	93 649	358 531
1. 国有企业	1 086	22 195	76 525
2. 城镇集体企业	577	13 579	40 056
3. 乡村集体企业	258	12 125	51 285
4. 外商及港、澳、台投资企业	632	22 537	113 761
5. 私营企业	199	10 790	48 130
6. 联营及股份制企业	115	4 537	11 998
7. 个体工商户	78	1 585	4 115
8. 机关社团事业单位	115	1 478	2 152
9. 其他	22	444	1 441

	集体争议数	集体争议劳动者当事人人数（人）	用人单位申诉案件数	劳动者申诉案件数
总　　计	6 767	251 268	4 446	84 829
1. 国有企业	1 358	54 377	1 494	20 701
2. 城镇集体企业	798	26 414	1 249	12 330
3. 乡村集体企业	1 121	37 980	704	11 421
4. 外商及港、澳、台投资企业	1 893	85 527	512	22 025
5. 私营企业	963	33 960	229	10 561
6. 联营及股份制企业	230	5 860	152	4 385
7. 个体工商户	111	2 277	72	1 513
8. 机关社团事业单位	52	645	46	1 432
9. 其他	32	1 049	12	432

续表 2

	争议原因			
	执行劳动合同			
	劳动报酬	保险福利	劳动保护	职业培训
总　计	31 396	20 206	6 931	566
1. 国有企业	6 658	5 386	674	156
2. 城镇集体企业	4 088	4 119	573	42
3. 乡村集体企业	4 043	3 443	1 451	38
4. 外商及港、澳、台投资企业	8 770	3 044	2 523	233
5. 私营企业	4 873	2 456	1 315	46
6. 联营及股份制企业	1 706	865	184	37
7. 个体工商户	716	388	150	5
8. 机关社团事业单位	418	406	45	7
9. 其他	124	90	16	2

续表 3

	变更劳动合同	解除劳动合同	终止劳动合同	其　他
总　计	2 840	13 069	4 752	9 515
1. 国有企业	586	4 623	1 613	2 499
2. 城镇集体企业	342	2 246	824	1 345
3. 乡村集体企业	611	1 036	604	899
4. 外商及港、澳、台投资企业	745	3 138	944	3 140
5. 私营企业	320	747	298	735
6. 联营及股份制企业	175	890	261	419
7. 个体工商户	34	96	61	135
8. 机关社团事业单位	30	262	124	186
9. 其他	4	27	26	155

劳动争议仲裁委员会处理案件情况

(1998)

单位：件

	案件处理情况			
	结案案件数	处理方式		
		仲裁调解	仲裁裁决	其他方式
总　计	92 288	31 483	25 389	35 155
1. 国有企业	21 829	8 008	8 422	5 399
2. 城镇集体企业	13 470	5 256	4 917	3 297
3. 乡村集体企业	11 928	4 041	2 126	5 761
4. 外商及港、澳、台投资企业	22 213	4 495	3 560	14 158
5. 私营企业	10 643	4 630	2 312	3 701
6. 联营及股份制企业	4 425	1 659	1 274	1 492
7. 个体工商户	1 554	697	460	397
8. 机关社团事业单位	1 461	520	577	364
9. 其他	439	108	97	234

续表1

	处理结果		
	用人单位胜诉	劳动者胜诉	双方部分胜诉
总　计	11 937	48 650	27 365
1. 国有企业	4 185	10 873	6 771
2. 城镇集体企业	2 002	7 220	4 248
3. 乡村集体企业	1 915	5 006	5 007
4. 外商及港、澳、台投资企业	1 710	14 701	5 802
5. 私营企业	995	6 478	3 170
6. 联营及股份制企业	704	2 474	1 247
7. 个体工商户	110	964	480
8. 机关社团事业单位	264	700	497
9. 其他	55	214	170

续表 2

	不服裁决向法院起诉案件数	本期未结案数	其他方式调解案件数
总　计	3 693	4 836	46 838
1. 国有企业	1 259	1 452	13 119
2. 城镇集体企业	553	686	7 973
3. 乡村集体企业	363	455	7 364
4. 外商及港、澳、台投资企业	312	956	9 161
5. 私营企业	255	346	3 608
6. 联营及股份制企业	193	227	2 706
7. 个体工商户	99	109	752
8. 机关社团事业单位	86	132	377
9. 其他	14	27	271

续表 3

	用人单位调解	
	受理劳动争议案件数	调解成功案件数
总　计	43 219	34 699
1. 国有企业	27 462	21 932
2. 城镇集体企业	9 619	7 851
3. 乡村集体企业	2 073	1 716
4. 外商及港、澳、台投资企业	697	408
5. 私营企业	567	456
6. 联营及股份制企业	1 851	1 640
7. 个体工商户	117	85
8. 机关社团事业单位	779	643
9. 其他	64	56

历年全国社会保险基金收支及期末结余情况

单位：万元

年份	基金收入				
	合计	基本养老保险	工伤保险	生育保险	医疗保险
1993	5 082 156	5 035 402	23 923	8 476	14 355
1994	7 166 088	7 074 245	45 547	14 735	31 561
1995	9 707 410	9 500 507	80 861	29 375	96 667
1996	12 071 813	11 717 369	108 917	55 173	190 084
1997	13 883 081	13 379 100	135 472	74 436	294 073
1998	12 166 412	11 251 329	211 558	97 601	605 924

注：医疗保险只包括大病医疗费用统筹数字；1998 年基本养老保险不包括中央部委系统统筹的数字。

续表 1

年份	基金支出				
	合计	基本养老保险	工伤保险	生育保险	医疗保险
1993	4 728 818	4 706 303	4 144	5 036	13 335
1994	6 657 520	6 610 902	9 424	8 081	29 113
1995	8 583 732	8 476 087	19 028	15 782	72 835
1996	10 550 887	10 318 689	36 997	32 865	162 336
1997	12 857 105	12 513 300	60 716	49 087	234 002
1998	12 087 075	11 395 208	90 435	68 462	532 970

续表 2

年份	基金期末结余				
	合计	基本养老保险	工伤保险	生育保险	医疗保险
1993	2 628 884	2 585 889	31 038	7 614	4 343
1994	3 136 746	3 047 662	67 688	14 281	7 115
1995	4 483 495	4 298 338	126 792	27 383	30 982
1996	6 097 225	5 785 604	197 492	49 296	64 403
1997	7 307 187	6 828 500	276 460	75 200	127 027
1998	6 575 569	5 874 141	398 371	103 086	199 971

历年全国各类企业参加基本养老保险职工人数及离休、退休、退职人员人数

单位：人

年份	在职职工人数			
	合计	国有企业	城镇集体企业	其他企业
1992	77 746 588	65 397 591	11 767 409	581 588
1993	80 081 670	65 908 407	13 185 000	988 263
1994	84 941 412	70 060 861	13 245 499	1 635 052
1995	87 377 929	71 307 660	13 702 616	2 367 653
1996	87 584 105	70 448 888	14 554 943	2 580 274
1997	86 709 700	68 883 700	14 373 400	3 452 600
1998	84 758 275	66 472 468	13 702 770	4 583 037

续表 1

年份	离休、退休、退职人员人数			
	合计	国有企业	城镇集体企业	其他企业
1992	16 814 953	13 394 192	3 384 413	36 348
1993	18 394 447	14 508 839	3 759 537	126 071
1994	20 794 000	16 670 513	3 935 877	187 610
1995	22 411 584	17 867 127	4 289 444	255 013
1996	23 583 113	17 572 209	4 668 569	342 335
1997	25 334 300	19 843 300	5 084 600	406 400
1998	27 273 130	21 440 754	5 253 383	578 993

历年全国各类企业基本养老保险基金收支及期末结余情况

单位：万元

年份		基金收入	基金支出	期末结余
1993	总　计	5 035 402	4 706 303	2 585 889
	1. 国有企业	4 121 355	3 824 911	2 373 503
	2. 城镇集体企业	737 853	760 869	131 676
	3. 其他企业	51 466	15 900	80 710
1994	总　计	7 074 245	6 610 902	3 047 662
	1. 国有企业	5 986 280	5 514 963	2 839 742
	2. 城镇集体企业	912 068	1 022 695	24 636
	3. 其他企业	175 897	73 244	183 284
1995	总　计	9 500 507	8 476 087	4 298 338
	1. 国有企业	8 025 770	7 162 391	3 904 164
	2. 城镇集体企业	1 112 733	1 181 729	－25 493
	3. 其他企业	362 004	131 967	419 667

注：1997 年中央部委系统统筹的数字包括在国有企业中；1998 年不包括中央部委系统统筹的数字。

续表 1

年份		基金收入	基金支出	期末结余
1996	总　计	11 717 639	10 318 689	5 785 604
	1. 国有企业	9 686 402	8 618 486	5 067 942
	2. 城镇集体企业	1 392 106	1 510 317	－160 932
	3. 其他企业	639 131	189 886	878 594
1997	总　计	13 379 100	12 513 300	6 828 500
	1. 国有企业	11 308 500	10 585 900	5 987 700
	2. 城镇集体企业	1 362 500	1 675 300	－486 500
	3. 其他企业	708 100	252 100	1 327 300
1998	总　计	11 251 300	11 395 200	5 874 100
	1. 国有企业	8 798 000	9 168 600	4 570 200
	2. 城镇集体企业	1 501 000	1 931 500	－917 700
	3. 其他企业	952 100	295 600	1 931 800

历年分地区参加基本养老保险职工人数及离休、退休、退职人员人数

单位：人

地区	在职职工人数				
	1994 年	1995 年	1996 年	1997 年	1998 年
全国	72 987 412	72 376 929	73 625 995	72 776 769	84 758 300
北京	1 772 038	1 770 084	1 927 000	1 854 353	2 452 100
天津	1 750 969	1 722 609	1 692 186	1 644 512	1 891 900
河北	3 540 984	3 535 212	3 445 113	3 503 608	4 192 200
山西	2 030 743	2 104 014	1 879 379	1 892 822	2 657 100
内蒙古	1 555 638	1 660 793	1 797 217	1 778 252	2 010 500
辽宁	5 443 219	5 648 737	5 582 985	5 662 493	6 524 700
吉林	2 576 250	2 596 267	2 574 867	2 571 773	2 785 600
黑龙江	3 901 817	3 635 974	3 610 447	3 650 220	4 548 300
上海	3 231 744	3 471 457	3 419 116	3 399 356	3 492 400
江苏	6 099 311	6 097 086	6 016 339	5 956 947	6 144 200
浙江	2 823 006	2 819 869	2 765 606	2 633 450	2 814 400
安徽	1 990 109	2 099 011	2 039 185	2 250 542	2 721 700
福建	1 168 670	1 111 255	1 298 500	1 337 103	1 531 500
江西	1 999 630	1 933 173	2 032 544	1 961 379	2 356 700
山东	4 619 911	4 785 224	4 919 205	4 924 917	5 788 800
河南	4 537 739	3 950 704	3 891 818	3 812 667	4 836 200
湖北	3 075 644	3 067 747	3 532 294	3 558 013	4 130 700
湖南	2 556 497	2 632 452	2 627 716	2 608 648	3 106 600
广东	4 334 003	4 400 568	4 371 800	4 177 402	4 565 500
广西	1 463 792	1 566 197	1 614 069	1 590 826	1 751 100
海南	780 527	821 249	814 820	624 005	620 300
重庆				1 628 980	1 803 100
四川	4 962 954	5 077 187	5 020 432	3 194 600	3 569 000
贵州	776 001	806 920	811 495	757 715	973 100
云南	1 350 094	1 378 066	1 386 903	1 262 187	1 492 500
西藏	38 995	39 916	40 170	41 368	49 400
陕西	1 818 884	1 758 963	1 679 000	1 644 419	2 076 800
甘肃	925 673	864 328	924 267	940 562	1 348 400
青海	242 510	241 751	242 015	251 781	351 700
宁夏	283 881	282 023	291 810	290 195	411 600
新疆	704 121	695 320	683 769	640 721	880 900
新疆生产建设兵团	632 058	802 793	693 128	730 953	701 400
人民银行					177 800

注：本表 1994—1997 年不包括部分中央部委系统社会统筹的数字。

续表 1

地区	离休、退休、退职人员人数				
	1994年	1995年	1996年	1997年	1998年
全国	17 723 049	18 817 784	19 752 685	21 118 236	27 273 100
北京	707 020	723 590	741 000	789 401	1 064 700
天津	568 448	587 340	619 842	656 807	745 600
河北	646 413	698 252	748 107	814 469	1 131 400
山西	445 443	466 873	397 032	418 544	714 000
内蒙古	292 739	332 154	374 443	394 678	555 100
辽宁	1 552 644	1 610 849	1 680 199	1 874 717	2 425 600
吉林	590 461	613 550	617 205	645 588	870 600
黑龙江	880 142	902 586	936 787	1 002 259	1 455 800
上海	1 508 345	1 555 903	1 612 348	1 734 133	1 896 000
江苏	1 324 256	1 396 541	1 463 787	1 572 634	1 764 400
浙江	725 058	764 701	806 159	855 431	966 100
安徽	395 107	442 875	448 414	537 566	776 900
福建	293 841	299 903	399 431	424 697	497 500
江西	452 085	450 946	474 450	484 987	640 600
山东	844 962	906 662	944 255	994 664	1 342 800
河南	740 377	714 013	751 513	795 140	1 159 400
湖北	566 285	669 168	768 397	821 783	1 074 800
湖南	569 290	627 162	729 781	766 059	1 019 300
广东	1 069 532	1 175 360	1 230 063	1 291 558	1 434 400
广西	290 106	311 777	343 396	358 066	464 300
海南	233 365	228 375	241 522	222 146	237 600
重庆				554 373	669 600
四川	1 414 456	1 531 527	1 575 528	1 105 344	1 379 800
贵州	171 870	195 993	201 557	217 644	342 300
云南	362 956	385 532	407 891	422 163	596 800
西藏	14 841	15 820	14 159	14 018	18 400
陕西	386 102	402 304	419 659	448 089	707 400
甘肃	172 200	179 509	199 062	228 376	396 800
青海	58 277	61 081	64 633	78 302	118 200
宁夏	55 802	58 742	61 641	66 075	114 400
新疆	158 329	177 781	185 640	189 520	300 400
新疆生产建设兵团	232 297	330 915	294 784	339 005	363 100
人民银行					29 100

历年分地区基本养老保险基金收支及期末结余情况

单位：万元

地区	1995年			1996年
	基金收入	基金支出	期末结余	基金收入
全国	7 247 775	6 419 922	3 901 990	8 735 774
北京	311 750	268 714	95 180	368 302
天津	208 002	258 800	40 739	250 409
河北	332 614	272 045	196 827	370 767
山西	158 836	138 712	90 865	144 520
内蒙古	82 319	74 636	54 298	112 206
辽宁	564 170	509 028	258 908	705 478
吉林	192 804	186 170	70 190	235 032
黑龙江	278 666	266 811	125 852	323 917
上海	817 206	727 174	244 556	948 679
江苏	618 432	567 006	207 809	797 162
浙江	412 998	336 668	290 136	468 910
安徽	133 163	107 745	108 894	169 907
福建	127 474	100 115	61 040	167 756
江西	130 860	124 970	100 474	191 361
山东	466 992	408 329	263 671	587 875
河南	260 059	218 943	231 367	311 628
湖北	298 773	251 727	191 679	306 213
湖南	184 134	159 569	156 688	272 897
广东	470 121	405 918	376 025	542 411
广西	130 357	98 732	137 299	149 050
海南	77 478	78 683	43 165	79 894
四川	403 960	367 331	175 607	483 678
贵州	54 851	43 238	43 676	69 087
云南	139 817	122 087	64 481	179 319
西藏	14 423	13 830	6 950	15 749
陕西	129 525	104 820	93 832	153 256
甘肃	60 676	43 193	65 949	91 968
青海	25 936	25 087	16 525	30 421
宁夏	22 696	17 773	21 177	26 469
新疆	67 677	60 716	40 273	84 049
新疆生产建设兵团	71 006	61 352	27 858	97 404

注：本表不包括部分中央部委系统统筹的数字。

续表 1

地 区			1997 年	
	基金支出	期末结余	基金收入	基金支出
全 国	7 720 166	4 917 598	9 814 600	9 449 773
北 京	289 350	174 132	444 172	411 688
天 津	264 875	26 273	289 593	306 542
河 北	332 332	235 262	392 641	390 924
山 西	147 483	87 902	158 247	149 245
内蒙古	100 580	65 924	147 234	131 888
辽 宁	625 000	339 386	784 287	764 269
吉 林	222 054	83 168	302 938	296 044
黑龙江	293 624	156 145	360 902	340 531
上 海	834 289	358 946	1 059 792	1 017 818
江 苏	765 794	239 177	826 756	829 532
浙 江	382 651	376 395	516 294	495 410
安 徽	149 491	129 310	225 848	218 960
福 建	140 896	87 900	180 221	175 618
江 西	137 065	154 770	176 105	172 167
山 东	505 255	346 291	626 909	592 884
河 南	258 839	284 156	342 635	324 780
湖 北	261 411	236 481	379 664	356 120
湖 南	254 782	174 803	318 066	311 955
广 东	509 087	409 349	605 689	592 446
广 西	114 568	171 781	148 455	149 172
海 南	78 326	44 733	88 653	84 689
重 庆			196 097	189 563
四 川	416 075	243 210	357 379	321 181
贵 州	58 159	54 604	77 172	73 358
云 南	153 476	90 324	214 088	198 557
西 藏	12 511	10 188	13 217	14 571
陕 西	130 490	116 598	165 184	159 033
甘 肃	80 182	77 735	124 078	112 181
青 海	26 822	20 124	37 774	39 033
宁 夏	18 870	28 776	29 379	23 006
新 疆	72 366	51 956	93 644	91 977
新疆生产建设兵团	83 463	41 799	131 487	114 651

续表 2

地　区	期末结余	1998 年 基金收入	基金支出	期末结余
全　国	5 282 895	11 251 329	11 395 208	5 874 141
北　京	206 636	564 632	542 781	228 487
天　津	9 324	382 825	386 993	5 156
河　北	236 979	448 409	430 603	254 785
山　西	96 905	171 563	178 183	90 285
内蒙古	81 270	216 435	206 903	90 802
辽　宁	359 404	859 143	941 635	276 912
吉　林	90 062	325 329	352 072	63 319
黑龙江	176 516	405 768	461 627	120 657
上　海	400 920	1 154 993	1 183 260	372 653
江　苏	236 401	950 225	977 415	447 120
浙　江	397 279	554 494	565 754	386 019
安　徽	136 674	244 158	254 382	126 450
福　建	92 503	215 111	198 056	109 558
江　西	158 708	188 413	204 156	142 965
山　东	380 316	660 049	649 287	391 078
河　南	302 011	396 413	416 563	281 861
湖　北	260 025	388 128	376 816	271 337
湖　南	180 914	355 937	379 302	157 549
广　东	422 592	867 465	713 963	1 073 310
广　西	171 064	167 186	209 200	129 050
海　南	48 697	92 624	96 098	45 223
重　庆	95 738	200 448	208 729	87 457
四　川	190 194	402 186	376 972	215 408
贵　州	58 418	94 391	94 733	58 076
云　南	105 855	254 141	250 925	109 071
西　藏	8 834	11 956	22 828	−2 038
陕　西	122 749	185 406	212 831	95 324
甘　肃	89 632	134 754	135 503	88 883
青　海	18 865	39 279	50 427	7 717
宁　夏	35 149	32 205	31 337	36 017
新　疆	53 623	112 822	116 355	50 090
新疆生产建设兵团	58 638	174 441	169 519	63 560

历年分地区大病医疗及离退休人员医疗费用统筹情况

单位：万元

地区	1995年				
	职工人数（人）	离退休人员人数（人）	基金收入	基金支出	期末结余
全国	7 026 144	432 560	96 667	72 835	30 982
北京	6 810		34 000	22 169	11 831
天津					
河北	2 479	38 967	3 357	2 817	976
山西	2 672	78 518	1 791	1 137	1 260
内蒙古	520	2 509	607	526	106
辽宁	836	12 184	1 191	1 264	108
吉林	5 042	64 286	3 032	2 719	1 053
黑龙江	251	3640	113	53	60
上海					
江苏	949	18 269	1 981	1 299	938
浙江	8 906	23 670	9 070	7 383	2 133
安徽	152	1 932	54	52	21
福建	168	7 115	255	206	91
江西	4 189	15 361	5 311	4 310	1 121
山东	2 819	53 922	4 116	2 806	1 849
河南	1 267	42 448	4 728	4 465	1 097
湖北	719	21 356	926	812	418
湖南	518	22 095	1 514	1 543	147
广东	2 389		6 244	5 714	1 053
广西	557	11 964	814	608	361
海南	1 550		3 792	1 525	2 577
四川	10 613		13 353	11 295	3 705
贵州	65	893	10	1	
云南		53	19	8	14
西藏					
陕西	156		25	12	27
甘肃	310	3 502	101	66	49
青海		732	58	42	−11
宁夏		144	5	3	5
新疆					
新疆生产建设兵团					

续表 1

地区	1996 年				
	职工人数（人）	离退休人员人数（人）	基金收入	基金支出	期末结余
全国	7 911 835	644 715	190 084	162 336	64 403
北京	803 023		56 346	54 181	19 166
天津					
河北	172 714	39 736	4 583	3 400	1 359
山西	519 058	74 007	2 669	2 555	1 374
内蒙古	55 461	2 534	673	666	113
辽宁	321 073	11 038	20 950	19 070	1 988
吉林	381 592	76 903	4 327	3 877	1 503
黑龙江	14 122	1 413	82	88	54
上海					
江苏	173 481	22 305	2 399	2 527	810
浙江	1 067 585	5 247	15 481	13 383	4 231
安徽	10 657	1 935	54	54	21
福建	15 364	9 574	636	462	265
江西	444 701	18 736	7 903	6 907	2 207
山东	1 111 424	211 115	14 136	8 285	8 204
河南	261 733	79 301	5 511	5 344	1 264
湖北	155 670	42 077	1 728	1 526	620
湖南	80 478	35 171	1 857	1 820	184
广东	389 853		22 147	14 150	9 050
广西	56 443	4 450	1 237	1 041	560
海南	103 665		9 499	7 468	4 507
四川	730 596		18 179	15 227	6 657
贵州					
云南		107	18	10	22
西藏					
陕西	4 427		30	20	37
甘肃	35 172	8 922	349	219	179
青海	3 543		87	54	22
宁夏		144	3	2	6
新疆					
新疆生产建设兵团					

续表 2

地区	1997 年				
	职工人数（人）	离退休人员人数（人）	基金收入	基金支出	期末结余
全国	10 823 373	1 730 757	294 073	234 002	127 027
北京	1 869 761		71 650	62 580	31 128
天津					
河北	242 183	47 009	4 087	3 464	1 982
山西	536 137	75 537	2 966	2 887	1 454
内蒙古	77045	15 839	1 706	1 333	486
辽宁	450 465	203 395	30 423	27 638	4 455
吉林	385 940	83 340	5 086	4 654	1 907
黑龙江	156 644	51 451	1 341	856	541
上海					
江苏	330 480	123 112	13 272	13 098	984
浙江	1 631 855	72 580	29 643	19 045	14 876
安徽	22 198	3 620	540	444	118
福建	19 435	13 330	828	691	398
江西	508 947	63 706	7 369	7 087	2 459
山东	1 816 452	423 092	34 059	23 146	19 117
河南	305 083	67 365	6 084	5 704	1 623
湖北	84 585	43 676	1 563	1 524	656
湖南	81 450	38 348	1 732	1 635	296
广东	576 626	19 377	40 144	23 214	25 980
广西	52 911	14 278	1 771	1 488	843
海南	117 231	26 539	11 549	11 496	4 560
重庆	80 868	15 802	1 456	1 387	402
四川	1 401 344	313 580	24 341	18 600	12 065
贵州					
云南		105	16	19	19
西藏					
陕西			28	19	46
甘肃	12 580	200	426	350	254
青海	38 483	6 790	257	199	80
宁夏			4	2	8
新疆	24 670	8 686	1 732	1 442	290
新疆生产建设兵团					

历年分地区失业保险基本情况

地区	1996年						
	年末参加统筹数		全年发放失业救济金人数（人）	失业保险基金收支及结余（万元）			
	单位数（个）	职工人数（人）		基金收入	基金支出	#失业救济金	年终基金滚存结余
全国	635 467	83 330 573	3 307 884	452 491.1	272 896.6	138 704.0	863 802.6
北京	17 222	2 160 370	31 000	25 106.6	8 521.0	2 074.0	42 485.0
天津	6 225	2 169 313	70 931	11 094.6	8 394.7	7 207.0	17 592.7
河北	32 729	4 632 411	62 329	21 459.5	15 758.6	8 807.0	34 428.9
山西	15 550	2 352 760	100 584	11 276.8	5 477.3	2 859.0	27 733.2
内蒙古	13 613	1 532 679	12 607	6 443.9	3 753.9	1 956.0	15 723.2
辽宁	38 806	7 966 544	208 224	24 387.2	17 711.3	10 977.0	50 700.3
吉林	27 585	2 935 110	27 254	9 905.3	5 256.7	2 671.0	24 786.7
黑龙江	26 643	4 369 100	621 056	14 404.4	9 102.2	4 870.0	40 026.9
上海	14 847	3 660 070	224 611	40 753.0	21 999.0	12 987.0	38 825.0
江苏	46 421	6 482 984	116 503	37 565.2	25 608.3	15 379.0	67 246.7
浙江	44 681	3 322 310	102 028	29 511.0	15 773.5	8 134.0	41 310.5
安徽	11 868	2 017 921	83 922	13 727.3	8 444.7	5 070.0	23 074.8
福建	12 880	1 326 542	52 378	10 009.0	6 527.0	4 580.0	22 443.0
江西	18 290	1 830 319	42 088	8 084.2	3 264.3	825.0	22 667.7
山东	26 275	5 252 644	156 660	27 287.1	18 643.0	8 797.0	51 091.6
河南	28 836	4 510 580	429 227	19 725.9	13 502.3	6 448.0	33 826.3
湖北	24 240	3 928 877	118 747	16 760.2	11 103.2	4 429.0	38 815.5
湖南	18 756	3 068 200	341 657	18 172.7	13 364.7	6 294.0	32 958.1
广东	65 822	4 326 143	89 484	28 648.7	18 046.0	9 350.0	60 865.0
广西	24 308	1 656 952	12 962	8 392.7	4 423.5	1 403.0	20 461.7
海南	8 244	410 820	5 173	2 741.0	1 193.5	322.0	6 022.2
四川	38 354	5 953 577	154 943	26 419.9	13 352.9	6 426.0	59 068.9
贵州	6 614	872 028	19 573	3 457.9	1 393.3	501.0	9 752.7
云南	18 899	1 355 315	6 657	7 914.4	4 210.4	1 172.0	14 254.2
西藏	464	34 748	63	219.4	60.6	6.5	903.8
陕西	18 785	2 362 329	54 814	11 977.0	10 221.0	2 845.0	21 908.0
甘肃	12 277	1 275 504	144 611	6 859.5	3 451.2	1 680.0	20 158.8
青海	3 164	294 530	2 823	1 474.7	656.3	255.0	4 548.7
宁夏	2 430	317 723	6 593	1 217.2	607.4	169.0	3 672.9
新疆	10 639	952 170	8 402	7 494.8	3 068.8	209.0	16 449.6

续表 1

地区	1997年						
	年末参加统筹数		全年发放失业救济金人数（人）	失业保险基金收支及结余（万元）			
	单位数（个）	职工人数（人）		基金收入	基金支出	#失业救济金	年终基金滚存结余
全　国	603 160	79 613 722	3 190 445	469 392.3	363 294.0	186 780.0	969 900.9
北　京	17 278	2 140 482	24 100	28 451.0	11 592.0	5 452.0	59 344.0
天　津	6 201	1 794 503	73 350	12 082.6	10 527.0	7 497.0	19 148.3
河　北	31 714	5 103 201	131 708	24 030.3	23 440.3	12 751.0	35 018.9
山　西	13 585	2 080 372	14 859	10 203.4	5 615.8	2 436.0	32 320.8
内蒙古	13 495	1 440 316	18 035	6 213.5	5 776.3	3 350.0	16 160.4
辽　宁	36 883	7 016 615	127 667	27 908.1	23 923.8	15 007.0	54 684.6
吉　林	22 268	2 640 266	39 095	9 245.4	6 025.7	3 756.0	28 006.4
黑龙江	26 000	4 142 373	874 741	13 735.7	11 869.4	6 664.0	41 893.2
上　海	18 355	3 716 654	216 020	44 688.0	27 914.0	15 643.0	55 599.0
江　苏	46 146	6 365 732	128 205	36 845.2	32 315.3	21 508.0	71 776.6
浙　江	41 210	3 210 276	136 835	32 298.0	21 992.2	13 198.0	51 616.3
安　徽	12 439	2 208 018	74 117	11 600.1	12 733.9	6 863.0	21 941.0
福　建	12 992	1 328 427	42 026	9 867.6	7 364.0	4 999.0	24 946.6
江　西	18 422	1 862 996	46 124	7 194.8	6 588.5	1 272.0	23 274.0
山　东	25 855	5 296 090	140 000	32 919.7	30 571.8	14 067.0	53 439.5
河　南	26 463	3 993 054	73 457	20 537.3	13 910.0	6 758.0	40 453.6
湖　北	22 015	3 811 564	85 095	15 986.6	20 141.5	5 138.0	34 660.6
湖　南	16 893	2 618 300	353 001	16 959.7	14 031.4	6 532.0	35 886.4
广　东	63 398	3 927 538	184 122	30 228.6	21 393.4	13 332.0	69 700.2
广　西	16 043	1 554 967	18 588	8 930.2	5 419.6	2 100.0	23 972.3
海　南	7 987	393 735	6 480	2 792.9	1 446.2	567.0	7 368.9
重　庆	11 513	1 585 873	33 983	9 235.9	6 868.5	3 707.0	22 896.6
四　川	25 169	3 851 358	57 384	15 764.1	11 068.2	5 320.0	43 235.6
贵　州	6 081	1 003 357	21 405	3 391.4	2 087.7	640.0	11 056.4
云　南	18 532	1 298 845	20 025	8 226.5	5 846.1	1 673.0	16 634.6
西　藏	399	32 343	81	315.7	64.1	3.0	1 155.4
陕　西	17 876	2 325 117	51 323	11 431.5	9 606.4	2 435.0	23 733.1
甘　肃	11 942	1 275 703	143 529	6 450.5	6 128.9	2 937.0	20 480.4
青　海	3 195	307 544	2 738	1 426.7	840.8	213.0	5 134.6
宁　夏	2 409	326 865	32 154	1 366.1	874.6	456.0	4 164.4
新　疆	10 402	961 238	20 198	9 065.2	5 316.6	506.0	20 198.2

历年分地区参加工伤保险职工人数和工伤保险基金收支及期末结余情况

地区	1995年				1996年	
	职工人数（人）	基金收入	基金支出	期末结余	职工人数（人）	基金收入
全国	26 147 640	76 000	18 128	125 574	31 026 041	108 917
北京						
天津						
河北	861 127	804	232	917	1 491 329	2 435
山西	1 022 895	831	252	774	844 310	1 204
内蒙古	131 014	159	26	135	188 943	401
辽宁	2 647 837	6 696	2 967	8 253	3 464 913	11 384
吉林	659 489	1 536	776	2 005	742 496	1 788
黑龙江	189 467	117	8	119	268 692	493
上海						
江苏	2 058 075	4 680	826	5 141	2 317 659	7 411
浙江	1 444 099	4 645	764	5 246	1 794 356	6 392
安徽	64 020	89	8	117	64 859	114
福建	836 387	3 100	633	3 859	1 211 327	5 444
江西	1 198 077	2 689	625	4 061	1 447 511	3 828
山东	806 290	1 134	234	1 300	1 393 491	4 236
河南	973 391	1 069	361	1 832	1 089 714	1 302
湖北	1 619 915	2 618	635	3 719	1 776 100	3 653
湖南	373 615	1 498	109	1 497	506 764	2 304
广东	7 219 742	34 459	7 590	69 932	7 350 758	42 302
广西	1 229 769	3 424	581	4 842	1 264 480	4 258
海南	461 214	1 387	314	2 949	487 132	1 413
四川	1 965 196	4 222	1 017	8 008	2 657 804	7 179
贵州	11 382	40	16	25	15 043	53
云南	18 770	54	18	69	249 448	473
西藏						
陕西						
甘肃	52 809	90	22	110	76 895	156
青海						
宁夏	143 645	296	39	454	144 200	325
新疆	12 719	66	1	65	20 132	107
新疆生产建设兵团	146 696	297	74	245	157 685	298

续表 1

地区	基金支出	期末结余	1997 年			
			职工人数（人）	基金收入	基金支出	期末结余
全国	36 997	197 492	35 077 901	135 472	60 716	276 460
北京						
天津						
河北	835	2 517	1 665 013	3 028	1 225	4 309
山西	389	1 589	844 845	1 340	509	2 422
内蒙古	123		200 426	375	200	588
辽宁	7 500	12 001	3 662 925	13 376	9 607	20 319
吉林	759	3 034	805 097	2 033	766	4 269
黑龙江	108	11 160	310 239	562	153	912
上海						
江苏	1 392	11 160	4 205 927	12 508	4 730	18 938
浙江	1 467	10 171	1 727 631	7 621	2 147	15 645
安徽	12	219	385 812	301	41	480
福建	1 669	7 634	1 256 225	6 346	2 270	11 891
江西	1 239	6 650	1 510 903	4 362	1 745	9 338
山东	1 053	4 483	1 632 953	5 061	3 127	6 417
河南	473	2 661	1 337 885	1 409	689	3 302
湖北	1 189	6 183	1 844 775	4 254	1 967	8 428
湖南	622	3 179	499 962	2 403	830	4 737
广东	13 860	98 374	7 604 098	51 406	20 256	129 226
广西	1 286	7 814	1 313 977	5 159	2 436	10 514
海南	418	3 945	479 474	1 783	643	5 160
重庆			332 328	940	989	1 549
四川	2 279	12 908	2 383 377	7 828	5 446	13 692
贵州	13	65	26 226	47	12	105
云南	82	460	476 468	2 176	581	2 042
西藏						
陕西				113	7	106
甘肃	31	232	84 418	183	38	381
青海			59 123	90	3	87
宁夏	59	720	141 861	345	145	920
新疆	10	162	50 729			
新疆生产建设兵团	129	141	235 174	423	154	683

历年分地区参加生育保险职工人数和生育保险基金收支及期末结余情况

单位：万元

地区	1995年				1996年	
	职工人数（人）	基金收入	基金支出	期末结余	职工人数（人）	基金收入
全国	15 002 090	28 964	15 816	27 418	20 155 547	55 173
北京						
天津						
河北	666 354	911	425	742	1 648 420	2 493
山西	1 099 840	1 433	485	1 178	1 188 946	1 709
内蒙古	68 639	82	47	54	127 159	234
辽宁	830 541	942	127	821	1 128 290	5 090
吉林	484 393	826	408	1 048	567 515	983
黑龙江	7 492	10	2	10	201 370	111
上海						
江苏	2 997 723	6 309	3 988	4 027	2 713 623	10 756
浙江	1 658 577	4 298	2 584	7 224	1 943 971	6 560
安徽	81 502	50	14	52	62 330	27
福建	362 968	775	426	812	613 139	1 204
江西	1 040 140	1 334	724	1 631	617 302	2 372
山东	1 206 371	1 967	1 275	1 760	1 988 768	6 287
河南	690 898	942	680	788	689 039	1 003
湖北	1 204 658	1 676	1 145	906	1 377 640	2 259
湖南	53 567	73	53	50	101 251	98
广东	1 577 124	4 133	1 792	3 616	1 727 449	8 060
广西	445 351	887	416	695	758 158	2 079
海南						
四川	998 160	1 663	975	1 153	2 201 605	2 720
贵州	2 364	1		1	11 133	14
云南	147 079	226	166	505	296 663	313
西藏						
陕西	45 197	8		8	49 066	132
甘肃	8 281	13	12	14	27 052	47
青海						
宁夏						
新疆						
新疆生产建设兵团	24 871	405	72	333	115 229	592

续表 1

地　区	基金支出	期末结余	1997 年 职工人数（人）	1997 年 基金收入	1997 年 基金支出	1997 年 期末结余
全　国	32 865	49 726	24 859 097	74 436	49 087	75 200
北　京						
天　津						
河　北	1 502	1 733	1 713 472	3 504	2 668	2 569
山　西	845	2 042	1 182 980	1 935	1 341	2 637
内蒙古	135	153	295 363	557	270	440
辽　宁	2 286	3 625	1 324 235	5 177	4 298	4 657
吉　林	453	1 578	647 037	1 474	578	2 470
黑龙江	51	70	223 078	354	310	111
上　海						
江　苏	6 565	8 218	4 067 823	14 754	8 804	14 168
浙　江	3 251	10 533	1 959 194	6 745	3 964	13 314
安　徽	25	84	143 541	155	42	198
福　建	693	1 323	1 060 065	2 621	1 762	2 174
江　西	1 287	2 716	1 432 440	2 940	1 926	3 731
山　东	4 380	3 667	2 437 227	8 371	7 228	4 810
河　南	774	1 017	676 847	1 043	802	1 255
湖　北	1 793	1 372	1 655 044	3 190	2 184	2 364
湖　南	65	83	181 295	199	79	203
广　东	5 408	6 268	1 927 475	10 167	6 559	9 876
广　西	1 027	1 747	794 288	2 518	1 455	2 825
海　南						
重　庆			168 185	242	209	87
四　川	1 662	2 211	1 881 439	4 806	2 633	4 330
贵　州	11	4	12 524	14	10	8
云　南	259	559	574 024	2 148	1 107	1 589
西　藏						
陕　西	37	103	55 673	131	84	150
甘　肃	23	28	28 850	78	53	52
青　海			74 843	111	14	97
宁　夏			113 289	228	241	−13
新　疆			23 406	171	136	33
新疆生产建设兵团	333	592	205 430	803	330	1 065

分地区失业保险基本情况

（1998）

单位：万元

地　区	参保人数（千人）						
	合　计	国有企业	中央直属企业	机关事业单位工人	外商投资企业中方职工	集体企业	其　他
全国总计	79 279.0	58 808.8	9 717.9	3 009.3	2 402.8	13 059.4	1 998.8
北　京	2 229.0	1 600.0	267.0	40.0	177.0	264.0	148.0
天　津	1 798.0	1 323.0	159.0		138.0	310.0	27.0
河　北	4 737.4	3 349.4	1 033.8	244.5	129.5	793.1	220.9
山　西	2 110.0	1 863.0	203.0	22.0	17.0	185.0	23.0
内蒙古	1 374.6	1 121.2	241.5	55.0	2.3	128.2	67.9
辽　宁	7 141.1	4 404.1	345.8	10.0	300.0	1 961.5	465.5
吉　林	2 401.0	2 033.0	185.0	13.0	9.0	346.0	
黑龙江	3 966.0	3 284.0	629.0	23.0	607.0	52.0	
上　海	4 253.0	2 061.0	209.0	790.0	558.0	638.0	206.0
江　苏	5 768.0	3 586.0	427.0	100.0	363.0	1 698.0	21.0
浙　江	3 003.0	1 649.0	147.0	173.0	134.0	781.0	266.0
福　建	1 280.5	1 011.8	73.0	3.0	67.4	173.2	25.3
江　西	1 827.7	1 563.6	181.1	114.6	6.3	143.0	0.2
安　徽	2 404.0	1 920.2	379.4	16.0	29.3	424.3	14.2
山　东	5 252.0	3 711.0	1 041.0	47.0	141.0	1 332.0	21.0
河　南	4 156.0	3 143.0	458.0	224.0	17.0	639.0	133.0
湖　北	3 782.3	3 233.7	504.2	137.6	35.6	342.7	32.8
湖　南	2 549.1	2 117.8	503.1	128.3	7.0	296.0	
广　东	4 208.7	3 370.0	142.2	224.0	119.1	424.3	71.3
广　西	1 482.0	1 182.0	160.0	107.0	19.0	131.0	43.0
海　南	425.1	230.6	1.4	119.3	29.5	33.5	12.3
重　庆	1 667.0	1 291.0	225.0	27.0	21.0	320.0	8.0
四　川	3 704.0	3 001.0	635.0	67.0	37.0	541.0	58.0
贵　州	836.0	820.0	251.0	6.0	1.0	7.0	2.0
云　南	1 294.0	1 028.0	180.0	62.0	8.0	172.0	24.0
西　藏	32.4	32.4	2.9				
陕　西	2 207.0	1 861.0	371.0	148.0	20.0	138.0	40.0
甘　肃	1 285.0	1 089.6	326.2	45.9	4.3	144.5	0.7
青　海	329.3	297.4	85.2	18.8		13.1	
宁　夏	332.0	305.0	41.0	18.0	5.0	4.0	
新　疆	927.9	818.5	310.0	17.8	7.5	69.0	14.8
新疆生产建设兵团	562.0	547.0		9.0			6.0

续表 1

地区	参保在职职工工资总额					
	合计	国有企业	机关事业单位工人	外商投资企业中方职工	集体企业	其他
全国总计	42 061 342.1	31 660 639.0	2 083 981.2	2 360 420.4	4 946 767.1	1 009 534.0
北京	2 398 850.0	645 498.0	44 352.0	303 598.0	241 402.0	164 000.0
天津	1 268 782.0	992 095.0		103 154.0	120 294.0	53 239.0
河北	1 975 339.0	1 554 040.0	48 176.0	49 557.0	262 784.0	60 782.0
山西	648 016.0	576 947.0	14 482.0	114.0	45 630.0	10 843.0
内蒙古	598 589.2	495 486.3	25 309.8	937.4	45 452.8	31 402.9
辽宁	2 780 226.6	2 094 698.4	7 067.0	151 058.0	493 874.2	33 529.0
吉林	794 928.0	704 074.0	3 154.0	5 357.0	82 343.0	
黑龙江	1 409 407.0	1 293 378.0	4 992.0	5 114.0	85 312.0	20 611.0
上海	5 424 186.0	2 645 934.0	1 079 729.0	919 766.0	510 619.0	268 138.0
江苏	2 946 837.0	1 844 397.0	71 229.0	273 824.0	748 129.0	9 258.0
浙江	1 930 132.0	1 141 840.0	96 230.0	155 292.0	391 604.0	145 166.0
福建	705 780.7	557 691.0	183.3	54 021.2	83 128.2	10 757.1
江西	858 913.7	711 808.4	60 552.9	1 990.6	84 526.9	35.0
安徽	1 014 119.9	859 752.4	7 215.4	10 374.5	135 016.8	1 760.8
山东	2 802 628.0	2 254 812.0	21 183.0	92 430.0	421 301.0	12 902.0
河南	1 343 412.0	1 034 830.0	78 334.0	13 565.0	175 418.0	41 265.0
湖北	1 271 590.0	1 115 510.0	41 419.0	12 461.0	89 493.0	12 707.0
湖南	1 219 811.0	1 078 602.0	46 717.2	5 336.6	89 068.2	87.0
广东	3 927 490.9	3 274 071.0	141 525.1	128 011.9	318 500.0	65 382.1
广西	615 497.0	511 841.0	31 799.0	12 406.0	39 014.0	20 437.0
海南	236 346.0	121 432.0	86 454.0	16 368.0	12 092.0	
重庆	877 251.0	704 902.0	16 765.0	13 816.0	13 848.0	3 279.0
四川	1 577 133.0	1 358 704.0	32 028.0	14 827.0	153 268.0	18 306.0
贵州	490 577.0	483 543.0	2 707.0	366.0	2 869.0	1 092.0
云南	751 375.0	613 504.0	37 408.0	7 409.0	82 299.0	10 755.0
西藏	26 163.0	26 163.0				
陕西	450 294.0	415 813.0	18 011.0	1 115.0	14 710.0	645.0
甘肃	411 233.1	368 551.4	16 694.4	1 398.1	24 465.9	123.4
青海	199 489.0	185 748.0	8 990.0		4 417.0	334.0
宁夏	128 308.0	116 522.0	8 541.0	1 800.0	1 445.0	
新疆	769 022.0	692 342.6	9 317.2	4 941.2	49 722.8	12 698.2
新疆生产建设兵团	240 787.0	212 338.0	23 902.0	12.0	98.0	4 437.0

续表 2

地　区	失业人数（人）		领取失业救济金人数（人）		单位缴纳的失业保险费			
	合　计	当年再就业人数	合　计	当年再就业人数	合　计	国有企业	集体企业	其　他
全国总计	3 517 515	1 601 435	1 581 000	632 515	496 530.5	392 651.1	53 091.0	50 794.7
北　京	35 373	12 165	23 875	8 213	25 706.0	23 018.0	2 181.0	507.0
天　津	159 900	113 000	63 633	23 362	16 794.0	12 954.0	1 595.0	2 245.0
河　北	225 900	63 400	26 166	20 148	23 367.3	20 942.2	1 548.3	876.9
山　西	43 676	15 054	39 993	15 054	9 842.0	9 417.0	333.0	92.0
内蒙古	43 489	30 845	28 878	20 527	6 761.1	6 175.1	219.2	366.8
辽　宁	141 020	14 165	114 907	11 681	28 526.9	23 023.8	4 801.8	701.3
吉　林	45 026	18 000	45 026		7 234.0	6 338.0	866.0	30.0
黑龙江	136 956	60 788	102 146	59 578	12 874.1	12 058.9	633.9	181.3
上　海	337 158	177 501	130 296	11 246	57 368.0	31 046.0	5 879.0	20 443.0
江　苏	177 321	95 846	146 629	76 095	43 917.0	32 098.0	7 194.0	4 625.0
浙　江	179 265	70 155	121 828	34 056	31 160.0	19 718.0	6 583.0	4 859.0
福　建	46 189	17 342	35 903	7 588	10 274.4	8 269.2	1 099.8	905.4
江　西	7 974	4 320	7 974	4 320	7 591.0	6 612.0	337.0	642.0
安　徽	90 556	30 336	55 756	23 834	12 180.7	10 514.2	1 436.6	230.0
山　东	134 092	64 036	98 383	36 177	36 544.0	29 049.0	5 109.0	2 386.0
河　南	75 562	54 401	64 309	48 093	18 931.3	15 670.3	1 398.4	1 862.6
湖　北	313 300	204 159	50 312	19 532	14 067.8	13 054.7	541.5	471.6
湖　南	474 799	189 289	128 039	95 572	15 682.0	14 183.2	1 200.0	298.8
广　东	328 500	199 800	110 484	28 837	28 954.9	21 190.2	3 602.3	4 162.4
广　西	22 398	8 749	19 566	8 749	9 785.3	8 154.5	509.5	1 121.3
海　南	3 536	1 871	3 960	1 730	2 363.5	1 214.3	120.9	1 028.2
重　庆	34 982	12 162	34 982	12 162	8 553.0	7 047.0	1 207.0	299.0
四　川	320 453	80 025	43 689	21 609	18 058.9	15 881.6	1 419.8	757.5
贵　州	18 146	4 248	8 058	1 691	3 876.0	3 691.0	106.0	79.0
云　南	27 115	20 967	19 968	13 820	13 216.0	11 024.0	1 907.0	285.0
西　藏	42		14		466.0	466.0		
陕　西	9 873	3 254	5 826	566	12 563.0	11 792.0	344.0	427.0
甘　肃	38 572	18 900	25 847	14 375	5 013.3	4 574.6	249.0	189.7
青　海	3 103	1 693	2 128	962	1 652.5	1 504.2	143.2	5.1
宁　夏	15 542	11 190	15 542	11 190	1 431.0	1 174.0	35.0	222.0
新　疆	21 141	1 890	5 519	1 355	9 510.7	8 728.7	490.1	291.9
新疆生产建设兵团	7 251	2 466	1 654	591	2 577.0	2 371.0	2.0	204.0

续表 3

地区	个人缴纳的失业保险费				利息收入	财政补贴收入	其他收入	
	合计	国有企业	集体企业	其他			合计	滞纳金收入
全国总计	105 529.9	82 700.0	13 166.4	9 663.4	54 337.7	4 360.7	23 409.0	63.83
北京	5 350.0	4 361.0	634.0	355.0	2 429.0			
天津	2 866.0	2 343.0	269.0	254.0	900.0			
河北	5 718.3	4 857.0	693.3	168.0	2 079.0		372.2	9.0
山西	3 359.0	3 182.0	135.0	42.0	1 265.0	10.0	3.0	
内蒙古	403.1	351.3	20.8	31.0	660.6	952.4	9.2	
辽宁	3 985.0	3 143.7	828.4	13.2	2 663.6	65.0	259.0	
吉林	1 625.0	1 536.0	86.0	3.0	1 106.0	6.0	28.0	
黑龙江	4 021.7	3 793.4	180.8	47.5	2 123.2		88.9	5.0
上海	6 992.0	3 362.0	700.0	2 930.0	1 977.0		5.0	5.0
江苏	8 846.0	7 345.0	1 120.0	381.0	4 071.0	602.0	326.0	5.0
浙江	11 583.0	6 609.0	2 636.0	2 338.0	3 590.0	549.0	769.0	14.0
福建	3 444.0	2 771.8	368.7	303.5	1 169.1	16.9	49.6	0.3
江西					1 587.0	3.0	921.0	
安徽	8 864.2	7 362.4	1 293.3	208.5	1 702.0	220.0	1 144.4	
山东	3 529.0	2 680.0	572.0	277.0	2 532.0	952.0	41.0	
河南	8 113.4	6 715.8	599.3	798.3	2 281.8	213.4	59.2	13.4
湖北	2 926.7	2 605.1	205.0	116.6	1 992.4	18.0	383.6	0.2
湖南	4 132.9	3 528.3	536.9	67.7	2 725.6	252.1	4 842.0	
广东	2 543.9	2 011.8	322.9	209.2	4 690.9	174.0	1 654.0	0.7
广西					1 612.5		431.5	
海南					544.1	0.2	13.8	
重庆	3 613.0	2 874.0	634.0	105.0	1 103.0		26.0	
四川	5 018.8	4 315.0	478.1	225.7	2 414.9	5.0	1 571.8	0.7
贵州	571.0	563.0	5.0	3.0	465.0	17.0	45.0	
云南	3 021.0	1 903.0	604.0	514.0	893.0		3 741.0	
西藏	233.0	233.0			61.0		2.0	2.0
陕西	79.0	77.0		2.0	1 373.0		50.0	2.0
甘肃	1 790.8	1 631.1	93.4	66.3	1 552.2		30.2	1.4
青海	6.3	5.1	1.0	0.2	633.1		4.2	4.2
宁夏	339.0	292.0	1.0	46.0	264.0		167.0	
新疆	2 149.6	1 914.2	148.6	86.7	1 674.6	304.7	6 371.6	1.0
新疆生产建设兵团	456.0	385.0		71.0	271.0			

续表 4

地　　区	生产自救周转金增值	转入保险金	固定资产	本年收入合计	上级补助收入	下级上解收入	上年结余	总　　计
全国总计	1 281.2	463.0	4 995.3	684 167.8	7 240.1	34 703.2	1 169 077.1	1 895 188.2
北　京				33 485.0			59 344.0	2 829.0
天　津				20 560.0			23 457.0	44 017.0
河　北				31 536.9	695.0	2 485.0	50 018.1	84 734.9
山　西	3.0			14 479.0	370.0	2 347.0	32 983.0	50 179.0
内蒙古				8 786.3	1 463.9	1 177.0	17 953.1	29 380.2
辽　宁				35 499.8	710.5	693.0	66 198.2	103 101.5
吉　林	28.0			9 999.0	477.0	2 525.0	31 126.0	44 127.0
黑龙江				19 107.8		243.1	54 331.3	73 682.3
上　海				66 342.0			55 599.0	121 941.0
江　苏	90.0		57 762.0	36.0	1 417.0	85 737.0		144 952.0
浙　江	280.0			47 651.0	978.0	3 621.0	78 490.0	130 740.0
福　建	23.6			14 954.0	26.4	3 986.1	27 077.8	46 044.3
江　西		422.0		10 102.0		793.0	32 476.0	43 371.0
安　徽	66.6			24 111.3	72.0	369.3	29 165.4	53 718.0
山　东		41.0		43 598.0			53 440.0	97 038.0
河　南	45.8			29 599.1		178.7	55 374.5	85 152.3
湖　北	5.9			19 388.4	180.0	766.1	46 863.5	67 198.1
湖　南	13.7		4 828.3	27 634.6			57 640.9	85 275.4
广　东	12.3			38 017.6	16.9	35.3	70 420.8	108 490.6
广　西				11 829.3	29.0	292.9	31 064.0	43 215.2
海　南	11.7			2 921.6	12.4	73.3	9 932.9	12 940.1
重　庆	7.0			13 295.0	822.0	5 134.0	24 381.0	43 632.0
四　川	47.7			27 069.4	678.1	1 322.9	50 169.4	79 239.9
贵　州	29.0			4 974.0	52.0	309.0	14 401.0	19 736.0
云　南	544.0			20 871.0	544.0	1 209.0	21 221.0	43 845.0
西　藏				762.0			1 151.0	1 913.0
陕　西	44.0			14 065.0	33.0	684.0	29 609.0	44 391.0
甘　肃				8 386.5		2 426.9	25 315.2	36 128.6
青　海				2 296.2		217.8	6 406.4	8 920.3
宁　夏			167.0	2 201.0	26.0	232.0	4 534.0	6 993.0
新　疆	29.0			20 011.1	17.9	2 159.8	20 198.2	42 387.0
新疆生产建设兵团				3 304.0		5.0	4 168.0	7 477.0

续表 5

地区	基金支出						
	合计	失业救济金	“送温暖”和解困	医疗补助费	丧葬补助费	抚恤救济费	转业训练费
全国总计	474 078.7	203 907.2	32 778.9	7 116.7	75.5	330.0	66 003.2
北京	23 384.0	4 540.0		306.0	1.0	1.0	2 316.0
天津	19 525.0	8 600.0	22.0	507.0	1.0	3.0	970.0
河北	21 981.2	8 700.0	64.0	63.6			5 388.7
山西	7 347.0	2 781.0	818.0	15.0			926.0
内蒙古	9 279.9	4 497.1		38.6			1 099.7
辽宁	41 043.0	18 358.7	2 160.5	593.9	9.2	6.6	2 024.1
吉林	10 597.0	4 183.0		37.0		25.0	672.0
黑龙江	15 641.2	4 979.8	1 220.2	81.76	2.3	1.4	1 357.3
上海	49 924.0	20 855.0		1 446.0	12.0	1.0	10 022.0
江苏	37 897.0	15 572.0		589.0	7.0	5.0	5 333.0
浙江	28 339.0	16 680.0	1 184.0	660.0	8.0		1 422.0
福建	9 914.6	5 141.1	792.4	116.7	0.3	64.9	870.2
江西	4 004.0	985.0	660.0	17.0			1 314.0
安徽	13 572.3	6 672.3	3 750.1	79.8	0.7	7.0	703.3
山东	36 540.0	14 957.0	2 625.0	380.0	13.0		10 216.0
河南	14 979.1	7 643.2	4 535.3	109.5	1.6		2 311.6
湖北	17 298.8	4 666.4	1 918.5	103.5	1.3	0.6	3 129.8
湖南	14 159.6	5 843.7	2 604.8	73.9	0.5	0.3	2 320.5
广东	25 641.9	20 156.0	751.8	975.2	11.0	150.6	1 853.4
广西	4 632.2	2 269.4	504.7	63.8	0.7		1 162.1
海南	2 124.8	847.4	108.0	3.1			572.5
重庆	10 880.0	4 333.0	83.0	333.0	3.0	7.0	612.0
四川	16 200.5	5 788.2	1 458.2	175.5	1.4	0.9	1 685.5
贵州	2 223.0	410.0	154.0	10.0			1 033.0
云南	8 907.0	3 043.0		247.0	1.0		842.0
西藏	323.0	8.0					5.0
陕西	11 902.0	6 479.0	5 320.0	14.0			1 664.0
甘肃	5 632.8	2 513.9	897.5	54.8	0.4	1.2	741.2
青海	1 070.8	171.7		2.5			109.0
宁夏	915.0	475.0	222.0	6.0			191.0
新疆	6 544.6	1 682.0	887.8	13.8	0.2	0.5	1 534.4
新疆生产建设兵团	1 804.0	135.0	37.0	3.0		54.0	1 612.0

续表 6

地区	其他支出					管理费支出	
	小计	银行手续费支出	调剂再就业资金支出	生产自救周转金减少	职业介绍费支出	合计	县级
全国总计	196 645.7	970.8	146 461.9	9 948.1	9 967.3	44 675.0	15 289.1
北京	16 220.0		10 943.0	1 833.0	800.0	2 134.0	
天津	9 444.0	6.0	3 579.0		825.0	629.0	
河北	7 829.0	8.0	7 465.5			2 617.7	1 147.8
山西	3 625.0	2.0	2 633.0	2.0	87.0	1 472.0	789.0
内蒙古	3 644.5	11.5	1 746.7			453.5	234.5
辽宁	20 051.0	9.6	17 675.6	649.7	1 089.5	1 678.0	365.0
吉林	5 680.0	3.0	4 199.0	1 176.0		475.0	400.0
黑龙江	9 218.8	35.2	8 376.5	10.0	6.5	1 979.0	653.9
上海	17 588.0	2.0	13 193.0		3 140.0	6 100.0	1 600.0
江苏	16 391.0	38.0	14 145.0	95.0	186.0	3 629.0	1 451.0
浙江	9 569.0	21.0	6 522.0	168.0	1 143.0	2 189.0	922.0
福建	3 721.5	7.3	2 666.8		26.1	440.3	
江西	1 688.0	1.0	1 516.0		15.0	571.0	274.0
安徽	6 109.2	51.3	5 767.4	150.6		954.2	346.3
山东	10 974.0	18.0	6 294.0			2 759.0	976.0
河南	4 913.3		4 468.3	445.0		2 370.0	970.1
湖北	9 397.2	35.6	3 408.2	1 944.2	1 466.5	652.2	
湖南	5 920.7	16.2	3 060.4	2 140.2	247.3	2 688.4	1 026.9
广东	2 495.8	17.1	1 599.5	811.1	34.1	1 694.5	390.0
广西	1 136.2	8.3	650.0		332.8	1 027.1	254.2
海南	701.8	2.5	664.5	34.8		169.1	57.3
重庆	5 592.0	8.0	4 785.0		2.0	867.0	194.0
四川	8 549.1	36.6	7 715.7	311.0	190.0	3 079.6	1 563.2
贵州	770.0	9.0	564.0		2.0	485.0	211.0
云南	4 774.0	11.0	4 070.0		12.0	871.0	550.0
西藏	310.0	2.0	284.0			2.0	
陕西	3 745.0	1.0	3 564.0	61.0	6.0	943.0	216.0
甘肃	2 321.3	6.0	1 647.6			684.5	306.2
青海	787.6	235.3	525.4		27.0	75.7	24.9
宁夏	243.0	1.0	183.0	59.0		102.0	32.0
新疆	3 313.7	36.3	2 555.0	41.6	188.6	745.1	333.8
新疆生产建设兵团		331.0	12.0	16.0	157.0	157.0	

续表 7

地区			本年支出合计	补助下级支出	上解上级支出	年终滚存结余	总计
	地级	省级					
全国总计	25 024.9	4 361.0	518 753.6	7 230.1	34 747.1	1 334 457.3	1 895 188.2
北京	845.0	1 289.0	25 518.0			67 311.0	92 829.0
天津		629.0	20 154.0			23 863.0	44 017.0
河北	1 350.0	120.0	24 598.9	695.0	2 485.0	56 956.0	84 734.9
山西	612.0	71.0	8 819.0	370.0	2 347.0	38 643.0	50 179.0
内蒙古	219.1		9 733.4	1 463.9	1 177.0	17 006.0	29 380.2
辽宁	1 240.0	73.0	42 721.0	710.5	693.0	58 977.0	103 101.5
吉林	75.0		11 072.0	477.0	2 525.0	30 053.0	44 127.0
黑龙江	1 145.9	179.2	17 620.1		243.1	55 819.0	73 682.3
上海	3 900.0	600.0	56 024.0			65 917.0	121 941.0
江苏	2 078.0	100.0	41 526.0	36.0	1 417.0	101 973.0	144 952.0
浙江	1 232.0	35.0	30 528.0	978.0	3 621.0	95 613.0	130 740.0
福建	440.3		10 354.8	26.4	3 986.1	31 677.0	46 044.3
江西	243.0	54.0	4 575.0		793.0	38 003.0	43 371.0
安徽	607.9		14 526.5	72.0	369.3	38 750.2	53 718.0
山东	1 583.0	200.0	39 299.0			57 739.0	97 038.0
河南	1 269.5	130.0	17 348.7		178.7	67 624.9	85 152.3
湖北	652.2		17 951.0	180.0	766.1	48 301.0	67 198.1
湖南	1 661.5		16 848.0			68 427.4	85 275.4
广东	1 304.5		27 336.3	6.9	79.1	81 102.1	108 490.6
广西	740.4	32.5	5 659.3	29.0	292.9	37 234.0	43 215.2
海南	47.4	64.4	2 293.9	12.4	73.3	10 560.5	12 940.1
重庆	414.0	259.0	11 747.0	822.0	5 134.0	25 929.0	43 632.0
四川	1 369.5	147.0	19 280.2	678.1	1 322.9	57 958.7	79 239.9
贵州	214.0	60.0	2 708.0	52.0	309.0	16 667.0	19 736.0
云南	261.0	60.0	9 778.0	544.0	1 209.0	32 314.0	43 845.0
西藏	2.0		325.0			1 588.0	1 913.0
陕西	590.0	137.0	12 845.0	33.0	684.0	30 829.0	44 391.0
甘肃	306.2	72.1	6 317.2		2 426.9	27 384.5	36 128.6
青海	36.2	14.7	1 146.5		217.8	7 556.0	8 920.3
宁夏	57.0	13.0	1 017.0	26.0	232.0	5 718.0	6 993.0
新疆	390.1	21.2	7 289.7	17.9	2 159.8	32 919.6	42 387.0
新疆生产建设兵团	157.0		1 961.0		5.0	5 511.0	7 477.0

续表 8

地　区	当年欠缴失业保险费数					历年累计欠缴失业保险费数	生产自救周转金	
	合　计	国有企业	中央直属企业	集体企业	其　他		合　计	年初数
全国总计	150 693.3	1 112.2	27 422.0	25 276.5	6 616.4	371 956.3		120 741.1
北　京	665.0	665.0				665.0	1 833.0	1 833.0
天　津	2 870.0	1 855.0	800.0	824.0	191.0	4 006.0	5 017.0	4 309.0
河　北	3 993.0	2 717.0	363.0	1 212.0	64.0	21 371.0	3 122.2	2 895.2
山　西	3 364.0	2 835.0	1 018.0	509.0	20.0	11 588.0	2 661.0	2 324.0
内蒙古	2 461.7	2 101.9	413.5	254.1	105.7	5 211.7	2 306.1	1 792.6
辽　宁	9 239.2	7 566.6	1 070.4	1 565.3	107.4	29 230.7		3 252.1
吉　林	8 114.0	7 009.0	400.0	1 105.0		14 532.0	1 295.0	1 967.0
黑龙江	11 723.0	10 163.0		1 174.0	386.0	48 214.0	6 149.0	6 159.0
上　海	1 225.0	618.0	75.0	135.0	472.0	1 225.0		
江　苏	13 543.0	8 523.0	9 768.0	3 588.0	1 432.0	26 921.0		12 932.0
浙　江	2 835.0	1 678.0	127.0	935.0	222.0	4 478.0	16 732.0	14 208.0
福　建	5 946.0	4 687.2	306.1	1 203.9	54.9	24 096.9	5 484.0	4 987.0
江　西	1 287.8	1 029.1	29.9	188.3	70.4	1 508.9		
安　徽	4 506.0	3 825.6	308.6	656.8	23.9	13 207.5	7 163.0	5 943.0
山　东	6 107.0	3 456.0	1 520.0	2 020.0	631.0	18 000.0		
河　南	4 442.2	3 434.5	275.1	603.3	404.4	13 562.0	9 511.5	4 075.6
湖　北	12 160.0	8 212.0	1 139.0	3 678.0	270.0	24 894.0	11 612.4	10 035.8
湖　南	19 255.9	16 635.4	3 858.3	1 872.7	747.9	34 469.3	9 475.3	8 571.2
广　东	7 137.2	6 261.3	668.7	621.7	254.3	14 710.2	2 619.3	2 894.6
广　西	3 473.0	3 115.0	187.0	271.0	87.0	3 500.0	2 876.0	3 644.0
海　南	815.8	494.6	7.7	63.7	257.5	2 316.5	1 721.7	1 426.4
重　庆	4 146.0	3 199.0	827.0	883.0	64.0	8 687.0		983.0
四　川	9 772.0	8 529.0	1 016.0	990.0	253.0	18 141.0	5 500.0	4 980.0
贵　州	378.0	283.0	32.0	16.0	79.0	2 929.0	2 532.0	2 482.0
云　南	581.0	510.0	135.0	49.0	22.0	1 191.0	5 190.0	4 360.0
西　藏	214.0	214.0	60.0			300.0	148.0	82.0
陕　西	4 968.0	4 575.0	1 578.0	213.0	180.0	10 629.0	7 486.0	6 689.0
甘　肃	2 152.2	2 004.8	924.9	118.8	28.6	4 880.5		2 457.8
青　海	318.6	293.0	169.2	20.7	4.9	1 688.0	1 199.7	1 012.7
宁　夏	675.0	650.0	51.0	18.0	7.0	1 724.0	799.0	426.0
新　疆	1 413.0	812.1	293.5	483.3	118.5	1 862.8	5 424.2	3 972.1
新疆生产建设兵团	987.0	925.0		4.0	58.0	2 595.0	64.0	47.0

续表 9

地　　区	收入数				支出数			生产自救周转金结余
	小　计	划拨的生产自救周转金	利息收入	其他收入	小　计	核销的生产自救周转金	其他支出	
全国总计	29 206.0	24 174.0	1 145.5	3 886.5	14 063.2	6 591.7	7 471.5	135 883.9
北　　京					1 833.0	1 833.0		
天　　津	708.0	708.0						5 017.0
河　　北	227.0	227.0						3 122.2
山　　西	339.0	336.0		3.0	2.0	2.0		2 661.0
内 蒙 古	513.5	513.5						2 306.1
辽　　宁	55.3	55.3			649.7	649.7		2 657.7
吉　　林	504.0	476.0		28.0	1 176.0	632.0	544.0	1 295.0
黑 龙 江					10.0	10.0		6 149.0
上　　海								
江　　苏	1 217.0	1 082.0	111.0	24.0	400.0	95.0	305.0	13 749.0
浙　　江	2 692.0	2 412.0	235.0	45.0	168.0	168.0		16 732.0
福　　建	780.8	294.5	2.3	483.9	283.8	150.6	133.2	5 484.0
江　　西								
安　　徽	1 220.0	1 220.0						7 163.0
山　　东								
河　　南	6 525.9	3 610.2	40.8	2 874.9	1 090.0	445.0	645.0	9 511.5
湖　　北	3 580.7	3 574.9	5.9		2 004.1	1 944.2	60.0	11 612.4
湖　　南	3 044.2	2 944.1	3.0	97.1	2 140.2	165.0	1 975.2	9 475.3
广　　东	535.9	530.3	—6.7	12.3	811.1	89.9	721.2	2 619.3
广　　西	1 081.0	1 081.0			1 849.0		1 849.0	2 876.0
海　　南	330.0	328.1	0.6	1.4	34.8	34.4	0.3	1 721.7
重　　庆	7.0		7.0					990.0
四　　川	831.0	783.4	47.7		311.0	311.0		5 500.0
贵　　州	50.0	50.0						2 532.0
云　　南	830.0		544.0	286.0				5 190.0
西　　藏	66.0	61.0	5.0					148.0
陕　　西	1 992.0	1 840.0	121.0	31.0	1 195.0	61.0	1 134.0	7 486.0
甘　　肃								2 457.8
青　　海	187.0	187.0						1 199.7
宁　　夏	373.0	373.0			59.0		59.0	740.0
新　　疆	1 493.7	1 464.7	29.0		41.6	1.0	40.6	5 424.2
新疆生产建设兵团	22.0	22.0			5.0		5.0	64.0

六、保险福利

历年全国离休、退休、退职人员年末人数

年　份	合　计	国有单位	城镇集体单位	其他单位	离退休、退职人数与职工人数的比例（以离退休、退职人数为1）
一、绝对数（千人）					
1980	8 160	6 380	1 780		1∶12.8
1981	9 500	7 400	2 100		1∶11.5
1982	11 130	8 650	2 480		1∶10.1
1983	12 920	10 150	2 770		1∶8.9
1984	14 780	10 620	4 120	40	1∶8.0
1985	16 370	11 650	4 670	50	1∶7.5
1986	18 050	13 030	4 960	60	1∶7.1
1987	19 680	14 240	5 380	60	1∶6.7
1988	21 200	15 440	5 680	80	1∶6.4
1989	22 010	16 290	5 620	100	1∶6.2
1990	23 010	17 240	5 660	110	1∶6.1
1991	24 330	18 330	5 880	120	1∶6.0
1992	25 980	19 720	6 090	170	1∶5.7
1993	27 800	21 430	5 960	410	1∶5.4
1994	29 290	22 490	6 200	600	1∶5.1
1995	30 941	24 014	6 206	721	1∶4.8
1996	32 116	25 153	6 155	808	1∶4.6
1997	33 507	26 374	6 217	916	1∶4.4
1998	35 936	27 827	6 042	2 044	1∶4.0
二、比上年增长（%）					
1980	36.9	46.0	44.7		
1981	16.4	16.0	18.0		
1982	17.2	16.9	18.1		
1983	16.1	17.3	11.7		
1984	14.4	4.6	48.7		
1985	10.8	9.7	13.3	25.0	
1986	10.3	11.8	6.2	20.0	
1987	9.0	9.3	8.5		
1988	7.7	8.4	5.6	33.3	
1989	3.8	5.5	−1.1	25.0	
1990	4.5	5.8	0.7	10.0	
1991	5.7	6.3	3.9	9.1	
1992	6.8	7.6	3.6	41.7	
1993	7.0	8.7	2.1	141.2	
1994	5.4	4.9	4.0	46.3	
1995	5.6	6.8	0.1	20.2	
1996	3.8	4.7	−0.8	12.1	
1997	4.3	4.9	1.0	13.4	
1998	7.2	5.5	−2.8	123.1	

注：本表包括民政部门和总后勤部事业单位支付离休、退休、退职费的人数。

分地区离休、退休、退职人员年末人数

(1998)

单位：千人

地区	合计	离休人员	退休人员	领取定期生活费的退职人员
全国总计	35 936	1 814	33 269	853
北京	1 593	95	1 449	47
天津	892	28	846	18
河北	1 479	117	1 332	30
山西	961	80	862	18
内蒙古	677	43	623	12
辽宁	2 846	153	2 611	82
吉林	1 159	73	1 061	24
黑龙江	1 728	107	1 586	37
上海	2 183	44	2 117	22
江苏	2 297	104	2 117	77
浙江	1 197	43	1 121	33
安徽	1 201	82	1 089	31
福建	738	25	692	22
江西	824	28	782	15
山东	1 698	158	1 463	77
河南	1 598	122	1 451	24
湖北	1 547	62	1 453	33
湖南	1 501	42	1 430	29
广东	1 802	71	1 704	27
广西	765	26	726	13
海南	302	9	274	19
重庆	835	15	802	18
四川	1 906	44	1 823	39
贵州	601	25	569	7
云南	848	39	795	14
西藏	36	1	35	
陕西	911	55	827	28
甘肃	567	31	521	17
青海	188	10	173	4
宁夏	160	11	145	5
新疆	898	75	791	32

注：本表包括民政部门和总后勤部支付离休、退休、退职费的人数。

分地区企业单位离休、退休、退职人员年末人数
(1998)

单位：千人

地　区	合　计	离休人员	退休人员	领取定期生活费的退职人员
全国总计	27 678	923	26 084	671
北　京	1 248	48	1 158	42
天　津	747	15	715	17
河　北	1 118	52	1 040	26
山　西	754	40	700	14
内蒙古	494	22	462	10
辽　宁	2 410	91	2 250	69
吉　林	953	42	890	21
黑龙江	1 471	66	1 374	32
上　海	1 904	26	1 858	20
江　苏	1 802	47	1 693	63
浙　江	897	18	855	24
安　徽	871	33	814	24
福　建	446	11	418	16
江　西	608	13	583	12
山　东	1 288	74	1 167	48
河　南	1 174	53	1 102	20
湖　北	1 213	28	1 159	26
湖　南	1 091	20	1 047	24
广　东	1 330	34	1 275	20
广　西	507	11	487	9
海　南	230	4	207	18
重　庆	667	9	643	15
四　川	1 404	24	1 350	30
贵　州	402	11	386	5
云　南	580	16	553	10
西　藏	16		16	
陕　西	675	27	632	15
甘　肃	427	16	402	9
青　海	115	4	109	2
宁　夏	112	5	105	2
新　疆	721	61	632	28
附：大连	293	12	270	10
宁波	122	2	117	3
厦门	47	1	45	1
青岛	225	7	214	4
深圳	12	1	11	1

历年全国保险福利费用总额

年份	合计	国有单位				城镇集体单位	其他单位	保险福利费用总额相当于工资总额的比重（%）
			单位支付	民政部门支付	总后事业单位			
一、绝对数（亿元）								
1980	136.4	119.3	116.0	3.3		17.1		17.7
1981	154.9	135.7	132.4	3.3		19.2		18.9
1982	180.5	157.0	153.8	3.2		23.5		20.5
1983	212.5	182.7	179.5	3.2		29.8		22.7
1984	257.7	213.4	210.4	3.0		43.4	0.9	22.7
1985	327.4	270.5	266.8	3.7		55.7	1.2	23.7
1986	413.5	338.8	335.5	3.3		72.6	2.1	24.9
1987	501.7	410.7	406.7	4.0		88.0	3.0	26.7
1988	655.5	540.0	533.4	6.6		110.8	4.7	28.3
1989	768.0	635.6	628.1	7.5		126.4	6.0	29.3
1990	937.9	777.3	770.1	7.2		152.8	7.8	31.8
1991	1 094.7	912.5	904.9	7.6		171.8	10.4	32.9
1992	1 309.5	1 095.8	1 086.6	9.2		198.8	14.9	33.2
1993	1 670.2	1 386.5	1 374.5	12.0		238.6	45.1	34.0
1994	1 958.1	1 646.2	1 628.7	17.5		248.1	63.8	29.4
1995	2 361.3	1 980.4	1 961.0	19.4		294.5	86.4	29.9
1996	2 725.3	2 296.6	2 276.5	20.1		317.8	110.9	30.0
1997	3 043.5	2 578.8	2 554.2	22.7	1.9	336.2	128.5	30.4
1998								
二、比上年增长（%）								
1980	27.1	25.7	26.3	17.9		37.9		
1981	13.6	13.7	13.8			12.3		
1982	16.5	15.7	16.2	−3.0		22.4		
1983	17.7	16.4	16.7			26.8		
1984	21.3	16.8	17.2	−6.3		45.6		
1985	27.0	26.8	26.8	23.3		28.3	33.3	
1986	26.3	25.2	25.7	−10.8		30.3	75.0	
1987	21.3	21.2	21.2			21.2	42.9	
1988	30.7	31.5	31.2	65.0		25.9	56.7	
1989	17.2	17.7	17.8	13.6		14.1	27.7	
1990	22.1	22.3	22.6	−4.0		20.9	30.0	
1991	16.7	17.4	17.5	5.6		12.4	42.5	
1992	19.6	20.1	20.1	21.1		15.7	43.3	
1993	27.5	26.5	26.5	30.4		20.0	202.7	
1994	17.2	18.9	18.5	45.8		4.0	41.5	
1995	20.6	20.3	20.4	10.9		18.7	35.4	
1996	15.4	16.0	16.1	3.6		7.9	28.4	
1997	11.7	12.3	12.2	12.9		5.8	15.9	
1998								

历年全国离休、退休、退职费

年份	离休、退休、退职费用总额（亿元）							人均离休、退休、退职费（元）	
	合计	国有单位	单位支付	民政部门支付	总后事业单位	城镇集体单位	其他单位	合计	#国有单位
一、绝对数									
1980	50.4	43.4	40.1	3.3		7.0		714.0	781.0
1981	62.3	53.3	50.0	3.3		9.0		706.0	774.0
1982	73.1	62.1	58.9	3.2		11.0		709.0	774.0
1983	87.3	74.0	70.8	3.2		13.3		726.0	787.0
1984	106.1	84.6	81.6	3.0		21.2	0.3	766.0	815.0
1985	145.6	116.1	112.4	3.7		29.1	0.4	935.0	1 043.0
1986	172.2	140.6	137.3	3.3		31.0	0.6	1 001.0	1 139.0
1987	208.1	171.9	167.9	4.0		35.3	0.8	1 103.0	1 261.0
1988	275.1	220.5	213.9	6.6		53.2	1.4	1 346.0	1 486.0
1989	319.4	258.9	251.4	7.5		59.1	1.4	1 478.0	1 632.0
1990	396.2	319.7	312.5	7.2		74.7	1.8	1 760.0	1 907.0
1991	467.5	380.7	373.1	7.6		84.5	2.3	1 975.0	2 141.0
1992	578.5	474.3	465.1	9.2		100.8	3.4	2 300.0	2 493.0
1993	759.3	623.2	611.2	12.0		123.9	12.2	2 824.0	3 029.0
1994	1 043.6	875.9	858.4	17.5		146.2	21.5	3 656.0	3 989.0
1995	1 305.6	1 093.1	1 073.7	19.4		182.4	30.1	4 335.0	4 701.0
1996	1 552.2	1 308.2	1 288.1	20.1		204.0	40.0	4 923.0	5 321.0
1997	1 790.8	1 517.6	1 493.0	22.7	1.9	225.2	48.0	5 458.0	5 890.0
1998	2 073.7	1 726.0	1 696.3	26.1	3.6	229.0	114.8	5 972.0	6 369.0
二、比上年增长（%）									
1981	23.6	22.8	24.7			28.6		−1.1	−0.9
1982	17.3	16.5	17.8	−3.0		22.2		0.4	
1983	19.4	19.2	20.2			20.9		2.4	1.7
1984	21.5	14.3	15.3	−6.3		59.4		5.5	3.6
1985	37.2	37.2	37.7	23.3		37.3	33.3	22.1	8.0
1986	18.3	21.1	22.2	−10.8		6.5	50.0	7.1	9.2
1987	20.8	22.3	22.3	21.2		13.9	33.3	10.2	0.7
1988	32.2	28.3	27.4	65.0		50.7	75.0	22.0	17.8
1989	16.1	17.4	17.5	13.6		11.1		9.8	9.8
1990	24.0	23.5	24.3	−4.0		26.4	28.6	19.1	16.9
1991	18.0	19.1	19.4	5.6		13.1	27.8	12.2	12.3
1992	23.7	24.6	24.7	21.1		19.3	47.8	16.5	16.4
1993	31.3	31.4	31.4	30.4		22.9	258.8	22.8	21.5
1994	37.4	40.5	40.4	45.8		18.0	76.2	29.5	31.7
1995	25.1	24.8	25.1	10.9		24.8	40.0	18.6	17.8
1996	18.9	19.7	20.0	3.6		11.8	32.9	13.6	13.2
1997	15.4	16.0	15.9	12.9		10.4	20.0	10.9	10.7
1998	15.8	13.7	13.6	15.0	89.5	1.7	139.2	9.4	8.1

注：1. 本表数字不包括离休、退休、退职职工的医疗卫生费。

2. 本表1985—1988年的数字不包括根据1985年有关规定发给离休、退休、退职职工的肉类等价格补贴。

历年全国享受公费医疗人数及医疗卫生费情况

年　份	享受医疗保险平均人数（万人）			医疗卫生费（亿元）			人均医疗卫生费（元）
	合　计	职　工	离休、退休、退职人员	合　计	单位支付	大病统筹医疗费支付	
一、绝对数							
1988	15 304.0	13 260.0	2 044.0	183.4	183.4		120
1989	15 695.7	13 535.2	2 160.5	224.4	224.4		143
1990	16 038.7	13 787.7	2 251.0	268.6	268.6		167
1991	16 573.7	14 206.7	2 367.0	315.0	315.0		190
1992	17 044.4	14 528.9	2 515.5	372.7	372.7		219
1993	17 273.2	14 584.2	2 689.0	461.0	459.8	1.2	267
1994	17 523.0	14 668.5	2 854.5	561.2	558.4	2.8	321
1995	17 682.1	14 670.6	3 011.5	660.7	653.8	6.9	374
1996	17 774.6	14 621.7	3 152.9	737.0	721.8	15.2	415
1997	17 817.5	14 536.3	3 281.2	797.1	773.7	23.4	447
二、比上年增长(%)							
1989	2.6	2.1	5.7	22.4	22.4		19.2
1990	2.2	1.9	4.2	19.7	19.7		16.8
1991	3.3	3.0	5.2	17.3	17.3		13.8
1992	2.8	2.3	6.3	18.3	18.3		15.3
1993	1.3	0.4	6.9	23.7	23.4		21.9
1994	1.4	0.6	6.2	21.7	21.4	133.3	20.2
1995	0.9		5.5	17.7	17.1	146.4	16.5
1996	0.5	−0.3	4.7	11.5	10.4	120.3	11.0
1997	0.2	−0.6	4.1	8.2	7.2	53.9	7.7

分地区分登记注册类型保险福利费用总额

单位：亿元

地区	合计			1. 国有单位		
	1997年	1998年	1998年比1997年增长（%）	1997年	1998年	1998年比1997年增长（%）
全国	3 018.9	3 331.0	10.3	2 554.2	2 767.7	8.4
北京	166.4	195.7	17.6	140.9	166.9	18.5
天津	87.2	83.8	-3.9	71.1	67.1	-5.6
河北	122.1	145.2	18.9	108.9	125.0	14.8
山西	69.5	83.9	20.7	64.4	76.7	19.1
内蒙古	41.4	49.2	18.8	37.6	40.7	8.2
辽宁	189.0	196.1	3.8	159.0	160.7	1.1
吉林	70.4	88.1	25.1	62.8	80.4	28.0
黑龙江	107.8	124.1	15.1	101.5	116.8	15.1
上海	252.6	256.6	1.6	193.1	187.8	-2.7
江苏	225.8	234.9	4.0	164.3	169.4	3.1
浙江	133.3	148.8	11.6	100.7	108.2	7.4
安徽	86.9	99.6	14.6	69.8	81.5	16.8
福建	57.4	61.1	6.4	47.3	49.2	4.0
江西	52.7	54.5	3.4	48.1	47.8	-0.6
山东	167.6	182.3	8.8	135.1	146.3	8.3
河南	116.5	127.9	9.8	106.8	101.0	-5.4
湖北	113.4	133.6	17.8	96.0	115.5	20.3
湖南	108.7	115.8	6.5	95.4	103.5	8.5
广东	222.9	243.2	9.1	178.4	180.4	1.1
广西	58.6	62.4	6.5	51.1	53.8	5.3
海南	17.3	18.3	5.8	16.1	16.8	4.3
重庆	61.4	64.0	4.2	53.5	55.1	3.0
四川	130.3	145.0	11.3	111.4	123.6	11.0
贵州	44.3	51.3	15.8	42.4	49.5	16.7
云南	89.1	101.8	14.3	83.6	93.5	11.8
西藏	5.4	5.4		5.4	5.4	
陕西	61.7	75.6	22.5	57.1	70.0	22.6
甘肃	50.4	57.0	13.1	47.2	53.3	12.9
青海	19.0	21.1	11.1	18.4	20.5	11.4
宁夏	14.1	14.9	5.7	13.4	14.2	6.0
新疆	75.7	89.9	18.8	73.4	87.2	18.8

续表 1

地 区	2. 城镇集体单位			3. 其他单位		
	1997 年	1998 年	1998 年比 1997 年增长（%）	1997 年	1998 年	1998 年比 1997 年增长（%）
全 国	336.3	324.4	−3.5	128.4	234.7	82.8
北 京	20.1	22.5	11.9	5.5	6.2	12.7
天 津	9.1	9.4	3.3	6.9	7.3	5.8
河 北	11.1	10.6	−4.5	2.1	9.7	361.9
山 西	4.6	4.8	4.3	0.3	2.5	733.3
内蒙古	3.2	3.1	−3.1	0.6	5.3	783.3
辽 宁	22.0	20.0	−9.1	8.0	15.3	91.3
吉 林	6.2	5.0	−19.4	1.5	2.7	80.0
黑龙江	5.2	5.2		1.1	2.1	90.9
上 海	33.7	31.5	−6.5	25.8	37.2	44.2
江 苏	48.0	44.9	−6.5	13.5	20.7	53.3
浙 江	24.9	24.1	−3.2	7.7	16.4	113.0
安 徽	10.2	10.3	1.0	6.9	7.9	14.5
福 建	6.9	7.1	2.9	3.4	4.9	44.1
江 西	4.2	3.9	−7.1	0.3	2.8	833.3
山 东	23.9	22.0	−7.9	8.6	14.0	62.8
河 南	8.5	8.8	3.5	1.2	18.1	1 408.3
湖 北	13.0	11.4	−12.3	4.4	6.6	50.0
湖 南	12.5	10.7	−14.4	0.8	1.6	100.0
广 东	27.6	29.5	6.9	16.9	29.0	71.6
广 西	5.7	5.1	−10.5	1.8	3.5	94.4
海 南	0.9	0.8	−11.1	0.2	0.5	150.0
重 庆	6.5	6.0	−7.7	1.4	2.9	107.1
四 川	12.0	11.6	−3.3	6.9	9.8	42.0
贵 州	1.7	1.7		0.1	0.3	200.0
云 南	4.7	4.4	−6.4	0.9	3.9	333.3
西 藏				0.1		
陕 西	3.8	3.6	−5.3	0.8	2.0	150.0
甘 肃	2.9	3.1	6.9	0.3	0.6	100.0
青 海	0.5	0.4	−20.0		0.2	
宁 夏	0.6	0.6		0.2	0.1	−50.0
新 疆	2.1	2.0	−4.8	0.2	0.8	300.0

历年分地区享受公费医疗人数及医疗卫生费情况

地区	1995年				
	职工和离休、退休、退职人员平均人数（万人）	医疗卫生费（亿元）			人均医疗卫生费（元）
		合计	单位支付	大病统筹医疗费支付	
全国	17 738.8	660.7	653.8	6.9	372
北京	588.3	39.5	37.4	2.1	671
天津	358.6	18.9	18.9		527
河北	816.4	29.1	28.8	0.3	356
山西	533.2	13.8	13.7	0.1	259
内蒙古	432.5	7.2	7.1	0.1	166
辽宁	1 269.6	40.4	40.3	0.1	318
吉林	595.3	13.6	13.4	0.2	228
黑龙江	943.2	22.2	22.2		235
上海	656.7	76.0	76.0		1 157
江苏	1 108.8	52.4	52.3	0.1	473
浙江	592.2	32.9	32.2	0.7	556
安徽	586.9	17.5	17.5		298
福建	394.4	9.5	9.5		241
江西	457.0	10.0	9.6	0.4	219
山东	1 048.4	33.2	32.9	0.3	317
河南	927.0	23.1	22.7	0.4	249
湖北	872.6	24.5	24.4	0.1	281
湖南	722.8	19.7	19.5	0.2	273
广东	1 046.3	57.7	57.2	0.5	551
广西	402.1	10.8	10.7	0.1	269
海南	132.2	3.9	3.8	0.1	295
四川	1 218.1	40.9	39.8	1.1	336
贵州	266.8	6.8	6.8		255
云南	379.8	18.1	18.1		477
西藏	19.0	0.7	0.7		369
陕西	467.2	13.0	13.0		278
甘肃	293.0	8.3	8.3		283
青海	82.1	3.0	3.0		365
宁夏	85.7	2.5	2.5		292
新疆	385.7	11.4	11.4		296

续表1

地区	1996年				
	职工和离休、退休、退职人员平均人数（万人）	医疗卫生费（亿元）			人均医疗卫生费（元）
		合计	单位支付	大病统筹医疗费支付	
全国	17 774.6	737.0	721.8	15.2	415
北京	592.2	48.5	43.7	4.8	819
天津	356.7	21.5	21.5		603
河北	818.4	28.1	27.8	0.3	343
山西	534.8	14.4	14.1	0.3	269
内蒙古	430.3	7.7	7.6	0.1	179
辽宁	1 242.0	40.9	39.0	1.9	329
吉林	589.0	16.5	16.2	0.3	280
黑龙江	952.3	20.6	20.6		216
上海	652.9	83.3	83.3		1 276
江苏	1 106.9	59.4	59.2	0.2	537
浙江	595.8	38.7	37.4	1.3	650
安徽	593.9	20.1	20.1		338
福建	398.4	11.3	11.2	0.1	284
江西	459.1	10.9	10.2	0.7	237
山东	1 070.5	37.2	36.4	0.8	348
河南	962.8	25.6	25.1	0.5	266
湖北	868.6	28.2	28.1	0.1	325
湖南	730.7	23.3	23.1	0.2	319
广东	1 046.2	68.0	66.6	1.4	650
广西	407.0	12.3	12.2	0.1	302
海南	129.3	4.6	3.9	0.7	356
四川	1 223.6	43.5	42.1	1.4	356
贵州	276.3	8.6	8.6		311
云南	386.8	20.1	20.1		520
西藏	19.4	0.9	0.9		464
陕西	472.4	14.0	14.0		296
甘肃	296.4	9.1	9.1		307
青海	83.6	3.3	3.3		395
宁夏	85.7	2.8	2.8		327
新疆	392.6	13.5	13.5		344

续表 2

地区	1997年				
	职工和离休、退休、退职人员平均人数（万人）	医疗卫生费（亿元）			人均医疗卫生费（元）
		合计	单位支付	大病统筹医疗费支付	
全国	17 817.5	797.1	773.7	23.4	447
北京	609.3	60.4	54.2	6.2	991
天津	355.1	23.6	23.6		665
河北	811.4	30.0	29.6	0.3	370
山西	534.8	15.5	15.2	0.3	290
内蒙古	420.2	7.5	7.4	0.1	178
辽宁	1 229.1	47.3	44.5	2.8	385
吉林	578.1	15.8	15.3	0.5	273
黑龙江	943.2	21.7	21.6	0.1	230
上海	650.3	80.8	80.8		1 243
江苏	1 106.6	65.1	63.8	1.3	588
浙江	591.6	43.2	41.3	1.9	730
安徽	601.0	24.0	23.9	0.1	399
福建	411.3	12.7	12.6	0.1	309
江西	460.4	10.9	10.2	0.7	237
山东	1 090.1	42.5	40.2	2.3	390
河南	971.8	28.0	27.4	0.6	288
湖北	866.0	28.0	27.9	0.1	323
湖南	738.3	25.6	25.5	0.1	347
广东	1 057.7	65.8	63.5	2.3	622
广西	405.7	13.3	13.2	0.1	328
海南	129.6	4.8	3.7	1.1	370
重庆		15.9	15.8	0.1	
四川		32.4	30.5	1.9	
贵州	283.8	9.5	9.5		335
云南	389.7	23.6	23.6		606
西藏	19.8	1.0	1.0		505
陕西	475.4	15.5	15.5		326
甘肃	297.6	10.5	10.4	0.1	353
青海	82.9	3.4	3.4		410
宁夏	88.2	3.6	3.6		408
新疆	394.6	15.1	14.9	0.2	383

历年分地区离休、退休、退职人员人数及人均离休、退休、退职费

地区	1995年			1996年		
	离休、退休、退职人员平均人数（万人）	离休、退休、退职费（亿元）	人均离休、退休、退职费（元）	离休、退休、退职人员平均人数（万人）	离休、退休、退职费（亿元）	人均离休、退休、退职费（元）
全国总计	2 982.5	1 286.2	4 312	3 124.5	1 532.1	4 904
北京	115.6	57.6	4 983	126.9	70.3	5 540
天津	73.7	33.7	4 573	78.6	44.1	5 611
河北	120.4	60.9	5 058	125.9	67.5	5 361
山西	76.0	31.6	4 158	78.3	36.1	4 610
内蒙古	54.4	21.8	4 007	57.0	26.0	4 561
辽宁	241.4	90.6	3 753	242.8	103.2	4 250
吉林	95.8	34.2	3 570	97.3	35.5	3 649
黑龙江	150.5	59.7	3 967	156.8	65.5	4 177
上海	181.3	91.6	5 053	190.3	121.4	6 379
江苏	195.4	86.2	4 411	202.7	108.0	5 328
浙江	101.0	50.2	4 970	106.5	60.6	5 690
安徽	91.4	36.9	4 037	98.3	44.2	4 496
福建	57.4	22.8	3 972	59.3	28.4	4 789
江西	71.4	22.5	3 151	75.4	26.3	3 488
山东	143.2	70.0	4 888	150.5	85.4	5 674
河南	125.7	52.2	4 153	134.5	58.2	4 327
湖北	133.5	54.9	4 112	136.2	59.6	4 376
湖南	133.6	52.7	3 945	142.0	62.7	4 415
广东	155.0	75.9	4 897	164.5	91.5	5 562
广西	64.3	26.8	4 168	68.1	31.4	4 610
海南	25.3	9.1	3 597	26.7	10.1	3 782
四川	42.1	88.5	3 656		107.8	
贵州	42.9	19.5	4 545	47.9	24.5	5 115
云南	70.4	35.3	5 014	74.7	44.0	5 890
西藏	2.6	2.1	8 077	2.7	2.9	10 741
陕西	74.6	26.0	3 485	78.0	31.9	4 090
甘肃	43.8	23.5	5 365	46.0	25.9	5 630
青海	15.9	8.9	5 597	17.1	11.6	6 784
宁夏	12.4	5.1	4 113	12.9	6.8	5 271
新疆	71.8	35.5	4 944	75.4	40.4	5 358

注：1. 本表不包括民政部门及总后事业单位支付离休、退休、退职费的人数及其费用。

2. 本表不包括离休、退休、退职人员的医疗卫生费。

续表 1

地　区	1997 年			1998 年		
	离休、退休、退职人员平均人数（万人）	离休、退休、退职费（亿元）	人均离休、退休、退职费（元）	离休、退休、退职人员平均人数（万人）	离休、退休、退职费（亿元）	人均离休、退休、退职费（元）
全国总计	3 253.3	1 766.2	5 429	3 444.1	2 044.0	5 935
北　京	138.7	96.1	6 929	149.9	116.4	7 760
天　津	83.4	50.8	6 091	86.5	55.1	6 374
河　北	131.7	73.5	5 581	141.4	90.2	6 380
山　西	83.1	42.0	5 054	91.6	52.4	5 722
内蒙古	58.0	26.7	4 613	62.5	34.0	5 440
辽　宁	252.9	121.1	4 788	273.0	135.1	4 947
吉　林	92.9	41.3	4 456	105.2	56.9	5 406
黑龙江	159.9	71.7	4 484	167.7	87.2	5 202
上　海	203.3	133.7	6 576	213.8	146.0	6 828
江　苏	210.8	125.5	5 954	222.2	137.2	6 174
浙　江	111.1	69.3	6 238	115.5	81.3	7 036
安　徽	102.0	51.2	5 020	111.1	62.3	5 609
福　建	61.6	32.3	5 244	67.1	35.0	5 218
江　西	77.7	33.7	4 337	79.7	34.0	4 270
山　东	157.3	99.1	6 298	164.1	110.5	6 736
河　南	140.2	72.2	5 150	149.6	84.6	5 651
湖　北	140.8	67.6	4 801	148.3	85.0	5 731
湖　南	145.8	67.3	4 616	147.3	74.6	5 064
广　东	171.3	104.4	6 095	176.1	116.5	6 615
广　西	71.8	35.2	4 903	75.1	38.2	5 092
海　南	27.0	10.4	3 852	28.5	11.6	4 059
重　庆		36.2		83.5	38.8	4 647
四　川		82.0		182.9	94.8	5 186
贵　州	53.2	28.6	5 376	57.6	32.8	5 690
云　南	77.7	52.1	6 705	81.5	60.3	7 392
西　藏	2.9	3.4	11 724	3.2	4.0	12 570
陕　西	80.0	36.0	4 500	85.8	47.9	5 586
甘　肃	49.4	31.8	6 437	54.4	36.8	6 760
青　海	18.0	13.3	7 389	18.4	14.7	8 009
宁　夏	14.2	7.9	5 563	15.2	8.9	5 847
新　疆	78.8	49.6	6 294	85.4	61.1	7 152

全部职工福利费用构成情况

(1998)

单位：千元

项　　目	合　计	集体福利设施及集体福利事业补贴	医　疗卫生费
总　计	100 010 794.3	25 602 054.6	49 376 437.3
#企业	68 324 642.4	16 698 871.7	34 469 247.7
一、国有单位合计	82 530 835.6	20 896 329.6	41 161 826.6
(一) 按隶属关系分组			
1. 中央	24 014 340.6	6 270 581.6	12 095 251.0
2. 省、自治区、直辖市	22 088 722.5	5 641 059.4	11 174 980.5
3. 地区	20 107 341.4	4 772 018.2	10 443 145.6
4. 县及县以下	16 222 130.7	4 186 219.3	7 397 915.9
5. 其他	98 300.4	26 451.0	50 533.5
(二) 按企业、事业、机关分组			
1. 企业	51 577 342.0	12 154 187.8	26 628 060.2
#地方	31 471 583.0	6 893 090.3	16 588 200.6
2. 事业	20 609 506.4	5 713 543.5	9 682 546.8
#地方	17 615 240.1	4 968 650.4	8 063 168.2
3. 机关	10 343 987.2	3 028 598.4	4 851 219.5
#地方	9 429 671.9	2 764 007.3	4 415 206.8
二、城镇集体单位合计	7 192 274.2	1 615 246.7	3 709 190.8
#企业	6 459 615.9	1 454 205.6	3 335 767.6
三、其他单位合计	10 287 684.5	3 090 478.3	4 505 419.9
#国有联营企业	550 647.3	238 209.9	200 729.1
国有独资企业	1 599 041.4	467 553.3	736 859.0
股份合作企业	1 640 581.6	450 013.9	793 829.4
集体联营企业	105 578.4	45 206.1	41 981.1
外商投资企业	2 188 349.2	666 822.6	844 215.1
港、澳、台投资企业	1 378 676.6	502 520.8	507 108.8

续表 1

项　目	文体宣传费	其　他
总　计	4 576 197.8	20 456 104.6
#企业	2 780 978.5	14 375 544.6
一、国有单位合计	3 858 788.9	16 613 890.5
(一) 按隶属关系分组		
1. 中央	1 092 783.2	4 555 724.7
2. 省、自治区、直辖市	934 613.5	4 338 069.0
3. 地区	863 542.9	4 028 634.6
4. 县及县以下	962 352.9	3 675 642.6
5. 其他	5 496.4	15 819.5
(二) 按企业、事业、机关分组		
1. 企业	2 100 046.6	10 695 047.5
#地方	1 232 108.5	6 758 183.6
2. 事业	1 120 033.9	4 093 382.1
#地方	965 531.6	3 617 889.9
3. 机关	638 708.4	1 825 460.8
#地方	568 365.6	1 682 092.2
二、城镇集体单位合计	342 684.8	1 525 151.9
#企业	306 207.8	1 363 434.9
三、其他单位合计	374 724.1	2 317 062.2
#国有联营企业	19 904.8	91 803.4
国有独资企业	53 187.0	341 442.2
股份合作企业	84 478.5	312 259.8
集体联营企业	4 032.1	14 359.1
外商投资企业	71 548.1	605 763.3
港、澳、台投资企业	49 640.0	319 407.1

全部离休、退休、退职人员人数及保险福利费用构成情况

(1998)

项　　目	离休、退休、退职人员人数（千人）			
	合　计	离休人员	退休人员	领取定期生活费的退职人员
总　计	35 649	1 778	33 017	853
#企业	27 678	923	26 084	671
一、国有单位合计	27 540	1 612	25 352	577
（一）按隶属关系分组				
1. 中央	6 027	354	5 570	103
2. 省、自治区、直辖市	6 986	333	6 529	124
3. 地区	7 285	380	6 773	132
4. 县及县以下	7 205	543	6 446	216
5. 其他	36	1	35	1
（二）按企业、事业、机关分组				
1. 企业	19 849	767	18 675	406
#地方	14 615	501	13 797	317
2. 事业	5 415	418	4 897	100
#地方	4 735	354	4 291	90
3. 机关	2 276	426	1 780	70
#地方	2 163	402	1 694	67
二、城镇集体单位合计	6 042	112	5 691	239
#企业	5 773	102	5 445	226
三、其他单位合计	2 044	54	1 953	37
#国有联营企业	82	2	79	1
国有独资企业	524	16	500	7
股份合作企业	489	13	465	11
集体联营企业	24	0	23	1
外商投资企业	139	2	134	3
港、澳、台投资企业	94	1	91	2

续表1

项　　目	保险福利费用构成（千元）		
	合　计	离休金	退休金
总　计	233 090 612.4	16 771 598.8	170 851 125.5
＃企业	166 163 868.9	8 431 077.4	125 523 327.5
一、国有单位合计	194 237 011.5	15 370 615.6	140 046 963.8
(一) 按隶属关系分组			
1. 中央	53 119 822.7	3 860 571.7	37 257 476.3
2. 省、自治区、直辖市	51 720 334.7	3 426 155.1	36 894 320.6
3. 地区	48 262 726.7	3 994 518.0	34 937 462.1
4. 县及县以下	40 877 170.9	4 068 313.8	30 781 858.9
5. 其他	256 956.4	21 057.0	175 846.0
(二) 按企业、事业、机关分组			
1. 企业	128 812 350.2	7 112 556.5	95 860 771.6
＃地方	84 823 566.8	4 394 742.3	64 405 124.4
2. 事业	45 210 673.7	4 133 853.8	32 354 758.7
＃地方	37 421 304.3	3 261 045.6	27 229 063.0
3. 机关	20 213 987.6	4 124 205.3	11 831 433.5
＃地方	18 872 317.7	3 854 256.1	11 155 300.2
二、城镇集体单位合计	25 249 961.8	840 301.8	20 343 140.9
＃企业	23 771 354.7	758 224.5	19 222 028.1
三、其他单位合计	13 177 201.1	535 302.4	10 098 685.8
＃国有联营企业	546 774.3	22 520.0	421 869.0
国有独资企业	3 568 355.6	165 049.0	2 728 437.9
股份合作企业	2 602 612.0	112 806.6	2 041 147.8
集体联营企业	122 044.6	3 307.8	96 663.7
外商投资企业	891 382.4	27 889.2	681 258.3
港、澳、台投资企业	644 042.6	14 946.8	478 986.2

续表 2

项　　目	保险福利费用构成（千元）		
	退　职 生活费	医　疗 卫生费	其　　他
总　　计	2 406 556.5	28 685 728.6	14 376 603.0
＃企业	1 926 590.3	19 937 958.1	10 344 915.7
一、国有单位合计	1 700 029.7	24 609 367.2	12 510 035.2
（一）按隶属关系分组			
1. 中央	453 195.7	6 846 303.4	4 702 275.6
2. 省、自治区、直辖市	376 544.0	7 555 719.0	3 467 596.1
3. 地区	381 057.3	6 403 248.5	2 546 440.9
4. 县及县以下	486 344.3	3 766 911.8	1 773 742.1
5. 其他	2 888.4	37 184.5	19 980.5
（二）按企业、事业、机关分组			
1. 企业	1 246 646.5	16 027 964.2	8 564 411.4
＃地方	832 021.3	10 695 160.4	4 496 518.4
2. 事业	270 140.3	5 718 579.6	2 733 341.3
＃地方	240 562.1	4 483 967.5	2 206 666.2
3. 机关	183 243.0	2 862 823.4	1 212 282.5
＃地方	174 250.5	2 583 936.0	1 104 574.9
二、城镇集体单位合计	562 519.6	2 348 305.8	1 155 693.7
＃企业	536 440.6	2 184 480.4	1 070 181.1
三、其他单位合计	133 940.2	1 698 898.5	710 374.2
＃国有联营企业	3 337.8	74 219.1	24 828.3
国有独资企业	27 660.2	401 547.3	245 661.2
股份合作企业	48 157.8	299 493.6	101 006.3
集体联营企业	1 083.5	16 528.6	4 461.0
外商投资企业	8 258.4	123 959.3	50 017.1
港、澳、台投资企业	5 312.6	115 464.3	29 332.7

分地区全部职工福利费用构成情况
(1998)

单位：千元

地　　区	合　　计	集体福利设施及集体福利事业补贴费	医　疗卫生费	文体宣传　费	其　他
全国总计	100 010 794.3	25 602 054.6	49 376 437.3	4 576 197.8	20 456 104.6
北　　京	5 450 848.0	557 375.0	3 652 928.0	201 779.0	1 038 766.0
天　　津	2 090 239.0	284 531.0	1 261 661.0	62 510.0	481 537.0
河　　北	4 586 247.0	1 507 410.0	1 997 596.0	155 246.0	925 995.0
山　　西	2 544 295.0	670 187.0	1 177 167.0	125 779.0	571 162.0
内 蒙 古	1 266 784.0	311 705.0	532 335.0	80 772.0	341 972.0
辽　　宁	4 766 573.0	1 116 587.0	2 629 160.0	198 850.0	821 976.0
吉　　林	2 595 457.9	907 615.6	1 142 998.7	133 705.1	411 138.5
黑 龙 江	3 004 341.0	641 096.0	1 391 895.0	116 417.0	854 933.0
上　　海	8 239 499.0	1 274 101.0	4 628 571.0	125 061.0	2 211 766.0
江　　苏	7 852 835.2	2 194 616.0	3 896 315.8	412 567.1	1 349 336.3
浙　　江	5 026 321.0	1 167 479.6	2 490 393.4	247 636.8	1 120 811.2
安　　徽	2 832 933.1	739 782.1	1 500 952.4	159 643.6	432 555.0
福　　建	2 164 760.7	800 419.1	792 307.7	131 855.9	440 178.0
江　　西	1 694 203.0	514 875.0	737 418.0	72 928.0	368 982.0
山　　东	5 752 545.0	1 482 209.0	2 739 917.0	302 459.0	1 227 960.0
河　　南	3 317 550.8	880 015.0	1 685 958.3	190 999.6	560 577.8
湖　　北	3 855 579.0	972 806.0	1 864 438.0	250 493.0	767 842.0
湖　　南	3 257 649.0	898 074.0	1 527 612.0	164 994.0	666 969.0
广　　东	9 894 807.0	3 474 335.0	4 204 058.0	474 720.0	1 741 694.0
广　　西	1 906 788.0	519 742.0	876 088.0	106 150.0	404 808.0
海　　南	556 767.3	164 286.3	257 356.0	48 656.0	86 469.0
重　　庆	1 844 568.0	481 079.0	892 057.0	77 950.0	393 482.0
四　　川	3 855 221.0	927 742.0	2 006 354.0	202 298.0	718 827.0
贵　　州	1 444 431.0	503 728.0	601 120.0	69 078.0	270 505.0
云　　南	3 074 296.0	738 225.0	1 567 715.0	123 851.0	644 505.0
西　　藏	112 295.0	32 061.0	50 532.0	4 662.0	25 040.0
陕　　西	2 155 000.4	569 033.0	1 024 309.9	121 389.7	440 267.8
甘　　肃	1 690 742.0	505 312.0	704 700.0	65 678.0	415 052.0
青　　海	495 814.0	141 342.0	210 291.0	12 572.0	131 609.0
宁　　夏	486 890.0	128 621.0	224 960.0	24 122.0	109 187.0
新　　疆	2 194 514.0	495 665.0	1 107 272.0	111 375.0	480 202.0
附：大连	828 983.0	150 290.0	408 451.0	24 450.0	245 792.0
宁波	685 303.1	147 355.8	378 163.8	36 323.4	123 460.2
厦门	380 900.0	110 195.0	150 806.0	20 436.0	99 463.0
青岛	609 377.0	116 132.0	304 066.0	29 882.0	159 297.0
深圳	914 595.0	538 310.0	221 484.0	44 042.0	110 759.0

分地区企业单位职工保险福利费用构成情况

(1998)

单位：千元

地区	合计	集体福利设施及集体福利事业补贴费	医疗卫生费	文体宣传费	其他
全国总计	68 324 642.4	16 698 871.7	34 469 247.7	2 780 978.5	14 375 544.6
北京	3 967 031.0	301 863.0	2 781 227.0	128 049.0	755 892.0
天津	1 379 454.0	184 088.0	827 594.0	34 487.0	333 285.0
河北	2 748 339.0	627 614.0	1 416 809.0	80 940.0	622 976.0
山西	2 004 920.0	507 332.0	964 875.0	80 959.0	451 754.0
内蒙古	895 940.0	230 869.0	409 813.0	58 221.0	197 037.0
辽宁	3 773 963.0	851 185.0	2 178 714.0	133 283.0	610 781.0
吉林	2 113 927.9	824 775.1	873 425.6	111 214.0	304 513.2
黑龙江	2 408 579.0	482 210.0	1 138 046.0	87 067.0	701 256.0
上海	5 572 075.0	1 023 914.0	2 801 972.0	73 816.0	1 672 373.0
江苏	5 303 826.4	1 355 086.2	2 746 059.0	251 839.3	950 841.8
浙江	2 958 147.1	578 872.2	1 589 980.0	110 398.1	678 896.8
安徽	1 874 319.4	451 854.0	1 008 695.9	109 135.8	304 633.7
福建	1 375 870.0	471 174.9	531 510.0	69 107.9	304 077.2
江西	966 063.0	248 804.0	464 418.0	30 221.0	222 620.0
山东	4 221 663.0	1 048 111.0	2 076 857.0	210 017.0	886 678.0
河南	2 255 264.9	545 770.3	1 196 234.5	113 245.4	400 014.7
湖北	2 649 001.0	607 902.0	1 299 221.0	157 749.0	584 129.0
湖南	1 967 130.0	487 475.0	983 242.0	80 632.0	415 781.0
广东	6 560 906.0	2 337 917.0	2 696 465.0	269 628.0	1 256 896.0
广西	1 178 698.0	279 765.0	578 860.0	51 117.0	268 956.0
海南	377 395.0	110 445.0	174 748.0	38 460.0	53 742.0
重庆	1 329 894.0	331 899.0	660 608.0	42 996.0	294 391.0
四川	2 595 342.0	596 644.0	1 393 280.0	120 460.0	484 958.0
贵州	1 005 045.0	397 922.0	396 107.0	47 544.0	163 472.0
云南	1 872 155.0	458 821.0	970 851.0	69 283.0	373 200.0
西藏	46 334.0	15 092.0	18 728.0	1 984.0	10 530.0
陕西	1 431 108.8	396 388.9	686 298.5	77 957.1	270 464.3
甘肃	1 201 596.0	371 809.0	496 555.0	41 362.0	291 870.0
青海	389 703.0	120 019.0	157 460.0	7 731.0	104 493.0
宁夏	318 612.0	94 415.0	140 098.0	14 085.0	70 014.0
新疆	1 582 340.0	358 835.0	810 496.0	77 990.0	335 019.0
附：大连	626 773.0	116 866.0	330 478.0	18 008.0	161 421.0
宁波	417 809.0	69 127.5	255 846.3	13 679.7	79 155.4
厦门	315 674.0	85 055.0	138 516.0	13 879.0	78 224.0
青岛	462 991.0	84 188.0	232 928.0	19 206.0	126 669.0
深圳	832 908.0	497 533.0	209 844.0	33 439.0	92 092.0

分地区全部离休、退休、退职人员保险福利费用构成情况

(1998)

单位：千元

地区	合计	离休金	退休金	退职生活费	医疗卫生费	其他
全国总计	233 090 612.4	16 771 598.8	170 851 125.5	2 406 556.5	28 685 728.6	14 376 603.0
北京	14 115 460.0	1 007 767.0	9 481 765.0	178 529.0	2 479 810.0	967 589.0
天津	6 292 330.0	311 399.0	4 631 511.0	51 666.0	780 554.0	517 200.0
河北	9 934 089.0	988 951.0	7 501 420.0	91 294.0	915 959.0	436 465.0
山西	5 845 328.0	686 614.0	4 081 188.0	29 424.0	607 041.0	441 061.0
内蒙古	3 648 328.0	277 539.0	2 887 344.0	33 775.0	249 635.0	200 035.0
辽宁	14 844 207.0	1 425 303.0	11 172 604.0	163 779.0	1 338 750.0	743 771.0
吉林	6 206 205.3	581 244.6	4 621 277.2	46 766.3	519 882.8	437 034.3
黑龙江	9 411 182.0	800 834.0	7 291 453.0	68 033.0	687 214.0	563 648.0
上海	17 416 563.0	559 967.0	12 661 340.0	112 182.0	2 818 197.0	1 264 877.0
江苏	15 639 591.0	1 152 599.2	11 683 168.5	208 067.6	1 919 183.7	676 572.0
浙江	9 849 757.3	490 868.2	6 922 455.1	129 620.4	1 721 258.2	585 555.4
安徽	7 128 803.3	627 349.1	5 224 148.0	63 576.2	899 495.3	314 234.6
福建	3 949 074.5	254 056.4	2 978 246.0	47 976.8	449 514.1	219 281.2
江西	3 759 942.0	218 692.0	2 972 819.0	29 487.0	355 973.0	182 971.0
山东	12 477 957.0	1 674 150.0	8 294 336.0	314 896.0	1 425 471.0	769 104.0
河南	9 474 888.0	925 684.8	6 848 429.2	61 905.8	1 018 420.4	620 447.8
湖北	9 502 671.0	564 075.0	7 384 273.0	118 384.0	1 004 203.0	431 736.0
湖南	8 317 336.0	368 660.0	6 667 929.0	71 426.0	856 170.0	353 151.0
广东	14 429 834.0	742 679.0	9 556 549.0	103 873.0	2 777 866.0	1 249 867.0
广西	4 326 417.0	202 491.0	3 188 958.0	38 777.0	503 656.0	392 535.0
海南	1 265 112.6	94 014.0	1 001 676.4	29 824.0	107 123.0	32 475.2
重庆	4 558 083.0	127 812.0	3 490 767.0	40 425.0	677 331.0	221 748.0
四川	10 646 942.4	395 251.3	8 271 994.2	93 330.6	1 163 562.7	722 803.5
贵州	3 690 942.0	224 709.0	2 825 028.0	16 289.0	411 083.0	213 833.0
云南	7 109 697.0	408 339.0	4 857 569.0	37 417.0	1 084 185.0	722 187.0
西藏	426 444.0	10 426.0	375 577.0	346.0	26 425.0	13 670.0
陕西	5 402 308.0	529 842.1	3 905 084.9	57 229.7	612 321.4	297 829.8
甘肃	4 006 738.0	274 294.0	3 011 865.0	46 258.0	331 324.0	342 997.0
青海	1 613 137.0	114 242.0	1 219 191.0	11 558.0	140 835.0	127 311.0
宁夏	1 000 504.0	75 196.0	744 047.0	8 014.0	108 974.0	64 273.0
新疆	6 800 741.0	656 550.0	5 097 113.0	102 427.0	694 311.0	250 340.0
附：大连	1 885 960.0	254 236.0	1 332 440.0	33 739.0	165 523.0	100 022.0
宁波	1 245 758.4	44 658.9	903 582.2	20 956.0	221 634.5	54 926.8
厦门	575 236.0	40 257.0	457 769.0	6 464.0	25 868.0	44 878.0
青岛	1 854 848.0	144 096.0	1 338 843.0	11 604.0	189 040.0	171 265.0
深圳	426 438.0	25 379.0	362 335.0	9 567.0	29 157.0	

分地区企业单位离休、退休、退职人员保险福利费用构成情况

(1998)

单位：千元

地　区	合　计	离休金	退休金	退职生活费	医疗卫生费	其　他
全国总计	166 163 868.9	8 431 077.4	125 523 327.5	1 926 590.3	19 937 958.1	10 344 915.7
北　京	10 354 360.0	467 876.0	7 382 863.0	150 973.0	1 788 435.0	564 213.0
天　津	4 804 439.0	163 061.0	3 674 531.0	47 958.0	531 667.0	387 222.0
河　北	7 091 457.0	447 764.0	5 593 234.0	67 505.0	653 630.0	329 324.0
山　西	4 144 294.0	305 733.0	3 061 125.0	22 608.0	378 854.0	375 974.0
内蒙古	2 494 197.0	115 988.0	2 025 194.0	28 994.0	175 263.0	148 758.0
辽　宁	11 762 955.0	833 729.0	9 201 264.0	141 847.0	982 859.0	603 256.0
吉　林	4 700 579.8	321 144.8	3 582 178.6	38 589.1	372 504.0	386 163.3
黑龙江	7 573 489.0	469 727.0	6 020 618.0	60 593.0	552 408.0	470 143.0
上　海	14 497 511.0	325 049.0	10 581 427.0	100 047.0	2 478 265.0	1 012 723.0
江　苏	10 879 608.8	510 088.9	8 411 169.9	168 490.2	1 344 095.2	445 764.5
浙　江	6 702 426.7	211 070.5	4 870 431.5	92 358.3	1 169 756.0	358 810.4
安　徽	4 756 951.3	296 813.2	3 640 633.7	49 599.2	559 787.3	210 117.8
福　建	2 286 125.7	96 029.2	1 730 336.8	29 541.0	287 585.3	142 633.4
江　西	2 429 622.0	95 812.0	1 967 490.0	23 179.0	236 368.0	106 773.0
山　东	9 084 076.0	919 071.0	6 304 366.0	267 639.0	996 930.0	596 070.0
河　南	6 550 444.5	445 105.0	4 881 419.0	50 753.6	680 650.8	492 516.1
湖　北	6 880 172.0	254 055.0	5 495 410.0	94 941.0	691 690.0	344 076.0
湖　南	5 419 924.0	165 653.0	4 455 912.0	55 740.0	517 306.0	225 313.0
广　东	9 577 412.0	372 170.0	6 652 743.0	72 673.0	1 731 316.0	748 510.0
广　西	2 736 936.0	82 821.0	1 985 232.0	27 430.0	348 139.0	293 314.0
海　南	756 933.1	42 722.0	607 718.0	27 090.0	63 779.0	15 624.0
重　庆	3 452 622.0	71 229.0	2 698 860.0	34 331.0	495 564.0	152 638.0
四　川	7 248 531.2	212 012.8	5 751 211.2	68 888.7	740 663.7	475 754.8
贵　州	2 323 830.0	93 026.0	1 824 550.0	11 574.0	246 076.0	148 604.0
云　南	4 398 097.0	173 686.0	2 996 230.0	26 560.0	665 894.0	535 727.0
西　藏	160 197.0	4 018.0	137 454.0	218.0	13 295.0	5 212.0
陕　西	3 512 991.9	216 998.9	2 693 342.7	40 222.1	367 120.8	195 307.4
甘　肃	2 933 559.0	148 486.0	2 268 538.0	25 559.0	213 641.0	277 335.0
青　海	888 914.0	41 333.0	693 680.0	4 058.0	77 178.0	72 665.0
宁　夏	684 669.0	30 578.0	533 904.0	4 871.0	68 004.0	47 312.0
新　疆	5 076 544.0	498 227.0	3 800 261.0	91 760.0	509 234.0	177 062.0
附：大连	1 489 202.0	120 123.0	1 153 297.0	28 290.0	115 298.0	72 194.0
宁波	907 193.1	20 322.2	671 351.7	16 388.5	162 864.4	36 266.3
厦门	368 771.0	13 301.0	294 395.0	5 020.0	20 983.0	35 072.0
青岛	1 447 657.0	68 999.0	1 083 800.0	7 890.0	148 210.0	138 758.0
深圳	403 938.0	24 996.0	342 605.0	9 567.0	26 770.0	

历年国有单位保险福利费用构成情况

年 份	保险福利费用总额	离休、退休、退职费	丧葬抚恤救济费	医疗卫生费
一、绝对数（亿元）				
1980	116.0	40.1	3.8	36.4
1981	132.4	50.0	3.9	39.0
1982	153.8	58.9	4.0	44.4
1983	179.5	70.8	4.4	50.0
1984	210.4	81.6	4.8	55.4
1985	266.8	112.4	5.3	64.6
1986	335.5	137.3	3.3	84.9
1987	406.7	167.9	3.6	107.5
1988	533.4	213.9	4.3	151.2
1989	628.1	251.4	5.3	186.0
1990	770.1	312.5	6.5	226.4
1991	904.9	373.1	7.2	267.5
1992	1 086.7	465.1	8.1	318.2
1993	1 374.5	611.2	10.3	387.9
1994	1 628.7	858.4	12.2	472.8
1995	1 961.0	1 073.7	14.5	554.7
1996	2 276.5	1 288.1	17.2	615.7
1997	2 554.2	1 493.0		663.8
1998	2 767.7	1 696.3		657.7
二、构成(以保险福利费用总额为 100)				
1980	100.0	34.6	3.3	31.4
1981	100.0	37.8	2.9	29.5
1982	100.0	38.3	2.6	28.9
1983	100.0	39.4	2.5	27.9
1984	100.0	38.8	2.3	26.4
1985	100.0	42.1	2.0	24.3
1986	100.0	40.9	1.0	25.3
1987	100.0	41.3	0.9	26.4
1988	100.0	40.1	0.8	28.3
1989	100.0	40.1	0.8	29.6
1990	100.0	40.6	0.8	29.4
1991	100.0	41.2	0.8	29.5
1992	100.0	42.9	0.7	29.3
1993	100.0	44.5	0.7	28.2
1994	100.0	52.7	0.7	29.1
1995	100.0	54.8	0.7	28.3
1996	100.0	56.6	0.8	27.1
1997	100.0	58.5		26.0
1998	100.0	61.3		23.7

注：离休、退休、退职费不包括离休、退休、退职人员的医疗卫生费。

续表 1

年 份	文体宣传费	集体福利设施及集体福利事业补贴费	其他	#上下班交通费补贴
一、绝对数（亿元）				
1980	3.2	14.4	18.1	4.9
1981	2.9	16.4	20.2	5.3
1982	8.2	18.8	24.5	5.9
1983	3.3	21.5	29.5	6.3
1984	4.5	29.3	34.8	7.0
1985	4.0	32.9	46.7	8.4
1986	5.5	36.1	68.4	9.7
1987	5.9	42.6	79.2	10.9
1988	7.3	52.6	104.2	13.6
1989	8.7	58.0	118.7	16.7
1990	10.0	69.7	144.1	21.7
1991	12.3	74.3	170.5	25.4
1992	14.1	87.6	193.6	30.7
1993	16.6	108.3	240.2	41.6
1994	21.4	120.2	143.7	
1995	26.2	133.6	158.3	
1996	29.9	153.3	172.3	
1997	35.1	190.4	171.9	
1998	38.6	209.0	166.1	
二、构成(以保险福利费用总额为100)				
1980	2.8	12.4	15.6	4.2
1981	2.2	12.4	15.2	4.0
1982	2.1	12.2	15.9	3.8
1983	1.8	12.0	16.4	3.5
1984	2.1	13.9	16.5	3.3
1985	1.8	12.3	17.5	3.1
1986	1.6	10.8	20.4	2.9
1987	1.5	10.4	19.5	2.7
1988	1.4	9.9	19.5	2.5
1989	1.4	9.2	18.9	2.7
1990	1.4	9.1	18.7	2.8
1991	1.4	8.2	18.9	2.8
1992	1.3	8.0	17.8	2.8
1993	1.2	7.9	17.5	3.0
1994	1.3	7.4	8.8	
1995	1.3	6.8	8.1	
1996	1.3	6.7	7.5	
1997	1.4	7.5	6.7	
1998	1.4	7.6	6.0	

分地区职工福利费用构成情况

（国有单位，1998）

单位：千元

地　区	合　计	集体福利设施及集体福利事业补贴费	医　疗卫生费	文体宣传　费	其　他
全国总计	82 530 835.6	20 896 329.6	41 161 826.6	3 858 788.9	16 613 890.5
北　京	4 746 577.0	494 139.0	3 199 356.0	182 873.0	870 209.0
天　津	1 606 688.0	193 925.0	1 009 236.0	48 436.0	355 091.0
河　北	4 025 136.0	1 359 596.0	1 736 869.0	140 320.0	788 351.0
山　西	2 329 281.0	613 933.0	1 085 963.0	108 736.0	520 649.0
内蒙古	1 071 877.0	254 345.0	452 105.0	63 882.0	301 545.0
辽　宁	3 847 435.0	868 583.0	2 162 137.0	157 068.0	659 647.0
吉　林	2 375 986.1	857 604.5	1 034 783.9	127 192.7	356 405.0
黑龙江	2 815 933.0	592 144.0	1 313 896.0	108 153.0	801 740.0
上　海	6 188 752.0	976 211.0	3 605 619.0	89 829.0	1 517 093.0
江　苏	5 705 105.3	1 634 880.1	2 778 368.8	302 261.2	989 595.2
浙　江	3 782 949.0	881 989.6	1 861 009.4	199 635.9	840 314.1
安　徽	2 334 962.3	631 195.4	1 231 039.9	129 737.0	342 989.9
福　建	1 627 401.0	575 425.7	625 243.3	100 957.5	325 774.5
江　西	1 539 750.0	465 772.0	669 827.0	67 663.0	336 488.0
山　东	4 738 702.0	1 221 933.0	2 276 955.0	258 675.0	981 139.0
河　南	2 641 455.9	704 580.3	1 355 751.4	160 530.2	420 594.0
湖　北	3 333 550.0	847 456.0	1 596 055.0	221 943.0	668 096.0
湖　南	2 977 066.0	819 067.0	1 399 132.0	152 701.0	606 166.0
广　东	6 923 057.0	2 195 835.0	3 160 006.0	351 228.0	1 215 988.0
广　西	1 669 161.0	459 169.0	770 419.0	97 160.0	342 413.0
海　南	501 749.3	151 187.3	228 051.0	46 576.0	75 935.0
重　庆	1 634 416.0	434 006.0	776 217.0	70 147.0	354 046.0
四　川	3 198 350.0	749 483.0	1 670 770.0	171 278.0	606 819.0
贵　州	1 391 693.0	488 284.0	580 825.0	66 532.0	256 052.0
云　南	2 835 809.0	684 600.0	1 436 360.0	112 919.0	601 930.0
西　藏	112 203.0	32 049.0	50 489.0	4 662.0	25 003.0
陕　西	1 968 648.7	515 371.7	951 896.8	111 844.4	389 535.8
甘　肃	1 554 323.0	463 564.0	654 904.0	61 258.0	374 597.0
青　海	482 323.0	138 063.0	203 479.0	12 351.0	128 430.0
宁　夏	464 728.0	123 607.0	214 708.0	23 570.0	102 843.0
新　疆	2 105 768.0	468 331.0	1 070 355.0	108 670.0	458 412.0
附：大连	490 186.0	67 441.0	236 079.0	14 339.0	172 327.0
宁波	457 814.7	99 943.1	252 315.7	29 612.9	75 943.1
厦门	238 714.0	61 431.0	108 959.0	12 248.0	56 076.0
青岛	353 427.0	62 578.0	185 195.0	20 671.0	84 983.0
深圳	81 687.0	40 777.0	11 640.0	10 603.0	18 667.0

分地区企业单位职工福利费用构成情况

（国有单位，1998）

单位：千元

地区	合计	集体福利设施及集体福利事业补贴费	医疗卫生费	文体宣传费	其他
全国总计	51 577 342.0	12 154 187.8	26 628 060.2	2 100 046.6	10 695 047.5
北京	3 274 542.0	239 397.0	2 334 235.0	109 235.0	591 675.0
天津	902 953.0	94 299.0	578 856.0	20 659.0	209 139.0
河北	2 199 419.0	482 358.0	1 162 431.0	66 415.0	488 215.0
山西	1 798 414.0	453 003.0	877 106.0	64 500.0	403 805.0
内蒙古	703 217.0	174 290.0	330 332.0	41 484.0	157 111.0
辽宁	2 871 243.0	607 466.0	1 719 907.0	92 136.0	451 734.0
吉林	1 897 551.3	775 156.2	766 291.7	104 879.6	251 223.8
黑龙江	2 226 113.0	434 766.0	1 061 903.0	79 051.0	650 393.0
上海	3 588 664.0	738 203.0	1 802 539.0	40 616.0	1 007 306.0
江苏	3 363 781.7	844 644.0	1 736 113.4	154 233.4	628 790.8
浙江	1 777 376.7	310 491.3	986 472.2	65 195.3	415 217.9
安徽	1 408 167.6	353 067.3	753 592.4	80 974.2	220 533.6
福建	881 258.2	259 615.9	385 342.2	40 499.0	195 801.1
江西	814 704.0	200 320.0	398 184.0	25 251.0	190 949.0
山东	3 235 978.0	793 166.0	1 625 622.0	167 310.0	649 880.0
河南	1 588 602.3	372 549.3	869 797.8	84 823.2	261 431.9
湖北	2 139 316.0	485 637.0	1 036 486.0	130 467.0	486 726.0
湖南	1 700 466.0	411 385.0	860 584.0	69 183.0	359 314.0
广东	3 702 221.0	1 073 705.0	1 739 399.0	148 763.0	740 354.0
广西	946 641.0	220 931.0	475 066.0	42 637.0	208 007.0
海南	323 338.0	98 068.0	145 616.0	36 417.0	43 237.0
重庆	1 133 472.0	288 454.0	551 020.0	36 246.0	257 752.0
四川	1 960 861.0	424 233.0	1 067 241.0	90 596.0	378 791.0
贵州	953 872.0	382 790.0	376 585.0	45 074.0	149 423.0
云南	1 646 414.0	406 630.0	846 901.0	58 606.0	334 277.0
西藏	46 306.0	15 092.0	18 701.0	1 984.0	10 529.0
陕西	1 252 360.1	344 074.6	616 704.4	68 909.8	222 671.3
甘肃	1 070 159.0	332 111.0	448 270.0	37 304.0	252 474.0
青海	376 337.0	116 767.0	150 717.0	7 513.0	101 340.0
宁夏	296 561.0	89 401.0	129 931.0	13 549.0	63 680.0
新疆	1 497 033.0	332 117.0	776 114.0	75 536.0	313 266.0
附：大连	289 901.0	34 668.0	158 935.0	7 932.0	88 366.0
宁波	197 922.5	23 492.6	133 407.1	7 490.2	33 532.6
厦门	175 876.0	37 189.0	96 831.0	5 702.0	36 154.0
青岛	213 117.0	31 762.0	116 226.0	10 230.0	54 899.0
深圳					

分地区离休、退休、退职人员保险福利费用构成情况
（国有单位，1998）

单位：千元

地区	合计	离休金	退休金	退职生活费	医疗卫生费	其他
全国总计	194 237 011.5	15 370 615.6	140 046 963.8	1 700 029.7	24 609 367.2	12 510 035.2
北京	11 943 741.0	961 220.0	7 810 243.0	78 972.0	2 205 831.0	887 475.0
天津	5 096 490.0	281 334.0	3 678 189.0	28 952.0	682 511.0	425 504.0
河北	8 465 305.0	879 973.0	6 319 494.0	72 816.0	812 276.0	380 746.0
山西	5 335 450.0	645 617.0	3 684 607.0	20 202.0	570 914.0	414 110.0
内蒙古	3 004 968.0	251 941.0	2 348 579.0	18 844.0	211 834.0	173 770.0
辽宁	12 223 718.0	1 288 145.0	8 995 584.0	82 367.0	1 183 514.0	674 108.0
吉林	5 658 474.4	548 180.0	4 153 721.2	38 820.4	496 045.6	421 707.2
黑龙江	8 862 983.0	771 291.0	6 818 536.0	56 413.0	667 556.0	549 187.0
上海	12 592 619.0	489 004.0	9 019 407.0	47 300.0	2 110 378.0	926 530.0
江苏	11 234 079.7	1 027 774.7	8 083 198.8	114 934.4	1 463 674.0	544 497.8
浙江	7 040 790.0	434 715.8	4 712 009.1	81 338.1	1 324 555.0	488 172.0
安徽	5 815 522.6	562 088.3	4 155 597.5	40 214.7	780 819.1	276 803.0
福建	3 285 603.8	235 189.4	2 439 086.7	39 012.9	385 038.1	187 276.7
江西	3 236 964.0	209 972.0	2 513 367.0	20 904.0	321 621.0	171 100.0
山东	9 894 204.0	1 479 339.0	6 300 130.0	275 145.0	1 213 131.0	626 459.0
河南	7 457 035.2	804 966.4	5 276 111.7	39 847.5	833 010.5	503 099.1
湖北	8 215 036.0	525 357.0	6 329 367.0	87 666.0	881 307.0	391 339.0
湖南	7 372 264.0	348 992.0	5 853 417.0	59 636.0	783 024.0	327 195.0
广东	11 121 913.0	640 353.0	7 088 536.0	73 611.0	2 324 470.0	994 943.0
广西	3 713 320.0	185 713.0	2 735 456.0	31 361.0	429 076.0	331 714.0
海南	1 183 314.6	88 758.0	929 930.4	29 613.0	103 550.0	31 463.2
重庆	3 880 536.0	119 066.0	2 942 500.0	27 274.0	595 752.0	195 944.0
四川	9 158 595.8	365 731.9	7 076 903.6	74 641.3	1 001 824.0	639 495.0
贵州	3 557 625.0	219 723.0	2 717 618.0	14 820.0	396 552.0	208 912.0
云南	6 512 448.0	386 726.0	4 410 508.0	33 706.0	997 971.0	683 537.0
西藏	426 370.0	10 426.0	375 511.0	343.0	26 420.0	13 670.0
陕西	5 031 436.4	512 902.1	3 613 605.8	49 684.4	572 094.9	283 149.2
甘肃	3 780 690.0	260 728.0	2 834 563.0	42 656.0	317 093.0	325 650.0
青海	1 570 285.0	112 856.0	1 183 502.0	11 185.0	137 280.0	125 462.0
宁夏	958 916.0	73 798.0	709 305.0	7 600.0	105 840.0	62 373.0
新疆	6 606 314.0	648 735.0	4 938 380.0	100 150.0	674 405.0	244 644.0
附：大连	1 377 208.0	219 648.0	927 881.0	17 550.0	123 701.0	88 428.0
宁波	742 220.2	37 381.8	512 269.8	10 227.5	142 326.5	40 014.6
厦门	441 047.0	37 057.0	352 412.0	4 170.0	12 389.0	35 019.0
青岛	1 199 166.0	116 541.0	838 868.0	6 328.0	128 269.0	109 160.0
深圳						

分地区企业单位离休、退休、退职人员保险福利费用构成情况

（国有单位，1998）

单位：千元

地区	合计	离休金	退休金	退职生活费	医疗卫生费	其他
全国总计	128 812 350.2	7 112 556.5	95 860 771.6	1 246 646.5	16 027 964.2	8 564 411.4
北京	8 210 227.0	422 861.0	5 725 822.0	51 984.0	1 521 315.0	488 245.0
天津	3 638 890.0	133 343.0	2 745 884.0	25 351.0	435 833.0	298 479.0
河北	5 664 258.0	343 383.0	4 442 784.0	50 006.0	552 228.0	275 857.0
山西	3 669 615.0	267 477.0	2 691 919.0	15 124.0	344 722.0	350 373.0
内蒙古	1 856 753.0	90 663.0	1 491 426.0	14 105.0	137 785.0	122 774.0
辽宁	9 230 558.0	708 897.0	7 083 312.0	66 554.0	835 853.0	535 942.0
吉林	4 168 510.1	289 594.9	3 127 610.5	30 672.2	349 396.4	371 236.1
黑龙江	7 034 763.0	441 150.0	5 555 229.0	49 044.0	533 336.0	456 004.0
上海	9 819 547.0	256 232.0	7 044 905.0	36 445.0	1 792 093.0	689 872.0
江苏	6 790 441.7	397 672.8	5 052 654.4	80 162.3	931 009.9	328 942.3
浙江	3 999 337.5	157 037.2	2 740 213.4	45 683.7	788 006.5	268 396.7
安徽	3 508 797.6	236 407.4	2 625 039.2	27 133.7	445 758.1	174 459.2
福建	1 713 603.6	78 866.3	1 271 762.9	21 751.1	228 190.4	113 032.9
江西	1 931 638.0	88 523.0	1 528 738.0	15 860.0	203 289.0	95 228.0
山东	6 586 246.0	740 307.0	4 369 094.0	228 541.0	791 497.0	456 807.0
河南	4 553 948.7	327 561.6	3 323 397.0	28 844.3	497 868.5	376 277.3
湖北	5 625 405.0	217 171.0	4 466 079.0	65 246.0	572 104.0	304 805.0
湖南	4 525 933.0	147 724.0	3 680 990.0	44 374.0	451 968.0	200 877.0
广东	6 386 361.0	273 116.0	4 267 195.0	43 259.0	1 292 653.0	510 138.0
广西	2 134 350.0	66 897.0	1 539 546.0	20 116.0	274 486.0	233 305.0
海南	697 282.1	37 674.0	557 804.0	26 885.0	60 269.0	14 650.0
重庆	2 807 779.0	63 593.0	2 176 519.0	21 804.0	417 854.0	128 009.0
四川	5 851 085.6	184 237.3	4 632 006.7	51 587.4	587 925.0	395 329.3
贵州	2 192 883.0	88 339.0	1 718 742.0	10 186.0	231 792.0	143 824.0
云南	3 807 832.0	153 039.0	2 553 763.0	22 890.0	580 775.0	497 365.0
西藏	160 123.0	4 018.0	137 388.0	215.0	13 290.0	5 212.0
陕西	3 157 965.3	201 696.9	2 412 976.6	33 090.8	328 969.3	181 231.7
甘肃	2 708 990.0	134 974.0	2 092 556.0	21 961.0	199 469.0	260 030.0
青海	846 062.0	39 947.0	657 991.0	3 685.0	73 623.0	70 816.0
宁夏	643 563.0	29 324.0	499 418.0	4 457.0	64 948.0	45 416.0
新疆	4 889 602.0	490 830.0	3 648 007.0	89 629.0	489 658.0	171 478.0
附：大连	989 562.0	88 840.0	752 963.0	12 178.0	74 701.0	60 880.0
宁波	413 617.7	13 088.2	287 954.5	5 862.3	84 881.1	21 831.6
厦门	246 961.0	10 577.0	200 568.0	2 869.0	7 541.0	25 406.0
青岛	808 043.0	43 472.0	595 777.0	2 714.0	88 661.0	77 419.0
深圳						

分地区职工福利费用构成情况
（城镇集体单位，1998）

单位：千元

地区	合计	集体福利设施及集体福利事业补贴费	医疗卫生费	文体宣传费	其他
全国总计	7 192 274.2	1 615 246.7	3 709 190.8	342 684.8	1 525 151.9
北京	304 126.0	12 054.0	227 837.0	7 714.0	56 521.0
天津	143 759.0	17 621.0	77 654.0	2 804.0	45 680.0
河北	211 912.0	46 545.0	108 557.0	6 105.0	50 705.0
山西	137 044.0	38 759.0	51 202.0	12 175.0	34 908.0
内蒙古	70 867.0	11 375.0	25 107.0	13 843.0	20 542.0
辽宁	382 452.0	92 645.0	211 678.0	12 355.0	65 774.0
吉林	98 930.5	20 311.9	49 404.1	5 050.1	24 164.5
黑龙江	102 062.0	27 156.0	40 995.0	4 554.0	29 357.0
上海	535 822.0	50 685.0	314 482.0	6 954.0	163 701.0
江苏	1 160 589.3	274 237.4	636 951.9	69 357.2	180 043.0
浙江	562 981.2	118 938.0	296 634.5	22 828.1	124 580.6
安徽	260 798.5	55 023.2	133 355.1	18 875.7	53 544.5
福建	181 747.9	52 492.1	83 869.4	11 054.6	34 331.8
江西	62 705.0	16 761.0	29 015.0	2 704.0	14 225.0
山东	487 583.0	124 127.0	216 480.0	23 323.0	123 653.0
河南	199 390.7	57 964.2	96 876.1	12 961.8	31 588.6
湖北	273 021.0	60 416.0	143 413.0	16 356.0	52 836.0
湖南	222 250.0	61 221.0	100 408.0	10 311.0	50 310.0
广东	863 843.0	254 437.0	413 275.0	41 133.0	154 998.0
广西	99 077.0	24 885.0	44 493.0	4 990.0	24 709.0
海南	12 486.0	3 593.0	6 243.0	523.0	2 127.0
重庆	108 004.0	21 067.0	62 682.0	5 250.0	19 005.0
四川	283 679.0	72 165.0	146 435.0	17 031.0	48 048.0
贵州	37 046.0	9 654.0	14 859.0	1 772.0	10 761.0
云南	113 170.0	23 322.0	63 688.0	3 484.0	22 676.0
西藏	64.0	12.0	16.0		36.0
陕西	79 102.1	15 441.0	35 890.9	3 277.3	24 493.0
甘肃	118 502.0	32 955.0	43 380.0	3 580.0	38 587.0
青海	10 103.0	2 516.0	4 684.0	202.0	2 701.0
宁夏	16 859.0	3 730.0	7 568.0	491.0	5 070.0
新疆	52 298.0	13 138.0	22 058.0	1 626.0	15 476.0
附：大连	115 979.0	16 028.0	78 760.0	2 371.0	18 820.0
宁波	102 215.3	14 312.4	65 963.0	3 546.6	18 393.4
厦门	39 804.0	11 977.0	16 159.0	1 942.0	9 726.0
青岛	77 864.0	17 816.0	34 415.0	2 229.0	23 404.0
深圳	63 199.0	42 520.0	15 241.0	4 434.0	1 004.0

分地区离休、退休、退职人员保险福利费用构成情况

（城镇集体单位，1998）

单位：千元

地　区	合　计	离休金	退休金	退职生活费	医疗卫生费	其　他
全国总计	25 249 961.8	840 301.8	20 343 140.9	562 519.6	2 348 305.8	1 155 693.7
北　京	1 948 875.0	40 216.0	1 504 283.0	97 812.0	236 851.0	69 713.0
天　津	801 494.0	11 767.0	660 843.0	20 360.0	42 721.0	65 803.0
河　北	848 421.0	73 428.0	669 022.0	14 518.0	60 545.0	30 908.0
山　西	342 351.0	26 803.0	269 007.0	7 977.0	22 593.0	15 971.0
内蒙古	238 263.0	10 465.0	192 996.0	10 513.0	17 240.0	7 049.0
辽　宁	1 629 199.0	76 991.0	1 385 312.0	57 350.0	70 259.0	39 287.0
吉　林	396 218.9	21 105.1	344 707.5	6 194.9	13 407.4	10 804.0
黑龙江	424 545.0	21 646.0	366 522.0	9 297.0	14 478.0	12 602.0
上　海	2 612 874.0	26 232.0	2 050 299.0	54 568.0	307 502.0	174 273.0
江　苏	3 327 495.1	87 854.1	2 740 424.1	80 473.0	327 847.6	90 896.2
浙　江	1 848 807.9	31 027.5	1 502 294.1	35 772.0	217 511.8	62 202.5
安　徽	765 139.2	32 937.8	616 236.6	19 130.5	68 984.6	27 849.6
福　建	532 739.6	11 565.2	443 074.0	7 371.0	46 598.2	24 131.2
江　西	332 434.0	4 161.0	292 154.0	7 991.0	18 918.0	9 210.0
山　东	1 709 110.0	141 559.0	1 328 265.0	32 822.0	116 819.0	89 645.0
河　南	683 282.3	44 321.3	562 467.9	7 577.7	50 397.7	18 517.7
湖　北	873 896.0	25 129.0	714 505.0	25 876.0	82 864.0	25 522.0
湖　南	848 190.0	16 283.0	734 957.0	10 480.0	63 388.0	23 082.0
广　东	2 087 220.0	54 294.0	1 550 466.0	11 876.0	268 176.0	202 408.0
广　西	406 138.0	11 517.0	303 787.0	5 402.0	45 255.0	40 177.0
海　南	73 326.0	4 819.0	64 842.0	156.0	2 608.0	901.0
重　庆	486 583.0	5 819.0	401 747.0	10 894.0	49 181.0	18 942.0
四　川	876 710.6	12 927.7	732 600.7	13 035.2	86 819.3	31 327.8
贵　州	126 006.0	4 688.0	101 820.0	1 445.0	13 281.0	4 772.0
云　南	334 644.0	9 887.0	249 028.0	2 308.0	48 101.0	25 320.0
西　藏	8.0			3.0	5.0	0.0
陕　西	277 194.3	12 082.0	223 396.9	5 197.3	24 035.3	12 482.7
甘　肃	190 660.0	12 443.0	148 801.0	3 452.0	12 332.0	13 632.0
青　海	33 982.0	847.0	28 594.0	295.0	2 727.0	1 519.0
宁　夏	40 828.0	1 280.0	34 237.0	414.0	3 023.0	1 874.0
新　疆	153 327.0	6 207.0	126 452.0	1 959.0	13 837.0	4 872.0
附：大连	326 551.0	21 694.0	266 062.0	13 406.0	19 842.0	5 547.0
宁波	333 678.1	4 538.1	267 419.5	7 575.5	44 498.6	9 646.4
厦门	109 684.0	2 285.0	89 223.0	1 921.0	9 001.0	7 254.0
青岛	384 941.0	15 607.0	300 876.0	4 217.0	28 176.0	36 065.0
深圳						

分地区职工福利费用构成情况

（其他单位，1998）

单位：千元

地区	合计	集体福利设施及集体福利事业补贴费	医疗卫生费	文体宣传费	其他
全国总计	10 287 684.5	3 090 478.3	4 505 419.9	374 724.1	2 317 062.2
北京	400 145.0	51 182.0	225 735.0	11 192.0	112 036.0
天津	339 792.0	72 985.0	174 771.0	11 270.0	80 766.0
河北	349 199.0	101 269.0	152 170.0	8 821.0	86 939.0
山西	77 970.0	17 495.0	40 002.0	4 868.0	15 605.0
内蒙古	124 040.0	45 985.0	55 123.0	3 047.0	19 885.0
辽宁	536 686.0	155 359.0	255 345.0	29 427.0	96 555.0
吉林	120 541.2	29 699.2	58 810.8	1 462.2	30 569.0
黑龙江	86 346.0	21 796.0	37 004.0	3 710.0	23 836.0
上海	1 514 925.0	247 205.0	708 470.0	28 278.0	530 972.0
江苏	987 140.5	285 498.5	480 995.2	40 948.7	179 698.2
浙江	680 390.8	166 552.0	332 749.5	25 172.8	155 916.5
安徽	237 172.3	53 563.5	136 557.4	11 030.9	36 020.6
福建	355 611.8	172 501.3	83 195.0	19 843.8	80 071.7
江西	91 748.0	32 342.0	38 576.0	2 561.0	18 269.0
山东	526 260.0	136 149.0	246 482.0	20 461.0	123 168.0
河南	476 704.2	117 470.5	233 330.8	17 507.6	108 395.2
湖北	249 008.0	64 934.0	124 970.0	12 194.0	46 910.0
湖南	58 333.0	17 786.0	28 072.0	1 982.0	10 493.0
广东	2 107 907.0	1 024 063.0	630 777.0	82 359.0	370 708.0
广西	138 550.0	35 688.0	61 176.0	4 000.0	37 686.0
海南	42 532.0	9 506.0	23 062.0	1 557.0	8 407.0
重庆	102 148.0	26 006.0	53 158.0	2 553.0	20 431.0
四川	373 192.0	106 094.0	189 149.0	13 989.0	63 960.0
贵州	15 692.0	5 790.0	5 436.0	774.0	3 692.0
云南	125 317.0	30 303.0	67 667.0	7 448.0	19 899.0
西藏	28.0		27.0		1.0
陕西	107 249.6	38 220.3	36 522.3	6 268.0	26 239.0
甘肃	17 917.0	8 793.0	6 416.0	840.0	1 868.0
青海	3 388.0	763.0	2 128.0	19.0	478.0
宁夏	5 303.0	1 284.0	2 684.0	61.0	1 274.0
新疆	36 448.0	14 196.0	14 859.0	1 079.0	6 314.0
附：大连	222 818.0	66 821.0	93 612.0	7 740.0	54 645.0
宁波	125 273.1	33 100.3	59 885.1	3 163.9	29 123.8
厦门	102 382.0	36 787.0	25 688.0	6 246.0	33 661.0
青岛	178 086.0	35 738.0	84 456.0	6 982.0	50 910.0
深圳	769 709.0	455 013.0	194 603.0	29 005.0	91 088.0

分地区离休、退休、退职人员保险福利费用构成情况
（其他单位，1998）

单位：千元

地区	合计	离休金	退休金	退职生活费	医疗卫生费	其他
全国总计	13 177 201.1	535 302.4	10 098 685.8	133 940.2	1 698 898.5	710 374.2
北京	222 844.0	6 331.0	167 239.0	1 745.0	37 128.0	10 401.0
天津	394 346.0	18 298.0	292 479.0	2 354.0	55 322.0	25 893.0
河北	620 363.0	35 550.0	512 904.0	3 960.0	43 138.0	24 811.0
山西	167 527.0	14 194.0	127 574.0	1 245.0	13 534.0	10 980.0
内蒙古	405 097.0	15 133.0	345 769.0	4 418.0	20 561.0	19 216.0
辽宁	991 290.0	60 167.0	791 708.0	24 062.0	84 977.0	30 376.0
吉林	151 512.0	11 959.6	122 848.4	1 751.0	10 429.9	4 523.1
黑龙江	123 654.0	7 897.0	106 395.0	2 323.0	5 180.0	1 859.0
上海	2 211 070.0	44 731.0	1 591 634.0	10 314.0	400 317.0	164 074.0
江苏	1 078 016.3	36 970.4	859 545.6	12 660.3	127 662.1	41 178.0
浙江	960 159.4	25 124.9	708 151.9	12 510.3	179 191.4	35 180.9
安徽	548 141.5	32 323.0	452 313.8	4 231.0	49 691.6	9 582.0
福建	130 731.1	7 301.7	96 085.4	1 592.9	17 877.7	7 873.4
江西	190 544.0	4 559.0	167 298.0	592.0	15 434.0	2 661.0
山东	874 643.0	53 252.0	665 941.0	6 929.0	95 521.0	53 000.0
河南	1 334 570.5	76 397.1	1 009 849.6	14 480.6	135 012.2	98 831.0
湖北	413 739.0	13 589.0	340 401.0	4 842.0	40 032.0	14 875.0
湖南	96 882.0	3 385.0	79 555.0	1 310.0	9 758.0	2 874.0
广东	794 263.0	22 653.0	555 212.0	8 319.0	156 063.0	52 016.0
广西	206 959.0	5 261.0	149 715.0	2 014.0	29 325.0	20 644.0
海南	8 472.0	437.0	6 904.0	55.0	965.0	111.0
重庆	190 964.0	2 927.0	146 520.0	2 257.0	32 398.0	6 862.0
四川	611 635.9	16 591.8	462 489.9	5 654.1	74 919.4	51 980.8
贵州	7 311.0	298.0	5 590.0	24.0	1 250.0	149.0
云南	262 605.0	11 726.0	198 033.0	1 403.0	38 113.0	13 330.0
西藏	66.0		66.0			
陕西	93 677.4	4 858.0	68 082.2	2 348.0	16 191.2	2 198.0
甘肃	35 388.0	1 123.0	28 501.0	150.0	1 899.0	3 715.0
青海	8 870.0	539.0	7 095.0	78.0	828.0	330.0
宁夏	760.0	118.0	505.0		111.0	26.0
新疆	41 100.0	1 608.0	32 281.0	318.0	6 069.0	824.0
附：大连	182 201.0	12 894.0	138 497.0	2 783.0	21 980.0	6 047.0
宁波	169 860.1	2 739.0	123 893.0	3 153.0	34 809.4	5 265.8
厦门	24 505.0	915.0	16 134.0	373.0	4 478.0	2 605.0
青岛	270 741.0	11 948.0	199 099.0	1 059.0	32 595.0	26 040.0
深圳						

（劳动和社会保障部规划财务司统计处　明瑞锋　陈群洲　王玉斌　陈峰　周笃池）